Richard Muther

Geschichte der Malerei

e-artnow 2018

Leseempfehlungen (als Print & e-Book von e-artnow erhältlich)

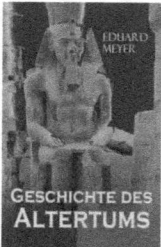

Eduard Meyer
Geschichte des Altertums in 5 Bänden

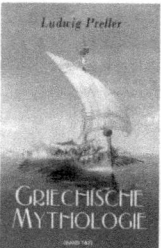

Ludwig Preller
Griechische Mythologie (Band 1&2): Troja und der trojanische Krieg, Odysseus, Prometheussage, Tantalidensage, Heraklessage, Minos und der …Daidalos und Ikaros, Der Raub der Io

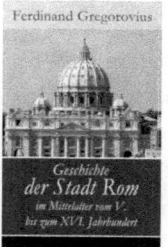

Ferdinand Gregorovius
Geschichte der Stadt Rom im Mittelalter vom V. bis zum XVI. Jahrhundert: Untergang des Römischen Reiches + Goten + Byzantinisches …+ Karolinger + Kirchenstaat + Renaissance

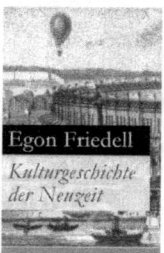

Egon Friedell
Kulturgeschichte der Neuzeit (Band 1-5): Die Krisis der Europäischen Seele von der Schwarzen Pest bis zum Ersten Weltkrieg

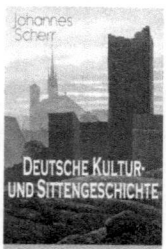

Johannes Scherr
Deutsche Kultur- und Sittengeschichte (Band 1 bis 3): Vorzeit und Mittelalter + Das Zeitalter der Reformation + Die neue Zeit: Das …Reform, Revolution und Reaktion…

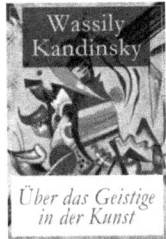

Wassily Kandinsky
Über das Geistige in der Kunst: Jedes Kunstwerk ist Kind seiner Zeit, oft ist es Mutter unserer Gefühle

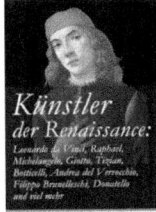

Giorgio Vasari
Künstler der Renaissance: Leonardo da Vinci, Raphael, Michelangelo, Giotto, Tizian, Botticelli, Andrea del Verrocchio, Filippo Brunelleschi, Donatello und viel mehr

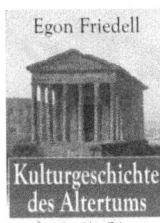

Egon Friedell
Kulturgeschichte des Altertums: Ägypten + Alter Orient + Antikes Griechenland

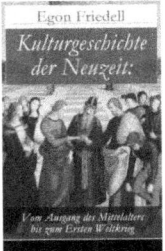

Egon Friedell
Kulturgeschichte der Neuzeit: Vom Ausgang des Mittelalters bis zum Ersten Weltkrieg (Band 1-5): Renaissance und Reformation + Barock ... + Imperialismus und Impressionismus

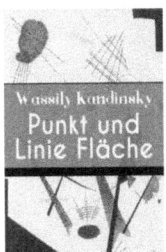

Wassily Kandinsky
Punkt und Linie zu Fläche: Analyse der malerischen Elemente

Richard Muther

Geschichte der Malerei

Alle 5 Bände: Das Mittelalter, Natur und Antike, Die kirchliche Reaktion, Der Triumph der Sinnlichkeit in Italien, Die germanische Malerei des Reformationszeitalters, Der Sieg des Bürgertums und mehr

e-artnow, 2018
ISBN 978-80-263-5849-2

Inhaltsverzeichnis

Geschichte der Malerei: Band 1	13
Vorwort	15
I. Das Mittelalter	17
1. Der Mosaikstil	18
2. Die Tafelmalerei unter dem Zeichen der Mystik.	21
3. Die Begründung des epischen Stils durch Giotto.	24
4. Die Freskomalerei des späteren Trecento.	28
II. Die Nachblüte des mittelalterlichen Stils im Quattrocento.	31
5. Der Kampf des alten mit dem neuen Zeitgeist.	32
6. Byzantinismus und Mystik.	34
7. Das Ende des Monumentalstils.	38
III. Natur und Antike	41
8. Die ersten Realisten	42
9. Sturm und Drang in Florenz.	48
10. Piero della Francesca.	53
11. Wetterleuchten.	57
12. Mantegna.	60
13. Mantegnas Nachfolger.	65
14. Hugo van der Goes.	68
15. Das Zeitalter des Lorenzo Magnifico.	73
Geschichte der Malerei: Band 2	77
I. Die kirchliche Reaktion.	79
1. Savonarola	80
2. Piero di Cosimo	82
3. Botticelli	85
4. Filippino Lippi	91
5. Die religiöse Säkularstimmung	94
6. Crivelli	97
7. Perugino	99
8. Bellini	103
9. Memling	103
10. Leonardo	111
II. Die germanische Malerei des Reformationszeitalters.	117
11. Der Anschluß an Italien	113
12. Die Niederländer	121
13. Die Kölner	124
14. Dürer	128

15.	Franken und Bayern	133
16.	Elsaß und Schwaben	137
17.	Holbein	140

Geschichte der Malerei: Band 3 — 145

I. Der Triumph der Sinnlichkeit in Italien. — 147

1.	Der Einfluß Leonardos	148
2.	Leonardos Nachfolger	150
3.	Giorgione	153
4.	Correggio	156

II. Das Majestätische und Titanische. — 161

5.	Der Schönheitsbegriff des Cinquecento	162
6.	Tizian	165
7.	Tizians Zeitgenossen	170
8.	Michelangelo	173
9.	Der Sieg des Formalen	179

III. Die Vereinigung der Stile. — 181

10.	Rafael	182
11.	Das Ende der Renaissance in Italien	187
12.	Roma caput mundi.	190

IV. Venedigs und Spaniens Kampf gegen Rom. — 195

13.	Lorenzo Lotto	196
14.	Tintoretto	200
15.	Die Spanier	204

Geschichte der Malerei: Band 4 — 207

I. Italien. — 209

1.	Der Geist der Gegenreformation	210
2.	Die kirchliche Malerei	215
3.	Das Sittenbild	219
4.	Die Landschaft	222

II. Spanien. — 227

5.	Ribera und Zurbaran	228
6.	Velasquez	230
7.	Murillo	234

III. Flandern. — 239

8.	Rubens	240
9.	Rubens' Zeitgenossen	245
10.	Van Dyck	248

IV. Holland. — 253

11.	Die ersten Porträtisten	254
12.	Frans Hals	257
13.	Hals' Zeitgenossen	260
14.	Rembrandt	263

Geschichte der Malerei: Band 5 ... 273
I. Das Ende der holländischen Malerei. ... 275

1.	Die Genremaler	276
2.	Die Landschafter	281
3.	Hofluft	285

II. Die aristokratische Kunst Frankreichs. ... 289

4.	Das Zeitalter Ludwigs XIV	290
5.	Der Geist des Rokoko	294
6.	Watteau	300
7.	Watteaus Nachfolger	304
8.	Boucher	308
9.	Die Frivolen	313
10.	Das bürgerliche und antike Schäferspiel	315

III. Der Sieg des Bürgertums. ... 321

11.	England	322
12.	Die Aufklärung	326
13.	Das Sterben in Schönheit	329
14.	Revolution und Empire	333
15.	Der Klassicismus in Deutschland	338

Geschichte der Malerei: Band 1

Inhalt

Vorwort

Um einen »Leitfaden« handelt es sich bei diesen Bändchen nicht. Künstlerbiographien und Bilderbeschreibungen werden nicht gegeben. Der geneigte Leser kann dieses thatsächliche Material in so vielen vortrefflichen Werken finden, daß es mir unnötig schien, es nochmals auszubreiten. Dafür wurde versucht, den »Stil« der verschiedenen Epochen aus der Zeitpsychologie, die Kunstwerke als »menschliche Dokumente« zu deuten. Daß viele Fragen nur gestreift, nicht erschöpft werden konnten, hängt mit dem vorgeschriebenen Umfang des kleinen Buches zusammen. Ein größeres Werk, das fast vollendet in meinem Schreibtisch liegt, enthält, was der Kundige hier vermissen wird.

Muther.

I. Das Mittelalter

1. Der Mosaikstil

Vielleicht könnte man die Geschichte der christlichen Malerei als eine große Auseinandersetzung mit dem Hellenentum auffassen. Als die antike Welt zusammenbrach, endete die raffinierteste Civilisation, die je die Erde gesehen. In seiner übersinnlichen Tendenz, seiner Verleugnung des Irdischen legte das Christentum der Kunst fast unübersteigliche Hindernisse entgegen. Der große Pan war tot. Bei den Griechen ein froher Sinnenkult, der die Menschen lehrte, hinieden sich auszuleben. Jetzt eine Religion des Jenseits, die das Erdendasein nur als trübe Vorbereitung auf ein außerirdisches Leben betrachtete. Wohl kam noch immer der Frühling. Die Menschen liebten und die Blumen blühten, die Vögel sangen und die Wiesen grünten. Doch das alles war Blendwerk der Hölle, bestimmt, den Gläubigen zu umgarnen, seinen Geist mit sündigen Gedanken zu erfüllen. Im Jenseits war seine Heimat, die ganze Welt nur Golgatha, die Schädelstätte, wo der Gekreuzigte hing. Durch diesen asketischen Zug, der die Sinnlichkeit verfemte, die freudige Hingabe an die Natur, den Genuß des Diesseits ächtete, unterband das Christentum eine Hauptader künstlerischen Schaffens. Nur nach einer andern Seite ließ es den Weg offen. »Es hatte das Psychische vertieft, hatte Schätze von Güte und Liebe, von Demut und Entsagung erschlossen, die das Griechentum noch nicht gehoben. Nach dieser Seite mußte, wenn überhaupt eine Kunst erstehen sollte, die Entwicklung gehen. War die griechische eine sinnliche, körperliche Kunst, so mußte die christliche eine psychische, spirituelle werden. Hatte jene in der idealen Vollendung der Form, des Körperlichen, ihr Ziel gesucht, mußte die christliche das ihre in der Apotheose der Seele finden.«

Die Malerei näherte sich, wenn auch auf Umwegen, diesem Ziele.

Die erste Reaktion gegen das Hellenentum war die, daß die Kunst überhaupt verboten wurde. »Verflucht seien alle, die Bilder machen«, heißt es in den Schriften der Kirchenväter. Erst als das Christentum in Verbindung mit anderen Kulturen, als es nach Rom gekommen war, verlor es seinen kunstfeindlichen Charakter. Aber da diese Künstler Römer waren, ist zugleich erklärlich, weshalb es bei den ersten Werken viel weniger um Christliches als um Antikes sich handelt. Es ist Sache des Theologen, zu schildern, wie die Malerei als Zeichensprache, als Symbolismus begann, wie alle jene Sinnbilder sich erklären – das Kreuz, der Fisch, das Lamm, die Taube, der Phönix –, die als Hieroglyphenschrift die Geschichte der christlichen Kunst eröffnen. Der *Archäolog* hat darzutun, wie in den Bildern der Katakomben, obwohl sie neuem Geiste Ausdruck geben, doch ohne Scheu die Formen der Antike verwendet werden. Sie sind freundlich und hell, diese Wandgemälde, die den widdertragenden Hermes, den leierspielenden Orpheus oder andere dem Heidentum entlehnte Formeln nun in christlicher Umdeutung vorführen. Die ganze Behandlung ist heiter dekorativ wie in den Wandbildern von Pompeji. Doch diese Uebereinstimmung beweist auch, daß die Katakombenkunst in die Vergangenheit, nicht in die Zukunft weist, ein Ende, keinen Anfang bedeutet.

Erst als seit dem Uebertritt Konstantins die ersten Kirchen entstanden, als das Christentum keine Sekte mehr war, sondern als herrschende Staatsreligion repräsentieren mußte, entwickelte sich eine christliche Kunst. Das Symbolische, der Antike Entlehnte tritt zurück, und der christliche Typenkreis erhält seine Ausprägung. In den *Mosaiken* spiegelt diese Entwicklung sich wider. Auch sie knüpfen technisch an ein Verfahren an, das die alten Römer schon kannten. Aber der Geist, der in ihnen waltet, ist neu. Die ganze ungeheure Kraft der Kirche in der ersten Zeit ihrer Anerkennung kommt in diesen Werken zum Ausdruck. »Wie einst in den Tempeln des Hellenentums die goldstrotzenden Statuen des Zeus und der Pallas prangten, so blickten nun von den Wölbungen der Basiliken die Bilder Jesu und seines Hofstaates in machtvoller Erhabenheit hernieder.« Feierliche Ruhe ist allen Gestalten eigen. Regungslos wie Bildsäulen sind sie aufgepflanzt, in einfacher Symmetrie nebeneinander thronend. Verschwunden ist das spielende Rankenwerk, das Tändelnde, antik Heitere, das in der Katakombenkunst herrschte. Alles ist hoheitvoll, ernst, imponierend, von majestätischem Glanz wie von goldenem Himmelslicht umleuchtet. Die Mosaikmalerei hat die Heroen des christlichen Glaubens machtvoll, wie für die Ewigkeit hingestellt, in einer Feierlichkeit und Wucht, die keine andere Technik erreicht hätte. »Die riesenhafte Größe der Gestalten, ihre Bewegungslosigkeit, der drohende Blick ihrer weitgeöffneten Augen übt eine übermenschliche, beängstigende Wirkung. Der ganze Geist des Mittelalters, seine finstere Dogmengläubigkeit und zelotische Strenge, das unerschütterliche Machtbewußtsein der alten Kirche – in diesen erhabenen Werken hat es Gestalt gewonnen.«

»Nur eines fühlt man nicht: daß das Christentum ursprünglich die Religion der Liebe bedeutete. Immer dogmatischer hatte sich im Laufe der Jahrhunderte die christliche Lehre gestaltet. Aus dem liebevollen Stifter des neuen Glaubens, dem einfachen Jesus von Nazareth, war auf Beschluß der Konzilien ein Gott, aus Gott selbst, dem liebenden Vater, ein strafender Despot geworden. Das künden die Bilder. Von der Macht und Strenge des Göttlichen sprechen sie, nicht von dessen Güte; Gottes*furcht* predigen sie, keine himmlische Liebe.« Schon daß sie aus Stein sind, ist bezeichnend. Denn steinern, kalt, eisig ist das Herz der Wesen. Allwissend, mit ihrem Auge jeden durchbohrend, unnahbar, wie eine allgegenwärtige rächende Nemesis oder eine versteinernde Gorgo blickt die Gottheit auf die Welt hernieder.

Dieses Starre, düster Bewegungslose des Mosaikstils war berechtigt, solange die byzantinische Malerei auf Byzanz beschränkt blieb. Denn hier entsprach es der Entwicklung, die der christliche Glaube genommen. Es paßte zu dem Formelwesen des Staates, dem feierlichen Ceremoniell der Sitten, der steifen Gravität des Hofes, dem unheimlich stabilen, orientalischen Geist, der das ganze Leben beherrschte. Aber die jungen unverbrauchten Völker des Westens, die seit dem Schlusse des ersten Jahrtausends als neue Faktoren in die Geschichte eintraten, brauchten andere Ideale. Wo sie hernehmen?

Wohl hatte auch der Westen noch lange von dem großen Erbe der Antike gezehrt. Aber der Einbruch nordischer Barbarenstämme machte dieser alten Civilisation ein Ende. Nach den Ereignissen der Völkerwanderung und den darauffolgenden Kämpfen war auf Jahrhunderte für die Kunst kein Raum, die immer nur auf dem Boden einer abgeklärten Kultur erwachsen kann. Die neuen Stämme fangen zwar an, sich zu regeln und wirkliche Völker zu werden. Aber in jenes ästhetische Stadium, das die Vorbedingung für eine Kunstblüte bildet, waren sie mit ihrer militärischen Größe, Energie und Brutalität noch lange nicht getreten. Die Menschen essen und trinken, bauen, machen urbar, vermehren sich. Es war nur eine Zeit für die *armi*, nicht für die *marmi*. Erst als die materiellen Sorgen erledigt sind, kommen unternehmende Byzantiner herüber, um die neuen Kirchen mit ihren Kunstwerken auszustatten. Der Westen erhält durch sie die erste künstlerische Tünche. Doch auch der Schematismus jener vertrockneten Kunst wird auf das neue Erdreich übertragen. Eingeklemmt zwischen der Civilisation des gealterten Ostens und der Barbarei der Heimat schwanken die Künstler unstet zwischen blinder Nachahmung der byzantinischen Muster und ungelenker, derb hilfloser Schöpfung aus dem eigenen Gefühl heraus. Im *einen* Fall herrscht erstarrtes Schema, im anderen barbarische Wildheit.

Die Miniaturmalerei der irischen, gallischen und deutschen Klostermönche war weniger Malerei als Schönschreibekunst. Aus Schnörkeln und Schwingungen setzte man rein kalligraphisch menschliche Gestalten zusammen. Die Tafelmalerei versucht zuweilen die byzantinische Starrheit zu durchbrechen. Man malt riesige Kruzifixe, wagt sich an bewegtere Vorgänge, an Martyrien und Passionsscenen heran. Aber jeder Versuch scheitert an zeichnerischem Unvermögen. Die Glieder sind ungeschlacht, die Bewegungen plump, die Bilder ungeheuerlich, roh, abscheulich. In allem Uebrigen wurden die fremden Muster nachgeahmt, nur derber und gröber. Es ist, als hätten die Maler absichtlich gerade das Greisenhafte der byzantinischen Vorbilder imitiert. Grießgrämige, abgezehrte Figuren, ausgedörrt wie Mumien, mit hohlen Wangen und tiefliegenden Augen, in Kasteiungen und Buße gealtert, sind auf den späteren Erzeugnissen der Mosaikmalerei dargestellt. Und nicht nur diese selbst wurde, statt mehr Leben zu gewinnen, immer starrer und finsterer. Da sie überhaupt die maßgebende Rolle im Kunstbetrieb spielte, kam auch in die Wand- und Glasmalerei derselbe asketische, steinerne Stil. Keine Wimper der Gestalten zuckt. Nichts verrät an ihnen, daß sie die Gebete der Menschen hören, daß sie huldreich trösten und gnädig verzeihen können. Richterlich streng, erbarmungslos würdevoll wie drohende Gesetzestafeln starren sie hernieder. Unterwerfung fordern sie, Furcht und Gehorsam, winken keine Gnade, nicht Trost und Erlösung.

Und die Menschen verlangten doch nach Liebe und Trost. Nachdem die officiellen Formen des Kultus zu geistloser Starrheit verknöchert, suchte man wieder in persönliches Verhältnis zu Gott zu treten, wollte ihn verehren, nicht wie der Knecht den Herrn, sondern wie das Kind den Vater. Man wollte Heilige haben, die nicht herzlos streng den Sünder zittern machen, sondern gütig und mild sich seiner erbarmen. In der großen kirchlichen Bewegung, die sich im 12. Jahrhundert vollzog, fand diese Sehnsucht ihren Ausdruck. Ueber den großen weltbewegenden Fragen des Katholicismus waren die Sorgen des Einzelnen vergessen worden. Die aufgeregte Zeit der Kreuzzüge hatte über die innere Leere hinweggetäuscht, aber nachdem der Kriegsjubel vorüber gerauscht war, machte sie desto mehr sich fühlbar. Das Volk verlangte Geistliche, die an seinen Schmerzen und Freuden teilnahmen, nicht mehr lateinisch, sondern die Volkssprache redeten, das Evangelium nicht in scholastischer Wortklauberei, sondern in derselben patriarchalischen Einfachheit verkündeten, wie es Christus auf dem Berg gepredigt. Schon war Petrus Waldus aufgetreten, aber die Kirche hatte ihn als Ketzer verdammt. Erst Franziskus von Assisi hatte ein besseres Schicksal.

Als er seine Predigten begann, ging eine Frühlingsstimmung durch die Welt. Es schien den Menschen, als sei ein neuer Messias gekommen. Franz hat das Christentum gleichsam neu gegründet, indem er an die Stelle eines erstarrten Buchstabenglaubens wieder eine Gefühlsreligion setzte. Die Liebe überbrückte den Abgrund, der bisher so jäh zwischen Gott und der Menschheit geklafft. Die Mystik nahm dem Göttlichen seine schreckhafte Starrheit, gab ihm eine empfindende menschliche Seele. Maria namentlich, die jugendliche Gottesmutter, trat in den Mittelpunkt des Kultus. Teils klang in diesem Marienkult die ritterliche Frauenverehrung der Kreuzfahrer und der Minnesänger aus. Teils kam Maria gerade in ihrer zarten, hilflosen Weiblichkeit dem Gefühlsbedürfnis der Zeit mehr entgegen, als die tragische Gestalt des Gottessohnes und die strenge Majestät Gottvaters. Ihr widmet Franziskus stammelnde Liebeslieder, wie sie die Minnesänger an ihre Herrin, ihre liebe Frouwe, richteten. Zu ihrem Lobe erscholl allabendlich von den Türmen der Franziskaneikirchen der Glockengruß des Ave Maria.

Und nicht nur die Gottheit brachte Franziskus dem Menschen näher, auch mit der Tierwelt und mit der Natur versöhnte er ihn. Ein pantheistischer Zug geht wieder, wie in den Tagen des Hellenentums durch die Welt. Hatte das Mittelalter in den Tieren nur gottfeindliche Wesen, Schöpfungen des Satan, verzauberte Dämonen gesehen, so nennt Franz sie seine »Brüder und Schwestern«. Und die Tiere danken ihm für seine Liebe. Die Rotkehlchen essen an seinem Tisch. Die Vögel des Feldes lauschen seiner Predigt. Ebenso nahm er von der Natur den Fluch, den die Mönchstheologie darüber gesprochen. Die Wiesen und Weinberge, die Felder und Wälder, die Flüsse und Berge fordert er auf, den Herrn zu preisen. Die ganze Schöpfung ist ihm ein Erzeugnis der Liebe Gottes, der die Menschen glücklich sehen will, der den Frühling nur kommen, die lauen Winde nur wehen läßt, damit die Kinder da unten ihre Freude daran haben.

Diese veränderten Anschauungen blieben auch auf die Kunst nicht ohne Einfluß. Durch Franziskus ist die Natur entsühnt, sie kann Gegenstand künstlerischer Verherrlichung werden. Daher tritt an die Stelle des Goldgrundes, der bisher dazu gedient hatte, die Heiligengestalten von allem Irdischen loszulösen, allmählich die Landschaft: Rosenhecken und Paradiesesgärten, wo die Vöglein singen und Tiere friedlich neben den Heiligen wohnen. Doch namentlich psychisch ist der Umschwung deutlich. Wie mitten aus der religiösen Begeisterung heraus die gefühlsinnigen Kirchengesänge der Franziskaner entstanden, tritt in den Bildern Gefühlsseligkeit an die Stelle starrer Erhabenheit. Die Heiligen, früher so finster und streng, werden gütig und mild wie der Poverello selbst es gewesen. An Maria besonders und den minniglichen Jungfrauen ihres Gefolges lernt die Kunst, was ihr am meisten fehlte: den Ausdruck des Psychischen.

2. Die Tafelmalerei unter dem Zeichen der Mystik.

Allein der Umstand, daß die Tafelmalerei, die bisher eine sehr bescheidene Rolle gespielt, jetzt tonangebender Faktor im Kunstbetrieb wurde, ist für den Umschwung des Gefühlslebens bezeichnend. Bei der Mosaikmalerei waren künstlerische Fortschritte und ein Beseelung der Gestalten schon durch die Entstehungsart der Werke ausgeschlossen. Der Maler konnte nicht unmittelbar sich aussprechen, denn er fertigte nur den Karton, wonach Handwerker das Mosaikbild bestellten. Jetzt tritt an die Stelle dieses unpersönlichen Stils, in dessen kaltem Material jede Empfindung versteinerte, eine neue Technik, die dem Meister gestattet, seine Gedanken ohne fremde Vermittlung niederzuschreiben, in flüssigen Pinselstrichen auch feinere Empfindungsnuancen zum Ausdruck zu bringen.

Trotzdem hat sich die Wandlung keineswegs schnell vollzogen. So sehr sich die Kunst bemühte, dem neuen Zeitgeist zu folgen, stand sie doch unter dem Bann einer tausendjährigen Tradition. Das byzantinische Schema herrscht zunächst noch vor. Nur ganz allmählich macht man sich frei. Die neue Empfindung sprengt die überkommenen Formen.

In der älteren Kunst war Maria gewöhnlich allein, mit betend erhobenen Armen, dargestellt worden. Seltener war das Thema der Madonna mit dem kleinen Christus, obwohl nach der Legende schon der Evangelist Lukas ein solches Bild malte. Aber auch dann wahrt Maria ihre hoheitvolle Starrheit. In steifer Vorderansicht sitzt sie, die willen- und gefühllose Trägerin des Gottessohnes, der – mehr ein verkleinerter Mann, ein Miniaturheros, als ein Kind – gravitätisch in ihrem Schoße steht, in der einen Hand als Zeichen seines Lehramtes die Schriftrolle haltend, mit der anderen feierlich den Segen erteilend.

Die ältesten Tafelbilder sind in nichts von diesen Mosaiken verschieden. Teils um an den Metallglanz des früheren Altarschmucks zu erinnern – bis zum 12. Jahrhundert war es Sitte gewesen, die Altäre lediglich mit kostbaren, aus Metall gearbeiteten Reliquiarien zu zieren –, teils wegen der Nachbarschaft der Mosaiken oder Glasgemälde mußten die Bilder einen möglichst glänzenden Eindruck machen. Die Figuren heben sich daher wie auf den Mosaiken von Goldgrund ab. Rot, Blau, Gold ist die durchgehende Note. Auch die Gestalten selbst haben die ernste Feierlichkeit byzantinischer Typen. Der Kopf der Madonna mit den großen geschlitzten Augen und der langen, spitzen Nase, die gleichgültige Art, wie sie mit ihren überlangen, knochigen Händen das Kind hält, ist hier und dort die gleiche. Dieses hat ebenfalls die greisenhaften Züge der byzantinischen Christkinder. Von irgend welcher Neuerung, einem gesteigerten Gefühlsleben ist nicht die Rede.

Erst mit dem Schlusse des 13. Jahrhunderts, in den Werken des florentinischen Malers *Cimabue* macht sich eine Aenderung bemerkbar. Der Jesusknabe wird kindlicher, freundlicher. Eine leichte Neigung des Hauptes der Madonna sagt, daß sie die Gebete der Menschen hört, ihnen Hilfe und gnädige Verzeihung erwirken kann. Anmut und Weichheit, ein menschliches Rühren beginnt die mürrisch harten Züge zu beseelen. In diesem Sinne schrieb Vasari, es sei durch Cimabue »mehr Liebe« in die Kunst gekommen.

Noch zarter als Toskana hat die stille Bergstadt Siena das Madonnenideal der Mystiker verkörpert. Die Sienesen sind die erste Lyriker der neuern Kunst. Wie sie einerseits ihren Bildern etwas Zierliches, Sauberes, eine Pracht der Farbe und der Vergoldung geben, die an Byzanz gemahnt, spiegelt sich anderseits in ihren Werken auch die ganze weiche Gefühlsseligkeit wieder, die erst durch Franziskus in die Welt gekommen. Betonte die byzantinische Kunst das Greisenhafte, so herrscht hier das Jugendliche, Liebliche, Graziöse. War dort alles starr und steif, so herrscht hier schlanke, biegsame Anmut. Es ist, als seien die steinernen Wölbungen der Kirchen plötzlich durchsichtig geworden, und man schaute hinauf in den wirklichen Himmel, wo zarte, ätherische Wesen, singend und den Höchsten preisend, in ewiger Jugend dahinleben und liebeverwandt zum Menschen herniederbücken.

Duccio, in der großen Madonna des Domes, gab die erste Anregung. Diese Maria ist nicht mehr streng und würdevoll, sie ist huldvoll und mild. Es ist, als hätte sie Mitleid mit der sehnenden Seele des Gläubigen, denn eine leise, träumerische Wehmut verklärt ihre Züge. Auch ihr Verhältnis zum Kind wird anders; nicht mehr als gleichgültige Gottesträgerin fühlt sie sich, sondern als zärtliche Mutter. Ambruogio *Lorenzetti*, der stille Poet, hat sie gemalt, wie sie innig ihre Wangen an die des Kindes schmiegt, hat sie dargestellt, wie sie ihrem Knaben die Nahrung reicht: mütterlich und doch magdhaft, stolz und doch schüchtern.

Ein ähnlicher Fortschritt von der Starrheit zur Seelenmalerei läßt sich bei allen Stoffen verfolgen. Nicht an den Hauptfiguren allein. Denn um die psychische Wirkung zu steigern, fügt man gern Engel und Heilige bei, in deren Freude und Trauer die Stimmung des Hauptvorganges harmonisch ausklingt. Früher verlief bei der Himmelfahrt Maria alles in frostiger Steifheit. Jetzt strahlt Dankbarkeit und himmlische Sehnsucht aus Marias Augen. Engel singen und musizieren. Jubelnde Festfreude durchwogt die Bilder. Bei der Krönung Maria wurde früher nichts anderes dargestellt, als daß Christus, steif dasitzend, der ebenso bewegungslosen Maria eine Krone aufs Haupt setzt. Jetzt kreuzt sie demütig schwärmerisch die Arme, und der Heiland segnet sie. Heilige und musizierende Engel folgen in freudigem Erstaunen dem Vorgang. Wird die Verkündigung dargestellt, so bemüht man sich, die schüchterne Befangenheit Marias, den kindlichen Eifer des Gottesboten auszudrücken. Selbst die Krucifixe, früher Schreckbilder mit ihren plumpen, schwarzen Konturen und dem ungeschlachten, grünlich gefärbten Leib, bekommen eine weihevolle, still wehmütige Stimmung. Stumme Ergebung spricht aus den Augen des Erlösers. Klagend oder in melancholischem Sinnen stehen die Freunde da. Einer preßt die Hände an die Brust, ein anderer hebt sie in staunender Verehrung. Ein dritter bedeckt sein Gesicht und weint heiße Thränen. –

Die gleiche Entwicklung erfolgte im 14. Jahrhundert in Deutschland. Ja, die Ideale der Mystiker fanden hier vielleicht die reinste Verkörperung, weil träumerische Empfindungsseligkeit noch mehr im deutschen Gemüt als im Charakter des Italieners liegt.

Auch in Deutschland waren vorher – namentlich in Westfalen – nur Altarwerke von starr musivischem Stil entstanden. Die Haltung ist steif, der Ausdruck leblos. Eine streng stilisierte Zeichnung begrenzt die Formen. Die Augen, die Nasen, die Bärte, die Gewandfalten, die Flügel der Engel – alles macht, obwohl mit dem Pinsel gezeichnet, mehr den Eindruck, als sei es aus Steinwürfeln zusammengesetzt.

Darüber kam auch die Prager und Nürnberger Schule nicht weit hinaus. In Prag, das durch Karl IV. ein künstlerischer Mittelpunkt geworden war, arbeitete ein Meister *Theodorich*, der den specifisch mittelalterlichen Stil zu höchster Vollendung ausprägte. Alle seine Gestalten sind von finsterer Majestät und ernster Erhabenheit; die Köpfe mächtig, die Augen drohend, die Gewänder feierlich nach Art des musivischen Stils geordnet. Die Nürnberger *möchten* wohl dem neuen Zeitgeist folgen. Ihre Werke sind weicher als die der Prager, aber hausbacken und verständig. Die ernste Großartigkeit mittelalterlichen Stiles ist verloren gegangen, und den Ideen von hingebender Gottesminne, wie sie Franziskus erschlossen, vermochte man in der fleißigen Handelsstadt doch nicht ehrlich sich hinzugeben.

*

Köln, das heilige, von der Poesie uralter Geschichte umflossene Köln, wo im Laufe des Mittelalters der größte aller Dome entstand, ward auch für die Malerei das deutsche Assisi. Hier lebten im 14. Jahrhundert die großen Mystiker Albertus Magnus, Meister Eckardt, Tauler von Straßburg und Suso, Apostel der gleichen Lehre, die in Italien Franziskus verkündete. In Suso namentlich fand der seraphische Heilige einen wahlverwandten Nachfolger. Sein ganzes Leben ist ein ewiger Minnekampf, seine Verehrung der Madonna von fast sinnlicher Liebesglut. Herzlieb nennt er sie, bittet, daß sie seine Herrin werden möchte, weil sein junges, mildes Herz ohne Liebe nicht sein könne. Nach ihr sehnt er sich nachts und grüßt sie morgens. In der Maienzeit, wenn die Burschen ihren Mädchen Lieder singen, bringt auch er der Gebenedeiten sein Lied dar. Körperlich glaubt er sie vor sich zu sehen, in langem, weißem Gewand, einen Rosenkranz im goldblonden Haar; vernimmt Gesänge, als ob Aeolsharfen klängen. Die Bilder sind in die Malerei übersetzte mystische Visionen, blumenzarte, ätherische Träume frommer, erdentrückter Schwärmer. War Maria bisher eine ernste, erhabene Königin, so erscheint sie jetzt als holdselige Jungfrau im Liebreiz der Jugend, wie eine Prinzessin von einem Hofstaat sittiger Ehrenfräulein umgeben. Kleine Idyllen von sehr viel Zartheit treten an die Stelle des hoheitvollen Monumentalstils von früher.

Als der Begründer dieser neuen Richtung wurde bis vor Kurzem Meister *Wilhelm* genannt. Doch geht aus den datierten Monumenten hervor, daß in den Jahren 1358 bis 1372, als Wilhelm von Herle arbeitete, sich die kölnische Malerei noch in durchaus mittelalterlichen Bahnen bewegte. Die hart gezeichneten Figuren mit den eckigen Bewegungen und den plumpen Händen ähneln in nichts den schmächtigen Wesen mit der weich geschwungenen Haltung, die so typisch für die kölnische Schule sind. Der Schöpfer dieses neuen Stils wurde erst Hermann *Wynrich* von Wesel, der nach Wilhelm von Herles Tod dessen Werkstatt übernahm und dann von 1390-1413 das Kölner Kunstleben beherrschte. Von ihm, nicht von Meister Wilhelm rührt der berühmte Marienaltar her, der besonders deutlich das Erwachen der neuen Anschauungen zeigt.

Die Bilder sind nicht sämtlich von *einer* Hand. Die derben Passionsscenen der oberen Reihe scheinen die Arbeit eines Gesellen zu sein, der in der älteren Weise arbeitete. Wynrich malte die sechs mittleren Tafeln, worin die Kindheit Jesu in entzückender Frische erzählt wird. Auch er selbst hatte, wenn er später an bewegte, leidenschaftliche Vorgänge sich wagte, wenig Erfolg. Nur wo es um stille Madonnen, um milde Weiblichkeit sich handelt, ist seine frauenhaft zarte, lyrische Kunst am Platz. Der schmale, gebrechliche Leib seiner Jungfrauen, umflossen von wallenden Gewändern, tritt gänzlich zurück vor dem Eindruck der sanften, braunen Augen, aus denen die Sehnsucht nach dem Jenseits, die Sehnsucht nach dem himmlischen Bräutigam strahlt. Sinnend neigt sich das Köpfchen zur Seite. Schmal sind die Schultern, flach ist die Brust. In seinen ätherischen weißen Händen endigen die schwachen mageren Arme. Selbst die Männer, obwohl sie Bärte tragen, haben nichts von kraftvoller Männlichkeit. Sie blicken schüchtern und demütig, träumerisch wie Kinder in die Welt. Man denkt an die Lehren der Mystiker, die in einem gesunden Körper das schwerste Hindernis auf dem Wege zur Seligkeit sahen. Man erkennt aber auch, daß aus dieser Unterordnung des Körperlichen unter das Seelische alle Vorzüge dieser Kunst sich ergeben. Nur indem Wynrich alles Körperliche so zurücktreten ließ, vermochte er den Gefühlsausdruck, nach dem er strebte, so rein und ungetrübt zu geben. Die typische Aehnlichkeit der Gestalten, das feine Oval der Köpfchen, die gebrechliche Schlankheit der Körper – es dient dazu, in eine ferne Welt zu entrücken, wo alles anmutig und schön ist, die Gefühle zart und fein, in ein Paradies, wo keine Roheit, kein Mißton die große Harmonie, die himmlische Sphärenmusik stört.

Daß selbst die Landschaft zuweilen herangezogen wird, um die Paradiesesstimmung der Bilder zu steigern, ist ebenfalls den Lehren der Mystiker zu danken. Wie in Italien Franziskus, hatte in Deutschland Suso die Natur vom Fluche der Mönchstheologie befreit. Blumen, besonders Rosen, Paradiesgärten, in denen Madonna wandelt, kommen häufig in seinen Visionen vor. Er beschreibt das Paradies als eine schöne Au, wo Lilien und Rosen, Veilchen und Maiblumen duften, wo Stieglitze und Nachtigallen Tag und Nacht in herrlichen Weisen singen. Darum liebt es auch Wynrich, die Madonna im Freien darzustellen, auf blumigem Rasen, von zarten Jungfrauen begleitet. Bald kniet neben ihr die heilige Katharina, die sich mit dem Christkind verlobt, bald Agnes, die mit dem Lämmlein spielt. Andere lesen vor aus kostbaren Büchern, musizieren, pflücken Blumen, unterweisen das Christkind im Zitherspiel. Auch Ritter, schlank wie Mädchen, gesellen sich hinzu, um mit den Fräulein sittige Unterhaltung zu pflegen. Ringsum sproßt und grünt es, duftet und blüht es. In Werken der Art fand das Mittelalter der deutschen Kunst sein Ende. Es ist der letzte Klang aus jener Welt der reinen Harmonien, die Franziskus und Suso erschlossen hatten.

3. Die Begründung des epischen Stils durch Giotto.

Noch weit folgenreicher wurde nach einer anderen Seite das Auftreten des Franziskus. Er vertiefte nicht allein durch seine Predigten das Empfindungsleben und schuf so den Boden für jene lyrisch-empfindsame Malerei, die in Köln und Siena blühte. Indem er an die Stelle des dogmatischen den persönlichen Christus setzte, wie seine irdische Lebensarbeit ihn als Menschen neben anderen Menschen zeigte, führte er auch die Christuslegende als neuen Stoff der Kunst zu. Ein Epos war gegeben, das auch vom Maler erzählt werden konnte. Und namentlich: das eigene Leben des Heiligen mit all seinen Entbehrungen und wunderbaren Geschehnissen reizte zur Darstellung. In epischer Breite, in großen monumentalen Bildern sollte geschildert werden, was Franz erlebt und gethan.

An Wandflächen fehlte es nicht, denn die Gotik in Italien war eine andere als im Norden. Das Princip war, weite Binnenräume mit wenig Stützen durch große Bogen zu überspannen. Und da diese ungegliederten Flächen von selbst zur Dekoration mit Wandgemälden aufforderten, trat die Freskomalerei als tonangebender Faktor in das italienische Kunstschaffen ein.

Für die Franziskuslegende gab es keine altgeheiligte Tradition. Nachdem jahrhundertelang die Künstler, einer dem anderen folgend, sich darauf beschränkt hatten, die Kultusbilder Christi und der Maria zu schaffen, an denen jede Bewegung, jede Gewandfalte durch kirchliche Satzung bestimmt war, hatten sie bei diesem neuen Thema plötzlich Freiheit. Alle Scenen waren – nach den Erzählungen der Mönche oder der Lebensbeschreibung des Bonaventura – gänzlich neu zu gestalten. Statt ruhiger Gnadenbilder mußten bewegte Vorgänge, Handlungen, Ereignisse geschildert werden. Zur Bewältigung solcher Dinge reichte Gefühlsschwärmerei, reichte mystische Versenkung nicht aus. Eine große männliche Gestaltungskraft, ein freies Schaffensvermögen, ein gewisser Realismus war nötig. Daß an Stelle der ewig gleichbleibenden himmlischen Gestalten zum erstenmal ein realer, beinahe zeitgenössischer Stoff in den Darstellungkreis trat, bedeutete einen vollständigen Bruch mit der mittelalterlichen Tradition. Es ist daher kein Zufall, daß zur Lösung dieser Aufgabe eine Stadt berufen war, die mit gar keiner Ueberlieferung zu brechen hatte, da sie während des Mittelalters stumm beiseite gestanden: nicht das ewige Rom, das stolze Venedig oder das mächtige Pisa, sondern das junge Florenz, das damals neu und frisch, mit unverbrauchter Kraft, in die Kultur und Kunst Italiens eintrat. Hatte Siena, die stille Bergstadt, und Köln, das heilige Köln, den mystischen Idealen des Trecento den zartesten Ausdruck gegeben, so tritt der große *Giotto* diesen Lyrikern als Epiker, den Mystikern als der Realist des 14. Jahrhunderts zur Seite.

In der Grabkirche des Heiligen, San Francesco in Assisi, verdiente er sich die Sporen. Giovanni Cimabue, dem die Dekoration übertragen war, hatte ihn, den früheren Hirtenbuben, nebst anderen Gesellen mit sich genommen und überließ ihm zur selbständigen Ausführung die Bilder aus der Franziskuslegende, die die Wände der Oberkirche überziehen. Giotto malte sie. Und nachdem er an dem neuen Thema seine Kraft geübt, an der Hand des zeitgenössischen Stoffes sich von den Fesseln des Byzantinismus befreit, sah er auch das Alte mit modernem Auge. Auf die Franziskuslegende folgte die Neugestaltung des Lebens Christi, das er in Padua, in der Kirche der Arena, erzählte. Nachdem er dann noch in der Unterkirche von Assisi die drei Gelübde des Franziskanerordens: Armut, Gehorsam und Keuschheit sowie die Glorie des Franziskus gemalt und in den verschiedensten anderen Städten – in Rom, Ravenna, Rimini und Neapel umfangreiche (heute zerstörte) Werke geschaffen, kehrte er 1334 nach Florenz zurück, wo er zum Baumeister des Domes und des Campanile ernannt wurde und auch als Maler – in der eben vollendeten Franziskanerkirche Santa Croce – noch eine ausgedehnte Thätigkeit entfaltete. Drei Jahre nach seiner Rückkehr, am 8. Januar 1337 erfolgte sein Tod. Boccaccio schrieb über ihn im Dekamerone: »Giotto war ein solches Genie, daß nichts in der Natur war, was er nicht so abgebildet hätte, daß es nicht nur der Sache ähnlich, sondern diese selbst zu sein schien.« Und Polizian läßt ihn in seiner Grabschrift sagen: *Ille ego sum, per quem natura, extincta revixit.*

Ein solches Lob, dem Naturalisten Giotto gespendet, wird dem modernen Auge sehr übertrieben scheinen. Wer mit realistischem, dem Stil späterer Epochen entlehnten Maßstab an Giottos Werke herantritt, findet keinen Eingang in die Werkstatt seines Geistes.

Wohl überrascht er, wenn es Außergewöhnliches, Erotisches zu schildern gilt, zuweilen durch ganz modernen Naturalismus. Unter dem Gefolge der heiligen drei Könige in der Kirche von Assisi sind wunderbare Exemplare mongolischer Rasse, mit eingedrückter Nase, gelber Hautfarbe und ebenholzschwarzem Haar. Ebenso fallen die Nubierköpfe in der Kirche Santa Croce durch ethnographische Treue auf. Doch daß sie auffallen, zeigt, wie vereinzelt solche Dinge bei Giotto sind. Auch er hat, wie alle früheren, einen durchgehenden Typus: jene harten, wie aus Holz geschnitzten unpersönlichen Gesichter mit den vorstehenden Backenknochen, den mandelförmigen Augen und der gradlinigen, sogenannten griechischen Nase.

Das Nackte zu studieren lag noch nicht im Sinne der Zeit. Wo unbekleidete Figuren gegeben werden, wie in der Taufe Christi oder in den Kreuzigungsbildern, ist daher die Zeichnung ganz allgemein.

Was das Kostüm anlangt, hat er in einzelnen Fällen, wie aus dem Bild der Anbetung der Könige, zeitgenössische Moden verwendet. Doch nur bei Figuren, die er in Gegensatz zu den Gestalten des spezifisch christlichen Glaubenskreises setzen will. Für die Heiligen behält er die feierliche Idealtracht bei, die das Mittelalter von der Antike übernommen hatte. Sie tragen Toga, Tunika und Sandalen. Der Kopf bleibt unbedeckt.

Wie in der Darstellung des Menschen, ist er als Tiermaler von Naturtreue weit entfernt. Der Hühnerhund, der auf einem der Paduaer Fresken an Sankt Joachim aufspringt, der Esel, auf dem ebenda der heilige Joseph reitet, und die drei Kamele auf dem Bilde der Anbetung der Könige in Assisi sind an naturalistischer Durchbildung wohl das Hervorragendste, was Giotto auf dem Gebiet der Tierdarstellung leistete. Die Schafe, die der frühere Hirtenjunge hätte kennen müssen, sind wenig korrekt gezeichnet. Das Pferd bleibt für ihn eine unverstandene Maschine.

*

Noch befremdlicher wirken seine Hintergrunde. All diese Baulichkeiten, in ihren Einzelheiten naturwahr, bilden als Ganzes doch keinen realistischen Hintergrund. Viel zu klein, sind sie weder perspektivisch richtig gezeichnet noch stehen sie in richtigem Verhältnis zu den Menschen. Diese sind oft größer als die Häuser, in denen sie wohnen. Ebenso bewegt er sich als Landschafter in den primitivsten Bahnen. Die Natur setzt sich gewöhnlich aus wunderlich gezackten, kahlen Felsen zusammen, auf denen hier und da ein Stamm wächst, der auch wieder als einzige Bekleidung höchstens ein Dutzend wie aus Blech geformte Blätter hat. Die malerischen Elemente der Landschaft, Flüsse, Thäler, Hügel und Wälder, ihre ernste und heitere Vegetation kamen für ihn so wenig wie für andere Meister des Trecento in Frage. »Wenn du Gebirge in einer guten Weise entwerfen willst, die natürlich scheinen, so wähle große Steine aus, rauh und unpoliert, und zeichne sie nach der Natur.« Diese Vorschrift Cenninis ist ein bezeichnendes Dokument für die Naturauffassung einer Epoche, der noch der Baum den Wald, der Stein das Gebirge bedeutete.

*

Selbst das Kolorit Giottos, so sehr es in seiner lichten Haltung von den preciös barbarischen Farben der Byzantiner abweicht, ist weit entfernt der Wirklichkeit zu folgen. Wie er die Pferde zuweilen rot, die Bäume blau malt, ist auch eine Bezeichnung der Stoffe, aus denen die Dinge bestehen, ein Unterschied in der Behandlung der Architektur, der Gewänder und des Fleisches weder erreicht noch versucht.

Doch man darf, um die Bedeutung eines Künstlers festzustellen, ihn nie mit Späterem, nur mit Früherem vergleichen. Da imponiert schon die Erweiterung des Stoffgebietes, die sich durch Giotto vollzog. Die byzantinische Kunst hatte nur die regelhafte, für Ewigkeiten festgemauerte Ruhe des Göttlichen dargestellt, es in hieratischer Starrheit, über Zeit und Raum erhaben vor Augen geführt. Bewegte Scenen darzustellen, war nur nebenher und schüchtern versucht. Giotto als erster giebt der Kunst die Wendung zur Aktion, schildert nicht Ruhiges, sondern Bewegtes, nicht Zeitloses, sondern Geschehen. Indem er an die Stelle der repräsentierenden Andachtsbilder ganze Epen, ganze Dramen setzte, wurde er der erste Historiker der christlichen Kunst.

Und hält man fest daran, immer nur an Früheres, nicht an Späteres zu denken, wird auch sofort ersichtlich, welche Summe technischer Ausdrucksmittel Giotto erst schaffen mußte, um diesen neuen Stil zu begründen. Die Figuren sind nicht naturalistisch durchgebildet, aber er als erster weiß menschliche Gestalten in voller Bewegung darzustellen. Die Tiere sind nicht gut gezeichnet, aber er als erster öffnet seine Fresken den Vertretern des Tierreichs, von den Vierfüßlern bis zu den Vögeln, die der Predigt des Franziskus lauschen. Seine Landschaften sind noch symbolisch, trotzdem war es ein jäher Ruck, mit dem er die Gestalten aus der byzantinischen Raumlosigkeit in eine bestimmte örtliche Umgebung setzte, sie auf der Erde in der freien Natur, auf den Straßen und Plätzen der Städte zu neuem, lebensvollen Wirken vereinte.

Schließlich erklärt sich vieles, was gegen die Naturwahrheit zu verstoßen scheint, nicht aus mangelndem Können, sondern aus den stilistischen Anforderungen des großen Stils. In der souveränen Sicherheit, mit der er die Gesetze des Monumentalstils feststellte, liegt seine eigentliche unsterbliche Größe. Giotto wußte noch, was spätere Maler vergaßen, daß es gar nicht Aufgabe der Wandmalerei ist, naturalistische Wirkungen in Form und Farbe zu erstreben, sondern daß sie nur ihren Zweck erfüllt, wenn sie in den Grenzen rein schmückender Flächendekoration sich hält. Aus diesem Grunde ist er noch für unsere Zeit, für Puvis de Chavannes und andere, der starke Anknüpfungspunkt geworden. Nachdem die jahrhundertelange, auf den Realismus gerichtete Entwicklung ihren Abschluß gefunden, trat desto mehr hervor, daß Giotto vor sechs Jahrhunderten schon das besaß, was wir heute wieder erstreben. Sein ganzes Schaffen wurde nicht durch naturalistische sondern durch dekorative Gesichtspunkte bestimmt. Gerade indem er der monumentalen Wirkung zuliebe vieles von der Naturwahrheit, die auch er hätte erreichen können, opferte, ergriff er im Kern die Aufgabe raumschmückender Kunst.

Sein Geheimnis liegt in dem großen Zug der Linien, in der klaren Anordnung der Gruppen, in der strengen Unterordnung aller Einzelheiten. Damit kein kleinliches Detail den Linienfluß stört, wählt er Typen, die an Gesicht und Gestalt einfach und mäßig sind. Damit die Klarheit der Erzählung nicht leidet, vermeidet er alle malerischen Füllfiguren, beschränkt sich darauf, in lakonischer Kürze den geistigen Gehalt des Themas in künstlerische Anschauung umzusetzen. Da sich die hohe Getragenheit des Monumentalstils nicht mit jähen Wendungen und unsicheren Gesten verträgt, bildet er sich eine feststehende Gebärdensprache, die wie die Schriftsprache für die gleichen Dinge immer die gleichen Worte benutzt, und so dem Betrachter sofort beibringt, was die Figuren sagen. Ein signifikanter Blick, eine leichte Bewegung der Hand und des Körpers, der die lose herabhängenden Gewänder willig folgen, müssen genügen, die Bedeutung der dargestellten Person, die Regungen ihres Seelenlebens zum Ausdruck zu bringen. Da er die Wandmalerei lediglich als Flächendekoration auffaßt, vermeidet er alle plastischen, auf die Illusion von Körperlichkeit ausgehenden Wirkungen, arbeitet in demselben Stil wie die Japaner, bei denen ebenfalls die Menschen weder Rundung haben noch Schatten werfen. Auch die Farbe muß sich dem dekorativen Zwecke unterordnen. Daher trägt er kein Bedenken, bewußt von der Wirklichkeit abzuweichen, wenn eine naturwahre Farbe die helle Gesamtharmonie, den bleichen Gobelinton der Bilder zerstören würde. Die Stilisierung der Landschaft ergab sich als weitere Folge. Sie durfte nicht selbständig auftreten, nur die Begleitung zu den großen Hauptlinien der Figuren bilden. Darum hält er sie in den einfachsten Formen. Auch Giotto wußte, daß in so kleinen Häusern keine Menschen leben können, daß Pflanzen und Bäume nicht so symmetrisch wachsen, daß Felsen nicht so treppenförmig abgestuft oder so nadelförmig spitz sind. Aber er malt sie so, weil jede naturalistische Durchbildung ihn von seinem Ziel entfernt hätte. Denn hätte er die Häuser größer gegeben, so wären seine Bilder statt Monumentalmalereien Architekturstücke und historische Genrebilder im Stil Gentile Bellinis geworden. Hätte er die Felsen nicht so abgetreppt, nicht so schroff gradlinig gezeichnet, wäre er nicht im stande gewesen die Pläne so scharf zu sondern, die verschiedenen Ereignisse so deutlich zu trennen. Hätte er die Bäume naturalistisch durchgeführt, so hätte sich nicht nur eine Dissonanz mit den mäßig gradlinigen Figuren ergeben, es wäre auch der Eindruck der Feierlichkeit verloren gegangen, den sie gerade in ihrer Stilisierung machen. Nur indem er auf alles Kleinliche, auf alle naturalistischen Einzelheiten verzichtete und die Natur vereinfachte, um sie noch elementarer sprechen zu lassen, konnte er seinen Werken die feste Geschlossenheit, jene sakramentale Würde geben, die dem Thema sowohl wie dem Stil dekorativer Kunst entspricht.

Und der Begründer dieses Stils konnte nur ein so klarer männlicher Geist wie Giotto werden. Es ist eine geschichtliche oder besser eine psychologische Merkwürdigkeit, daß inmitten dieser gefühlseligen Generation ein Mann lebte, der gar nichts vom Mystiker hat. Man braucht, um diesen Zug seines Charakters zu erkennen, nur seine Madonnenbilder zu betrachten. Von der Zartheit und mystischen Innerlichkeit der Sienesen und Kölner sind diese Werke weit entfernt. Eine gewisse Nüchternheit, ungraziöse Härte und poesielose Sachlichkeit haftet ihnen an. Statt wie die andern nach ätherischer Holdseligkeit zu streben, trägt er realistisch-genrehafte Züge in das Thema hinein. Das Kind steckt den Finger in den Mund, spielt mit einem Vogel, ist im Begriff der Mutter auf den Schoß zu klettern. Auch die paar Züge, die aus seinem Leben bekannt sind, deuten seine Doppelstellung an. Er verherrlicht die Franziskanergelübde, verwahrt sich aber ausdrücklich dagegen, daß für ihn selbst Armut das Ziel des Strebens bedeute. Er ist Maler, bewegt sich aber mit gleichem Erfolg in der materiellsten aller Künste, die gar keine Empfindung, nur handwerkliche Tüchtigkeit und mathematische Berechnung voraussetzt: in der Baukunst. Er malt Mystisches, gilt aber seinen Zeitgenossen als sehr verständiger Mann, dessen moderne Anschauungen und kaustische Witze seltsam kontrastieren mit dem Wesen des Heiligen, als dessen Verherrlicher ihn die Kunstgeschichte feiert. Dem entspricht seine Kunst. Man ersieht aus ihr, wie aus den Werken der Sienesen, welche Tiefe des Gefühlslebens durch Franziskus erschlossen war. Alle Regungen des menschlichen Herzens, Zorn und Demut, Liebe und Haß, Mut und Entsagung hat er meisterhaft interpretiert. Aber er thut es ohne mystische Traumseligkeit, in verständiger Sachlichkeit. Seine Kunst ist klar und durchsichtig, spricht in knappen, lapidaren Sätzen wie ein mathematischer Beweis. Kein Schwärmer, aber ein positiver exakter Geist, kein Träumer, aber ein gewaltiger Arbeiter von gesunder, breitausgreifender Männlichkeit, hat er auf ein Jahrhundert hinaus die Bahnen der italienischen Kunst bestimmt.

4. Die Freskomalerei des späteren Trecento.

Nachdem Giotto der Malerei die Zunge gelöst, begann in ganz Italien eine ungeheure Thätigkeit. In Florenz bot die Kirche Santa Croce, wo Giotto seine letzten Bilder geschaffen, auch den Jüngeren ein reiches Arbeitsfeld. Gleichzeitig erhielt die Kirche Santa Maria Novella ihre Ausstattung. Siena, das lyrisch mystische Siena folgte ebenfalls dem episch gewordenen Zeitgeist, ließ seinen Palazzo publico mit Fresken dekorieren. In Pisa, der schlafenden, toten Stadt, enthält das Camposanto eine der gewaltigsten Bilderreihen mittelalterlicher Kunst. In Padua, wo Giottos Werk in der Arena den Sinn für monumentale Kunst geweckt, erprobten in der Kirche Sant Antonio und in der Kapelle San Giorgio nun auch einheimische Künstler ihre Kräfte.

Die hauptsächlichsten Namen sind: für Florenz *Taddeo Gaddi, Giottino, Maso di Banco, Giovanni da Milano, Andrea Orcagna, Agnolo Gaddi, Antonio Veneziano, Francesco da Volterra* und *Spinello Aretino* – für Siena: *Simone Martino, Lippo Memmi, Pietro* und *Ambruogio Lorenzetti* – für Padua: *Altichiero da Zevio* und *Jacopo d'Avanzo*. Pisa, das ein Hauptsitz der Plastik war, hatte außer *Francesco Traini* keine einheimischen Maler sondern rief auswärtige zur Erledigung der großen Arbeiten herbei.

Zunächst fand, nachdem Giotto mit dem Christusleben, der Franziskus- und Johanneslegende vorausgegangen, nun die ganze Bibel, die ganze Heiligenlegende Bearbeitung. Die Geschehnisse des Alten wie des Neuen Testamentes und die Erzählungen der *Legenda aurea* wurden in demselben episch anschaulichen Stil geschildert, in dem die Predigten des Franziskus gehalten waren.

Dann trat der Dominikanerorden als mächtiger Faktor in das Kunstleben ein. Den Bettelmönchen, schlichten Männern des Volkes, gesellten sich die gelehrten Advokaten der Kirche, die Vertreter jenes Ordens, der seine Hauptaufgabe in der wissenschaftlichen Formulierung und strengen Aufrechterhaltung der reinen Kirchenlehre sah. Diesem starr gelehrten, streng scholastischen Geist entspricht die Kunst, die unter dem Schutze des Dominikanertums sich entfaltete. Während in den Franziskanerbildern nur ausnahmsweise Allegorien vorkommen, gewöhnlich der schlichte Legendenton gewahrt ist, handelte es sich hier darum, in lehrhaften allegorischen Darstellungen das System und die Moral des heiligen Thomas von Aquino, des scholastischen Dominikanerfürsten zu verherrlichen. Und erstaunlich ist, mit welch heiligem Ernst die Maler versuchten, auch diese ganz abstrakten, sinnlich kaum zu packenden Dinge in die Sprache der Kunst zu übertragen. In der berühmten Glorie des heiligen Thomas von Francesco Traini sollte die geistige Einwirkung, die der Heilige von verschiedenen Seiten empfangen und seinerseits auf die Gläubigen ausgeübt, symbolisch dargestellt werden. Traini thut es durch ein kompliziertes System von Strahlen, die auf Thomas fallen und von ihm ausgehen. In dem Freskencyklus der spanischen Kapelle in Santa Maria Novella war die kulturgeschichtliche Bedeutung des Dominikanerordens, sein wissenschaftliches System und strenges Hüteramt der Wahrheit darzustellen. Man sieht also um den Thron des Statthalters Christi Hunde (*Domini canes*) gelagert, wie sie des Rufes harren, sich auf die Wölfe (die Ketzer) zu stürzen; weiter Mönche, wie sie predigen, und sündige Seelen, die durch die Geistlichen bekehrt, ins himmlische Jenseits eingehen. Wie hier die praktische ist auf dem andern Bild die wissenschaftliche Thätigkeit des Ordens dargestellt. Der heilige Thomas sitzt auf gotischem Thron, zu dessen Füßen die überwundenen Ketzer Arius, Averroes und Sabellius kauern. Dann folgen, durch Frauengestalten personifiziert, die weltlichen und geistlichen Wissenschaften. Eine der Gestalten, mit Erdkugel und Schwert soll die Majestät, eine andere mit Pfeil und Bogen die Schrecken des Krieges, eine dritte mit der Orgel die Musik bedeuten. Männliche Gestalten sind noch als Vertreter der allegorischen Begriffe beigegeben.

*

Die ähnlichen politischen Allegorien, wie sie in Gerichts- und Ratsälen üblich wurden, sind auf den größten dichterischen Genius der Zeit, auf Dante zurückzuführen. Nachdem dieser das Ideal des Staatslebens definiert, konnte Ambruogio Lorenzetti von Siena seine Wandbilder des

Palazzo publico malen, die halb sittenbildlich, halb allegorisch die Segnungen des guten, die Schrecken des schlechten Regimentes vorführen.

Teils auf Dante, teils auf die Lehren der beiden Mönchsorden gehen auch die symbolisch visionären Stoffe zurück, die neben den Allegorien aufkamen. Denn in dem Hinweis auf das Jüngste Gericht, auf Paradies und Hölle sahen diese Prediger das wirksamste Mittel die Gemüter zu erschüttern. Ein Bruder Giacomino da Verona beschreibt das Paradies als einen himmlischen Königshof. Die Patriarchen und Propheten, in grüne, weiße und blaue Gewänder gehüllt, die Apostel auf goldenen und silbernen Thronen, die Märtyrer, rote Rosen im Haar, scharen sich um den Ewigen, in nie getrübter Freude dahinlebend. Zur Seite Christi thront Maria, schön wie eine Blume, von den Engeln durch Harfenspiel und jubelnde Hymnen geehrt. Die Hölle wird als eine Stadt der Unterwelt beschrieben. Giftige Gewässer fließen durch sie hin. Ein Himmel von Metall überwölbt sie. Mit großen Stöcken hauen die Teufel auf ihre Opfer ein. Feuer sprüht aus ihrem Munde; wie die Wölfe heulen, wie die Hunde bellen sie. Dann gab Dante in der *Divina commedia* diesen Ideen die klassische Form. Nicht bloß die Gliederung des Jenseits in Hölle, Fegfeuer und Paradies, auch die Art der Verteilung und Abwägung der Strafen erhielt durch ihn die dogmatische Fassung.

Die Künstler folgten, indem sie den typischen Darstellungen des Jüngsten Gerichtes, wie sie schon früher üblich waren, ebenfalls umfangreiche Schilderungen des Paradieses und der Hölle zur Seite stellten. Namentlich Orcagna und der große Unbekannte des Pisaner Camposanto ragen durch Werke dieser Art hervor. Während in den byzantinischen Darstellungen des Jüngsten Gerichtes alles in lebloser Steifheit verlief, herrscht hier seelische Bewegung. Christus ist leidenschaftlich erregt, die Madonna Fürbitterin der Menschheit. Die Apostel folgen in angstvoller Spannung dem Vorgang. – Die Hölle ist als Durchschnitt eines unterirdischen Gebirges gedacht, dessen Felswände die verschiedenen Klassen der Sünder trennen. Satans Schreckgestalt nimmt die Mitte ein. Unter ihm lodern Flammen. Alle Arten von Martern erfüllen den Schreckensraum. – Von Jubel und Seligkeit ist das Paradies durchwogt. Gerade indem Orcagna hier jede Bewegung meidet, nur jugendliche Köpfe und strahlende Augen malt, die in leuchtendem Glanz auf den Betrachter blicken, erreicht er überirdische Wirkung: selbst der gewaltige Akt des Gerichtes kann die Seligen in ihrem himmlischen Frieden nicht stören.

Die Todesallegorien bilden gleichsam die *Einleitung* zu diesen Darstellungen des Jenseits. Hungersnot und Krieg hatte damals die Völker heimgesucht. Die Pest hatte ihren Triumphzug durch Europa gehalten. Man glaubte sich von Gottes Strafgericht verfolgt, hatte die Wahrheit der alten Lehre kennen gelernt, daß der Mensch jederzeit gerüstet sein müsse, vor den Richterstuhl des Höchsten zu treten. So entstand damals das Gedicht von den drei Toten, die den drei Lebenden in den Weg treten mit der ernsten Mahnung: »Was ihr seid das waren wir, was wir sind das werdet ihr«. Jacopone dichtete seine Lieder, worin er den Allgleichmacher Tod als die fürchterliche Macht besang, die plötzlich und tückisch ins blühende Leben eingreift. Das Gegenstück zu diesen Gedichten bildet der *Trionfo della morte* des Camposanto, von allen symbolischen Darstellungen des 14. Jahrhunderts wohl die bedeutendste. Denn nicht nur in der großartigen Gestaltung der Idee, auch an Naturbeobachtung geht dieser Meister über das Niveau der Schule hinaus. Hatte Giotto sich als Landschafter auf nackte Felsen beschränkt, so wird hier zum erstenmal die Natur im Schmucke der Vegetation gegeben. Ebenso imponiert die realistische Kühnheit, mit der er die zurückscheuenden Pferde oder bei der Bettlergruppe die Verkrüppelungen und Verstümmelungen malt.

Ueberhaupt sind gewisse stilistische Fortschritte, die über Giotto hinaus gemacht wurden, auch in manchen anderen Werken bemerkbar. Orcagna und die Sienesen ergänzen ihn in der psychologischen Analyse. Hatte Giotto starke Empfindungen in dramatischer Deutlichkeit interpretiert, so malt Orcagna auch feinere leise Gefühle, die verschwiegen ein halbes Traumleben führen. Ebenso halten die Sienesen auch im Fresko an ihrer heimischen Empfindung fest und gehen dadurch psychisch über Giotto hinaus. Statt des energischen Ausdrucks des Altmeisters herrscht bei ihnen mehr weiche Träumerei, statt ernster Leidenschaft milde Lieblichkeit, statt pathetischer Dramatik lyrisch empfindsame Zartheit.

Durch seine realistischen Hintergründe fällt der Meister auf, der die Fresken der Capella Spagnuoli schuf. Er zeichnet das einemal einen Garten mit Obstbäumen und bevölkert ihn mit jungen Leuten, die Früchte pflücken oder sich im Schatten ergehen. Das anderemal giebt er die Kathedrale von Florenz genau so, wie sie von den zeitgenössischen Architekten geplant war. Noch weiter gehen nach der realistischen Seite die Paduaner. Hatte Giotto in einfachem Reliefstil die Figuren nebeneinander gestellt, so versuchen die Paduaner schwierigere perspektivische Probleme. Die Bauwerke des Hintergrundes sind korrekter in den Größenverhältnissen, die entfernten Gestalten perspektivisch richtiger verkleinert. Auch die Charaktere sind individueller, mehr porträtartig gefaßt, die Tiere ebensogut wie die Menschen beobachtet. Namentlich die Wiederkäuer, den ruhigen langsamen Schritt der Ochsen haben sie in verblüffender Weise gezeichnet. Selbst das Nackte ist, wo es bei Martyrien darzustellen war, mit einer gewissen Naturkenntnis gegeben.

Von einer eigentlichen Entwicklung in realistischem Sinn läßt sich gleichwohl nicht sprechen. Wenn von einem Schüler Giottos, einem gewissen Stefano berichtet wird, er sei wegen seines naturalistischen Stils »Affe der Natur« genannt worden, so ist dieser Notiz ebenso bedingter Wert beizumessen wie dem Urteil, das Boccaccio über Giottos Naturalismus fällt. Richtiger kennzeichnet Dantes Commentator *Benvenuto da Imola* die Lage, wenn er zu den Versen Dantes, daß Giotto in der Malerei das Feld behaupte, noch 1376, also 40 Jahre nach Giottos Tod die Anmerkung macht: »Und wohlgemerkt, er behauptet es noch immer, da seitdem kein Größerer gekommen«. Wie während des Mittelalters der byzantinische, herrschte während des 14. Jahrhunderts der Giottostil. In der Erweiterung des Stoffgebietes, nicht in der Vermehrung des von Giotto angehäuften technischen Kapitals bestand die Entwicklung. Die Formen, die der Altmeister geschaffen, dienen den Malern dazu, nun den ganzen Gedankengehalt der Zeit in bildliche Anschauung umzusetzen. An die dunkelsten Allegorien, die phantastischsten Vorstellungen vom Jenseits, die Bearbeitung der gelehrtesten Kirchendogmen treten sie heran, wollen in das ABC der Form, wie es Giotto festgestellt, gleich die Unendlichkeit weltbewegender Ideen legen. An der technischen Vervollkommnung dieser Formen arbeiten Wenige. Die ganze Malerei war – wie in unserem Jahrhundert zur Zeit des Cornelius – das Produkt einer vorwiegend literarischen Epoche, als die großen Denker und Dichter, Dante und Petrarka, die Geister beherrschten und auch den Künstler veranlaßten, sich nicht als Maler, sondern als Dichter seiner Werke zu fühlen.

II. Die Nachblüte des mittelalterlichen Stils im Quattrocento.

5. Der Kampf des alten mit dem neuen Zeitgeist.

Die Reaktion gegen die Gedankenmalerei der Giottoschüler war notwendig, eine Lebensfrage. Statt an die Kirchenlehrer an die Poeten sich anzulehnen, mußte die Malerei selbst stehen lernen. Statt Gelehrsamkeit zu illustrieren, mußte sie Herrin im eigenen Hause werden. Das ist der Umschwung, der sich im 15. Jahrhundert vollzog. All jene Triumphe der Keuschheit, der Armut, der *ecclesia militans*, jene Allegorien des guten und schlechten Regiments, wie sie die Gedankenmaler ersonnen hatten, fanden keine Bearbeitung mehr. An die Stelle der dogmatisch-didaktischen Bestrebungen, an die Stelle der literarischen Kompositionen treten einfache Bilder, die in sich selbst die Berechtigung für ihr Dasein tragen. Man erdichtet nicht mehr, sondern beobachtet, malt keine Gedanken mehr, sondern Dinge. So bedeutet das 15. Jahrhundert die allmähliche Eroberung der sichtbaren Welt und Hand in Hand damit die allmähliche Ausbildung der Technik.

Auch die große Kulturwandlung, die sich zu Beginn des Quattrocento vollzog, lenkte die Malerei in diese Bahn, Die Kultur des Mittelalters war durchaus kirchlich gewesen. Die Kirche regelte die Sitten der Völker, unterwies sie in praktischen Dingen und belehrte sie in geistigen, soweit es ihr gut schien. Allmählich war die Menschheit herangereift und wies die Bevormundung als Zwang von sich ab. Die Einheit des mittelalterlichen Bewußtseins ging in die Brüche. Sinnlichkeit und Denken machten der Askese, dem blinden Glauben gegenüber ihre Rechte geltend. Die christliche Demut weicht dem Gefühl persönlicher Starke. Statt sich mit dem Wechsel auf das Jenseits zu begnügen, beginnt der Mensch sich einzurichten auf der Erde, die Kräfte und Geheimnisse des Alls sich dienstbar zu machen. Neue Erdteile werden entdeckt, umwälzende Erfindungen auf allen Gebieten gewerblicher Thätigkeit gemacht. Es ist bekannt, wie unter der Herrschaft dieser neuen Principien bald die große Aufgabe einer gänzlichen Neugestaltung der Wissenschaft sich im Hintergrund zeigte. Nicht minder bekannt, welche ungeheuren Folgen der Zusammenbruch der mittelalterlichen Ideale auf die äußere Gestaltung des Lebens hatte. Es war, als sei den Menschen plötzlich der Boden unter den Füßen weggezogen. Alle Überlieferungen, die bis dahin bindende Kraft gehabt, waren erschüttert. Alle Untiefen des menschlichen Herzens thun sich auf. Hatte man vorher das Erdendasein als eine Vorbereitung zur Seligkeit aufgefaßt, so will man jetzt auf Erden sich ausleben. Ging man damals in Sack und Asche, so liebt man jetzt die Feste und Turniere, die Maskeraden und Bälle, den Luxus der Tafel wie den Luxus der Kleider. Dem Wiederaufleben der Sinnlichkeit gesellt sich die Rebellion gegen den Staat, die Familie. Schriftsteller treten auf, die in ganz moderner Skepsis die mönchstheologische Moral dem Spott und dem Gelächter preisgeben. Neue Staaten formen sich allerwärts. Da monarchische Gewaltherrschaften, in denen Herrscher war, wer durch Kraft und Schrecken emporzukommen, durch Kraft und Schrecken sich zu behaupten wußte, dort städtische Republiken, dem wildesten Parteihader preisgegeben und gleichwohl durch ein freies betriebsames Bürgertum blühend.

Die Kunst geht immer parallel mit den allgemeinen Anschauungen, der Kultur, den Sitten. Sie ist der Spiegel, die abgekürzte Chronik ihrer Zeit. Auch in ihr wich daher der Zug nach dem Jenseits dem nach dem Diesseits. Die Weltfreude der Epoche kommt auch in den Bildern zum Ausdruck. Hatte das 14. Jahrhundert, die Zeit der Mystiker, die Tiefen des Seelenlebens erschlossen, so nimmt das 15. Jahrhundert Besitz von der Außenwelt. Wie Handel und Schiffahrt neue Welten, so entdeckt die Malerei das Leben. Nicht mehr Andacht und fromme Empfindungen will sie wecken, nein, die irdische Welt in all ihrer Schönheit will sie spiegeln.

Dazu reichten die technischen Errungenschaften des Trecento nicht aus. Auf die Erweiterung des Inhalts, die das 14. Jahrhundert gebracht hatte, mußte die Verbesserung der Darstellungsmittel folgen. Während die Malerei des Trecento vor lauter gedankenhaft-didaktischen Bestrebungen nicht zu stilistischen Fortschritten kam, ist die des Quattrocento, viel bescheidener in den Stoffen, an rein künstlerischen Eroberungen desto reicher. Nicht in ihrer Weltfreude nur sind die Maler echte Kinder ihrer Zeit. Auch als technische Pfadfinder sind sie würdige Genossen des Kolumbus und Gutenberg. Erst auf der Grundlage, die das Quattrocento schuf, konnte sich die moderne Malerei erheben.

Doch nicht jäh und plötzlich ist die Wandlung erfolgt. Viel zu mannigfache Bestrebungen kreuzten sich in diesem großen Jahrhundert, als daß es *en bloc* das Jahrhundert des Realismus genannt werden könnte. Die materialistische Strömung, die auf die Eroberung der irdischen Welt gerichtet war, bildete nur *einen* Faktor der großen Kulturbewegung. Man darf nicht glauben, daß wirklich alle Religion mit einem Schlage vergessen, alle Fragen des Gemütes verstummt wären. Nein, die Lehre vom Elend des Irdischen, von der Verächtlichkeit der Welt, von der einzigen Rettung durch den Glauben hatte auch jetzt noch ihre begeisterten Apostel. Gleich am Eingang des Jahrhunderts steht die wunderbare Gestalt der heiligen Katharina von Siena. Später kamen Fra Giovanni Dominici und der heilige Antoninus, die durch ihre Predigten und Schriften namentlich in der Frauenwelt eine neue religiöse Begeisterung wachriefen. Das 15. Jahrhundert ist eine Epoche, in der die Anschauungen zweier Weltalter, die religiösen Ideen des ausgehenden Mittelalters und die Weltfreudigkeit des modernen Geistes miteinander ringen. Die gleiche Doppelströmung geht durch die Malerei. Den Realisten, die die Wahrheit suchen mit heißem Bemühen, stehen andere gegenüber, die zwischen den Fortschritten der Neuerer und dem Geist des Mittelalters die Brücke zu schlagen suchen. Die technischen Errungenschaften ihrer Zeitgenossen verschmähen sie nicht. Aber auf die Hinterlassenschaft des Mittelalters wollen sie auch nicht verzichten. Der Körper bedeutet noch immer das Gefäß für den Geist, die irdische Hülle, die den himmlischen Schmetterling umschließt. Nicht an das Auge, wie die Realisten, an Herz und Seele wenden sie sich. Eine gewisse archaische Haltung bringt schon äußerlich ihre Bilder zu denen der anderen in Gegensatz. Denn während sonst das 15. Jahrhundert die goldenen Hintergründe zu Gunsten natürlicher Lokalitäten beseitigte, haben diese Meister, die Prinzipien des Mittelalters verfeinernd, überhaupt erst den Stimmungszauber des Goldes erkannt. Es genügt ihnen nicht, die goldenen Hintergründe beizubehalten und goldene Ornamente überall anzubringen. Gewisse Dinge, wie die Schlüssel des heiligen Petrus und die Edelsteine in der Krone Marias führen sie in Hochrelief aus und geben dadurch ihren Bildern eine feierliche, preciös archaische Wirkung. Noch um 1430 gehen diese fortschrittlichen und konservativen Elemente gleichberechtigt nebeneinander her.

6. Byzantinismus und Mystik.

Die konservativste Stadt nicht nur Italiens, sondern Europas, war Venedig. Venedig fühlte sich als Tochterstadt von Byzanz. Im Orient ruhte seine Macht. Orientalisch waren die Sitten. Das Haremsleben der Frauen, der Sklavenhandel und die Tracht – es ist ein Stück Orient auf abendländischer Erde. Auch die Staatsverfassung, obwohl dem Namen nach Republik, war byzantinisch. Denn in Wahrheit lag die Macht in den Händen weniger alt-aristokratischer Geschlechter. Diese waren wie in ihren sonstigen Anschauungen auch in der Kunst konservativ. Die feierliche Würde und strenge Erhabenheit byzantinischen Stils, seine Gebundenheit an feste überlieferte Formen entsprach der konservativen Gesinnung weit mehr als eine Kunst, die nach Neuem suchte. Das Alte war gut. *Quieta non movere.*

Aber auch die Farbenpracht, der glitzernde Glanz byzantinischer Malerei kam dem Geschmack entgegen. Die zauberische Lage Venedigs zwischen See und Land, dazu die bunten, glitzernden Dinge, die aus dem Orient herüberkamen, persische Teppiche, mildleuchtende Edelsteine und funkelnde Goldgeschmeide – das alles hatte das Auge des Venetianers an stärkste Farbenwirkungen gewöhnt. Mit buntem Marmor sind die Wände des Markusdomes bekleidet, mit glanzvollen Mosaiken alle Wölbungen geziert. Dieser feierliche Goldglanz, die strenge Pracht der Mosaiken von San Marco galt noch dem 15. Jahrhundert als höchstes Ideal. Dieselbe Farbenpracht, wie sie die musivische Malerei erreichte, wurde vom Tafelbild verlangt. Man forderte große, farbige Wirkung, goldschimmernden juwelenartigen Glanz, ernste vom Rankenwerk üppiger Ornamente umgebene Gestalten, die feierlich aus geheimnisvollem Goldgrund aufleuchten. Solche Wirkungen vermochte nur die byzantinische Malerei zu erzielen. Nur sie kam in ihrem starren Ceremoniell der konservativen Gesinnung, nur sie in ihrer leuchtenden Farbenpracht dem künstlerischen Geschmack des Venetianers entgegen.

Jacopo del Fiore und *Michele Giambono* waren noch im 15. Jahrhundert echte Vertreter dieses Stils. Goldstarrende Heilige, hagere, schwer umrissene Gestalten stehen auf ihren Bildern inmitten einer barbarischen Architektur von greller betäubender Pracht. Archimandriten und Patriarchen mit langen, weißen Bärten, richterlich streng, heben die goldbekleideten Arme empor, um die im Staube kniende Gemeinde zu segnen. Noch um 1430 lebte in einer Stadt Italiens der kalt erhabene Geist des Byzantinismus, jene grauenhaft leere und doch so gewaltige Kunst, die in ihrer finsteren Starrheit das ganze Machtbewußtsein der alten, großen mittelalterlichen Kirche spiegelt. Noch um 1430 entstehen Bilder, die nicht ahnen lassen, daß zwei Jahrhunderte vorher schon Franziskus von Assisi gepredigt.

Aber nicht der Byzantinismus allein, auch die Mystik fand im 15. Jahrhundert noch eine duftige Nachblüte. Eine Reihe von Meistern tritt auf, die jene mystische Vision eines Himmels auf Erden, die einst Duccio, Lorenzetti und Wynrich gehabt, fast noch zarter und holdseliger malen, als jene älteren mit ihrer mangelhaften Technik es vermochten. In gewissem Sinn folgen diese Meister schon dem neuen Zeitgeist. Im Gegensatz zum Trecento, dem Jahrhundert der Bettelmönche, schwelgen sie im glitzernden Glanz dieser Welt. Was die Reichen der Erde freut, die zierlichen Erzeugnisse der Goldschmiedekunst, Perlen und Kleinodien, wird auch den Himmlischen als Schmuck verliehen. Namentlich die Anbetung der Könige wird ein beliebtes Thema, weil sie Gelegenheit giebt, zugleich Biblisches und irdischen Prunk, verehrende Demut und den Glanz höfischen Lebens zu schildern. Auch in der Landschaft gehen sie über ihre Vorgänger hinaus. Rosenhecken, blumenbesäte Wiesen und bunte Vögel, die im Rankenwerk singen, sollen die Paradiesesstimmung der Bilder steigern. Sogar mit den technischen Kunstgriffen ihrer Zeitgenossen machen sie sich schüchtern vertraut. Doch nicht der Kunstfertigkeit wegen, nur um mit Hilfe dieser verbesserten Instrumente das noch reiner auszuprägen, was der Kunst des Trecento überhaupt die Fähigkeit zu existieren gegeben, was an ihr ewig und unvergänglich war. Träumer, nicht Beobachter, mit Sensibilität, nicht mit kaltem Forschergeist begabt, bedienen sie sich der neuen Kunstgriffe nur, um den großen Fonds des Trecento von neuem zu heben, all jene Schätze von Zärtlichkeit, Innigkeit, Liebe, die der Geist des Mysticismus erschlossen.

Das heilige Köln, die Heimstätte Susos, hält noch 1450 an dem Stile fest, den einst Hermann Wynrich begründet. Denn betrachtet man die Bilder S*tephan Lochners*, der von 1442-1451 das Kölner Kunstleben beherrschte, besonders das berühmte Dombild, das als sein Hauptwerk gilt, so bemerkt man wohl das schüchterne Eindringen weltlicher Elemente. Das Aetherische, die irdische Auflösung im himmlischen Erlöser ist nicht mehr einziges Ziel. Die Körper haben ihre Schmächtigkeit verloren, die Köpfe sind rundlicher, Hände und Arme weniger mager als auf älteren Werken. Die Füße, die früher kaum den Boden zu berühren wagten, stehen in behaglicher Breite da. Bei den Köpfen der Frauen ist weniger das Magdhafte, Schüchterne als das schalkhaft Anmutige betont. Die Tracht, bisher ganz ideal, in schweren Massen den Körper umfließend, folgt mehr dem Kostüm des Tages. Es spricht ein Maler, der mit kindlicher Lust alles Glänzende, Funkelnde sammelt, um seine Heiligen damit zu schmücken. Ein principieller Unterschied zwischen seinen und Wynrichs Werken ist trotzdem nicht vorhanden. Die Unschuld und minnigliche Holdseligkeit, die überirdische Lieblichkeit des älteren Meisters ist auch noch diesen Gestalten eigen. Gleich Wynrich fühlt Lochner sich nur wohl, nicht wenn es um Martyrien und wilde Dramatik, sondern um Frömmigkeit und Demut, um milde Freundlichkeit und idyllischen Zauber sich handelt.

Die schöne Madonna des erzbischöflichen Museums in Köln ist offenbar noch vor dem Dombild entstanden. Die Gestalt Marias hat die gebrechliche Schlankheit der älteren Epoche. Die dünnen Arme und schmalen Hände, auch die engen Schultern, die Biegung der Gestalt und die mädchenhafte Zartheit des Kindes, das in seinem Hemdchen halb als Baby, halb als Heiland sich fühlt, entsprechen der Art Hermann Wynrichs. Nur der Kopf der Madonna mit dem sorgfältig gescheitelten, von einer Perlenschnur umwundenen Haar und die große Agraffe, die ihren Mantel ziert, weisen auf den Zeitunterschied zwischen Wynrich und Lochner hin. Ebenso behandelt die Madonna im Rosenhag noch das alte, seit Wynrich beliebte Thema. Zwei Engel schlagen einen Vorhang zurück, und der Himmel in strahlendem Glanz thut sich auf. Wie ein König thront der kleine Jesus im Schoße Marias, die, fürstlich mit der Krone geschmückt, am Wiesenrain sitzt. Musizierende Engelchen verehren sie, reichen dem Christkind Früchte, brechen ihm Blumen von der Rosenhecke, in deren Geäst die Vöglein singen. Mag kecke Weltfreude mit der entsagenden Weltflucht sich einen, die träumerische Sehnsucht, der himmlische Friede des Trecento liegt wie ein zarter Hauch, wie ein Klang aus dem Jenseits noch über Lochners Werken.

Und der Ton, den er angeschlagen hatte, verstummte auch bei Lochners Tode noch nicht, sondern klang wie weihevolles Glockengeläute durch die Lande. Was Stephan Lochner gemalt – jene sittigen Madonnen in Paradiesesgärten, wo Engel singen und die Vögel zwitschern – das ward von einem Schüler Lochners nach Venedig gebracht, und in den nächsten Werken der Lagunenstadt verbindet sich die ernste Majestät der Byzantiner mit kölnischer Zartheit und mystischer Weihe. Auch die *Vivarini* hätten wohl nicht die Bahnen des Byzantinismus verlassen, wenn nicht *Antonio von Murano* 1440 in Verbindung mit *Johannes de Alemannia* getreten wäre, wie es scheint, einem Kölner, der auf seiner Wanderung nach Venedig gekommen war. Aus dem Zusammenarbeiten dieser beiden ging eine Reihe ebenso feierlicher wie jugendfrischer Bilder hervor. Auf den Luxus strotzenden Goldglanzes wird auch jetzt nicht verzichtet. Alle Figuren sind wie Märchenfürsten von Gold und Edelgestein bedeckt. Plastisch aufgesetzte Goldornamente und altertümliche Rahmen mit steilen gotischen Giebeln, mit Blumen- und Rankenwerk vollenden den Eindruck orientalischer Pracht, der wie ein rauschender Hymnus die Bilder durchklingt. Doch auch etwas anderes ist hinzugetreten: ein Hauch neuen psychischen und landschaftlichen Lebens. Der Ort, wo die Madonna ihren Thron aufgeschlagen, hat wie in deutschen Darstellungen den Charakter eines still abgeschiedenen paradiesischen Gartens, in dem bunte Vögelchen nisten. Waren in den früheren Bildern die Figuren mumienhaft alt, entsprechend den versteinerten musivischen Typen, so kommt jetzt in ihre Züge etwas von der jugendlichen Holdseligkeit, der stillen Reinheit und milden Demut Stephan Lochners. Und nachdem die Künstler anfangs noch mit repräsentierenden Heiligenbildern sich begnügt, schritten sie später zu mehr erzählenden Darstellungen fort. Nimben und Kronen, Waffen und Kleiderbesätze, Schmuckstücke und Geräte, bis zum Geschirr der Pferde und den Sporen der Reiter –

alles ist auf Antonios Anbetung der Könige plastisch aufgesetzt. Aber die zierlich schmächtigen Jünglingsgestalten überraschen auch durch stille Freundlichkeit und graziöse Anmut. Ein weicher kölnischer Zug hat mit dem byzantinischen Gepränge sich verbunden.

Oder muß man, statt von einem kölnischen, von einem umbrischen Zuge sprechen? Es ist merkwürdig, wie hier die Einflüsse sich kreuzen. Als die Werke der Muranesen entstanden, hatte auch ein umbrischer Meister in Venedig gearbeitet, der im ganzen Geist seiner Kunst sich seltsam mit Lochner berührt. Nachdem bisher die Aufgabe der venetianischen Malerei ausschließlich die Ausschmückung der Gotteshäuser gewesen, dachte 1419 die Regierung daran, auch dem Dogenpalast würdigen Schmuck zu geben. In umfassenden Bildern sollte die ruhmreiche Vergangenheit Venedigs geschildert werden: jene Vermittlerrolle, die der kleine aber mächtige Staat einst zwischen Friedrich Babarossa und dem Papst Alexander III. gespielt. Das zu vollbringen war die byzantinische Malerei nicht im stande. *Gentile da Fabriano* wurde berufen, da er, obwohl modern, doch kein Stürmer und Dränger war, sondern voll Respekt für die alte Tradition.

Die Gebirgsbewohner hängen mehr an ihren Traditionen als die Bewohner der großen Städte. Wie die Bergstadt Siena während des ganzen Jahrhunderts an den Principien Duccios festhielt, so verschloß daher auch Umbrien, jener stille Landstrich, in dessen Thälern einst Franziskus gewirkt hatte, hartnäckig dem neuen Zeitgeist seine Thore. Bei *Alegretto Nuzi* und *Ottaviano Nelli,* den ersten umbrischen Malern, klingt der Stil des Trecento in zarter, schüchterner Lieblichkeit aus, und Gentile feierte Triumphe, als er die umbrischen Kunstprincipien aus der provinziellen Abgeschlossenheit seines Ländchens auf den Boden der Großstadt, aus den stillen Kirchenkapellen entlegener Landstädtchen in die festlichen Säle großstädtischer Paläste übertrug.

Die Anbetung der Könige, die er 1423 für Palla Strozzi malte, ist unter seinen Tafelbildern am bekanntesten, ein Werk, das den ganzen Jugendreiz, die ganze Legendenstimmung des Quattrocento atmet. Gentile ist Neuerer. Die epische Breite, in der er das Ganze giebt, entspricht ebenso den Principien der Realisten wie der feine landschaftliche Sinn, mit dem er all diese bunten Blümchen über den Boden verstreut. Aber der Realismus hat nicht die Poesie getötet. Ueber all die präcisen Details, die er giebt, ist ein unbeschreiblicher Reiz von Jugend und Grazie gegossen. Selbst der goldene Zierat und der altertümliche Rahmen mit den gotischen Giebeln steigert die Märchenstimmung. Michelangelo sagte von ihm: »aveva la mano simile al nome,« und diese Gentilezza, diese zaghaft minnigliche Art übt nach Jahrhunderten noch ihren Zauber.

Selbst in einer Großstadt wie Florenz gab es ein stilles, einsames Kloster, an dessen Mauern alle Wogen des neuen Zeitgeistes abprallten. San Marco ist es, der Dominikanerkonvent, wo der selige *Fra Giovanni da Fiesole* schuf: kein tiefer Künstler, nur ein großes Kind, und doch von allen diesen Nachzüglern des Mittelalters die allerliebenswürdigste Erscheinung. Daß auch er nicht aus der Großstadt, sondern vom Lande, aus dem kleinen Dorfe Vicchio stammte, und bis zu seinem 50. Jahre nicht in der Großstadt, sondern in entlegenen Bergstädtchen, in Cortona und Fiesole lebte, ist ebenfalls für die Analyse seines Stils nicht unwichtig. Ein Mann, der erst als Fünfziger nach Florenz kam, hätte, selbst wenn er gewollt hätte, dort seine Persönlichkeit nicht mehr wechseln können. Nicht die lebenden Meister, sondern die Werke der vergangenen Epoche, die Orcagnas besonders waren seine Leitsterne. Hier im Mittelalter lagen die Quellen seiner Kraft. In Santa Croce und Santa Maria Novella versenkte er sich derart in die Empfindung des Trecento, daß er gegen die realistische Richtung seiner Zeit für immer gefeit blieb.

Wohl ist auch Fiesole in gewissem Sinne Neuerer. Mit Liebe weilte sein Auge auf der Landschaft. Die anmutvolle Form der Berge diente ihm gelegentlich als Hintergrund. Die Wiese im Frühjahrsschmuck, wenn tausend Blumen auf ihr sprießen, wird er nicht müde zu malen. Auch hat er sich ein wenig mit der Perspektive vertraut gemacht, und zuweilen tauchen in seinen Bildern Köpfe auf, die auf lebende Modelle zurückgehen. Doch diese Dinge bestimmen nicht den Charakter seiner Kunst, die in ihrer zarten Seelenhaftigkeit noch ganz an das Trecento oder mehr noch an den anmutvollsten aller Deutschen, an Stephan Lochner gemahnt. Wie die Empfindungsscala Lochners, ist die des Frate nicht groß. Er war selbst so gut, daß er nicht im stande war, Böses wahrzunehmen. Wie Walter von der Vogelweide komisch wirkt, wenn er versucht zu fluchen, sind Fra Angelicos Teufelchen sehr ungefährliche Kerlchen, die sich mit unschuldigem Zwicken und Kneifen begnügen und selbst das so gutherzig thun, als ob sie ihres Handwerks sich schämten. Seine Märtyrerbilder machen den Eindruck, als hätten Knaben sich als Märtyrer und Henker verkleidet. Ebensowenig glaubhaft sind seine bärtigen Männer, die wie Frauen weinen. Aber wenn er nicht aus seiner Sphäre heraustritt, wenn es, um zarte, sanfte Gefühle, um stille Herzensfreude, um selige Verzückung, um weiche Wehmut sich handelt, wirken seine Bilder wie die stillen Gebete eines Kindes. Und für diese Welt von Engeln, seine eigentliche Welt, findet er auch die passenden mild rosigen, heiter seligen Farben: ein lichtes Blau, ein jubelndes Rot, Blond, das wie Honig leuchtet, Gold, das wie strahlender Himmelsglanz die himmlischen Wesen umwogt.

Ihm dankt es das Kloster von San Marco, daß es das weihevollste aller Klöster der Welt geworden. Selbst im Getriebe der Galerien vergißt man vor Fiesoles Bildern die Welt: mag er Maria malen, wie sie in schüchterner Verwirrung die Botschaft des Engels vernimmt, oder die reichen, fremden Könige, die in so grenzenloser Demut das Christkind verehren; die Jünger, wie sie knieend, dankbar und selig die Hostie vom Heiland empfangen, oder die Freunde des Herrn, wie sie melancholisch sinnend um das Kreuz sich scharen; blondköpfige Engelchen, die mit Harfenspiel und Gesang in glückseligem Taumel die Krönung der Gebenedeiten feiern, oder die Auserwählten, die mit roten und weißen Rosen bekränzt, in feierlichem Reigentanz zum Paradiese wallen. Dieses Bild – jetzt in Berlin – ist vielleicht das schönste seiner Werke. Tausende nach ihm, die viel größere Techniker waren, haben das Jenseits gemalt, aber in keinem Paradies möchte man so gerne leben wie in dem Fiesoles, dieser unschuldigen, lieben Welt, wo es ewig Sonntag ist, wo das Kind sein Spielzeug, der Freund den Freund, der Liebende die Geliebte wiederfindet. Diese Seligen, die staunend wie Kinder am Christfest in die Herrlichkeit des Himmels blicken, dieser mystische Tanz auf dem blumenbestreuten Rasen, diese Schwingungen der zarten Körperchen, die sich desto melodischer, desto ätherischer drehen, je mehr sie ihrer himmlischen Heimat sich nähern – das umschließt einen Schatz von Poesie.

*

In Rom sogar, wo er am Schlusse seines Lebens noch die Kapelle Nikolaus V. mit Fresken dekorierte, bleibt man vor Fiesoles Werken mit andächtiger Sammlung stehen, nachdem man die Rafaelschen Stanzen durchschritten. Wohl hat er hier, seinen Schülern folgend, sich ein wenig moderner kostümiert. Allen Archaismen, allem Goldglanz ist entsagt, Baulichkeiten in richtiger Perspektive gezeichnet, füllen den Hintergrund. Aber die angeborene Liebenswürdigkeit des Meisters hat unter den Zugeständnissen, die er dem neuen Zeitgeist machte, nicht gelitten. Seine alte Innigkeit und weihevolle Gemessenheit, die Delikatesse seines Geschmacks ist geblieben. Und wenn im Vatikan, selbst neben Rafael, die Kunst Fiesoles fesselt, so beweist das etwas, was spätere Zeiten oft vergaßen: Nur Seele spricht zur Seele. Nur die Seele, nicht der Körper ist unsterblich.

7. Das Ende des Monumentalstils

Außerhalb des stillen Klosters von San Marco bot eine Stadt wie Florenz keinen Raum für Mystik. Schon daß Fiesole, der Dominikaner war, nicht Scholastisches, sondern Mystisches malte, ist ein gewisser fortschrittlicher Zug, der auffällt. Florenz war der Boden, aus dem im 14. Jahrhundert die männlich-sachliche Kunst Giottos wuchs. So brachte es auch jetzt einen Künstler hervor, der zu Fiesole sich ebenso verhält, wie im 14. Jahrhundert der monumentale ernste Giotto zu den träumerisch weichen Sienesen. Giotto wiedergeboren und an dem Punkte einsetzend, wo damals der Tod seine Weiterentwicklung abschnitt – das ergibt Masaccio. Masolino und er leiten die Giottoschule ins 15. Jahrhundert herüber.

Masolino hängt schon äußerlich – durch sein Schülerverhältnis zu Starnina – mit der Giottoschule zusammen.

Ein lebhafteres Wirklichkeitsgefühl, weniger Härte in den Köpfen und weniger Steifheit in den Bewegungen unterscheidet allein seine Fresken in San Elemente in Rom von den Werken anderer Giottisten. Die Figuren haben etwas unschuldig Reines, die ganze Art der Erzählung fällt durch ihre Einfachheit und Natürlichkeit auf.

1423 wurde er in die Malergilde von Florenz aufgenommen und erhielt den Auftrag, die im Jahre 1422 geweihte Kapelle der Brancacci mit Fresken aus der Legende des heiligen Petrus zu schmücken. An der Wand rechts hat er hier ein größeres Bild, das die Heilung des Lahmen und die Erweckung der Tabea vereinigt, am Pilaster rechts den Sündenfall, an der Fensterwand die Predigt Petri gemalt. Auch aus diesen Werken spricht ein Künstler, der aus der Giottoschule hervorgegangen, deren Stil leise zu verändern und zu beleben sucht. Im Hauptbild schreiten neben der ideal gekleideten Apostelgruppe zwei Florentiner in kokettem Modekostüm über die Straße. Das Verhältnis der Figuren zu den Baulichkeiten ist perspektivisch richtiger als bei Giotto. Das Nackte bei Adam und Eva ist eingehender als in früheren Werken behandelt.

*

In seinen späteren Bildern hat er noch energischer nach Lebhaftigkeit des Ausdrucks und frischer, episodenreicher Schilderung gestrebt. Namentlich die Fresken aus der Geschichte Johannes des Täufers, die er 1428-35 im Baptisterium von Castiglione d'Olona malte, sind voll von lebendigen pikanten Zügen. Die Köpfe der Männer sind zum Teil Porträts. Bei den Frauen, die in Giottos Werken etwas Mürrisches, Hartes haben, tritt ein zartes Schönheitsgefühl, ein feiner Sinn für weltliche Anmut zu Tage. In dem Bilde der Taufe des Johannes hat er die nackten Körper der Täuflinge, selbst in schwierigen Stellungen, mit verblüffender Sicherheit gezeichnet. Rechnet man dazu die modernen Kostüme, diese kuriosen Mützen und kurzen Mäntelchen, diese Schleppen und prächtigen Stoffe, so hat man einen Künstler, der fast ganz mit dem Geschmack des Trecento gebrochen. Nur die starre, aus nackten Felsen zusammengesetzte Landschaft folgt noch dem alten Stil.

*

Als Masolino 1425, einem Rufe nach Ungarn folgend, die Arbeit in der Brancaccikapelle abbrach, trat *Masaccio* in die Lücke ein, fügte am Pilaster links die Vertreibung aus dem Paradies, an der Altarwand die Almosenspende und den Krankenbesuch des Petrus, an die Wand links das Wunder vom Zollgroschen und die Auferweckung des Königssohnes hinzu. Und Masaccio wird nun als der eigentliche Begründer des neuen Stils gefeiert. Ob mit Recht?

Wohl enthalten auch *seine* Bilder eine Fülle neuer Elemente. Gegenüber diesem fliehenden Paar, dem der Engel mit gezücktem Schwerte folgt, scheinen noch Masolinos Akte ungeschickte Schemen. Auf dem Zinsgroschenbilde wurde der Petrus am Ufer, der sein Obergewand abgeworfen hat und zu dem Fische sich bückt, so daß ihm das Blut in den Kopf steigt, wegen seiner realistischen Natürlichkeit schon von Vasari hervorgehoben. Auf dem Bilde der Auferweckung des Königssohnes war die Figur des knieenden Jünglings wegen der sicheren Bewältigung des Nackten früh ein Gegenstand der Bewunderung und des Nachzeichnens. Wirken Masolinos Baulichkeiten noch mühsam konstruiert, so ist bei Masaccio ungezwungen das harmonische Verhältnis von Menschen und Räumlichkeit erreicht. Hatte Masolino als Jünger Cenninis noch an der starren Baumkuchenform der Felsen festgehalten, so werden bei Masaccio zum erstenmal die ruhigen Berglinien des Arnothales gegeben. Auch der Unterschied der Farbe verdient Beachtung. Bei Masolino hat sie noch den heiter rosigen Gesamtton, den Giotto liebte. Masaccio giebt ihr eine kräftigere Haltung, die nicht mehr den Eindruck gebleichter Gobelins, sondern den der Naturwahrheit erstrebt. Selbst ein äußerliches Merkmal pflegt als Kennzeichen seines Realismus betont zu werden: die Behandlung des Nimbus. Während im früheren Stil, noch bei Masolino der Heiligenschein als unbeweglicher Kreis den Kopf der Figuren umgiebt, behandelt der Realist Masaccio ihn als wirkliche Scheibe, die wagerecht über dem Kopfe schwebend alle Bewegungen der Figuren mitmacht.

Die Frage ist nur, ob in diesen Dingen Masaccios Größe liegt, ob seine Werke als Paradigmen des Renaissancestils benutzt werden dürfen. Episodische Details, zeitgenössische Moden und Bildnisköpfe, wie sie so zahlreich schon bei Masolino vorkommen, werden mit Recht als Neuerungen des Quattrocento verzeichnet. Masaccio hat davon nichts. Der Gebrauch, den er von Bildnissen macht, ist sehr beschränkt. Kaum daß er sein eigenes Porträt unter den Aposteln anbringt.. Im übrigen ist er weit von aller wörtlichen Uebersetzung des Modells entfernt: er veredelt, idealisiert, erhebt das Individuelle zum Majestätischen. Auch das zeitgenössische Kostüm erscheint selten, ist auf die Zuschauer, die Menschen beschränkt, während die Heiligen nach wie vor die antike Toga tragen, deren Faltenwurf er in einfacher Großartigkeit gestaltet. Sittenbildliche Episoden, augenfällige perspektivische Kraftleistungen kommen nicht vor. Er versteht wohl schwierige Probleme zu lösen, aber vermeidet sie lieber, um durch nichts die ruhig große Harmonie zu stören. Selbst als Landschafter bleibt er allen naturalistischen Einzelheiten fern, begnügt sich mit ernsten, majestätischen Linien.

Masaccios Größe liegt nicht in seinem Realismus. Sie liegt in der abgeklärten Ruhe, der grandiosen Einfachheit, dem stilvoll feierlichen Zug seiner Werke. Es ist, mit mehr zeichnerischem Können verbunden, noch immer der heroische Stil, wie ihn hundert Jahre vorher Giotto geschaffen hatte. Und wie er hundert Jahre später von neuem geboren wurde. Denn es ist kein Zufall, daß die Meister des Cinquecento gerade Masaccio zu ihrem Führer erkoren. Als damals die Reaktion gegen den naturfreudigen, in Einzelheiten schwelgenden Realismus des Quattrocento begann, strömten die jungen Maler in der Brancaccikapelle wie in einer Universität zusammen. Hier erhielt Michelangelo von Torregiani den berühmten Faustschlag, der seine Nase platt drückte. Hier fertigte Rafael jene Kopien, die er später in seinen römischen Bildern verwendete. Auch sie bewunderten in Masaccio nicht den Realisten. Sie bewunderten dasjenige, was er von Giotto in die neue Zeit herüber gerettet hatte: die hohe Getragenheit, die feierliche Monumentalität seines Stils.

Parallel mit Masaccio geht in dieser Hinsicht ein nordischer Meister, der wie ein ernster Patriarch aus einem versinkenden Zeitalter in eine neue Epoche hereinlebt: *Hubert van Eyck*. Dieselbe Bedeutung wie für die italienische Kunst die Brancaccifresken, haben für die nordische die Monumentalfiguren des Genter Altarwerks.

Wie Masaccio steht Hubert von Eyck als Techniker auf dem Boden der neuen Zeit. Namentlich *ein* Instrument hat er sich dienstbar gemacht, um den Eindruck der Naturwahrheit zu erzielen, den die neue Epoche verlangte: die Farbe. Jene hellen, bleichen, körperlosen Farben, wie sie die Aelteren verwendeten, hatten genügt, so lange rein visionäre Wirkung erstrebt wurde. Sie waren ungenügend, seit man auf wirkliche Illusion, auf frappante Naturwahrheit ausging. Daher ziehen sich durch das ganze Jahrhundert die mannigfachsten koloristischen Versuche. Teils weiß man die Mittel der alten Temperatechnik zu ganz neuer Leistungsfähigkeit zu steigern. Voll, kräftig, leuchtend, nicht in abgestimmter Harmonie, sondern in glitzernder Buntheit sind die Farben nebeneinander gesetzt, gerade in ihrem Widerstreit sich gegenseitig zu höherer Wirkung steigernd. Teils schafft man sich durch die Erfindung der Oelmalerei ein Organ, das noch schmiegsamer den neuen Intentionen folgte. Diese Technik zuerst in der Tafelmalerei verwendet zu haben, war die That des großen Meisters aus Maaseyck.

Wir wissen nicht, wo er hergekommen, können an keinen Jugendwerken seine Entwickelung verfolgen. Als er das Werk, mit dem sein Name für alle Zeiten verbunden ist, den Genter Altar begann, war er ein Greis von fast 70 Jahren und hinterließ es seinem Bruder zu Vollendung. Selbst inwieweit das Altarwerk, das wir heute kennen, dem Plane des ersten Meisters entspricht, ist daher fraglich. Nur das steht fest, daß die Tafeln mit Gottvater, Maria, Johannes und den musizierenden Engeln von Hubert herrühren.

Ganz erstaunlich ist die malerische Kraft, die sich darin äußert. Diese blauen, grünen und roten Mäntel, die in lodernder Glut die Gestalten umfließen, diese schimmernde, mit Diamanten, Perlen und Amethysten übersäte Tiara, dieses mit Edelsteinen geschmückte Scepter wie die schweren Brokatgewänder der Engel, die glitzernden Agraffen, das Glänzen des Eichenholzes und das Funkeln der Orgel hätte ein Früherer vergebens zu malen versucht.

Ebenso geht sein zeichnerisches Wissen über das Niveau der älteren Zeit hinaus. In wuchtiger Körperlichkeit sitzen die Gestalten da, keine ätherischen Spirits, sondern leibhaftige Wesen mit Knochen und Blut. Selbst den Engeln hat er das Schemenhafte genommen, sie auf den Chor der Johanniskirche versetzt, wo die Orgelklänge brausen, wo Geigen- und Harfenspiel ertönt.

Die Parallele mit Masaccio ist trotzdem richtig. Der Naturalismus, die Farbenpracht der neuen Zeit ist mit der Feierlichkeit mittelalterlichen Monumentalstils verbunden. So körperlich die Gestalten sind, schweben sie doch unnahbar über dem Irdischen. So gut gemalt und gezeichnet sie sind, denkt man weniger an das Quattrocento, als an jene ernsten Heiligen, die von strahlendem Mosaikglanz umflossen in der Apsis altchristlicher Kirchen thronen. Wie in Italien hatte es in den Niederlanden während des Mittelalters eine große Monumentalkunst gegeben, und ein Abglanz davon liegt in Huberts Werken. Machtvolle Erhabenheit, einfache Großheit, sakramentale Würde sind die Worte, die man vor seinen Tafeln gebraucht. Und wie verwandt sie darin den Werken Masaccios sind, zeigt auch die Wirkung, die sie auf die folgenden Geschlechter übten. Die Künstler des Quattrocento erinnerten sich Huberts van Eyck nicht mehr. Aber als die naturalistische Begierde gestillt war, als wieder die Sehnsucht nach dem Lapidarstil kam, stand vor dem Genter Altarwerk sinnend ein großer Deutscher. Vor Huberts Gott Vater sah Dürer die Vier Apostel.

III. Natur und Antike

8. Die ersten Realisten

Bis hierher bietet also die Kunst des 15. Jahrhunderts nichts Neues. Sie hat sich ein festeres zeichnerisches Können erworben, hat koloristisch ein neues Ausdrucksmittel sich geschaffen. Aber stilistisch hält sie an den Anschauungen der Vergangenheit fest. Erst nachdem sie mit dieser sich auseinandergesetzt, nachdem sie noch einmal die Stilentwicklung des Mittelalters vom Byzantinismus über die Mystik hinaus bis zur Giottoschen Monumentalkunst durchlaufen, lenkt sie in andere Bahnen ein. Es treten Künstler auf, die, ohne jeden Zusammenhang mit der Vergangenheit, ganz von vorne anfangen, als sei der Gebrauch von Pinsel und Farbe erst für sie erfunden. Und nun folgt Schlag auf Schlag. Es kommt ein Umwandlungsprozeß, wie wir ihn gleich rapid kaum in unserem nervösen Jahrhundert erlebten.

Wohl bleibt auch jetzt der Stoffkreis kirchlich. Denn die Kirche war noch immer der vornehmste Auftraggeber. Aber da es den Künstlern nicht gestattet war, das Irdische ohne biblische Maske zu malen, sucht sich der weltliche Sinn in anderer Weise Befriedigung: die ganze religiöse Malerei wird verweltlicht.

Noch Giotto hatte alle Bildniselemente vermieden, und Masaccio beschränkte sich darauf, im Zinsgroschenbild sich selbst und Masolino unter den Zuschauern darzustellen. Jetzt sind mit einemmal alle Werke mit Bildniselementen durchsetzt. Es genügt den Malern nicht, ihr eigenes Porträt auf biblischen Bildern anzubringen. Auch die Stifterporträts, früher gar nicht vorhanden oder ganz klein gehalten, wachsen zu lebensgroßen Figuren an. Der Mensch fühlt sich nicht als Zwerg neben den Heiligen, sondern als Gleicher unter Gleichen. Dann geht man weiter. Die Protektoren und Freunde der Maler werden als Patriarchen, Apostel oder Märtyrer in die biblischen Scenen eingeführt. Schließlich legen die Heiligen selbst ihren überirdischen Charakter ab. All die Wesen, die bisher im Reiche des Idealismus gewohnt, verwandeln sich in Menschen von Fleisch und Blut, die von den wirklichen nur durch den Heiligenschein sich unterscheiden.

Und diese Porträtähnlichkeit beschränkt sich keineswegs auf die Köpfe, sondern erstreckt sich auf den kostümlichen Teil. Das Quattrocento war die prachtliebendste Epoche der Kulturgeschichte, ein Jahrhundert, das unerschöpflich war in der Erfindung neuer Moden, durch keine Luxusedikte sich die Freude am Toilettenprunk rauben ließ. All diese bizarren Dinge halten in der Kunst ihren Einzug. Noch Masaccio hüllte, den Principien Giottos folgend, seine meisten Figuren in jene Manteldraperien, wie die antiken Rhetorstatuen sie tragen. Diesem Idealstil gegenüber wirkt die folgende Kunst wie ein großes Modejournal. Die Maler schwelgen in allen Kleinigkeiten des Kostüms. Die pikantesten Toiletten, die kokettesten mit Federn garnierten Mäntelchen, die abenteuerlichsten Kopfbedeckungen werden den Heiligen gegeben. Ein raffiniertes Gigerltum scheint wie in die Menschen in die Bewohner des Jenseits gefahren. Handelt es sich um Madonnenbilder, so ist in Wahrheit eine irdische Familienscene gegeben. Maria, mit kokett frisiertem Haar, hat auf das hieratische Kostüm verzichtet, hat ein enges Mieder mit reichem Besatz und zierlichen Stickereien angelegt. Das Kind hält einen Stieglitz oder eine Blume, lauscht dem Wort der Mutter, liegt an ihrer Brust. Der kleine Johannes wird ihm gern als kindlicher Spielkamerad gesellt. Rein genrehafte Scenen treten an die Stelle der Andachtsbilder. Auch die Anbetung der Könige wird zu einem völligen Sittenbild. Man malt nicht die biblischen Könige und nicht Bethlehem, sondern die Fürsten des Quattrocento, wie sie mit reichem Troß, mit Kriegsleuten und orientalischen Sklaven als Gäste an einem fremden Hofe erscheinen.

Und wie man die Geschichten selbst in die unmittelbare Gegenwart versetzt, da nur die Gegenwart wahr, nur die Gegenwart schön scheint, werden überhaupt die verschiedensten Dinge eingestreut, die ohne jeden Zusammenhang mit dem Hauptvorgang nur der Freude des Künstlers an der Schönheit der Welt ihr Dasein danken: da eine amüsante Episode, dort ein graziöses Tier, ein Vogel, ein Hase, ein Affe, ein Hund; dort Blumen und Früchte. Heiterkeit, Glanz, Reichtum, nur nicht Frömmigkeit ist der Charakter der Bilder. Alles Schöne, was das Leben bietet, webt man zu schillernd farbenfreudigen Bouquets zusammen.

Selbst die technische Ausführung verrät, wie sehr die Freude am Irdischen die religiöse Gesinnung überwiegt. Dieselbe Sorgfalt wie auf die Hauptpersonen erstreckt sich auf das kleinste Detail. Während in den Bildern des Trecento, noch bei Fiesole und Masaccio das Beiwerk gar keine Rolle spielte, nur angedeutet wurde, wenn es zur Verdeutlichung des Vorganges diente, sind jetzt Gefäße und Teppiche, Waffen und Blumen mit einer Sorgfalt ausgeführt, als ob es um selbständige Stilleben sich handelte. Das Resultat ist, daß in der Kunst des Quattrocento, obwohl die Stoffe biblisch sind, doch schon die ganze Profanmalerei späterer Jahrhunderte beschlossen liegt, daß in den Werken, obwohl sie nur Heilige darstellen, doch die ganze Zeit mit ihren Menschen und Trachten, ihren Waffen und Geräten, ihren Zimmereinrichtungen und Bauwerken wie in einem großen kulturgeschichtlichen Bilderbuch fortlebt.

Denn auch der Hintergrund der Werke weist eine durchgreifende Neuerung auf. Nachdem schon Giotto durch Bauwerke und Felsen die Räumlichkeit angedeutet, Lochner aus Hecken und Blümchen seine Paradiesesgärten zusammengesetzt, ist für die menschgewordenen Heiligen des Quattrocento die Erde überhaupt der natürliche Wohnplatz. Die Zimmer, in denen sie sich aufhalten, sind die gleichen, die man noch jetzt in altertümlichen Städten sieht, mit schweren Holzdecken, vertäfelten Wänden, Majolikafliesen und geschnitzten Möbeln. Die Landschaften, durch die sie schreiten, sind dieselben, auf die heute die Sonne scheint. Hatten noch Masaccio, Lochner und Fiesole sich auf große Linien oder schüchterne Andeutungen beschränkt, so können die Folgenden sich gar nicht genugtun in der umständlichen Schilderung aller Einzelheiten. Bauwerke, Städteansichten, Türme und Schlösser füllen den Hintergrund, bald den Kamm eines Gebirges krönend, bald in fruchtbaren Ebenen sich ausbreitend. Selbst bei Scenen, die in Innenräumen vor sich gehen, blickt man gewöhnlich durch ein Fenster auf Wälder und Wiesen, auf Flüsse und Berge hinaus. Es wird sogar mehr gegeben, als das Auge erkennen könnte. Etwas Duftiges, weich Zerfließendes ist für das scharfe Auge dieser Maler nicht vorhanden. Nicht im Vordergrund nur sind Gras und Blümchen Stengel für Stengel, Blatt für Blatt gemalt. Noch in meilenweiter Ferne behalten die Dinge gleich scharfe Umrisse, gleich starke Farben. Das scheint dem modernen Auge oft unnatürlich. Aber man versteht leicht, von welchen Gefühlen die Künstler ausgingen. Nachdem die Natur so lange fremd gewesen, die Figuren nur von Goldgrund sich hatten abheben dürfen, ergab sich als natürliche Reaktion diese detailreiche Landschaft, die in ehrfürchtigem Pantheismus das kleinste Blatt und den funkelnden Tautropfen für gleich wichtig hält, wie die stolzeste Palme, den Kieselstein für gleich bedeutend, wie den gewaltigen Felsen, die nicht dulden will, daß trübe Atmosphäre den Glanz der Dinge verdunkle, in einem einzigen Werk den ganzen Formen- und Farbenreichtum des Alls besingen möchte. Selbst die Kirche fand sich mit den neuen Anschauungen ab. Indem Raimundus von Sabunde in seiner *Theologia naturalis* lehrte, die Natur sei ein vom Finger Gottes geschriebenes Buch, gab er der Weltfreude des Zeitalters, den Bestrebungen der Künstler den Segen.

Das Genter Altarwerk ist, wie es den Geschmack des Mittelalters ausklingen läßt, auch das erste klassische Dokument des neuen weltlichen Stils. Kaum 20 Jahre kann *Jan van Eyck* jünger als Hubert gewesen sein, trotzdem scheint eine ganze Welt sich zwischen ihn und seinen Bruder zu schieben. Der feierliche Idealstil Huberts weist noch ins Mittelalter hinüber. Jan steht mit beiden Füßen auf dem Boden der neuen Zeit. Hat er das Genter Altarwerk so vollendet, wie Hubert es plante? Man möchte es sehr bezweifeln. Selbst aus den Tafeln, in denen er notgedrungen seinem Bruder folgte, spricht ein anderer Geist. Wie er die drei mächtigen Mittelgestalten nie geschaffen hätte, vermag er in dem Bild der singenden Engel, das er als Gegenstück zu Huberts musizierenden Engeln malte, sich nicht auf der Höhe seines Bruders zu halten. Bei Hubert sind nicht die Gesichter allein, auch die Hände von nervösem Leben beseelt. Durch diese beweglichen Finger strömt der Geist der Musik. Auf dem Bild der singenden Engel, so sehr van Mander sie lobt, sind die Gesichter geistlos, die Hände schematisch und verzeichnet. Jan besitzt weder die geistige Großheit, den gedankenvollen Ernst seines Bruders noch dessen plastischen Sinn für das organische Gefüge des Körpers. Schon aus den Tafeln, die er der Anlage des Altarwerkes gemäß noch in großem Formate geben mußte, spricht in Wahrheit ein Kleinmaler, dessen Auge nur an der farbigen Oberfläche der Dinge haftet. In den Gestalten der beiden Stifter giebt er die ersten Porträtfiguren der neueren Kunst, echte Typen jenes gediegenen Bürgertums, das damals Flandern zum wohlhabendsten Land der Erde machte: er, der behäbige, ein wenig stumpfsinnig gewordene Bonvivant, der sich nach erfolgreicher Arbeit zur Ruhe gesetzt, sie, die Herrin des Hauses mit den streng ehrbaren Zügen der Kommandeuse. In der Verkündigung legt er das Hauptgewicht auf das Stillleben. Man sieht ein Zimmer mit einem Waschbecken und allerlei Hausgerät, blickt durch das Fenster in eine Straße hinaus. Bei den Gestalten von Adam und Eva sucht er nicht wie Masaccio nach großen Linien und geistigem Inhalt, er beschränkt sich darauf, die eingefallene Brust und den Bauch der Eva, die Haare an Adams Beinen, die bleiche Hautfarbe der Körper und die dunklere der gebräunten Hände mit photographischer Treue zu spiegeln.

In seinem Element war er erst, als er die unteren Tafeln mit den vielen kleinen Figuren, die Anbetung des Lammes, die gerechten Richter und Streiter Christi, die heiligen Einsiedler und Eremiten malte. Das sind nämlich die Unterschriften, die auf den Tafeln stehen. Aus den Gestalten selbst ist schwer ihre biblische Bedeutung zu erraten. Es sind Menschen von Fleisch und Blut, die in nichts mehr den ideal drapierten, himmelwärts gewandten Wesen der älteren Epoche ähneln. Auf der einen Seite malt er die burgundischen Fürsten, wie sie mit ihrem Troß zur Jagd ziehen, auf der anderen Mönche und Bettler, Gesindel der Landstraße, das mit schwieligen Sohlen, das Gesicht von der Sonne gebräunt, die Stirn von Sorgen durchfurcht, über den Kiesboden schreitet.

Noch mehr als die Leute fesselt die Landschaft. Blau, nicht mehr golden ist der Himmel. Weithin dehnt der graswachsene Boden sich aus. Gänseblümchen und Anemonen, Veilchen und Löwenzahn, Erdbeeren und Stiefmütterchen blühen darin. In dem Buschwerk glühen die Rosen. Cypressen, Orangen und Pinien erheben sich. Blaue Trauben schimmern aus dunkeln Gehängen hervor.

Dieser südliche Charakter der Natur erinnert zugleich daran, weshalb gerade Jan berufen war, der Vater der Landschaftsmalerei zu werden. Die erste Anregung hat er vielleicht durch Miniaturwerke erhalten. Denn was er als Neues in das Altarbild einführte, war in der Buchmalerei schon lange üblich, die als aristokratischer Luxus sich größere Feinheiten und eine weltlichere Haltung als das Altargemälde gestatten konnte. In seiner Stellung als *valet de chambre* mag er manches *livre d'heures* gesehen haben, das sich den Blicken gewöhnlicher Sterblicher verbarg, und was er als Hofmaler erkundet, kam dem braven Jodocus Vydt zu gute. Doch den Ausschlag gab ein anderes Ereignis seines Lebens. Weites Reisen lenkt notwendig die Aufmerksamkeit auf das Fremdartige, was man in der neuen Umgebung sieht. Die Luft erscheint blauer, der Fernblick stimmungsvoller, die Erde schöner. Alles, woran man in der Heimat achtlos vorübergegangen, gewinnt plötzlich Bedeutung. Wie im 19. Jahrhundert die deutschen Maler erst nach Italien, Norwegen und dem Orient pilgerten, bevor sie die Heimat malten, wurde für Jan die portugiesische Reise, die er 1428 für seinen Herzog machte, die Offenbarung. Dort im Süden enthüllte sich ihm die Schönheit der Natur, und heimgekehrt, noch voll von Erinnerungen, erzählte er in frischer Begeisterung von all dem, was er im fremden Lande gesehen.

In seinen selbständigen Werken folgt er noch mehr seinen persönlichen Neigungen. Während Hubert als Ausläufer der alten Monumentalmalerei ins Große ging, stets eine feierliche Haltung wahrte, ist Jan als Nachkomme der Miniaturisten der Feinmaler *par excellence*, der unerreichte Ahn aller Fortuny und Meissonier, der in kleinen Kabinettstücken Wunderwerke koketter Mache und koloristischer Delikatesse schafft. Er ist weit entfernt, in seinen kleinen Madonnen fromme Stimmung wecken zu wollen. Suchten die älteren Meister zum Himmel aufzusteigen, so zieht Jan ihn zur Erde nieder. Hatten jene sich ins Jenseits hinübergeträumt, so malt Jan einfache Ausschnitte aus dem Leben. Bei den Kölnern mußten die Figuren lang und schmächtig sein – wie die gotische Architektur alles Massenhafte durchgeistigte und nur die himmelstrebenden Pfeiler beibehielt. Jan van Eycks Gestalten sind nicht schlank, sondern untersetzt, und um den passenden Hintergrund zu schaffen, hat er nie die schlank aufsteigende Gotik, nur den massigen romanischen Stil verwendet. Auf den kölnischen Werken leuchtete aus den Augen Marias himmlische Sehnsucht. Jan macht sie zu einer gesunden flandrischen Mutter.

Dort lebten die Gestalten im Paradies; hier sind sie mitten in die frohe Wirklichkeit versetzt. Entweder zeigt er Maria in einer Kirchenhalle, wo dann eine architektonische Perspektive mit pikanter, durch bunte Fenster einströmender Beleuchtung sich eröffnet. Oder den Hintergrund bildet ein Wohnzimmer, das Gelegenheit giebt glänzendes Messinggeschirr, Lampen und Kannen, spiegelnde Wasserflaschen und Teppiche zu ganzen Stillleben aufzubauen. Oder Maria steht im Freien. Dann blickt man auf Kirchen und Schlösser, auf Gärten und Flüsse, auf Marktplätze und Straßen hinaus. Es ist erstaunlich, wie er auf einer handgroßen Fläche den Eindruck weiter Fernsichten zu geben weiß; erstaunlich, wie er das Glitzern von Metall, die Gräschen einer Landschaft und auf den Gräschen jeden Tautropfen malt, wie er das Licht auf glänzenden Rüstungen, auf einem Krystallglobus, auf einem Stück Goldschmiedwerk spielen und schillern läßt.

Man möchte sagen, daß in Bildchen der Art das ganze handwerkliche Geschick des nordischen Mittelalters gipfelte. Denn was an den gotischen Bauten des 14. Jahrhunderts, was an all jenen Tabernakeln, Kanzeln, Taufbecken und Sakramentshäuschen fesselt, die man in den nordischen Kirchen sieht, ist weder die Harmonie der Verhältnisse, noch die Reinheit der Linien, noch die Zartheit der Dekoration. Was frappiert, ist die unglaubliche Geschicklichkeit, mit der all dieses Maßwerk, all diese Rosetten geschnitten und ineinandergesetzt sind, als wäre es gar kein harter Stein, sondern weiches in der Hand zu knetendes Material. Nun im 15. Jahrhundert kommt diese manuelle Gymnastik auch der Malerei zu gute. Nachdem einmal der Blick sich den Formen der Wirklichkeit geöffnet, ist die Hand fähig, auch die lebende Natur mit derselben jongleurhaften Sicherheit zu meistern, wie die gotischen Architekten den Stein.

Doch ein Blick auf Italien zeigt, daß es nicht richtig wäre, in dieser Kleinmalerei eine specifisch nordische Eigentümlichkeit zu sehen. Sie war die natürliche Reaktion auf den Monumentalstil der älteren Epoche und hat daher in Italien ebenso begeisterte Apostel wie in den Niederlanden gefunden. Was hier Jan van Eyck heißt, nennt sich im Süden *Pisanello*. Es ist nicht ausgeschlossen, daß Beziehungen zwischen beiden bestanden, da in Verona – nach Facius' Bericht – niederländische Künstler arbeiteten. Jedenfalls steht Pisanello dem Niederländer Jan ebenso nahe, wie er von seinem Landsmann Masaccio sich trennt. Wo jener noch ideale Typen gegeben hatte, malt Pisanello seine Zeitgenossen ab. Wo Masaccio das Idealkostüm Giottos verwendete, kann Pisanello sich nicht genugthun, kokette Mäntelchen und Tricots, enorme Hüte und zierliche Schnabelschuhe anzubringen. Die ganze Kostümfreude des Quattrocento hält auch in Italien an heiliger Stätte ihren Einzug. Lachende Landschaften dehnen sich aus. Tiere wie bei Jan van Eyck treiben neben den biblischen Figuren ihr Wesen.

Die Fresken, die er in Verona malte, unterscheiden sich von denen der Brancaccikapelle ebenso, wie die unteren Tafeln des Genter Altarwerkes von den Monumentalfiguren der oberen Reihe. Sie sind das Wert eines koketten Charmeurs, der weder geistige noch formale Gedanken ausspricht, aber mit feinem, vornehmen, frischen Blick die Dinge und die Menschen betrachtet. Statt biblischer Geschichten werden ritterliche Aufzüge und Jagden gegeben. Rebhühner und Drachen, Hunde und Pferde mischen sich in die ehrbare Versammlung der Heiligen, die in ihren stutzerhaften, enganliegenden Kostümen eher aus Boccaccio als aus der Bibel zu stammen scheinen. Seine drei Könige haben, um das Christkind zu besuchen, all ihre Pagen und Stallmeister, ihre Jagdhunde und Jagdfalken mitgenommen. Eine Landschaft vom Gardasee mit Villen und Weinbergen, mit Schafherden und Vögeln dehnt sich ringsum aus. Sein heiliger Georg, mit dem Küraß und dem riesigen Filzhut gleicht einem Kondottiere des Quattrocento. Und den Nimrod Hubertus malte er auch nur, weil sich Gelegenheit bot, einen dichten Wald mit Hunden und Hasen, mit Kaninchen und Bären zu bevölkern. Selbst seine Zeichnungen verraten, daß er im Grunde seines Herzens weit mehr als Tiermaler denn als Sänger des biblischen Epos sich fühlte.

Schließlich berührt er sich mit Jan van Eyck darin, daß er die ersten rein profanen Kunstwerke schuf. Die Porträtmalerei tritt als gesonderter Kunstzweig der biblischen Malerei zur Seite.

Vor dem 15. Jahrhundert gab es keine Bildnisse. Nur den Souveränen wurde das Recht zugestanden, sich in Statuen und Mosaiken verewigen zu lassen, während man sonst Porträts höchstens als plastischen Schmuck von Grabmälern zuließ. Im 14. Jahrhundert erwachte der

Geist der neuen Zeit. Der Mensch will Spuren seiner irdischen Laufbahn zurücklassen, seinen Namen, sein Bild fernen Generationen überliefern, die Unsterblichkeit sich auf Erden erobern. Giotto malte den Dichter der göttlichen Komödie unter den Seligen des Paradieses auf einer Wand des Bargello. Von Simone Martino wird erzählt, daß er eigens nach Avignon reiste, um Petrarka zu porträtieren. Aber Giottos Bild ist mehr Silhouette als Porträt. Einen Begriff von der Bildniskunst des Simone Martino giebt dessen Fresko des Guidoriccio Fogliani de Ricci, dessen Ähnlichkeit gewiß nicht groß ist. Die Kunst war noch zu sehr vom Typischen beherrscht, als daß individuelle Charakteristik ihr gelingen konnte.

Im 15. Jahrhundert ist nicht nur der Ruhmessinn derart gewachsen, daß jeder reiche Bürger fortan das Bedürfnis fühlt, seine Züge der Nachwelt zu hinterlassen. Auch die Kunst hat jetzt die Fähigkeit, das, was das Auge sah, in scharfer Naturtreue festzuhalten. In den italienischen Privathäusern kam die Sitte auf, Kamine und Gesimse mit farbigen Bildnisbüsten zu schmücken. Andere lassen wenigstens auf einer Bronzemedaille ihr Bildnis herstellen.

Pisanellos Ruhm ist, daß er von antiken Denkmünzen ausgehend die Medaille wieder erweckte, und diesen Medaillenstil hat er auch auf seine gemalten Bildnisse übertragen. Da die Medaille auf die Negation der Tiefe angewiesen ist, giebt er auch gemalten Porträts ausschließlich Profilstellung. In scharfer Seitenansicht, plastisch streng sind die Köpfe gezeichnet. Wie in den Medaillen der Reliefgrund die Folie abgiebt, breitet hier ein teppichartiges Ornament oder eine einfarbige Masse sich aus, auf der das Profil fest aufruht.

In den Niederlanden fehlte dieser Zusammenhang mit der Medailleurkunst. Die Bildnisse Jan van Eycks unterscheiden sich also von denen Pisanellos dadurch, daß sie die Köpfe nicht in Profil, sondern in Dreiviertelansicht geben. Während der Italiener die charakteristische Linie zeichnet, malt der Niederländer die farbige Fläche. Beiden gemein aber ist das Streben, die menschliche Physiognomie mit der unerbittlichen Strenge, der unbegrenzten Genauigkeit des photographischen Apparates wiederzugeben. Wie die Landschafter, nachdem sie vorher nur Goldgründe hatten geben dürfen, nun jeden Kieselstein und jedes Blättchen, jeden Tautropfen und jeden Grashalm zeichneten, so schwelgen die Porträtmaler, nachdem man vorher nur allgemeine Typen gekannt, nun mit wahrer Wollust im krausen Detail, in Runzeln und Schwielen, in Bartstoppeln und Falten. Selbst bei der Wahl ihrer Modelle verfahren sie nach diesem Gesichtspunkt. Denn keine Köpfe junger Mädchen kommen vor, selten Jünglingsbilder. Hauptsächlich Greisen- und Matronenköpfe mit alter schrumpflicher Haut sind Aufgaben nach dem Herzen dieser realistischen Kunst. Der knorrige Alte der Berliner Galerie, der mit komischem Ernst eine Nelke hält – die moderne Blume, die gerade damals nach Europa gebracht war und ähnliches Aufsehen machte wie in unseren Tagen die Orchidee – kommt sofort in Erinnerung. Auch an den abenteuerlichen Kopf des Arnolfini denkt man und an das Verlobungsbild desselben Kaufherrn, das mit seinem reichen sittenbildlichen Apparat schon die Keime der späteren Genremalerei in sich birgt.

Auf diesem Wege ging die Entwicklung weiter. Eine Malerei, die einmal die Poesie des Irdischen entdeckt hatte, konnte auch nicht auf dem Boden stehen bleiben, den Jan van Eyck und Pisanello ihr bereitet. Die zierliche tändelnde Kleinkunst dieser beiden mußte in eine ernste Malerei sich verwandeln, die nicht mehr bloß an der farbigen Oberfläche haftete, sondern in das Wesen der Dinge eindrang, ihren realistischen Stil wissenschaftlich begründete.

An dieser Forscherarbeit haben sich die Niederländer nicht mehr beteiligt. Nachdem sie durch die Vervollkommnung der Oelmalerei eine wichtige Anregung gegeben, beschränkten sich die Folgenden darauf, in dem Eyckstil weiter zu arbeiten.

Die Werke des *Petrus Cristus* bringen nichts, was nicht die Jans schon enthielten. Er verwendet die Modelle des Meisters und die Versatzstücke des Eyck'schen Ateliers, nimmt ganze Figuren aus Jans Bildern in die seinen herüber. Wie er in seiner Frankfurter Madonna Jans türkischen Teppich und die Adam- und Evafiguren des Genter Altarwerks anbringt, giebt er in der Madonna von Burleighouse eine Kopie des Karthäusers, der auf dem Rothschildschen Madonnenbilde kniet. Interessant, weil keine ähnlichen Werke Jans erhalten, ist sein heiliger Eligius in Köln, – ein Bild, das wieder zeigt, welche weltlichen, rein malerischen Gesichtspunkte jetzt die Wahl der Stoffe bestimmten. Glitzernde Dinge, goldene Kannen und Pokale, Halsbänder, Agraffen und Ringe wollte man malen. Da das in Form reiner Stillleben noch nicht geschehen konnte, erinnert man sich des braven Eligius, den man *pro forma* in den Vordergrund setzt.

Den gleichzeitigen Holländern mag Jan, während er im Haag weilte, die entscheidenden Anregungen gegeben haben. Wenigstens fügt *Albert Ouwaters* Hauptwerk, eine Auferweckung des Lazarus, sich vollständig der Eyckschule ein. Da Jan seine Madonnen gern in einer Kirche, einer romanischen Kirche darstellte, verlegt auch Ouwater den Vorgang in einen romanischen Dom. Ebenso eyckisch wie der Hintergrund ist der figürliche Teil, die Zierlichkeit und Ruhe der Gestalten, die gar nicht durch das Wunder überrascht sind.

Dem *Dirk Bouts* wird nachgerühmt, er sei als Landschafter über Jan hinausgegangen. Doch einen Fortschritt vom Preciösen zum Intimen bedeuten die Flügelbilder des Löwener Altars nicht. Im Gegenteil, Bouts setzt noch mehr zusammen, türmt die willkürlichsten Dinge aufeinander. Es ist merkwürdig, wie der Geist des Realismus hier zur Phantasielandschaft führt. Bouts empfand, daß biblische Scenen nicht in den Niederlanden spielen dürften. Wie er die Figuren durch Turban, Kopftücher und seltsame Waffen als Orientalen kennzeichnet, sucht er der Landschaft ein exotisches Gepräge zu geben. Für Jan van Eyck, der weite Reisen gemacht hatte, war das leicht. Er gab Portugal als den Orient aus. Bouts, nie aus der Heimat herausgekommen, mußte erfinden. Und da Holland ein so flaches, ebenes Land war, dachte er sich den Orient felsig. Indem er das Gegenteil von dem malte, was die Heimat bot, glaubte er am richtigsten den Charakter biblischer Scenen zu treffen. Neu ist ferner, daß er als erster bestimmte Lichterscheinungen zu interpretieren sucht. Während Jan van Eyck alles in gleichmäßig scharfer Beleuchtung sah, ist auf dem Christophorusbild des Dirk Bouts der Hintergrund von der aufsteigenden Sonne in rötliches Licht getaucht, während die Felsenschlucht des Vordergrundes noch in nächtlichem Dunkel liegt. In der Gefangennahme Christi hat ihn sogar ein Problem beschäftigt, das erst Elsheimer wieder aufnahm. Während am Nachthimmel die bleiche Mondscheibe steht, sind die Figuren von Fackellicht übergossen.

Doch selbst darin macht sich nur ein Fortschreiten auf der alten Bahn, keine veränderte Marschroute bemerklich. Jan van Eyck hatte so viel vorweggenommen, so unvermittelt war sein Auftreten gewesen, daß die Folgenden schon genug zu thun hatten, wenn sie nur den Posten, auf den Jan sie gestellt hatte, behaupteten. Wohl treten in den Niederlanden noch große Persönlichkeiten auf, die sogar in das Drama der *europäischen* Kunst eingreifen. Doch sie gehen getrennt einher, das Zusammenarbeiten, die logische Entwicklung fehlt. Eine Kunst *geschichte* des 15. Jahrhunderts giebt es nur in Italien.

9. Sturm und Drang in Florenz.

In Florenz namentlich waren alle Bedingungen für eine logische Weiterentwicklung gegeben. Hier, wo Cosmo de Medici an der Spitze des Staates stand, wo die Strozzi, Bardi, Rucellai, Tornabuoni, Pitti und Pazzi durch die Kunst ihr junges Wappen vergoldeten, wurden der Malerei Aufgaben wie nirgends in der Welt gestellt. Aber auch das wissenschaftliche Centrum Italiens war Florenz geworden. All die großen Gelehrten, Anatomen und Mathematiker, die durch die Medici berufen waren, arbeiteten mit den Künstlern Hand in Hand. Ein wissenschaftlicher Geist durchzieht das Schaffen. Und nur *dieser* Geist war fähig, all die rein technischen Aufgaben zu lösen, die das Jahrhundert stellte. Nur weil in Florenz Künstler arbeiteten, die – fast mehr Gelehrte als Maler – mit fanatischem Eifer sich der Lösung einzelner Probleme widmeten, ihre ganze Lebenskraft daransetzten, in die formenbildende Werkstätte der Natur einzudringen, konnte die Malerei des Quattrocento ihre rapiden Fortschritte machen. Erst auf dem Fundament, das diese florentinischen Forscher legten, konnte sich überhaupt das Gebäude der modernen Malerei erheben.

Das erste wichtigste Problem war die Perspektive. Gerade mit diesen Dingen hatte die frühere Zeit am unbeholfensten geschaltet. Giotto scheiterte jedesmal, wenn es galt, die Personen auf mehrere Pläne zu verteilen, das richtige Verhältnis der Figuren zu den Bauwerken herzustellen. Noch Masaccio folgte, so genial die Aufgaben gelöst sind, doch empirisch seinem Gefühl. An die Stelle dieses Tastens mußte klare wissenschaftliche Erkenntnis treten. Das richtige Verhältnis der Figuren im Raum wie die weitere Ausbildung der Landschaft war erst möglich, nachdem die perspektivischen Regeln feststanden. So widmen sich die größten Geister zunächst diesen Fragen.

Brunellesco, der große Baumeister, schafft die Grundlage. Unterstützt von dem Mathematiker Paolo Toscanelli, stellt er als erster den Satz auf, daß die Objekte desto kleiner erscheinen, je mehr sie sich vom Auge entfernen, und liefert den Beweis in einer Zeichnung, die den Platz des Baptisteriums darstellte. Damit war der Weg eröffnet, er wurde weiter verfolgt. Leo Battista Alberti, der das erste Buch seines Werkes über die Malerei vornehmlich der Perspektivlehre widmet, bringt das bisher nur mündlich Ueberlieferte in schriftliche Fassung und erfindet das Quadratnetz, das es ermöglicht, die kompliziertesten Aufgaben mit mathematischer Genauigkeit zu lösen. Daß ein besonderer Beruf, der des Prospettivista entstand; daß für die farbigen Holzinkrustationen der Möbel lange Zeit Darstellungen beliebt waren, die nichts als perspektivische Paradigmen sind; daß Ghiberti sogar seine Reliefe wie Bilder mit perspektivischem Hintergrund behandelte, sind weitere Beispiele dafür, welche Wichtigkeit das Quattrocento der neuen Wissenschaft beilegte.

Als Maler setzt *Paolo Uccello* an diesem Punkte ein. Vasari erzählt, Uccello habe seinen Beinamen deshalb erhalten, weil er trotz seiner Armut eine ganze Menagerie, darunter seltene Vögel sich hielt. In diesem Studium der Tiere, das so bezeichnend ist für das Quattrocento, berührt er sich also mit Pisanello. Doch namentlich war seine Thätigkeit die, daß er zusammen mit seinem Freunde, dem Mathematiker Manetti, die perspektivischen Regeln in ein festes Lehrgebäude brachte. Es hat etwas Rührendes, einen solchen Arbeiter zu sehen, der über seinen Problemen zum Sonderling wird, die ganze Welt vergißt, Nächte hindurch über seinen Untersuchungen brütet. Was kümmert ihn das Leben! Was kümmert ihn Malerei! Wenn irgend möglich, hält er seine Bilder monochrom. Muß er sie farbig ausführen, so ist ihm gleichgültig, ob seine Pferde rot oder grün sind. Denn die Aufgabe, die ihm das Schicksal gestellt, ist nur die Lösung perspektivischer Fragen.

So schildert er, als er die Sündflut im Kreuzgang von Santa Maria Novella malt, nicht die Schrecken einer Weltüberschwemmung, was jeder Giottist gekonnt hätte. Er stellt sich Probleme, die – nur der Schwierigkeit halber aufgesucht – das Ganze wie die Illustration eines perspektivischen Lehrbuchs erscheinen lassen. Im Gegenstück dazu, dem Opfer Noahs, läßt er ein Wesen, das Gott Vater darstellen soll, kopfüber aus den Wolken herabfallen – nur um festzustellen, wie jemand, der von einem Gerüst herabstürzt, aussehen würde, wenn er plötzlich erstarrt im

Raume hängen bleibt. Auch seine Schlachtenbilder erscheinen dem modernen Auge befremdlich. Sie ähneln mehr Karussellpferden als wirklichen, diese seltsam gefärbten, dickhalsigen Rosse, die sich da bäumen oder steif auf dem Boden liegen.

Doch das Wort »Schlachtenbilder« erinnert daran, welchem riesigen Umwandlungsprozeß man beiwohnt. Schon daß solche profanen Dinge überhaupt gemalt wurden, zeigt den Siebenmeilenstiefelschritt der Zeit. Und bedenkt man, daß Uccello auf einem Boden steht, auf dem er überhaupt keine Vorgänger hatte, daß, was er anstrebte, erst im 16. Jahrhundert von Rafael und Tizian, im 17. von Salvator Rosa und Cerquozzi wieder aufgenommen wurde, dann erkennt man die kunstgeschichtliche Bedeutung dieses kühnen fanatischen Geistes. Keine Eroberung geschieht auf einen Schlag. Neue Probleme aufwerfen ist verdienstvoller, als Altes formvollendet nachbeten. Nur Geistern wie Uccello dankt es die florentinische Malerei, daß sie nicht gleich der niederländischen stehen blieb, sondern immer neue Höhen erklomm. Und wie erstaunlich sind die Bewegungen dieser Reiter beobachtet. Wie klar sondern sich die Pläne! Mit welch botanischer Genauigkeit sind all diese Blätter und Orangen gemalt! Wie bemüht er sich, mit der Scharfäugigkeit des Japaners, die verschiedene Stellung all dieser Aestchen und Blättchen perspektivisch richtig zu geben! Liest man seine Biographie und betrachtet seine Werke, dann empfindet man Ehrfurcht vor diesem Märtyrer, der das Studium der Perspektive, der Blätter und Baumäste wie einen heiligen Gottesdienst betrieb.

Auch sein Reiterstandbild des Condottiere John Hawkwood ist von epochemachender Bedeutung. Renaissancegeist und Reiterstandbild – das sind fast gleiche Begriffe. Wie in den Zeiten der Antike sollten Reiterstatuen auf den öffentlichen Plätzen sich erheben. Da die Plastik noch nicht fähig war, die Aufgabe zu lösen, nahm man mit gemalten Reiterstatuen vorlieb. Alles ist in Uccellos Bild von charaktervoller monumentaler Haltung. Donatello lernte von ihm, als er 17 Jahre später die Statue des Gattamelata schuf. Noch Tizians Reiterbildnis Karls V. hat Uccellos Hawkwood zur Voraussetzung.

Das zweite Problem war, dieser neuen Zeit auch den neuen Körper, die neue Seele zu geben. Im Mittelalter fühlten sich die Menschen als Herde, die dem guten Hirten folgt. Demgemäß kannte auch die Kunst das Einzelwesen, die Besonderheit nicht. Ein gleichmäßiger, allgemeiner Schönheitstypus herrscht. Lange, schmächtige Gestalten stehen da, der Körperbau ohne feste Zeichnung, sämtliche Linien von allgemeiner Rundung. Auch die Haltung ist gleichmäßig: jene zierliche, geschwungen ausgebogene Stellung; zimperliches Auftreten der Füße, die noch kaum wagen, den Boden zu berühren. Denn die Erde ist nicht das Heim des Menschen, sein Leben nur ein Wandern zur Ewigkeit.

Das 15. Jahrhundert bezeichnet den Sieg des Individualismus, das rücksichtslose Hervortreten des Einzelnen. Eine Fülle scharf umrissener Charaktere taucht plötzlich auf, kernige, aus ganzem Holz geschnitzte Persönlichkeiten, Gewaltnaturen, die ebenso sehr in die Galerie der großen Männer wie in die der Verbrecher gehören. Charakter, Eigenart, Kraft, Energie, sind die Schlagwort des Zeitalters. Diese neue Menschheit, alle jene knorrigen, markig-männlichen Gestalten, wie die Zeit sie geschaffen, mußten auf den Bildern erscheinen. Liebte man vorher milde Schönheit, das Weibliche, Engelhafte, Zarte und Liebliche, Sanfte und Schmiegsame, so galt es jetzt, energische, kraftvolle Menschen zu schaffen. Auf den Bildern der älteren Meister waren die Männer sogar, obwohl sie Bärte haben, weiblich befangen. Jetzt handelte es sich, an die Stelle des Biegsamen. Weichen das Eckige, Schroffe, männlich Entschiedene, Straffe und Urwüchsige, reckenhaft Gewaltige zu setzen. Die Gestalten, früher wie körperlos über der Erde schwebend, mußten feststehen auf den eigenen Füßen, verwachsen sein mit ihrer irdischen Heimat.

Aber nicht nur das Äußere der Menschen, auch ihr Empfindungsleben hatte sich geändert. Strahlte damals Demut und Hingebung aus schüchtern niedergeschlagenen Augen und mild verklärten Zügen, so sah man jetzt trotzige Gesichter mit gerunzelten Brauen. Die ganze Menagerie der Leidenschaften war entfesselt. Wie alle jene Tyrannen des Quattrocento rückhaltlos ihrem Dämon, sei es Sinnlichkeit, sei es auflodernder Jähzorn, folgten, so forderte man in der Kunst die Darstellung viel stärkerer Gemütsaffekte, als die frühere Malerei sie gab. Es handelte sich, die vorübergehende Bewegung, die wechselnde Gebärde aufzugreifen, die Leidenschaft darzustellen, wie sie konvulsivisch den ganzen Menschenleib durchschüttelt.

An diese Probleme waren Jan van Eyck und Pisanello noch nicht herangetreten. Sie malten die neuen Kostüme ihrer Zeit, aber in der zierlichen Art, wie sie die Menschen hinstellten, blieben sie Gotiker. Noch erzählen ihre Werke nichts von dem rauhen Atem des neuen Zeitalters und seiner breiten, ungezwungenen Gebärde, nichts von all den seelischen Untiefen, die sich plötzlich mit so elementarer Gewalt geöffnet. Erst Donatello brachte der Plastik das neue Ideal. Und es ist bezeichnend, daß auf ein Extrem sofort das andere folgt. Je gröber und ungefüger das Individuelle sich zeigt, desto schöner erscheinen die Gestalten. So erklären sich all die absonderlichen Physiognomien, die plötzlich in die Kunst einziehen: derbe Proletarier mit ungeschlachten, ausgearbeiteten Formen, Bauern mit ehernen Knochen und scharfkantigen verwetterten Gesichtern, halbverhungerte alte Bettler mit schlaffen Muskeln und schlotterigem Leib, verwahrloste Kerle mit kahlem Schädel, struppigen Bartstoppeln und langen muskulösen Armen. Standen früher die Personen zimperlich da, so ist jetzt jede Linie Nerv. In ihrem breitbeinigen, energischen Auftreten spiegelt sich der ganze Geist dieses knorrigen Jahrhunderts der Kondottieri. Und namentlich, unter der Gewalt der Leidenschaft ist der ganze Körper wie von Krampf durchbebt. In seinem Streben nach drastischer Mimik langt Donatello zuweilen beim Grimmassierenden an. Nicht zufällig ist es, daß er die Gestalten der Magdalena und des Johannes so liebt. Denn hier ist beides vereinigt, was jene Zeit verlangt: ein Körper, dem Hunger und Entbehrung alle Schwielen herber Naturwahrheit aufgedrückt, und dieses ausgedörrte, nur durch lederne Haut zusammengehaltene Knochengerüst obendrein von thränenvollem Weh, von feurigem visionären Pathos durchschauert.

Der Donatello der Malerei ist *Andrea del Castagno*, ein kühner, unerschrockener Geist, der vor keiner Brutalität, vor keiner Uebertreibung zurückbebt, wenn sie dazu beiträgt, den Figuren mehr Charakter zu geben. Wie Donatello liebt er abstoßende Physiognomien, wilde Wüstenmenschen und ausgehungerte Asketen, deren mächtige, von schrecklich intensivem Leben verzerrte Züge doch unabweislich sich einprägen. Wie bei Donatello verbindet sich mit der physiognomischen Schärfe eine großartige statuarische Wucht. Seine Kreuzigung in Santa Maria Nuova ist ein wunderbares Stück von Pathos und Ausdruck, Maria namentlich, diese herbe, verkümmerte Matrone, deren ganzer Körper sich im Schmerze krümmt. Auf seinem Abendmahl in Santa Apollonia ist jede Gestalt ein Charakter von starrer, strammer Härte, von jener konzentrierten Lebensfülle, die in Donatellos Campanilestatuen geschnürt ist. Vor seiner Pietà in Berlin bleibt man stehen wegen ihrer enormen, grandios heroischen Häßlichkeit. Seine Magdalena, seine beiden Johannes in Sante Croce – nur in den Asketenfiguren des großen Bildhauers haben sie ihres Gleichen.

Zuweilen erreicht er sogar mit seinem Realismus einen großen königlichen Stil. Denn sein Reiterporträt des Niccolo da Tolentino, das er als Gegenstück zu dem Werke Uccellos schuf, ist von trotziger Monumentalität. Die Porträts von Dante, Petrarka und Boccaccio, die von Acciajuolo, Uberti und Pippo Spano, die er für die Villa Pandolsini malte, imponieren durch ihre mächtige, heroische Wucht. Pippo Spano namentlich, der dasteht mit gespreizten Beinen, das Schwert in der Hand, wirkt wie der fleischgewordene Geist des Quattrocento, wie eine Verkörperung dieser elementaren, an Kunst und Leidenschaften gleich großen Zeit. *Terribile*, jenes oft mißbrauchte Wort – auf Castagno paßt es. Er ist der König jenes gewaltigen Zeitalters, das die Rusticamauern des Palazzo Pitti auftürmte.

Das dritte Gebiet, das Studium erforderte, war die Farbe. Gewohnt, im Fresko sich zu bewegen, hatte man der Technik der Tafelmalerei wenig Aufmerksamkeit geschenkt und war deshalb noch weit entfernt, jene Leuchtkraft zu erzielen, die man auf niederländischen, nach Italien gelangten Bildern sah. Hier einzugreifen war ein Künstler berufen, der aus der Stadt stammte, wo später der italienische Kolorismus seine höchsten Triumphe feierte: aus Venedig. *Domenico Veniziano*, der Pisanellos Fresken im Dogenpalast hatte entstehen sehen, dem Meister dann nach Rom gefolgt war und schließlich in Florenz sich niederließ, soll der erste gewesen sein, der unabhängig von den Niederländern in der Farbenmischung experimentierte. Obwohl seine

Tafeln in Tempera gemalt sind, wußte er einen eigentümlichen Glanz und Schimmer, einen weichen, emailartigen Schmelz zu erreichen. Man steht vor der interessanten Thatsache, daß ein Venetianer, der aus seiner Heimat den Sinn für Farbe mitgebracht hatte, schon im Beginne des Jahrhunderts in diesem zeichnerisch strengen, plastisch denkenden Florenz die nämlichen Dinge anstrebte, die später zu Bellinis Tagen die venetianischen Maler beschäftigten.

Sogar in der Empfindung ist der Venetianer kenntlich. Denn die schroffen Züge, die zuweilen in Domenicos Altartafeln hervortreten, dürfen nicht verleiten, ihn für einen wilden Naturalisten im Sinne Castagnos zu halten. Das Verhältnis beider ist ein gegenseitiges Nehmen und Geben. Welche Anregungen Castagno durch Domenico erhielt, spricht sich in den koloristischen Experimenten aus, die er zuweilen, besonders in der Kreuzigung machte. Es hieß sogar, er habe ihn umgebracht, weil er neidisch auf seine koloristischen Erfolge war. Domenico anderseits legte das Gewand Castagnos an, als er seine Heiligen Johannes und Franziskus in Santa Croce malte. Eigentlich entsprach aber dieses knorrig Bäurische sehr wenig seiner Natur. Nächst Pisanello ist er der erste, der Bildnisse malt, jene Profilköpfe, an denen man so deutlich das Herauswachsen des Porträts aus der Medaille verfolgt. Und alle Dargestellten sind junge Mädchen. Mit zärtlicher Verliebtheit hat er auf dem Porträt der kleinen Bardi die reizvollen Linien dieses neckischen Profils und dieses feinen Halses, das Auge mit dem freien backfischhaften Blick, das blonde, perlengeschmückte Haar gezeichnet. Die ganze knospenhafte Frische weiblicher Jugend ist in diesem Wunderwerk des Museo Poldi Pezzoli mit feinfühliger Grazie gegeben, zu einer Zeit, als die übrigen Porträtmaler so herb waren, sich nur wohl fühlten, wenn es galt, alte verrunzelte Gesichter, charaktervolle Häßlichkeit zu facsimilieren. Dieselbe junge Dame, nur ein paar Jahre älter, begegnet auf dem Profilporträt der Berliner Galerie. Dort der Backfisch, die Braut, noch gaminhaft spröde, hier ernster, ein wenig voller die junge Frau. Da wohl noch mehrere Mädchenporträts, die unter anderen Namen in den Galerien verstreut sind, von Domenico herrühren, so erscheint er inmitten der männlichen Florentiner Kunst als *féminin*, als der erste, der die Grazie der Jugend, den Reiz zarter Weiblichkeit fühlte. Venedig, dessen ganze Kunst später sich zu einem Hymnus auf das Weib gestaltete, brachte schon im Beginne des Jahrhunderts den ersten Mädchenporträtisten hervor.

Freilich den ganzen Kunstbedarf ihrer Zeit zu decken, waren so ringende, mit Problemen beschäftigte Geister nicht im stande. So treten neben die Eclaireurs die Profiteurs, neben die Forscher die Popularisierer. Jene kannten keine Zersplitterung, keine Thätigkeit auf verschiedenen Gebieten. Sie legten in wenigen Werken, von denen jedes eine Eroberung bedeutet, die Resultate ihres Forschens nieder. Die Profiteurs gehen statt in die Tiefe in die Breite. Mit Hilfe der technischen Instrumente, die jene anderen geschmiedet, machen sie sich an die Eroberung der Welt. Die ganze Flut des Lebens dringt in die Kunst ein. Die ganze Kulturgeschichte der Zeit wird geschrieben.

Fra Filippo namentlich und Gozzoli wurden die Chronisten ihrer Epoche: sorglose, leicht schaffende Geister, die ohne an wissenschaftliche Fragen sich zu kehren, mit freudigem Schauer in dem neuen weltlichen Zeitstrom plätschern. Beide wären durch Stand und Bildungsgang berufen gewesen, das Banner der alten religiösen Malerei zu halten. Denn der eine war Mönch, der andere der Lieblingsschüler des gottseligen Mönches von San Marco. Aber wie wenig ist in ihren Werken von kirchlicher Stimmung übrig!

Fra Filippo ist schon als Mensch ein interessanter Typus der Zeit, nur acht Jahre jünger als Fiesole und doch von diesem verschieden wie ein galanter Abbé von einem heiligen Eremiten. Fra Giovanni in seiner stillen Klause kannte die Verführungen des Lebens, kannte die Leidenschaft zum Weibe nicht. Fra Filippo ist »so verliebter Natur, daß er all sein Gut für die Frauen hätte hingeben können«. Tagelang verläßt er Werkstatt und Arbeit, um einem Abenteuer nachzujagen. Im Konvent eingeschlossen, dreht er sich aus Betttüchern Seile, um durch das Fenster zu entwischen und auf nächtliche Streifzüge auszugehen. Lucrezia Buti, die hübsche Nonne aus Prato, läßt sich von ihm entführen. Spineta, ihre jüngere Schwester, flüchtet auch in das Heim des lustigen Pärchens. Und Cosmo de Medici, als er von all diesen Streichen hört, hat nur »herzlich darüber gelacht«.

Diese Dinge, als Anekdoten gleichgültig, beleuchten den heiter weltlichen Zug, der durch das Zeitalter ging, erklären, warum auch die Bilder Fra Filippos so wenig mehr mit denen Fiesoles gemein haben. Nur über einigen Jugendwerken wie der zarten Anbetung des Kindes in Berlin liegt noch ein Hauch jener Gottesminne, die Fra Angelico malte. Das Thema der Anbetung sowohl wie die lichte, rosige Farbe und der weiche Fluß der Gewänder verrät den Zusammenhang mit der älteren Kunst. Später ist er ein frischer Erzähler, der mit sinnlichem Blick ins Leben schaut, muntere Mädchen, Frauen, die gar nichts Heiliges haben, in seinen Bildern vereinigt. Die »Krönung der Maria« ist ein ganzes Serail. Anmutige Backfische knieen da, Kränze von Rosen liegen in ihrem Haar, blühende Lilien an langen Stengeln tragen sie in der Hand. In seinen Madonnenbildern ist alles Feierliche, Repräsentierende abgestreift. Aus der demütigen Jungfrau ist eine frische Florentinerin geworden, die auf Toilette viel Wert legt. Goldgesäumte Kleider zieht er ihr an, mit Schärpen und Geschmeiden drapiert er sie, ordnet ihr Spitzenhäubchen mit dem gewählten Geschmack des Mannes, der sich auf derlei Dinge versteht. Selbstverständlich ändert sich mit der Hauptfigur auch die Umgebung. Maria thront nicht mehr, ist nicht von Heiligen umgeben. In ihrer Häuslichkeit sitzt sie, im Garten. Selbst in seinen Fresken in Prato, die das Leben des Täufers und des Stephanus darstellen, bleibt er der Verehrer der Frau. Manchmal bemüht er sich um einen ernsten, feierlichen Stil. Doch die meiste Freude hat ihm sicher das Bild gemacht, auf dem er das Fest des Herodes, den Tanz der Salome schildert. Ein Diner bei den Medici wäre der passendere Titel. »Filippo verkehrte gern mit fröhlichen Menschen, war immer vergnügt und guter Dinge.« So kennzeichnet ihn Vasari, und mit dem Menschen deckt sich der Künstler. Tiefe oder Größe darf man nicht bei ihm suchen. Als Sohn eines Schlächtermeisters hat er zeitlebens in sehr elementaren Empfindungen sich bewegt. Aber Gesundheit und gute Laune, harmloses Epikureertum und ein feiner Sinn für weibliche Anmut machen ihn zu einem echten Sohn dieses lebenslustig weltfrohen Zeitalters.

Benozzo Gozzoli machte den gleichen Weg. Als er in seiner Jugend das entzückende Waldmärchen mit dem Zug der Könige für den Palazzo Medici schuf, war er noch der zarte Schüler seines Meisters, hatte sich in den Lenz schon verliebt, aber den Himmel noch nicht vergessen. Denn nicht nur eine Novelle aus dem Florentiner Leben trägt er vor. Engelgruppen von bestrickender Schönheit bilden den Abschluß des frischen, liebenswürdigen Werkes. Später schwindet dieser traumverlorene Zug. Nicht mehr der Lyriker, nur der Erzähler führt das Wort und schafft in San Gimignano und Pisa jene bekannten Cyklen, die unter biblischem Titel das ganze Leben des Quattrocento illustrieren. Aus dem einen Cyklus, der das Leben des heiligen Augustin darstellen soll, ist besonders das Bild berühmt, das über den Schulunterricht des 15. Jahrhunderts berichtet. In dem Pisaner Cyklus, der das Alte Testament behandelt, giebt er eine Kulturgeschichte von Florenz. Die Legende Noahs verwandelt sich in eine florentinische Weinlese. Der Turmbau von Babel giebt Anlaß, das rührige Treiben auf einem Bauplatz zu schildern, dabei Cosmo de Medici, der mit seinen Freunden den Bau besichtigt. Nicht vom Donnern der Propheten erzählt er und dem blutigen Zorn Jehovas, sondern von Kriegen und Städtegründungen, von den Freuden des ländlichen Lebens. Besondere künstlerische Feinheiten hat er nicht. Probleme kennt er so wenig wie die Giottisten, die vor ihm im Camposanto gearbeitet. Aber erstaunlich ist sein sprudelndes Erzählertalent und die mühelose Leichtigkeit seines Schaffens. Minarets und Obelisken, Triumphalsäulen und Paläste, Gärten und Weinberge, Menschen jeden Alters und Standes, Tiere und Blumen – alles windet er zu bunten Bouquets zusammen. Bessern und bekehren zu wollen, liegt ihm so fern wie möglich. Nur unterhalten will er, oberflächlich plaudern, die Chronik seines Zeitalters schreiben.

10. Piero della Francesca.

Es dauerte nicht lange, da faßte dieser Geist des Realismus auch außerhalb der Arnostadt Wurzel. Denn die Thätigkeit der florentinischen Meister hatte nicht auf Florenz sich beschränkt, sondern über ganz Toskana verbreitet. Prato, die kokette kleine Stadt in der Ebene des Arno, Empoli, Pistoja riefen florentinische Künstler herbei. In Pisa, der altehrwürdigen Wiege der mittelalterlichen Malerei, entstanden durch Gozzolis Hand jene neuen Werke. In San Gimignano, der malerischen kleinen Bergstadt Arezzo, in Borgo San Sepolcro und Cortona – überall sind Florentiner beschäftigt.

Dadurch wurde auch in diese entlegenen Landstriche die realistische Kunst getragen. Auch dort wollen die Maler nicht wie Ventile mehr den verklungenen Weisen vergangener Jahrhunderte lauschen. Auch sie vergessen die alten kirchlichen Ideale und ringen in ernster Forscherarbeit mit ihren florentinischen Genossen. Auf die Träumer, die so weltversunken dahinlebten, folgen ruhige, klare Beobachter. Ja, der Künstler, mit dem Umbrien in die realistische Bewegung eingreift, Piero della Francesca ist überhaupt der größte all jener suchenden Geister, die durch ihre wissenschaftlichen Experimente die Grammatik der modernen Malerei schufen, hat sich Probleme gestellt, die auf lange hinaus, bis in unsere Tage die Welt beschäftigten.

Kaum zwanzig Jahre sind vergangen, seit die Freilichtmalerei in das Kunstschaffen der Gegenwart eingriff. Man wollte die Dinge darstellen in ihrer atmosphärischen Hülle, umflossen von Licht und Luft, wollte nicht mehr die Lokalfarben malen, sondern die bewegende Kraft des Lichtes, unter der jedes Ding jeden Augenblick seine Farbe wechselt. Die Thätigkeit Piero della Francescas bestätigt das alte Wort Ben Akibas. Schon vor 400 Jahren hat er das Problem der Wahrmalerei aufgeworfen, als Vorläufer der Modernsten festzustellen gesucht, in welcher Weise die Atmosphäre den farbigen Eindruck der Dinge verändert.

Die Verhältnisse lagen damals ähnlich wie in unseren Tagen. Die Eycks und Pisanello hatten die Dinge in scharfen Umrissen, in bunten glitzernden Farben gemalt. Es kam zum Bewußtsein, daß ein Widerstreit bestand zwischen diesen lustigen Palettentönen und dem, was das Auge sieht. Die Dinge funkeln in Wirklichkeit nicht so, wie Jan auf dem Genter Altarwerk sie malte. Noch ein anderes Problem kam hinzu. Die Früheren, deren Auge an den Einzelheiten hafte, waren nicht fähig, weitere Fernblicke zu geben. Ihre perspektivischen Kenntnisse erlauben ihnen nur, durch Berge und Kulissen das Zurückgehen der Pläne anzudeuten. Den weiten Himmel zu malen, der über einer Ebene liegt, waren sie nicht im stande. Darum vermeiden sie ihn womöglich ganz.

Bis zu Zweidrittel der Bildfläche, fast vertikal steigt die Landschaft empor, oft wird überhaupt nur das aufsteigende Plateau ohne den Himmel gegeben. Das Bild ist Flächendarstellung, vermag den Eindruck der Tiefendimension nicht hervorzurufen.

Piero war zur Inangriffnahme dieser Probleme durch seine Herkunft berufen. Das Städtchen Borgo San Sepolcro, wo er 1420 geboren ward, liegt mitten in der umbrischen Ebene. Während die Künstler, die in der dichtbelebten, dichtbebauten Großstadt arbeiten, gewohnt sind, mit scharfem Auge die Dinge aus der Nähe zu betrachten, sah Piero, wenn er auf dem Berg seines Heimatstädtchens stand, nur Licht und Raum. Er sah die Sonne, wie sie brütend über dem Thale stand und die Dinge bald in Morgenglanz, bald in zitterndes Mittagslicht oder weiche Dämmerung tauchte. Ueber zahllose Hügel, durch kein Ziel beengt, ins Unendliche schweifte sein Blick. Diese beiden Probleme, das Raumproblem und das Lichtproblem, wurden die großen Fragen seines Lebens.

Auch die Florentiner waren schon an beides herangetreten. Uccello hatte sich bemüht, durch perspektivische Linien den Eindruck der Tiefendimension zu erwecken. Castagno liebte seine Figuren in einer Nische aufzustellen, um den Eindruck des räumlich Plastischen zu erzielen. Domenico, der Venetianer, hatte den leuchtenden Schimmer der Dinge zu interpretieren gesucht. Piero sah, als er 1438 mit Domenico, der in Perugia gearbeitet hatte, in die Arnostadt kam, die Werke aller dieser Meister. Was er in der Heimat gefühlt, wurde Gegenstand wissenschaftlicher Untersuchung. Ein Umberer zieht die Fäden in seiner Hand zusammen, löst die

Fragen, um deren Erforschung sich die Florentiner mühten. Dasselbe Land, wo einst Franciscus seinen Hymnus an die Sonne gedichtet, schenkte der Welt den ersten Lichtmaler.

Schon im ältesten seiner Werke, dem Misericordienaltar, der noch im Spital von Borgo bewahrt wird, kündigen seine beiden Probleme sich an. So mittelalterlich der Stoff ist, so neu ist der Stil. Hatten die früheren mehr im Reliefstil, in der Fläche gearbeitet, so läßt Piero, um den Eindruck räumlicher Tiefe hervorzurufen, den Mantel der Madonna einen cubischen Hohlraum bilden, in dem die Gestalten, kreisförmig angeordnet, knieen. Sahen die Früheren nur ungebrochene Lokalfarben, so schillert bei Piero die Innenseite des Mantels, den Maria über die Gläubigen breitet, in verschiedenen Reflexen je nach dem Licht, das über ihn streift. In dem nächsten Bild, dem Fresko in San Francesco in Rimini, das den Kondottiere dieser Stadt, Sigismondo Malatesta in Verehrung seines Schutzpatrons darstellt, überträgt er diese Principien auf die Landschaft: öffnet die Wand, läßt den Herzog vor der freien Luft knieen, die von seinem Licht durchzittert ins Unendliche sich ausdehnt. Um den Eindruck der räumlichen Unendlichkeit noch zu steigern, stellt er vorn als mächtige Kulisse eine Renaissancecolonnade auf, das heißt: er bedient sich um den Blick in die Tiefendimension zu ziehen schon des nämlichen Kunstgriffes, den Claude Lorrain später anwandte. Auch die beiden Porträts des Herzogs und der Herzogin von Urbino sind für seine Tendenzen bezeichnend. Sowohl Pisanello wie Domenico Veniziano wahrten in ihren Bildnissen den strengen Medaillenstil. Der Kopf ruht wie bei römischen Kaisermünzen auf festem Hintergrund auf. Piero in seinem Bestreben, den Blick in die Tiefendimension zu leiten, bricht mit dieser Anschauung. Eine weite Landschaft mit wohlbestellten Aeckern, mit Hügeln und Thälern, den Segen eines guten Regimentes spiegelnd, dehnt sich aus. Das Blau hinter den Köpfen ist nicht mehr Medaillengrund, sondern der Himmel, der sich glänzend über die Gefilde spannt. Statt wie gemalte Reliefe sollen die Gestalten wie Körper im Raume wirken. Gewiß hat er das Problem nicht vollkommen gelöst. Indem er festhält an der starren Profilstellung, entsteht eine Dissonanz zwischen dem Raumstil des Hintergrundes und dem flächenhaft gebundenen Stil der Köpfe. Aber der Anlauf ist genommen, wirklich gemalte Bildnisse an die Stelle der Medaillen zu setzen.

Wie er in diesen Werken mit seinen florentinischen Genossen sich berührt, nimmt er das alte Erbteil der Umbrer, den Sinn für weiblichen Liebreiz mit in die neue Zeit herüber. Denn es giebt kaum zartere Bilder als jene Madonna in Oxford, die mager und blaß, mit unregelmäßigen, doch apart vornehmen Zügen sich so leise zum Kinde neigt. Bei seiner Geburt Christi in London steht wie immer das wissenschaftliche Problem voran. Um den Eindruck räumlicher Tiefe hervorzurufen, läßt er das Dach der Hütte in perspektivischer Verkürzung herunterragen, so daß man fühlt, daß die Gestalten wirklich im Raume stehen, und öffnet nach beiden Seiten den Blick in die Landschaft, die gerade deshalb, weil die Vordergrundskulisse vorgeschoben ist, desto weiter, desto unendlicher wirkt. Ebenso stellt er sich ein bestimmtes Beleuchtungsproblem, möchte den silbernen Glanz des Mondscheins interpretieren. Hellblaues Licht füllt den Raum, durchzittert mit weißlich grauen Strahlen die Hütte, taucht die Landschaft des Hintergrundes in bläulichen Dämmer. Doch mit Entzücken weilt das Auge auch auf den lieblichen Engeln, die herabgekommen sind, mit Gesang, mit Mandolinen- und Geigenspiel die Jungfrau zu feiern. Sie sind ganz wunderbar, von einer bestrickend modernen, an Rossetti gemahnenden Grazie – all diese Mädchen in ihrer knospenhaften Frische, mit dem lustigen Operettenkostüm, den gewellten Locken und dem glitzernden Perlenschmuck.

Die Fresken, die er bis 1466 in der Kirche San Francesco in Arezzo malte – Darstellungen aus der Geschichte des heiligen Kreuzes – zeigen ihn auf der Höhe der Meisterschaft. All die Probleme, die er von den Florentinern übernommen – hier sind sie in klassischer Vollendung gelöst. Uccello hatte die ersten Schlachtenbilder gemalt, ohne über das automatenhaft Hölzerne hinauszukommen. Pieros Bilder sind vollendete Erzeugnisse moderner Schlachtenmalerei. Castagno hatte versucht, die dritte Dimension zu erobern. Für Piero dichtet sich die Fläche, die er zu bemalen hat, sofort mühelos zum Raume um. Domenico Veniziano war als erster den Wirkungen des Lichtes nachgegangen. Für Piero verwandelt sich die ganze Natur in eine Welt von Tonwerten, die bestimmt werden durch den alles beherrschenden Faktor des Lichtes.

Masaccio trat in »Adam und Eva« zuerst an das Problem des Nackten heran. Piero giebt Akte – namentlich nackte Männer vom Rücken gesehen –, die aus dem *oeuvre* Klingers zu stammen scheinen.

Nicht minder merkwürdig wie die technische ist die psychologische Seite des Werkes. Die Geschichte des heiligen Kreuzes soll dargestellt sein. Aber in Wahrheit giebt Piero die Geschichte vom Lebensbaum, den Seth, der Sohn Adams, gepflanzt: die Geschichte eines Stammes, dessen Holz bald als Brücke, bald als Schwelle des Tempels dient, bald aus Meeresgrund, bald in den Schachten der Erde ruht und, obwohl der Nazarener daran hing, über die Jahrhunderte hinaus noch seine unzerstörbare Kraft bewährt. Gleich das Eingangsbild, wie der sterbende Adam das Geheiß giebt, den Baum zu pflanzen, enthält die Philosophie des Meisters. Alt und müde sitzt der greise Adam da. Die Kraft des Urmenschen ist aus seinen siechen Gliedern gewichen. Neben ihm steht Eva, auf die Krücke gestützt, das Gesicht verrunzelt, die Brüste welk. Doch dieser Gruppe das Gegengewicht hält auf der anderen Seite ein kräftiger Bursch, stark wie ein Athlet, neben ihm eine dralle Dirne, deren volle Büste das Gewand sprengt. Der Gegensatz also von Alter und Jugend, von Verfall und Kraft, von Sterben und ewig sich erneuernder Zeugung. »Geburt und Grab, ein ewiges Meer, ein wechselnd Weben, ein glühend Leben.« – Piero gleicht diesem Erdgeist. Es geht, möchte man sagen, durch seine Bilder das, was Millet *»le cri de la terre«* genannt hat. Keinen Himmel kennt er. Die Erde ist die fruchtbare, alles ernährende Mutter. Das Getreide reift, die Scholle dampft fette Aecker, wogende Getreidefelder dehnen sich aus. Und der Mensch, fest mit dem Boden verwachsen, schwer und gedrungen führt auf dieser Erde ein großes animalisches Leben. Keine Durchgangsstation nach dem Jenseits ist sie ihm mehr. Er ist der Sohn seiner Scholle, aus Erde gemacht und wieder zu Erde werdend. Arbeiter, auf den Spaten gestützt, sind ihm deshalb ein liebes Motiv: der Mensch, der die Erde bebaut, seinen Zwecken dienstbar macht, befruchtet. Auch Nubiertypen ziehen ihn an, weil diese Menschen der Urbevölkerung etwas so Erdenschweres, Vegetierendes haben. Seine Weiber gleichen Ammen, die nur dazusein scheinen, neuen Generationen das Leben zu geben. Während Gentiles Gestalten sehnsüchtig zum Himmel blickten, verkündet ein umbrischer Bauer nun das neue Evangelium, daß es eine außerirdische Unsterblichkeit nicht giebt, daß unsterblich nur das Welken und Keimen ist, der ewige Schöpfungsprozeß der Natur.

Die Madonna del Parto, die er nach Vollendung der Arezzofresken für die Kirchhofskapelle des Bergdörfchens Ville Monterchi malte, ist wohl sein bezeichnendstes Werk. Engel schlagen einen Vorhang zurück und ein Weib steht da, mit monumentaler Gebärde die Hand auf ihren gesegneten Leib legend. Für Piero giebt es keine unbefleckte Empfängnis. In einer Kirchhofskapelle malt er das Symbol des Lebens, giebt die Madonna nicht als Jungfrau, sondern als Cybele, als die Urmutter des Menschengeschlechtes, als die Verkörperung von Zolas *»la terre«*. Auch kein Sterben, keine Weltverneinung giebt es für ihn. Denn wie er in den Arezzofresken, wo das Thema es gefordert hätte, die Darstellung der Kreuzigung umging, malt er in dem Fresko von San Sepolcro nicht den gekreuzigten, sondern den auferstehenden Christus. Unbeweglich, wie mit der Erde verwachsen, liegen vor dem Sarkophag die schlafenden Wächter. In feierlicher Ruhe, übermenschlich kraftvoll steigt der Erdgeist aus dunklem Schachte empor. Einige Bäume sind kahl und erstorben, doch an anderen keimt schon wieder neues, saftiges Grün.

Seine späteren Werke liefern dazu nur weitere Paradigmen. Ueber der Taufe Christi der Londoner Nationalgalerie liegt flimmerndes Tageslicht. Der Körper Christi ist nicht fleischfarben, sondern das Licht, das durch die Baumkronen fällt, spielt auf der Haut in grünlichen Reflexen. Nicht *vor* der Landschaft stehen die Figuren, sondern *aus* der Landschaft wachsen sie mächtig wie Statuen empor. Die Bäume, die sich über der Scene wölben, sind Granaten, das Symbol der Fruchtbarkeit. Als Engel kehren die frisch kecken Mädchen der »Geburt Christi« wieder, grüne Kranze, rosa und weiße Rosen im hellblonden Lockenhaar. Auf dem Bilde der Brera, wo Federigo von Urbino vor der Madonna kniet, malt er dessen Gattin, die 1472 verstorbene Battista Sorza als Madonna und das Söhnchen des Herzogs, den kleinen Guidobaldo als Christkind, öffnet den Blick in die Apsis einer Kirche und ordnet die Figuren kubisch, in einem Hohlraum an. Auf dem Madonnenbild von Sinigallia beschäftigt ihn das Pieter de Hoogsche Problem, wie das Licht aus einem Fenster in den Raum hereinflutet und ihn bald schummeriger, bald heller durchzittert. Die Freude am Stillleben, die schon in diesem Werke sich äußert, führt ihn schließlich dazu Bilder zu malen, die gar keine Figuren mehr enthalten, sondern lediglich weite Plätze darstellen, von festlichen Renaissancebauten belebt. Die Architekturmalerei hält ihren Einzug. Freilich ist in diesen letzten Arbeiten an die Stelle der klaren, lichten Farben, die er früher geliebt, ein gelbgrüner Nebel getreten. Das Augenübel Pieros kündigt sich an – eine seltsame Ironie des Schicksals, daß gerade der Mann, der so viel Licht geschaut, schließlich erblinden mußte.

11. Wetterleuchten.

Um viele Jahrzehnte scheinen alle diese Bilder von denen Gentiles und Fiesoles getrennt. Jede Spur mittelalterlichen Empfindens ist erloschen, jede Spur kirchlicher Andacht getilgt. Die einen behandeln ihre Stoffe nur um technische Problem zu lösen. Mit spöttischem Achselzucken mögen sie auf Fiesole geblickt, in seiner Frömmigkeit ein melodramatisches Zugeständnis an das Publikum gesehen haben. Die anderen verwandeln zwar die Malerei nicht in Wissenschaft, aber sie übersetzen die ganze Bibel ins Weltliche. Alle Stoffe der Heiligen Schrift sind Vorwand, Sitten- und Modebilder zu geben. Daß die Malerei Dienerin der Religion zu sein, gewisse Herzensbedürfnisse zu befriedigen habe, war ein überwundener Standpunkt.

Die Frage ist, ob diese Kunst auf die Dauer die alleinherrschende bleiben konnte. Denn mochten die oberen Zehntausend noch so weltlich gesinnt sein, mochten die Maler noch so stolz das Programm *l'art pour l'art* verfolgen, es gab auch ein Volk, das von der Kunst andere Nahrung verlangte, das erschüttert sein wollte, Erbauung und Trost vor den Bildern suchte. So tritt um die Mitte des Jahrhunderts der weltlich-wissenschaftlichen Malerei eine Volkskunst gegenüber. Aus dem Volk heraus, dumpf und grollend, bereitet eine religiöse Reaktion sich vor. *Roger van der Weyden* und *Fiesole* sind nur durch wenige Jahre getrennt. Doch während jener ein Ende war, bedeutet dieser einen Anfang. Das ist nicht mehr die weiche, ein wenig gedankenlos und phlegmatisch gewordene Frömmigkeit des Mittelalters. Das ist der Donner vor dem Sturm, ein Erdbeben, das durch die Länder zuckt.

Wohl bezieht sich das nicht auf alle Bilder des Meisters. Denn Roger van der Weyden ist am Schlusse seines Lebens selbst noch weich und versöhnlich geworden. In seinen letzten Werken, wie dem Middelburger Altar und dem Lukasbild, fügt er sich fast dem Charakter der Eyckschule ein: ruhig und still im Empfinden, miniaturhaft fein in der Landschaft. Wenn das zweite Münchener Werk, der Dreikönigsaltar, wirklich von ihm, nicht von Memling ist, hätte er in seiner letzten Zeit eine fast höfische Feinheit erreicht. Elegant, kokett sind die Kostüme, chevaleresk geschmeidig die Bewegungen. Das Stück Landschaft im Hintergrund – Memlings Reiter auf dem Schimmel, der auf einsamer Straße daherkommt – ließe ihn als ersten intimen Landschafter der Niederlande erscheinen.

Doch nicht an solche still vornehme Werke denkt man, wenn Rogers Name genannt wird. Man denkt an große, weit aufgerissene Augen, an Thränen, die über abgehärmte Wangen rinnen, an Hände, die sich ineinander kämpfen oder flehend, mit gespreizten Fingern zum Himmel recken. Man denkt an Klage, Wildheit, Pathetik.

Jan van Eyck hatte nicht für die Mühseligen und Beladenen gesorgt, nur an die Wohlstuierten sich gewendet, die von der Kunst eine Augenweide, keine seelischen Erschütterungen fordern. Alles verwandelt sich ihm in bunte, glitzernde Bilder. Die Blumen blühen, die Kleider schillern. Lachende Osterstimmung ist über die Welt gebreitet.

Roger, der Stadtmaler von Brüssel, sprach zum Volke, und er sprach zu ihm in Donnerworten, im leidenschaftlichen Prophetenstil des Alten Testamentes. Das Leiden des Erlösers ist sein einziges Thema. Da scharen sich abgehärmte Menschen mit stieren von Thränen geröteten Augen schluchzend und klagend um das Kreuz des Heilandes. Maria bricht ohnmächtig zusammen, die Jünger schreien in wilder Verzweiflung zum Himmel. Dort sitzt die Madonna da, eine gramvolle Matrone, wie versteinert von Schmerz, und hält im Schoße den wunden, mageren Leichnam des Sohnes. Dort hat der Himmel sich aufgethan. Christus ruft die Seligen zu sich und überliefert ewigen Qualen die Verdammten. Selbst die Landschaft zieht er, soweit er nicht überhaupt auf den mittelalterlichen Goldgrund zurückgreift, in den Kampf der Affekte hinein. Jähe, zerklüftete Felsen erheben sich aus öden Schluchten, oder die ganze Natur scheint erstarrt, wenn der starre Leichnam des Erlösers begraben wird.

Wir Menschen der Gegenwart kennen solche Leidenschaften nicht mehr. Darum erscheint uns vieles an Rogers Bildern forciert. All diese Schmerzensausbrüche werden als Grimasse empfunden. Aber entsinnt man sich, mit welch theatralischer Hohlheit Spätere ähnliches malten, dann fühlt man die elementare Wucht, die urtümliche Kraft dieser Werke. Es ist, als hätte kein

57

Einzelner, sondern das Volk selbst sie geschaffen. Wie einst *panem et circenses*, verlangte es jetzt Religion, nicht bittend, sondern drohend, zum Aufruhr bereit. Roger war der Interpret dieser Zeitstimmung. Nie vorher und selten nachher hat die Malerei in solch tragischen, markerschütternden Tönen gesprochen. So erklärt sich die ungeheure Wirkung seiner Werke. Es war, als ob eine Lawine über die Länder rolle.

Denn Rogers Einfluß beschränkte sich nicht auf den Norden. Die Reise, die er als frommer Mann nach dem Süden machte, um das Jubeljahr 1450 in der ewigen Stadt zu feiern, bedeutet für die italienische Kunst ein Ereignis. Cosmo de Medici bestellte bei ihm jenes Altarbild, mit den mediceischen Heiligen, das heute in Frankfurt hängt. Darin zeigt sich, daß auch in Italien wieder religiöse Bedürfnisse da waren, denen die wissenschaftlich-weltliche Malerei nicht genügte. Auf welches äußere Ereignis geht dieses plötzliche Wiederaufflammen des kirchlichen Geistes zurück? Hat der heilige Antonin, der damals seine Predigten hielt, den Umschwung bewirkt? Es ist sehr merkwürdig, daß der alte Donatello, der in Rom zum Klassiker geworden war, sich plötzlich in einen wilden Barockmeister verwandelt, aus dessen Paduaner Werken es wie ein schriller Schrei der Verzweiflung klingt. Sehr merkwürdig, daß die Paduaner Schule ganz in den nämlichen Tönen einsetzt.

Denn all jene Bilder, wie sie *Gregorio Schiavone* und *Marco Zoppo* malten, haben nichts mit der heiter oberflächlichen Weltlichkeit Fra Filippos und Gozzolis gemein. Sie sind Erzeugnisse desselben Geistes, der in Donatellos Reliefen und Rogers Pietà herrscht. Ernst, unnahbar, beinahe hochmütig stolz sitzt die Madonna auf steinernem Throne. Männer von knochiger Herbheit, mit finster drohendem Blick haben sich um sie geschart. Tot ist die Welt. Kein Keimen und Sprossen, kein Blühen und Duften. Nackte Felsen sieht man und dunkle Höhlen. Kahl, ihres Blätterschmuckes beraubt, wie frierend strecken die Bäume ihre abgestorbenen Aeste gen Himmel. Die Menschen froren. Sie sehnten sich wieder nach den wärmenden Strahlen des Himmels. Es weht ein herber, frostiger, asketisch nordischer Geist durch die Werke. Noch mehr weht er durch die Erzeugnisse von Ferrara.

Schon der Boden dieser Stadt ist mehr nordisch als italienisch. Eine flache Ebene, monoton und öd, dehnt sich aus, ein großartig ernstes, den menschlichen Geist mit religiöser Betäubung schlagendes Nirwana. Kleine Felder ziehen sich hin, durch verkrüppelte, blätterlose Maulbeerbäume getrennt, zwischen denen magere Weinreben sich ranken. Ernst und plump, trotzig und finster ragt der Palazzo Schifanoja auf, hinter dessen roten Backsteinmauern all jene blutigen Tragödien sich abspielten, von denen Byron erzählt. Nüchtern und schnurgerade sind die Straßen, flankiert von Palästen aus dunkelm Backstein von gleichmäßig strengem, finsterem Stil.

Man versteht, daß in dieser ernsten nordischen Stadt Roger van der Weyden, auf dem Wege nach Rom, verständnisvolle Aufnahme fand. Lionello d'Este, der Freund Pisanellos, bestellt bei ihm jenes Triptychon der Kreuzabnahmen, dessen Mittelbild heute in den Uffizien hängt. Ja, Rogers herbe, eckige Kunst wirkte bestimmend auf den Charakter der ferraresischen Maler. Squarcione, in dessen Paduaner Atelier sie ihre Ausbildung erhielten, gab ihnen die Technik. Auf Piero della Francesca, der eine Zeit lang am Hofe Lionellos geweilt hatte, geht die Vorliebe für hellgraue Farbenwerte und für weitgestreckte Landschaften zurück, aus denen die Figuren statuengleich sich erheben. Roger van der Weyden fügte eine besonders herbe Note, die niederländische Askese hinzu.

Schon das Gesamtdenkmal der Schule, der Freskencyklus des Palazzo Schifanoja, ist für den mittelalterlichen Geist der ferraresischen Kunst bezeichnend. Das Thema der zwölf Monate giebt Gelegenheit, Feldarbeiten, Jagden und politische Ereignisse zu schildern. Namentlich das Bild des März – spinnende Frauen in einer Landschaft – ist als erstes Arbeiterbild der Kunstgeschichte wichtig. Von demselben *Francesco Cossa* stammt der »Herbst« der Berliner Galerie, der den Namen des Meisters zu einem der bekanntesten des Quattrocento machte: jene Bäuerin in aufgeschürztem Kleid, die mit Spaten und Hacke, einen Zweig reifer Trauben über der Schulter, ein stolzes Bild der Arbeit, einsam wie eine mächtige Statue auf dem Felde steht, den Blick nach dem Heimatdorfe wendend. Der »Erdgeruch« des Piero della Francesca scheint aus dem Werk zu strömen. Nur ist nicht zu vergessen, daß noch viel engere Beziehungen zum

Mittelalter vorliegen. Während die Florentiner weltlich erzählen, greifen die Ferraresen auf die mittelalterliche Allegorie zurück. Denn der Herbst ist eines jener »Monatsbilder«, wie sie in den mittelalterlichen Kalendern vorkommen. Die Schifanojafresken behandeln das mittelalterliche Thema, daß der Sternenlauf das Geschick der Menschen bestimme.

Außer diesen Allegorien kommen lediglich Werke vor, die mit asketischem Ernst und fast grimassierendem Pathos das Thema der Beklagung Christi oder der thronenden Himmelskönigin behandeln. Magere, alte, häßliche Gestalten, knochige Greise und vergrämte Matronen beherrschen fast ausschließlich das Repertoire der ferraresischen Kunst. Keine andere italienische Schule steht dem Naturalismus Rogers so nahe, keine andere hat sich dermaßen an grausam schroffen Linien, an schweligen Händen und abgezehrten, wie von Fieber durchschüttelten Körpern gefreut. Gerade dieser Einseitigkeit danken die Werke ihre macht- und charaktervolle Größe. Selbst die Farbe, dieses schroffe Nebeneinander von Zitrongelb, Blau und Zinnoberrot steigert noch die herb würzige, archaisch feierliche Wirkung.

Sie ist grandios in ihrem wilden barbarischen Pathos, die Pietà des *Cosimo Tura* im Louvre. Sie glitzert und glänzt wie ein byzantinisches Mosaik, seine Madonna in Berlin. Auf Krystallsäulen ruht der Thron, mit vergoldeten Bronzereliefen und glitzernden Mosaiken geschmückt. Smaragdgrün, scharlachrot und gelb leuchten die Gewänder. In wuchtiger Plastik stehen die steifen, zelotischen, knochigen Körper da. Noch *Ercole dei Roberti*, obwohl der jüngern Generation angehörig, hat diesen knorrigen, streng archaischen Stil. Die Passion Christi malte er in San Petronio in Bologna, und Vasari spricht bei der Beschreibung nur von der ohnmächtig hinsinkenden Maria, von weinenden, schmerzverzerrten Köpfen. Sein bekanntestes Werk in Deutschland ist der Johannes der Berliner Galerie, jenes Skelett, das statuengleich aus einer rotglühenden, grandios ernsten Landschaft herauswächst. Man fühlt vor solchen Bildern, daß hier eine Geistesrichtung sich ankündigt, der die Zukunft gehörte. Man sieht von weitem denjenigen kommen, der berufen war, der Luther Italiens zu werden. Man versteht, weshalb Ferrara gerade den düsteren Dominikaner Savonarola gebar. Doch vorläufig war die Zeit noch nicht da. Eine andere Macht, die Antike, war stärker als das Christentum.

12. Mantegna.

Bisher hatte die Antike auf das Kunstschaffen des Quattrocento geringen Einfluß geübt. Das Wort Renaissance – im Sinne einer Wiedergeburt des Altertums – würde eigentlich besser auf das Trecento passen. Damals als Petrarka in jugendlicher Begeisterung daran ging, die versunkenen Schätze des Heidentums bekannt zu machen, als Cola Rienzi davon träumte, die Größe des alten Rom wieder herzustellen, Boccaccio seine *genealogia deorum* und jene leichtgeschürzten Novellen schuf, in denen ein ganz heidnischer Sinn scherzt und schäkert, – damals erlebte auch die Kunst eine antike Renaissance. In Florenz entstanden das Baptisterium und die Kirche San Miniato, in Pisa die Kathedrale, die Taufkirche und der schiefe Turm, in denen der romanische Stil durch Anlehnung an alte Vorbilder eine ganz hellenische Reinheit gewann. Die Pisani schufen ihre antikisierenden Bildwerke. Giotto als Maler füllte die antiken Formen mit neuem Leben aus, beseelte ihre ernsten Linien mit christlichem Inhalt. Kaum jemals war die christliche Kunst so durchsetzt von antiken Elementen wie damals, als der Meister vom Triumph des Todes seine nackten Putten malte und Lorenzetti seine Wandbilder schuf, in denen manche Figur direkt aus pompejanischen Wandgemälden zu stammen scheint.

Demgegenüber spielt in der Frühkunst des Quattrocento die Antike eine sehr bescheidene Rolle. Der Rat, den Leo Battista Alberti dem Künstler giebt, der Anschluß an die Formenbildung der Antike sei durch selbständiges Naturstudium zu ersetzen, kennzeichnet deutlich die Wandlung. Was aus dem Trecento herübergenommen wird, ist lediglich die Freude an antikem Beiwerk. Wie auf Giottos Bildern die Trajanssäule und der Minervatempel von Assisi, die Rosse der Markuskirche und palmenhaltende Viktorien vorkommen, wimmelt es nun in den Bildern von antiken Bauwerken und Ornamenten. Noch bevor die Baukunst in die neuen Bahnen einlenkte, gaben die Maler der Architektur ihrer Hintergründe antiken Charakter. Palmetten und Rosetten, Sphinxe und Satyrn, Füllhörner und Mäander, Guirlanden und Triglyphen, Kandelaber und Urnen, Sirenen und Trophäen werden als heiterer Schmuck über die Flächen verteilt. Antike Statuetten, da ein Eros, dort eine Venus, werden in Nischen aufgestellt, Masken, antike Büsten, die Medaillons der Kaiser irgendwo angebracht. Die Künstler freuen sich am antiken Detail wie ein Kind an einem neuen Spielzeug und spielen damit, wo immer es angeht. Doch über diese tändelnde Verwendung klassischen Zierwerks gehen sie nicht hinaus. Nichts entfernt sich mehr von der Einfachheit antiker Linien als eine Statue Donatellos mit dem scharf accentuierten Kopf, den knochigen Gliedern und den kapriciös verknitterten Draperien. Nichts ähnelt weniger der Klassicität antiken Reliefstils als die Arbeiten Ghibertis mit ihrer Einführung der malerischen Perspektive. Ebensowenig haben Uccellos und Castagnos, Fra Filippos und Gozzolis Werke in Typen und Kostümen, Haltung und Anordnung irgendwelche antike Anklänge. Erst in der zweiten Hälfte des Jahrhunderts fängt die Antike an, stilistischen Einfluß zu gewinnen. Padua, das kleine Padua war nicht nur die Stadt des heiligen Antonius, auch die Geburtsstadt des Livius. Als im Jahre 1413 das angebliche Grab des römischen Historikers entdeckt wurde, fühlte jedermann, selbst der Niedrigste, sich als Mensch der Antike. Wohin Paduaner kamen, waren sie begeisterte Sammler. Der Kardinal Scarampi besonders ist ein Typus der Zeit, ein Kirchenfürst, dessen höchster Stolz war, daß die Arena von Padua ihm gehört, ein Verehrer der Antike, der römische Aquädukte erbauen läßt und im Verein mit Cyriacus von Ancona eine vielbeneidete Sammlung griechischer Gemmen zusammenbringt. Sein Gegenstück auf dem Gebiete der Malerei ist *Francesco Squarcione*, der, um die gefeierten Werke alter Kunst zu sehen, selbst nach Griechenland ging, Gipsabgüsse formte, Büsten, Statuen, Reliefe und Architekturfragmente sammelte und, heimgekehrt, auf dieser Grundlage seine Akademie eröffnete.

Freilich so wenig Squarciones eigene Werke einen Einfluß der Antike verraten, so falsch wäre es, *Andrea Mantegna*, seinen großen Schüler, *ausschließlich* als Parteigänger der Antike zu bezeichnen. Wenn irgendeiner, findet Mantegna nur in sich selbst seine Erklärung. Piero della Francesca und er – sie bedeuten in der italienischen Kunst Scholle und Felsen. Die Schafe hatte er in seiner Jugend gehütet. Giotto, Castagno, Segantini und er – das sind die vier großen Hirtenbuben der Kunstgeschichte. Auch durch seine Werke weht schneidige Alpenluft. Sie haben Granitgehalt wie die Felsen der Euganeen.

Man betrachte sein Porträt. Schon die Form der Büste ist bezeichnend. Während von anderen Künstlern des Quattrocento gemalte Bildnisse vorliegen, hatte der Meister, der Mantegnas Porträt schuf, das Gefühl, nur Bronze sei für diesen Bronzekopf das geeignete Material. Und welche Macht und Willensgröße, welch unbeugsame Stärke liegt in diesen Zügen! Das war kein milder, liebenswürdiger Mensch, sondern ein harter, eiserner, stachelicher Charakter. Wie seine Beziehungen zu Squarcione, der ihn als armen Buben adoptiert hatte, bald in Feindschaft übergingen, wahrt er auch seinen späteren Fürsten, den Gonzaga, gegenüber seinen steifnackigen Stolz. Jedes Wort in seinen Briefen ist beißend, scharf und spitz wie frisch geschliffene Messer. Wie er jeden Augenblick einen Konflikt mit seinem Fürsten hat, kann er mit keinem Nachbar in Frieden leben. Er beschuldigt, prozessiert, kennt keine Gnade, wenn er einen Gegner verfolgt. Jeder verwundete sich, der in Berührung mit ihm kam. Dem entsprechen in seinen Bildern all diese gezackten Glorien und steifen Baumblätter, die auch den Eindruck machen, als könnte man sich blutig daran ritzen. Dem entspricht die ganze Kunst des Meisters. Einem festumfriedeten Garten gleicht sie, wo eiserne Fußangeln liegen. Scharf und schrill klingt sie, wie wenn man mit einem Schwert auf einen ehernen Schild schlägt. In dieser Härte, der alles Milde, Schmeichelnde, Versöhnliche fehlt, liegt seine Einseitigkeit und seine Größe. *Le style c'est l'homme.*

Der Mann mit dem Bronzekopf, dem steinernen sicheren Blick, schafft seine Menschen nach seinem eigenen Bild. Wie sie dastehen, eingepreßt in ihren eisernen Panzer, gleichen sie Fabelriesen, deren muskelstarrende Rücken und sehnige feste Beine von einem Bildhauer, keinem Maler geformt scheinen. Ihr ganzer Körper ist in Spannung, wie der Pfeil auf der Bogensehne: so wie Mantegna selbst stets auf Widerstand gefaßt, zur Verteidigung bereit war. Mürrisch und verschlossen blicken sie, scharfe Falten ziehen sich wie auf Mantegnas Büste von den starken Backenknochen herab. Hart, jäh, schroff ist die Mimik, als wäre durch einen Zauberspruch das Leben in der Bewegung erstarrt. Auch die Gewänder, selbst wenn es um weiche Stoffe sich handelt, scheinen aus Stahl, namentlich jene steifen, starr abstehenden Mäntelchen, die so häufig auf seinen Bildern vorkommen. Um möglichst spitze, straffe Falten zu erzielen, pflegte er für seine Draperiemotive steifes geleimtes Papier zu verwenden. Noch lieber vielleicht hätte er Blechmodelle angefertigt. Dieser eherne Stil der Zeichnung wirkt auch auf die Farbe zurück. Indem er die Erscheinung so eisern erfaßt, war er naturgemäß gezwungen, auch der Farbe einen metallischen Klang zu geben. Manche Gestalten gleichen, obwohl sie nach der Natur gemalt sind, mehr Bronzestatuen, so hart sind die Umrisse, so metallisch wie polierte Bronze schillern die Falten.

Auch die Art, wie er das Beiwerk auswählt, ist durch diesen Gesichtspunkt bestimmt. Wie er erzgepanzerte Krieger mit blitzenden Waffen, wie er Gewänder von steinernem Faltenwurf liebt, häuft er rings noch ähnliche Dinge zusammen: Harnische, Helme, Zinnkrüge, metallisch glänzende Beinschienen, zackige Strahlenglorien, Nägel. Die Heiligenscheine, bei anderen Künstlern ätherische Gebilde, sind bei Mantegna schwere blitzende Scheiben aus Messing. Die Seraphköpfe, von anderen leicht angedeutet, sehen aus, als schwebten Robbiaarbeiten in der Luft. Auf seinem Bild der Auferstehung funkelt hinter dem Heiland eine Strahlenglorie mit zackig abgeschliffenen Rändern, scharf wie ein Rasiermesser. Auf seinem Kupferstich der Kreuzigung Christi ist nicht nur oben am Kreuz die Inschrift JNRJ mit dicken eisernen Nägeln befestigt; unten im Vordergrund liegt eine schwere Thür aus trockenem Eichenholz mit rostiger eiserner Fassung. Urnen und Vasen, Kupfergeschirr und goldene Münzen steigern in anderen Bildern die metallische Wirkung.

Am großartigsten ist, wie er die Landschaft in den ehernen Stil übersetzt. Denn Menschen, wie er sie schuf, konnten nicht auf der gewöhnlichen Erde leben. Sie brauchten eine Welt von derselben starren Erhabenheit. Mantegna schafft sie. Keine Wiesen und Gärten, kein Grün und keine Blumen giebt es auf seinen Bildern. Die ganze Schöpfung ist eine Vision aus dem Steinzeitalter geworden: kahl, der deckenden Erdenschicht beraubt, nur von erratischen Blöcken, vertrockneten Bäumen, Hecken, Steingeröll und sandigen Wegen belebt. Da starren auf Bergen zinnbekrönte Kastelle und hochummauerte Städte empor. Dort stirbt die Vegetation ganz ab, die spitzen Schieferbildungen der Felsen rücken in den Vordergrund und öffnen sich zur klaffenden Höhle. Gewiß hat er manche dieser Scenerien in Wirklichkeit sehen können. Wenn er die Kreuzabnahme Christi in einen Trachytsteinbruch verlegt, als Schauplatz für die Anbetung der Könige eine Höhle aus Blocklava wählt, auf dem linken Flügel dieses Bildes einen steilen vulkanischen Felsen auftürmt, so liegen diesen Dingen Studien zu Grunde, die er in den Euganeen gemacht. Doch in anderen Fällen benutzt er die Naturelemente zu ganz freien Schöpfungen. Wie er es liebt, Riesenkorallen, die kein Mineralog gesehen, irgendwo anzubringen, hat er in der Madonna della Petriera eine kleine Tropfsteinbildung ins Monumentale vergrößert. Im Steinbruch nebenan sind Steinmetzen mit dem Behauen von Blöcken beschäftigt. Auch sie nur beigefügt, um den steinernen Eindruck zu verstärken. Demselben Zweck dienen die konzentrischen Wege, die oft die Hügel durchfurchen. Indem er sie anbringt, entkleidet, enthäutet er die Erde, legt ihr steinernes Knochengerüst bloß.

Ebenso verfährt er mit den Pflanzen. Die Reben mit ihren Trauben und Blättern hat er besonders geliebt. Man kann sie so wunderbar imitieren heute: die Beeren aus Glas, die Blätter aus Blech. Ebenso naturwahr und gleich hart malte sie Mantegna. Mehr Stilisierung war bei den Bäumen nötig. Es ist, als trügen sie eine schwere Rüstung aus Eisen. Fest wie Stahl, durch keinen Windhauch bewegbar, hängen die Blätter an den Aesten. Zackig und widerhakig, fast wie Wurfspieße starren die Aeste in die Luft. Auch die Kräuter, die dem steinigen Erdreich entsprießen, haben etwas Hartes, Metallisches, spröd Krystallinisches, das an Dentritenbildungen gemahnt. Die einen sehen aus wie Zink, das mit Bleioxyd oder Bleiweiß besprit̃zt ist, die anderen scheinen mit einer Schicht grüner Bronze überstrichen, auf der noch weiße Stahlreflexe glänzen. Die Luft sogar, den Himmel hat er in seinen Steinstil übersetzt. Das Weiche, Verschwommene, Ungreifbare der Wolkenbildungen bekommt harte, abgegrenzte, plastische Formen. Es ist kein Zufall, daß gerade der Künstler, der am meisten auf klare Formenbildung ausging, zuerst die Kupferstichtechnik sich dienstbar machte, die am meisten gestattet, frei von allem farbigen Schleier das Relief der Gegenstände, die Macht der Konture, die Festigkeit der Formen zum Ausdruck zu bringen.

Wenn überhaupt bei einem Geiste wie Mantegna von äußeren Einflüssen gesprochen werden darf, so dürfte er seine entscheidenden Eindrücke damals erhalten haben, als Donatello in Padua arbeitete. Sowohl den Gattamelata wie die Reliefe des Hochaltars sah er unter seinen Augen entstehen. Vielleicht ist er sogar persönlich Donatello nahegetreten. Jedenfalls hat der große Florentiner seinen gelehrigsten Schüler in keinem Bildhauer, sondern in dem Maler Mantegna gehabt. Bronzestatuen waren die ersten Kunstwerke, auf die der Blick des Knaben fiel, und dieser am Bronzeguß großgezogene Geschmack ließ ihn auch als Maler so plastische Wirkung erstreben, als schlösse die Malerei die Plastik in sich. Nächst Donatello war Paolo Uccelo, der im Gefolge des großen Bildhauers nach Padua gekommen war und im Palazzo Vitaliani gemalt hatte, sein Lehrmeister. Durch ihn erhielt er die Anregung, sich der Wissenschaft der Perspektive zuzuwenden, die er durch umwälzende Entdeckungen bereicherte. Daß er auch frühzeitig Werke des Piero della Francesca kennen lernte, ergiebt sich aus der Aehnlichkeit seines Auferstehungsbildes in Tours mit Pieros Fresko in San Sepolcro, aus dem pleinairistischen Element, das durch seine Darstellungen der Christophslegende geht, wie überhaupt aus den Raumproblemen, die er sich stellt.

Schon in den berühmten Bildern, die er 1454-59, also im Alter von 23 bis 28 Jahren in der Eremitanerkirche in Padua malte, klingen diese Elemente zusammen. Wie er die Figuren in der Untersicht giebt, also so verkürzt, wie der von unten emporblickende Betrachter sie in Wirklichkeit sehen würde, sucht er durch die Art, wie er sie der Räumlichkeit einordnet, den Eindruck der Tiefendmiension hervorzurufen. Später in Mantua, als er im Castello di Corte die Deckenbilder der Camera degli Sposi schuf, führten ihn die perspektivischen Studien wieder zu neuem Ergebnis. Indem er Uccellos Principien auf die Plafondmalerei übertrug, die Decke öffnete und die Putten so malte, als seien es wirkliche Wesen, die, von unten gesehen im Räume schweben, wurde er der Erfinder der perspektivischen Gewölbemalerei, der Ahn Correggios, Veroneses und Tiepolos.

Ebenso reichen in den Porträtgruppen, die er an den Wänden dieses Saales malte, zwei Jahrhunderte sich die Hand. Nachdem man anfangs sich darauf beschränkt hatte, Stifterbildnisse in religiöse Darstellungen einzuführen, nachdem dann Castagno die ersten lebensgroßen Einzelbildnisse geschaffen, sind in diesen Scenen aus dem Leben der Gonzaga die ersten selbständigen Porträtgruppenbilder gegeben. Die Bahn ist betreten, die zu Tintoretto, von da zu den holländischen Regentenstücken des 17. Jahrhunderts führt.

Doch für das Quattrocento am folgenreichsten war sein Verhältnis zur Antike. Es ist bezeichnend, daß der Meister, der die Büste Mantegnas schuf, ihn wie einen Helden der Alten Welt auffaßte, das lange Haar von einem Lorbeerkranz geschmückt. Denn wie der Sproß einer versunkenen Heldenzeit, wie ein nachgeborener Hellene ragt er in seine Epoche herein. Es ist, als hätte die Vorsehung sich des Squarcione nur bedient, um Mantegna erstehen zu lassen. Erst in Mantegnas Geist gewann das, was Squarcione gesammelt hatte, Leben und Seele. Im Verkehr mit den Paduaner Humanisten arbeitete er sich in die Antike ein, wie Menzel in das Zeitalter Friedrichs des Großen, suchte mit dem Eifer des Antiquars und der wissenschaftlichen Strenge des Archäologen die geringsten Fragmente zusammen, die dazu dienen konnten, das Bild jener versunkenen Welt heraufzubeschwören: Reliefe, Münzen, Inschriften, Marmorwerke und Bronzen. Bis in das geringste Detail bemühte er sich, das Kostüm, die Bewaffnung der Alten kennen zu lernen, beruhigte sich nicht, bis er wußte, wie ein Pferdezaum, eine Fußbekleidung bei den Römern ausgesehen, kannte die Architekturformen der Alten so gut wie ihre Gewänder, Gerätschaften und Gebräuche. Später gab ihm ein Aufenthalt in Rom von neuem Gelegenheit, seine antiken Studien aufzufrischen. Er stand staunend vor dieser Welt von Bauten und Statuen, weilte mit dem Skizzenbuch vor der Trajanssäule und dem Titusbogen.

Schon der Eindruck seiner Paduaner Fresken ist, obwohl sie Heiligenlegenden behandeln, der einer festlichen Klassicität. Den streng hellenischen Charakter dieser Räumlichkeiten konnte nur ein Meister erreichen, der groß geworden war in antiken Anschauungen. Die römischen Rüstungen all dieser Soldaten vermochte nur ein Maler zu geben, dessen Kopf eine ganze Encyklopädie des Altertums war. Wenn er in der Camera degli Sposi jene berühmte Tafel anbringt, die in klassischem Latein und ebenso klassischen Buchstaben, wie sie Stuck gern wieder verwendet, von dem Stifter und der Vollendung des Werkes berichtet; wenn er Sebastian nicht an einen Baum, sondern an eine Tempelruine fesselt und seinen Namen in griechischen Buchstaben beifügt, so verrät auch das, wie sehr die Antike seinen Geist beherrschte. Und später als Isabella von Este den Thron von Mantua bestieg, ward ihm Gelegenheit geboten, auch das Werk zu schaffen, in dem er selbst wohl den Höhepunkt seines Schaffens sah: den Triumph des Cäsar. Hatte er vorher die Kunstdenkmäler des Altertums nur als Beiwerk in religiösen Bildern verwenden können, so war ihm hier erlaubt, wirklich ein antikes Thema zu behandeln. Und gestützt auf all das Material, das er seit Jahrzehnten gesammelt, gab er die gelehrteste Rekonstruktion, die das Altertum wohl überhaupt gefunden, eine Evokation der Vergangenheit, der die folgenden Jahrhunderte nichts hinzufügen konnten, weder in der Exaktheit des archäologischen Details noch in der Art, antik zu denken.

Doch nicht nur das ist neu, daß zu den christlichen Stoffen, die bisher ausschließlich das Repertoire der Kunst beherrscht hatten, nun allmählich die antiken traten. Die Beschäftigung mit der Antike brachte überhaupt eine Anzahl neuer Probleme in Fluß. Zunächst regten die antiken Statuen an, die Bewegungsgesetze des nackten Körpers noch genauer als bisher zu ergründen. Denn wenn auch Piero della Francesca in der Darstellung des Nackten schon den entscheidenden Schritt gethan hatte, lag es doch nicht im Wesen seiner Kunst, Bewegung zu geben. Alle seine Gestalten sind wie für die Ewigkeit hingestellt, von einer unbeweglichen unverrückbaren Ruhe. Sie schreiten so schwerfällig daher, wie der Bauer, der über den Acker geht und bei jedem Schritt in lehmiges Erdreich versinkt. Mantegna, dessen Menschen nicht auf der Scholle, sondern auf Felsen leben, ergänzte ihn, indem er als erster nicht die Ruhe nur, auch die Bewegtheit malte. Erst von ihm wurden die Bewegungen des nackten Körpers und die dadurch hervorgebrachten Zusammenziehungen und Streckungen der Muskeln als besonderes Studienobjekt aufgestellt. Namentlich sein Kupferstich des Herkules, der den Antäus würgt, muß auf die Künstler jener Jahre wie eine Offenbarung gewirkt haben.

Nicht minder ersichtlich ist der Einfluß der Antike in der Behandlung des Kostüms. Waren bisher die Bizarrerien der Mode ein unerschöpfliches Feld neuer Entdeckungen für die Maler gewesen, so vermeidet Mantegna das Zeitkostüm. All der lustige Kostümprunk, all der Bricabrac, den die Früheren geliebt hatten, ist verabschiedet und durch eine einfache antike Gewandung ersetzt, auf deren künstlerische Durchbildung er besondere Aufmerksamkeit verwendet. Aehnliches hatte ebenfalls Piero della Francesca erstrebt, aber für Manegna ist das Suchen schöner Draperiemotive überhaupt ein bestimmender Faktor des Schaffens. Er begnügt sich nicht, mit souveräner Geschicklichkeit die Stoffe über den Körper zu legen, sondern macht sich an jene Probleme von Harmonie und Eleganz, wie sie die Bildhauer des Altertums in so unvergleichlicher Weise lösten. Schon auf einem seiner Erstlingswerke, der heiligen Eufemia der Brera ist das Spiel der Draperien von einer Schönheit wie bei den besten antiken Gewandfiguren. Der Parnaß des Louvre, den er für das Arbeitszimmer der Isabella von Este malte, könnte von Poussin sein, so streng antik ist der Rhythmus der Bewegungen, so antik der Faltenwurf der bald weich sich anschmiegenden, bald im Winde flatternden dünnstoffigen Gewänder. Eine ganz neue Schönheit, die nichts mehr mit dem wirklichkeitsfrohen Realismus, der wahllosen Naturabschrift des frühen Quattrocento gemein hat, hält in der Kunst ihren Einzug. Und addiert man alles: daß Mantegna als erster seinen Gestalten die volle plastische Rundung gab, daß er die ersten perspektivischen Gewölbemalereien und die ersten Porträtgruppen schuf, als erster die Darstellung des bewegten nackten Körpers und das Studium der Draperien zum künstlerischen Problem erhob, – so erkennt man in ihm den Genius, der nächst Piero della Franccsca am meisten das Schaffen der jüngeren Generation bestimmte.

13. Mantegnas Nachfolger.

Melozzo da Forli ist ohne Mantegna undenkbar. Nur hat er nichts von der wuchtigen Größe des Paduaners. Er ist ebenso weich wie jener hart, ebenso mild wie jener trotzig und herb ist. Sein Landsmann Piero della Francesca hat auch auf ihn gewirkt und ihm etwas von seiner feinen Anmut gegeben.

Schon in seinen ersten Arbeiten, den Personifikationen der freien Künste, die er 1474 für die Bibliothek des Herzogs von Urbino malte, verrät sich in der Art, wie er die Figuren in den Raum komponiert, der Zusammenhang mit dem großen Raumkünstler Piero. Statt die Scenen reliefartig anzuordnen – die Gestalt der Wissenschaft links, ihren Verehrer rechts – setzt er den Thron in die Mitte des Hintergrundes, läßt die männliche Figur *davor* knieen und markiert durch die Stufen des Thrones die Tiefendimension. Außerdem beschäftigen ihn hauptsächlich die Draperien. Ein ausgesprochen formales Talent, wendet er dem Faltenwurf eine Aufmerksamkeit zu, über die Fra Bartolommeo, der Erfinder der Gliederpuppe, sich gefreut hätte.

In seinem nächsten Werk, den Kuppelbildern des Domes von Loreto nimmt er zum erstenmal das von Mantegna gestellte Problem der Disotto-in-su-Malerei auf. Aber es gelingt ihm noch nicht, es zu lösen. Die Leichtigkeit fehlt. Die Gestalten ersticken in ihren schweren Draperien. Erst in den Kuppelbildern der Kirche Santi Apostoli in Rom wurde er der Schwierigkeiten Herr. Christus schwebt, wie Basari schreibt, so frei im Aether, daß er die Wölbung zu sprengen scheint. Ebenso meint man, daß die Engel im freien Himmelsraum sich bewegen. Heute läßt sich, da die Kuppel zerstört ist, nicht mehr beurteilen, inwieweit diese perspektivische Illusion erzielt war. Desto mehr sieht man aus den Fragmenten, die in die Sakristei des Vatikans gekommen, welch zarter Schönheitssinn bei Melozzo mit den perspektivischen Tendenzen sich verband. Diese Engel mit den flatternden, blonden Locken, die musizierend und singend daherstürmen, während ein überirdischer Lufthauch ihre Gewänder peitscht, übten auf unsere Zeit eine solche Anziehung, daß die Natur imitierte, was damals ein Künstler ersann. Die Barisons sind die sehr weltlichen Töchter der Engel des Melozzo da Forli.

In seinem letzten Werk, dem Fresko der vatikanischen Bibliothek, das Sixtus IV. darstellt, wie er Platina zum Direktor der Bibliothek ernennt, reichen wieder Mantegna und Piero della Francesca sich die Hand. Im Anschluß an die Gonzagabildnisse Mantegnas hat er eine Porträtgruppe von repräsentierendem Adel geschaffen. Die Raumanlage – die in starker Verkürzung gesehene inkrustierte Decke, die Art, wie die Säulen zurückgehen und im Hintergrund noch der Ausblick in die Loggia sich öffnet – geht auf die Mailänder Santa Konversazione des Piero della Francesca zurück und weist zugleich vorwärts in die Zukunft: Rafael hatte das Bild vor Augen, als er die Schule von Athen konzipierte.

In Florenz, wo Mantegna 1466 geweilt hatte, fand er in Antonio *Pollajuolo*, den großen Erzgießer, einen Nachfolger. Auch auf Pollajuolo wie auf Melozzo wirkte die mächtige statuarische Plastik des Paduaner Meisters, die klassische Ruhe seiner Draperien, und er schuf in den Figuren der fünf Tugenden, die er für das Handelsgericht in Florenz lieferte, das Gegenstück zu den Personifikationen der Wissenschaften, die Melozzo für die urbinatische Bibliothek gemalt. Doch mehr noch wurde auf einem anderen Gebiet Mantegna sein Lehrmeister. Pollajuolo als erster wandte, von Mantegna angeregt, der Technik des Kupferstiches sich zu, und unter diesen Blättern ist namentlich eines, die »Schlacht der Nackten« für seine Richtung bezeichnend. Mit solcher Geschicklichkeit waren wildkämpfende Gestalten, Leben und Bewegung noch nicht dargestellt. All diese Muskelspannungen, all diese komplizierten Bewegungsmotive sind mit unerhörter Meisterschaft gegeben. Dieser Kupferstich kennzeichnet auch die Tendenzen, die ihn als Maler beherrschten. Die Anatomie machte er, Mantegna folgend, zu seinem Studienfeld. »Er verstand das Nackte,« erzählt Vasari, »besser als irgend einer seiner Vorgänger. Da er die Anatomie am Sektionstisch studierte, war er der erste, der wirklich das Spiel der Muskeln wiedergab.« Nach diesem Gesichtspunkt wählte er sich die Stoffe, und allein daraufhin sind seine Bilder zu betrachten. Menschliche Körper, die im Kampf sich messen, angespannte Glieder in den verschiedensten Verzerrungen, das In- und Gegeneinander ringender Kräfte ist seine Domäne. Auch der Erztechniker macht sich in der Formgebung fühlbar. Er liebt pralle, schneidig geschwungene, schillernde Formen. Alles bekommt eine Stilisierung von metallisch hartem Charakter. Von christlichen Stoffen, die gestatteten, solche Probleme zu lösen, bot zuerst Sebastian sich dar. Das Bild der Pittigalerie ist ein lebensgroßer Akt, mit wuchtigen, wie aus Erz gegossenen Formen: der Kopf verkürzt, die Muskeln geschwellt, der Lendenschurz wie aus Bronzeblech geformt. In dem Londoner Bild multipliziert er das Problem noch dadurch, daß er rings die Bogenschützen anbringt. Sechs Männer spannen die Armbrust und schießen auf einen nackten Menschen. Das giebt Gelegenheit zu mannigfachen Stellungen und reichem Muskelspiel. Einige der Henker, die sich bücken, um ihren Bogen zu spannen, thun es mit solchem Eifer, daß man sieht, wie ihre Adern schwellen. Wie in Bronze ciseliert sind ihre Sehnen, die Haare und die Falten ihres Gesichts. Aus dem gleichen Grund fügte er die Gestalt des Herkules seinem Repertoire hinzu. Er malte die Thaten des Herkules in einer Reihe dekorativer Bilder des Palazzo di Venetia. Er malte die Doppelbildchen der Uffizien »Herkules, den Antäus und die Hydra würgend«. Wie in diesem Antäusbild Herkules' Fußsohlen an der Erde sich festsaugen, wie seine Waden schwellen, wie er die Brust zurückwirft, mit welch erdrosselnder Kraft er seinen Gegner umkrallt, ist wieder ein Triumph der Bewegung und des Nackten. Selbst in der kleinen Tafel der Londoner Nationalgalerie, »Apoll und Daphne«, ist das Thema in diesem Sinne gewählt. Ein elastischer Jünglingsleib, ein herber Mädchenkörper, dieser verfolgend, jener fliehend – ein Kompendium schwieriger Bewegungsmotive und anatomischer Studien. Neben der Anatomie des Menschen beschäftigte ihn die des Pferdes. Zeugnis ist die Münchener Skizze für ein Reitermonument, die lange als Werk des Leonardo galt. Man versteht, daß die Künstler staunend vor solchen Werken standen. Denn kein Florentiner vor Pollajuolo war dermaßen in das Gefüge des Menschen- und Tierkörpers eingedrungen.

Was bei Pollajuolo noch experimentierend war, erhebt sich bei *Signorelli* zu ruhiger Meisterschaft. Nachdem Mantegna und Pollajuolo die Bewegungsgesetze des nackten Körpers festgestellt, kann Signorelli *noch* einen Schritt weiter gehen: Bewegungen der Seele durch Bewegungen des Körpers ausdrücken. Also das Verbindungsglied zwischen Mantegna und Michelangelo.

Signorellis Thätigkeitsfeld umfaßte alles. Er hat für alle Städte Toskanas und Umbriens Altarbilder gemalt, und schon diese zeigen ihn als ernsten männlichen Meister. Wie Mantegna kennt er keinen weichen Lyrismus. Seine Bilder sind schroff und herb, beinahe unwirsch und gewaltsam. Er liebt harte Köpfe, Profile von der Schärfe des Rasiermessers. Doch am allermeisten liebt er das Nackte, weniger das Weiche des Frauenkörpers als die sehnige Magerkeit des Jünglings. Nicht, weil die Legende ihn reizte, nur um die Pracht des nackten nervigen Menschenleibes zu feiern, malte er die Erziehung des Pan. In allen Bewegungen sind die nackten Figuren dargestellt. Man sieht sie von vorn, im Profil vom Rücken. Die einen stehen, die anderen sitzen, einer liegt. Ein ähnlicher Gesichtspunkt bestimmt ihn bei der Wahl seiner biblischen Stoffe. Die Taufe Christi ist ihm ein lieber Gegenstand, da sie gestattet, in den Gestalten der Täuflinge nackte Körper in verschiedenen Stellungen zu geben. Doch ebenso lieb ist ihm die Kreuzigung, weil das Thema erlaubt, einen Leichnam mit allen Sehnenstreckungen und Verzerrungen zu malen. Von den Heiligen, die den Thron Marias umstehen, ist ihm der greise Hieronymus am liebsten, weil er ermöglicht, einen alten Leib mit faltiger Haut und ausgearbeiteten Muskeln darzustellen. Ist eine solche Gestalt nicht im Vordergrund möglich, so bringt er sie wenigstens, mag sie mit dem Thema auch in gar keiner Beziehung stehen, im Hintergrund an. Es ist wie das Monogramm Signorellis, daß auf allen seinen Bildern, sogar den Porträts, nackte Jünglinge stehen, sitzen oder liegen. Die Rückenansicht – dralle Schenkel und feste Schulterblätter – reizt ihn besonders. Sind solche Figuren nicht nackt zu geben, so sucht er sie wenigstens in Tricot oder enganliegender Rüstung zu malen. Darum sind die Erzengel seine Freunde, Michael besonders in seinem schillernden Stahlhemd, und Landsknechte mit gespannten stählernen Sehnen. Namentlich diese energischen, wettergebräunten Gestalten, die mit gespreizten Beinen dastehen in einer Haltung, die alle Muskeln spielen läßt, herausfordernd, als hätten sie einer Gefahr zu trotzen, geben seinen Bildern eine reckenhafte, martialische Forschheit. Bei den weiblichen Figuren und den Heiligen ist die Gewandung einfach und feierlich, ohne Gefältel und koketten bauschigen Schwung. Er ordnet alles in schweren Massen, in großen einfachen Linien. Und dieser gewaltigen Formensprache entspricht die Farbe. Wie bei Mantegna hat sie eine gewisse metallische Schärfe, einen Klang von Kupfer oder Bronze, nicht hart und trocken, aber grau und düster. Obwohl ihn als Schüler des Piero della Francesca, auf dem Panbilde das Studium der Reflexe beschäftigt, ist er doch viel zu sehr Zeichner und Anatom, viel zu ernst und herb, um koloristischen Reizen nachzugehen.

Wenn er nicht auf das Format des Tafelbildes beschränkt ist, sondern großen Wandflächen gegenübersteht, kommt außerdem der Dramatiker zu Wort. Gleich unter den Bildern der sixtinischen Kapelle machen die Signorellis sich durch ihre Bewegtheit, eine gewisse Handwerksburschenschönheit bemerkbar. Bei seinem zweiten Cyklus, den Darstellungen aus dem Leben des heiligen Benedikt, die er 1497 für das Kloster Monte Oliveto bei Siena malte, ist schon die Art bezeichnend, wie er sich das Thema zurechtlegt. Er übergeht ganz die Jugendgeschichte seines Helden, beginnt *ex abrupto* mit einem Bild, das ermöglicht, wilde Bewegung darzustellen, der Bestrafung des Florens. Im weiteren Verlauf greift er solche Scenen heraus, wo es möglich ist, Landsknechtsfiguren mit martialischen Allüren, reisige Kriegsleute mit Hellebarde, Federbarett und straff anliegender geschecker Uniform anzubringen. Als er, 60 Jahre alt, sein berühmtestes Werk, den Cyklus von Orvieto schuf, brauchte er nicht zu wählen. Das Thema selbst war ihm auf den Leib geschrieben. Das Jüngste Gericht sollte er darstellen, sein Herannahen, Himmel und Hölle. Hier, wo es nur um Nacktes sich handelte, kein Format ihn einengte, wuchs seine Kraft ins Ungeheuere. Hätte Fiesole, der das Werk begonnen hatte, es vollendet, so würde man in ein Reich ewigen Friedens und gottverklärter Anmut geführt. Für Signorelli verwandelt sich Himmel und Hölle in einen anatomischen Aktsaal. Feinheit und Zartheit des Gemütslebens ist bei ihm nicht zu suchen. Aber in der Art, wie er den nackten Menschenkörper zum Träger von Affekten macht, aus dem psychischen Motiv das Bewegungsmotiv entwickelt, liegt eine übermenschliche titanische Größe. Da verlassen langsam und feierlich die Toten ihre Gräber, einige noch bemüht, aus der Erde hervorzusteigen, andere schon auferstanden und die Glieder wie nach langem Schlafe reckend und dehnend. Dort herrscht Jubel und Seligkeit. Knie beugen sich, Hände legen sich aufs Herz, Arme heben sich dankbar gen Himmel. Im letzten Bild, der Hölle, ein athletisches Schauspiel! Schreckgestalten fliegen durch die Luft. Wilde Dämonen knebeln ihre Opfer und würgen sie wie mit ehernen Zangen. Nackte Körper winden sich in krampfhaften Zuckungen auf dem Boden, bäumen sich auf gegen rasenden Schmerz. In Signorelli fanden die Bestrebungen, die mit Mantegna begonnen und die Lebensarbeit Pollajuolos gebildet, ihren krönenden Abschluß.

14. Hugo van der Goes.

In Florenz hatte sich unterdessen ein jäher Scenenwechsel vollzogen. Etwa zur selben Zeit, als Mantegna dort weilte, war ein Bild aus den Niederlanden angekommen, vor dem man noch heute staunend im Hospital von Santa Maria Nuova steht. Man kennt *Hugo van der Goes*, den Maler des Werkes, aus manchen kleineren Arbeiten, die in deutschen und niederländischen Galerien hängen. Auf einem Brüsseler Bild kniet ein junger Franziskaner inmitten gelbgrüner, herbstlicher Landschaft vor Maria in stiller Verehrung. Auf einer Verkündigung in München stellt er sich das sehr moderne Problem, eine Harmonie in Weiß zu schaffen. Statt warm und leuchtend sollte das Bild hell und silbern wirken. Aber es wurde hart, kühl und kreidig. Bei seinen Bildnissen erschreckt er oft durch ganz phänomenale Häßlichkeit. Es ist, als hätte er sich am Zwitterhaften gefreut, als er diesen Kardinal Bourbon malte, der aussieht wie eine alte Frau. Es geht etwas Mühsames, Gequältes, Ringendes durch das Schaffen des Malers. Er erscheint als *esprit urmtoenté*, der sich immer neue Probleme stellt, aber über der Arbeit das Selbstvertrauen, die Begeisterung verliert.

Was wir aus seinen Bildern herauslesen, wird durch seine Biographie bestätigt. Anfangs ist er ein genußfrohes Kind der Welt. Ihn zieht der Rat von Brügge heran, wenn es gilt, prunkvolle Aufzüge anzuordnen, Ehrenpforten zu errichten, Fahnen mit den festlichen Bildern antiker Helden und antiker Göttinnen zu bemalen. Wein, Weib und Gesang beherrschen sein Leben. Da zieht er sich plötzlich in das Augustinerkloster im Walde von Soignies zurück, um nur dem Heile seiner Seele zu leben. Auch jetzt noch kämpfen in ihm die beiden Mächte, der Geist der Weltlichkeit und der Geist der Entsagung. Es freut ihn, teilzunehmen an den frohen Gelagen all der hohen Herren, die zur Porträtsitzung nach dem Kloster kommen. Doch mit solchen Stunden üppiger Schwelgerei wechseln Stunden tiefsten Trübsinns, in denen er sich für ewig verdammt wähnt. In seiner Gewissensangst malt er nur Bilder noch, die er den letzten Dingen, dem bitteren Leiden des Erlösers widmet. Auf einem Bilde in Frankfurt steht Maria da und blickt tiefernst, den Matronenschleier über den Kopf gezogen, auf das Kind herab. Auf einem Bilde in Venedig hängt in düsterer Landschaft der entseelte Leib des Erlösers. Auf einem in Brügge liegt Maria sterbend auf dem Lager, und ihrem brechenden Auge erscheint in himmlischem Glanze der Heiland. Auf einem in Wien senken die Freunde des Herrn trauernd den starren Leichnam zur Erde. Das alte Thema, das Roger so oft gemalt! Nur giebt es bei Goes kein Pathos, kein Klagen. Alles ist gedämpft, ein still versunkenes Weh, dem nicht einmal Thränen Erlösung bringen. Ein bleiches Mädchen, verhärmt und verlassen, hat Magdalena die Hände gefaltet und blickt dumpf vor sich hin. Raben umflattern das Kreuz, das gespenstisch in den wolkigen Abendhimmel aufragt. Doch selbst solche Bilder sagen nicht das, was Goes sagen möchte. Die seltsamsten Pläne bilden sich in seinem Kopf. Visionen von Bildern hat er, zu deren Ausführung ihm ein Leben zu kurz scheint. Dann während der Arbeit verliert er die Lust, verzweifelt, aussprechen zu können, was sein Herz bewegt. Mit dem Schrei: Ich bin ein Verdammter, stürzt er eines Tages zusammen. All die Gewissensskrupel, die seit Jahren seine Seele gemartert, enden in religiösem Wahnsinn. Nur rauschende Orgelklänge und die frommen Gesänge der Klosterbrüder schaffen ihm Linderung seiner Qualen.

Seine Werke zeigen, welch ein herrlicher Geist hier geknickt ward. Besonders der Flügelaltar mit der Anbetung der Hirten, den er im Auftrag des mediceischen Agenten in Brügge, Tommaso Portinari, für Santa Maria Nuova malte, ist einer der stärksten Kunsteindrücke, die Florenz bietet. Schon der Gedanke ist neu und das Beleuchtungsproblem, das er sich stellt. Der Bambino liegt am Boden auf einer Schütte Stroh, umflossen von Lichtstrahlen, die auch die knieende Madonna beleuchten. Schmächtige Engel knien ringsum oder schweben in der Luft. Einer namentlich, der sich auf schillernden Fittigen jubelnd zum Himmel erhebt, noch getroffen von dem göttlichen Licht, das den unteren Teil seines Gewandes umflutet, könnte aus einem Bilde Rembrandts stammen. Aber nicht die Erinnerung an Rembrandt allein, auch die an Böcklin wird wach. Wie die hellgrünen Zweige von dem tiefblauen Himmel sich absetzen, wie die feuerrote Lilie als kecker Farbenfleck im Vordergrund steht, das sind Farbengedanken, die viel weniger an das Quattrocento als an den Schluß des 19. Jahrhunderts gemahnen. Dunkelblaue, violette, grüne und dumpfschwarze Töne verbinden sich in den Gewändern zu nie gehörten Accorden. Ein undefinierbarer Zauber umwebt die Gestalt der Madonna. Kein Mädchen ist sie, sondern das Weib, das die großen Schmerzen des Gebärens kennt. Daneben Joseph, alt und grämlich, mit den schwieligen Händen des Arbeitsmannes und doch feierlich wie ein Doge Tintorettos. Auf der anderen Seite die Hirten, derbe, wetterfeste Gestalten, sonnenverbrannt, vierschrötig, rauh und wahr: einer das Knie beugend, ein anderer neugierig herüberlugend, ein dritter in atemloser Eile nahend. Erinnert man sich, welche Schwierigkeiten noch im 17. Jahrhundert es den Malern machte, bei Bauernbildern nicht ins Karikierende zu fallen, – welche grotesken Tölpel und betrunkenen Hanswurste Brueghel und Ostade als Bauern vorführen –, dann empfindet man den unbefangen großen Realismus dieses Meisters, der an Millet, an Bastien-Lepage heranreicht.

Fast noch großartiger als das Mittelbild sind die Flügel. Auf der einen Seite diese Heiligen, seltsame Judentypen von patriarchalisch königlichem Stil. Zu ihren Füßen kniend Tommaso Portinari, der Urenkel jener Beatrice, die Dante in der Vita Nuova gefeiert, ein feiner Kopf mit den ernst verschlossenen Zügen des vornehmen Kaufherrn. Neben ihm die schüchtern blassen Gesichtchen seiner beiden Knaben, die nicht recht wissen, um was es sich handelt und bänglich verlegen, halb mechanisch ihre zarten Fingerchen zum Gebete falten. Auf der anderen Seite Frauen von still vornehmer Schweigsamkeit und zarter Noblesse. Mager und fein die Gattin Portinaris, backfischhaft frisch sein blondes Töchterchen. Dahinter ihre Schutzheiligen Margarete und Maria Magdalena, wie Fürstinnen gekleidet in graue, goldbordierte Gewänder und schimmernden weißen Damast, das Haar zurückgekämmt und von koketter hoher Haube bedeckt. Schon von den alten Schriftstellern wurde Goes als größter Frauenmaler seiner Epoche gerühmt. Van Mander spricht, wenn er die Frauen des Meisters beschreibt, von ihrer züchtigen Sittsamkeit, ihrem schamhaft süßen Wesen. Man fühle, daß Cupido und die Grazien dem Maler den Pinsel geführt. Der Portinarialtar bestätigt den Schriftsteller. Ein so wuchtig kraftvoller Charakteristiker Goes bei den Männergestalten ist, so elastisch schwungvoll ist er hier. Geschmeidig vornehm, fast überzierlich sind die Bewegungen in ihrer mädchenhaften Sprödigkeit. Blumengleiche Grazie, zugleich eine leise verhaltene Wehmut liegt in den aristokratisch bleichen, melancholisch sinnenden Köpfen mit den dunkel umränderten, von dünnen Brauen beschatteten Augen und den schmalen, nervös zuckenden Lippen. Die Hände, runzelig und arbeitsgewohnt bei den Männern, sind hier fein und weiß, ausdrucksvoll, als könnten sie Romane erzählen. Diesem herben Reiz verbindet sich stilvolle Eurhythmie, eine Großzügigkeit, die verständlich macht, daß Goes' höchstes Ideal die Freskomalerei war. Alles ist von monumentaler Feierlichkeit, wie sie seit Hubert van Eyck kein niederländischer Künstler hatte.

Hand in Hand mit dieser Größe der Liniensprache geht eine nie dagewesene Intimität in der Landschaft. Jan van Eyck, der erste Landschafter der Niederlande, war durch das exotische Interesse, durch Touristengeschmack zur Darstellung der Natur geführt worden. Seinen einfachen Landsleuten, die nie über Brügge und Gent hinausgekommen, erzählt er als weitgereister Maler von der bunten Herrlichkeit des Südens. Selbst wenn er zuweilen niederländische Motive giebt, behält bei ihm die Landschaft etwas Pretiöses, Ueberladenes. Dasselbe Streben, das die Figuren in reichem Gewande darstellt, ihre Kleider mit Blumen durchwebt und mit Goldsäumen schmückt, veranlaßt ihn, seine Landschaften viel reicher zu gestalten, als sie in Wirklichkeit sind. Die verschiedensten Dinge, Palmbäume, Ebereschen und Tannen läßt er nur des Reichtums wegen nebeneinander wachsen, ohne Rücksicht auf Jahreszeit und Klima. An die Stelle dieser Feststimmung Jan van Eycks tritt bei Goes die Freude am Intimen, Alltäglichen. Er als erster empfand, daß eine Landschaft nicht exotisch, nicht aufgeputzt zu sein braucht. Er hatte den Geschmack für das Heimatliche, für die ganz einfache Natur, für Aecker und Wiesen, für Weiher und Wälder. Auf der rechten Tafel mit den hochstämmigen Bäumen, auf deren entlaubtem Geäste sich Krähen niedergelassen, blickt man sogar in eine fahle Winterlandschaft hinaus, die sich trüb unter bewölktem Himmel hinlagert. Zugleich drang er viel mehr als die Früheren in den Organismus der Landschaft ein. Jan stellte Blumen und Bäume sorgsam in

69

seine Bilder, wie es Kinder mit ihren Spielsachen thun. Goes untersucht als erster die Wurzeln und Blätter. Namentlich die Art, wie er Bäume malt, ist außerordentlich. Jeder hat seine eigene Physiognomie, und doch sind alle Linien mit feinster Berechnung zu den Hauptlinien der Figuren gestimmt.

Eine ganz neue Auffassung der Natur mußte unter dem Eindruck dieses Wunderwerkes sich Bahn brechen. Und fast symbolisch ist, daß es nicht in den Niederlanden blieb, sondern nach Italien kam. Dort im Norden hätte es kaum Verständnis gefunden, hier im Süden strömten die Maler staunend davor zusammen. Schon Piero della Francesca hatte es vor Augen, als er seine Oxforder Madonna, die Geburt des Christkindes und die Santa Conversazione der Brera malte. Auf dem einen Bild weist der Madonnentypus darauf hin, auf dem zweiten die Hirtengruppe, auf dem dritten die Gestalt des Heiligen links, der direkt aus dem niederländischen Altarwerk stammt. Auch *Jean Foucquet*, der Franzose, muß Werke von Goes gesehen haben, denn die Aehnlichkeit seines Etienne Chevalier, der auf dem Berliner Bild von Stefan der Madonna empfohlen wird, mit Goes' heiligem Viktor ist zu groß, als daß sie zufällig sein könnte. Andere Anleihen sind bei Baldovinetti, Piero di Cosimo, Ghirlandajo, Lorenzo di Credi und Piero Pollajuolo zu bemerken. Der Herzog von Urbino beruft, unter dem frischen Eindruck des Werkes, einen Niederländer, den *Justus von Gent* an seinen Hof. Doch es wäre falsch, nur solche Einzelheiten zu betonen. Die ganze Weiterentwicklung der florentinischen Kunst deutet darauf hin, daß nächst dem Besuch Mantegnas das Erscheinen des niederländischen Altarwerkes als größtes Kunstereignis der sechziger Jahre betrachtet wurde.

Der Einfluß äußert sich zunächst in den neuen koloristischen Tendenzen der Maler. War man bisher – von Domenico Veniziano abgesehen – auf dem Niveau einer primitiven Kolorierung stehen geblieben, so sucht man jetzt das malerische Element mehr zu entwickeln. Schmucksachen, Architektur und Landschaft werden noch mehr als früher herangezogen, um die leuchtende Farbenpracht zu steigern. Die Bauerngestalten des Altarwerks und die wunderbar gemalten Tiere gaben weiter den Geschmack der Rusticität. Aber noch ein anderes Element, das neu in die florentinische Kunst kommt, hängt offenbar mit dem Erscheinen des Goesschen Altarwerkes zusammen: die Grazie. In den älteren Werken des 15. Jahrhunderts, denen des Filippo Lippi und Gozzoli, herrschte eine gedankenlose, ein wenig vulgäre Anmut. Mit Castagno kam der Kondottierengeist des Quattrocento zu Wort. Alles ist Energie, breitspurige Männlichkeit, herausfordernde Kraft. Dieser Richtung auf das Machtvolle folgt jetzt eine Richtung auf das Zierliche. Es kommt in die Bilder ein weicher, frauenhafter, kavalierhaft aristokratischer Zug, jene aparte Delikatesse und leise Wehmut, die aus den Augen der Goesschen Frauenfiguren strahlt. Es kommt in die gesunde italienische Kunst der faszinierende Reiz der Krankheit. Wenn plötzlich alle Künstler wie auf Verabredung den Tobias malen, die Legende vom Blinden, der sehend wird, so möchte man darin fast eine Huldigung an den großen Niederländer sehen, der ihnen die Augen geöffnet, eine neue Schönheit enthüllt hatte.

Alesso Baldovinetti war schon durch seine Herkunft – er war Schüler des Domenico Veniziano – berufen, in die koloristischen Bahnen des Niederländers einzulenken. Basari schildert ihn als niederländischen Kleinmaler. »Flüsse und Brücken, Steine und Gräser, Früchte, Wege, Felder, Landhäuser, Schlösser und allerhand dergleichen malte er nach der Natur. Auf seiner Geburt Christi könnte man die Halme im Stroh und die Wurzeln des Epheus zählen, dessen Blätter obendrein ganz naturgetreu auf der einen Seite dunkler gefärbt sind als auf der anderen. Man bemerkt auch ein halbverfallenes Haus, dessen Steine von Regen und Frost verwittert und von Moos umwuchert sind. Auf einer Mauer kriecht eine Schlange.« In der That läßt die Hirtengruppe dieses Bildes, das er im Vorhof der Santa Annunziata malte, keinen Zweifel, daß er das Goesche Altarwerk kannte. Aber nicht nur in seinem leuchtenden Kolorismus ist er dem feinen Niederländer gefolgt. Bilder von ihm, wie die Verkündigung und die Madonna der Sammlung Duchâtel, die früher dem Piero della Francesca zugewiesen wurde, kennzeichnen ihn auch als zarten Frauenmaler, der an der Hand des Hugo van der Goes den femininen Zug, der schon durch die Werke des Domenico Veniziano ging, zu einer fast überfeinen Grazie umprägte. Dem letzten Bild giebt überdies die Landschaft einen ganz seltsamen, biedermaierisch romantischen Zauber.

Verroccchio, den großen Erzbildner, dieser Gruppe beizuzählen, kann unberechtigt scheinen. Denn man kennt ihn als den Mann, der im Colleoni das gewaltigste Reiterstandbild des Quattrocento schuf, als den Meister der Taufe Christi, jenes herben, asketischen Bildes mit den beiden nackten, sehnigen Körpern, das gewöhnlich dazu dienen muß, den »trockenen Realismus« Verrocchios in Gegensatz zu der himmlischen Zartheit seines Schülers Leonardo zu setzen. Aber im Grunde war auch Verrocchio schon kein derber, sondern ein zarter Meister. Wohl schuf er den Colleoni. Aber nicht mehr als ein Mann, der selbst, wie Donatello, die Kondottierenzeit miterlebte, sondern als Epigone, für den dieser Colleoni schon den »letzten Ritter« bedeutete, – das Symbol einer sporenklingenden, heroisch großen Vergangenheit, zu der die Gegenwart mit wehmütiger Bewunderung aufblickte. Diese sinnend träumerisch gewordene Gegenwart lebt in dem holdseligen Kopf seines David, lebt in den zierlichen, fast koketten Bildern des Meisters, der auf seinem Porträt so still bedächtig wie ein Giambellini von Florenz in die Welt blickt, in nichts mehr ähnlich dem trotzig wilden Geschlecht, dem die Donatello und Castagno angehörten. Castagnos Pippo Spano wirkt terribile, gerade weil er seine Rüstung so ungezwungen trägt, wie wir den Tuchrock. Verrocchio kann diesen Eindruck nur noch künstlich erzielen, indem er die Rüstung seiner Helden mit Schlangen und Gorgonenhäuptern schmückt.

Von Mantegna mag er seine ersten Eindrücke erhalten haben. Mit ihm berührt er sich in der plastischen Herausarbeitung der Formen. Körperliche Rundung, straffe Linien, Sauberkeit und Bestimmtheit der Umrisse, die höchste Glätte und Appretur der Oberfläche, alles, was ein guter Bronzeguß haben muß, sucht er seinen Bildern zu geben. Dazu kommt die goldschmiedeartige Feinheit in der Ausgestaltung des Beiwerks. Jedes Schmuckstück, die Goldstickereien der Kleider wie der zarte Gazeschleier, der das Haupt Marias ziert, sind mit peinlicher Accuratesse gemalt. Goes bestärkte ihn in diesen koloristischen Tendenzen. Verrocchios Werkstatt ward das erste Meisteratelier von Florenz, wo systematisch die Oelmalerei betrieben wurde. Auch die florentinische Landschaftsmalerei lenkte er, durch Goes angeregt, in neue Bahn. Während die früheren Florentiner sich in preciösem Detail ergingen, noch die fernsten Dinge in ungebrochenen Farben glitzern und leuchten ließen, hatte Verrocchio den Geschmack für einfache Ebenen und verband damit gewisse pleinairistische Absichten. Die Zwielichtstimmung, wenn die Bäume schwarz sich vom hellgrauen Himmel absetzen oder kühle Feuchtigkeit über ausgedörrte, staubige Ebenen sich senkt, war ihm die liebste Stunde.

Aber mehr noch für den Eindruck seiner Bilder bestimmend ist die zierliche Grazie, die er in Gesichtsausdruck und Bewegung erstrebt. Während Donatellos und Castagnos Figuren die Hände breit auflegen und den zweiten Finger spreizen, biegen die Verrocchios den kleinen. Dieses Detail schon kennzeichnet die Geschmackswandlung. Dort das Energische, hier das zimperlich Feine. *»Noli me tangere«* ist seinem Berliner Mädchenporträt beigeschrieben. Das könnte auch unter Castagnos Porträt des Pippo Spano stehen, nur in anderem Sinne. Verrocchio selbst fühlte, welch zartes, gebrechliches Ideal er den kraftvoll mächtigen Gestalten der älteren Meister gegenüberstellte. Er als erster setzte an die Stelle der derben, gesunden Kinder, wie sie die Früheren schilderten, den zierlichen Putto. Er als erster gab den Zügen seiner Madonna einen Anflug jenes leise bezaubernden Lächelns, mit dem man Leonardos Namen verbindet. Das Tobiasbild enthält wohl die Quintessenz seines Schaffens. Diese geschmeidigen, mädchenhaft zarten Epheben mit dem welligen Lockenhaar, die im Menuettschritt durch die Landschaft schreiten, umflattert und umschmiegt von Bändern und Schärpen, in manierierter Grazie die aristokratisch feinen Hände bewegend – sie zeugen deutlich, daß das Schönheitsideal dieser neuen Generation ganz entgegengesetzt demjenigen war, das die vorhergehende Generation verehrte.

Wenn Verrocchio wenigstens in einigen seiner Werke an die kraftvolle Vergangenheit anklingt, ist *Piero Pollajuolo* ganz der Sproß dieses neuen überzarten Zeitalters: ebenso feinfühlig wie schwach, blaß und verträumt, ein Niels Lyhne des Quattrocento, der haltlos von einem Vorbild zum anderen schwankt, nicht stehen kann, ohne in weiblicher Hingebung einem Stärkeren sich anzuschmiegen. In seinem frühesten Werk, der 1483 gemalten Krönung der Maria, ist er noch in den Bahnen seines Lehrers Castagno, versucht rücksichtslos derb, bäurisch kraftvoll zu sein. Aber sie liegt ihm nicht, diese knorrige Art. Hugo van der Goes brachte ihm ein Ideal, das seinem Wesen viel mehr entsprach. Der bärtige Mann in dem Bilde der Drei Heiligen ist wörtlich dem niederländischen Altarwerk entnommen. Wie Baldovinetti wirft er sich auf die Koloristik und schafft jene Verkündigung der Berliner Galerie, die in ihrem tiefleuchtenden Ton malerisch zu den größten Leistungen der florentinischen Kunst gehört. Doch am meisten er selbst ist er in jenen Werken, in denen er die Zierlichkeit Verrocchios, die Grazie von Goes noch mehr ins schwächlich Weichliche umsetzt. Schlaff herabfallende Stiefelschäfte liebt er besonders – ein Symbol gleichsam seines eigenen Wesens. Es ist, als laste auf seinen schmalen Schultern die ganze Müdigkeit eines sinkenden Jahrhunderts. Merkwürdige Decadencestimmung strömt aus diesen zarten, schmächtigen Gestalten, die so kokett gekleidet sind, so zierlich die Hände bewegen, so schüchtern die Füße setzen. Zeugniß ist der David der Berliner Galerie, der ebensogut von einem modernen Rosenkreuzer wie von einem Sohn des jugendlichen Quattrocento sein könnte. Zeugnis ist das Tobiasbild des Londoner Museums mit dem nervösen weißen Hündchen und den affektiert tänzelnden Wesen, die so zaghaft, so geschwächt, so überzart sind, daß sie bei jedem Geräusch erzittern. Man möchte sagen, dieser Tobias, der hier sein schmales Händchen in den Arm eines Stärkeren legt, das ist Piero Pollajuolo selbst, der sofort hilflos ist, wenn nicht ein Stärkerer ihn führt. Vierzehn Jahre war er jünger als sein Bruder Antonio, und man könnte an die verzärtelte Schmiegsamkeit spätgeborener Kinder denken, wenn dieser weiche, matte Zug nicht durch das ganze Zeitalter ginge. Auf die Starken folgen die Schwachen, auf die Gesunden die Nervösen, auf die Eroberer die müden Aristokraten, die nicht mehr arbeiten, nur genießen wollen.

15. Das Zeitalter des Lorenzo Magnifico.

Lorenzo Magnifico verkörpert in seiner Person das Zeitalter. Auf den alten Cosmo, den klugen geschäftigen Bankier, der die Reichtümer des mediceischen Hauses angesammelt hatte, folgt der Enkel, der sie genießt. Für Cosmo im Vordergrund stand das Geschäft; die Kunst war ihm ein Mittel, dem Volk zu imponieren. Lorenzo, der durch die Verbindung mit Clarice Orsini dem jungen Wappen der Medici altadeligen Glanz verliehen, ist zu sehr Grandseigneur, seine Hände mit Geldgeschäften zu beflecken. Die Kunstpflege ist bei ihm » prédilection d'artiste«.

Aufgewachsen inmitten all der Kunstwerke, die drei Generationen zusammengebracht, hat er sein Auge an die feinsten ästhetischen Genüsse gewöhnt. Es kann nichts Unschönes, nichts Plebejisches mehr ertragen. Jedes Gerät – mag es um Möbel oder Schmucksachen, um Gobelins oder Tafelbestecke sich handeln – muß ein Kunstwerk, ein apartes Juwel sein. Kostümfeste, Prunkturniere und festliche Aufzüge werden veranstaltet, weil sie mit farbigem Schimmer das graue Leben umkleiden. Und nicht dem Auge nur sucht man die köstlichsten Reize zu bieten. Allen Sinnen wird gleichmäßiger Kult geweiht. Denn das Zeitalter des Magnifico ist auch das der Musik und der Liebe, der Blumenschwärmerei und der gastronomischen Kennerschaft.

Ein ausgesprochen aristokratischer Zug, ein Gefühl des *Odi profanum volgus et arceo* geht durch das Zeitalter. Hatte Cosimo nach Volkstümlichkeit gestrebt, so ist Lorenzo der einsame Mensch. Wie in Barrès' Roman » *Sous l'oeil des barbares*« gliedert sich die Menschheit in zwei Klassen, die Barbaren und die Intelligenten. Barbaren sind alle, die arbeiten müssen, im banalen Leben des Alltags stehen. Die Intelligenten sind die Auserwählten, die Elite des Geistes, die ästhetischen Feinschmecker, die inmitten der plebejischen Welt sich ein künstliches Paradies errichten, wo sie dahinleben nur im Verkehr mit den Kunstwerken und den Büchern, die ihrem exquisiten Geschmack behagen. Das Landleben, das *»Beatus ille qui procul negotiis«* ist wie zu Horaz' Zeiten das Ideal der Geister. Nur selten weilt Lorenzo in der Stadt. In seinen Villen, sei's in Careggi, in Caffajuolo oder Poggio a Cajano führt er das Leben des ländlichen Gutsherrn, umgeben von den feinen Geistern, die wie er als Genußmenschen reiner Schönheit sich fühlen. Namentlich die platonische Akademie, einst von Cosimo Medici gegründet, gewinnt unter Lorenzo ganz neue Bedeutung. War sie vorher gelehrten Studien gewidmet, so ist sie jetzt die zwanglose Gemeinschaft von Freunden, die als »Brüder in Plato« sich zum Kult der Sinne, zum Glauben an die Götter Griechenlands bekennen. Denn das Christentum als Allerweltsreligion konnte solchen Aestheten nichts sagen. Sie waren so feinschmeckerisch in der Form, daß schon deshalb die Bibel sie abstieß, weil »der Stil der heiligen Schriften nichts tauge«. In Lorenzos Villa draußen in Careggi kamen sie zusammen, in jenem heiter anmutigen Baue, aus dessen Ruinen noch heute der ganze Reiz der Frührenaissance strömt. Weite schattige Säulengänge umschließen einen stillen Hofraum, in dem träumerisch ein Springbrunnen plätschert. Aus den Fenstern der hohen graziösen Marmorsäle blickt man hinaus auf die blühenden Thäler der Arnostadt und die villengeschmückten Hügel von Fiesole, wo Pinien und schwarze Cypressen über Olivengrau und sonnenbeglänztem Lorbeer sich erheben. Bei Gläserklang und Zitherspiel wurden platonische Dialoge besprochen oder neue Dichtungen verlesen. Bei drückender Hitze flüchtet man hinauf in die waldreichen Berge. So wie Landini es schildert in jener Stelle, die so seltsam an Boccaccios Novellen gemahnt. In stiller Waldeskühle, unter hochragenden Platanen lagern sie, ein Bergbach rieselt in der Nähe, weithin bis zum fernschimmernden Meer schweift das Auge. In dieser weltabgeschiedenen Einsamkeit, in die der Laut keiner Kirchenglocke herübertönt, vergessen sie, daß sie Christen sind, und fühlen sich als Griechen, während sie über den Begriff der menschlichen Glückseligkeit philosophieren

Polizians und Lorenzos Dichtungen sind literarisch die hauptsächlichsten Dokumente. Keine Poesie voll tiefer Gedanken, aber voll von Grazie, die Poesie schönheitsdurstiger, arkadisch gestimmter Seelen, die sich von Golgatha nach dem Olymp, aus der Gegenwart in ein fernes Elysium geflüchtet. Polizian schreibt seine »Giostra«, die mythologisch durchwebte Verherrlichung des Turniers, das Giuliano de Medici, der elegante ritterliche Führer der *jeunesse dorée*, zu Ehren seiner Simonetta abhielt. Lorenzo richtet Sonette voll zarter Schwärmerei an seine Geliebte Lucrezia Donati, Sonette, die auch das Schönheitsideal der überfeinen Epoche beleuchten. Denn was er schätzt an der Frau, ist nicht gesunde, kraftvolle Schönheit, sondern eine leidende Schönheit von geisterhafter Blässe, mit todkranken tiefbezaubernden Augen, die Schönheit der Schwindsucht, woran Simonetta starb.

Virgilische Eklogenstimmung geht durch die »Nencia«, das Schäkern froher Faschingslust durch die leichtgeschürzten *Canti da Ballo*. Der »*Corinto*«, die »Liebesklage des Hirten«, könnte von einem griechischen Idylliker verfaßt und von Boecklin illustriert sein. Immer von neuem wiederholt sich die Lehre des Horaz, zu genießen, so lang man genießen kann, die Aufforderung, sonder Grillen und Sorgen Becher zu bekränzen und bei Gesängen und Tänzen sich dieses Lebens zu freuen. Denn, so klingt der wehmütige Refrain, man kann nicht wissen, was das Morgen bringt.

In diesen Werken ruhen die Gedanken, denen die Maler bildlich Gestalt verliehen. Keine Erinnerung an den leidenden Nazarener und an blutende Märtyrer durfte einen Mißklang in die arkadische Seligkeit bringen. Nur idyllische, sinnlich heitere, hellenische Märchenbilder paßten in die Landhäuser, die diese Aestheten sich als Oasen in der Wüste des Alltags errichteten. Eine ganz neue Art arkadisch-bukolischer Malerei ward so geschaffen. Denn all jene Bilder, die Lorenzo für seine Villen malen ließ, sowohl Signorellis Pan wie Botticellis Frühling und Geburt der Venus haben nichts mit der Antike gemein, die Mantegna pflegte. Mantegna war ein großer Gelehrter, der auf dem Wege der Wissenschaft sich in das Altertum versetzte, durch sorgsamstes Studium des Kostüms und Waffenwesens archälogisch die Epoche zu rekonstruieren suchte. Das hätten auch die Maler gekonnt, die um Lorenzo sich scharten. Denn in den weiten Gärten von San Marco waren in den Baumgängen ganze Reihen antiker Statuen aufgestellt. Hunderte von griechischen Vasen und antiken Gemmen wurden in den Sammlungen Lorenzos bewahrt. Doch was sie geben wollen, ist gar nicht die Antike. Es ist das Bild eines sinnenfrohen saturnischen Zeitalters, da der Mensch in seligem Einssein mit der Natur ein ungebrochenes heiteres Dasein lebte. Mantegna schaute in die Welt der Antike mit den Augen Menzels, diese schauten hinein mit den Augen Böcklins und Puvis de Chavannes'. Das Land der Griechen, das der Paduaner mit dem Verstande gesucht, suchen sie mit der Seele und werden über Mantegna dasselbe gesagt haben, was Böcklin über Menzel sagte: »Das ist ein großer Gelehrter.« Dort eine taghelle, verständige Klassicität, hier eine Romantik, die sich aus der Wirklichkeit in ein traumhaftes Hellas wie in glückliche Gestade flüchtet, um dort im Lande der Poesie auszuruhen und süße Stimmungen, liebliche Bilder mit nach Hause zu bringen.

Wie diese Werke den Geist, spiegeln Ghirlandajos Bilder den äußeren Habitus der Epoche. Obwohl sie scheinbar biblische Stoffe schildern, sind sie in Wahrheit nur eine Verherrlichung der großen Zeit, als, wie die Inschrift sagt, »unsere allerschönste Stadt Florenz, durch Reichtümer, Künste und Bauten hochgeehrt, in Wohlstand, Gesundheit und Frieden lebte«. Der Gedanke, daß er biblische Bilder malte, scheint Ghirlandajo, als er im Auftrag von Lorenzos Vetter Giovanni Tornabuoni den Freskencyklus im Chor von Santa Maria Novella schuf, gar nicht gekommen zu sein. Er malt nur die Welt, die er unter den Füßen hat, malt sie im strahlenden Festgewand der Freude. Das Florenz jener Tage, in seiner Gediegenheit, seinem vornehmen Glanz und der Noblesse seiner Kultur ist in den Bildern verewigt. Man wohnt der pompösen Entfaltung kirchlichen Festgepränges bei, sieht wie Hochzeiten gefeiert werden, wird in die Wochenstube der florentinischen Patrizierin geführt. Damen mit den Mienen der großen Welt, die Creme der florentinischen Aristokratie, kommen zu Besuch, sehr pikant mit ihren unregelmäßigen feinen Gesichtern und ihrer brokatknisternden, würdevollen Tracht. Marmorfriese, wie sie die Robbia schufen, schmücken die Wände der Zimmer. Es muß ein Ereignis gewesen sein, als ganz Florenz zusammenströmte, die Porträts all dieser stadtbekannten Schönheiten, all dieser Damen aus dem Hause Tornabuoni und Tornaquinci, Sassetti und Medici zu bewundern.

Und man dankt Ghirlandajo für seine kulturgeschichtliche Treue. Sein Verdienst ist, daß die ganze Epoche so greifbar lebensvoll vor unseren Augen steht. Wir nehmen seine Bilder mit demselben Interesse hin, wie ein Kolleg über die Kultur im Zeitalter des Magnifico. Aber auch die künstlerischen Qualitäten imponieren. Während Gozzoli, der ein Menschenalter vorher in ähnlichem Sinne gearbeitet, sich nicht über das Niveau des flotten Illustrators erhob, geht durch Ghirlandajos Bilder ein großer historischer Zug. Dort bequemes Sichgehenlassen, hier ernste, klare Komposition und monumentale Würde. Während Gozzoli auf seinen Wandflächen in reliefartiger Breite so viele Einzelheiten anhäuft, daß das eine dem anderen im Wege steht, herrscht bei Ghirlandajo ein einfaches, stark ausgesprochenes Raumgefühl. Benozzos mutwilliges Plaudern hat sich zur formvollendeten Rede, sein naives Aneinanderreihen von Einzelepisoden zu klassischem Lapidarstil geklärt.

Andererseits liegt darin kein persönliches Verdienst Ghirlandajos. Der Grund seiner Ueberlegenheit liegt nur darin, daß Gozzoli bloß über die Errungenschaften Masaccios, Uccellos und Castagnos, Ghirlandajo über die eines weiteren Menschenalters verfügen konnte. Er ist ein größerer Raumkünstler, weil Piero della Francesca die Gesetze dafür geschaffen. Er ist würdevoller, einfacher als Gozzoli, weil durch Pollajuolo der Sinn für monumentale Einfachheit geschult war. Alle seine Gestalten wirken körperlich, nicht planimetrisch flächenhaft wie bei Gozzoli, weil Verrocchio die plastische Herausarbeitung der Formen gelehrt hatte. Der Faltenwurf seiner Gewänder wie die antiken Denkmale und antiken Ornamente, die er im Hintergrund und als schmückenden Zierat anwendet, sind von klassischer Stilreinheit, weil er Rom gesehen und seit dem Bekanntwerden von Mantegnas Kupferstichen das Studium der Draperiemotive auch in Florenz systematisch betrieben worden war. Manchmal überrascht er sogar durch intime Details, durch Blumen und Tiere – weil durch Hugo van der Goes der Geschmack für diese Dinge geweckt war. Ghirlandajo hat das ganze Kunstkapital, das die Zeit zusammengebracht hatte, verwertet, sich alles zu Nutzen gemacht, was die großen Forscher ergründet hatten. Das erhebt ihn über Gozzoli, zeigt aber zugleich, daß er – ganz wie Gozzoli – einen Abschluß bedeutet. Denn so oft eine Kunstepoche ihrem Ende entgegengeht, folgen auf die Eclaireurs die Profiteurs, die statt Neues zu erstreben das Erreichte zusammenfassen.

Auch sonst war auf der Bahn Ghirlandajos kein weiterer Schritt möglich. So sehr man ihm Dank weiß, daß er das Bild jenes großen Zeitalters dokumentarisch treu überlieferte, ist doch die Frage, ob, wenn zeitgenössische Modenbilder gegeben werden sollen, dazu die Johannes- und Marienlegende der geeignete Vorwand ist. Kirchliche Stimmung ist in seinen Bildern nicht mehr zu finden. Der letzte Rest von Heiligkeit, den das Quattrocento noch bewahrt hatte, ist abgestreift. Selbst die Franzlegende, die Giotto in so feierlichem Ernst gemalt, wird unter Ghirlandajos Händen eine Schilderung kirchlicher Ceremonien und architektonischer Scenerien. Der Veronese des Quattrocento, hat er die biblischen Stoffe mehr verweltlicht, als es einer seiner Vorgänger gethan. Selbst über Gozzolis Werken liegt noch Märchenstimmung, ein gewisser ländlich patriarchalischer Hauch, der zu den biblischen Themen paßt. Bei Ghirlandajo sind sie reine Salonscenen, mondäne Gesellschaftsstücke geworden. Durch sein bekanntes Wort »er bedaure, nachdem er diese Art Kunst beherrschen gelernt, nicht die ganzen Stadtmauern von Florenz bemalen zu können«, hat er selbst verraten, wie rein äußerlich er seinen Beruf auffaßte.

Seine Altarbilder, obwohl sie die Figuren weniger ins Moderne übersetzen, liefern dazu den logischen Kommentar. Sie sind tüchtig, aber prosaisch, nüchtern und derb. Als gewiegter Geschäftsmann trieb er die Anfertigung von Altarwerken rein fabrikmäßig, wies keinen Auftrag zurück, aber ließ ihn in seiner Werkstatt erledigen. So erklärt sich, daß seine Werke weder psychische Qualitäten noch koloristische Reize haben. Schreiende rote und blaue Farben stehen, wie sie aus der Tube kommen, hart nebeneinander. Bilder, die für Fiesole Seelenbekenntnisse waren, sind für Ghirlandajo Geschäftsartikel, die er mit Hilfe von Gesellen schlecht und recht in seiner Bottega herstellt.

Und man begreift wohl, daß in einem Zeitalter, das keine christlichen Ideale mehr hatte, dessen *feine* Geister ins Land der Hellenen gepilgert waren, die religiöse Malerei diesen mondänen oder rein fabrikmäßigen Anstrich bekommen mußte. Man findet es imposant, daß eine Weltanschauung, die keinen christlichen Himmel mehr kannte, sich mit solcher Unbefangenheit ausspricht. Aber man versteht zugleich, daß bei dem Fonds von Religiosität, der noch immer vorhanden war, gerade auf eine Kunst wie die Ghirlandajos die allerschärfste Reaktion folgen mußte.

Geschichte der Malerei: Band 2

Inhalt

I. Die kirchliche Reaktion.

1. Savonarola

»Man kann nicht wissen, was das Morgen bringt.« Lorenzo selbst sollte es noch erfahren. Als er am Schlusse seines Lebens die *»Laudi«* dichtete, war eine seltsame Wandlung in ihm vorgegangen. Der übermütige Sänger der Karnevalslieder erörtert die düstern Probleme des Menschenschicksals, fragt nach dem Wozu des Lebens, spricht von den bösen Stunden innerer Leere, von dem bleichen Grauen, das die Seele packt. In einem solchen Moment innerer Leere mag es gewesen sein, daß er hinüberschickte von seinem Krankenbett in der Villa Careggi nach dem Kloster von San Marco, um den Dominikanerprior Girolamo Savonarola zu sich zu bitten, daß er ihm Trost bringe und die Absolution erteile. Savonarola kommt. An dem Sterbelager des Lieblings der Grazien steht die düstere Gestalt des Mönchs von San Marco. Lange steht er, schweigend, ein ernstes drohendes Phantom durchbohrt mit seinem Falkenauge den Sterbenden. Wendet sich ab, geht – ohne zu verzeihen.

Und die Jahre des theokratischen Regiments brechen an. Der Platonismus der aristokratischen Kreise hatte das Gemüt nicht ausfüllen können. Es herrschte Uebersättigungsstimmung nach all der Schönheitstrunkenheit, glühendes Heilsverlangen nach all den weltlichen Freuden, puritanischer Fanatismus nach all dem Sinnenkult, dem genußfrohen Epikuräertum von früher. Savonarola gehörte zu den seltenen Männern, die zu ihrer Stunde kommen. Dasselbe kleine Kloster von San Marco, wo zu Fiesoles Zeiten der heilige Antonin gewirkt, warf sich von neuem zum Bollwerk des Christentums auf. Jene Ideen von Askese und Weltverneinung, die damals nur in engen Mönchskreisen ihr Dasein fristeten – Savonarola trug sie wieder in die leidenschaftlich erregten Massen hinaus. Den lockenden Idealen des Altertums, dem Sirenensang der Sinnenfreude und antiken Schönheit trat die Macht der tausendjährigen kirchlichen Ueberlieferungen, das dunkle Gefühlswalten religiösen Lebens entgegen. Schon im Januar 1491 hatte er seine Bußpredigten in Santa Maria del Fiore begonnen, und in wenig Monaten war Florenz verändert. Gleich einem Hagelwetter platzte sein dämonisches Wort auf die lebenslustige Menge nieder. Ein von Gott gesendeter Prophet schien herabgestiegen, die üppige Stadt zur Buße, zur Zerknirschung zu rufen. An die Stelle weltlicher Lustbarkeiten traten kirchliche Umzüge. Statt mutwilliger Karnevalslieder tönten geistliche Lobgesänge zum Himmel. Täglich vergrößerte sich die Zahl seiner Anhänger. Mochte der Papst mit dem Bannfluch drohen und die vornehmen Kreise gegen den Demagogen wüten – mit dem Kampfruf *»Viva Cristo«* stürmten die elektrisierten Massen daher, derwischhafte Scenen, die an die Geißlerfahrten des Mittelalters mahnen, begannen. Nicht mehr das Haus Medici herrschte, sondern Jesus Christus *populi Florentini decreto creatus* war in eigener Person König und Schutzherr von Florenz. Das »Autodafé der Eitelkeiten«, am Karnevalstag 1497 veranstaltet, bezeichnet wohl den Höhepunkt seiner agitatorischen Thätigkeit. 1300 Kinder hatten Haus für Haus den Tand der Welt eingefordert. Seidene Kleider und Musikinstrumente, Teppiche und Ausgaben des Decamerone, antike Klassiker und mythologische Bilder – alles wurde zu hoher Pyramide getürmt, und der Rauch stieg lohend gen Himmel. Frauen und Mädchen, mit Olivenzweigen bekränzt, umtanzten in mystischer Verzückung den Scheiterhaufen, opferten Ringe, Armbänder oder was sie noch besaßen an Schmuck, den Flammen. Eine dämonische hypnotisierende Kraft muß von dem Zeloten ausgegangen sein. Selbst Mirandola, der Freund des Magnifico, erzählt, daß er zitterte, daß seine Haare sich sträubten, als er eine der fanatischen Predigten des Dominikanermönchs hörte.

Auch auf die Kunst schleuderte er seinen Bannstrahl. »Aristoteles, der ein Heide war, sagt in seiner Poetik, daß unzüchtige Figuren nicht gemalt werden dürften, damit die Kinder nicht verdorben würden durch den Anblick. Was soll ich dann von euch sagen, ihr christlichen Maler, die ihr halbnackte Figuren dem Auge darbietet! Das ist vom Uebel. Laßt davon ab! Ihr aber, die ihr solche Malereien besitzt, zerstört sie, übertüncht sie, ihr thut dann ein Werk, das Gott und der heiligen Jungfrau gefallen wird.« Wie gegen die Darstellung des Nackten eiferte er gegen die Einführung zeitgenössischer Bildnisse. »Die Figuren, die ihr in euren Kirchen malen laßt, sind die Gestalten eurer Götter. Trotzdem können die jungen Leute sagen, wenn sie diesem oder jenem Weib beggnen: das ist Magdalena, das der heilige Johannes. Denn die Bilder eurer

Dirnen von der Straße laßt ihr malen als Heilige in den Kirchen. Damit zieht ihr das Göttliche in den Staub, bringt alle Eitelkeit in das Haus des Ewigen. Glaubt ihr, daß die Jungfrau Maria so gekleidet ging, wie ihr sie malt! Ich sage euch, sie trug die Kleidung der Armen ihr aber malt sie wie eine Dirne.«

Wie viel diese große kirchliche Reaktion der Kunst geschadet hat, wurde oft geschildert. Sie hat das neue Athen in ein zweites Genf verwandelt, ebenso intolerant wie die spätere Hauptstadt Calvins. Wenn die Darstellung der Antike im 15. Jahrhundert nicht über Ansätze hinauskam, die Götter Griechenlands, denen Lorenzo ein Heim bereitet, wieder aus Italien flüchten mußten, so geht das ausschließlich auf die Lehren Savonarolas zurück. Ebenso wurde durch sein Eifern gegen die zeitgenössischen Bildnisse und gegen das moderne Kostüm der frische Zusammenhang der Kunst mit dem Leben zerrissen. Andererseits gab er für das, was er zerstörte, auch Ersatz, schenkte der Kunst das zurück, was sie in den Tagen Lorenzos verloren hatte: ihre christlichen Ideale, zeigte diese Ideale in einem Licht, daß sie plötzlich wieder ganz neue geworden schienen. Wenn er in seinen Predigten von der Mutterliebe Marias spricht, ihrer bangen ahnungsvollen Seele, die mit prophetischem Blick die Zukunft schaut, wenn er sie schildert als Somnambule, die tagaus tagein in qualvollem Vorempfinden eines kommenden Schicksals lebt, oder sie darstellt als das arme einfache Mädchen, das die Gnade gar nicht fassen kann, die Erwählte des Himmels zu sein, so verrät sich schon darin, welch viel tieferes Madonnenideal er den Malern brachte. »Schön ist nur die Schönheit der Seele. Betrachtet einen frommen Menschen, gleichviel ob Mann oder Weib, der vom Heiligen Geist beseelt ist, betrachtet ihn, wenn er betet und himmlische Begeisterung ihn durchströmt, da werdet ihr die Schönheit Gottes aus seinem Antlitz leuchten sehen, und seine Züge werden den Ausdruck eines Engels haben.« In solchen Worten war ein ganzes Programm gegeben. Und die Künstler – jeder in seiner Art – nehmen zu dem Bußprediger Stellung. Für den einen ist er der böse Dämon, für den anderen der Heilige Geist. Dem raubt er seine Ideale, jenem verhilft er dazu, sich selbst zu entdecken. Mitten in den leidenschaftlichen Zeitwirren stehend, ist auch die Kunst durchschüttelt von dem geistigen Fieber, das durch die Adern des ganzen Volkes stürmte.

2. Piero di Cosimo

Für *Piero di Cosimo* wurde Savonarola der böse Dämon. Denn er zerstörte ihm seine Märchenwelt, vertrieb ihn aus dem Zauberreich, das er in strahlender Herrlichkeit sich aufgebaut: wo Fabelwesen durch den Aether kreisen, schöne Ritter und gefangene Prinzessinnen, dreiköpfige Riesen und verzauberte Heidengötter sich erschrecken und lieben, sich befehden und necken. Wenn irgend einer ist Piero di Cosimo das echte Kind des Zeitalters des Magnifico, der Geistesverwandte jener Bukoliker, die so graziös, so schalkhaft anmutig ihr Spiel mit der alten Sagenwelt trieben.

Als Schüler des plump geistlosen Cosimo Roselli wird er verzeichnet, doch in Wahrheit war Hugo van der Goes sein Lehrer. Er gab ihm den Sinn für Rusticität und für schöne leuchtende Farben, den Geschmack an der intimen Beobachtung der Tier- und Pflanzenwelt, die Freude an Sonnenstrahlen, die auf Menschengesichtern, auf Blumen und Kleidern spielen. Namentlich das Berliner Bild mit der Anbetung der Hirten ist für den nordisch-niederländischen Geist seiner Kunst bezeichnend. Kein Festgepränge, etwas Ländliches geht durch die Darstellung. Maria faltet innig die Hände. Ein grobkörniger Hirt, ein Böcklein unterm Arm, lüftet seinen großen graugelben Strohhut. Ein Sonnenstrahl streift sein wettergebräuntes Gesicht, den hellbraunen Rock und die blaugrauen Strümpfe. Einfach und schlicht, von gleichmäßigem Licht übergossen, baut die Landschaft sich auf. Fein setzt das lichtgrüne oder zartgelbe Laubwerk der hochstämmigen Bäume von dem blauen Firmament sich ab. Ein Getreideschober und das Strohdach der Hütte, auch die wuchtigen Tiere steigern noch den bäurischen Charakter des Bildes.

Dieser erdenschwere, still trauliche Zug, der nichts mit der leichten Eleganz der Italiener gemein hat, geht auch durch seine anderen Werke. Ein Madonnenbild des Louvre mutet eher wie eine holländische Hökerin denn als italienische Maria an. Denn die Jungfrau, eine einfache Bäuerin in schlichter Haustracht, hat ein gestreiftes hellblaues Kopftuch unter dem Kinn zusammengesteckt und an den Enden geknotet – ein rührend ländliches Motiv, das niemals in italienischen Bildern vorkommt. Davor hat er eine weiße Taube und ein roteingebundenes Buch zu einem ganz niederländischen Stillleben geordnet. In anderen Bildern beschäftigt ihn die Analyse des Lichtes. Ganz im Sinne Ghirlandajos hat er in seiner Magdalena das Porträt einer reichgekleideten jungen Dame gegeben. Aber diese Dame steht am Fenster, und durch dieses Fenster flutet das Sonnenlicht, überströmt mit hellem Glanz die Figur, strahlt über ihre Wangen, hüpft über das Haar, glitzert auf den Perlen und Rubinen, schillert in tausend Farben auf dem dunkelgrünen Gewand. Niederländisch ist, daß er statt der italienischen Profilansicht die Dreiviertelansicht wählt; niederländisch ist das Stillleben – die Salbbüchse, der Zettel, das Buch – das er auf dem Fenstergesims aufbaut. Und dieses Fenstergesims ist sehr geschickt verwendet, das Dreidimensionale, den räumlich plastischen Eindruck zu heben. Wieder in anderen Bildern entzückt er durch die feine Beobachtung, die er dem Tier- und Pflanzenleben entgegenbringt. Auf einer Anbetung des Kindes, die er für Lorenzo Medici malte, rieselt ein Bächlein über Kieselsteine dahin. Ein Stieglitz sitzt neben einem Baumstamm. Duftig leuchten die Blumen aus dem Grün der Wiese heraus. Fast kein Bild giebt es, auf dem nicht Tiere vorkommen. Bald sind es Schweine, bald Kaninchen oder Tauben, Hunde, Kraniche oder Schwäne. Ueberall erkennt man ihn an der botanischen Treue, mit der er Palmen und Oliven, Myrtengestrüpp, Aehren und Nelken, Primeln und Gänseblümchen malt. Und bei allem Detailreichtum imponieren seine Landschaften durch ihre weiten Fernblicke, durch ihre großen einfachen Linien. Man fühlt, daß er die Natur nicht aufputzte, wie es die Früheren thaten, sondern gleich Goes ihr als schlichter Analytiker nahte.

Was wir aus seinem Leben wissen, bestätigt den Eindruck der Bilder. Vasari erzählt von ihm, er habe immer in seinem Atelier sich eingeschlossen und nicht zugegeben, daß andere ihm beim Malen zusahen. Das zeigt, wie sehr er selbst sich als technischer Experimentator fühlte, sich bewußt war, an der Hand von Goes koloristische Geheimnisse entdeckt zu haben, die er als sein Eigentum bewahren wollte – ganz ebenso wie Leonardo sich der Spiegelschrift bediente, um seine Manuskripte vor unberufenen Augen zu hüten. Vasari erzählt ferner, Piero habe nicht geduldet, daß in seinem Garten Früchte abgeschnitten wurden, habe den Wein wild wachsen lassen und behauptet, daß man die Natur sich selbst machen lassen müsse, statt etwas anderes aus ihr zu machen. Das gemahnt an die Worte Rousseaus, daß alles gut sei, so wie es aus dem Schoße der Allmutter Natur hervorgegangen, und beleuchtet zugleich den landschaftlichen Realismus seiner Bilder, die ebenfalls die Natur geben, wie sie ist, ohne sie durch »Verschönerung zu schänden«. Weiter wird erzählt, Piero habe ausschließlich von gekochten Eiern gelebt. Selbst dieses Abstinenzlertum, scheinbar die Caprice eines Sonderlings, steht in Zusammenhang mit den pantheistischen Anschauungen des Meisters, der den Tieren ein so freundlicher Beobachter war und nächst Goes die ersten großen Tierstücke der modernen Kunst schuf.

Doch dieser intime beobachtende Zug ist nur die eine Seite in Pieros Natur. Hand in Hand damit geht ein Zug zum Märchenhaften und Phantastischen. Derselbe Mann, der mit so hellem, nordisch scharfem Auge die Natur betrachtet, horcht auch auf verklingende Weisen, die nur ganz leise noch ertönen. Sonderbare Wesen treten vor ihn hin, phantastisch, doch ernsthaft. Auf seltsamen Tieren schweben Märchengestalten durch den Raum. Ein fabelhafter Hippogryph trägt ihn in versunkene Schönheitswelten, nach Griechenland, in den Orient, nach Utopien. »Dieser Jüngling,« heißt es bei Vasari, »hatte von Natur sehr viel Geist und war in seinen seltsamen Einfällen sehr verschieden von den anderen jungen Leuten, die mit ihm zusammen bei Cosimo Roselli arbeiteten. Oft, wenn er etwas erzählen wollte, kam es vor, daß er plötzlich nicht mehr wußte, wovon er sprach und von vorn anfangen mußte, weil sein Hirn sich unterdessen mit ganz anderen Dingen beschäftigt hatte. Zugleich liebte er derart die Einsamkeit, daß er sich nur wohl fühlte, wenn er allein umhergehen konnte, seinen phantastischen Gedanken hingegeben und Luftschlösser bauend. Oft sah man ihn stehen und eine Mauer anblicken, auf die kranke Personen gespuckt hatten. In diesem Sputum behauptete er Reiterschlachten, phantastische Städte und die schönsten Landschaften, die man sich vorstellen könne, zu sehen. Ebenso machte er es mit den Wolken.« Das heißt: Schon lange vor Leonardo befolgte er den Rat, den dieser in seinem Malerbuch den jungen Künstlern giebt: »Hast du irgend eine Situation zu erfinden, so kannst du in Wolken und verwittertem Mauerwerk gar merkwürdige Dinge erblicken: schöne Landschaften, geschmückt mit Gebirgen, Flüssen, Felsen, Bäumen, großen Ebenen, Thal und Hügeln. Auch allerlei Schlachten kannst du da sehen, lebhafte Stellungen sonderbar fremdartiger Figuren, Gesichtsmienen, Trachten. Es tritt bei derlei Mauern und Gemisch das Aehnliche ein wie beim Klang der Glocken. Da wirst du in den Schlägen jeden Namen und jedes Wort wieder finden können, die du dir einbildest.«

Am frühesten äußerte sich Pieros Zug zum Phantastischen in den Maskenzügen, die er zur Karnevalszeit den vornehmen jungen Herren von Florenz anordnete. »Er veranstaltete ganze Triumphzüge mit Musik und Dichtungen, die für diesen Zweck gemacht waren. Da gab es Menschen zu Pferd und zu Fuß, alles von unglaublichem Pomp, die Kleider streng zu dem dargestellten Bilde passend. Und es war schön, nachts etwa dreißig Pferde zu sehen, darauf die Ritter mit ihrem prunkvollen, für den Aufzug entworfenen Kostüm, bei jedem sechs oder acht Knappen, die Lanze in der Hand, dann den Triumphwagen, geschmückt mit Trophäen und phantastischen Ornamenten.« In einer Zeit, als die Malerei noch wesentlich auf den überkommenen religiösen Stoffkreis angewiesen war, konnte sich die Phantastik nur in solchen ephemeren Dingen Luft machen. Durch die Reise nach Rom, die er 1482 in Begleitung seines Lehrers Roselli machte, wurde dann dieser Zug zum Phantastischen in ein festes Bett geleitet. Die strahlende Wunderwelt der Antike erschließt sich ihm, der Zauber der blütenumwobenen alten Legenden geht ihm auf. Seine Phantasie, die bisher nicht wußte, wie sie sich bethätigen, welches Strombett sie höhlen sollte, findet ein festes Ziel. Die Antike ist für ihn ein versunkenes Zauberreich, wo Hexerei und Liebe, Abenteuer und Rittertum herrschen. In dichte Wälder wird man geführt, wo Satyrn und Nymphen hausen; an Meeresgestade, wo mutige Ritter gegen Drachen kämpfen, um gefangene Prinzessinnen zu befreien. Bald geht durch die Bilder der neckisch schäkernde Ton, der aus Boccaccios Göttergeschichten lacht; bald jene romantische Sehnsucht, die aus den Dichtungen des Magnifico tönt. Bald liegt eine ganz moderne Lohengrin- oder Nickelmannstimmung darüber.

Wie eine ins Offenbachsche übersetzte Antike wirkt das Bild, das im Anschluß an die »Silvae« Polizians die Auffindung des Hylas schildert. Eine Nymphe hat den hübschen Jungen, den Liebling des Herakles, auf blumiger Wiese gefunden. Und wie die Hunde, wenn sie das Wild wittern, zusammenströmen, so eilen die Mädchen herbei, den nackten Knaben zu bewundern. Jede will ihn für sich. Die bringt ihm Blumen, die Früchte, die ein Hündchen. Eine ist so gebannt durch den Anblick, daß sie mit gespreizten Beinen, die Hand auf den Schenkel gestemmt, wie blödsinnig auf den Buben starrt und in ihrer Aufregung alle Blumen verliert. Böcklins dickwanstige Tritonen, die im »Spiel der Wellen« die badende Najade erblicken, schauen nicht erstaunter als Pieros Nymphen. – »Venus und Mars« in Berlin ist eine Schäferidylle von neckischem Zauber. Eroten spielen mit der Rüstung des Mars. Tauben schnäbeln sich, auf dem Knie der Venus hat sich ein roter Schmetterling niedergelassen. Das Kaninchen, das sich an sie schmiegt, spitzt so verständnisvoll die Ohren, als ob es schnüffelnd den Duft des Frauenkörpers wittere. – Auf dem Bild der Befreiung der Andromeda fliegt der Held in gelbem Metallpanzer, blauem Waffenrock, flatternder Schärpe und roten Tricots wie ein burlesker Lohengrin durch die Luft, und das Ungetüm windet sich schwerfällig wie ein urweltlicher Fafner. Piero hat nach Vasari lange ausschließlich auf diesem Gebiet gearbeitet. Er hatte gefunden, wohin seine Begabung drängte, war unerschöpflich in der Erfindung von fabelhaften Ungetümen und lustigem Märchenspuk. Kentauren und Satyrn stürmen daher, Lapithen kämpfen, Prometheus holt das Feuer vom Himmel. Der ganze Raum der Erde belebt sich in seiner Phantasie mit Geistern. Legionen seltsamer Wesen bevölkern die Luft. Es war, als sei der alte Pan nach tausendjährigem Schlummer erwacht. Das Bild der toten Prokris in London ist wohl das schönste der Gruppe, ein liebliches Idyll von ganz Boecklinschem Reiz. Auf duftiger blütenreicher Wiese liegt der zarte Körper. Ein Faun kniet neben ihr, kann noch nicht glauben, daß sie tot ist, Prokris, die Tochter des Erechtheus. Leise beugt er sich nieder, sucht ihren Kopf aufzurichten, blickt ihr ins Auge. Ein romantisches Griechentum, eine tiefe Melancholie geht durch das Bild. Nicht der Hund nur, der als treuer Wächter dabei sitzt, auch die Landschaft trauert. Wie die Zweige von Trauerweiden beugt das Gebüsch sich herab. Piero, der Schelm, ist ernst und sinnend geworden. Man meint, er habe in dem trauernden Faun sich selbst, in der toten Prokris seine Kunst gemalt.

Denn als die finsteren Bußpredigten Savonarolas ertönten, war es mit dem heiteren Märchenspiel vorbei. Der bunten Antike trat wieder das schwarze Mittelalter, der schäkernden Sinnenfreudigkeit blutige Askese entgegen. Piero, der Heide, konnte der Wandlung nicht folgen. Eine Zeit lang versuchte er es. Die heilige Familie in Dresden ist wohl das erste Zugeständnis, das er dem Dominikaner machte. Die Landschaft, früher im Blumenschmuck prangend, ist felsig und öd. Kahle Bäume recken ihre Zweige gen Himmel. Johannes, früher der Spielgefährte des Christkindes, naht ihm scheu mit dem Kreuz. Mächtige Engel sind wolkenfarbig über die Landschaft gebreitet. In der Florentiner »Conception der Maria« erhebt er sich sogar zu einer großen Leistung im Sinne des neuen Spiritualismus. Schon das Thema zeigt, wie hier der Geist der Gegenreformation seinen Schatten vorauswirft. Zum erstenmal ist der Moment dargestellt, dessen Verherrlichung Murillo später sein Leben weihte: wie der Heilige Geist die Jungfrau beschattet. Selbst die Köpfe sind von schwärmerisch hingebender Erregtheit. Es ist ihm gelungen, sich hinaufzuschrauben in die religiöse Verzückung, die das Zeitalter durchbebte. Aber lange hielt diese Begeisterung nicht vor. So viele religiöse Bilder er noch malte – er hat seine Persönlichkeit verloren. Bald ist es Signorelli, bald Leonardo oder Fra Bartolommeo, dem er nachahmend folgt. Und Piero fühlt das Erzwungene dieses Schaffens. Wie er sich selbst nicht mehr ausspricht, kommt er den anderen nicht gleich. Mißmutig nimmt er seine Tafeln in Angriff, um sie gezwungen oder gar nicht zu beenden. Unter dem Deckmantel der Porträtmalerei wagt er noch einmal einen schüchternen Ausflug in sein altes Reich. Es entsteht die unheimliche Cleopatra, jenes nackte Weib mit dem orientalischen Shawl, um deren Halskette sich eine grüngelbe Schlange windet. Aber man fühlt, daß ein Mann, in dessen Innern eine Saite zerrissen war, das Bild malte. So schrill ist die Dissonanz zwischen dem tropisch üppigen, sinnlichen Charakter Cleopatras und der trostlos hungrigen Landschaft mit dem verdorrten Baum, die Piero ihr als Hintergrund gibt; so teuflisch der Gegensatz zwischen diesem bleichen

Profil und den schwarzen Wolkenmassen, die sich dahinter zusammenballen. Auch die Haager Porträts des Musikers Francesco Giamberti und des Architekten Giuliano da Sangallo fallen in diese Zeit. Gewiß keine Aufträge, sondern die Bildnisse von Freunden, verbitterten Menschen, mit denen er wie Gottfried Keller abends beim Fiasco zusammensaß und auf den Wechsel der Zeiten schimpfte: Giuliano aus trübem Auge halb verblödet dreinblickend, der andere ein zahnloser alter Idealist, der sich seine große Mütze wütend über das Ohr gestülpt; die Landschaft so wenig passend zu dem allegorischen Beiwerk, daß man meint, er habe die Köpfe nachträglich auf alte Landschaftsstudien gemalt.

Der Lebensnerv seiner Kunst war durch Savonarola unterbunden. Der christliche Ideenkreis, der wieder der alleinherrschende geworden, bot für Phantastik keinen Raum. Nach strengen Vorschriften waren die nämlichen seit Jahrhunderten geheiligten Gestalten darzustellen. So lebt noch einmal die alte Lust an Maskenzügen in ihm auf. Im Mummenschanz will er sich austoben. Der Karnevalzug, den er 1511 anordnete, brachte zum letztenmal seinen Namen in aller Mund! Aber was hatte Savonarola aus dem lustigen Piero gemacht, Der Zug zeigte, wie Vasari erzählt, »den Triumphwagen des Todes, von Büffeln gezogen, ganz schwarz und mit Totengebeinen und weißen Kreuzen bemalt. Darauf die Figur des Todes mit der Sense in der Hand. Dann folgten Särge. Wenn der Zug Halt machte und sang, öffneten sich die Deckel, man sah Totenskelette, in schwarze Leichentücher gehüllt, worauf die Knochen und Rippen so natürlich gemalt waren, daß man nur mit Grauen es betrachten konnte. Dann erschollen schrille Posaunenklänge, bei deren Schall sich die Toten halb aus ihrem Sarg erhoben, sich daraufsetzten und mit jammernder Stimme sangen: *Dolor, pianto e penitenzia.* Hinter dem Wagen ritten Tote auf Pferden, die er sorgsam unter den magersten Schindmähren der Stadt ausgewählt hatte. Auf die schwarzen Decken waren weiße Kreuze gemalt. Und jeder Tote hatte vier Knappen, die ebenfalls als Tote verkleidet waren, in der Hand schwarze Lanzen und große schwarze Standarten mit Kreuzen und Totenköpfen. Andere Tote mit schwarzen Tüchern gingen neben dem Wagen einher und sangen mit jammernder Stimme: *Miserere mei deus.*«

Seitdem hörte von Piero, obwohl er noch zehn Jahre lebte, niemand mehr sprechen. Selbst die Schüler, die er gehabt hatte, entfernte er. Manche Bildchen, wie die Darstellungen mit der Andromedasage in den Uffizien entstanden noch. Aber es sind Arbeiten, die er nur malte, um die Zeit totzuschlagen, freudlose, mit zitternder Hand hingeschriebene Wiederholungen dessen, was er so schelmisch geistvoll in seiner Jugend gesagt. Wenn es regnet, läuft er auf die Straße hinaus, um zu beobachten, wie die Tropfen auf der Erde zerspritzen. So sei, meinte er, das menschliche Schicksal. Wenn ein Gewitter kommt, sitzt er, in den Mantel gehüllt, zitternd, als sei er von Geistern verfolgt, in der Ecke des Zimmers. Menschenscheu, ohne Freunde, verwahrlost, ein brotlos gewordener Phantast lebt er dahin und erwartet den Tod. Nur wenn er Kirchenglocken und Priestergesänge hört, wird er aufgeschreckt in seiner Apathie und ballt zornig die Fäuste. Denn die Kirchenglocken und die Priestergesänge hatten seine Kunst getötet. Eines Morgens findet man ihn tot an der Treppe.

3. Botticelli

In ganz anderer Weise hat auf *Botticelli* die Savonarola-Tragödie gewirkt. Ja, im Angesicht seiner Jugendwerke scheint es, als sei die Bewegung nicht auf den Mönch von San Marco, sondern auf den Maler Botticelli zurückzuführen. Was Savonarola predigte – Botticelli malte es schon vorher.

Seine Jugend fiel noch in die Zeit, die nicht mehr träumen, nur forschen und beobachten wollte. Fra Filippo, der lustige Karmeliter, der seine Geliebte als Madonna malte, war sein erster Lehrer. Dann, als dieser Florenz verließ, schloß er an die großen Techniker Verrocchio und Pollajuolo sich an, lernte mit Farben umgehen, lernte Anatomie und Perspektive. Doch schon seine frühen Werke zeigen, wie er die von seinen Lehrern entlehnten Formen zu Trägern eines ganz anderen Empfindens macht. Inmitten einer Zeit, die keinen übersinnlichen Zug mehr hatte, dringt Botticelli von neuem ein in die unergründlichen Tiefen religiösen Gefühlslebens. Inmitten einer Gruppe von Realisten steht er als mystischer Schwärmer, eine fest abgeschlossene Welt für sich. Der Naturfreude, dem lachenden Optimismus der anderen, setzt er schon damals die feierliche Kirchlichkeit des Mittelalters gegenüber, Bilder, die wie der Protest eines träumerischen, zart empfindenden Menschen gegen die ringsum herrschende poesielose Sachlichkeit wirken. Bei den Aelteren ein verstandesmäßiges, nüchtern klares Schaffen, hier Stimmungsschwelgerei und Träumen, eine Romantik, die sich in der Sehnsucht nach einem Heimatland der Seele wieder ins glaubensstarke Mittelalter flüchtet und es mit allen Reizen der Mystik umwebt.

Drei Bilder der Uffizien – eine Fortezza, die kleine Judith und die Auffindung des Holofernes – dann der Sebastian in Berlin lassen verfolgen, wie er als Schüler Pollajuolos beginnt und doch durch einen leise wehmütigen Zug sich von ihm unterscheidet. Ebenso hält er sich in mehreren Madonnen streng an die Typen seiner Lehrer, trennt sich aber von ihnen dadurch, daß er keine genrehaft gemütlichen Scenen giebt, sondern den Bildern symbolische Gedanken unterlegt. Entweder blickt die Madonna sinnend auf Dornenkranz und Nägel, die das Kind ahnungslos hält, oder ein lockiger Engel bietet ihr Trauben und Aehren, das Symbol des Todesopfers Christi. An die Stelle der frischen Weltlichkeit Fra Filippos ist bei Botticelli das leise Hereinragen des mystisch Uebersinnlichen, das Ernste, sakramental Feierliche getreten. Während die Realisten in ihren Madonnen das Mutterglück schildern, kennen die Botticellis keinen Frohsinn. Düster und in sich versunken sitzt Maria da, als ob ahnungsvolles Vorgefühl kommenden Leides, selbst wenn sie das Kind an sich preßt, ihre Seele umschatte.

Doch für gewöhnlich entrückt er die Madonna überhaupt in überirdische Sphären und wirkt noch feierlicher, wenn er das mittelalterliche Thema der Himmelskönigin Maria neu aufnimmt. Entweder heilige Männer, herb und ernst wie Dürers vier Apostel, haben sich gleich Hütern des heiligen Graal um den Thron Marias geschart, oder Engel schlagen einen Baldachin zurück und setzen dem königlichen Weib die Krone aufs Haupt. In diesen Bildern, die in ihrer weihevollen Andachtsstimmung gänzlich verschieden sind von der heiter prosaischen Art seines Lehrers, sind auch in der Formgebung alle Reminiscenzen verschwunden. Ein neuer Madonnentypus, von Botticelli selbständig geschaffen, hält in der Kunst seinen Einzug. Maria ist nicht mehr die Mutter, sondern ein bleiches, gedankenvolles Mädchen, das nur dazusein scheint, als unaufgegangene Knospe zu verkümmern, von einer stillen Schwermut, als ob man am Ende der Schöpfung stehe. Keine Lebensfreude, kein Sonnenschein, keine Hoffnung. Blaß und bebend die Lippen, ein müder, weltschmerzlicher Zug um den Mund. Auch in den Augen des Christkindes dämmert ein Geheimnis, als ob es ahnte, wozu es auserkoren. Kein Kind, das spielt, sondern der Heiland der Welt, der feierlich den Segen erteilt oder wie in einer Inspiration gedankenvoll aufblickt. Selbst die Engel, bei Fra Filippo mutwillige Jungen, verrichten bei Botticelli ihr Amt in andachtsvollem Ernst, keine Gespielen, die mit einem kleinen Kinde tändeln, sondern prophetisch ahnungsvolle Wesen, die aus innigem Mitleid auf »Schmerzensreich« blicken, in sehnsuchtsvoller Hingabe und scheuer Zurückhaltung dem Gottessohn ihre Dienste weihen.

Auch in der Art, wie er das Kostüm behandelt und Blumen zur Steigerung der Stimmung verwendet, hat er mehr mit den Trecentisten als mit seinen realistischen Zeitgenossen gemein. Statt der Madonna das modische Zeitkostüm anzuziehen, hüllt er sie in blumengeschmückte, mit Gold und Stickereien verzierte Mäntel, die allein schon den Eindruck preciöser Feierlichkeit geben. Für die Kleidung der Engel greift er auf den griechischen Chiton zurück, dem er noch Stücke der altbyzantinischen Kirchentracht, Alba, Stola und Amictus beifügt. Ganze Stillleben von Früchten und Blumen, kunstvolle, aus Cypressenzweigen und dicken Palmblättern errichtete Laubnischen bauen neben und hinter den Gestalten sich auf. Mit Rosenkränzen und Vasen, Kerzen und Lilienzweigen drängen sich die Engel heran. Er braucht nur den Pinsel anzusetzen, und man befindet sich in einem weiten, hohen Dom, wo der Duft des Weihrauchs zum Himmel steigt und tausend große, weiße Wachskerzen flimmern. Man sieht feierliche Prozessionen mit blumengeschmückten Baldachinen über rosenbestreuten Boden wallen, hört silberne Kinderstimmen das Lob des Unendlichen singen.

Das Magnificat, das Tausenden zu still andächtigem Genuß jetzt in einem Ehrensaal der Uffizien hängt und die Palmenmadonna des Berliner Museums sind die bezeichnendsten Beispiele. Das Florentiner Bild hat einen so unsagbaren Charakter von Größe und Feierlichkeit, daß man glaubt, die ernsten mächtigen Töne der Orgel mit Engelchören vermischt zu hören. Das Wort Magnificat, das die Madonna schreibt, durchklingt das Ganze. Das Berliner Bild dankt seinem Blumenschmuck die festlich weihevolle Wirkung. Eine Palmlaube, aus deren dunklen Blättern weißblühende Myrten schimmern, wölbt sich über der blassen, mädchenhaft zarten Maria, während es rings von Rosen und Lilien, von unzähligen Blumen duftet. Die ganze Psychologie des Blumenduftes, die wir so gern für das 19. Jahrhundert in Anspruch nehmen – Botticelli hat sie schon vorgeahnt. Alle jene rosenbekränzten Engel, die sich mit brennenden, blumenumwundenen Kerzen der Himmlischen nahen, oder Lilienstengel hieratisch steif in ihren weißen zitternden Händen halten – wir bewundern sie in den Bildern des Burne Jones, aber vergessen oft, daß sie von Botticelli stammen.

Selbst ein Fresko, das damals entstand, der heilige Augustin der Kirche Ognisanti, zeigt, daß er mit anderen Sorgen als die Realisten sich trug. Während Ghirlandajo in dem Gegenstück des heiligen Hieronymus einen alten Herrn als Heiligen drapierte, starrt Botticellis Augustin mit den Augen des Visionärs ins Weite, die Hand auf die Brust gepreßt, wie um seiner Erregung Herr zu bleiben über die Offenbarung, die ihm plötzlich zu teil wird. Seine Fresken der sixtinischen Kapelle sind keine Bilder, sondern gelehrte Traktate, Interpretationen theologischer Weisheit, wie sie in strengerem Dogmatismus kaum die Dominikanermaler des 14. Jahrhunderts schufen. Inmitten einer Kunst, die alles Symbolische haßte, die keine Gedankenreihen, sondern Thatsachen geben, nicht erfinden, sondern beobachten und erzählen wollte, steht Botticelli als ein Denker, der ebensoviel mit der ideenreichen Kunst des Trecento wie mit der gedankenvollen Schwere des Cornelius gemein hat.

Daß im übrigen ein so sensibler erregbarer Geist auch von der antiken Herrlichkeit nicht unberührt blieb, versteht sich von selbst. So wenig er stilistisch von der Antike beeinflußt wurde – denn es giebt nichts weniger Antikes als diese mageren Formen, diese unruhigen, gefältelten, gebauschten Draperien – so verraten doch die Hintergründe seiner Bilder, mit welcher Begeisterung er die Reste des Altertums betrachtete. Altrömische Bauwerke, Skulpturen oder Gemmen kehren nun häufig in seinen Werken wieder. Auf einem seiner Fresken der Sixtinischen Kapelle malt er den Konstantinbogen, im Hintergründe eines anderen Bildes die Dioskurengruppe des Quirinal. Das junge Mädchen des Frankfurter Museums trägt als Collier eine antike Gemme mit Apollo und Marsyas. Jeder heidnische Tempel, jeder Triumphbogen hatte damals noch seine Legende. Seltsame Wundergeschichten raunte man sich zu. Und gerade dieses Mysterium, das die Antike umfloß, zog den Träumer, den Grübler Botticelli an.

Als er nach Florenz zurückkehrte, war unterdessen auch dort die Saat des Humanismus aufgegangen. Er trat in den Kreis der Aestheten, die um den Magnifico sich scharten, war mehrere Jahre Gast in Lorenzos Hause und speiste an seinem Tisch. Für die Villa Careggi waren die meisten seiner antiken Bilder bestimmt. An die Werke, die er für den Mediceer malte, denkt man hauptsächlich, wenn der Name Botticelli genannt wird. Jeder weiß, daß von diesen bestrickenden Bildern ein Duft von Jugend, Reinheit und Grazie ausströmt, der Botticelli selbst identifiziert mit jenem Frühling, den er in seinem Hauptwerk verherrlichte. In der »Pallas« ist der Kopf der Göttin mit seinen weichen, vollen Formen und dem langwallenden Haar von so strahlender Schönheit, so abweichend von dem herben Simonettatypus, der sonst bei ihm wiederkehrt, daß man einen Hauch schon von der überirdischen Süßigkeit Leonardo da Vincis zu spüren meint. In den Gestalten der übrigen Bilder herrscht die Grazie der Magerkeit, zugleich etwas Traumverlorenes, Verklärtes, Visionäres, das den geheimnisvollen Zauber erhöht. Dreißig Jahre später hätten die geschickten Dekorateure von Rom und Venedig, um die »Geburt der Venus« zu schildern, Genien in den Lüften schweben lassen, Götter auf Wolken gebettet, den ganzen Olymp in Bewegung gesetzt, und es wäre ein Bild wie Rafaels »Triumph der Galatea« entstanden. Bei Botticelli entwickelt sich die Stimmung aus der Landschaft, jenem endlos weiten Ocean, auf dessen leise plätschernden Wellen Kypris wie ein holdes Traumgebilde herbeischwebt. In der Luft klingt, singt und rauscht es. Sehnsüchtig träumerische Stimmung ist über die Erde gebreitet. – Ein Sommernachtstraum hat in der »Primavera« Gestalt genommen, jenen nixenhaften graziösen Wesen, die wie eine Vorahnung Böcklins wirken. Botticelli war der erste, der die Elfen tanzen sah. Schlanke Dryaden, die im Dickicht der Wälder neben rieselnden Quellen hausen, sind herbeigekommen, sich im Frühlingstanze zu drehen.

Wunderbar ist, wie er auch in diesen Bildern Blumen zur Steigerung der Stimmung verwendet. Oelzweige umranken die »Pallas« und bekränzen ihr Haupt. Auf dem Venusbild ist der Mantel der Hore mit Frühlingsblumen übergossen, Windgötter streuen Rosen in die Luft. Auf dem Frühlingsbild leuchten Orangen und Myrten; goldene Früchte und weiße Blüten strahlen aus dunklem Laube hervor. Wie ein Dornröschen ist Primavera von wilden Rosen umwuchert, Wiesenblumen umschließen ihren Hals, blaue Cyanen und weiße Primeln winden sich durch das blonde Haar. Blüten, die der Lenz gewoben, Anemonen, Nelken, Narcissen, streut sie tändelnd zur Erde. Als ganz reizender Manierist erscheint er in der Art, wie er die Draperien behandelt, diese durchsichtigen Schleier und flatternden Bänder. Keiner vor ihm kannte so seine Florgewände, die, eng an die Glieder geschmiegt, deutlich die knospenhaften Formen zeigen.

Gleichwohl, so zauberhaft schön die Bilder sind – die herrlichsten Dokumente jener glorreichen Zeit, die Griechenlands Götter aus dem Exil zurückrief –, es bleibt ein unaufgelöster Rest, eine Dissonanz zwischen den heiteren Märchen, die er schildert, und der Art, wie er es thut. Sowohl die Poesie Lorenzo Magnificos wie die Polizians, die die Anregung für die Werke gab, ist eine Poesie der Genußfreudigkeit und epikureischen Frohsinns, eine Poesie sinnlicher, arkadisch gestimmter Seelen, die ganz vergessen haben, daß sie Christen sind. Botticellis Werke haben nichts von dieser bukolischen Ruhe, nichts von der Märchenlust und schalkhaften Anmut, die durch Piero di Cosimos Bilder geht. Daß er nicht lachen kann, zeigt sich deutlich, wo er sich zwingt, es zu thun. »Mars und Venus« in London ist ganz besonders bezeichnend. Eine schöne Frau, ein nackter Jüngling, Amoretten, südliche Landschaft, dünne Gewänder, glänzender Schmuck, das sind die Elemente des Bildes, und doch vermitteln diese Worte nicht den Eindruck. Mars gleicht einem gekreuzigten Heiland. Schmerzvoll ist der Mund verzerrt. Er schläft nicht, sondern atmet schwer, wie von einem Alp gedrückt. Ebenso unerfreut, mit einem kalten, männermordenden Blick, wie Salome in der Klingerschen Büste, schaut Venus auf den Schlafenden hin. Ist das die Glückseligkeit, die unsterbliche Götter in himmlischer Ruhe genießen? Ist das die Liebesgöttin der Hellenen? Selbst wenn Botticelli es wagt, sie nackt zu malen, hat sie etwas Gespenstisches, mag sie mit grünen Nixenaugen ins Unendliche starren, oder ein wehmütiges Lächeln ihre bebenden Lippen umspielen. Nicht als die lustige Maitresse des Mars kennt er die schöne Olympierin. Sie ähnelt der rothaarigen Teufelin des Mittelalters, die auf ihrem Zug ins Exil an dem Kreuz, an das der Menschensohn geheftet war, vorbei wallte. Da eine müde Träumerei, dort resignierte Schwermut ist allen Gestalten eigen. Es ist, als würden diese Weiber noch ins Kloster gehen, um dort für die Sünden des Fleisches zu büßen. Die klassische Klarheit heidnischer Mythologie verbindet sich mit katholischem Mysticismus. Ein Hauch mönchischer Askese dämpft die Freude.

Botticelli fühlte sich nicht wohl im Venusberg. Es ist, als habe ihn der Gedanke an eine reinere Geliebte, an die keusche Maria verfolgt, der er seine ersten Hymnen gedichtet. Mit allen Fasern seiner Seele im Mittelalter wurzelnd, empfand er Grauen vor dem heidnischen Enthusiasmus, der eine Zeit lang wie ein Delirium seine Seele benebelte. Wie mit Zögern, als hätte eine unsichtbare Hand ihn abgehalten, scheinen seine Bilder aus der Antike gemalt. Aus dem letzten, der »Verleumdung des Apelles«, klingt ein schriller Schrei der Verzweiflung. Maßlose stürmische Bewegung, Unruhe der flatternden Gewänder, ein unheimlicher, wilder, grauenhafter Ausdruck der Köpfe ist an die Stelle stiller Linienschönheit und verhaltener Wehmut getreten. Man fühlt, daß ein von seelischem Unfrieden durchschüttelter Mensch das fast wahnsinnige Bild gemalt hat. Am entsetzlichsten ist die Gestalt der Reue, diese magere, vergrämte, in zerrissene Trauergewänder gehüllte Alte mit den blutlosen Spinnenfingern, die tastend, zitternd, unsicheren Schrittes dahinwankt. Botticelli bereute, daß er im Venusberg war. Doch welche Macht konnte ihn zurückführen in die Gemeinschaft der Reinen, ihn, den Christen, der fremden Göttern geopfert! Ausgestoßen, das Paradies verloren! Aus dieser Stimmung heraus malte er das Bild der Ausgestoßenen, jenes Werk, das einzig dasteht in der ganzen Kunst des Jahrhunderts, nur entstehen konnte, weil untröstlicher Jammer mit elementarer Kraft aus einem Künstlerherzen nach Ausdruck rang. Vor dem verschlossenen Thor eines Renaissancepalastes sitzt dürftig bekleidet ein Mädchen. Auch sie war im Venusberg, und nun da der Morgen graut und sie zurückkehren will in das Haus des Vaters, ist das Thor verschlossen. Zitternd vor Frost, bitterlich schluchzend vergräbt sie das Gesicht in den Händen. In tiefstem Weh windet sich ihr Körper, doch alle Klagen vermögen nicht das verschlossene Thor zu öffnen.

Botticelli selbst fand noch wie Tannhäuser die Erlösung. Savonarola war es, der ihm die Pforte des Heiles wieder öffnete. Die Donnerstimme des Propheten, die die anderen erschreckte, sagte ihm nur, was er als Jüngling gefühlt. All seine Jugendträume, seine geheimsten Seelenregungen waren in Worte umgesetzt. Jene Zeit, der seine erste romantische Neigung gegolten, leibhaftig schien sie heraufzuziehen. So nimmt, gehalten und gestützt von Savonarola, Botticellis Kunst einen gewaltigen Aufschwung. Venus, die Hexe, ist für immer vergessen. Mit einer Inbrunst, die desto glühender, desto stürmischer ist, weil sie mit Reue verbunden, sinkt er seiner Jugendliebe, Maria der Gottesmutter, zu Füßen. Die drei Horen, die im »Frühling« mit verschlungenen Händen den Reigen bilden, verwandeln sich in die theologischen Tugenden, die in jubelndem Tanz den Siegeswagen der Kirche begleiten. Erst in diesen Werken ist die ganze Kraft des Meisters entbunden. Savonarola hat ihm die Lippen geöffnet, und der scheue, zaghafte, träumerische Botticelli wird selbst zum Propheten, der mit glühender Begeisterung und lautem Pathos die Rückkehr zur Askese, zu den Heilslehren des Christentums predigt. Nicht mehr wehmütig bittend blicken seine Gestalten uns an. Zu beschwören scheinen sie, zu warnen.

Der Unterschied seiner späten Madonnenbilder von den früheren liegt darin, daß noch weit mehr der düster-feierliche Charakter des Andachtsbildes betont wird. Wie sich die jungfräuliche, still-sinnende Gottesmutter in die gedankenvolle Sibylle verwandelt, deren prophetischem Blick die Zukunft offen liegt, werden die Engel zu tiefernsten, müd traurigen Wesen, die mit weiten Augen wie in einen Abgrund starren. Entweder umarmt Maria das Kind mit einer stürmischen Innigkeit, einer jähen heißen Leidenschaft, als ob sie plötzlich aus schreckhaftem Traum erwache. Oder sie schreitet, in Gedanken versunken, wie eine Nachtwandlerin dahin, das Kind mechanisch im Arm, das ebenso gramversunken sich zu Johannes neigt. Wie die Mutter von Herzeleid und stummem Weh durchbebt ist, fühlt das Kind die ganze Schwere eines unentrinnbaren Verhängnisses auf sich lasten. Auf Savonarolas Einfluß geht ferner zurück, daß er in anderen Altarwerken noch mehr den magdhaften, schüchternen Charakter der Madonna betont. Die kostbarsten Dinge, glänzende Stoffe, leuchtender Marmor, grauer Granit sind aufgehäuft. Menschen mit allem Gepränge irdischen Glanzes haben sich als Ehrenwache um prunkvoll verzierte Throne geschart. Und auf diesem Thron sitzt ein bleiches, zaghaftes, sinnend kindliches Mädchen, das gar nicht ahnt, was um sie vorgeht, barfuß, in schwarzem Matronengewand. Nur Burne Jones hat in seinem »König Kophetua« eine ähnliche Kontrastwirkung gleich raffiniert verwendet.

Aber auch noch lautere, eindringlichere Töne schlug Botticelli jetzt an. Während er vorher nur in weichen Träumen lebte, wird in seinen letzten Werken die ganze Skala der Empfindungen durchlaufen. Auf der einen Seite die jubelnde Dithyrambik der Engel, die auf seinem Bild der Krönung Marias durch die Lüfte tanzen und fliegen, flattern und sausen, das Lob des Allmächtigen preisend und Rosen hernieder streuend. Auf der anderen die klagende Pathetik, die in seinen Bildern der Grablegung herrscht. Jene Karfreitagspredigt, die Savonarola 1494 dem atemlosen, zu Thränen gerührten Volke hielt – in dem düster schluchzenden Pathos Botticellis klingt sie aus. Man sieht Weiber ohnmächtig zusammenbrechen und in wahnsinnigem Schmerz vergehen, Männer in lautem Stöhnen sich winden. Aus dem Maler der Venus ist der Jeremias der Renaissance geworden. Statt im Flüsterton spricht er in Donnerlauten, mit dem schnaubenden Fanatismus des Convertiten, kämpft, als gelte es einen Schatz zu verteidigen, arbeitet mit einer Hast, als fürchte er gar nicht aussprechen zu können, was er zu sagen hat. Mehr als zwei Drittel seiner Werke sind in diesen Jahren des theokratischen Regiments entstanden.

Dann fast nichts mehr. Das Martyrium Savonarolas war das künstlerische Leichenbegängnis Botticellis. Die große Gestalt des Propheten hatte ihn über Wasser gehalten. Der Sturz seines Helden raubte ihm die Kraft. Nachdem er in der Londoner »Anbetung der Könige« noch das Andenken des Märtyrers gefeiert, legte er den Pinsel aus der Hand, kaum fünfzig Jahre alt und ein gebrochener Mann. Die Dante-Illustrationen sind aus seinem letzten Jahrzehnt die einzigen Zeugnisse, daß er überhaupt noch lebte. »Als ein Mann von tiefen Gedanken,« erzählt Vasari, »kommentierte Botticelli einen Teil Dantes, illustrierte das Inferno und ließ es drucken; und da er auf diese Dinge viel Zeit verwandte und nichts anderes mehr arbeitete, folgten daraus für sein Leben Unordnungen ohne Ende.« Mit anderen Worten: Der Romantiker des Mittelalters flüchtete sich in seine geistige Heimat. In der mystisch transcendentalen Poesie Dantes, des großen mittelalterlichen Genius, sucht er einen Halt für die arme Seele. Er vertieft sich in die fern liegendsten ideologischen Spekulationen, nur um möglichst die unfromme Gegenwart zu vergessen, sucht Dinge in der Sprache der Kunst zu sagen, die jeder künstlerischen Wiedergabe spotten, hofft in dem gewaltigen Epos vom Jenseits die weltstille Ruhe zu finden, die er so flehentlich, so hoffnungslos sucht. Doch auch diese Arbeit wirft er mutlos beiseite. Grüblerisch, nur seinen Träumereien hingegeben, einsam und in sich gekehrt, lebt er dahin. »Elend und Armut stellten sich ein. Er mußte auf Krücken gehen und wäre Hungers gestorben, hätten nicht die Medici noch zuweilen seiner gedacht.«

4. Filippinu Lippi

So zur Tragödie wie das Leben Piero di Cosimos und Botticellis gestaltete sich das der übrigen nicht, aber dem Einfluß des Dominikaners konnten sie sich gleichfalls nicht entziehen. Die Wandlung zeigt sich äußerlich in dem vollständig veränderten Stoffgebiet. An die Stelle der genrehaften Madonnenbilder tritt wieder das Andachtsbild. Feierlich thront Maria, nicht mehr die reichgeputzte Florentinerin mit dem koketten Häubchen, sondern die *donna umile,* wie Savonarola sie geschildert, die arme Gottesmagd, die den Heiland trägt, das Gesicht von leiser Wehmut verklärt, den Matronenschleier über das Haupt gezogen. Engel schlagen einen Vorhang zurück oder drängen sich in seliger Begeisterung heran. Verzückten Blickes schauen die Heiligen empor. Das Christkind spielt nicht, sondern erteilt den Segen. Mit dem Kreuz in der Hand naht ihm der kleine Johannes. Blumen und Musik werden wie im Trecento wieder gern zur Steigerung der Stimmung verwendet. Die Anbetung des Kindes und das Leiden des Erlösers – Kreuzigung, Kreuzabnahme und Grablegung –, wovon Savonarola so oft erzählt, beschäftigt außerdem die Geister. Daß Christus gewöhnlich bartlos dargestellt wird, geht wohl darauf zurück, daß Savonarola selbst für die Künstler der Heiland geworden war. Aber auch Visionen – Maria, die den verschiedensten Heiligen, Christus, der seiner Mutter oder der Magdalena erscheint – sind wie in den Zeilen der Gegenreformation beliebt. Während die Realisten von übernatürlichen Dingen nichts wissen wollten, hält jetzt das Wunder, des »Glaubens liebstes Kind«, wieder seinen Einzug in die Kunst. Lediglich die Art, wie die Themen behandelt werden, ist nach dem Temperament der Einzelnen verschieden.

Lorenzo di Credi folgte den Ereignissen mit bedächtiger Stille. Er war, wie seine Verkündigung der Uffizien und seine Anbetung der Hirten in der Akademie zeigt, ein sehr liebenswürdiger Meister, der in der Werkstatt Verrocchios und vor dem Goesschen Altarwert sich viel Sinn für Farbe und ein seines landschaftliches Empfinden aneignete. Dann opferte auch er den Göttern Griechenlands und malte jene Venus der Uffizien, die wie ein ins Cranachsche übersetzter Botticelli wirkt. Als am Faschingsdienstag 1497 das »Autodafé der Eitelkeiten« stattfand, hatte er, der bescheiden stille Mann, es für unhöflich gehalten, nicht teilzunehmen, warf mit kühnem Entschluß all seine Aktstudien in die Flammen und schuf nun die vielen, mild beschaulichen Bilder, die ihn in allen Galerien vertreten. Inmitten jenes temperamentvollen, nervösen Geschlechtes ist Credi der einzige, der gar keine Nerven hat: eine Art Gerard Dou, der sich in die sturmdurchschüttelte Zeit verirrte. Selber bereitet er seine Farben, achtet mit holländischem Reinlichkeitssinn darauf, daß kein Stäubchen die emailartige Glätte seiner Bilder trübt. Sauber, wie die Stube, in der er sich aufhält, müssen die Landschaften sein, die er malt: wohlgepflegt der Rasen, ohne Unkraut die mit Kieselsteinen belegten Wege, glitzernd die Büchlein, frisch gewaschen die Schafe.

Seinen Kopf strengt er nicht an, sondern wiederholt mit unbegreiflicher Ausdauer zeitlebens die gleichen Scenen. Namentlich die Anbetung des Kindes hat er in ewigen Wiederholungen behandelt: sanft und freundlich, mit einer milden Anmut, die zu weich ist, als daß man sie Schwermut nennen könnte, mit einer kindlichen, ein wenig beschränkten Frömmigkeit, die zu phlegmatisch ist, um sich zur Glut zu erheben. Selbst als nach Savonarolas Sturz der Geschmack wieder anderen Dingen sich zuwandte, ließ sich Credi nicht in seiner Gemütsruhe stören. Er wurde Bilderrestaurator und kaufte sich schließlich in ein Altmännerhaus ein, wo er in beschaulichem Frieden, glücklich und geschätzt von den Mitbürgern, seine Tage beschloß.

Eine ähnliche Natur, nur viel zarter und müder, war *Rafaellino del Garbo,* der alles in Blumenduft und Mandolinenklang auflöst. Namentlich sein Berliner Rundbild der Madonna ist von duftiger, wie Hypnose umfangener Stimmung. Engel haben das Christkind durch Geigen- und Flötenspiel in Schlummer gewiegt. Träumerisches Schweigen ruht über der Erde. Durch die Luft zittern nur die letzten leise verhallenden Klänge der Geige, während der andere Engel, der die Flöte schon abgesetzt hat, traumverloren auf Maria schaut.

Noch interessanter ist, wie *Filippino Lippi,* das Weltkind, sich zu den neuen Ereignissen stellte. Schon darin liegt ein pikanter Zug, daß dieser Sohn des lustigen Mönches und der ehemaligen Nonne, der Sohn jener leichtlebig sinnenfrohen Zeit, die aus dem Kloster einen Harem machte, berufen war, der Maler des starren Dominikanertums zu werden. Und noch pikanter ist die geistvoll frivole Art, mit der er sein fascinierendes Talent in den Dienst dieser ihm ganz gleichgültigen Ideale stellte.

Es wäre verlorene Liebesmühe, den »Stil« Filippinos erklären zu wollen. Wenn er will, bringt er es fertig, anderen zum Verwechseln ähnlich zu sehen. Zunächst seinem Lehrer Botticelli, als dessen Doppelgänger er in seinen Jugendwerken erscheint. Das wunderbare Bild der Jungfrau, die dem Sankt Bernhard erscheint, das er 1480 für die Badia malte, könnte Botticelli gezeichnet sein. Sanft wie eine vornehme Dame naht sie dem Heiligen, der vor Erstaunen fast die Feder fallen läßt, als sie mit ihrer zarten Hand sein Buch berührt. Der Marienaltar der Uffizien und das Altarbild in Santo Spirito sind weitere Werke, die in ihrer stillen Wehmut an Botticelli anklingen. Ebenso fein ist er, wenn er im Anschluß an Botticelli phantastisch allegorische Bilder malt. Beispiel jene Allegorie der Musik in Berlin, über der eine so traumhafte, weltentrückte Stimmung ruht.

Dann ein jäher Scenenwechsel, und aus dem Botticellidoppelgänger ist ein Doppelgänger Masaccios geworden. 27 Jahre war er alt, als er den Auftrag erhielt, Masaccios Freskencyklus in der Brancaccikapelle zu vollenden. Er malte hier den Besuch des Paulus bei Petrus, die Befreiung des Petrus, Petrus und Paulus vor dem Prokonsul, die Kreuzigung des Petrus und das unvollendete Stück der Auferweckung des Königsohnes. Wahrlich, virtuoser läßt sich ein Stil nicht imitieren. Zwischen Masaccio und Filippino lagen 60 Jahre. Ein ganz anderes Nervenleben war in die Welt gekommen. Trotzdem trägt Filippino die Maske des alten Meisters mit demselben Aplomb, mit dem er vorher die seines Lehrers getragen. Der einfach feierliche Monumentalstil Masaccios scheint ihm ebenso zu liegen wie die Stimmungsschwelgerei Botticellis.

Als geschickter Verwandlungskünstler paßt er auch sofort dem Stil der Savonarolazeit sich an. Am Schlusse des 15. Jahrhunderts taucht der Barockstil auf. Aus gleichen Ursachen entstehen eben gleiche Wirkungen. Unter dem Eindruck der Predigten Savonarolas war das Empfindungsleben fieberhaft erregt worden. Die ruhige Sachlichkeit der älteren Meister konnte nicht mehr genügen. Ein stärkerer Stimmungstrank war nötig. Man verlangte Bewegtheit und Pathos, Bilder, die in den nämlichen Donnerworten redeten, die aus Savonarolas Mund erklangen. Der ganz moderne Zug seines Talentes, Beweglichkeit und Anpassungsfähigkeit, gestattete Filippino sofort, auch diesen Anforderungen zu genügen. Wie er ehedem schmiegsam dem Botticelli, dann schmiegsam dem Masaccio gefolgt war, folgt er auch der religiösen Strömung mit dem beweglichen Talent, der glaubenslosen Indifferenz des Weltkindes. Er *spielt* die Tragödie, die Botticelli erlebte. Gerade weil er kein überzeugter, nur ein verkleideter Apostel war, kommt in seine Kunst jenes affektierte theatralische Wesen, das aus dem gleichen Grund im 17. Jahrhundert die agitatorische Barockkunst annahm.

Schon das Thema der Fresken, die er 1493 in der Kirche Santa Maria sopra Minerva in Rom malte, zeigt, daß der Geist des Dominikanertums wieder als Macht in die Kunstentwicklung eingreift. Die Meister vor Savonarola hatten schlicht erzählende Themen aus der Heiligenlegende behandelt. Filippino giebt eine Verherrlichung des Thomas von Aquino. Und in den Bildern herrscht derselbe Dogmatismus, der 100 Jahre zuvor das Programm der Dominikanerbilder Trainis und der Fresken der Spanischen Kapelle gewesen. Gelehrte Inschriften, allegorische Figuren, beziehungsreiche Hinweisungen auf die durch Thomas widerlegten Ketzer – alles Dinge, mit denen der Realismus des Quattrocento gebrochen hatte – kommen von neuem in Aufnahme. Und wie er inhaltlich an die Programmmalerei des Trecento sich anschließt, bereitet er stilistisch die Jesuitenkunst vor. Auf die einfache Getragenheit Masaccios folgt bühnenhafte Pathetik. Alle Figuren gestikulieren und verziehen die Gesichter zu frömmelnden Grimassen, Die Gewänder blähen sich in bauschigen, knitterigen Falten. Wehende Bänder, Schärpen und Schleier ergänzen die barocke Wirkung. Die Architektur bildet die passende Begleitung zur Melodie der Figuren. An die Stelle der zart knospenhaften Bauten des Quattrocento treten wild ausladende, abenteuerliche Formen.

Vor seinem letzten Cyklus, den 1498-1502 gemalten Fresken von Santa Maria Novella in Florenz, steht man überhaupt ratlos wie vor einem Anachronismus. Auch hier ist das Thema des Bildes, wie Sankt Philipp den Dämon austreibt, für die veränderten Anschauungen bezeichnend. Auf einem komplizierten Piedestal steht Mars, eine Fackel schwingend. Aus dem Loch des Marsmonumentes kriecht der Dämon hervor, und der Apostel, mit mächtiger Gebärde, beschwört ihn. Rings eine bewegte, nervöse Menge. An die Stelle der ruhigen Zuschauer, die Ghirlandajo aneinander reihte, setzt Filippino Schauspieler, von denen jeder in seiner Rolle ist, jeder sein Theaterpathos durch entsprechende Gesten erläutert. Alles ist Bewegung und Aufregung in dem erstaunlichen Bild. Selbst die Karyatiden des Triumphbogens, die Viktorien, Hermen und Trophäen dehnen sich und grinsen. Die Giebel bäumen und winden sich. Alle tektonischen Gesetze sind durchbrochen. Borromini taucht in der Kunst auf, 100 Jahre bevor er geboren wurde. Das Nonplusultra sind die Deckenbilder. Da fliegen Engel mit dem ganzen Aplomb, den ihnen später Correggio gab. Noah gleicht einem alten Flußgott. Abraham und Jakob haben eine Breite und Kühnheit in Gewandung und Bewegung, sind von so unglaublichen Bändern und Falten umflattert, daß man nichts thun kann als schweigen und staunen.

Von seinen späteren Tafelbildern gilt das gleiche. Die schweren bauschigen Gewandstücke, die seine Madonnen umwogen, sind die nämlichen, die Bernini 150 Jahre später seinen Engeln gab. In seinem letzten Werk, der Kreuzabnahme der Florentiner Akademie, entspricht der Savonarolastimmung das Zurückgreifen auf den mittelalterlichen Goldgrund, die schmucklose Gewandung, die öde Schädelstätte mit den Totenköpfen, die düster klagende Farbe. Filippino persönlich gehören die barocken Engel, deren Gewandung in die Wolken ausläuft, die flatternden Schärpen und Bänder, mit denen sie den Kelch umfassen. Das 15. und 17. Jahrhundert reichen sich die Hand. Wäre er statt 1504 nur ein Menschenalter später gestorben, würde er als Begründer des Barockstils zu feiern sein.

5. Die religiöse Säkularstimmung

Nicht auf Florenz hat sich Savonarolas Einfluß beschränkt, in ganz Italien lenkte die Kunst wieder in kirchliche Bahnen ein. Gewiß hat er die religiöse Reaktion, die damals Europa überflutete, nicht allein gemacht. In ihm explodierte nur ein allenthalben angehäufter Zündstoff. Er war das Sprachrohr seiner Zeit, sagte laut, was im Stillen alle gefühlt hatten. Gerade deshalb beginnt mit seinem Auftreten ein neuer Abschnitt der Kunstgeschichte.

Es muß am Schlusse des 15. Jahrhunderts ein ähnliches Gefühl über der Welt gelegen sein, wie wir es erlebten, in jenen Jahren, als der Courbetsche Realismus und Manets Impressionismus ihre Triumphe hinter sich hatten und die Schwärmerei für Rossetti und Moreau, die Reaktion der »Rosenkreuzer« begann. Der Realismus war das Produkt einer positiven, weltlichen, episch, nicht lyrisch gestimmten Zeit. Man glaubte mit klarem Auge auskommen und vom Gefühl abstrahieren zu können. Leidenschaftlos, wie die Wissenschaft der Natur gegenübersteht, wollte die Malerei sie mit dem Auge erobern. Natur und Antike, das waren die beiden Mächte, die über dem Schaffen schwebten. Nur eine war vergessen worden: das Christentum. Man wußte nichts mehr von jener Sehnsucht nach dem *au delà*, die noch im Beginn des Jahrhunderts die Herzen durchzitterte.

Da kam wie in unserem Jahrhundert der Moment, wo das lange zurückgedämmte Innenleben überschäumte, das Gefühl sich gegen die Wissenschaft empörte. Nicht in Florenz nur, in allen Ländern treten den Epikern und Forschern, deren Auge klar auf die gegenständliche Welt gerichtet war, die Lyriker und Träumer gegenüber, denen die Kunst nur ein Mittel bedeutet, ihr Innenleben auszusprechen. Auf die Realisten folgen die Romantiker, die nach Jahrzehnten glaubensloser Forscherarbeit in fast fieberhafter Schwärmerei sich zurücksehnen nach all dem, was das Mittelalter an Glaubensgluth und entsagungsvoller Liebe besessen. Sucht man nach einer Parallele in der Kulturgeschichte, so bietet sie Kolumbus. Amerika entdeckt er gegen seinen Willen. Sein Ziel war die Eroberung Jerusalems, die Bekehrung der ganzen Menschheit zum Glauben.

Wohl giebt es auch jetzt noch Einzelne, die mit erzählend novellistischen Bildern Kirchen und Paläste schmücken. *Gentile Bellini* hatte während seines Aufenthaltes in Konstantinopel Gelegenheit gehabt, viel ethnographisch interessante Dinge zu sehen, hatte alles in seine Skizzenbücher eingetragen, und in seine Vaterstadt zurückgekehrt, illustrierte er in gleichem Sinn die Sitten und Gebräuche Venedigs. Feierliche Prozessionen ziehen daher. Reichgeschmückte Venetianerinnen, würdevolle Senatoren und braune Söhne des Morgenlandes in bunter, exotischer Tracht bewegen sich auf den Fließen der Piazetta. Das ganze Venedig des Quattrocento mit seinen Straßen, Plätzen, Kirchen und Palästen, mit dem farbigen Reiz seiner aus dem Orient und Occident zusammengeströmten Menschen ist in seinen Bildern dokumentarisch treu, mit der Genauigkeit des photographischen Apparats überliefert. Freilich wer solche photographischen Aufnahmen macht, ist im Grunde gleichgültig. Ueber das Niveau der gemalten Illustration erheben sich die Bilder nicht. Was eine That war zu Pisanellos Zeiten, war keine mehr am Schlusse des Jahrhunderts.

Gentiles Gegenstück in Umbrien war der geschäftige *Pinturicchio*, der in Rom, Spello und Siena eine enorme Anzahl Fresken hinterließ – Bilder, die man mit ähnlichen Worten wie die Benozzo Gozzolis beschreibt. Gleich Gozzoli amüsiert er durch den sittenbildlichen Zug seines Talentes, durch die frische Art, wie er anekdotische Züge einstreut. Gleich Gozzoli ist er ein lustiger Erzähler, der sich mit großem Geschick in wortreicher Schilderung festlicher Scenen ergeht, spielend reiche Renaissancebauten erfindet. Prächtige Kostüme, bunte Teppiche vor den Thronen, stattliche Hallen, stolze Fayadenbauten geben den Bildern ein heiter festfreudiges Gepräge. Aber da Gozzoli diesen Eindruck schon 1460 erzielte, war es 1500 kein Kunststück mehr, ähnliches zu wiederholen. Um so weniger, als Pinturicchio nicht einmal technisch über seinen Vorgänger hinausgeht. Rot, grün, blau stellt er mit der Kindlichkeit des Miniaturmalers zusammen, als hätten die großen Farbentechniker nicht gelebt. Nie gelingt es ihm, das Dramatische einer Scene zu packen. Nie weiß er die Figuren miteinander zu verbinden und Einheitlichkeit in die Handlung zu bringen. Nie versteht er die Gestalten perspektivisch anzuordnen, sondern die Hinteren stehen auf den Köpfen der vorderen. Ein Primitiver scheint in das 16. Jahrhundert herüberzuleben. Auch daß er Hofmaler jenes Borgia war, der Savonarola verbrannt hatte, zeigt, wie fern er der großen Ideenbewegung stand. Denn daß ein *bewußtes* Zurückgreifen auf die mittelalterliche Miniaturmalerei vorliegt, dürfte bei Pinturicchio wohl kaum zutreffen.

So bestätigen sowohl Gentile Bellinis wie Pinturicchios Werke nur das Hinsiechen des Realismus. Selbst der Schauplatz ihrer Thätigkeit ist bezeichnend. Gentile arbeitete in Venedig, das immer um Jahrzehnte hinter der Kunstentwicklung des übrigen Italien einherging. Dem Pinturicchio gelang es, in Perugia, Orvieto, Spello, Siena, selbst in dem künstlerisch zurückgebliebenen Rom eine Rolle zu spielen, aber nie wagte er sich nach Florenz. Das heißt: Während um die Mitte des Jahrhunderts in den fortschrittlichen Städten allenthalben der Geist des Realismus herrschte, die religiöse Kunst höchstens auf dem Lande noch ein stilles Nachleben führte, hat jetzt das Verhältnis sich umgedreht. Gerade in der modernsten Stadt Italiens, in Florenz, das am längsten und ausgiebigsten dem Realismus gehuldigt, ist am schnellsten und lautesten das Signal zur Umkehr geblasen worden. Seitdem wird auch im übrigen Italien der Bedarf an weltlichen Kunstwerken nur noch durch Illustratoren zweiten Ranges gedeckt. Die Realisten sind nicht mehr Faktoren in der geschichtlichen Entwicklung, sondern Nachzügler, die zurückgebliebene Städte und kleine Ortschaften mit ihren zweifelhaften Kunstwerken beglücken.

Wie mit dem zeitgenössischen Geschichtsbild und den modernen Bearbeitungen des Alten Testamentes ist es mit der Antike vorbei. War in der vorausgegangenen Epoche Padua die feste Burg des Hellenentums gewesen, so flüchtet jetzt selbst der Heide *Mantegna* als reumütiger Christ an den Fuß des Kreuzes. Savonarola hatte nicht in Florenz nur, auch in den Städten Norditaliens gepredigt. Hat Mantegna ihn gehört? Kamen nur indirekt die Wogen zu ihm von der neuen religiösen Begeisterung, die der Dominikaner entfachte? Seltsame Dokumente sind aus seinen letzten Jahren erhalten. Er, der Römer, der harte unerbittliche Geist, läßt sich eine Kapelle erbauen, in der er als bußfertiger Eremit täglich seine Andacht verrichtet. Eine antike Büste der Faustina, das Glanzstück seiner Sammlung, das er wie ein Kleinod gehütet, bietet er der Markgräfin zum Kauf an. Seine letzten Werke sind Zeugnisse der Wandlung, die er in seinem Innern durchgemacht.

Der Uebergang zeigt sich wie bei Botticelli zunächst darin, daß an die Stelle der antiken Stoffe Allegorien treten. Namentlich das Bild, das er für Isabella von Este malte, wie die Weisheit die Laster vertreibt, ist ein seltsames Gegenstück zu Botticellis Verleumdung des Apelles. Etwas Hastiges, Zerrissenes, Aufgerütteltes geht durch das Ganze. In der Luft erscheint zusammenhanglos mit dem Hauptthema eine himmlische Gruppe. Schließlich lehnte er überhaupt ab, an dem Cyklus weiter zu arbeiten. Nicht in antiken, sondern in christlichen Darstellungen klang das Schaffen des Meisters aus. Und von anderen: Geiste sind sie getragen als die Bilder, die er während seiner heidnischen Zeit malte.

Damals hatte er Sebastian an eine antike Ruine gefesselt und in griechischer Inschrift sich als Hellenen bekannt, hatte in einem Kupferstich ihn dargestellt als griechischen Epheben, der in Schönheit stirbt. Auf dem Bilde der Sammlung Franchetti in Venedig ist aus dem schönen Jüngling ein abgehärmter Mann, ein leidender Mensch geworden, dessen Züge qualvolles Weh durchfurcht. *Nil nisi divinum stabile est, cetera fumus* lautet die Inschrift. Malte er früher Madonnen und Grablegungen, so war ihm der Stimmungsgehalt des Themas gleichgültig. Es reizte ihn die bronzene Schönheit sehniger Körper, der Prunk von Marmorthronen und Fruchtgehängen, der steinerne Granitgehalt der Landschaft. In den Werken, die den Schlußaccord seines Schaffens bilden, fängt der Geist des Christentums an, die starren Steinwesen zu beseelen. Der klar und besonnen abwägende starre Mantegna wird zum Lyriker und klagenden Propheten. Bald haben seine Gestalten einen weichen, milden, schwermütig sinnenden Zug. Bald bricht leidenschaftliche Pathetik, vorher eingezwängt in das eiserne Korsett griechischer Stilregeln, mit jäher Unmittelbarkeit hervor. Traurig, dem Weinen nahe, ist das Christkind. Ahnungsvoll, künftigen Leides denkend, beugt Maria das Haupt. Das Altarbild der Londoner Nationalgalerie und die Madonna della Vittoria des Louvre zeigen die Wandlung besonders deutlich. Orgeltöne erklingen. Festliche Laubnischen bauen sich auf. Heilige, nicht mehr die mürrisch verschlossenen Bronzeköpfe von früher, sondern blondlockige, schwärmerische Wesen haben um den Thron sich geschart. Das Christkind, das im Altarwerk von San Zeno so froh mit den Engeln sang, erteilt ernst, scheu, mechanisch den Segen. Maria, damals starr und erhaben, ist ein kindlich schmächtiges, bleiches Mädchen, wehmütig träumerisch vor sich hinstarrend, einfach wie eine Bettlerin gekleidet, die *donna umile*, die Botticelli malte.

Zur selben Zeit, als dieser die von Schmerzenspathos durchzitterte Grablegung schuf, malte Mantegna die seine. In vollster Verkürzung, von den Füßen aus sieht man Christi Leichnam. Der Perspektiviker Mantegna lebt noch einmal auf. Doch wer denkt an Perspektive vor diesem eingesunkenen Leib mit den zusammengekrampften Händen, vor diesen alten Frauen, deren runzlige Gesichter sich in namenlosem Weh verzerren? Aus dem gleichzeitigen Kupferstich klingt noch wilder der Schrei der Verzweiflung. In rasendem Schmerz beugt Magdalena sich über den Leichnam, ohnmächtig sinkt Maria zusammen, laut wie ein Wahnsinniger schreit Johannes seine Qual gen Himmel. Der kalte verschlossene, klassisch strenge Mantegna ist durch Savonarola zum Roger van der Weyden geworden. *Humani generis redemptori* steht in großen Buchstaben auf dem Sarg. Diesem Erlöser des Menschengeschlechtes ist Mantegnas letzter Kupferstich gewidmet. Dem Sarge entstiegen steht Christus mit der Siegesfahne segnend zwischen Andreas und Longinus. Andreas, der in ruhigem Selbstvertrauen das Kreuz hält, ist der Namensheilige des Künstlers. Der römische Krieger, der so tief den Nacken beugt, scheu wie ein verlorener Sohn mit gefalteten Händen dem Heiland naht, ist der greise Mantegna selbst, der Renaissancemensch, der im Christusglauben den Frieden sucht. In diesem Blatt liegt die Tragödie eines Lebens, die Tragödie des Quattrocento beschlossen.

6. Crivelli

Wie der Beginn des 15. Jahrhunderts den leisen Ausklang des Mittelalters bedeutete, leben am Schlusse des Jahrhunderts alle mittelalterlichen Stile noch einmal in raffinierter Verfeinerung auf. Statt vorwärts zu gehen, blicken die Künstler rückwärts. » *Le moyen-âge enorme et délicat*« ist ihre geistige Heimat.

Besonders deutlich zeigen sich die reaktionären Tendenzen in Venedig. Die neue kirchliche Strömung, die durch die Epoche ging, ermöglichte dort den Malern, nicht nur in konservativer Starrheit an den Idealen der Frühzeit des Quattrocento festzuhalten, sondern noch einmal die düstere Majestät altbyzantinischen Stiles heraufzubeschwören. *Bartolommeo Vivarini*, obwohl er bis 1499 lebte, mutet in seiner strengen Herbheit wie ein Paduaner aus den Tagen Squarciones an. Starr, in getrennten Abteilungen wie auf Squarciones Altar, stehen die Figuren da. Die marmornen Stufenthrone sind mit Engelstatuetten und Steinornamenten, mit Frucht- und Blumenguirlanden überreich geschmückt. Hart und asketisch sind die Gestalten der Heiligen, vergrämt oder grimmig ernst ihre Züge, von tiefen Falten durchfurcht die mächtigen Stirnen. Düster und drohend wirkt die Farbe, diese weißen, schwarzen und gelben Draperien, die grell aus goldenem Hintergrund aufleuchten.

Und *Carlo Crivelli* scheint überhaupt nicht ins Quattrocento, sondern in die vorgiotteske Zeit, in die Tage Cimabues zu gehören. In » *A rebours*« findet sich eine Stelle, wie Des Esseintes den Panzer einer Schildkröte mit einer Goldglasur überziehen und mit seltenen und kostbaren Steinen einlegen läßt. Dann setzt er sie auf einen orientalischen Teppich und freut sich an dem glitzernden Farbenfleck. Carlo Crivellis Bilder gleichen dieser vergoldeten Schildkröte. Sie wirken widerlich und köstlich, abstoßend und verwirrend zugleich in ihrer funkelnden metallischen Pracht und eisigen, krötenhaften Kälte. Wie die Mosaicisten des Mittelalters kann er die Malerei sich nicht vorstellen ohne glänzenden Aufwand reicher Ornamente, die er – Schlüssel und Kronen besonders – in dickem Reliefstil aufsetzt. Wie die Mosaicisten berauscht er seine Augen an dem Schillern der Stoffe, an dem Funkeln der Edelsteine, an ganz barbarischer materieller Pracht. Die dreifache päpstliche Krone tragen seine Heiligen, mit kostbaren Steinen sind ihre Kleider besetzt, eine Ornamentik von betäubendem Reichtum ziert den Rahmen. Doch es genügt ihm nicht, griechische Kirchenstolen, Meßgewänder aus Goldstoff und brokatene Chormäntel aufzuhäufen, die Bischofsstäbe seiner Heiligen mit durchsichtigen Perlen von gläsern scharfem Glanz zu besetzen. Selbst da wo sie gar nicht hingehören, am Sarkophag Christi, sieht man Teppiche und wunderliche Steine, Smaragde und Rubinen, Topase und Amethysten in kaltem Glanze da blaurot, da meergrün flimmern. Wie die Diamanten liebt er die glitzernden Erzeugnisse der Goldschmiedekunst, den Zauber schlanker Kelche und Hostiengefäße, Monstranzen aus vergoldetem Kupfer in byzantinischem Stil, seltsame Messer mit elfenbeinernem in Perlmutter eingelegtem Griff, kostbare Meßtafeln mit gravierten Ornamenten und alte silberbeschlagene Quartanten. Selbst das bunte Gefieder der Vögel muß beitragen, den Glanz der Bilder zu steigern, Pfauen namentlich, deren Schweif gold und grün, blau und silbern schillert.

Ebenso mittelalterlich wie die barbarische Farbenpracht wirkt die archaisierende Zeichnung. Steif wie bei Cimabue ist die Haltung seiner Madonnen, blaß und leichenhaft die Farbe ihres Gesichtes. Magere Arme, nackt bis zum Ellbogen, dürre schmale Hände strecken sich aus den Aermeln hervor. Während auf anderen Altarwerken der Zeit die Stifter groß inmitten des Hauptbildes knieen, geht Crivelli auf die mittelalterliche Sitte zurück, sie außerhalb der Komposition als Pygmäen anzubringen.

Unvermittelt neben diesen byzantinischen Dingen stehen paduanische und umbrische Elemente. Er klingt an Gentile da Fabriano an in der Süssigkeit, die er manchmal seinen Madonnen giebt. Er berührt sich mit den Mystikern des Trecento, wenn er symbolisch – durch eine Angel in der Hand – das Christkind als Menschenfischer kennzeichnet. Selbst einen niederländischen Zug glaubt man zu bemerken in der Art, wie er Kannen und Leuchter, Teller und Gläser, Teppiche und Kissen, Flaschen und Vasen zu ganzen Stillleben aufbaut. Paduanisch, an Schiavone und Zoppo anklingend, sind seine harten Kindertypen und seine vergrämten alten Frauen. Faduanisch sind die schweren Guirlanden, die über den reichen steinernen Thronen schweben, die großen Pfirsiche und starren Blumen, die er auf dem Boden verstreut. Paduanisch wirkt das Pathos, das durch seine Darstellungen der Pietà geht. Heulende Megären werfen sich wild schreiend über den Leichnam, einen halbverwesten, faulenden Körper, dessen Haut wie Leder über den Rippen hängt. Dicke Thränen laufen über die Backen der Engel. Von krampfhaftem Schmerz sind noch im Tode die Finger und die Züge des Heilandes verzerrt.

Doch gerade in solchen Bildern, wo er pathetisch klagt, zeigt sich desto mehr seine grausame Kälte. Obwohl er die ganze Skala der Empfindungen von rasendem Schmerz bis zu süßlicher Verzückung durchläuft, wirkt seine Kunst kalt wie Eis. Mögen seine Heiligen in morbider Grazie ihre Lippen verziehen oder in groteskem Jammer heiße Thränen weinen, seine Werke behalten das Juwelenartige, Versteinerte des mittelalterlichen Mosaikstils. Starr, wie ausgegrabene Leichen blicken die Männer drein. Kalt und klar ist der Blick der Frauen mit ihren stahlblauen toten Fayenceaugen. Selbst die Thongefäße, die er ringsum anhäuft, und die Landschaften, über die ein so seltsames grünlich silbernes Licht sich breitet, – wüste, bleiche, durchwühlte Landschaften – verstärken noch die kalte leichenhafte Wirkung. Nur in der koloristischen Verfeinerung, in der raffinierten Art, wie er alte Nuancen aufnimmt und zu neuen Accorden verbindet, außerdem in der gewundenen Zierlichkeit, mit der seine Frauen ihre blassen, nervösen Hände, ihre dünnen Spinnenfinger ausstrecken und biegen, verrät sich der Spätgeborene, für den dieser archaische Stil nicht der natürliche, sondern ein künstlicher war, den er aus bewußter Gourmandise wählte.

Man versteht auch, weshalb gerade Crivelli berufen war, diese seltsame Wiederausgrabung des Mittelalters ins Werk zu setzen. Crivelli war ein sehr vornehmer aristokratischer Herr. Als 1490 Ferdinand von Neapel ihm die Ritterwürde verlieh, scheint er diese Auszeichnung als das wichtigste Ereignis seines Lebens betrachtet zu haben. Denn er stellt nun den heiligen Sebastian als Ritter dar und unterzeichnet sich immer als Eques. Lebte er heute, so würde er sicher nicht zur Fortschrittspartei, sondern zur äußersten Rechten gehören. So war er in diesem konservativen Venedig der konservativste, reaktionärste von allen, setzte sich in den Kopf, wenigstens draußen auf dem Lande, in all jenen kleinen Ortschaften, wohin noch nichts, weder von Weltlichkeit noch von kirchlichen Kämpfen gedrungen – in Massa und Ripatransone, in Ascoli, Camerino und Fermo – noch einmal das Evangelium der großen unerschütterten mittelalterlichen Kirche zu künden. Rechnet man hinzu, daß dieser Glaube kein innerlicher war, daß der vornehme Clivelli, selbst eine Art Des Esseintes, die byzantinische Kunst nur als Quelle ästhetischen Genusses, die alten kirchlichen Ideale als parfümierten goldigen Flitter betrachtete, so ergibt sich der ganze Charakter seiner Malerei, dieser Kunst, die so künstlich ist, so affektiert, und gemacht, die so kaltblütig mit allen Empfindungen des Herzens spielt, Kindlichkeit und dumpfen Verwesungsgeruch, archaische Herbheit und fauligen Hautgout in so perverser Mischung vereint. Und diese Perversität erklärt zugleich, weshalb gerade unsere Zeit Crivelli zu ihrem Liebling erkor. Als späte Menschen, auf denen viele Vergangenheiten lasten und denen gleichfalls die Kunst der Vorfahren eine ästhetischere Natur bedeutet, lieben wir Crivelli, weil das blaue Blut uralter Kulturvergangenheit durch seine Adern fließt, weil er als bewußter Abstraktor von Quintessenz das Zierlichste, Köstlichste aus der Vergangenheit auswählte, um daraus seinen bizarren Stil zu formen; bewundern ihn, weil er inmitten einer ganz anders gearteten Welt noch einmal so grausame Visionen, so feenhafte Apotheosen eines längst versunkenen Zeitalters erstrahlen ließ, den Glanz des Mittelalters mit seiner barbarischen Pracht so sinnbetäubend heraufbeschwor; lieben ihn, wie wir Gustave Moreau lieben, weil sein gezierter, aristokratisch manierierter Stil den Gipfel des Raffinements bedeutet, weil er der großen Menge so unbekannt ist, weil seine Kunst noch heute ihren hochmütigen Adel bewahrte.

7. Perugino

Eine Erscheinung wie Crivelli war nur in Venedig möglich, dem uralten, aristokratischen, byzantinischen Venedig, wo die vornehmen Leute nie die lebende Kunst geliebt, nur Altes, glitzernd Funkelndes, Medaillen und Kameen, Mosaiken, Filigran und Elfenbein gesammelt hatten. Die folgenden verhalten sich zu Crivelli ähnlich, wie die Sienesen, Fiesole und Lochner zu den Mosaicisten von Byzanz. Feiert in Venedig der alte griechische Stil seine Auferstehung, so scheint in Umbrien der Geist des Franziskus von Assisi neu aufzuleben. Man pflegt den mystischen, träumerisch müden Zug dieser umbrischen Kunst aus dem Charakter des Landes abzuleiten. Während in der Großstadt Florenz eine weltlich realistische Kunst sich hätte entwickeln müssen, war in den weltverlorenen Bergthälern Umbriens, wo arme Menschen in stillem Gottvertrauen beschaulich dahinleben, nur eine lyrisch weiche, fromm elegische Kunst möglich. Doch so überzeugend das scheint – die Stile resultieren nur aus den geistigen Faktoren, die ein Zeitalter beherrschen. Zur selben Zeit, als Umbrien seinen Mystiker in Gentile da Fabriano hatte, besaß Florenz den seinen in Fiesole. Zur selben Zeit als in der Arnostadt die großen Forscher Uccello, Castagno und Pollajuolo arbeiteten, brachte Umbrien den größten aller Forscher, den Piero della Francesca, dann Melozzo und Signorelli hervor. Noch *Benedetto Bonfigli, Fiorenzo di Lorenzo* und *Niccolo di Liberatore* sind eingefleischte Realisten, wissen nichts von jener Rührseligkeit, jener sentimentalen Verzückung, die durch *Perugino* in die umbrische Kunst kommt. Und dieser hat seine Anregung nicht in Umbrien, sondern in Florenz erhalten. »Denkt nicht, daß Maria beim Tode ihres Sohnes schreiend durch die Straßen ging und sich das Haar raufte und sich irrsinnig gebärdete! Sie folgte ihrem Sohn in Sanftmut und mit großer Demut. Sie vergoß auch wohl einige Thränen, aber äußerlich schien sie nicht traurig zu sein, sondern *traurig und fröhlich zugleich*. So stand sie auch unter dem Kreuz, *traurig und fröhlich zugleich*, ganz versunken in das Geheimnis der großen Güte Gottes.« Diese Worte Savonarolas wurden für Perugino die Offenbarung. Traurige Fröhlichkeit, Lächeln unter Thränen ist die Stimmung all seiner Bilder. Umbrien fügte nur die delikaten Reize seiner Landschaft hinzu: den melancholischen Zauber dieses bleichen, spitzenhaft zarten Grüns, und dieser mageren, zitterigen Frühlingsbäumchen, die fröstelnd sehnsüchtig sich dem Lichte entgegenstrecken.

Perugino ist in dieser verträumten Wehmut einer der bestrickendsten Meister des Quattrocento. Man hat ihm vorgeworfen, daß seine Kunst nicht mit seinem Charakter sich deckte, daß der Maler der scheinbar so mystischen überirdischen Werke als Mensch ein klar berechnender Geschäftsmann war, der den elegischen Augenaufschlag, die wonnetrunkene Verzückung seiner Heiligen dem Publikum zu liebe mit kalter Routine wiederholte. Man hat ferner auf Peruginos Einseitigkeit hingewiesen. Die Schöpfung kraftvoller männlicher Charaktere sei ihm ebenso versagt gewesen, wie die lebensvolle Schilderung energischen Handelns. Statt die Figuren zu verbinden, stelle er sie ohne Zusammenhang nebeneinander, oft so symmetrisch, daß die linke Hälfte des Bildes sich mit der rechten decke. Statt die Männer nach ihrem Charakter zu kennzeichnen, mache er aus allen knabenhafte Pagen und mildäugig sanfte Greise. Aber beide Eigentümlichkeiten ergaben sich mit logischer Konsequenz aus dem Ziel, wonach er strebte. Dem beschaulich lyrischen Charakter der Stoffe und dem Eindruck stiller Getragenheit, archaischer Feierlichkeit, den er hervorrufen wollte, konnte nur eine Komposition entsprechen, deren gleichmäßige Ruhe durch keine hastige Bewegung, durch keine wechselvollen Gegensätze gestört ward. Darum vermeidet er alle Abwechslung in den Stellungen. Die Figuren stehen entweder gleichmäßig breitbeinig da oder in zimperlicher Zierlichkeit auf den Fußspitzen. Für die symmetrische Anordnung, das »Responsionsschema« seiner Bilder mag außerdem der Gesichtspunkt maßgebend gewesen sein, daß diese Anordnung am besten die »Göttlichkeit des Aufbaues der Natur« zum Ausdruck bringe, – gemäß dem Wort des heiligen Augustin: »Wo Ordnung ist, da ist Schönheit, und jede Ordnung kommt von Gott.« Den femininen Zug seiner Kunst hat er mit allen Mystikern, sowohl den Sienesen wie den Kölnern gemein. Frauen – auch mädchenhafte Jünglinge und müde Greise – eignen sich besser als Männer zu Trägern der schwärmerisch weichen Empfindung, die allein er interpretiert. Und daß gerade Perugino Savonarolas Worte von der traurigen Fröhlichkeit aufgriff, ist nun vielleicht ein specifisch umbrischer Zug. Während durch Botticellis und Mantegnas Werke – da sie vorher den Heidengöttern geopfert – wilde Kampfesstimmung, sei's jähes Pathos oder qualvolle Verzweiflung, tönt, scheint über den süßen, seelenvollen Gestalten Peruginos, die so schmerzlich lächeln, so elegisch träumen, noch die milde Frömmigkeit, der kindliche Seelenfrieden des Franziskus von Assisi zu liegen. In einer sturmbewegten, seelisch aufgerüttelten Zeit, die gewöhnlich *fortissimo* spielte, war er der erste, der für seine Kompositionen *Dolce, Adagio, Mezza voce* vorschrieb, statt der großen Erschütterungen die kleinen, feinen Emotionen suchte. Gerade diese Bewegungslosigkeit und diskrete Enthaltsamkeit, dieses Schwelgen im Traum, dieses leise Erzitternlassen geheimnisvoll zarter, müd weltschmerzlicher Gefühle macht ihn unserer Zeit so wahlverwandt. Obwohl er beinahe mehr in der Großstadt Florenz als in dem kleinen Perugia lebte, gleicht seine Kunst einem stillen, abgelegenen Bergsee, der den Himmel in seiner ganzen Klarheit spiegelt.

Was für die Künstler des mediceischen Zeitalters die Antike bedeutete, war für Perugino die Allegorie. Als Isabella von Este ihn beauftragte, ein Bild für ihr Studio zu malen, wählte er keinen heidnischen Stoff, wie Mantegna es im Parnaß gethan, sondern schilderte den Sieg der Keuschheit über die Liebe. Ebenso ist der Freskencyklus, den er 1499/1500 für die Gerichtshalle der Wechslergilde in Perugia schuf, bezeichnend für die Wendung, die seit Savonarolas Auftreten die Kunst nahm. Obwohl an der Decke die Gottheiten des Firmamentes daher fahren und unten griechisch-römische Helden dargestellt sind, handelt es sich nicht um ein antikes Thema. Die Kunst greift vielmehr unter dem Einfluß des kirchlich-dominikanischen Zeitgeistes auf die allegorischen Stoffe zurück, die im Trecento beliebt waren. Wie in den Dominikanerbildern der spanischen Kapelle werden die Tugenden der Klugheit und Gerechtigkeit, der Tapferkeit und Mäßigung durch Frauengestalten personifiziert und männliche Gestalten als Kommentar der allegorischen Begriffe beigegeben.

Alle seine übrigen Bilder sind der jungfräulichen Gottesmutter geweiht, und so verschieden die Scenen sind, die Stimmung ist immer die gleiche: traurige Fröhlichkeit, Lächeln unter Thränen. Für die weiche Gefühlsseligkeit seiner Gestalten weiß er auch weiche Farbentöne zu finden, entdeckt als der ersten einer die geheimnisvollen Fäden, die die landschaftlichen Stimmungen mit der Seele des Menschen verbinden. Gewöhnlich sitzt Maria mit dem Kind im Arm träumend da, die Augen nach einem mysteriösen Horizont gerichtet. Oder sie kniet vor dem Neugeborenen selig und doch traurig, als sei ihre Freude von der Vorahnung seines künftigen Schicksals gedämpft. Oder sie lächelt wehmütig, wenn himmlische Harfenklänge ertönen. Wunderbar ist die still gläubige, raffiniert schlichte Art, wie er die Vision des Sankt Bernhard erzählt. Unter graziöser Säulenhalle, die den Blick auf eine umbrische Berglandschaft frei läßt, sitzt der Heilige an seinem Pult und erblickt vor sich die Gebenedeite in eigener fleischgewordener Gestalt, die gerade seine Gedanken erfüllte. Unhörbar, mit der ganzen Schüchternheit der Jungfrau, ist sie herangetreten und spricht zu ihm, von zwei taubenäugigen Engeln begleitet. Bernhard erschrickt nicht, macht keine Bewegung, springt nicht vom Sitz auf. Leicht, wie zum Empfang eines Besuches, den er schon lang erwartete, hebt er die Hand und blickt selig auf die himmlische Erscheinung. Ein anderes Bild, das er 1492/96 in der Kirche Santa Maria Maddalena dei Pazzi in Florenz malte, schildert die Andacht am Kreuz. Drei Bogen gliedern die Wand: im mittelsten steht in stiller, menschenleerer Landschaft das Kreuz mit dem Heiland. Ganz jugendlich ist er, bartlos, von keiner Spur der Marter entstellt. Verstummt ist der Mund. Magdalena betet. Still sinnend blickt Maria vor sich hin. Kein Schmerzensschrei, keine Gebärde stört die heilige Stille. Müder Friede ist über die Landschaft gebreitet. Ebenso still, ohne dramatische Aufregung, verläuft die Grablegung. Bei Botticelli und Mantegna winden sich schmerzverzerrte Körper. Nur eine wehmütige Abschiedsscene, einen stillen Seelengottesdienst malt Perugino. Maria, bei Botticelli ohnmächtig zusammensinkend, beugt sich über den Toten, als ob sie leise zu ihm spreche. Stille Gebete murmelnd, in schmerzliches Sinnen verloren, stehen die anderen da. So wenig er hier wilde Pathetik kennt, giebt es bei der Himmelfahrt stürmischen Jubel. Mit müder Kopfbewegung, in gerader Linie aufgestellt, blicken die Apostel zum Himmel empor, wo von Seraphköpfen getragen die Auferstandene schwebt und auf

Wolkenstreifen Engel musizieren. Die weichgeschwungene Haltung, die kindlichen Wolkenstreifen, die symmetrische Anordnung – alles verrät, wie bewußt Perugino archaisiert, um eine unrealistische, trecentistische Wirkung zu erzielen.

Der Ton, den er angeschlagen, kam so sehr der Zeitstimmung entgegen, seine Bilder wirkten in ihrer süß schmerzlichen Empfindungsschwelgerei so quälend und berückend zugleich, daß bald auch andere ihr Instrument auf die gleiche Tonleiter stimmten. *Francesco Francia* in Bologna hat das nämliche Stoffgebiet, malt Madonnen und heilige Familien, Anbetungen des Christkindes und heilige Konversationen. Wie bei Perugino hat Maria den Matronenschleier über das Haupt gezogen. Wie der umbrische Meister fühlt er sich wohler, wenn es Frauen als wenn es Männer zu malen gilt. Nur verhält er sich zu Perugino ähnlich wie Lorenzo di Credi zu Botticelli. Er ist derber, temperamentloser, fleischlicher. Zu der süßen Schwärmerei, dem verhimmelnden Schmachten Peruginos kann er sich nicht erheben. Wie die Gestalten selbst voller, gesunder, kräftiger sind, ist die Farbe ruhiger, materieller, weniger duftig und warm. Die zitternde Wehmut Peruginos geht in wehleidige Sanftheit, seine vibrierende Nervosität in phlegmatische Gelassenheit über. Wie Credi war er ein stiller, liebenswürdiger Mensch, der zahlreiche Schüler in seinem Atelier vereinte. Namentlich *Timoteo Viti*, Rafaels erster Lehrmeister, ein anmutig zartes Talent von ruhiger Heiterkeit und weicher Verträumtheit, hat ihm viel zu danken. Auch *Lorenzo Costa*, anfangs ferraresisch herb, fand im Verkehr mit Francia seinen späteren empfindungsvollen, graziös gekünstelten Stil. Schwächlich sanftmütige Männer und verschämte Frauen, die nur linde weiche Gefühle, nur mild gelassene Gebärden kennen, leben inmitten zarter Landschaften ästhetisch dahin. Mehr schwebend als gehend, schüchtern gesenkten Hauptes wandeln sie mit manierierter Grazie daher – ein ganz anderes Geschlecht als die heroisch starken, herb eckigen Menschen, die er aus Turas Bildern herüber genommen.

Wieder anders differenziert äußert sich die kirchliche Stimmung in Mailand. Schon dem *Vincenzo Foppa*, der an die Spitze der altmailändischen Kunst gestellt wird, ist es nicht anzusehen, daß er Schüler Mantegnas war. Obwohl er eine Kapelle der Kirche Sant Eustorgio nach dem Princip mantegnesker Plafondmalerei dekorierte, wirkt er hier sowohl wie in dem Martyrium des Sebastian nicht paduanisch hart, sondern umbrisch weich. Ueber den folgenden, *Bernardo Zenale*, läßt sich zur Zeit nichts sagen, da die Madonna der Brera, die als sein Hauptwerk galt, wohl von Boltraffio herrührt. Aber *Ambruogio Borgognone!* Es ist gewiß Phrase, ihn den oberitalienischen Fiesole zu nennen. Doch in einem Punkt ist Aehnlichkeit da. Wie Fiesole lebte Borgognone lange im Kloster. Die Certosa von Pavia war viele Jahre sein Heim. Diese Klosterstimmung, ein Hauch des Friedens, wie das Wehen eines Engelfittigs geht durch seine Bilder. Bleich und durchgeistigt sind die Köpfe. Mild wie ein Lied von ganz hohen, sein gestrichenen Geigentönen wirkt die Farbe in ihrer verschleierten, mattsilbergrauen Harmonie. Er erscheint wie ein vornehmer Kleriker, der aus dem Lärm der Welt sich in stille Beschaulichkeit geflüchtet. Ja, er wirkt gar nicht wie ein Italiener. Etwas von der Treuherzigkeit der alten Deutschen – ich möchte sagen »Vergißmeinnichtstimmung« – liegt über seinen schüchtern lieblichen Werken. Man denke an die Putti der Italiener und betrachte dann die biedermaierischen Kinderchen im Nachtkittel, die auf Borgognones Kreuzigung altklug salbungsvoll, als ob sie ein Schulgedicht hersagten, den Heiland beklagen; oder die beiden ähnlichen Bübchen mit den goldgestickten Mützen, die auf dem Berliner Bild neben Maria stehen. Man denke an die Christusbilder der Italiener und sehe dann den bleichen, brustkranken Mann mit dem spärlichen Bart, der auf Borgognones Bild in San Simpliciano so leise geisterhaft zu seiner Mutter sich neigt. Auch das »Gotische« der Komposition fällt auf. Es ist, als hätte Borgognone den Eindruck alter Glasgemälde erwecken wollen, deren Anordnung sich ebenfalls nie im Dreieck, sondern den Forderungen schlank aufstrebender Gotik gemäß vertikal geradlinig aufbaut. So erklärt sich, daß keine seiner Figuren breite Bewegungen macht, und daß die Kinder so kerzengerad auf Marias Schosse sitzen; daß er die Gewänder stets in vertikalen Parallelfalten ordnet, von Blumen besonders die schlanke Lilie liebt, oder daß auf dem Bilde der Kreuzigung das Haar Magdalenas so kerzengerad auf die Schultern fällt. So erklärt sich, daß selbst das geschwungene Renaissanceornament unter seinen Händen fast die geradlinig steifen Formen des Empire erhält. Von den Modernen hat besonders Burne Jones viel von Borgognone gelernt. Die langgestreckten Engel, die auf seinen »Tagen der Schöpfung« so hieratisch feierlich den Globus halten, sind Abkömmlinge derer, die Borgognone auf seinem Bild der Krönung Maria malte. Auch unseren Nazarenern, wenn sie ihn gekannt hätten, wäre er in seiner schöngeistigen Sinnigkeit und blassen Verträumtheit sympatisch gewesen. Denn die ritterlichen Märchenprinzen, die er so liebt – man findet sie wieder in den Bildern Steinles. Der junge, bleiche Diakon auf dem Sirobilde der Certosa ist – wie Borgognone selbst – der Typus des kunstliebenden Klosterbruders, der in der Phantasie Wackenroders lebte.

8. Bellini

In Venedig leitete *Giovanni Bellini* die Kunst aus dem Byzantinismus Crivellis und der paduanischen Starrheit Bartolommeo Vivarinis in die Bahnen Botticellis und Peruginos über. Vorher hatte er keinen eigenen Stil. Eine weiblich schmiegsame Natur, war er zuerst seinem Schwager Mantegna gefolgt, hatte Bilder gemalt wie die Pietà der Brera, die in ihrer herben Pathetik und zeichnerischen Härte das Werk eines Paduaners sein könnte. Dann war *Antonello von Messina* gewonnen, und Giovanni als erster in Venedig, hatte unter dem Einfluß des sizilianischen Niederländers sich der Technik der Oelmalerei zugewandt. Erst nachdem er diese verschiedenen Elemente aufgenommen, wurde er Bellini. Die große kirchliche Bewegung, die seit Savonarolas Auftreten Italien durchzitterte, verhalf ihm dazu, sich selbst zu finden. Das große Altarwerk der Frarikirche von 1488 mit den musizierenden Engelknaben und den mächtigen Heiligen; das der Kirche San Pietro von Murano, auf dem der Doge Barbarigo vor dem Christkind kniet; das der Kirche San Giobbe, wo Maria wie staunend ins Unendliche starrt; das der Kirche San Zaccaria von 1505, auf dem ein Hauch kummervollen Wehs ihre ernsten Züge verklärt – sind die weltbekannten Bilder, an die man immer wieder denkt, wenn Bellinis Name genannt wird.

Es ist schwer, den Stimmungsgehalt dieser Werke in Worte zu fassen. Früher suchte man die venetianischen Maler dadurch zu kennzeichnen, daß man sie in Gegensatz zu den Florentinern stellte. Man sagte: Während die Florentiner breite Epik oder dramatisches Geschehen lieben, geht durch die venetianische Malerei ein lyrischer Zug. Der plastischen Härte der Florentiner setzen sie die Stimmungskraft der Farbe, den Schilderungen irdischen Mutterglückes das feierliche Devotionsbild gegenüber. Doch es werden dann Kunstwerke ganz verschiedener Epochen verglichen. Zur Zeit, als Bellini seine reifen Werke schuf, waren auch am Arno auf die Epiker und Forscher die Träumer, auf die profanen Bilder die »Andachtsbilder« gefolgt. Auch in Florenz stand seit dem Erscheinen des Goesschen Altarwerkes nicht mehr die Form, sondern die Farbe im Vordergrund. Hier wie dort malt man Maria als *donna umile*, ein Mädchen aus dem Volk, schmucklos, den Matronenschleier über das Haupt gezogen, die weiblichen Heiligen ringsum patrizisch fein, bleich, in reicher Tracht, das sorgsam frisierte Haar mit Perlen geschmückt. Selbst die musizierenden Engel, die so gern als bezeichnendes Merkmal venetianischer Bilder genannt werden, kehren ebenso häufig bei Perugino und Raffaellino del Garbo wieder. Der zarte Grundton, das Musikalische, das Stimmungselement ist allen Werken der Zeit gemein. Was Bellini unterscheidet, sind rein persönliche Dinge: kleine Nuancen, die teils aus dem Naturell des Malers, teils aus dem Milieu, in dem er lebte, sich erklären.

Botticelli, der Sohn des nervösen Florenz, warf sich, als das epikureische Zeitalter des Magnifico vorüber gerauscht war, in jähem Kontrastbedürfnis dem Dominikaner in die Arme. Die Stimmung, als er es that, war eine ähnliche, wie in Paris vor zehn Jahren, als die Rosenkreuzer, von einer »*profonde tristesse epicurienne*« erfaßt, ihr spiritistisches Evangelium verkündeten. Müde, nicht mehr fähig, den betäubenden Duft der Rosen Aphroditens zu ertragen, naht er wieder schwankenden Schrittes dem Throne, auf dem Maria, mit kalten weißen Blumen bekränzt, schweigsam sitzt. Gerade weil er vorher den heidnischen Göttern geopfert, kämpft er für die Ideale des Christentums mit dem Zelotismus des Konvertiten. Schrille klagende Töne erklingen, hart und zäh sind die Linien. Totenblasse Hände strecken sich aus. Maria kann die Erinnerung, daß sie im Venusberg war, nicht los werden. Angstvoll blickt sie, wie ein scheues Reh, durchbebt von der zitternden Sehnsucht nach Frieden.

Perugino ist der Sohn des umbrischen Berglandes, ein Mann, der seine Jugend in einsamen Thälern inmitten einer armen Bevölkerung verlebte. Dieser Charakter seiner Heimat ist den Bildern aufgeprägt. Die Gegend, die er malt, ist von lyrischer Armut. Dünne Bäume wachsen auf delikatem, welligem Boden. Es liegt etwas Hilfesuchendes, Haltloses, Zaghaftes in dieser rührend kränklichen Vegetation. Und seine Menschen gleichen den zittrigen Bäumchen, die jeder Windstoß fällen kann. Perugino nimmt ihnen alle Erdenschwere, entkleidet sie alles Fleischlichen, so daß nur ein Schatten, eine in feinen, ersterbenden, ungreifbaren Accorden erzitternde Seele übrig bleibt. Sie sind sensitiv bis in die Fingerspitzen, spirituell bis zur Krankhaftigkeit, leidend, von mystischer Sehnsucht durchdrungen. Denn das Bergland Umbrien war auch das Land der Mystik und des zweiten Gesichtes, das Land der Ahnungen und Träume. Hier träumte Franziskus, daß er berufen sei, die lateranensische Basilika zu stützen. Hier sah er Christus als geflügelten Seraph schweben. Hier hatte Katharina von Siena ihre beglückenden Visionen. In jedem Hirtenmädchen lebt Jeanne d'Arc. Auch Peruginos Madonnen gleichen Landmädchen, frommen träumerischen Kindern, die, während sie die Herden hüten, sich in mystische Betrachtungen vergraben und plötzlich die Stimme ihrer Schutzheiligen hören.

Giovanni Bellini war nie im Venusberg, denn der Geist des Griechentums war nie in diesen orientalischen Erdwinkel gedrungen. Er hatte nie eine Tragödie erlebt. Wie ein langer, schöner, sturmloser Tag floß sein Leben hin. Weiter war er, als er seine herrlichsten Werke schuf, ein *alter* Mann. Ein Sammetkäppchen trägt er auf seinem Bildnis, und man denkt sich gern den Schlafrock hinzu. Darum fehlt auch seinen Bildern das Psychopathische, Zerrissene, nervös Ueberreizte, das Botticelli unserer Zeit so nahe bringt. Dort seelische Unruhe, der Schrei aus einer Menschenbrust, hier innerlicher Friede, eine einzige große Harmonie, die milde abgeklärte Ruhe des Alters, die kein ungestümes Thun mehr kennt. Während wir Botticelli lieben, weil wir einen Reflex dessen bei ihm finden, was in uns selbst krankhaft, nervös, überreizt ist, blicken wir zu Bellini wie zu einem edlen Patriarchen auf, weil er die große weltentrückte Ruhe hat, die wir nicht mehr haben.

Von Perugino unterscheidet ihn seine feierliche Größe, die specifische Kirchenstimmung, die seine Bilder durchweht. Landluft bei Perugino, Blumenduft bei Botticelli, Weihrauch bei Bellini. Während der Umbrer etwas Bukolisches hat, geben Bellinis Madonnen das Gefühl, in einen weiten, hohen Dom zu treten. Alles wird still rings umher, die hehren Gestalten auf den Bildern führen ihr ernstes einsames Dasein in erhabener Größe. Nicht nur dadurch, daß der Thron Marias in einer mächtigen Kirchennische steht, wird die kirchlich feierliche Stimmung hervorgerufen. Die Gestalten selbst sind wie vom Zauberhauch des Göttlichen umwittert, scheinen selbst das Gefühl zu haben, das *uns* überkommt, wenn wir den Hut abnehmen und aus dem Lärm, dem Tageslicht der Straße in die heilige Nacht, die tiefe Stille des Gotteshauses treten. Sie reden nicht, machen keine Bewegung. Ruhig wie gebannt vom Allerheiligsten, stehen sie da, so wie *wir* stehen, wenn wir traumverloren in die goldene Nacht des Markusdomes blicken, uns hypnotisieren lassen durch den Blick der byzantinischen Heiligen, die hieratisch feierlich aus musivischem Goldglanz herniederstarren. Oder wie wir blicken, wenn wir am Lido sitzen und über den träumerischen Spiegel der Lagunen schauen. Denn Byzantinismus und Lagunen, es ist im Grunde das Gleiche: ein ernstes, den menschlichen Geist mit Betäubung schlagendes Nirwana. Dieses Betäubtsein vom Geistlichen ist wohl die eigentliche Stimmung bellinesker Bilder.

Nie malt er Handlungen, nur Gefühle, nie die Bewegung, nur die Ruhe. Und diese Gefühle sogar sind so dumpf, so wenig in die Sphäre des Bewußtseins getreten, als seien seine Menschen durch Opium betäubt. Nie haben seine Heiligen die schmachtende Verzückung, den sentimentalen Augenaufschlag Peruginos, nie seine Madonnen jenes überirdische Sehnen, jene schwärmerische Hingabe, mit der sie bei den Umbrern sich zum Kinde beugen. Mit einer Gelassenheit, die an Gleichgültigkeit streift, hält Maria den Knaben im Arm: die Gottesträgerin, wie die Byzantiner sie malten. Oder die Frau aus dem Volke, die mit ihrem Kind an der Kirchthür sitzt, bedürfnislos, träumend, betäubt durch den Glanz der Sonne und die Schwüle des Mittags. Während Peruginos Madonnen Hirtinnen sind, Schwestern der Johanna von Orleans, liegt über denen Bellinis die weiche Schläfrigkeit und gleichgültige Indolenz, das melancholisch müde Wesen orientalischen Geistes. Dort der innerliche, schwärmerische Blick der Seherin, hier der unbestimmte, matte Glanz des Auges, das traumversunken über die Lagunen schaut.

Die Landschaft steigert noch die träumerische Ruhe der Werke. Denn frühe Bilder von ihm, wie der Crucifixus des Museo Correr oder der Christus in London, sind für sein landschaftliches Empfinden nicht bezeichnend. Wie überhaupt, war er auch als Landschafter damals Paduaner, legte gleich Mantegna das Knochengerüst der Erde bloß, gefiel sich in der plastischen Herausarbeitung harter Einzelheiten. Erst allmählich kommt in seine Bilder das venetianische Element.

Nicht mit dem Auge des Forschers mehr, mit dem des Träumers blickt er in die Natur, so wie *wir* blicken, wenn wir in der Gondel sitzen, die ruhig, geräuschlos die Fluten durchfurcht. Kein Wagen, kein Fußgänger schreckt uns auf. Keine Einzelheiten sieht man. In Licht gebadet, wie Phantome einer Märchenwelt, tauchen Paläste und blaue Gebirgsketten auf, tauchen auf und verschwinden. Bellini als erster ließ sich von dieser weichen Luft der Lagunen umkosen, empfand als erster die Traumatmosphäre, die Venedigs Küsten umwebt. Da ist das Gebirge in bläulich wogenden Nebel gebettet; dort liegt das Thal beruhigt im goldenen Schimmer des Abendrotes da, oder die Dämmerung breitet sich über schweigsame Hügel. Besonders jenes Böcklinsche Märchenbild kommt in Erinnerung, auf dem ein schlankes nixenhaftes Weib, eine große Kugel auf dem Knie, von wallendem, weißem Gewand umflossen, im Nachen ruht, der von leisen Winden getragen, lautlos dahingleitet. Was es darstellen soll? Ich weiß es so wenig, wie die Tausende, die träumerisch sinnend davor standen. Es ist, als hätte er sein eigenes Leben gemalt, das auch so sturmlos, so ruhig und still wie ein schöner Herbsttag dahinfloß. Jetzt, da der Abend gekommen, nimmt ihn die Wasserjungfrau an der Hand, geleitet ihn ins Boot und fährt ihn über die Lagunen hinüber nach der Insel der Seligen.

In diesen Werken des ehrwürdigen Patriarchen ist zugleich der Stoffkreis der vielen anderen beschrieben, die gleichzeitig mit ihm, teilweise als seine Schüler in Venedig arbeiteten. Maria mit oder ohne Heiligengefolge, zuweilen auch ein anderer Heiliger, der statt Maria im Mittelpunkt steht, ist fast das einzige Thema, das in Altarwerken und breiten Halbfigurenbildern behandelt wird. Nebenbei spielt, – bezeichnend für die kirchliche, von Savonarola beherrschte Zeit – besonders Hieronymus eine Rolle: der alte Mann, der seine Vergangenheit büßt und erkannt hat, daß alles Irdische eitel.

Stolzes Künstlertum, seelische Qualen und begrabene Hoffnungen, das ist die Lebensgeschichte *Alwise Vivarinis*. Als letzter Sproß der alten Künstlerfamilie von Murano mühte er sich Jahrzehnte, neben Bellini das Feld zu behaupten. Jene düster strenge, herb archaische Kunst, die *Bartolommeo* Vivarini aus Squarciones Atelier nach Venedig herübergebracht, erlebte unter seinen Händen eine Nachblüte. Plastische Wucht, fast asketische Einfachheit ist das Kennzeichen seiner frühen Werke. Schwarze Mönchskutten sieht man, alte runzliche Gesichter und gefurchte Hände. Besonders sein Bild der heiligen Klara – jene alte Aebtissin, die mit so festem Griff das Kreuz hält – ist von einer Klosterstimmung, daß man an Zurbaran denkt. Doch aus dem Gegner wurde der Nachahmer Giovanni Bellinis. Nachdem er vergeblich für die alten muranesischen Ideale gekämpft, will er nun zeigen, daß er alles, was an seinem Gegner bewundert wird, auch leisten kann, giebt seinen Gestalten die müde Kopfhaltung und den schwermütigen Ausdruck Bellinis, bemüht sich, statt herb mild, statt rauh zart zu sein. Und dieses Bemühen, mit den Nerven eines anderen zu fühlen, wird das Drama seines Lebens. Auf den ersten Blick unterscheidet man seine Werke nicht von denen Bellinis. Die Züge der thronenden Madonnen sind bellinesk, Engel musizieren, in runden weichen Linien fließt der Mantel Marias herab. Auch die weiblichen Heiligen, die den Thron umstehen, scheinen Schwestern derer, die bei Bellini die Jungfrau verehren. Gleichwohl kommt man vor den Bildern nicht in Stimmung, glaubt zu empfinden, daß Alwise selbst das drückende Gefühl des Kompromißmannes hatte, der sich selbst nicht mehr ausspricht und dem anderen nicht gleichkam. Dort ist alles verschleiert und träumerisch, beseelt von jener großen Ruhe, die aus Bellinis Seele in seine Werke floß. Alwise, der schwerfällige, ringende, an sich verzweifelnde Geist, erreicht diese Stimmung nicht. Seine Farbe bleibt zäh, die Empfindung mürrisch. Grollend zog er sich schließlich zurück, um ziemlich unbemerkt zu sterben. Selbst Cima und Basaiti, seine Schüler, waren unterdessen zu Bellini übergegangen.

Neu sind in ihren Werken nur die landschaftlichen Elemente. *Cima,* der in seiner Pietà der Akademie noch herb muranesisch wirkt und später weich, lyrisch, wie Bellini wurde, erfüllt den engen Kreis seines Kunstschaffens mit rechtschaffener Tüchtigkeit, weiß Andacht und ruhevollen Ernst schlicht und einfach, nur weniger zart als Bellini zu interpretieren. Selbständig ist er darin, daß er den Thron Marias, statt in der Nacht der Kirche, in der freien Natur aufstellt. Er stammte nicht aus Venedig, sondern vom Rande der Alpen, und diese Liebe des Gebirgsbewohners zu seiner Heimat spricht aus seinen Bildern. Nie versäumt er, das herrliche Gebirge darzustellen, in dessen Thälern er seine Jugend verbrachte. Namentlich die Farbenwunder des Herbstes wird er nicht müde, zu schildern. Ein tiefblauer Himmel, sanft abgetönt und von glänzenden Wolken durchzogen, verschwimmt weich mit den grünen, braunen und blauen Tönen, in denen die Erde schimmert. Leise Melancholie und idyllischer Friede ist der Grundton all seiner Landschaften. Die gleiche Entwicklung machte *Basaiti* durch. In frühen Werken, wie der Münchener Pietà, versucht er Mantegna an Schmerzenspathos zu überbieten. Später wird er mild, bellinesk in Empfindung und Farbe, wahrt aber ebenfalls als Landschafter seine Eigenart. Die illyrisch-dalmatinische Küste, woher er stammte, ist ein kahles, felsiges Land, schroff zum Meere abfallend, wild zerklüftet, mit ihren Buchten und steilen Felswänden an die Fjorde Norwegens erinnernd. Diesem wilden Charakter seiner Heimat entsprechen die landschaftlichen Hintergründe seiner Bilder. *Bartolommeo Montagna* von Vicenza, ein großer ernster Künstler, möge weiter der Gruppe derer eingereiht werden, die zwischen Mantegna und Bellini stehen.

Bei den folgenden ist von einer Nachwirkung der Muranesen überhaupt nichts mehr zu spüren, sondern sie stellen sich von vornherein auf den von Bellini bereiteten Boden. Dem *Vittore Carpaccio* hat es geschadet, daß man – äußerlichem Schema zu liebe – ihn stets von *Gentile* Bellini herleitete. Nächst Gentile gilt er als der hervorragendste Epiker der Schule, ein frisches Erzählertalent, das aus reichen Baulichkeiten, jugendlichen Mädchenköpfen und schmucken Jünglingsgestalten festlich heitere Novellen zusammensetzte. In der That beschreibt man Carpaccios bekanntestes Werk, den Cyklus mit der Legende der heiligen Ursula mit ähnlichen Worten wie die Bilder Gentiles. Diplomatischen Audienzen wohnt man bei, blickt auf das Meer, wo Gondeln und reich beflaggte Schiffe sich bewegen, sieht halb klassische, halb orientalische Monumente und davor auf den Terrassen, auf den Treppen eine festlich geschmückte Menge, stolze Senatoren, elegante Jünglinge, schöne Frauen, Musiker, die Fanfaren ertönen lassen, bunte Fahnen, die im Winde flattern. Aus prunkvollen Palästen, malerischen Kostümen, glitzernden Wogen setzt er eine Feenwelt zusammen. Damit ist aber auch gesagt, was ihn von Gentile unterscheidet. Während dieser architektonische Veduten malte, alles trocken mit dem Auge des Illustrators betrachtete, ist Carpaccio der Poet, der die Wirklichkeit mit Märchenzauber umwebt, von der Erde hinweg in ein Traumland entrückt, wo es nur himmlische Menschen, nur reine Gefühle giebt. Nicht Venedig malt er, er malt die Liebeshöfe der Provence, malt deutsche Märchen mit Lindenblüten, schlanken Prinzessinnen und verzauberten Königssöhnen. Seine Bilder sind *fêtes galantes,* die im Himmel spielen. Und wie er im Martyriumstraum der heiligen Ursula die ganze Mystik des Christentums malt, ist seine Darstellung im Tempel, seine Krönung der Jungfrau von blumenzarter, schmerzlicher Schönheit. Selbst die beiden Courtisanen, die auf dem Bilde des Museo Correr auf dem Balkon ihres Hauses sitzen, sind bei Carpaccio Engel geworden: Dirnen mit der Seele der Madonna. Man meint, daß eine Linie bestehe zwischen Carpaccio und jenem Johannes de Alemannia, der einst aus der Stadt Heinrich Susos nach Venedig gekommen.

Andrea Previtali aus Bergamo steht seelisch wohl Giovanni Bellini am nächsten und überrascht als Landschafter zuweilen durch einen intim traulichen, beinahe deutschen Zug. *Vincenzo Catena* schuf in seinem Martyrium der heiligen Katharina ein Bild, vor dem man bewundernd in der Kirche Santa Maria Mater Domini weilt: nicht nur weil die Landschaft – diese weite Ebene mit dem fernschimmernden Meer – so überirdisch schön ist, sondern weil es den ganzen Geist dieser spiritualistischen Epoche spiegelt. Dieses Mädchen, dem schon der Strick mit dem Mühlstein um den Hals geschlungen, und das doch kein Klagen, keine Thräne kennt, in stiller Demut dem Willen des Höchsten sich beugt – es bedeutet den Triumph der Seele über den Körper, die letzte Etappe auf dem Wege, den seit Savonarola die Kunst gegangen war.

Eine Sonderstellung neben diesen Meistern, die als kleinere Planeten um die Sonne Bellinis kreisen, nehmen nur diejenigen ein, die man die venetianischen Niederländer nennen könnte. Venedig war seit dem Beginn seiner Kunstgeschichte durch unzählige Bande mit dem Norden verknüpft. Nachdem Johannes de Alemannia den Stil Stephan Lochners nach den Lagunen gebracht, war 1473 aus den Niederlanden Antonello von Messina gekommen. Und wie die Bildnisse Giovanni Bellinis zuweilen niederländisch anmuten, ist an *Marco Marziale* nur der Name italienisch, der Stil so altvlämisch, daß er zum Kreise Rogers gehören könnte. Ein weiteres Band zwischen Nord und Süd wurde durch *Jacopo de' Barbari* geknüpft, der das erste Stillleben der Kunstgeschichte, das Rebhuhn der Augsburger Galerie, malte, in Nürnberg Dürer imponierte und als Hofmaler in Brüssel endete.

9. Memling

Was in Florenz Botticelli, in Umbrien Perugino, in Mailand Borgognone, in Venedig Bellini heißt, nennt sich in den Niederlanden *Hans Memling*. Im stillen Johanneshospital von Brügge klingt die Kampfstimmung der Savonarolazeit weich und harmonisch aus.

Auch die Niederlande hatten nach Goes' Auftreten noch ihren Spötter gehabt. Der jung verstorbene *Geertgen van St. Jans* nimmt im Norden eine ähnliche Stellung ein, wie in Italien Piero di Cosimo. Er soll im Ordenshaus der Johanniter im Harlem gelebt haben, woraus nicht notwendig auf das Naturell eines Klosterbruders zu schließen ist. In seinen Bildern erscheint er als ein übermütiger, junger Mensch, der über Religion seine Witze macht, gegen die Priester die Zunge herausstreckt. Nur ein einziges Mal, als er die Wiener »Klage um den Leichnam Christi« malte, gelang es ihm ernst zu bleiben. In dem dazugehörigen Bild aus der Johanneslegende zeigt er durch Einflechten ganz burlesker Dinge, wie sehr er über diese Stoffe einer abgethanen mittelalterlichen Weltanschauung lachte. Dieser Kaiser Julianus Apostata, der die Verbrennung der Gebeine des Johannes anordnet, ist der leibhaftige Theaterkönig. Der groteske Totengräber sieht aus wie ein Brueghelscher Hanswurst. Die Herren Johanniter, die sich zur Feier eingefunden, betrachten das gerettete Gebein ihres Schutzpatrons, als ob es der Knochen eines Esels wäre. Und das Amsterdamer Bild der heiligen Sippe! Im Vordergrunde die zartesten Frauenköpfe, wie nur ein Verliebter sie malt. Dahinter blöde Kinder im Schlafrock und watschelnd krummbeinige Chorknaben, die täppisch einen Kronleuchter anzünden. Man denkt an die Art, wie Grabbe oder Heine durch eine Trivialität, durch eine Unflätigkeit die Stimmung zerstören. Hinter dem Faust, der schwärmt, steht der Mephisto, der lacht.

Als Hans Memling lebte, war die Zeit anders geworden. Auf die Offenbachstimmung, die Parodie und Skepsis war wieder die romantische Sehnsucht gefolgt. Thomas a Kempis hatte in den Niederlanden eine neue religiöse Begeisterung wachgerufen. Ein junger, lustiger Gesell, so erzählt die Legende, ward nach fröhlichem Wanderleben Soldat, focht unter Karl dem Kühnen bei Nancy und wurde schwer verwundet. Mühsam schleppte er sich bis Brügge, sank besinnungslos an der Pforte des Johanneshospitals nieder, wurde aufgehoben und glücklich geheilt. Malte aus Dankbarkeit, ohne Bezahlung anzunehmen, für das Hospital die Bilder, die man noch heute dort sieht. Verliebte sich in die barmherzige Schwester, die ihn sorgsam gepflegt. Pilgerte wie Tannhäuser nach Rom, um dort Erlösung zu suchen. Starb als Mönch in der Karthause von Miraflores.

Die Wissenschaft hat, wie so vieles andere, diese schöne Legende zerstört. Wir wissen heute, daß Hans Memling aus Mömmlingen bei Mainz stammte, dann Lehrling und Gehilfe Rogers van der Weyden war und später als wohlhabender Bürger in Brügge lebte. Schade! Die Geschichte scharrt die Toten ein, und die Legende läßt sie leben. Memlings Bilder stimmen besser zu dem legendarischen Memling als zu dem dreifachen Hausbesitzer. Schöner als die Legende es gethan, kann kein Gelehrter das Wesen Memlings kennzeichnen. Seine Kunst gleicht wirklich einer stillen Zelle, in der ein kranker Mann, der einst als schmucker Landsknecht auf weißem Zelter durch die Fluren sprengte, nun wund und müde dahinlebt. » *Imaginez un lieu privilegié, une sorte de retraite angélique, idéalement silencieuse et fermée, où les passions se taisent, où les troubles cessent, où l'on prie, où l'on adore, où tout se transfigure, où naissent des sentiments nouveaux, où poussent comme des lis des ingénuités des douceurs, une mansuètude surnaturelle, et vous aurez une idée de l'âme unique de Memline et du miracle qu'il opère en ses tableaux.«* Mit diesen Worten hat Fromentin in seinen *Maîtres d'autrefois* den Zauber Memlingscher Kunst beschrieben.

Man empfindet ihn nicht in allen seinen Werken. Wenn er stark sein will, pathetisch und mächtig, reicht seine Kraft nicht aus. Das gilt von dem Kreuzigungsbild in Lübeck und zum Teil sogar von dem Jüngsten Gericht. Wenigstens hat er hier die Schrecken des *Dies irae* nicht mit der Wucht seines Lehrers Roger, sondern mit der Kindlichkeit Lochners gemalt. Er sieht aus wie ein verkleidetes Mädchen, dieser Michael, der so schüchtern die Seelen wägt. Die Verdammten nahen dem Höllenpfuhl mit ebenso reingewaschener Seele, wie all die zierlichen nackten Jüngferchen, die links im Gänsemarsch zur Himmelspforte steigen. Nur wenn es um jugendliche Anmut, um zartes Minnespiel sich handelt, ist Memling groß. Wie in der Legende erscheint er in seinen Werken als ein ritterlicher Schwärmer, der, da sein irdisches Lieb ihn verschmäht, eine himmlische Braut sich wählt, Maria die Gnadenreiche mit der Verzückung des Troubadours feiert. Unbeschreiblich in ihrer mädchenhaften Frische und keuschen Grazie sind die Frauen, die er im Verlobungsbild der Katharina malt. Rührend ist die stillgläubige Frömmigkeit, mit der er die Ursulalegende erzählt. Bei dem Venetianer weite Flächen, rauschende Schönheit, Venedig im Festesglanz. Hier kindliche Einfachheit, miniaturhafte Zierlichkeit, Demut und Friede. Selbst das Martyrium der Mädchen verläuft bei Memling ohne Klage und Todesfurcht. Die Hände gefaltet, sanftmütig ergeben scheiden sie aus dem Leben – mit jenem gläubigen Gleichmut, dem der Schrecken des Todes nur die Vorahnung himmlischer Freuden ist.

Memlings Unterschied von seinen niederländischen Vorgängern ist also deutlich. Während Jan van Eyck, der Feinmaler, sich in den glitzernden Glanz der Welt verliebte, Roger, der Pathetiker, vergrämte Matronen malte, geht ein milder, lyrischer Zug. ein Hauch von Frauenseligkeit durch Memlings Werte: diese holden Engel mit dem langwallenden Haar, diese schlanken Mädchengestalten und träumerisch sinnenden Marien. Nur sind diese Züge die nämlichen, wodurch Bellini oder Borgognone sich von älteren Meistern wie Pisanello und Tura unterscheiden. Memlings Unterschied von diesen italienischen Zeitgenossen ist weniger handgreiflich. Aeußerlich erkennt man sofort den Niederländer. Memling hat nur ein einziges Bild, die Madonna des Wiener Museums, gemalt, das seine Bekanntschaft mit der Renaissance-Ornamentik zeigt. Eine runde Arkade öffnet sich, Putten spielen und halten eine dicke Guirlande, die sich festlich über den Thron Marias spannt. Sonst herrscht in seinen Bildern immer die Gotik. Während der erdenfrohe Jan van Eyck diesen Stil vermied und, da er die Renaissance noch nicht kannte, auf die massigen, breit sich hinlagernden romanischen Formen zurückgriff, bevorzugte Memling, obwohl er die Renaissance kannte, die himmelstrebende, ätherische Gotik, da nur sie dem Wesen seiner schlanken spirituellen Figuren entsprach. Auch zwischen Memlings *Frauen* und denen der Italiener herrscht jene Verschiedenheit, die Barrès in seinen » *deux femmes du Bourgeois de Bruges*« skizzierte. Bei den Italienern Maria, hier Martha; dort das vibrierende Weib, hier das gute Aschenbrödel. Dort die weiten schwülen Lagunen, über deren Spiegel bei Mandolinenklang Gondeln gleiten. Hier die engen Kanäle von Brügge, in deren kalter Flut weiße Schwäne ihr schneeiges Gefieder baden.

Das reiche Brügge, das Jan van Eyck gekannt, war, als Memling malte, schon eine tote Stadt Das große Hans der Medici war zusammen gebrochen. Die fremden Kaufherren, die ehedem gekommen, blieben aus. Die Kanäle veröden, die Paläste verfielen. Diese Einsamkeitspoesie, diese Dornröschenstimmung, die über Brügge, über Rothenburg liegt, ruht über Memlings Bildern. Schon er betrachtete mit den Augen des Romantikers all diese trotzigen Stadtthore und mächtigen Kirchen, die als stolze Ueberreste einer großen Vergangenheit in die arme Gegenwart herüberragten. Schon auf ihn wirkten sie wehmütig, diese weiten Straßen, die einst der Schauplatz festlicher Aufzüge gewesen, und nun so zwecklos, so menschenleer dalagen.

Doch namentlich die Erinnerung an das Johanneshospital, an weißgetünchte Wände, weiße Bettlaken und barmherzige Schwestern wird wach. Borgognone ist der Klosterbruder, der Mann in der Kutte, der, des Lebens müde, sich in die Natur und ihren Frieden geflüchtet. Seine Bilder geben die Empfindung, wie wenn man an schönem Nachmittag von Florenz nach der Certosa fährt. Bellini ist der Altarmaler des byzantinischen Venedig. Seine Bilder wirken, wie wenn man aus der Sonne der Piazza in die weihrauchdurchzitterte Nacht des Markusdomes tritt. Ein ganz anderes Gefühl überkommt den, der in dem stillen Brügge durch holperige, moosbewachsene Gäßchen dem Johanneshospital zuwandert. Eine kleine Pforte öffnet sich und führt in einen Hofraum, wo unter ehrwürdigen Linden auf den Bänken arme alte Männer in beschaulichem Nichtsthun träumen. Beguinen in schwarz-rotem Kostüm und weißen Häubchen kommen und gehen. Es liegt etwas Trauriges, Resigniertes in diesen Mädchen, die wie Nonnen dahinleben, ohne Familie. So ernst und gesetzt hat sie das Leben in diesen Mauern gemacht. Memlings Bilder haben Hospitalstimmung. Man betrachtet sie mit dem Gefühl, das uns vor schönen kranken Mädchen befällt. Es ist, als hatte er in die Natur mit den Augen des Kranken gesehen, der in seinem Stübchen sitzt und durch die Butzenscheiben sehnsüchtig in die lachende Welt hinausblickt.

Warum sind die Menschen, die ihm zu Bildnissen saßen, alle so blaß? Warum halten sie den Rosenkranz, das Gebetbuch und falten so dankbar die Hände? Warum dehnt hinter ihnen, in mildem Licht gebadet, so feierlich sonntäglich die Welt sich aus? So grün und frühlingsfrisch, als ob der Glanz erster Schöpfungstage auf ihr ruhe? Leute scheinen sie, die zum erstenmal wieder aus der dumpfen Luft der Krankenstube in Gottes freie Natur hinaustreten, so wie die alten Männer des Johanneshospitals mit dankbarem Glück empfinden, daß die Sonne wieder, die liebe Sonne sie bescheint. Und all die Blumen, all die Bücher, die er in seinen Madonnenbildern aufhäuft? Behandelt er Maria nicht wie ein krankes Kind, dem man Bilderbücher bringt, Flieder und Lilien? Sie sind so rührend bei Memling, wie von einem kranken Kinde gepflegt, diese Blumentöpfe, die er zu Füßen Marias stellt. Sie haben Krankenstubenstimmung, diese Bilderbücher, in denen seine blassen Mädchen so zerstreut blättern. Und diese Fenster, die so fest verschlossen sind, daß kein kaltes Lüftchen hereindringt? Das zauberhaft liebliche Stück Welt, in das man durch die kleinen Scheiben schaut? So empfindet niemand die Natur, der sie immer hat. Nur dem Kranken scheint sie so, wenn er am Fenster steht: so rührend schön, so heilig schön. Er sieht den Reitersmann auf seinem Schimmel die einsame Landstraße daherkommen, beobachtet die Schnitter, die dort am Kornfeld arbeiten, den Fuhrmann, der einen Vorübergehenden nach dem Wege fragt, freut sich der Schwäne, die da drüben im Weiher plätschern, der Schafe, die auf sonnig grüner Wiese ruhen. Eine strohbedeckte Hütte, die sich einsam im Feld erhebt, eine alte Mühle, eine morsche Holzbrücke, die sich über glitzerndes Wasser spannt – es genügt, ihn mit Gedanken und Empfindungen zu erfüllen. Und seine Mädchen selbst, haben sie nicht auch die Krankenlagerlieblichkeit, das Feine, Durchgeistigte, das die Zimmeratmosphäre dem Menschen giebt? Mild resigniert sind ihre Züge, kraftlos und leise die Bewegungen. In rührender Koketterie haben sie ihre kostbarsten Gewänder angelegt, sich mit Perlendiademen, mit Ringen geschmückt. Es thut so wohl, wenn man krank ist und Besuch bekommt, sich schön zu wissen, nicht durch die Krankheit entstellt... Das haben wohl auch ehedem Menschen aus Memlings Bildern herausgelesen. So entstand die Legende von dem verwundeten Memling, der als Kranker im Johanneshospital lebte.

Der gleiche Zauber liebenswürdiger Stille, dieselbe Schüchternheit, die ängstlich alles Brutale meidet, herrscht in den Madonnenbildern *Gerard Davids*, so daß er in allem wie eine Fortsetzung Memlings wirkt. Auch er liebt jene Frauen mit hoher Stirn und schüchtern niedergeschlagenem Blick, und weiß aus ihren Augen den Ausdruck des Sinnigen oder Feierlichen sprechen zu lassen. Ein Altarbild, das er 1509 für die Kirche der Karmeliterinnen in Brügge malte und das nach Rouen gelangte, wird als sein Hauptwerk genannt. Daß er in anderen Bildern das altkölnische Thema der Madonna im Rosenhag neu aufnahm, beweist ebenfalls, wie verwandt er sich geistig Memling und Lochner fühlte. Maria sowohl wie die anderen Heiligen haben jene Reinheit und sinnende Träumerei, die an Memlings Bildern bestrickt. Bewegungslos sitzen sie da, wie gebannt durch die Ueberfülle inneren Erlebnisses. Das Heiligste haben sie erfahren, aber ihr Mund bleibt stumm, als fürchteten sie durch laute Worte die feierliche Stille zu stören. So umschwebt sie etwas schwermütig Ahnungsvolles, leise Verhaltenes, das auch Davids Bildern einen Zug zarter knospenhafter Verschlossenheit giebt. Erst in seinen spätern Werken – er lebte bis 1523 – ändert sich, der veränderten Zeitstimmung gemäß, sein Stil.

10. Leonardo

Das Ergebnis ist, daß Savonarola keineswegs als »Totengräber der Kunst« zu gelten hat, sondern daß wir der religiösen Bewegung, die von ihm ausging, das Zarteste, Duftigste verdanken, was das Quattrocento überhaupt geschaffen. Wohl wurden durch ihn die Götter Griechenlands aus Italien verdrängt. Wohl war es vorbei mit all jenen Erzählungen aus dem Alten Testament und der Heiligenlegende, die den Realisten als Verwand gedient, den Prunk und Glanz ihrer Zeit zu schildern. Dafür kam unter dem Einfluß des gesteigerten Gefühlslebens in die religiöse Malerei eine neue Note. Indem er die Künstler daran erinnerte, das das höchste Ziel des christlichen Malers nicht die Wiedergabe der äußeren, sondern der inneren Welt, nicht die Darstellung der körperlichen, sondern der seelischen Schönheit sei, erschloß er ihnen das ganze Gebiet des Geisteslebens. Indem er gegen die weltlichen Ausschreitungen der Kunst eiferte, trug er dazu bei, daß sich die Wirklichkeitsfreude der Realisten zu stilvoller Schönheit klärte.

Hatten die Primitiven im Porträt ihr Hauptziel gesehen, so schufen die Meister der Savonarolazeit Menschen, wahr wie in der Wirklichkeit und doch von einem Hauch höheren Lebens beseelt, durch die Intensität ihrer Empfindung allem Irdischen entrückt. Ein subjektives Schönheitsideal ist an die Stelle objektiver Naturabschilderung getreten. Mögen die Köpfe mehr melancholisch wie bei Bellini, mehr sentimental wie bei Perugino, mehr kindlich gut wie bei Memling sein – die Beherrschung der Formen geht völlig auf in dem Ausdruck einer Seelenstimmung. Geistige Zustände der flüchtigsten, zitterndsten Art werden gemalt: in Maria entsagungsvolle Wehmut, in Johannes prophetische Begeisterung, in Hieronymus qualvolle Reue, in Ursula gottbegeisterte Glaubensstärke, in Franz schwärmerische Inbrunst, in Katharina keusche Hingabe, in den Engeln selige Verzückung. Auf die Eroberung der Wirklichkeit, die von den Realisten vollbracht war, ist die Renaissance der Seele gefolgt.

Dadurch änderte sich auch das Wesen der Porträtmalerei. Die Aelteren, die auf Pisanello und Jan van Eyck folgten, hatten in scharfer Naturwahrheit die Epidermis gemalt, das Aeußere des Menschen, wie er dem Maler festgenagelt gegenübersaß. In den Bildnissen Memlings, Bellinis und Botticellis ist das Körperhafte nicht mehr höchstes Ziel. Ein Hauch von Wehmut oder sinnendem Träumen beginnt die starren Köpfe zu beseelen. Durch geheimnisvolle Inschriften und Attribute wird das Gemütsleben oder das Schicksal der Personen angedeutet. Die menschlichen Dokumente sind zugleich Seelenbekenntnisse und Stimmungsbilder.

Dieser seelischen Stimmung, die man im Bildnis erstrebt, entspricht das Stimmungselement, das neu in die Landschaft kommt. Wohl hatten schon die Realisten landschaftliche Hintergründe gemalt, aber das Bewußtsein, daß es im Vermögen des Künstlers liege, die psychische Stimmung des Vorgangs ausklingen zu lassen in der Stimmung der Landschaft, war noch nicht erwacht. Unverschmolzen stehen beide Elemente da. Die Grablegung Christi geht inmitten lachender Frühlingslandschaften vor sich. Die folgenden, wie sie die Seele des Menschen entdeckten, entdecken die Seele der Natur. Je nach der Stimmung des Hauptvorgangs ist über die Erde heitrer Friede oder stille Wehmut gebreitet. Mensch und Natur klingen zu großem Accord zusammen.

Zu Gunsten dieses Stimmungselementes – dem auch Blumen und Musik so wichtige Dinge waren – erfahren selbst die koloristischen Anschauungen eine Umwandlung. Die Primitiven in ihrem ausgeprägten Wirklichkeitssinn hatten jedem Ding seine eigenen bunten vollen Farben gegeben. Dann war Piero della Francesca gekommen und hatte auf das Atmosphärische hingewiesen. Man hatte alle Kraft eingesetzt, die schwierigsten Elemente der Erscheinungswelt, Luft und Licht malen zu lernen. Die Meister der Savonarolazeit, weniger Analytiker als Träumer, thaten einen weiteren Schritt. Nicht mehr die objektive Wiedergabe des Natureindrucks ist Bellini und seinen Genossen letztes Ziel, sondern die Farbe wird zum Ausdrucksmittel seelischer Stimmung gemacht, die musikalische Innerlichkeit der Farbe wird entdeckt. Die Formen erweichen sich, zartes Dämmerlicht hüllt die Dinge ein. Die Periode des »Helldunkels« beginnt.

Andererseits gingen mit diesen psychologischen und koloristischen Errungenschaften ebenso ernste formale Bestrebungen Hand in Hand. Nachdem Savonarola verboten hatte, das Zeitkostüm anzuwenden und wieder Idealtracht an die Stelle des modischen Kleinkrams getreten war, handelte es sich um deren künstlerische Durchbildung. Das Studium der Draperien, worauf Mantegna schon hingewiesen, bildete ein wichtiges Arbeitsfeld. Ebenso hatte der religiöse Ernst, der wieder in die Kunst gekommen, zur Ausscheidung all der intimen anektodischen, oft vulgären Dinge geführt, die die Früheren so gern ihren Bildern beifügten. Damals, als nicht der religiöse Stimmungsgehalt des Themas, sondern die Freude an der Natur im Vordergrunde stand, kannte man keine Grenze in der Aufhäufung der verschiedenartigsten Dinge. Wie man auf *einer* Tafel zeitlich getrennte Momente zusammenstellt, in einem einzigen Bild Vergangenheit, Gegenwart und Zukunft erzählt, so werden rings um den Hauptvorgang, nur der Porträtmalerei zulieb, allerhand Nebenfiguren, die mit der Handlung nichts zu thun haben, als unbeteiligte Zuschauer eingeführt. Die Meister der Savonarolazeit drängen, dem einheitlichen Gesamteindruck zulieb, all dieses Beiwerk zurück. Machtvolle Einfachheit soll an die Stelle der Zersplitterung treten. Darum ändert sich schon äußerlich die Form der Altarwerke. Bestanden sie früher aus dem Hauptbild, den Flügeln, Predellen und Lünetten, so genügt jetzt eine einzige Tafel. Keine Figur wird eingeführt, die nicht an der Handlung beteiligt ist. Lyrische Gedichte, einheitliche Dramen treten an die Stelle der Epen. Ein psychisches Grundmotiv geht durch das Ganze und weist jeder Gestalt die entsprechende Rolle zu. Dadurch kommen auch neue kompositionelle Fragen in Fluß. Der geschlossenen Stimmung mußte die geschlossene Komposition entsprechen. Hatte man früher friesartig aneinander gereiht, so handelte es sich jetzt darum, zu konzentrieren, dem Bild Gipfel und Basis zu geben, die dramatische Einheitlichkeit des Vorgangs schon durch die Komposition zum Ausdruck zu bringen. So wurde das Ziel jene Concinnitas, die schon Alberti als Ideal der Schönheit hinstellte: eine Harmonie der Teile, so daß ohne Schaden nichts hinzugefügt und nichts hinweggenommen werden könnte. Statt der breiten Epik der Aelteren herrscht straffer Aufbau, rhythmische Einfachheit, weiche Wellenlinie.

Und addiert man alles, so bietet sich – wenigstens teilweise – die Möglichkeit, die scheinbar ganz der Erde entrückte Gestalt *Leonardo da Vincis* in Zusammenhang mit seiner Zeit zu bringen. Man fühlt, wie er als Psycholog, als Meister des Clairobscur und Begründer der Kompositionslehre aus der Savonarolazeit herauswächst. Alle Probleme, die von der Zeit gestellt waren, nimmt er auf und giebt sie gelöst zurück.

Zunächst ist das psychologische Problem, das seit Savonarola in Fluß gekommen war, für ihn Gegenstand wissenschaftlicher Forschung. Sowohl das Kapitel in seinem Malerbuch, wie die vielen Dinge, die aus seinem Leben erzählt werden, zeigen, wie sehr ihn das Studium der Affekte beschäftigte. Er lädt sich Bauern ein, erzählt ihnen abenteuerliche Geschichten, jagt ihnen Schrecken ein, um plötzliche Gefühlsausbrüche zu beobachten, begleitet Verbrecher auf den Richtplatz, um zu sehen, wie sich die Todesangst in ihrem Gesicht spiegelt. In den sogenannten Karikaturen verfolgt er das Ziel, gewisse von der Natur gegebene Eigentümlichkeiten menschlicher Gesichtsbildung bis zur äußersten Grenze des organisch Möglichen zu steigern, aber zugleich das Ziel, alle Schattierungen des Affekts in greller Unmittelbarkeit festzuhalten. Desgleichen sind die Köpfe, die sonst in seinen Zeichnungen wiederkehren, psychologische Studien. Sein Ideal ist kein physisches, nicht kräftige Stärke, nicht üppige Schönheit. Es ist ein psychisches: die Delikatesse, die Weichheit, die Träumerei. Für zitternde Erotik wie für Mutterglück und Kinderfreude sucht er immer neue Nuancen. Die Frische der Jugend ist durch leise Sehnsucht gedämpft, die Würde des Alters von philosophischer Resignation verklärt. Den Kommentar zu den Köpfen bilden die Hände. Schon sein Lehrer Verrocchio hatte die Anmut seiner jugendlichen Gestalten durch zierliche Stellung der schlanken Finger gesteigert. Leonardo, auf diesem Wege weitergehend, zieht die Hände als psychologischen Kommentar heran, läßt sie dramatischen Anteil an der Handlung nehmen.

Außer dem psychologischen beschäftigt ihn das koloristische Problem. Er war Musiker. Schon in seiner Jugend, erzählt Vasari, hätte er sich mit Musik beschäftigt und die Lyra spielen gelernt. Selbst nach Mailand sei er nur berufen worden, weil der Herzog so großes Vergnügen am Lyraspiel gehabt. Und er habe ein selbsterfundenes Instrument mitgebracht, das den Klang abtönte, so schmelzend und wohllautend machte, daß er damit alle Musiker Mailands übertroffen hätte. Alle Maler, die nebenbei Musiker waren, Giorgione wie Gainsborough und Corot, haben nun die weichen schmelzenden Töne geliebt. So ist es kein Zufall, daß in dem singenden, klingenden Venedig der Kolorismus seine ersten Triumphe feierte, kein Zufall, daß der Musiker Leonardo der Begründer des eigentlich »malerischen« Stiles ward.

Aber nicht nur Musiker, auch Mathematiker war er. So gehen mit diesen malerischen ebensoviel formale Probleme Hand in Hand. Wie er in seinem Traktat den Draperien einen besonderen Abschnitt widmet und an Thonfiguren mittels gipsgetränkter Tücher seine Draperiemotive ordnet, faßt er hinsichtlich der Komposition alles zusammen, was seine Vorgänger Perugino, Mantegna und Bellini erstrebten. Noch in seiner Grabschrift wird hervorgehoben, die Eurhythmie der Alten sei sein hauptsächlichstes Ziel gewesen. In dieser Vielseitigkeit steht er als ein Centrum, wie eine große leuchtende Sonne an der Grenzscheide zweier Jahrhunderte. Er hat es möglich gemacht, den schmeichelnden Reiz der Form mit zitternder Empfindung, die formale Schönheit der Parthenonskulpturen mit tiefer Durchgeistigung zu vereinen, hat den malerischen Stil begründet und zugleich für Linearkomposition neue Gesetze gegeben – genug Probleme, um eine ganze Malergeneration zu beschäftigen.

Die paar Bilder, die er malte, wenn gerade keine wichtigere Frage seinen Geist beschäftigte, und die er gewöhnlich gar nicht zu Ende führte, sondern in dem Moment stehen ließ, wo er sich selbst über die Lösung des Problems klar war, sind eigentlich nur Paradigmen zu den Lehrsätzen seines Malerbuches, zufällig abgeschnittene Coupons von dem Riesenkapital, das er unveröffentlicht in sich trug. Gleich in dem Engelskopf auf Verrocchios Taufe Christi ist die Grundnote Leonardos gegeben. Zum erstenmal taucht einer jener Köpfe auf mit den träumerisch wehmütigen Augen, dem weich geringelten Haar und dem leisen, rätselvollen Lächeln, womit man so gern den Namen Leonardos verbindet. – In dem Damenporträt der Liechtensteingalerie beschäftigt ihn das Problem des dämonischen Weibes. Man denkt an eine Mörderin, an Lady Macbeth, vor diesem blassen Weib mit den grausamen chinesisch geschlitzten Augen. Die psychologische Charakteristik wird durch die Landschaft ergänzt. Denn es ist nicht zufällig, daß hinter diesem Kopf, der so exotisch, so ostasiatisch anmutet, sich eine ostasiatische Pflanze, ein Bambusstrauch erhebt. – Psychologisches und Kompositionelles klingen in der Berliner Auferstehung zusammen. Während die frühere Kunst drei Wächter um den Sarg Jesu vereinte, knieen hier zwei jugendliche Heilige, den Auferstandenen schwärmerisch verehrend. Der junge Diakon neigt sich leicht vor und erhebt in inbrünstiger Andacht die Hände. Lucia kreuzt die Hände auf der Brust, ganz aufgehend in seliger Verzückung. Die Komposition ist so geordnet, daß die Figuren ein gleichschenkliches hochgestelltes Dreieck bilden, der barocke Christus eine interessante Parallelerscheinung zu den Werken Filippinos, die ebenfalls ein so seltsames Bindeglied zwischen der Dominikanerkunst des 14. und der Jesuitenkunst des 17. Jahrhunderts bilden.

Zu einem großen psychologischen Drama gestaltet sich das Abendmahl. Die Früheren schilderten entweder, wie die Jünger ruhig bei Tische sitzen oder wie der Heiland ihnen die Hostie reicht. Kein gemeinsamer Gedanke vereint sie. Jeder handelt und denkt für sich allein. Leonardo, um Einheitlichkeit in die Handlung zu bringen, um eine Bewegung zu erzielen, die wie ein elektrischer Strom das Ganze durchzuckt, nimmt das Wort Jesu »Wahrlich ich sage euch, einer unter euch wird mich verraten« zum Ausgangspunkt und zeigt nun, wie jeder einzelne Jünger auf dieses Wort reagiert. Bangigkeit, stille Wehmut, Trauer, Entsetzen, auflodernder Zorn, Lauschen, Fragen, Schrecken, Entrüstung, Wißbegierde, Schmerz spiegeln in zwölf Köpfen und vierundzwanzig Händen sich in immer neuer Erregung. Denn Leonardo beschränkt sich nicht auf die Mimik des Gesichts. Die Hände müssen beitragen der dramatischen Scene die denkbar höchste Lebendigkeit zu geben. Nicht weil es im Wesen des Südländers liegt »mit den Händen zu sprechen«. Denn alle früheren Werke bis auf Ghirlandajo kannten kein Gebärdenspiel. Ruhig wie bei nordischen Meistern sitzen die Gestalten da. Wenn sie bei Leonardo gestikulieren, wenn man, wie Goethe sagt, schon aus den Händen die Worte ablesen kann, die jeder Einzelne spricht, so geht das nicht auf den italienischen Volkscharakter, sondern darauf zurück, daß jede

Epoche ein Problem einseitig hervorhebt und damals Mimik und Gebärdensprache das wichtigste Studienfeld geworden war. Weiter lassen die Zeichnungen verfolgen, wie allmählich sich die Komposition in Leonardos Geist gestaltete, wie immer mehr es ihm gelang, alle Einzelgestalten dem architektonischen Gefüge einzuordnen, Kontraste zu schaffen und aufzulösen, die Bewegung der Linien wechseln, verweilen und wieder forteilen zu lassen, alles durch beispiellose Rhythmik zu Harmonisieren. Daß auch malerisch – in der Art wie die Gestalten weich vom Raume sich lösten und durch die Fenster das Licht in den halbdunklen Saal hereinströmte – das Abendmahl eine Offenbarung gewesen sein muß, läßt sich heute nicht mehr sehen, nur fühlen.

Die Felsgrottenmadonna giebt noch heute von Leonardos Kolorismus eine Ahnung. Hier klingen alle Ziele des Meisters zu vollem Accord zusammen. Man sieht wieder jene holden Köpfe, die so wonnig selig uns anblicken: diese Madonna, die so traumverloren sich zum Kinde neigt, diesen Schutzengel, der so weltentrückt ist, als ob er einem fernen zarten Geigenspiel lausche. Man verfolgt, wie Leonardo zunächst das Ganze streng geometrisch in Form des gleichschenkligen Dreiecks aufbaut und diese Linienpyramide sofort durch eine Lichtkomposition zersetzt. Das Licht, von links oben einfallend, durchrieselt wie ein weicher Accord die zauberische Dämmerung der Grotte, macht dies plastisch deutlich, jenes malerisch nebelhaft. Alle scharfen Linien verschwimmen; duftig weich geht Einzelheit in Einzelheit über.

Von den späteren florentinischen Bildern ist die heilige Anna wohl dasjenige, worin er seine Kompositionsprincipien am weitesten trieb. Um die Figuren streng in die Pyramidenform einschreiben zu können, setzt er Maria auf den Schoß Annas und läßt sie zum Christkind sich herniederbeugen, das auf der anderen Seite die Basis der Pyramide bildet. Damit ist ein neues Lichtproblem verbunden. Während er in der Felsgrottenmadonna die dunkle Dolomitenlandschaft dazu verwandte, bleiche Gesichter und bleiche Hände sich in mildem Glanz von zartem Helldunkel lösen zu lassen, heben hier die Köpfe luftig und weich von zitternd *heller* Atmosphäre sich ab. – Pulverdampf, Rauch und Staub mag die Atmosphäre der Anghiarischlacht gewesen sein. Die Nachzeichnung läßt nur erkennen, welche psychologischen und kompositionellen Probleme er sich stellte. Derselbe Meister, der die höchste Schönheit sah, die seit Phidias sich einem Künstlerauge enthüllte, ist hier der Maler tobender Raserei und schnaubender Wut. Heiseres Gebrüll ertönt, Menschen hauen und stoßen, Pferde bäumen sich, wiehern, verbeißen sich – ein unentwirrbarer Knäuel. Und so ungestüm alles durcheinanderwogt, der Kompositionskünstler Leonardo hält die Massen fest in der Hand. Die gekreuzten Vorderbeine der sich bäumenden Pferde bilden die Spitze eines Dreiecks, dem alle übrigen Gestalten sich einordnen. – Fast noch komplizierter in der Anordnung, beinahe barock im Empfinden ist die Anbetung der Könige. Alle Früheren hatten Maria an das eine Ende des Bildes gesetzt, die Könige von der anderen Seite ruhig auf sie zuschreiten lassen. Bei Leonardo ist alles in Bewegung. Neugierig drängen sich die Menschen heran, sehen, fragen, staunen, beten an, lenken andere auf den Vorgang hin. Hände erheben sich, Köpfe recken sich empor. Zugleich hat er die reliefartige Profilkomposition, die früher üblich war, in ihr gerades Gegenteil verkehrt. Maria bildet wieder die Spitze einer Pyramide, deren untere Masse durch die anbetenden Könige bezeichnet wird. Rings Kontraste, die sich in Harmonien lösen, eine Wellenbewegung, die von Maria ausgeht und zu ihr zurückströmt.

Mona Lisa, deren Bildnis zur selben Zeit ihn beschäftigte, ist so wenig schön, wie die Dame in Wien. Sie ist unheimlich mit ihren fehlenden Augenbrauen und dem hexenhaft meertiefen Schimmern ihrer unerforschlichen Rätselaugen, die bald wollüstig, bald ironisch, bald katzenartig falsch zu blicken scheinen, bald uns zublinzeln, bald kalt und tot ins Unendliche starren – seelenlos wie das Meer, das gestern Menschen verschlang und heute daliegt, verführerisch schön, spottend der Unthaten, die es verübte. Wie in dem Wiener Porträt den perversen Zauber der Mörderin, hat er hier das Sphinxrätsel der Frauennatur gemalt. Vasari erzählt weiter, daß Leonardo, wenn er an dem Porträt malte, stets Sänger und Musiker zugegen ließ, damit die junge Frau durch deren Spiel erheitert und ihr »das starre Aussehen benommen würde, das oft von der Malerkunst Bildnissen aufgeprägt wird.« Damit ist angegeben, weshalb auf die Künstler damals das Bild wie ein Evangelium wirkte. So still und zart Botticellis Mädchen träumen, es blieb ein Rest metallischer Starrheit. Mehr kostbaren kunstgewerblichen Bijoux gleichen seine Bildnisse als lebenatmenden Menschen. Hier war mit einem Schlag die Wärme und Rundung des Lebens, der Reiz des Momentanen erreicht. Die Maler bewunderten, wie weich und duftig die Gestalt sich vom Hintergrund abhob, bewunderten diese Nase, die zu vibrieren, diese Augen, die zu blinzeln, diesen Mund, der zu lächeln, diese Büste, die zu atmen schien. Bleiche, zitternde, nervöse Hände bilden den Kommentar zum Kopf und dienen gleichzeitig kompositionellen Zwecken. Indem Leonardo sie breit auf der Taille ruhen läßt, ergiebt sich ein einfacher Dreiecksumriß, dessen Spitze durch den Kopf und dessen untere Ecken durch die Ellbogen bezeichnet werden. In der Landschaft des Hintergrundes klingt die Märchenstimmung des Ganzen aus. Nachdem anfangs auf italienischen Bildnissen die Köpfe auf festem Medaillengrund geruht, dann Piero della Francesca und Piero di Cosimo ihre Figuren in realistische Landschaften gestellt, ist bei Leonardo auch die Landschaft psychischer Kommentar geworden. Denn diese phantastische blauschwarze Welt, die gewitterschwül und dunkel das bleiche Weib umfließt – sie ist geheimnisvoll, märchenhaft unergründlich wie das Wesen, das durch diese Fluren wallt. Man möchte sagen, Leonardo habe in dem Bild sich selbst, seine eigene unergründliche Faustnatur gemalt. Wie die Sphinx Mona Lisa in undurchdringlichem Schweigen verharrt, liegt etwas Sphinxartiges, Dämonisches, menschlich Unnahbares im Wesen dieses Mannes, der illegitim geboren und ohne Kinder zu zeugen, einsam wie ein wunderbarer Zauberer durchs Leben geht, groß als Forscher und noch größer als Verführer in den Körper der italienischen Kunst das süße Gift der Wollust träufelt und nach Jahrhunderten noch jedem, der mit kritischer Sonde ihm naht, das zermalmende Wort des Erdgeistes entgegenschleudert: »Du gleichst dem Geist, den du begreifst, nicht mir.«

II. Die germanische Malerei des Reformationszeitalters.

11. Der Anschluß an Italien

Im selben Jahr, als im Schlosse Amboise Leonardo da Vinci sein Auge schloß, starb in Nürnberg Michel Wohlgemuth. In diesen Namen sind zwei Welten enthalten: Renaissance und Mittelalter, freies Künstlertum und zünftiges Handwerk.

Es ist beklagt worden, daß seit dem 16. Jahrhundert die deutschen Künstler nach dem Süden zogen, über Italien, wie die Kaiser des Mittelalters, die Heimat vergaßen. Aber was Italien sie eine Zeit lang vergessen ließ, war auch die erstickende Luft, das kleinliche Kastenwesen des Nordens. Aus spießbürgerlicher Enge waren sie in ein Land der Freiheit, in eine glückliche Zauberwelt versetzt. Aus »Schmarotzern« wurden sie »Herren«. »Hier frieren die Künste,« schrieb Erasmus in dem Geleitbrief, den er Holbein gab. »Nach der Sonne fror« Dürer, als er aus Venedig zurückkam. Das Märchen seines Lebens war zu Ende, und der Käfig des Philistertums nahm ihn wieder auf.

Es ist rührend, die Lebensbeschreibungen der deutschen Künstler des 15. Jahrhunderts zu lesen. Die italienischen Meister wandelten auf den Höhen des Lebens, so wie »der Sänger mit dem König geht«. Der deutsche Maler ist ein armer Kerl, der mit den Sattlern, Glasern und Buchbindern einen Zunftverband bildet. Erst hat er als »Knecht« lange Jahre bei einem Meister gedient. Dann hat er sich eingeheiratet in das Handwerk, indem er eine Malertochter oder Malerwitwe heimführte. Keinen glanzliebenden Hof, keine Aristokratie vornehmer Kenner giebt es. Die »Kunstpflege« liegt in den Händen braver Bürger, die eine Altartafel stiften, um sich in das Himmelreich einzukaufen. Diese Altartafeln samt den Bildschnitzereien werden mit Hilfe der Gesellen schlecht und recht in der Werkstatt erledigt. Und wenn sie bei der Ablieferung als »wohlgestalt« erkannt werden, wird großmütig der Frau Meisterin noch ein Trinkgeld verabreicht.

Von einem »Stil« der deutschen Kunst des 15. Jahrhunderts also läßt sich kaum sprechen. Die Aufgabe ist nur, möglichst deutlich das Thema vorzutragen, den Religionsunterricht stramm zu erteilen. Das haben die Maler mit hanebügener Derbheit gethan. Man braucht gar nicht anzunehmen, daß sie ihr Wissen bei Roger van der Weyden holten. Aus den gleichen Anforderungen ergab sich der gleiche Stil. Es galt, volkstümlich zu sein, drastisch und handgreiflich. Darum tragen sie möglichst dick die Farben auf, schreien statt zu reden, steigern das Natürliche ins Fratzenhafte, um auch vom Dümmsten verstanden zu werden. Gesichter verzerren sich, dicke Thränen und Blutstropfen fließen, fahrige Arme strecken sich aus. Es wird gehauen, gestoßen, getreten, gespuckt. Und mitten in die Scenen, in denen arme Opfer geschunden werden, sind wie in den Passionsspielen Possen eingestreut, damit auch die Lachlust ihre Rechnung findet. Kann man nicht wild sein, ist man nüchtern ehrbar. Kein stummes Sinnen, keine ätherische Grazie giebt es. Alles ist handfest und bieder, von treuherzig hausbackener Moral.

Daß *Martin Schongauer*, der große Meister von Colmar, mehr durch seine Kupferstiche als durch seine Bilder fortlebt, ist bezeichnend. Da er als Maler nicht die Möglichkeit hatte, sich auszusprechen, machte er die Griffelkunst sich dienstbar. Herb und streng, von knorriger Wucht ist seine Madonna in Colmar. Schlicht und traulich sind die kleineren Marienbilder in München und Wien. Doch sein Bestes legte er in Zeichnungen nieder.

Für die Nürnberger wurde der Holzschnitt von ähnlicher Bedeutung. Indem sie als Illustratoren für die Buchdrucker arbeiteten, erschlossen sie sich ein Schaffensgebiet, in dem sie sich freier bewegten. In ihren Altarwerken arbeiten sie als Bürger für Bürger: solid und rechtschaffen. Bis 1472 hatte *Hans Pleydenwurff* die größte Werkstatt. Eine Kreuzigung und eine Vermählung der Katharina in München, eine Kreuzigung im germanischen Museum, eine Kreuzabnahme in Paris und ein Altarwerk in Breslau weist ihm die neuere Forschung zu. Dann etablierte sich *Wilhelm*, sein Sohn, dessen Hauptwerk der Peringsdörffersche Altar von 1488 sein soll. Das Geschäft des alten Pleydenwurff brachte – durch Verheiratung mit der Witwe – *Michel Wohlgemuth* an sich. In ihm hatten die Deutschen des Quattrocento den Maler, den sie verdienten. Die Zahl seiner Werke ist ungeheuer. In München, Nürnberg, Schwabach, Heilsbronn, Zwickau und vielen anderen Orten kommen sie vor. Doch wer das Bildnis kennt, das Dürer von seinem Lehrmeister malte – jenen Kopf mit der Habichtsnase und dem kalten, stahlharten Blick – kennt auch Wohlgemuths *Werke*. Mit gesundem Wirklichkeitssinn, mehr Fabrikant als Künstler, trat er stramm und derb der Natur gegenüber, hatte eine handfeste Art, Grün neben Rot, Rot neben Gelb zu setzen. Damit that er den Besten seiner Zeit genug.

Nördlingen, Ulm, Memmingen und Augsburg sind als weitere Stätten deutschen Kunstschaffens zu verzeichnen. In Nördlingen arbeitete *Friedrich Herlin* von Rothenburg, der in der Werkstatt Rogers Erleuchtung gesucht und wegen seiner technischen Kunstgriffe bewundert wurde. *Bartholomäus Zeitblom* in Ulm ist der Typus des schwäbischen Pastors. Breit und bedächtig spricht er, jedes Wort abwägend. Wenn er feurig sein will, wird er salbungsvoll. Seine Lyrik ist trockener Hausverstand. Bei *Bernhard Strigel* von Memmingen geht diese schwerfällige Ruhe in barocke Verwilderung über. Ausfahrend sind die Gesten, bauschig die Gewänder. Es herrscht in seinen Altarwerken dieselbe knitterige Verzwicktheit, in der sich die Architektur der absterbenden Gotik gefiel.

Hans Holbein der Aeltere von Augsburg ist unter diesen Malermeistern der einzige Künstler: beweglich und vielseitig, von Seele und Nerv. Und weil er Künstler war, ließ ihn sein Vaterland verhungern. Seine Jugendwerke, kleine Madonnen des germanischen Museums, weisen in die Zeit des alten Idealismus, in die Tage Lochners zurück. Sie sind schwärmerisch holdselig, minniglich weich. Dann wird er der extremste Führer der neuen naturalistischen Bewegung. Das Affenteuerliche, Naupengeheuerliche ist sein Ziel. Namentlich die Passionsscenen des Kaisheimer und Donaueschinger Altarwerks sind für diese Phase seines Stils bezeichnend. Das gefährlichste Spitzbubengesindel von der Landstraße läßt er Modell sitzen. Aus Zuchthäuslern, Hanswürsten und rappelköpfischen Spitalern setzt sich seine Schönheitsgalerie zusammen. Schließlich folgt die Klärung. In dem Bilde der Paulsbasilika der Augsburger Galerie ist aus dem Stürmer und Dränger, der nur das Scheußliche für schön, nur das Verrückte für wahr hielt, ein ernster Mann geworden, der in ruhiger Sachlichkeit das Leben malt. Alle Figuren sind schlichte Porträts. Besonders berühmt ist die Gruppe, die den Meister selbst mit Ambrosius und Hans, seinen Söhnen, darstellt. Je älter er wird, desto reiner wird sein Geschmack. Eine einfache Schönheit hält ihren jubelnden Einzug. Mit einem klassischen Werk dem Münchener Sebastiansaltar, beschließt er sein Schaffen. Und das Renaissanceornament, auch die mildleuchtende goldtönige Farbe verrät, was diese letzte Wandlung seines Stils bewirkte: Italien.

Erst durch die Bekanntschaft mit Italien erhielt das Suchen der nordischen Künstler ein festes Ziel. Erst durch die Berührung mit dem Süden wurden sie inne, daß Kunst mehr als handfeste Naturkopie bedeute. Hatten im 15. Jahrhundert die Niederländer, selbst die Deutschen befruchtend auf Italien gewirkt, so zahlt dieses jetzt mit Zinsen zurück, was es Johannes de Alemannia, Roger und Goes verdankte. Nach dem Süden pilgern die jungen Maler, um dort ihren Geschmack zu verfeinern. Hier erwerben sie die theoretischen Kenntnisse, die den Aelteren fehlten. Hier werden sie sich ihres Künstlertums bewußt.

Wohl verzichten sie nicht auf die Dinge, an denen zu Eycks Tagen die nordische Kunst sich freute. Nachdem die Graphiker des 15. Jahrhunderts, Schongauer und der Meister E. S. begonnen halten, Scenen aus dem Alltagsleben darzustellen, werden jetzt solche Stoffe zum Gegenstand von Bildern gemacht. Nachdem van Eyck jede Blüte, jedes Blättchen gemalt, dann Goes und Memling mit ihren Landschaften gekommen, beginnt nun die Landschaftsmalerei sich als selbständiger Kunstzweig abzusondern. Dazu erobert sich die Kunst noch ein drittes Gebiet. Solange der Geist des Realismus herrschte, malte man nur, was man sah. Alles über die Wirklichkeit Hinausgehende schien verdächtig. Aber als im Gefolge der kirchlichen Reaktion auf die realistische eine metaphysische Strömung folgte, trat sofort das Phantastische hervor. In Italien ersinnt Piero di Cosimo seine Fabelwesen und betrachtet das Sputum kranker Menschen, worin er seltsame Gestaltungen zu sehen glaubt. Leonardo schreibt seine Worte von den Wolken und verwitterten Mauern, in denen man wunderbare Wesen erblicken könne. Da diese Phantastik mehr im nordischen als im italienischen Charakter liegt, erfolgte hier der weitere Ausbau des Gebietes. Die Griffelkunst, die gelenkiger als der Pinsel dem Geist in märchenhafte Reviere folgt, wird von tonangebender Bedeutung. Nachdem Schongauer in seiner Versuchung des Antonius zuerst schüchtern das Gebiet betreten, nehmen die folgenden vom ganzen Reich des Übersinnlichen Besitz.

Andererseits gehen mit diesen intimen und phantastischen Dingen ernste formale Bestrebungen Hand in Hand. Es beginnt im Norden die Forscherarbeit, die Italien ein Menschenalter vorher erledigte. Indem man aus den Werken der »großen Malerei« alles Episodische ausscheidet, sich gleich den Italienern auf die Durchbildung lebensgroßer menschlicher Körper konzentriert, erreicht man eine stilvolle Einfachheit, wie sie dem 15. Jahrhundert noch fremd war. Das Studium des Nackten, bisher wenig betrieben, wird zum künstlerischen Problem erhoben. Statt harter Buntheit herrscht einheitliche Tonskala, statt des breiten Nebeneinanderschiebens festes kompositionelles Gefüge. Das knitterige Modekostüm macht einer einfachen, zeitlosen Gewandung Platz. Statt sich dem Zufall zu überlassen, schafft man nach festen, theoretisch ergründeten Normen.

12. Die Niederländer

Quentin Massys, der »Schmied von Antwerpen«, führte in den Niederlanden die Reform durch. Er sei nur Maler geworden, erzählt die Legende, weil seine Liebe ihn als Schmied nicht heiraten wollte. Das klingt sehr unwahrscheinlich. Aber wie in allen Legenden steckt auch in dieser eine gewisse Logik. Die Menschen, die an die spitzpinselige Mache der älteren Meister gewöhnt waren und nun diese mächtigen, breit heruntergemalten Bilder sahen, mußten notwendig nach einer Erklärung für diese Stilwandlung suchen und fanden sie darin, der Schöpfer der Werke sei ursprünglich Schmied gewesen, ein Mann mit derben Fäusten und großen Bewegungen, der etwas von der Faustfertigkeit seines früheren Handwerks in seinen neuen Beruf herüber nahm.

Noch heute, wenn man im Antwerpener Museum vor seiner »Grablegung« steht, fühlt man, daß mit diesem Bild eine neue Epoche der niederländischen Kunst beginnt. Format, Komposition, Farbe – alles ist neu. Während die Früheren in ungebrochenen Farben arbeiteten, ein volles Blau, Rot, Grün unvermittelt nebeneinander setzten, macht Quentin Massys diese buntschillernde Pracht mehr einer einheitlichen Tonskala dienstbar. Nicht in Miniaturformat, wie man es früher bevorzugte, sondern in fast natürlicher Größe sind die Gestalten gegeben. Nichts Episodisches lenkt den Blick von der Hauptsache ab, sondern das Problem, das Leonardo in seinem Abendmahl gestellt – eine große Scene als einheitlich geschlossenes Drama vorzuführen – ist auch für den Niederländer maßgebend geworden. Und mit diesen psychologischen Bemühungen gehen die nämlichen formalen Bestrebungen wie bei Leonardo Hand in Hand. So verschiedenartig die Bewegungen der Figuren sind, ordnen sie sich doch streng dem kompositionellen Gefüge ein.

Auch seine anderen Werke – die heilige Sippe in Brüssel, eine Madonna in Berlin und die Pietà in München – fallen durch das große Format, die runderen Bewegungen und die breitere Zeichnung aus dem Rahmen der älteren Kunst heraus: das Bindeglied gleichsam zwischen Jan van Eyck und Rubens. Halbfigurenbilder kommen besonders häufig vor und ergaben sich mit logischer Konsequenz aus der Richtung des Meisters. Da er vom lebensgroßen Maßstab nicht abgehen wollte, ganze Figuren aber eine Riesenleinwand erforderten, hat er in allen Fällen, wo er auf kleineres Format angewiesen war, es vorgezogen, sich auf Halbfiguren zu beschränken, statt überhaupt den Maßstab zu verringern.

Seine Sittenbilder gehören gleichfalls in diese Reihe. Was Petrus Christus in seinem Eligius angebahnt, vollendete Quentin Massys. Als er 1518 den »Goldschmied und seine Frau« malte, that er im Grunde nichts, als daß er den Heiligenschein wegließ, den Christus seinem Eligius gegeben – scheinbar ein sehr geringes Verdienst und doch ein entscheidender Schritt. Denn erst damit war das Sittenbild als selbständige Gattung der Malerei anerkannt. Freilich selbst Quentin wie seine Nachfolger *Jan Massys* und *Marinus von Roymerswaele* wagten noch nicht, auf alle kirchliche Beigaben zu verzichten. Nachdem die Malerei ein Jahrtausend lang streng religiös gewesen, konnte sich nicht mit einem Schlag eine solche Verschiebung des Repertoires vollziehen. Der Künstler mußte, wenn auch zum Schein nur, einen gewissen Zusammenhang mit der Bibel wahren. Noch auf dem Bilde des Quentin Massys hat die Frau des Goldwägers, obwohl ihre Blicke am Golde hängen, ein zierliches, mit Miniaturen geschmücktes Gebetbuch in der Hand. Die folgenden vertauschten dann das Gebetbuch mit dem Rechnungsbuch. Aus dem Goldwägerehepaar wurden Sachwalter, Kaufleute, Geizhälse, Wucherer. Aber auch da ist noch ein biblischer Inhalt angenommen. Wenigstens sind dem Wiener Bilde die Worte aus dem Gleichnis vom Herrn und dem ungerechten Haushalter beigesetzt. Und namentlich: die Bilder sind nicht selbständig, sondern bilden das Gegenstück zu den ebenso häufigen Darstellungen des Hieronymus. Der Freude am Irdischen, die in den Geldwechslerbildern geschildert ist, wird in den Hieronymusbildern die Moral: alles ist eitel gegenübergestellt. Neben den Werken, die den Menschen inmitten seines Reichtums darstellen, stehen andere, die ihn an die Vergänglichkeit des Irdischen mahnen. Erst allmählich traten die Hieronymusbilder zurück und der biblische Grundgedanke der Kaufmannsbilder ward vergessen. Pfandleiher und Advokaten, von Zetteln und Akten umgeben, sitzen in ihrem Bureau und heimsen von ihren Klienten Geld und

Naturalien ein. Breit ausgemalte Sittenbilder treten an die Stelle der ursprünglichen Allegorien. Auch der Ausdruck der Köpfe ändert sich. Anfangs war er gewöhnlich bis ins Leidenschaftliche verzerrt, weil eine Kunst, die sich vorzugsweise mit den pathetischen Scenen der Passion beschäftigte, unbewußt dieses Pathos in ganz einfache Stoffe aus dem Alltagsleben hineintrug. Nun macht dieses forcierte Grimassieren einer ruhigen Geschäftsmiene Platz.

Die »Schachpartie« des *Lukas van Leyden* ist für das pathetische Element der älteren Sittenbilder besonders bezeichnend. Die Leute gebaren sich, als seien sie nicht um einen Spieltisch, sondern um das Kreuz des Heilandes versammelt. Selbst die gestikulierenden Hände fallen auf und weisen auf einen entfernten Zusammenhang mit Leonardo. Lukas stellte sich ein ähnliches Problem wie Dürer, als er seinen Christus mit den Schriftgelehrten, und Tizian, als er seinen Zinsgroschen malte. Uebrigens ist es schwer, die Ziele dieses geistvollen, jung gestorbenen Holländers zu erkennen. Eine Reise nach Italien scheint das bestimmende Ereignis seines Lebens gewesen zu sein. Und so wenig Bilder von ihm erhalten sind, so reiche Anregungen gab er durch seine Stiche. Die durchgearbeiteten, von Gedanken durchwühlten Köpfe, die man beim Severinmeister sieht, sind schon in den Stichen des Lukas van Leyden enthalten, und durch seine sittenbildlichen Blätter – Zahnärzte, Chirurgen, Vagabunden – ebnete er späteren Genremalern, wie Ostade und Brouwer, den Boden.

Als Phantast machte ein anderer Holländer, *Hieronymus Bosch*, sich einen Namen. All jene fratzenhaften Gebilde, wie sie in der Zierkunst des Mittelalters, namentlich in den Steinornamenten der gotischen Dome und den Schnitzereien der Chorstühle üblich waren, wurden von ihm in die Tafelmalerei übertragen. Besonders liebt er es, wie später Teniers, Fische mit Fledermausflügeln zu versehen oder durch die Zusammensetzung von Tieren und Gefäßen monströse Mischbildungen zu schaffen. Erwartet man Phantastik in unserem Sinn, Dämonisches und Spukhaftes, ist man also bitter getäuscht. Die Bilder wirken nicht phantastisch, sondern nur burlesk, oder besser noch, sie wirken didaktisch. Schon die Form des Flügelaltars, die er ihnen giebt, ist bezeichnend. Die sieben Todsünden, das Narrenschiff, die Lust der Welt, die Versuchung des Antonius – es ist immer eine Predigt, die mit dem Sündenfall beginnt und mit der Hölle endet. Zur selben Zeit, als Luther mit dem Tintenfaß nach dem Teufel wirft, läßt Bosch die alten Teufelsvorstellungen des Mittelalters ausklingen. In einer Zeit, als Schlemmerei und wilde Sinnlichkeit auf die Fleischabtötung von früher gefolgt war, schwingt er, wie später Hogarth, den derben Knüttel der Moral, übt die Kunst »in Farben aufzuhängen«, malt die nämlichen Kapuzinerpredigten, wie sie Sebastian Brant, Geiler von Kaisersperg und Thomas Murner ihren Hörern hielten.

Sonst hat auch er wie Quentin Massys gern biblische Scenen in Halbfigurenbildern gemalt, in denen er als scharfer, boshafter Physiognomiker erscheint. Seine Kupferstiche – die Gefräßigkeit, die Geldgier, die Trunksucht – sind weitere Beispiele dafür, wie unter allegorischem Mantel das Sittenbild sich herauswagt. Namentlich Themen, wie der Tanz der Krüppel, die chirurgische Operation und der Quacksalber wurden bald auch in der Malerei beliebt.

Für die Anfänge der Landschaftsmalerei sind *Hendrik Bles* und *Joachim Patinir* wichtig. Beide verbrachten ihre Jugend an den malerischen Ufern der Maas, wo bewaldete Berge mit grünen Wiesen und welligen Thälern wechseln. Hier empfingen sie für ihre Kunst die entscheidenden Eindrücke. Zwar den großen Schritt, ausschließlich Landschafter zu sein, konnten sie noch nicht thun. Wie in den älteren Sittenbildern mußte in den Landschaften das religiöse Element noch gewahrt bleiben und durch seine Anwesenheit die Neuerung entschuldigen. Aber man fühlt doch, daß, während sie Biblisches malten, das Herz der Maler wo anders war. Selbst für die Wahl der Stoffe ist der landschaftliche Gesichtspunkt maßgebend. Der heilige Hubertus, der vor dem wunderbaren Hirsch ins Knie sinkt, die Vision des Johannes auf Patmos, die Flucht nach Aegypten, die Anbetung der Könige sind fast die einzigen Themen und ihrerseits nur Vorwand, eine reiche Waldlandschaft zu schildern.

Namentlich Henry met de Bles ist ein interessanter Maler, oft manieriert in seinen spindeldürren, langaufgeschossenen Figuren, doch gerade wegen dieses Manierismus von sehr apartem Reiz. Ein Antwerpener Bild ist besonders merkwürdig, weil er darauf in ganz moderner Weise schon eine Natur darstellt, die im Dienste des Menschen arbeitet. Man sieht im Vordergrund eine belebte Straße mit Walzwerken, Hochöfen und einer Schmiede, wo Arbeiter hämmern, dahinter Felsen mit einer Burg und in der Ferne die von Schiffen belebte See. Ein Mann führt ein Pferd, auf dem eine Frau mit einem Kinde sitzt. Diese nebensächliche Gruppe deutet allein den Gegenstand des Bildes, die Flucht nach Aegypten, an.

Patinir, den Dürer schon »den guten Landschaftsmaler« nennt, arbeitete im nämlichen Sinn, nur daß er mehr Details zusammenhäuft. Teils war dieses Zusammentragen von Einzelheiten eine Folge jugendlicher Begeisterung. Da das Metier des Landschafters noch nicht anerkannt war, hielt man für nötig, durch Übertreibung der Formen, durch Zusammenschieben und Anhäufen die Natur interessanter zu machen, als sie wirklich ist, glaubte ihr desto mehr Freunde werben zu können, wenn man sie in reichem sonntäglichem Aufputz zeigte. Anderenteils äußert sich darin noch derselbe realistische Zug, jenes Streben nach Richtigkeit, von dem schon Bouts ausging. Da es sich um biblische Scenen handelte, suchte man dafür die passende Landschaft zu erfinden, die gerade deshalb, weil sie den Charakter eines fernen Landes wiedergeben sollte, nicht der heimatlichen Wirklichkeit entsprechen durfte. Und da noch keiner der Maler in das heilige Land gekommen war – das gelang erst einige Jahre später Jan Scorel -, so behalfen sie sich damit, ihre heimatliche Natur phantastisch zuzustutzen, aus gegebenen flandrischen Naturmotiven Phantasielandschaften zusammenzusetzen. Die üppigen Baumkronen, weiten Flußthalperspektiven, Dünen und Meereshorizonte der Heimat wurden vergrößert, vermehrt, mit schroffen Felszacken und wilden Alpenhöhen verbunden, weil man glaubte, den Bildern dadurch ein biblisch-orientalisches Gepräge zu geben.

13. Die Kölner

Von den Niederlanden kommt man in wenigen Stunden nach Köln. Demnach ist auch in der Kunst der Uebergang von der einen Schule zur anderen fast unmerklich. Von manchen Künstlern, die in Köln arbeiteten, läßt sich überhaupt nicht sagen, ob sie geborene Kölner oder Niederländer waren. Und der Weg, den die Kunst von 1480 bis 1510 zurücklegt, ist der gleiche, den die niederländische Malerei ging. Er führt von Roger über Memling hinaus zu Quentin Massys und Lukas van Leyden. Dieser endete bei den Italienern. Also laufen auch die Kölner schließlich im italienischen Hafen ein.

Der Einfluß Rogers van der Weyden hatte den Malern den ersten Anstoß gegeben, die Bahnen Stephan Lochners zu verlassen. Bei seiner Rückkehr aus Italien hatte Roger wahrscheinlich in Köln geweilt. Und obwohl der Dreikönigsaltar der Kolumbakirche nicht von ihm, sondern von Memling herrührt, haben sicher auch Beziehungen zwischen Roger und der rheinischen Hauptstadt bestanden.

Der *Meister der Lyversbergischen Passion* ist ohne den Brüsseler Dramatiker nicht denkbar. In handgreiflicher Derbheit erzählt er seine Geschichten. Marterscenen, wenn rauhe Kriegsknechte sich in brutaler Peinigerwollust um den Heiland scharen, sind ihm die liebsten Themen. Ebenso bemüht sich der *Meister des Georg- und Hippolytaltars,* es dem Roger in wilder Leidenschaft gleichzuthun. Hager eckige Figuren mit scharfen, fast karikierten Zügen schieben und drängen sich inmitten heller, in Rogers Art ausgeführter Landschaften.

Doch lange hielt der Einfluß Rogers nicht vor. Das letzte Viertel des 15. Jahrhunderts war eine weicher, lyrischer gestimmte Zeit – die Zeit, als in Italien Perugino und Bellini ihre melancholisch sinnenden Madonnen schufen, Carlo Crivelli auf den Goldglanz und die hieratische Feierlichkeit der Byzantiner zurückgriff, in den Niederlanden der Deutsche Memling die mystische Empfindungsschwelgerei des Trecento erneuerte. Diesem Zuge des Zeitalters folgen auch die Kölner. Wie in Oberdeutschland Schongauer aus einem handfesten Imitator Rogers ein empfindsamer Lyriker ward, lenken auch die Kölner, statt auf dem Wege des Realismus weiterzugehen, wieder mehr in Lochnersche Bahnen ein. Eine feierliche, kirchliche Andachtstimmung, ein zarter milder Hauch tritt an die Stelle derber Pathetik.

Beim *Meister des Marienlebens* kann man deutlich die Wandlung verfolgen. Nur in seinem Crucifixus versucht er pathetisch wie Roger zu sein. Dann wird Memling sein Führer. Wie er in seiner Anbetung der Könige eine freie Kopie des Dreikönigsaltars giebt, kommt in seinem Tempelgang der Maria eine Frau vor, die direkt aus dem Dreikönigsaltar stammt. Schließlich wendet er sich zu Lochner zurück. Sein Leben der Maria, wonach man ihn nennt, ist eine liebliche Idylle von delikatem, ganz archaischem Charakter. Die zarten Mädchengestalten in ihrer schlanken empfindsamen Anmut, die zeitlose, einfach schmiegsame Tracht und der feierliche Goldgrund, der die Figuren umfließt – alles zeigt die Rückkehr zu den Idealen Stephan Lochners, die in ihrer träumerischen Holdseligkeit dem mystisch fromm gewordenen Zeitgeist wieder besonders entsprachen. Auch die anderen Themen, die er behandelt hat, sind für diese Sinnesrichtung bezeichnend: teils jene Madonnen im Rosenhag, wie sie schon Meister Wilhelm malte, backfischhaft schüchtern, feinfühlig und zart, teils Beklagungen um den Leichnam Christi, auch sie von einer stillen verhaltenen Trauer, von jener milden Schweigsamkeit, die fürchtet, durch ein lautes Wort, durch eine heftige Gebärde die Heiligkeit der Stunde zu stören.

Der Meister der Glorifikation Mariä ist ein mehr prosaischer verständiger Herr und kann deshalb dieser neuen romantisch-kirchlichen Strömung nicht so unbedingt folgen. Er giebt die Typen Stephan Lochners, aber ohne dessen Empfindung und Liebreiz, malt visionäre Themen, doch mit bäuerischer Schwere. Der Himmel strahlt in goldenem Glanz, aber über Landschaften, die in trockener Sachlichkeit Scenerien des Rheinthals, ganze Städteprospekte kopieren.

Desto zarter, fast wie ein kölnischer Perugino, wirkt der *Meister der heiligen Sippe*. Milde Lieblichkeit, sentimentale Weichheit ist seine durchgehende Note. Selbst wenn er zuweilen bewegte Stoffe, wie die Kreuzigung oder das Martyrium des Sebastian schildert, tritt er nicht aus dem Kreise sanfter elegischer Empfindungen heraus. Hat er Bilder Peruginos gesehen? Es wäre nicht ausgeschlossen, da er 1509 noch lebte. Jedenfalls ist merkwürdig, wie ähnlich die elegische Zeitstimmung im Norden wie im Süden sich äußert. Wie Perugino ist der Meister der heiligen Sippe nicht fähig, männliche Kraft zu malen. Gleich dem Umbrer vermeidet er alles Herbe und jede dramatische Aktion. Alles wird unter seinen Händen ein »Lächeln unter Thränen«. Stiller Friede, weiche Müdigkeit ist über die Natur gebreitet. Und die Palmenhaine, die er zuweilen malt, hat er sicher nicht im Norden gesehen.

Daß der *Meister des Todes der Maria* in Italien war, steht fest. Ein geborener Niederländer, dann in Köln thätig, schlug er später in Genua sein Standquartier auf. Dem entspricht seine Entwicklung: Von Memling ausgehend, ähnelt er später Mabuse. Frauen mit zarten, blassen Gesichtern, Männer mit milden weichen Zügen leben auf seinen älteren Bildern inmitten friedlicher Landschaften, über die sich ein gleichmäßiges warmes Frühlingslicht breitet. Durch Felsenthore schaut man wie bei Patinir auf saftig grüne Abhänge, über die Höhen auf enge Thäler und alte Ruinen herab. Wie über den Interieurs des Malers niederländische Gemütlichkeit, Ruhe und Häuslichkeit liegt, so erscheint er ganz memlingisch in seinem vornehmen Geschmack für Kostüme, die fast etwas Kokettes haben und doch von aller Ueberladung, aller kleinlichen Zierlust sich fernhalten. Später in Italien läutert er noch seinen Geschmack. Die Größe italienischen Stils eint sich mit germanischem Empfinden.

Die beiden Folgenden, zeitlich dem Meister des Marientodes vorausgehend, sind die interessantesten der ganzen Gruppe. Auch für sie kann man in den Niederlanden die Parallele finden. Sie hätten ihre wuchtig monumentalen Gestalten kaum gemalt, wäre nicht Quentin Massys vorausgegangen. Beim *Severinmeister* ist obendrein der Einfluß des Lukas van Leyden sichtlich. Trotzdem stehen sie als seltsame Querköpfe, als einsame Geister da, ein Genuß für den, der nicht dem Regelrechten, sondern dem Absonderlichen nachgeht.

Was ist dieser Severinmeister für ein rücksichtsloses kühnes Talent! Von der milden Lieblichkeit, die sonst bei den kölnischen Meistern herrscht, ist bei ihm nichts zu spüren. Die Figuren stehen bunt und steif wie Kartenkönige da. Doch mit der Eckigkeit der Primitiven verbindet er eine ganz moderne psychologische Schärfe, eine Intensität des Ausdrucks, wie sie kein anderer damals hatte. Schon seine Frauen sind anders. Statt beim Backfischhaften oder Hausbackenen stehen zu bleiben, stellt er das Weib dar, wie es geworden ist im Leben und durch das Leben, mit allen Unschönheiten in den abfallenden Formen, mit leidenden oder kampfgestählten Zügen. Und seine Männer erst, was sind es für knorrige Gestalten, diese Greise mit dem verwitterten Gesicht, diese Apostel mit den modernen Gelehrtenköpfen! Bei keinem anderen Künstler jener Zeit giebt es so durchgearbeitete Physiognomien, in denen so hämmernde Gedanken brüten. Den Schädel bildet er auffallend hoch, die Stirn wölbt sich kühn, wie man es bei Schachspielern findet. Die Augen sind eingesunken. Dunkle ringförmige Schatten begrenzen sie, wie bei Leuten, die die Nacht hindurch geistig gearbeitet haben. Blaß sind die Lippen, wie in nervöser Abspannung tief heruntergezogen. Schlicht herabhängende Kinnbärte verlängern manchmal noch das knochige Gesicht, das in seiner Magerkeit etwas Ueberanstrengtes, Müdes annimmt. Mit diesen ernsten durchgeistigten Köpfen kontrastieren dann seltsam all die Damastmäntel und Brokatgewänder, die glitzernden Kronen, funkelnden Scepter und Schwerter. Selbst die Behandlung des Haares ist eigentümlich. Es sieht gar nicht natürlich aus, sondern sitzt wie eine Perücke auf dem Kopf. Haar«, steif wie Pferdehaare, umfließen die Stirn. Beides im Verein – die grüblerisch tiefsinnigen Köpfe und der kostümliche Mummenschanz – erweckt die Meinung, als ob man einen vorsündflutlichen Karneval sehe, lebende Bilder, von modernen Menschen zu biblischen Scenen gestellt. Der sieht aus, wie ein phantastischer König des Meeres, der wie Shakespeare's König Lear. Da wird man an norwegische Märchen, dort an Klinger und Eduard von Gebhardt gemahnt. Mit dieser Phantastik der Kostüme verbindet sich zuweilen eine seltsam visionäre koloristische Stimmung. Gegenüber der harten Buntheit seiner Zeitgenossen herrscht beim Severinmeister oft ein seltsames Leuchten und Glitzern, Sprühen und Funkeln, Flimmern und Flackern, das merkwürdig zu dem märchenhaften Wesen der Darstellungen paßt. Und am Schlusse seines Lebens hat er sich noch zu statuarischer Monumentalität erhoben, die fast an Signorelli gemahnt. Nackte Putten tummeln sich an den Pfeilern. Einheitlich licht und kühl wird die Farbe. In großartigem Schwung fließt die Gewandung, von feierlicher Ruhe ist die Linie. Ein großer Psycholog, ein großer Lichtmaler und einer der Begründer des monumentalen Stils – das ist der Ehrenplatz, den er in der Geschichte der deutschen Kunst behauptet.

Der *Bartholomäusmeister* bildet den logischen Abschluß dieses kölnischen Schaffens. Köln hatte nunmehr eine vielhundertjährige Kultur hinter sich. Alle Stadien von schwärmerischem Mysticismus bis zu lachender Weltfreude und ernster Feierlichkeit waren durchlaufen. Der Bartholomäusmeister bezeichnet den Moment, wo die Frömmigkeit in hysterisches Frömmeln umschlug, wo auf die Farbenlust eine müde koloristische Enthaltsamkeit folgte, wo man aus Gourmandise zum mittelalterlichen Steinstil zurückkehrte, um durch Archaisieren neue pikante Reize zu erzielen. Die Bildhauer der hadrianischen Kaiserzeit, die in die strengen Formen der Primitiven alle Empfindungen ihrer eigenen raffinierten Epoche legten; Carlo Crivelli auch, der venetianische Verfallzeitler, der noch am Schlusse des Quattrocento den Byzantinismus aus dem Grabe beschwor, bieten die entsprechende Parallele – alles Söhne alter sterbender Kulturen, die für gewöhnliche Kost sich den Magen verdorben und nur die starke Würze ungewohnter Seltsamkeiten noch schmackhaft finden.

Es ist kaum möglich, all die Elemente aufzuzählen, aus denen sich die paradoxe, abgeschmackte und doch fascinierende Wirkung der Bilder des Bartholomäusmeisters ergibt. In starrer statuarischer Ruhe, wie lebendig gewordene Sandsteinfiguren stehen die Heiligen da. In die prunkvollsten Gewänder sind ihre kalten Glieder gehüllt. Perlendiademe sind in das rötlich blonde, breit herabfallende Haar der Frauen geflochten. Drachen, seltsam blickend wie verzauberte Menschen, begleiten sie. In der Luft fliegen Putten in italienischem Stil. Reiche Brokatteppiche hängen hinter den Figuren, und darüber blickt man auf licht graugrüne Ebenen, auf blauschimmernde Berge hinaus. Mit diesem modernen Naturgefühl kontrastiert die barock verwilderte Ornamentik, die gotische, wie von einem Goldschmied ciselierte goldene Architektur. Und mit diesem preziös glitzernden Beiwerk die neurasthenisch kühle Farbe des übrigen: diese fahl gelbliche Karnation, die den Gestalten etwas Leichenhaftes, halb Verwestes giebt, die blassen Töne dieser bleich grünen, bleich rosigen, bleich grauen Kleider. Doch am meisten bestrickt die affektiert verfeinerte Empfindung, die gesuchte Grazie der Bewegung. Man denkt an das Aelteste und an das Modernste, an jene Sandsteinfiguren, die an den Pfeilern gotischer Kathedralen hieratisch ernst sich erheben, wie an die Sphinx Fernand Khnopffs, die Pervers grinst, als ein steinerner Erzengel ihre Stirn umkrallt. Aber auch die Mona Lisa Leonardos kommt in Erinnerung und jenes bleiche Weib der Liechtensteingalerie mit den kalten chinesisch geschlitzten Augen. In beiden Fällen war es das Sphinxartige, rätselvoll Unheimliche, das Leonardo reizte. Das Fehlen der Augenbrauen steigert noch die dämonische Wirkung. Etwas Aehnliches scheint dem Bartholomäusmeister vorgeschwebt zu haben, als er seine Frauenköpfe schuf, die mit ihrer breiten Stirn, den dünnen Augenbrauen und den grausamen Kinnbacken wie Karikaturen des Heiligen wirken. Begehrlich, wie zum Küssen gespitzt, ist der kleine Mund mit dem neckischen Grübchen. Affektiert biegen und strecken sie die spitzen knöchernen Finger. Verschämt verziehen sie die dünnen blutlosen Lippen, als ob sie über eine unanständige Bemerkung lachten, die der gegenüberstehende Heilige ihnen zuflüstert. Köln war zur selben Zeit die Heimat der Dunkelmänner, eine Stadt von Muckern und Schleichern, die am Tag vor Heiligenbildern knieten, um in geheimen Orgien nachts die schwarze Messe zu feiern. Dem entspricht das infernale, satanische Element dieser Werke.

Neben Köln scheint Mainz um die Wende des Jahrhunderts ein Hauptort künstlerischen Schaffens gewesen zu sein. Auch hier lebte ein Künstler, der uns Modernen viel zu sagen hat, ein Künstler von ebenso ritterlicher Grazie, wie eigentümlicher Romantik: der geniale Unbekannte, den man als *Meister des Amsterdamer Kabinetts* bezeichnet. Als Kupferstecher war er schon lange bekannt. Er hat etwas von Rops, wenn er das Weib als Beherrscherin des Weltalls schildert, wie sie den größten Philosophen zum Tiere macht, den frömmsten König vor Götzenbildern in den Staub wirft. Es sind Ansätze zu Schwind und Boecklin, wenn er wilde Männer und nackte Jungfrauen auf Einhorn und Hirschkuh über die Heide sausen läßt. Es liegt eine nordische Balladenstimmung in dem ernsten düsteren Blatt, auf dem ein Jüngling, festlich beglänzt, Weinlaub im lockigen Haar, über die blühende Au dahinwandelt, während der Tod, nicht das bekannte Gerippe, sondern ein Greis mit welkem Leib und müden mitleidvollen Zügen ihm plötzlich den Weg vertritt und ins Auge blickt – lang und tief. Doch derselbe Grübler hat mit frischem Blick auch das Leben betrachtet. Raufende Bauern, zerlumpte Landstreicher, halbverhungerte Dorfmusikanten zeichnet er mit Rembrandtscher Schärfe hin. Noch mehr hat die vornehme Welt mit ihrer Eleganz und ihrem chevaleresken Schwung in ihm ihren ritterlichen Poeten. Turniere sieht man, Hirschjagden und Falkenbeizen. Schmetternde Trompetenklänge ertönen, die Pferde wiehern, die Hunde bellen, aufgescheucht hetzt das graziöse Wild dahin. Neben dem Weidwerk das süße Minnespiel. Was sind das für zarte, unsagbar anmutige Blättchen, auf denen der junge Stutzer sittig plaudernd neben seinem Lieb sitzt, während es ringsum sprießt und duftet von Rosen und Nelken und Blumen aller Art.

Ist es Zufall oder liegt eine Verbindung vor? Man kann auch den Meister des Amsterdamer Kabinetts nicht betrachten, ohne an Leonardo zu denken. Hat er von Konstanz, wo er eine Zeitlang sich aufhielt, die Wanderung nach Oberitalien gemacht? Hat er sonst – er lebte noch 1505 – Kunde bekommen von dem rätselhaften Genius, der damals dem Süden eine neue Schönheit offenbarte? Jedenfalls nähert ihn seine Anmut, sein feines Schönheitsgefühl dem Italiener ebensosehr, wie sie selten ist innerhalb der deutschen Kunst jener Jahre. Diese schlanken Jünglinge mit dem elastischen und doch weich wollüstigen Körper, die schüchterne Zartheit seiner Jungfrauen, die üppigen Locken, die in weichen Ringeln das Antlitz umrahmen, die träumerischen, in weicher Sinnlichkeit glänzenden Augen, der Ausdruck holder Süßigkeit, der die Gesichter verklärt – nur in den Zeichnungen Leonardos findet sich ähnliches. Auch in den Bildern, die neuerdings von ihm bekannt wurden, erkennt man ihn an der koketten Tracht, den anmutigen Typen, der Vorliebe für Kränze und Blumen. Namentlich das Gothaer Porträt eines Liebespaares ist wohl das schönste aller altdeutschen Bildnisse. Dieser feine modische Jüngling mit dem langen blondlockigen Haar, auf dem ein Kranz wilder Rosen ruht, dieses verschämte Mädchen mit der Rose in der Hand, das so traumverloren dem schmachtenden Flüstern des Geliebten lauscht – das ist bis in die Bewegung der Finger graziös in modernem Sinne. Ein Strahl der Frauenseligkeit Walters von der Vogelweide, doch ein Strahl auch von der Sonne des Südens ist auf das entzückende Werk gefallen.

14. Dürer

In Süddeutschland blieb Nürnberg der Mittelpunkt des Schaffens, und wie vor hundert Jahren Wackenroder und Tieck werden auch wir noch seltsam ergriffen, wenn wir die alte Pegnitzstadt betreten. Die alten Kirchen, die holperigen Gassen, die ernsten Patrizierhäuser bevölkern sich noch immer in der Phantasie mit malerischen Gestalten in Barett und Schaube aus jener großen Zeit, da Nürnberg »die lebendig wimmelnde Schule der vaterländischen Kunst war«, da ein »überfließender Kunstgeist« in seinen Mauern waltete, da Meister Hans Sachs und Adam Kraft und Peter Vischer und *Albrecht Dürer* und Willibald Pirkheimer lebten.

Freilich liegt in dieser Begeisterung noch jetzt viel Romantik. Wie kleinlich und spießbürgerlich erscheint Deutschland gegenüber dem großen Schwung, der durch die Republiken Italiens ging. Maximilian, der letzte Ritter, giebt wohl allerhand Aufträge, aber bei der Finanzklemme, die bei ihm chronisch war, kann er die Künstler nicht zahlen. Der Kardinal Albrecht von Mainz denkt im Stil der italienischen Mäcene, aber die Wirren der Reformation hindern ihn in seinen Plänen. Und was die Fugger, die Imhoff, die Holzschuher entstehen lassen, wie gering und ärmlich erscheint es, wenn man an die Medici, die Tornabuoni und Pazzi denkt. Die deutsche Kunst wäre nach wie vor zünftiges Handwerk geblieben, hätte sich begnügen müssen, durch Altarbilder Religionsunterricht zu erteilen, wenn nicht die Künstler selbst nach Mitteln gesucht hätten, sich auf den Fittigen des Genius über Zeit und Welt zu erheben.

Dürer namentlich hat das, was er wurde, nicht seinem Vaterlande, nur sich selbst zu danken. Nur in den Werken, die keine Aufträge waren, ist er frei und groß. Nicht in seinen Bildern, sondern in seinen Holzschnitten und Kupferstichen, in denen er als Dichter außerhalb des Publikums steht, liegt seine eigentliche Klassicität. Indem er den specifischen Wert der Griffelkunst erkannte, sie technisch fähig machte, vom ganzen Reich der Phantastik Besitz zu nehmen, löste er dem Zeitalter, löste er sich selbst die Zunge. Hier ist er »inwendig voller Figur«, hier enthüllt er den »versammelten heimlichen Schatz seines Herzens«. Was Cornelius und Ludwig Richter, was Schwind und Boecklin in unseren Tagen schufen – die Keime zu allem liegen in den Werken Dürers, des tiefsinnigsten und gewaltigsten Malerpoeten, den die Geschichte der Kunst verzeichnet.

Schon daß er seine Laufbahn mit der Apokalypse begann, mit dem Aufgreifen wirr phantastischer, künstlerisch kaum zu gestaltender Ideen, ist bezeichnend für die Richtung seines Geistes. Das Widernatürlichste schließt sich unter seinen Händen zu organischen Gebilden zusammen. Wie ein unheimlicher Traum, wie eine gespenstische Farce zieht die gnostische Vision am Blick vorüber. Und noch während er an der Apokalypse arbeitet, gewinnt das Marienleben in seinem Geist Gestalt. Der dämonische Künstler der Offenbarungswelt verwandelt sich in einen kindlich feinfühligen, gemütvollen Märchendichter, der in freundlichen Idyllen, zusammengewebt aus deutschem Landleben, deutschen Häusern und deutschem Hausrat, das Leben der Gottesmutter schlicht wie ein Frauenleben aus dem alten Nürnberg erzählt. Als Dichter der Messiade ist er besonders berühmt. Noch bevor Luther an die Bibelübersetzung dachte, verdeutschte Dürer seinem Volke das Evangelium, machte die romanisch-asiatische Gestaltenwelt des Christentums den Deutschen heimisch und vertraut.

Und während er in der volkstümlichen Technik des Holzschnittes schlichte, dem Volke naheliegende biblische Themen behandelt, ist er in den Kupferstichen Aristokrat und Humanist. Man denkt an Schwind, wenn er von der heiligen Genovefa, dem heiligen Hubertus und all jenen verwitterten Einsiedlern erzählt, die inmitten der deutschen Waldnatur neben Rehen und Eichhörnchen dahinleben. Man denkt an Boecklin, wenn er den Raub der Amymone oder die Entführung auf dem Einhorn zeichnet, jene antiken, vom Zauberhauch des Märchens umwitterten Blätter, in denen der klare Geist des Hellenentums sich so seltsam mit nordischer Hamletstimmung eint. Die Nemesis, der Ritter mit dem Tod und Teufel, der Hieronymus und die Melancholie sind die weltbekannten Beispiele für Dürers tiefsinnige, faustisch ringende Kunst. Wie tiefe Falten das Antlitz dieses brütenden Weibes durchfurchen, ist Dürers *Kunst* eine tiefernste, führt ein in das Ringen eines mächtigen Geistes, in eine rätselvoll unergründliche Welt, in der die hämmernden Gedanken eines Genius arbeiten.

Man meint, er sei nur Grübler, eine verschlossene, unnahbare Faustnatur gewesen. Da liest man seine Briefe, die derselbe derbe hanebügene Humor wie Luthers Tischreden durchweht. Man sieht die Randzeichnungen, mit denen er das Gebetbuch Maximilians zierte, und bemerkt, daß dieser ernste Mann auch schalkhaft lachen konnte, daß dieser Philosoph ein feuchtfröhlicher sinnlicher Mensch war. Das ist das Merkwürdige an Dürers Natur. Man ist gewohnt, ihn als Dichter zu feiern. Doch dieser Poet, der scheinbar ganz in seiner Ideenwelt aufging, war zugleich ein Beobachter, dessen Auge weit der Welt sich öffnete. Nur das Münchner Selbstporträt zeigt den Denker, den Visionär und Grübler, der mit seiner Kunst vier Jahrhunderten tiefsinnige Rätsel aufgab. In den anderen, die er vorher malte, ist er der kecke sinnenfreudige Mensch, der, wie Rembrandt, an einem hübschen Wamms, einem koketten Barett, einer vornehmen Schaube seine kindliche Freude hat. Und dieses *mixtum compositum* der verschiedensten Eigenschaften ist er als Künstler. Derselbe Mann, der so grüblerisch und abstrakt sein konnte, hat auch für alles, was die Welt angeht, Sinn, lebt nicht nur im *au-dèla*, sondern schafft auch Werke, durch die er der Vorläufer der intimen Kunst des nächsten Jahrhunderts wird. Seine schlichten Zeichnungen aus dem Volksleben sichern ihm neben Quentin Massys die erste Stelle unter den Bahnbrechern des Sittenbildes. Seine Tierstudien fanden erst 120 Jahre später in Rembrandts »geschlachtetem Ochsen« auf dem Gebiete der Malerei ihr Gegenstück. Seine Pflanzen- und Blumenstudien sind Blätter von jenem unbefangenen Realismus, der alle zeitlichen Grenzen überspringt. Stiefmütterchen und Akelei, Rispengras und Ackerwinde, Wegerich, Märzveilchen und Löwenzahn zeichnet er mit so verblüffender Grazie, daß diese Aquarelle wie dem 16. Jahrhundert auch der Gegenwart, so gut wie Dürer auch einem Japaner gehören könnten. Ebenso schweigt bei seinen landschaftlichen Zeichnungen jede chronologische Schätzung. Sie könnten dem Kreise der Modernsten, dem Kreise der Impressionisten entstammen. Wenn in irgend etwas, ist er als Landschafter seiner Zeit vorausgeeilt, das abschließend, was der Meister des Amsterdamer Kabinetts erstrebte, und das vorbereitend, was Elsheimer, was erst die Gegenwart wieder erreichte.

Doch Dürer beschränkte sich nicht darauf, die Natur mit offenem Auge zu betrachten. Er wollte auch das Gesetzmäßige ihres Wesens ergründen. Neben dem Dichter steht nicht nur der Realist, neben dem Realisten steht weiter der Forscher, der Mann der Gelehrsamkeit und der Theoreme. Bisher waren die Künstler des Nordens rein empirisch vorgegangen. Sie überließen sich ihrem Auge und waren korrekt, wenn ihr Auge richtig sah; fehlerhaft, wenn ihr Auge sie täuschte. Dürer als erster – im Sinne der Italiener – schritt von der Empirie zur Erkenntnis fort. Durch die gelehrten Werke, die er am Abend seines Lebens verfaßte, schuf er der deutschen Kunst die wissenschaftliche Basis, die der italienischen Alberti und Leonardo gegeben hatten.

Wie für Leonardo war also für Dürer die Malerei nur eine Ausdrucksform, deren er sich zeitweilig bediente, wenn gerade keine anderen Gedanken seinen Geist erfüllten. Und auch, die Palette in der Hand, bleibt er Grübler. Läßt man als Maler nur diejenigen gelten, die aus dem Zusammenklang farbiger Massen die Anregung für koloristische Accorde schöpfen, so dürfte Dürer kaum als Maler gerechnet werden. Die Freude an der Sinnlichkeit der Farbe fehlt ihm gänzlich. Bunt und hart, mehr geschrieben als gemalt, haben seine Bilder koloristisch dem Auge wenig zu sagen. Wie ihm als Graphiker die Kunst nur eine Sprachform bedeutet, in der er seine Gedanken niederlegt, so beschäftigen ihn, auch wenn er mit dem Pinsel arbeitet, weit mehr geistige oder formale, als specifisch malerische Probleme.

Das psychologische Problem reizte ihn bei den vielen Bildnissen, die sich von seiner Gesellenzeit bis in seine letzten Lebensjahre hinziehen. Sieht man von den Fürstenporträts, dem Friedrichs des Weisen und des Kaisers Maximilian, von den Bildnissen einiger Nürnberger Ratsherren und Augsburger Kaufleute ab, so handelt es sich selten um Aufträge. Er malt nur Menschen, die seinem Geist oder seinem Herzen nahestehen, die psychologisch ihm ein Studienobjekt zu sein scheinen. Wie Rembrandt übt er sich an seinem eigenen Kopf, malt seinen Vater, den alten biederen Goldschmied, und das mager-hohläugige Gesicht seines Bruders, des

Schneiders Hans, malt Michel Wohlgemuth, seinen alten Lehrer, und schafft im Holzschuher den Typus einer ganzen Generation: den Typus jenes knorrigen, kampflustigen Geschlechtes, dessen König Luther war und das die Reformation gemacht hat. Rein malerisch betrachtet, sind seine Bildnisse Erzeugnisse derselben Kleinmalerei, die in den Niederlanden zu Jan van Eycks Tagen herrschte. Jede Runzel und jedes Härchen, jedes Fältchen und jede Ader wird mit urkundenmäßiger Treue fixiert. Während in Holbeins Zeichnungen die leichten Federstriche wie Pinselzüge hingesetzt sind, malt Dürer, als mache er Federzüge mit dem Pinsel. Während Holbein in großen, sicheren Zügen das Lebensvolle der Erscheinung packt, kommt Dürer nicht über mühsames Kläubeln hinaus, sucht durch Addieren kleiner Einzelziffern die Summe von Charakter festzustellen, die in einem Kopfe liegt. Aber was ihm an Leichtigkeit der Mache fehlt, ersetzt er durch psychische Größe. In seinem eigenen Kopf war mehr als in dem des forschen, brutalen Holbein enthalten. Darum Wirten Holbeins Bildnisse bei aller Geschicklichkeit der Mache doch wie Photographien neben den geistglühenden Charakterköpfen Dürers. Dort der kalte Analytiker, der das Aeußere des Menschen mit der unfehlbaren Sicherheit der *Camera obscura* spiegelt. Hier der Grübler und Denker, der denen, die ihm zu Bildnissen sitzen, etwas von seiner eigenen Faustnatur leiht.

Teils psychologische, teils formale Probleme haben ihn bei seinen religiösen Bildern beherrscht, und daß er überhaupt von solchen Problemen ausging, hebt ihn schon aus seiner Umgebung heraus. Alle, die vor ihm in Deutschland thätig waren, fühlten sich als Handwerker, erledigten Bestellungen so gut es ging, schlecht und recht, ohne höheren Ehrgeiz. Dürer als erster hebt die Kunst über den Handwerksbetrieb empor und fühlt sich als Künstler, schafft nicht, weil man ihm Aufträge giebt, sondern weil eine Kraft in ihm nach Ausdruck drängt, steckt mit ganzer Seele in seinen Werken, hat das Gefühl für die Ewigkeit zu arbeiten. Italien hatte ihm gezeigt, daß doch ein Unterschied zwischen Handwerk und Kunst bestehe.

Als er seine Thätigkeit begann, beherrschte der steifleinene Michel Wohlgemuth das Nürnberger Kunstleben. Dürer weilt in Wohlgemuths Werkstatt, doch nur wie der Königssohn des Märchens, der sich in die Köhlerhütte verirrte. Sobald er die Lehrzeit hinter sich hat, löst er die Bande, die ihn mit der Wohlgemuthschule verknüpfen, wählt sich Meister, die geistig ihm näher stehen. Schongauer war, wie die kleine Madonna des Kölner Museums zeigt, sein erster Mentor. Dann entschwindet er eine Zeitlang unseren Blicken. Denn das Meißener Altarwerk und die Flora des Städelschen Museums ihm zuweisen, hieße doch behaupten, daß er in seiner Jugend sowohl das Gewand Jan Scorels wie das des Bartolommeo da Venezia mit ganz verblüffender Sicherheit getragen. Auf festem Boden steht man erst bei den nächsten durch Mantegna angeregten Werken.

Als er 1494 nach Venedig gekommen war, hatten ihm Mantegnas Stiche, deren er zwei kopiert hat, den Blick in eine neue Welt eröffnet. Diesem großen Meister hat er in seinen ersten Altarwerken gehuldigt. Fast als Imitator in dem kleinen Dresdener Altar, selbständiger in den Darstellungen der Beweinung Christi, die schon stofflich mit dem Ideenkreis der Paduaner zusammenhängen. Sowohl in dem Nürnberger wie in dem Münchener Werk herrscht kein loses Nebeneinander wie in Wohlgemuths Bildern, sondern strafferer Aufbau. Auch der zähe, metallische Ton, das schmerzerstarrte Wesen Marias und das Pathos der alten zahnlückigen Frau, die mit wildem Jammerschrei die Arme erhebt, zeigen in dem Münchener Werte deutlich, wie sehr Mantegnas Stil und Gestaltenwelt Dürers Gedanken beherrschten.

Als er aus dem Schöpfer der Apokalypse der Sänger des Marienlebens ward, traten diese Paduaner Elemente zurück. Auf den Pathetiker folgt der Idylliker. In eine winkelreiche Ruine mit allerlei lauschigen Ein- und Ausblicken ist sowohl in der Münchener Geburt des Christkindes wie in der Florentiner Anbetung der Könige die heilige Familie gesetzt. Maria mit ihrem hellblonden unter weißem Kopftuch hervorquellenden Haar ist die jugendliche hübsche Nürnbergerin des Marienlebens. Statt pathetisch und herb ist er still und mild: der Uebergang von Mantegna zu Bellini.

Seine Entwicklung ist die gleiche, die Venedigs Kunst um die Wende des 16. Jahrhunderts durchmachte. Als Dürer 1494 in Venedig weilte, waren die hauptsächlichsten Bilder, die er in den Kirchen sah, Erzeugnisse der von Mantegna befruchteten Schule von Murano, auch Giovanni Bellini bewegte sich noch in den Bahnen seines Schwagers. Als er 1506 nach Venedig zurückkam, hatte Bellini seinen weichen, harmonisch schwungvollen Stil gefunden. Vor *seinen* Altarwerken strömte die Menge zusammen. Dieser Geschmackswandlung folgte auch Dürer. »Das Ding, das mir vor elf Jahren so wohl hat gefallen, gefällt mir jetzt gar nicht mehr.« Damit bekundete er, daß auch für ihn die Muranesen ein überwundener Standpunkt waren, daß nicht mehr Alwise Vivarini, sondern Bellini ihm als größter Künstler Venedigs galt.

Das Rosenkranzfest ist das hauptsächlichste Zeugnis seiner Bewunderung für Bellini. Wie er selbst unter dem venetianischen Himmel auftaute, hat seine Kunst das Steife, Gebundene verloren. Ein weicher lyrischer Ton, eine melodische Rhythmik der Linien, selbst in der Farbe etwas Liebliches, Mildes verrät, daß er, während er am Bilde malte, nicht auf die krausen Spitzgiebel nordischer Häuser, sondern auf den ruhigen Wasserspiegel der Lagunen blickte. Auch die Madonna mit dem Zeisig, ganz deutsch und dürerisch, wäre kein fremder Klang inmitten der vollen runden Töne, die Bellini und Cima erklingen ließen. Selbst das Nackte tritt in seinen Studienkreis ein. Der miniaturhaft seine Dresdener Crucifixus zeigt, daß die Art Antonellos ihn sympathisch berührte.

Sonst machte Verrocchio auf ihn Eindruck. Denn manche Kupferstiche, wie der Ritter mit dem Tod und Teufel, das kleine Pferd und der Georg, sind offenbar unter dem Eindruck des Colleonidenkmals konzipiert, das seit kurzem die Lagunenstadt schmückte. Nach einer anderen Seite anregend wirkte Leonardo, mit dem er in Bologna zusammentraf. Dürers Christus unter den Schriftgelehrten geht inhaltlich auf das Bild zurück, das unter Leonardos Namen in der Londoner Nationalgalerie hängt, gehört mit Tizians Zinsgroschen in die Reihe jener Werke, die im Anschluß an Leonardo das Problem des Charakterkopfes behandeln und die Hände als psychologischen Kommentar heranziehen. Wie das Porträt einer jungen Frau im Berliner Museum und ein in Kohle gezeichneter Frauenkopf des Louvre von Leonardos zartem Lächeln umspielt sind, ist aus den »verruckten Angesichten«, die er gerne zeichnete, ersichtlich, daß auch die Karikaturen Leonardos seinem grüblerischen Sinn gefielen.

Dürers Weiterentwicklung nach seiner Heimkehr 1507 ist schwankend. Zuweilen tritt wieder der eckige spätgotische Geschmack hervor. Doch wo das Thema es erlaubt, strebt er nach Schwung der Bewegung, nach Einheitlichkeit und Geschlossenheit der Bildwirkung, denkt nicht daran, zu Gunsten fremden Empfindens das eigene zu verleugnen, aber ist sich doch bewußt, daß Realismus nicht Ungeheuerlichkeit und abnorme Häßlichkeit zu sein brauche.

Daß er unmittelbar nach seiner Rückkehr die beiden lebensgroßen Akte von Adam und Eva malte, ist überaus bezeichnend. Beide sind urdeutsch, doch hätte er sie nicht gemalt, wäre nicht der Aufenthalt in Italien vorausgegangen. Italienisch ist die Freude am Nackten, italienisch die Rhythmik, die er in beiden Gestalten erstrebt. Steif und eckig stehen auf dem Genter Altarwerk die Figuren da. Man fühlt, daß Jan van Eyck nie andere als nordische Menschen, Menschen ohne gymnastische Anmut sah. Im Gegensatz zu dieser vierschrötigen Plumpheit herrscht bei Dürer Freiheit und Schwung der Linien. Wie er anstrebt, im Sinne Verrocchios den Figuren körperliche Rundung zu geben, nachdem bisher die deutsche Kunst rein planimetrisch Konturen gezeichnet und mit Farbe ausgefüllt, sucht er in der Bewegung wirksame Kontraste zu schaffen. Nicht weniger beschäftigt ihn als Schüler Leonardos die psychologische Analyse. Adam öffnet begehrlich sehnsüchtig die Lippen, ein leises Lächeln – Flauberts »Oh si tu voulais!« – umspielt Evas Mund.

Im nächsten Werk, der für Friedrich den Weisen gemalten »Marter der Zehntausend«, fällt er in den Realismus zurück, der vor ihm die deutsche Kunst beherrschte, nähert sich dagegen in dem Hellerschen Altar wieder um ein Stück dem Ziel, das seit seiner italienischen Reise ihm vorschwebte. Einfach und fein berechnet bauen die Gruppen der Apostel sich auf. An die Stelle des Zeitkostüms ist eine einfache, ideale Gewandung getreten, und die Draperiestudien, die er dazu machte, könnten mit ähnlichen Leonardos verwechselt werden. Freilich teilt er mit Leonardo auch die Eigenschaft, daß das formale Element noch nicht einseitig hervortritt. Wie er die Fußsohlen und Hände der Figuren mit der hingebenden Genauigkeit der Primitiven zeichnet, bleibt er Psycholog in der Art, wie er die Bildnisköpfe zu Charaktertypen zuspitzt.

In dem Wiener Dreifaltigkeitsbild von 1511 ist der volle Gegensatz zum Wohlgemuthstil erreicht. Wo man bei Wohlgemuth die knittrigen Falten der Holzplastik sieht, giebt Dürer einfach große, schwungvoll geordnete Gewandung. Er selbst sogar trägt auf dem Bildnis, das er im Hintergrund anbringt, nicht mehr das Zeitkostüm, sondern einen langen, einfachen Mantel. Wo bei Wohlgemuth ein wirres Sammelsurium ist, herrscht bei Dürer feierliche Eurhythmie der Linien. Während die älteren Deutschen solchen Bildern die Form des Flügelaltars gaben, hat Dürer im Sinne der Quattrocentisten das ganze in einem einzigen oben rund zulaufenden Rahmen vereinigt.

Mehrere andere Werke, die in den nächsten Jahren entstanden – Madonnen oder Akte wie die Münchener Lucrezia – enthalten nichts Neues. Interessant ist nur, wie noch jetzt die Erinnerung an die Mosaiken der Markuskirche in ihm fortlebt. Nicht nur in dem Münchener Selbstbildnis, in dem Karls des Großen und dem wuchtigen Holzschnitt mit dem Dulderhaupt Jesu, auch in mehreren Madonnen hat er auf das byzantinische Herkommen der Frontalstellung zurückgegriffen, um eine feierlich monumentale Wirkung zu erzielen.

Am Schlusse seines Lebens erst konnte er in einem großen Werk das Resultat all seiner Bestrebungen zusammenfassen. Die niederländische Reise 1520/21 gab ihm eine neue Anregung zu großartiger Vereinfachung seiner Kunst. Er sah die Bilder des Quentin Massys mit ihren wuchtigen lebensgroßen Gestalten, sah das Genter Altarwerk. »Das ist eine überköstliche verständige Malerei, und insbesondere Maria und Gottvater sind sehr gut.« Diese Stelle seines Tagebuches deutet an, welchen Weg er seitdem verfolgte. Wie zur gleichen Zeit die jungen Künstler Italiens nicht mehr Gozzoli und Pisanello studierten, sondern in der Brancaccikapelle vor den Werken Masaccios zusammenströmten, bewundert Dürer nicht mehr die Kleinmalerei Jans, sondern die mächtigen Gestalten *Huberts* van Eyck mit den feierlichen, groß drapierten Gewändern, und nähert sich so – da Hubert van Eyck als Ausläufer mittelalterlichen Monumentalstils parallel mit Masaccio geht – ganz dem nämlichen Ziel, das die Cinquecentisten Italiens an der Hand Masaccios erreichten. Mehrere Holzschnitte lassen verfolgen, wie das Problem in seinem Geiste reift. Einfache, einsame Gestalten, kolossal gedacht und hingestellt, treten an die Stelle der traulichen Wesen, die vordem in gemütlichen Landschaften so schlicht bescheiden dahinlebten. Die gewaltigste Offenbarung ist das große Evangelistengemälde von 1526.

Die »Vier Temperamente«, heißt es in einer alten Ueberlieferung, wären in dem Bilde dargestellt. Und daß es so gedeutet wurde, zeigt, wie viel wirklich Temperament und Charakter in jedem einzelnen dieser Hünen steckt. Dürer verfolgt wie Leonardo ein doppeltes Ziel. Teils reizt ihn das Problem des Charakterkopfes. Die Heiligen, früher fromm und beschaulich, werden reflektierende, von Gedanken durchwühlte Menschen. Anderseits geht mit dem Psychologischen wie bei Leonardo das Formale Hand in Hand. Der ehernen Charakteristik der Köpfe entspricht der Lapidarstil der Körper. In dieser Verbindung von psychischer Wucht mit monumentaler Größe sind die Vier Apostel etwas Einziges in der Kunstgeschichte. Aehnliche Gestalten, wie sie in den Altarwerken Giovanni Bellinis, Cimas und Mantegnas vorkommen, haben noch nicht diese formale Einfachheit, diese majestätische statuarische Ruhe. Andere, wie sie später Fra Bartolommeo brachte, haben nicht mehr diese geistige Großheit. Der Mantel umschließt keine Denker mehr, sondern ist nach akademischem Rezept über hohle Gliederpuppen gehängt. Dürer allein wie Leonardo löste das Problem, tiefsten Gedankengehalt mit formaler Schönheit, mit der schönen Form die große Seele zu einen.

15. Franken und Bayern

Inmitten seiner Zeit steht Dürer als ein Riese, mit den Füßen auf dem Boden wurzelnd, mit dem Scheitel die Gestirne berührend. Ein Denkmal, das der deutschen Kunst der Reformationszeit gewidmet würde, müßte die Kolossalstatue Dürers im Mittelpunkt haben. Alle anderen müßten als kleine Sockelfiguren zu Füßen des Monumentes sitzen. Wohl sind sie liebenswürdige, sympathische Menschen. Aber der Name Kleinmeister, den man ihnen giebt, kennzeichnet ihr Verhältnis zu Dürer. Auf den alles umspannenden, gewaltigen Genius, der das Leben der Wirklichkeit und des Traumes umfaßte, folgen die Diadochen, die sich in das Weltreich teilen, schlecht und recht ihre kleinen Fürstentümer verwalten.

Einige warfen sich, durch die humanistische Bewegung angeregt, mit großem Eifer auf die antike Legende. Andere gingen daran, das kulturgeschichtliche Bilderbuch ihrer Epoche herauszugeben. Auf den Jahrmärkten und Messen, unter den Bauern und Kleinbürgern treiben sie sich umher, halten die Scenen des Volkslebens in urwüchsiger Derbheit fest. Die malerischen Gestalten verwitterter Landsknechte, Marketenderinnen, Dirnen und vornehme Damen, Bauern, junge Stutzer und alte Edelleute, Kirchweihen, Hochzeiten und Bankette – alles zieht in ihren Blättern vorüber.

Doch nur in den graphischen Künsten spielt diese Entwicklung sich ab. Was auf dem Gebiete der Malerei entstand, bezeichnet weniger einen Aufschwung als einen Rückfall in die alten handwerklichen Bahnen. Wir hatten keinen Kaiser, keinen Adel, keinen Bürgerstand, der für Probleme, wie sie Dürer sich gestellt hatte, Verständnis besaß. Und als später durch die Reformation ein zänkisch kleinlicher Zug, kahle, farblose Streitigkeiten in das deutsche Geistesleben kamen, mußte in dieser schneidigen Luft überhaupt die zarte Blüte der Kunst erfrieren.

Hans Süß von Kulmbach ist ein milder, anmutiger Meister, gleichsam einer weiblichen Seitenlinie der männlich herben Dürerschen Kunst entsprossen. *Hans Schäufelein*, der Illustrator des Theuerdank, erledigte rechtschaffen, als biederer Nördlinger Malermeister, seine zahlreichen Aufträge. *Barthel Beham* war in Italien und liebte seitdem den Hintergrund seiner Bilder mit reichen Renaissancebauten zu füllen. *Anton Woensam von Köln* blieb von der Renaissance unberührt und bewegt sich in einer barocken Gotik. Der archaischen Herbigkeit, die den Grundzug seiner Werke bildet, gesellen sich barocke Gesten und knitterig bauschige Gewänder.

Wir möchten, wenn wir von deutscher Kunst sprechen, gern das Rauschen deutscher Wälder hören, möchten Ozongeruch atmen, Waldfräulein und Berggeister durch das Dickicht der Holzungen schweifen sehen. Treuherzigkeit, Intimität und Sinn für das Waldweben scheinen uns Merkmale deutscher Kunst. An Einsiedler denken wir, die weltvergessen vor der Klause sitzen, an grüne Matten und blumenbesäte Hügel, an dunkle Waldeshänge und sanfte von blinkenden Wassern durchrieselte Thäler. Der frische Morgensonnenstrahl bricht durch das lichte Grün der jungen Buchen und hüpft von Ast zu Ast, verwandelt in Diamanten den funkelnden Tautropfen und in Gold und Edelstein den Käfer, der behaglich im weichen Moose kriecht. »Da gehet leise, nach seiner Weise der liebe Herrgott durch den Wald.« Schwind und Thoma, bei denen wir diese Dinge finden, sind uns unter den Modernen die deutschesten Künstler. Aus dem gleichen Grunde steht von den Alten uns *Altdorfer* nahe.

Das war ein liebenswürdiger, echt deutscher Meister, dessen Bilder nach Nadelholz duften, in ihrer Verschlafenheit und lauschigen Märchenstimmung traulich heimatlich uns berühren. Von der Miniaturmalerei war er hergekommen. Schon *Berthold Furtmeyr*, der am Schlusse des 15. Jahrhunderts in Regensburg lebte, hatte duftige Bergketten und das Weben der Sonnenstrahlen mit zarter Versenkung gemalt. Altdorfer übertrug als erster die Feinheiten der Miniaturmalerei auf das Tafelbild. So kommt es, daß sein Bildchen so seltsam aus dem Rahmen der deutschen Malerei des 16. Jahrhunderts herausfallen. Diese sah noch immer ihre Hauptaufgabe darin, in großen Altargemälden die Heilslehren des Christentums vorzutragen. Altdorfer arbeitete nicht für die Kirche. Wie die Miniaturmalerei seit den Tagen Gutenbergs ein vornehmer Sport, ein aristokratischer Luxus geworden, fühlt Altdorfer sich als Maler für Amateurs, schafft keine Altargemälde, sondern kleine Kabinettstücke, nicht zur religiösen Erbauung, sondern zum

Kunstgenuß. Deshalb weilt man in den Museen so gern vor seinen Werken. Da er für die Aristokraten des Geschmackes arbeitete, konnte er seiner Zeit so weit vorauseilen, daß manche seiner Bildchen in ihrer reizenden Frische und koloristischen Pikanterie wie Vorahnungen der Modernsten wirken.

Sucht man seine Werke nach den Problemen, die er sich stellte, einzuteilen, so bilden die erste Gruppe diejenigen, in denen sich die Freude am Architektonischen mit der Freud an der Landschaft verbindet. Denn Altdorfer war nicht nur Maler, er war auch Stadtbaumeister von Regensburg, hatte sich begeistert an den neuen architektonischen und ornamentalen Formen, die damals aus dem Süden nach Deutschland kamen. Darum stellt er auf dem Bilde, das die Flucht der heiligen Familie nach Aegypten darstellt, einen prächtigen Springbrunnen auf, der den Hof eines Renaissanceschlosses zieren könnte. Darum verlegt er das Bad der Susanna in die Nähe eines reichen Palastes, der in seiner bunten Pracht alles überbietet, was an phantastischen Entwürfen im Kopf der deutschen Architekten lebte.

Die zweite Gruppe bilden die Werke, in denen er Fernblicke über weite Ebenen giebt. Das Berliner Bildchen mit der Illustration des Sprichwortes: »Der Bettel sitzt der Hoffart auf der Schleppe,« ist wohl das markanteste Beispiel. Ein fürstliches Paar, auf dessen nachschleppendem Mantel eine Bettlerfamilie lagert, hält in ein Renaissanceschloß seinen Einzug. Diesem Schloß hält rechts eine dunkle Laubmasse das Gegengewicht, und dazwischen blickt man über hügeliges Land auf Siedelungen, Flüsse und Burgen hinaus. Altdorfer bedient sich also desselben Kunstgriffes, den schon Piero della Francesca und später Claude Lorrain anwendete. Durch das Vorschieben dunkler Vordergrundskulissen schafft er sich die Möglichkeit, die Ferne lichter und weiträumiger erscheinen zu lassen.

In die dritte Gruppe gehören die Werkchen, in denen er, auf den Bahnen Gerard Davids weitergehend, bestimmte Lichtwirkungen zu interpretieren sucht. Bei der Kreuzigung ist der Himmel mit dunkelm, seltsam gefärbten Gewölk bezogen. Durch die düstere Beleuchtung wird versucht, die wehmütige Abschiedstrauer der Stunde auszudrücken. Bei der Himmelfahrt der Maria ist der ganze Himmel in feuriges Purpurrot getaucht, als ob eine strahlende Welt des Glückes und der Herrlichkeit sich eröffne. Durch einen Beleuchtungseffekt gelang es ihm sogar, den langweiligsten Auftrag, der ihm übertragen wurde, die Alexanderschlacht, in künstlerischem Sinne zu gestalten. Während die anderen Schlachtenbilder, die damals von Herzog Wilhelm IV. bei bayrischen Künstlern bestellt wurden und heute in der Münchener Pinakothek vereinigt sind, sich nicht über den Charakter des kolorierten Holzschnittes erheben, ist bei Altdorfer ein helles Frühlicht über das Meer, die Hügel und das Schlachtfeld gebreitet, spielt in rötlichem Glanz an den Zinnen der Burg und läßt andere Teile der Landschaft in dämmerigem Schatten. Rüstungen, Uniformen und Feldzeichen blitzen und funkeln im Sonnenschein. Erst im 17. Jahrhundert hat wieder ein Deutscher, Adam Elsheimer, in gleich seiner Weise das Weben des Lichtes gemalt.

Doch seine schönsten Bildchen sind diejenigen, die in das Dickicht deutscher Wälder führen. Sein Name braucht nur genannt zu werden, und ein Waldinneres taucht in der Erinnerung auf, wo Sonnenstrahlen auf den Baumstämmen hüpfen, Klausner vor ihrer Höhle sitzen, oder Waldgötter auf dem grünen Moose lagern. Noch keiner vor ihm hatte das Waldweben gemalt. Alle waren am Eingang des Waldes geblieben. Altdorfer als erster ging hinein, fuhr wie ein Bergmann in den grünen Schacht. Die Aeste der Bäume schlugen über ihm zusammen, der blaue Himmel verschwand. Die Sonnenstrahlen rieselten durch die grünen Blätter, das Moos lag wie ein sammtener Mantel über der Erde.

Selbst seinen Zeichnungen, Holzschnitten und Radierungen giebt diese Freude an der deutschen Waldnatur ihren eigenartigen Reiz. Während Dürer in den Randzeichnungen, die er zum Gebetbuch Maximilians lieferte, sich in geistvollem Schnörkelwesen erging, fügt Altdorfer Bäume, Aeste, Rankenwert zusammen, sucht in die Stille der Waldeinsamkeit zu versetzen. Im Triumphzug Maximilians erkennt man seine Blätter mit dem Gefangenenzug daran, daß deutsche Nadelwaldungen den Hintergrund bilden. So verschiedenartig der Inhalt seiner Radierungen ist – ein prächtiger hoher Baum, eine Fichte, eine Tanne ist wie Altdorfers Künstlermonogramm beigefügt. Das dichte Laubwerk und die schwer herabhängenden Tannenzweige, die faserigen Wurzeln und halbvertrockneten Schlinggewächse, die sich um altes Gemäuer winden, fesseln ihn mehr als das biblische oder legendarische Thema.

Auch bei den Bildchen dieser Art ist der figürliche Inhalt gleichgültig. Man sieht nur die Waldlandschaft, die die Figuren umschließt. Da hat in der grünen Höhle eine Satyrfamilie sich eingenistet. Dort mahnt wilde Waldeinsamkeit des Hieronymus Herz zur Buße. Dort ist Georg, durch einen Buchenwald reitend, dem Drachen begegnet. Man sieht nichts als das Laub, keinen Himmel, nicht die Kronen der Bäume. Ein Waldinneres, wie sie in unserer Zeit Diez malte, begegnet zum erstenmal in der Kunstgeschichte. Schließlich hat Altdorfer, um seinem Lebenswerk die Krone aufzusetzen, noch ein Bild gemalt, das nichts als eine Landschaft ohne alle »Staffage« enthält. Auch diese früheste deutsche Landschaft hängt wie der heilige Georg in der Münchener Pinakothek: »ein schlichter Naturausschnitt, mit der Treue des Porträtmalers wiedergegeben. Hier sind wirklich alle Zeitgrenzen verwischt, man glaubt die Arbeit eines Modernen zu sehen. Ein tiefblauer Himmel wölbt sich über einer grünen Baumgruppe. Ein kleiner See, ein schmaler Fußweg, der sich über die Wiese windet, ein bläulicher Berg und ein paar Häuser« – das ist der Inhalt des Bildchens. Alles, was vorher auf diesem Gebiete entstand, hielt noch äußerlich den Zusammenhang mit der kirchlichen Malerei aufrecht. Da sich an Altarbildern die Landschaft erstmals schüchtern hervorwagt, hielt sie, um einen Ausweis für ihre Existenz zu haben, auch später an der biblischen Staffage fest. Noch bei Patinier dient die Natur nur als Folie für den religiösen Vorgang. Dürer gab zwar in seinen Aquarellen selbständige Landschaften, wagte aber im Tafelbild nicht, mit der Ueberlieferung zu brechen. Altdorfer wagte es. Dadurch wurde er der Vorläufer all der großen Landschafter, die das nächste Jahrhundert hervorbrachte. Schon im 16. Jahrhundert folgten ihm, wenn auch schüchtern, einige andere Meister.

Augustin Hirschvogel und Hans Sebald Lantensack radierten ihre geistvollen, ganz modernen Blätter. *Michael Ostendorfer* in Regensburg suchte durch Beleuchtungseffekte seinen Bildern Stimmung zu geben. *Melchior Feselen* in Ingolstadt erscheint, seit der heilige Georg der Sammlung Marcuard bekannt geworden, als einer der interessantesten der Epoche. Denn dieses Bild mit dem Marées'schen Pferd, dem Nickelmanndrachen und dem Corotbaum, die liebe Spießbürgerlichkeit und Grimmsche Märchenstimmung des Ganzen – das ist deutsche Phantastik, kindlich und herzig zugleich.

Selbst *Cranach* kann man nur vor seinen intimen Bildchen gerecht werden. All jene anderen Werke, die ihm zu Lebzeiten Ruhm und Ansehen verschafften, können wenig mehr sagen. So oft er die Geisteshelden des 16. Jahrhunderts gemalt hat, seine Lutherbilder enthüllen nichts von dem glutvollen Temperament des Reformators, seine Melanchthonbilder nichts von der sinnigen Zartheit des Gelehrten. Es sind große Männer durch das Temperament eines Spießbürgers gesehen. Schulmeisterlich didaktisch wirken die dogmatisierenden Altarwerke, in denen er sein protestantisches Glaubensbekenntnis niederlegte: gelehrte Abhandlungen, die sich von früheren Bildern ebenso unterscheiden, wie eine verständige, rationalistisch klare protestantische Predigt von der poetischen Lyrik des Evangeliums, wie eine weißgetünchte protestantische Kirche von einem in Kerzenglanz prangenden, von Orgeltönen durchfluteten Dom. Am unerquicklichsten wird er, wenn er den Akademiker spielt und lebensgroße Figuren zu geben sucht. Je größer das Format, desto erschreckender die Leere. Da sind jene Judithbilder, Weiber in Halbfigur mit rotem Rembrandthut, die mit verzwicktem Lächeln ein Schwert und eine Blechschüssel mit einem abgeschlagenen Kopfe vorzeigen. Da sind in ganzer Figur Weiber mit dicker goldener Halskette, die durch einen Amor, der sie begleitet, als Venus, oder durch einen Dolch, den sie sich sentimental in die Brust stoßen, als Lukrezia gekennzeichnet werden. Alles ist flau, schablonenhaft in der Zeichnung, geziert im Empfinden.

Und ist man im Begriff, Cranach den Rücken zu drehen, ihn einen trockenen Pedanten, einen hohlen Schönmaler, einen greisenhaften Schwätzer zu nennen, da entdeckt man plötzlich, daß von demselben Mann Bildchen herrühren, die in ihrer treuherzigen Intimität und schlichten Sinnigkeit zu den liebenswürdigsten Erzeugnissen deutscher Kunst gehören. Dazu zählen jene gelbhaarig zarten Madonnen, die man in ausländischen Sammlungen mit so anheimelnder Freude betrachtet, – als hätte mitten unter romanischen Feueraugen der stille treue Blick eines deutschen Auges uns getroffen oder als hörte das Ohr unerwartet ein einfaches deutsches Volkslied, ungeschult gesungen, doch mit sehr viel Herzlichkeit. Dazu gehören seine schalkhaften Erzählungen vom Jungbrunnen – die alten Vetteln, die auf der einen Seite ins Wasserbecken steigen, um auf der anderen als niedliche Jüngferchen herauszukommen. Dazu gehören jene Bathsebabilder, die so deutsch sind, so herzig biedermaierisch in der Art, wie sie die biblische Badescene mit den lüsternen Alten in ein unschuldiges Fußbad umwandeln. Ein Stück Deutschland, wie es unsere Großväter noch gekannt, lebt in diesen altväterischen Kleinstädtereien. Es ist, als ob man an sonnigem Sonntagmorgen durch die blühenden Gärten und holperigen Gäßchen eines alten deutschen Städtchens wanderte, wo hübsche Dirnen, aus den Erkern herausblickend, sich halbverschlafen die Haare strählen. Oder was giebt es Zarteres als jene knospenhaften Bilder aus der Antike, in denen die Waldfräulein unserer germanischen Romantik, die wilden Männer unserer Waldmären ihr Wesen treiben? Da ist nichts von der philosophischen Grübelei Dürers, der faustische Gedankentiefe in die Antike hinein trägt, nichts von der kalten, taghellen Korrektheit, die später aufkam. Cranach behandelt die alten Legenden wie romantische Märchen aus der Ritterzeit, mit jener Kindlichkeit, die an Thoma fesselt. Er ist unsäglich komisch, dieser Herr mit dem breitgestrichenen sächsischen Kurfürstenbart, der bald als Satyr, bald als Paris oder Apollo auftaucht. Sie sind allerliebst, all diese Jüngferchen mit den kleinen, festen, knospenhaften Formen, den straffen, feinen Gliederchen, den Goldketten und dem roten Rembrandthut, den sie so paradiesisch unschuldig ihrem Evakostüm gesellen. Mögen sie als neckische Waldköniginnen zierlich auf dem Rücken des Hirsches sitzen, als Quellnymphen am rieselnden Bache ruhen oder als Venus, Minerva und Juno sich dem Herrn mit dem sächsischen Kurfürstenbart präsentieren – es ist deutsche Märchenstimmung, in die kein akademischer Hauch hereinklingt.

Was namentlich all diesen Bildchen ihren unbeschreiblichen Reiz giebt, ist die würzige Waldlandschaft, die die Figürchen umschließt. Werke wie die Flucht nach Aegypten haben einen harzigen Duft, eine Weihnachtspoesie, die selbst Altdorfer nicht erreichte. Altdorfer besang den deutschen Wald, Cranach entdeckte dessen Seele, das Märchen. Manchmal scheint es schon, als ob die Pilze in Gnomen, das knorrige Geäst der Bäume in den Rübezahl, der Nebel in Elfen sich verwandeln wollte. Denn all diese Wesen sind nicht willkürlich in die Natur gesetzt. Wie ein Insekt aus der Pflanze, auf der es lebt, sein ganzes Wesen, seine Form und Farbe zieht, so scheinen Cranachs Menschen verwachsen mit dem krausen Dickicht, gebannt und verhext vom Waldzauber. Bucklig alte Baumstümpfe, mißgestaltet wie die Wurzeln des Alauns, erheben sich. Dichte Schlinggewächse und knolliges Wurzelwerk, Moos und Farnkräuter breiten sich aus. Und inmitten dieser Waldnatur mit ihren zackigen Burgen leben diese Waldmenschen dahin, deren schwielige Finger knorrigen Baumästen, deren gerunzelte Haut geborstener Baumrinde und deren Bart jenem Flechtenmoos ähnelt, das zur Herbstzeit an alten Bäumen hängt. Die Tiere des Waldes, Hirsche und Rehe, Eichhörnchen und Wildkatzen gesellen sich zu ihnen. Es war ein Verhängnis für Cranach, daß er in der gelehrt höfischen Umgebung Wittenbergs so oft gezwungen war, gegen den Strich seines Temperamentes zu arbeiten. In diesen schlichten Märchenbildern ist er der Deutscheste aller Deutschen. Man stellt ihn sich gerne vor, wie er als Apotheker neben schweinsledernen Folianten in seinem Laboratorium sitzt und die Kräutlein des deutschen Waldes zu wundersamen Elixieren zusammen braut. Denn es besteht ein Zusammenhang zwischen seiner Kunst und der Apotheke. Er und Spitzweg, die beiden Apotheker der Kunstgeschichte, stehen auch als Künstler sich am nächsten.

16. Elsaß und Schwaben

Matthias Grünewald, dessen »Bekehrung des Mauritius« in München neben der Lukrezia Cranachs hängt, führt wieder auf südlichen Boden zurück. Es ist nicht falsch, wenn Sandrart, der feine Kenner, ihn den deutschen Correggio nennt. Zwar in der Empfindung hat er wenig mit dem Maler von Parma gemein. Sein grausiger Naturalismus, seine Schmerzenswollust und dämonische Phantastik haben kein Gegenstück weder bei Correggio noch bei anderen Meistern Italiens. Aber koloristisch trifft die Bezeichnung zu. Grünewald verhält sich zur Dürerschule ähnlich wie Correggio zur Schule von Rom. Schon darin, daß weder Holzschnitte noch Kupferstiche von ihm vorhanden sind, spricht sich der Unterschied aus. Alle anderen deutschen Meister führen den Grabstichel lieber als den Pinsel, geben ihren Bildern den Charakter des Konturholzschnittes mit farbiger Füllung. Grünewald dachte malerisch, fühlte seine Kraft nur, wenn er glühend leuchtende Töne zu rauschenden Accorden verband. Bei ihm giebt es keine zeichnerischen Umrisse, keinen architektonischen Aufbau. Verschwimmende Massen sieht man, magisches Helldunkel, das mit Märchenzauber die Scenen umwebt. Und ist er als Pathetiker urdeutsch, weit kühner als die Romanen – gewisse Empfindungsnuancen klingen ebenfalls an Correggio an. Ein Zug zum Traumseligen, zum sinnlich Lieblichen giebt seiner Kolmarer Madonna ein fast oberitalienisches Gepräge.

Wenn Sandrart ihn als deutschen Correggio bezeichnet, hat er, ohne es zu ahnen, richtig die künstlerische Herkunft Grünewalds bestimmt. Correggio und Grünewald gehen auf dieselbe Quelle zurück. Leonardo ist ihr geistiger Vater. Freilich – man weiß nicht, daß er in Italien war. Nun, auch heute wird manche Reise, die ein junger Künstler macht, nicht sofort von einem Reporter gebucht. Grünewald hat immer heraldische Spätgotik, nie antike Ornamente, Säulen und Pilaster in seinen Bildern verwendet, wie er es gethan haben würde, hätte er den Süden gesehen. Nun, es hat ihn in Italien nicht die Architektur, sondern anderes gefesselt. Für Dürer standen, als er nach Italien kam, zeichnerische Probleme, die der Eurhythmie und des Nackten, im Vordergrund. Auch auf Grünewald wirkte, wie sein Münchener Mauritiusbild zeigt, die monumentale Einfachheit der italienischen Kunst, der machtvolle Schwung der Gestalten, die breite Noblesse der Gewandung. Aber mehr noch zog ihn ein anderes an: er blickte staunend in die farbige Wunderwelt, in die Welt des Stimmungszaubers, die Leonardo erschlossen. Leonardesk sind die Lichtwirkungen seiner Bilder. Leonardesk ist das Lächeln, das die Lippen seiner Maria umspielt, leonardesk das weiche, gewellte Haar, das ihr Gesicht umflutet. Die Felsgrottenmadonna ist die ältere Schwester der Madonna von Kolmar. Selbst die Landschaften sind andere, als er in Deutschland sah. Er malt nie wie Altdorfer und Cranach das grüne junge Laub deutscher Wälder. Er malt eine sinnlich saftige Natur, die an die Riveria gemahnt. Alle Pflanzen sind üppig und farbenprächtig, scheinen unter übermächtiger Fülle von Lebenssaft zu ersticken. Jeder Baum macht den Eindruck schnellen, durch tropische Hitze geil emporgetriebenen Wachstums. Saftige Schmarotzerpflanzen winden sich von Stamm zu Stamm; Guirlanden von Schlinggewächsen durchranken wuchernd die Aeste. Rotglühende Rosen leuchten aus dunklem Laube hervor. Es ist seltsam, daß sogar als *Stifter* von Grünewalds Hauptwerk ein Italiener, der Präceptor Guido Guersi genannt wird; seltsam, daß manches Leonardeske schon bei einem älteren Mainzer, dem Meister des Amsterdamer Kabinetts sich findet.

Grünewalds Hauptwerk, der berühmte Isenheimer Altar im Museum zu Kolmar, ist an malerischen und geistigen Qualitäten das Erstaunlichste, was die deutsche Kunst des 16. Jahrhunderts hervorbrachte. Ein intimer Künstler wie Cranach und Altdorfer ist er nicht. Deutsche Gemütlichkeit darf man nicht bei ihm suchen. Aber durch die ganze Skala der Empfindungen reißt er fort: von verzückter Sinnlichkeit bis zu grauser Tragik, von seligem Taumel zu düster gespenstischem Satanismus. Ein ganzer Hexensabbat ist auf dem Bild entfesselt, das die Versuchung des heiligen Antonius darstellt. Aus den Schluchten, aus den Felsspalten kriechen scheußliche Ungeheuer, nicht die zahmen Teufelchen Schongauers, sondern wilddämonische Wesen heraus. Dann ein Scenenwechsel, und der Himmel thut sich auf. Engel kommen herniedergeschwebt. Ein goldener Tempel aus üppigen Schlinggewächsen, aus Weinlaub und Blumen wächst wie auf Zauberwort aus der Landschaft empor. Hier lassen die Cherubim sich nieder, musizieren und singen, in stürmischem Jubel Maria verehrend. Und wieder öffnet sich ein Flügelpaar – ein wilder Schmerzensschrei klingt schrill entgegen. Christus hat ausgelitten. Der Querbalken des Kreuzes beugt sich unter der Last des fahlen Leichnams. Noch bluten die Wunden, die die Geißel dem Körper schlug. Krampfhaft sind Finger und Zehen gespreizt, angeschwollen die Füße. Der Kopf, von wahnsinnigem Schmerz verzerrt, sinkt schwer wie der eines Gehenkten zur Seite. Magdalena schreit auf. Maria sinkt totenstarr zusammen. Das Auferstehungsbild enthält das Großartigste, was Grünewald als Lichtmaler leistete. Der nächtliche Sternenhimmel hat sich aufgethan; die Wolken zerreißen. Während die Erde im Dunkel bleibt, überflutet das Licht wie ein flirrender Nebel den Heiland. Nicht körperlich wirkt die Gestalt, sondern wie ein Schemen. Eine Lichterscheinung scheint sich verdichtet zu haben, um plötzlich wieder in Nebel zu zerrinnen. Das ist nicht nur ein koloristischer Effekt, es ist eine neue Art zu denken. Dem Linienstil der anderen setzt Grünewald einen rein malerischen Stil, den Kampf von Licht und Dunkel, entgegen. Eine merkwürdige Perspektive eröffnet sich. Sandrart schreibt, der Maler Philipp Uffenbach, ein Schüler von Grünewalds Schüler Hans Grimmer, hätte ihm in Frankfurt oft von dem seltsamen Meister erzählt, der in Mainz »ein so melancholisches Leben geführt«. Dieser Uffenbach war Lehrmeister des Adam Elsheimer, Elsheimer der Anreger des Pieter Lastmann und Lastmann der Lehrer Rembrandts. So reichen über die Jahrhunderte hinaus die beiden größten Phantasten des Nordens sich die Hand.

Unmittelbar übte Grünewald auf die deutsche Kunst keinen Einfluß. Denn *Hans Baldung* einen Nachfolger Grünewalds nennen, würde zu wenig dem Stil dieses Meisters entsprechen. Wohl that es ihm, als er 1512 das Isenheimer Altarbild kennen lernte, Grünewalds Zug zum Träumerischen, zum farbig Sinnlichen an. Wüßte man nichts von Grünewald, so wäre der Altar des Freiburger Münsters als größte koloristische Leistung des 16. Jahrhunderts zu feiern. Das strahlende Licht, die tropische Landschaft mit den üppigen Palmen, in deren Blattwerk Engel sich schaukeln, sind ähnlich wie auf Grünewalds Werk. Aber das Instinktive dieses elementaren Geistes fehlt ihm. Sein Kolorismus bleibt durch zeichnerische Straffheit gezähmt.

Von den späteren Bildern, die er in Straßburg schuf, stehen die Allegorien und die Todesdarstellungen dem Gefühlsleben der Gegenwart am nächsten. Baldung zeigt hier für den sinnlichen Reiz üppiger Frauenkörper ein feines Auge. Weiber, Musik und Katzen sind auf einem Nürnberger Bilde vereint. Aber auch der satanische Zug mancher Werke ist seltsam. Man denkt an die Sünde von Stuck vor diesem begehrlichen Weib, zu dessen Füßen sich die Schlange windet. Man denkt an Rops vor den Allegorien des Baseler Museums, auf denen der Tod wie ein Wärwolf sich auf jugendliche Frauen stürzt und in elbischer, vampyrhafter Lust sein fleischloses Gebiß an ihre blühenden Lippen preßt.

Wie für Grünewald Leonardo war für die schwäbischen Meister Giovanni Bellini der Mentor. Gedankenvolle Phantastik, deutsche Traulichkeit, wilde Leidenschaft kennen sie nicht. Sie sind schmiegsam, anmutig, gefällig: in ihrem weichen Empfinden, dem melodischen Linienfluß, der tonigen Farbe. Früher als den fränkischen und bayrischen Meistern hatte sich ihnen der Formenschatz der italienischen Renaissance erschlossen. Mit diesen Ornamenten tändeln sie, wie die Italiener ein Jahrhundert vorher es mit denen der Antike gethan. Man sieht Prachtsäle mit kassettierten Decken, die auf korinthischen Säulen ruhen, mächtige Kirchennischen mit offenen Hallen, Renaissancebrunnen und vergoldete Throne. Inmitten dieser reichen Architektur spielen, wie auf venetianischen Bildern, freundlich milde, ruhige Vorgänge sich ab.

*

In Ulm lenkte *Martin Schaffner* als erster in diese Bahn. Statt des salbungsvollen Pastorentones, den Zeitblom, sein älterer Landsmann, anschlug, herrscht bei ihm weltliche Causerie. Nichts Herbes, Knorriges giebt es. Alles ist von flüssiger Eleganz. Reiches gotisches Laubwerk verbindet sich auf seinem Hauptwerk – den Orgelthüren des Reichsstiftes Wettenhausen, die heute in München hängen – mit Amoretten und Delphinen, dem lustigen Formenvorrat der Renaissance. Bunte Marmorsäulen mit goldenen Kapitälen erheben sich. In freiem Schwung fließen die Gewänder. Nicht in ihrem Bette, wie auf älteren deutschen Bildern, stirbt Maria.

In einer feierlichen Kirchenhalle, im Kreise der Apostel sinkt sie hin. Denn Schaffner ist auch schon vom repräsentierenden Geist des Cinquecento berührt, der das häuslich Genrehafte der älteren Kunst als ordinär empfindet.

*

Augsburg war das Klein-Paris jener Jahre: nicht altfränkisch abgeschlossen wie Nürnberg, sondern von großstädtischem Leben durchwogt. Noch heute, trotz der nivellierenden Zeit, bewahren beide Städte ihren Gegensatz. In Nürnberg gotische Dome, krausverzierte Sakramentshäuschen und winklige Enge. Hier breite Straßen, mächtige Renaissancepaläste, Brunnen mit Statuen. Der Augustusbrunnen namentlich ist das Wahrzeichen der Stadt, der stolze Hinweis auf den römischen Ursprung der Augusta Vindelicorum. Und nicht nur als römische Kolonie fühlte sich Augsburg. Auch durch seine Handelsbeziehungen zu Venedig war es bestimmt, eine italienische Enklave auf deutschem Boden zu sein. Venedig war die hohe Schule der Augsburger Kaufleute. Dort im Fondaco der Deutschen brachten alle Fugger ihre Studienjahre zu.

Auch die Maler sind die Venetianer des Nordens. *Ulrich Apt* allein macht in seiner Augsburger Kreuzigung, dem Münchener Universitätsaltar und der Beweinung Christi einen nordisch niederländischen Eindruck. Die Bilder der anderen weisen nach dem Süden. *Hans Burgkmair* ging zwar aus der Schule Schongauers hervor. Aber wenn 1501 ein Venetianer, Kaspar Straffo, als Lehrling bei ihm eintritt, wenn den Hintergrund seines Helldunkelblattes »Der Tod als Würger« ein Kanal mit Gondeln bildet, so ist dadurch auch die Verbindung mit Venedig erwiesen. Besondere psychische Feinheiten darf man nicht bei ihm suchen. Wenn er in seinen Holzschnitten Stoffe wie die Passion oder die Apokalypse behandelt, erreicht er nur kunstgewerbliche Wirkung, beschränkt sich darauf, Erfindungen, die er anderen entlehnt, in anmutige Umrahmungen zu setzen. Aber schwungvoll elegant, wertvolle Dokumente für Tracht- und Waffenkunde sind die Blätter, die er für Maximilian zeichnete. Und dieser Sinn für Wohllaut – der Form und der Farbe – ist auch das Kennzeichen seiner Bilder. Venetianisch ist die Renaissancearchitektur, die sich in machtvoller Großräumigkeit über den Figuren wölbt; venetianisch die Art, wie er den Thron Marias mitten in die Landschaft setzt. Auch die Köpfe seiner Madonnen mit dem regelmäßigen Oval und der losen Flechte, die das Gesicht umrahmt, haben südliches Gepräge. Durch eine kapriciöse, schiefe Mundstellung sucht er ihnen bellinesken Anflug, etwas von der träumerischen Wehmut oberitalienischer Werke zu geben. Venetianisch ist sogar sein landschaftliches Empfinden. Denn er malt die südliche Natur – die Goldrange, die in dunkelm Laube glüht – nie die deutsche, giebt nie in zeichnerischer Schärfe das Einzelne, sondern schummerige Lichtstimmungen, in denen die Einzelformen als dekorative Massen verschwimmen.

Gumpolt Giltlinger, ein wenig schwerfälliger, bietet in seiner Anbetung der Könige eine weitere Variante dieses Stils. Und *Christoph Amberger* ist überhaupt Venetianer. Die musizierenden Engel und die weichen, vollen Formen seiner Frauen mit dem goldblonden Haar, die prunkvolle Säulenarchitektur und die leuchtende Farbe – alles wirkt, als seien seine Altarwerke nicht am Lech, sondern an den Lagunen gemalt. In der Berliner Galerie sind seine besten Bildnisse, das Karls V. und Sebastian Münsters, die der scharfen Naturbeobachtung der Heimat gleichfalls die freie Noblesse, das harmonische Farbengefühl der Venetianer gesellen. Durch ähnliche Werte hat der letzte Augsburger, *Hans Holbein der Jüngere*, seinen Weltruhm erworben.

17. Holbein

Dürer und Holbein werden als die größten deutschen Künstler des 16. Jahrhunderts verehrt. Es liegt daher nahe sie in Antithese zu bringen, nicht um nach bekanntem Schema festzustellen, welcher von beiden der größere war, sondern weil Vergleiche wertvolle Mittel der Charakteristik sind.

Man ersieht da zunächst, welche Wandlung seit Dürers Auftreten sich in der Kunst vollzog. Dürer begann als Wohlgemuthschüler mit krausen, eckigen, gotischen Werken, rang sich mühevoll zur Eurhythmie, zur Einfachheit durch. Holbein stand gleich anfangs auf dem Boden der Renaissance, den schon sein Vater – mit dem Sebastianaltar – betrat. Zu dem Zeitunterschied kommt der Unterschied des Milieus. Dort das holperige, winklige Nürnberg, hier das großstädtische, elegante Augsburg, das auch seinen Künstlern etwas Weltmännisches, Abgeschliffenes gab. Und im übrigen zwei grundverschiedene Menschen, beides Deutsche und doch Antipoden.

Dürer war im Grunde seines Wesens Gelehrter. Mit theoretisch-wissenschaftlichen Werken schloß er seine Thätigkeit ab. Holbein ist die Theorie der Kunst gänzlich gleichgültig. Ja er nahm wohl überhaupt nie eine Feder in die Hand. Denn während Dürer, sobald er Nürnberg verließ, sofort Tagebuch führte oder lange Episteln an die Seinen schickt, giebt es von Holbein nicht einmal Briefe, die er vom Ausland an seine Freunde, an seine Familie richtete. Nicht nur Schreibfaulheit, auch Gemütskälte spricht sich darin aus. Und steht man in Basel vor dem berühmten Werk, mit dem er 1529 von den Seinen Abschied nahm, hat man einen ähnlichen Eindruck. Die Frau, die da sitzt, ist dasselbe Wesen, dem er zehn Jahre vorher Treue gelobt. Nun ist sie gealtert, ihm lästig. Der fünfunddreißigjährige hübsche Kerl, der sich die Welt erobern will, kann sie nicht mehr brauchen, diese Matrone, die ihm so kleinstädtisch, so bäuerisch vorkommt. »Was schert mich Weib, was schert mich Kind, ich trage nach Höherem Verlangen. Laß sie betteln gehen, wenn sie hungrig sind« – war wohl die einzige Empfindung, die er während der Arbeit hatte.

Dürer würde seine Frau nie verlassen haben. Selbst auf die niederländische Reise nimmt er sie mit. Durch die gleiche Zärtlichkeit ist er mit seiner Vaterstadt verbunden. So sehr es ihn freut, wenn in Venedig Bellini ihn besucht, oder in Antwerpen die Künstler ihm einen Fackelzug bringen, kann ihn doch nichts bewegen, sich von Nürnberg zu trennen. Holbein ordnet sich in seinem vaterlandlosen Weltbürgertum mehr der internationalen Gelehrtenwelt Basels ein. Und unter diesen Humanisten ist namentlich einer ihm wahlverwandt: Erasmus. Könnte man Dürer aus dem Grabe rufen und fragen, wen unter seinen Zeitgenossen er am meisten verehrte, würde er die Antwort geben: Luther. Für Luther fürchtet und bangt er. Luthers Schriften liest er pochenden Herzens. In Holbeins Leben spielt nur der Voltaire des 16. Jahrhunderts, der Skeptiker und Ironiker Erasmus eine Rolle.

Es wäre nicht falsch, Dürer den Luther, Holbein den Erasmus der deutschen Kunst zu nennen. Denn auch sein Selbstporträt hat diesen spöttisch kritischen Zug. Dürer, auf dem Münchener Bilde, erscheint als Visionär, blickt starr hinaus in eine andere Welt. Es ist Christus, der unter die Menschen tritt. So sakramental feierlich das Dürerbild, so profan weltlich ist das Holbeins. Nicht ins *au-delà* schaut er, sondern aus hellblauen klaren Augen klug und scharf in die Welt. Doch auch etwas Kaltes, schonungslos Hartes liegt in diesem Kopf. Es ist der Mensch, dessen Vater im Elend endete, dessen Bruder vom Leben verschlungen wurde, und der nun kalt, gleichgültig, wie er die anderen kennen gelernt, auch ihnen entgegentritt.

Nur durch die Urkunde, daß er 1517 in Basel vor Gericht erscheinen mußte, um sich wegen einer nächtlichen Prügelei mit Goldschmiedegesellen zu verantworten, wird noch eine andere Seite seines Wesens beleuchtet. Man ersieht daraus, daß er auch viel Ähnlichkeit mit jenen Schweizerkünstlern hat, die als so wilde Gesellen, als so tolle Patrone bekannt sind. *Urs Graf* besonders, der wüste abenteuerliche Kumpan, war ein echter Typus der Zeit. Mit Marketenderinnen zieht er durchs Land, kämpft als Landsknecht in der mörderischen Schlacht bei Marignano, wird vor Gericht verwarnt »um des üppigen Lebens willen, so er öffentlich und unverschämt mit den Metzen braucht«, muß geloben, daß er »sein ehelich Gemahl fürderhin weder stoßen, schlagen, knutschen und klemmen will«. Auch in Holbein steckte ein Stück Landsknecht. Es ist kein Zufall, daß er so gerne Bauernprügeleien und Landsknechte zeichnet, kein Zufall, daß das erste Courtisanenbild der deutschen Kunst, das der Offenburgerin, von Holbein herrührt, kein Zufall, daß er in seinem Londoner Testament nicht seiner Baseler Familie, sondern unehelicher Kinder gedenkt.

Mit dieser Analyse seines Wesens ist die seiner Werke gegeben. Dürer, der Denker, bringt auch als Künstler die Macht seiner Persönlichkeit in Gedanken zum Ausdruck. Seine Kunst ist poetisch und märchenhaft, sein Grundzug ein grüblerisches Element, ein sinnendes Sichvertiefen in geheimnisvoll allegorische Bezüge. Holbein giebt nie so schwere Kost. Alles Allegorisch-gedankenhafte fehlt. Aber auch das trauliche, gemütliche Element Dürers ist ihm fremd. Betrachtet man Dürers Hieronymus, so glaubt man, ihn selbst zu sehen, wie er in seiner stillen Klause am Thiergärtnerthore sitzt, an seinen Stichen arbeitet und sich der Sonnenstrahlen freut, die so traulich auf Diele und Truhe spielen. Durchblättert man das Marienleben, ist man entzückt von dem tiefen Familiensinn, der biblisch treuherzig in den Werken des Mannes webt, dem selbst nicht einmal Kindersegen gewahrt war. In seinen Landschaften lebt er selbst, wie er frisch, fromm, fröhlich, frei, den Wanderstab in der Hand, über Berg und Thal dahinzieht. Nichts von alledem bei Holbein. Da er selbst keine Heimat hatte, fehlt ihm der deutsche Sinn für das Heim. Obwohl er Kinder hatte, kennt er das Kind nur als italienischen Putto. Wenn überhaupt Landschaften bei ihm vorkommen, sind sie so kunstgewerblich, daß man sie eher in Silber getrieben als in Wirklichkeit denken kann. Trauliche Winkel und geheimnisvolle Ecken, die zum Sinnen und Träumen laden, giebt es in seinem Werke nicht.

Wie Dürer mit der Apokalypse, begann Holbein mit Büchertiteln seine Thätigkeit, und während Dürer in solchen Ornamenten sogar – man denke an die »Knoten« – der Grübler bleibt, ist bei Holbein alles von flüssiger klarer Eleganz. Außer für die Bücherornamentik arbeitet er für das Kunstgewerbe, und während Dürers kunstgewerbliche Entwürfe Buchdramen waren, die sich nicht zur Aufführung eigneten, da er auch in diese Dinge so viel Gedanken hineinlegte, daß kein Kunsthandwerker sie herstellen konnte, ist bei Holbein alles launig, lustig und seltsam, zugleich von einer Einfachheit, die die praktische Herstellung gestattet. Er weiß genau, was er dem Kunsthandwerker, genau, was er dem Material zumuten darf. Geht man von den ornamentalen zu den figürlichen Blättern über, so stößt man zunächst auf seine Vorlagen für Glasmalerei. Mit Heiligengestalten, Madonnen und Engeln wechseln prächtige Landsknechtsfiguren in flottem, malerischem Kostüm. Auch jene Damentrachtenbilder zeichnet er, die vor dreißig Jahren durch Makart und Fritz August Kaulbach ihre Auferstehung feierten. Dann entpuppt er sich freilich als Sänger der Messiade. Doch gerade dieses Werk zeigt deutlich seinen Unterschied von Dürer. Dürer dichtete in seinen Passionsfolgen tiefsinnige religiöse Epopöen, predigte dem Volke das Leben des Heilandes. Holbein giebt Vorlagen für Glasbilder, denkt gar nicht an den Stimmungsgehalt des Stoffes, sondern fragt nur, wie die Silhouette der Figuren dekorativ sich der Umrahmung einordnet. Von den *Holzschnitten*, die in diesen Ideenkreis gehören, gilt das gleiche. Dürer illustrierte nie, er schuf seine eigenen Gedanken, nur was sein Innerstes bewegte, brachte er gestaltend vors Auge. Holbeins Bibelillustrationen würden kaum entstanden sein, hätte nicht Luther damals seine Bibelübersetzung vollendet. Er übernimmt die Bearbeitung der Apokalypse, bringt selbst diese Dinge, die für Dürer die dunkelsten Rätsel des Geistes enthielten, in klare, zierlich elegante Formen. Mit derselben Unparteilichkeit wie die Lutherbibel illustriert er die Vulgata. Das Alte Testament, mit dem gar keine Herzensfäden ihn verbinden, gestattet ihm noch mehr, als ganz profaner Erzähler aufzutreten. Selbst in seinem Totentanz ist er der lustige Kumpan, dem es nicht vor Teufel noch Hölle graut. Ueber Rethels Totentanz brütet die Nacht des Wahnsinns. Klinger ist gedankenvoll und dämonisch. Der Tod, den Holbein zeichnet, ist nicht die große, die Welt beherrschende Macht. Es ist ein wilder Landsknecht, der, wie Urs Graf, seine Freude daran hat, die Civilisten zu stoßen und zu schlagen, zu knutschen und zu klemmen.

Auch wenn er den Pinsel zur Hand nimmt, bleibt er handfester *ouvrier*. Die ganze Fingerfertigkeit des altdeutschen Steinmetzen scheint aufzuleben. Er steht auf Gerüsten, stellt jene Fahnden her, wie sie noch heute in Süddeutschland und Tirol beliebt sind. Er malt die Wandbilder des Baseler Rathauses und erreicht monumentale Wirkung durch seinen einfachen, dekorativ wirksamen Stil. Auch in seinen Tafelbildern wird er nicht zum Träumer. Eher könnte an die Doppelbegabung Menzels erinnert werden. Nimmt man die ornamentalen Illustrationen zur Hand, die Menzel für die Werke Friedrichs des Großen lieferte, ist man erstaunt zu sehen, mit welcher Leichtigkeit derselbe Mann, den man sonst nur aus realistischen Bildern kennt, sich in geistreichen Aperçus bewegte. So ist Holbein, der spielende Dekorateur und ornamentale Improvisator, in seinen Oelbildern der Inbegriff des Realismus, thut keinen Pinselstrich, ohne das Modell zu Rate zu ziehen, kennt keine Phantasie, sondern traut nur seinem offenen, sicheren Auge.

Gleich sein erstes Hauptwerk, der Christus des Baseler Museums, trägt nur *pro forma* diesen Namen. In Wahrheit ist es ein eminent gemalter Akt, vor dem in unserer Zeit Léon Bonnat und Wilhelm Trübner andächtig standen, bevor sie selbst jene Bilder malten, die das Entsetzen aller Ausstellungsbesucher wurden. In anderen Werken liegt das Schwergewicht auf dem Kostüm. Schöne Frauen, stark dekolletiert, in reicher Toilette werden als Heilige vorgeführt und erregten später bei den Reformatoren die gleiche Entrüstung, mit der in Italien Savonarola sich gegen Ghirlandajo wendet. Auf der Solothurner Madonna hat er seine Frau, die damals noch junge Elsbeth Schmidt, und sein erstes Knäblein porträtiert. Ein Ritter und ein Mönch stehen als Ehrenwache, wie auf oberitalienischen Werken, zur Seite. Auf der Madonna des Bürgermeisters Meyer war diese noble Einfachheit nicht möglich. Eine ganze Familie – den Vater, seine zwei Frauen und drei Kinder – galt es im Sinne des Epitaphbildes um Maria zu vereinen. Desto mehr konnte der Porträtmaler Holbein glänzen. Es wäre unangebracht, von Religiosität zu sprechen, himmlisches Sehnen, lyrische Weichheit in das Bild zu legen. Im Gegenteil, gerade die Meyersche Madonna zeigt, wohin die Begabung des Meisters drängte. In Holbeins Bildnissen liegt seine eigentliche Klassicität.

Die Kühle, die den Grundton eines Wesens bildet, kann er auch hier nicht verleugnen. Sentimentalen Anwandlungen war dieser klare, nüchtern verständige Geist nicht zugänglich. Als er unbekannt, um sein Glück zu versuchen, nach England kam, nahm Thomas Morus, der königliche Kanzler, sich des Fremden an. Ein Jahr lang wohnte er in Morus' Hause. Durch ihn wurde er in die Gelehrten- und Hofkreise eingeführt. Und im nächsten Jahr dient er demselben Heinrich, der Morus, seinen ersten Gönner dem Schafott überwies. Er wohnt dem Blutbad bei, das Heinrich anrichtet, erlebt einen Totentanz, viel schauerlicher, als er ihn einst gezeichnet. Die stolzesten, rührendsten Gestalten, die über die Bühne Heinrichs VIII. gewandelt, stehen in seinen Bildnissen da: Staatsmänner, Kirchenfürsten, Junker und schöne Frauen, über denen, während er sie malte, schon das Damoklesschwert ihres späteren Verhängnisses schwebte. Von dieser Tragik verraten seine Bildnisse nichts. Selbst das Temperament, das Seelenleben seiner Modelle ist ihm gleichgültig. Fremd unter Fremden lebend, fühlt er sich nur als *Camera obscura*, reist im Auftrag des Königs von Burgund nach Brüssel, von Brüssel nach Cleve, malt, ohne mit der Wimper zu zucken, Christine von Dänemark mit derselben Sachlichkeit, mit der er Jane Seymour, Anna von Cleve mit derselben Sachlichkeit, mit der er Christine gemalt Hütte. Man möchte sagen: Holbein hat selbst etwas von Heinrich VIII. Andere deutsche Künstler wie Dürer oder Grünewald könnte man in England kaum sich vorstellen. Was hätten solche Phantasten gesollt inmitten dieser praktischen, positiven Menschen mit ihrem verständigen Matteroffaktsinn, ihrem sanguinischen, keine Ideale kennenden Egoismus? Holbein paßte nach England. Als er Hofmaler Heinrichs VIII. wurde, hatten sich zwei wahlverwandte Geister gefunden. Es besteht ein geheimes Band zwischen ihm und seinem König: dieselbe mitleidlose Kälte. Selbst die Farbe tritt ergänzend zu der kühlen Empfindung. Denn obwohl Hohlbein zuweilen warme rote Töne verwendet, sind doch kalte Farben weit mehr bezeichnend. Namentlich Blau und Schwarz, grün und Grau klingen zu kühlen silbernen, ebenso vornehmen wie eisigen Harmonien zusammen.

In dieser unerhörten Sachlichkeit liegt aber zugleich seine Größe. Man kann die Porträtmaler aller Jahrhunderte durchnehmen. Jeder ist mehr oder weniger einseitig, hat gewisse Köpfe, die ihm liegen, und andere, denen er hilflos gegenübersteht. Jan van Eyck freut sich an ausgesprochener Häßlichkeit, an abenteuerlichen Nasen, faltigen Händen und durchfurchten Gesichtern. Dürer, der Meister der Vier Apostel, giebt auch als Porträtist sein Höchstes, wenn er Denkerköpfe interpretiert. Van Dyck, Holbeins englischer Nachfolger, ist schroffen männlichen Charakteren gegenüber machtlos, fühlt sich nur wohl, wenn es graziöse Weiblichkeit, stutzerhaftes Junkertum zu malen gilt. Holbein reflektiert die Natur mit dem Absolutismus des Objektivs, ist gleich groß, mag es um die Geschäftsmiene des Giese oder um die aufgeschwemmte Brutalität des Königs, um einen wettergebräunten fluchenden Seebären oder um die Vornehmheit des Gesandten Morette, um die feine Grazie der Christine von Dänemark oder um das hausbackene Spießbürgertum der Anna von Cleve sich handeln. Erinnert man sich, in welche Bahnen die Hofmalerei später einlenkte, dann bewundert man nicht die Vielseitigkeit nur, man bewundert auch die *Gesinnung* des Malers. Es liegt etwas Imposantes in diesem knorrig plebejischen Stolz, der selbst vor Königsthronen nicht schmeicheln lernt.

Fast noch mehr als Holbeins Bilder bewundert man seine Zeichnungen. Denn das moderne Auge ist gewöhnt, künstlerische Meisterschaft am meisten dann zu würdigen, wenn sie in kühner Unmittelbarkeit sich äußert. Die Skizze, die das Ursprüngliche, die Handschrift des Meisters wahrt, ist uns lieber als das vollendete Bild, das nichts mehr vom Schöpfungsprozeß verrät. Holbeins Zeichnungen, namentlich die Skizzen der Windsor-Galerie, enthalten daher, nach dem Geschmack der Gegenwart, die Quintessenz seiner Kunst. Er als erster hat sich einen Stenogrammstil ausgebildet, der an grandioser Einfachheit nicht seinesgleichen hat in der Kunst des 16. Jahrhunderts. Je einfacher die Mittel, desto verblüffender die Wirkung. Ein geschickter Bleistiftzug reicht aus, einen Charakter zu fixieren, den Eindruck der Körperlichkeit hervorzurufen. Er brauchte nichts als diese ebenso momentanen wie strengen Blätter geschaffen zu haben, so würden sie schon ihm seinen Platz unter den ersten Zeichnern der Kunstgeschichte anweisen.

Als er 1543 in London starb, begrub man mit ihm die altdeutsche Kunst. Daß er gezwungen war, die Heimat zu verlassen und sein Fortkommen in der Fremde zu suchen, war schon ein Vorzeichen dafür, daß es mit dem deutschen Kunstleben zu Ende ging. In den religiösen und politischen Kämpfen der Zeit mußte die Kunst verstummen. Entstanden noch Werke, waren es doch Ausländer, die sie schufen. Statt einer deutschen gab es nur noch eine italienische Kunst auf deutschem Boden.

Geschichte der Malerei: Band 3

Inhalt

I. Der Triumph der Sinnlichkeit in Italien.

1. Der Einfluß Leonardos

Will man die Wandlung, die zu Beginn des 16. Jahrhunderts die Kunst Italiens durchmacht, mit einem Schlagwort bezeichnen, so kann man sagen: es ist die Reaktion auf Savonarola. Einer Periode des Spiritualismus folgt eine des Sensualismus, auf die Abtötung der Triumph der Sinne. Als Botticelli malte, hatte Savonarolas Rede ganz Italien in ein Gotteshaus verwandelt. Bei ihm strömten die Menschen zusammen, um vom Evangelium der Entsagung, von den Freuden des Paradieses zu hören. Die »Vertreibung der Laster«, die damals so häufig gemalt wird, ist keine zeitlose Allegorie. Es ist eine Huldigung an Savonarola, der die Laster aus Italien vertrieb.

Jetzt hatte der Scheiterhaufen der Piazza della Signoria den lästigen Störenfried begraben, und was er verfemht hatte, Sinnlichkeit und Lebensgenuß, stieg phönixgleich aus der Asche empor. Wohl klingen auch in diese Zeit religiöse Töne herein. Luther hatte in Wittenberg seine Thesen angeschlagen, und ein Echo dieser Hammerschläge zitterte über den Boden Italiens. Aber ein leises Echo, das bald verstummte. Was im Ausland geschah, brauchte Italien nicht zu erregen. Auf die Generation, die dem Savonarola lauschte, folgte ein neues weltliches Geschlecht, das auskosten wollte, was das Leben an Genüssen bietet. Die Erde selbst ist zum Paradies geworden, und das schönste an diesem Paradies ist der Sündenfall. Wenn, wie es hieß, am Hofe Leos X. ein Kardinal sich sein Badezimmer mit Liebesgeschichten der alten Götter ausmalen ließ, wenn ein andrer meinte, daß zur Vollkommenheit des Hofes nichts fehle als schöne Frauen, wenn einer der nächsten Päpste auf seinem Totenbett dem Priester, der ihm die Freuden des Jenseits ausmalt, mit schmerzlichem Lächeln geantwortet haben soll: »dieser Genuß ist um so größer, je länger er aufgeschoben wird« – so wird durch diese Züge blitzartig die Zeitstimmung beleuchtet. Und was in Rom, der Stadt des Heiligen Vaters, geschieht, ist anderwärts noch mehr begreiflich. Auf 11 000 beläuft sich die Zahl der Courtisanen Venedigs. In Parma soll ein Nonnenkloster gewesen sein, wo man das Decamerone Boccaccios habe erleben können. Ein sinnenfroher Paganismus, wie einst in Athen und Alexandrien, ist wieder in die Welt gekommen.

Die Kunst ist die Chronik ihres Zeitalters. Sucht man eine Ueberschrift für die Epoche, die auf Savonarola folgt, so kann man nur schreiben: Die Kunst unter dem Zeichen der Sinnlichkeit. Und geht man zurück in die Vergangenheit, erkennt man schon in *Leonardo* den, der diese neue Aera eröffnet. Denn so sehr er in seiner psychischen Feinheit sich mit Botticelli, Bellini und Perugino berührt, ist doch die Seele, die er seinen Frauen gibt, eine andre. Für jene alle, so verschieden sie sind, war das christliche Evangelium der Weltentsagung maßgebend. Nicht nach irdischen Wonnen, schmachten die Augen dieser reinen und keuschen, blassen und bleichen Frauen. Ueber der Erde hinweg, in schwermütiger Frömmigkeit, kommender Leiden denkend, starren sie ins Leere. In dieser Resignation, diesem vollkommenen Verzicht auf alle Erdenfreuden verkörpern sie den ethischen Gehalt, den innersten Geist des Christentums. Leonardos Werke haben keine kirchliche Stimmung. Nicht mehr an Dome denkt man, wo der Weihrauch zitternd zum Himmel steigt. Das *odeur de femme* scheint an die Stelle des Weihrauchs getreten. Die Sinne dieser Weiber sind erwacht, und sie entsagen nicht. Wie ein verhaltenes erotisches Erbeben zuckt es um ihren Mund. Jener feuchte Schimmer, den die Griechen der Liebesgöttin gaben, glänzt in ihrem Auge. Während Botticelli seine Venus so keusch wie Maria malte, wird unter Leonardos Händen Maria zur Liebesgöttin.

Auch der Körper macht seine Rechte gegenüber der Seele geltend. Jene Aelteren dachten mit Millet: Wenn ich eine Mutter male, soll sie nur schön sein durch den Blick, mit dem sie ihr Kind betrachtet. Die irdische Grazie Leonardos kann nicht auf den Kopf sich beschränken. Denn Liebreiz ist an den Körper gebunden. Darum umkosen dünne Florgewänder die schwellenden Formen. In seinem Suchen nach sinnlicher Schönheit mischt er die Reize beider Geschlechter.

Auch in seinen Stoffen steht er zu den Künstlern der Savonarolazeit in Gegensatz. Die Kreuzigung Christi, seine Grablegung, die Beklagung seines Leichnams wurden damals gemalt. So düster pathetisch, als ob man die Donnerworte des Propheten hörte. An Leonardo da Vinci, dem stahlgepanzerten Jüngling, der auf Verrocchios Tobiasbild so ruhig daherschreitet, prallten alle Wogen der religiösen Bewegung ab. Bei ihm gibt es nichts Trauriges. Selbst sein Abendmahl ist nicht die Schilderung einer wehmütigen Abschiedsstunde, nur die meisterhafte Inscenierung eines großen psychologischen Dramas. Für sein Berliner Bild wählt er nicht den Moment der Kreuzigung oder der Grablegung, sondern den der Auferstehung. Christus ist nicht leidend dargestellt, sondern als Sieger über Leben und Tod. Nicht seine Freunde beklagen den Gemarterten, sondern zwei Heilige blicken in schwärmerischer Verzückung zum strahlenden Gottessohn auf. Ja, er geht noch weiter. Wie er kein Leiden kennt, kennt er kein Alter, keinen Verfall. Er hat es vermieden, je ein Thema zu behandeln, das es nötig machte, Maria als bejahrte Matrone vorzuführen, wie es Bellini und Botticelli in ihren Darstellungen der Pietà thaten. Selbst die heilige Anna gibt er, um keine Falten, keine Runzeln malen zu müssen, in gleich strahlender Jugendschönheit wie ihre Tochter Maria.

Wie sehr er damit das Herz seiner Zeit getroffen, zeigen die litterarischen Erzeugnisse der Epoche. Dieselbe Bedeutung wie für das 15. Jahrhundert die Traktate über Perspektive und Anatomie haben für das 16. die Schriften über Frauenschönheit: des Venetianers Luigini libro delle belle donne, des Florentiners Firenzuola Discorso della bellezza. Und der gleiche sinnlich erotische, olympisch heitere Geist waltet fortan in der Kunst. Der ganze Empfindungsgehalt der Zeit hält sich innerhalb des leonardesken Lächelns. Bei Kreuztragungen wird aller Schmerzensausdruck gemildert, der herbe Ernst des Themas durch weiche Anmut seiner realistischen Wahrheit entkleidet. Bei Martyrien wird nicht die Qual, das physische Leiden, sondern die verzückte Vorahnung paradiesischer Wonnen geschildert. Man liebt nicht mehr, bei traurigen Dingen zu weilen, geht allem Schmerzlichen scheu aus dem Wege. Das Haupt voll Blut und Wunden, die Passion Christi, die für die germanischen Meister den Angelpunkt des Schaffens bildet, ist für die Italiener nicht mehr vorhanden. Es widerstrebt dieser sinnenfrohen Zeit, Gott leiden, sterben, sich opfern zu sehen. Auch Maria ist weder mehr das bleiche Mädchen, noch die vergrämte Matrone, sondern eine elegante Modedame, die selbst in späteren Jahren die Anmut der jungen Witwe bewahrt. Sogar die Heiligen, die ihr als Ehrenwache dienen, gleichen nicht mehr den asketischen Wüstenmenschen, den verwitterten Greisen von früher. Es sind frohe Heilige, denen der Himmel einen Liebeshof bedeutet, galante junge Herren, die sich zärtlich vor einer umschwärmten Dame neigen. Ja, sie bekommen einen Zug weiblicher hermaphroditischer Schönheit. Der Täufer Johannes wird aus dem Greis in härenem Gewand der nackte lockige Jüngling mit dem verzückten Blick. Magdalena, die Büßerin, wird zur schönen Sünderin. Golgatha ist ein christlicher Olymp geworden, wo es kein Ringen, keinen tragischen Schmerz, nur ungetrübte Seligkeit gibt.

Von da zum wirklichen Olymp war der Weg nicht weit. So dringen, nachdem Leonardo mit seiner Leda die Bahn eröffnet, jetzt jene antiken Stoffe, die Savonarola verfehmte, in vollem Umfang in die Kunst ein. Der blasse Kreuzgenagelte von Golgatha ist auf Leonardos Berliner Bilde zum Himmel geschwebt, und die heiteren Scharen der Griechengötter nehmen Besitz von der Erde. Der Venusberg, den Botticelli als reuiger Büßer verlassen, wird zum Wallfahrtsort der Maler. Man weiß nichts von den ernsten Mächten der Unterwelt; nichts von den Kämpfen der Heroen: von Jason und Perseus, von Theseus und Meleager, nichts von den Helden der römischen Geschichte. Ovid allein ist das Breviarium der Zeit. Wie schon die religiösen Gestalten, soweit es anging, der Gewänder entkleidet wurden, liebt man die mythologischen nur deshalb, weil das Hellenentum eine so leichtgeschürzte, stark dekolletierte Epoche war. In schroffem Gegensatz zur mönchischen Kunst der Vergangenheit feiert man die weiche Linienrythmik nackter Körper, malt fast ausschließlich die üppigen Liebesabenteuer der alten Götter, die sich verwandeln, um schöne Sterbliche zu bethören, verwendet das ganze Stoffgebiet der Antike nur, um sinnlich schmelzende Worte, lockende Liebesweisen zu flüstern. Eine Art cinquecentistisches Rokoko ist auf den pathetischen Barock der Savonarolazeit gefolgt.

2. Leonardos Nachfolger

Die Künstler, die in Mailand sich um den Meister scharten, sind noch stiefmütterlich von der Forschung behandelt. Sie werden abgethan als Planeten, die, selbst nicht leuchtend, ihr Licht von der Sonne Leonardos erhielten, als Nachahmer, die das vom Meister aufgehäufte Kapital in kleine Münze umwechselten. Leonardo ist selbstverständlich der imposante Hintergrund des mailändischen Kunstlebens. Man denkt an eine Alpenlandschaft, deren höchsten Gipfel das gewaltige Flußgotthaupt des Meisters aus Vinci bildet. Zu Füßen des Kolosses tummeln sich die andern. Menschen nur, keine Riesen. Aber auch von ihnen jeder eine Persönlichkeit, jeder durch *einen* Zug das Reich des Schönen vermehrend. Es ist nicht richtig, daß sie nur das Frauenideal Leonardos nachahmten. Jeder hat sein eigenes Ideal, das sich durch feine Nuancen von dem des Meisters unterscheidet. Die gleiche Melodie, doch in anderer Tonlage, *Ambruogio de Predis* erscheint in dem Bildnis Kaiser Maximilians noch ganz als Quattrocentist. In dem Porträt der Ambrosiana, in dem man früher Bianca Sforza, die Gemahlin Maximilians erkennen wollte, taucht zum erstenmal der leonardeske Frauentypus auf. Wie sehr er in den Geist des Meisters sich vertiefte, zeigt die Kopie der Felsgrottenmadonna, die sich in der Londoner Nationalgalerie befindet, und die Madonna Litta der Petersburger Ermitage, die früher ebenfalls unter Leonardos Namen ging. Eine vornehme Dame findet – wie im Zeitalter Rousseaus – Vergnügen daran, ihr Kind selbst zu nähren. Das alte Madonnenmotiv hat einen Stich ins Sinnliche, pikant Dekolletierte bekommen.

Andrea Solario, einer alten Künstlerfamilie entstammend, mußte als junger Mensch Mailand verlassen und erhielt in Venedig die ersten Eindrücke. Seine Jugendwerke – Porträts und Halbfigurenbilder der Madonna – muten also wie Arbeiten eines Bellinischülers an. Dann, als er nach Mailand zurückkehrte, scheint Borgognone ihn beeinflußt zu haben. An den »Empirestil« dieses Meisters erinnert die »Ruhe auf der Flucht« des Museo Poldi Pezzoli mit der seltsamen Madonna, die der Königin Luise gleicht. In dem Madonnenbild des Louvre ist er Schüler Leonardos geworden: parfümiert und überfeinert. Das zweite Bild des Louvre, der feine Kopf des Johannes auf silberner Schale, zeigt, wie die Kunst jetzt, von der Kirche sich frei machend, zu ganz persönlichen Bekenntnissen dient. Leonardo, in dem Porträt der Liechtensteingalerie, hatte den Typus des dämonischen Weibes geschaffen. Solario, das Thema weiterspinnend, feiert die Liebe als dämonische Macht, die tötet. Der feine Kopf mit den delikaten Zügen ist wohl das Selbstporträt des Malers, das ganze der Dame gewidmet, die in seinem Leben die Rolle der Salome gespielt.

Zwei andere Schüler Leonardos, Francesco Melzi und Antonio Boltraffio, beanspruchen eine Sonderstellung, schon als Menschen. Einen solchen Zauber hatte Leonardos Persönlichkeit auf seine Umgebung geübt, daß junge Aristokraten, die »es gar nicht nötig hatten«, sich der Malerei zuwandten. Mit solchen Dilettanten ist es eine eigene Sache. Weil sie sich freier bewegen, mehr ihren Liebhabereien nachgehen können als der Berufsmaler, der Aufträge erledigt, vielleicht auch, weil sie einer vornehmeren Welt entstammen, haben diese Amateurs oft die feinsten Werke geschaffen.

Boltraffios Frauentypus bedeutet, obwohl von Leonardo ausgehend, eine neue Stufe in der Geschichte der Frauenmalerei. In allen früheren Bildern war Maria die Jungfrau: erst das Mädchen, das entsagt, dann das Mädchen, das erotisch glüht. Boltraffios Madonna in der Londoner Nationalgalerie – dieses Weib mit den großen mächtigen Formen, dem ernsten, in verhaltener Wehmut zuckenden Auge, dem tiefschwarzen, fast ins Bläuliche schillernden Haar, das ihre herben braunen Züge umrahmt – hat weniger mit Leonardo als mit Watts und Feuerbach gemein. Das Kind kommt aus dem Schoß der Mutter und kehrt zurück in den Schoß der Erde – ist vielleicht der Gedanke des Bildes, das Watts vor Augen hatte, als ihm die Idee seines Todesengels kam. Ein männlicher Accent, ein Zug feierlicher Größe unterscheidet Boltraffio von den andern. Ernst und erhaben ist die Gestalt der heiligen Barbara inmitten der öden felsigen Landschaft. Ernst und herb ist die Belle Ferronière des Louvre und der Galerie Czartoryski – ein Modell, das er später für die »Madonna aus dem Hause Casio« verwendete. Und wegen des gleichen ernst monumentalen Zuges ist vielleicht auch die Auferstehung der Berliner Galerie nicht dem Leonardo, sondern dem Boltraffio zuzuweisen.

Francesco Melzi, Leonardos junger Freund, der ihn nach Frankreich begleitete und an seinem Sterbebett saß, ist durch ein einziges Bild, den Vertumnus der Berliner Galerie, bekannt. Aber welche Vornehmheit strömt aus dem entzückenden Werke! Schon die Wahl des Stoffes ist apart. Kein Künstler vorher – nur Leonardo in einer Skizze – hatte die wenig bekannte zarte Scene der Metamorphosen gemalt, wie Vertumnus, der strahlende Gott der Jahreszeiten, sich in eine arme Alte verwandelt, um das Mitleid, dann die Liebe der keuschen Pomona zu finden. Mit welch erlesenem Geschmack ist das dünne Florgewand Pomonas geordnet, wie bestrickend süß ist ihr Rokokoköpfchen und das Lächeln, das ihren Mund umspielt! Wie hat er mit dem Verständnis des Gourmets all diese Blumen gewählt und zu einem duftigen Stillleben geordnet! Freilich – dasselbe Rokokoköpfchen, dieselbe Freude an Blumen, dieselben verführerisch zarten Frauenreize, dasselbe hellenistische Griechentum kehrt in einem Bilde der Petersburger Ermitage wieder. Wenn diese Colombina, wie die Forschung jetzt annimmt, von *Giampetrino* herrührt, müßte ihm auch der Berliner Vertumnus gehören. Madonnen, ein wenig glasig gemalt, mit traulichen, fast niederländischen Landschaften, sind sonst hauptsächlich von Giampetrino bekannt.

Bernardino Luini ist der reisige Werkmeister der Schule. Die vielen figurenreichen Fresken, die er für kleine Orte Oberitaliens malte, können zu einer Unterschätzung seines liebenswürdigen Talentes verleiten. Denn er erscheint darin als handwerklicher Nachzügler des Quattrocento. Der feste Aufbau, die schöne Einfachheit fehlt. Hübsche Einzelheiten, wie die Magdalena des Kreuzigungsbildes, verschwinden neben der Fülle gleichgültiger Gestalten. Aber in seiner Jugend war er ein sehr zarter Meister, ein echter Sohn jenes Mailand, das im Liebestaumel Trost für alle Schrecknisse des Krieges suchte. Er hat sich gemalt einst als Sebastian, wie er schwärmerisch, wie um schöne Frauen zu bestricken, aus dem Bilde herausschaut, und dieser Zug von Frauenseligkeit geht durch seine Werke. Sein Bild der badenden Nymphen im Palazzo reale in Mailand ist etwas Unerhörtes in der Kunst des Cinquecento: junge Mädchen in Posen, die an Fragonard streifen; die Landschaft so kühn abgeschnitten, wie die Impressionisten der Gegenwart es thun. Später ist er in seinen Fresken am besten, wenn es, wie im Sposalizio, weiche verträumte Menschen zu malen gilt. Und am sinnigsten, fast an Perugino anklingend, sind jene kleineren Bilder, die er für stille Landkirchen schuf. In einer Zeit, als das religiöse Empfinden sich verflüchtigte, legte er in biblische Stoffe noch eine Aufrichtigkeit und hingebungsvolle Zärtlichkeit, die wie ein Nachklang des Quattrocento wirkt. Er ergreift und erschreckt nicht, er ist mild und rührend, am meisten da am Platz, wo es um ruhig idyllische Scenen, um stille Freundlichkeit oder heiteres Lächeln sich handelt. Holdselig anmutig sind seine Märtyrerinnen. Mit dem Ausdruck süßer Schwärmerei betrachtet Maria ihr Kind. Man vergißt ganz, daß manche Werke, wie das Halbfigurenbild »Eitelkeit und Bescheidenheit«, nur die Lösung einer Leonardoschen Schulaufgabe bedeuten, vergißt, daß er in der Halbrundfreske in Lugano das Christkind wörtlich Leonardos Anna, den kleinen Johannes wörtlich der Vierge aux rochers entlehnt. Nie träumt man vor seinen Bildern, wird in keine geheimnisvolle Werkstatt geführt, wo die pochenden Gedanken eines Genius hämmern. Aber da Leonardo so wenig gemalt hat, liebt man Luinis Werke als Ausstrahlungen Leonardesken Geistes.

In den Bildern *Cesare da Sestos* mischt sich das mailändische Blut mit fremden Elementen. Wie er die Ideale Leonardos nach Rom übertrug, nahm er auch selbst etwas vom römischen Stile an. Ein Streben nach Großzügigkeit, eine Vorliebe für Kontrastbewegungen tritt an die Stelle der mailändischen Weichheit. Mit den Augen des Romantikers betrachtet er die ewige Stadt und bringt antike Ruinen, von Schlingpflanzen umwuchert, gern im Hintergrund seiner Werke an. Das hauptsächlichste Beispiel für diese Ruinensentimentalität ist die Neapeler Anbetung der Könige mit ihren manierierten langgestreckten Gestalten. Da die Mittelgruppe des Bildes fast unverändert in einem Madonnenbild der Ermitage wiederkehrt, wurde auch dieses, das früher Leonardos Namen trug, dem Cesare da Sesto zurückgegeben. Nur er kommt wohl in Frage als Meister jener Lünette von San Onofrio, die früher gleichfalls als Jugendwerk Leonardos galt. In der Taufe Christi der Galerie Borghese mutet er halb römisch, halb venetianisch, wie ein

Doppelgänger Sebastians del Piombos an, während die Frankfurter Katharina das Mailänder Frauenideal ins Mystische, Kränkliche, in den Stil des Gabriel Max übersetzt.

Die Madonnen des *Gaudenzio Ferrari* wie die Porträts des *Bernardino de Conti* sind weitere Beispiele dafür, daß in der Leonardoschule die Wurzeln der modernen Frauenmalerei liegen. Erst diese Meister, nachdem Leonardo die Bahn eröffnet, haben den sinnlichen Zauber des Weibes empfunden. Ein Blitzen des Auges, ein Lächeln der Lippen, die weiche Müdigkeit der Bewegung, wie den Duft des Haares malen sie mit der Kennerschaft von Männern, denen kein Sinn für Kraft, aber sehr viel Sinn für Grazie verliehen. Etwas Überfeinertes, ladylike Zartes, ein gewisses angelsächsisches Aroma macht ihre Werke gerade unserer Zeit sympathisch.

Sodoma, der Meister von Siena, ist der raffinierteste von allen. Auch er wie Luini hat eine Reihe gleichgültiger Werke geschaffen. Ein keckes Malertalent, hat er jeden Auftrag elegant erledigt, taucht proteusartig in den verschiedensten Masken auf. Aber man fühlt, an welchen Arbeiten sein Herz, an welchen die Hand nur beteiligt. Malt er Kreuzigungen, bleibt er gänzlich kühl. Versucht er energisch zu sein, wird er deklamatorisch. In seinen Mönchsbildern in Monte Oliveto hat er nicht ungeschickt den Signorelli oder Zurbaran gespielt. Aber Freude machte ihm nur das Bild, auf dem die Courtisanen den heiligen Benedikt verführen.

Die Lust, den Bourgeois zu brüskieren, ist ein bezeichnender Zug seines Wesens. Während der Arbeit in Monte Oliveto versagt er den Mönchen den Zutritt. Als er den Einlaß gestattet, fällt der erste Blick der frommen Herren auf die Gruppe der Courtisanen, die er auf Befehl des Priors mit Gewändern versehen muß. Auf dem Kreuzigungsbild der Sieneser Akademie malt er sich als Landsknecht, in herausfordernd breitbeiniger Haltung. Die Aufforderung der Steuerkommission, seinen Besitzstand zu vermelden, beantwortet er mit einem Verzeichnis all der erotischen Tiere, die er sich hält.

Nur wo es um Frauen sich handelt, ist er ernst zu nehmen: ein bestrickender Meister, nervös und sensibel, unnachahmlich in der Art, wie er das Lächeln Leonardos in irre wonnevolle Trunkenheit umsetzt. Wie er kühn, fast pariserisch ist in jener Courtisanengruppe von Monte Oliveto, hat er in dem berühmten Bilde der Farnesina die bräutliche Verwirrung Roxanes mit Gourmandise gegeben und durch die Eroten, wie in einer *Ars amandi*, kommentiert. Die Leda der Galerie Borghese ist Kopie. Doch noch die Arbeit des Kopisten giebt eine Ahnung von dem zarten Rokokoparfüm, das über dem Originale lag. Auch Ohnmachtszustände, Momente weicher Erschöpfung haben in ihm einen feinen Interpreten, und weibliches Schamgefühl, frauenhaftes Erröten konnte nur ein Künstler, der ganz Feminist war, so ausdrücken, wie es Sodoma in seiner wunderbaren Figur der Eva that.

Noch mehr fesselte ihn der hermaphroditische Zug, der durch manche Jünglingszeichnungen Leonardos geht. Stirbt Sebastian, so lächelt er so wonnetrunken, als sollte er im Jenseits das sein, was der geraubte Ganymed den Olympiern war. Und der ganze Sodoma ist in der Figur des Isaak auf dem »Opfer Abrahams« enthalten. Dieser Knabe mit dem Backfischköpfchen und den weichen Hüften, der die vollen runden Arme über dem Busen kreuzt – das ist der Antinous des Christentums, ein Schönheitsideal, das nur in Zeiten höchster Kultur und Immoralität hervortritt. Der Schwan auf dem Ledabilde und die Spottgedichte, die von Sieneser Bürgern an den leichtlebigen Meister geschickt wurden, bieten die logische Ergänzung. Es ist etwas Seltsames um die Thätigkeit dieses feinen überreizten Snob, der in Saus und Braus als Grandseigneur seine Laufbahn begann, Pferde rennen ließ, in Sammet und Seide, von schönen Sklaven begleitet, einherging, um schließlich – nicht im Gefängnis, aber im Spital zu enden.

3. Giorgione

Sogar Venedig, das byzantinische Venedig war eine heidnische Stadt geworden. Mit Aldus Manutius, dem feinen Gelehrten, der hier seine Officin errichtete, hatte die humanistische Bewegung begonnen. Die berühmte *Academia graeca*, zu der er die Beamten seiner Anstalt vereinte, fühlte sich als platonische Akademie. Bei den Zusammenkünften sprach man griechisch, erhob eine Strafe von jedem, der ein italienisches Wort gebrauchte, benutzte die Strafgelder zur Veranstaltung von Banketten, die an die *Soupers à la grecques* des 18. Jahrhunderts mahnen. Die *Hypnerotomachia Poliphili*, jener träumerische Roman mit den zarten Holzschnitten, ist das erste Denkmal dieser Zeit, als ein Hauch aus Hellas' schönheitdurchglänzten Tagen über den orientalischen Boden Venedigs wehte.

Auch die Malerei, bisher so kirchlich streng, wird ein trunkener Hymnus auf Erdenschönheit und hellenische Sinnenfreude. Wohl malt man wie zu Bellinis Tagen noch Madonnen und Heilige. Aber der Geist der Bilder ist nicht mehr der gleiche. Keine christliche Weltentsagung, sondern heidnische Sinnlichkeit strahlt den Gestalten aus den Augen. Der Körper, bisher geächtet, wird frei. Schwellende Formen sprengen das zarte Gefäß der Seele. Und namentlich, neben Maria wird auch Venus verehrt. Die griechische Götterwelt hält ihren jubelnden Einzug.

Zunächst freilich ist von dieser Wandlung wenig zu merken. Denn das Werk, das an der Schwelle des venetianischen Cinquecento steht, ist die Madonna von Castelfranco, und dieses Madonnenbild ist so zart, so weltverloren verträumt, daß es äußerlich kaum von Bellinis Heiligen-Konversationen sich trennt. Ganz mit dem gleichen Ton, in dem das alte Jahrhundert ausklang, setzt das neue ein. Zwei Männer, ein junger Ritter und ein Mönch halten vor dem Throne Marias Wacht. Kein Lüftchen regt sich. Alles atmet die tiefe schweigende Ruhe, in die auch die Heiligen so träumerisch versunken sind. Aber eine leise Nuance kündigt doch ein neues Gefühlsleben an. So sehr das ovale Köpfchen der Madonna mit den melancholischen Augen und dem schlicht gescheitelten braunen Haar den Madonnen Bellinis ähnelt – die Empfindungen dieses Weibes sind nicht mehr die gleichen. Kein Schmerz, kein ahnungsvolles Weh umflort ihre Augen. Sie träumt still vor sich hin, wehmütig und zärtlich, als ob sie eines fernen Geliebten denke. So keusch die Gestalt ist, es strömt eine feine Sinnlichkeit von ihr aus. Man fühlt, daß diesem Künstler Maria nicht mehr die Madonna war, daß er diesen Mund küßte nach diesem Weib sich gesehnt, wenn sie fern war. »Liebe Cecilie, komm, eil dich, es wartet dein Giorgio.« Ob diese Verse, die auf der Rückseite der Tafel standen, vom Maler selber, der während der Arbeit seiner Geliebten harrte, oder später von einem Andern geschrieben wurden, ist gleichgültig. Auch dieser andere fühlte eben den zarten sinnlichen Duft, der aus dem Bilde strömt.

Der Bahnbrecher dieser neuen Kunst zu werden war Giorgione durch sein ganzes Wesen berufen. Er stammte aus dem Ort, dessen Kirche sein Altarbild noch heute als herrlichstes Kleinod ziert, aus Castelfranco in der Marca Trevisana, der die Dichter so gern das Beiwort »amorosa« geben. Lyrisch weich ist dort die Natur, sinnlich schwül die Luft, die man atmet. Alles verwebt sich zu einer großen ruhig träumerischen Eintönigkeit von geheimnisvoll schwermütigem Charakter. Menschen, die in solcher Umgebung aufwachsen, werden in all ihren Empfindungen reizbarer als solche, die zwischen Bergen und rauhen Felsklippen wohnen. Der Duft und Klang dieser seltsam weichen Natur macht die Nerven vibrierender, zarter. Die Legende erzählt, Giorgione sei ein illegitimer Sprosse der altadeligen Familie Barbarella gewesen. Und er hat in der That etwas Adliges in der komplizierten Verfeinerung seines Nervensystems, etwas von den shakespeareschen Bastarden in der wilden Art, wie er das Leben durchstürmt.

Als er nach Venedig gekommen war, befand er sich auf seinem wahren Boden. Vasari schildert ihn als genußfreudiges Kind der Welt, das sich voll Leidenschaft in den Strudel stürzt, von einem Liebesabenteuer zum anderen geht, schaudernd das üppig sinnenrohe Leben genießt. Er zeigt ihn als Galantuomo, der mit der Laute abends durch die Straßen zieht und schönen Damen verzückte Liebeslieder darbringt. Dann greift Cecilia, die Madonna von Castelfranco, in sein Leben ein. Sie wird die Muse, die ihn zu seinen zartesten Werken begeistert, und an ihrer Untreue geht er zu Grunde.

Als er mit 33 Jahren zusammenbrach, war die Zahl seiner Werke nicht groß, noch geringer ist die Zahl derer, die auf uns kamen. In den frühesten, den beiden kleinen Bildchen der Uffizien, die das Urteil Salomos und die Kindheit des Moses darstellen, erscheint er noch als Schüler Bellinis. Im Sinne der Primitiven sind die Figürchen gezeichnet. Doch man erkennt schon, daß dieser Künstler ein großer Landschafter werden wird. Nicht in festen Umrissen, sondern weich und zart lösen die graziösen Kronen der Bäume vom weichen Firmamente sich los. Bildchen wie Bellinis »Allegorie«, jene Frauengestalt im Nachen, der so still über die Fluten gleitet, haben wohl den tiefsten Eindruck auf den Träumer gemacht.

Doch zur Bewunderung für Bellini trat bald die für einen anderen Meister. Als er im Auftrage des Tuzio Costanzo, des Condottiere von Castelfranco sein erstes Hauptwerk schuf, hatte er den kennen gelernt, der seine Strahlen damals über ganz Italien sendete. Leonardo hatte von 1503-1504 in Venedig geweilt. Hatte er nicht gemalt, so hatte er doch gezeichnet. Frauenköpfe Leonardos kamen Giorgione sicher zu Augen. Denn der Geist, der aus den Augen seiner Maria strahlt, diese Liebe, die nicht wehmütig entsagungsvoll, sondern zitternd sehnsüchtig ist – das ist nicht mehr der Geist Bellinis, es ist der Geist Leonardo da Vincis. Hatte er in Bellini sein Ideal als Landschafter gefunden, so erschloß ihm Leonardo den Weg ins frohe irdische Reich der Sinne.

Einige »idyllische Bilder« vermitteln den Uebergang von den christlichen Werken zu den hellenischen. Es lag damals über der Welt eine ähnliche Stimmung wie zu Watteaus Tagen. Wie man im 18. Jahrhundert aus dem Heroischen, Pomphaften herausstrebte in das Arkadische, Elysische, so verlangte man im Cinquecento, nach all der Ekstase Savonarolas, in eine saturnische Zeit zurück, wo es noch kein Christentum, keine Mönche, keine Choräle gab, wo die majestätischen Baumhallen der Wälder noch die Stelle der Kathedralen vertraten, wo man nicht auf die himmlische Seligkeit wartete, sondern sie auf Erden genoß. Von allen Werken der antiken Litteratur war am meisten die pastorale Dichtung – Theokrit, Kallimachos, Longos und Nonnos – beliebt. Wie vorher Polizians Schäferspiel Orpheus, war jetzt die Arcadia das Sannazaro, die Aldus Manutius verlegte, die gelesenste Dichtung der Zeit. Das bukolische, das glückliche Hirtenleben der Urzeit war das Ideal der Geister. Das »ländliche Concert« des Louvre taucht in der Erinnerung auf.

Man ersieht aus diesem Bild von neuem Giorgiones Bedeutung als Landschafter. Der Stimmungsmensch, der so von Stimmungen abhängig war, daß er ohne seine Cecilia nicht sein konnte und an ihrer Untreue starb, wurde der Schöpfer des Stimmungsbildes. Alles ist bei ihm Stimmung, so entdeckt er zuerst die Seelensprache der Natur, das Licht. Wie Watteau giebt er nirgends eine Kopie der Natur. Sie scheint nur dazusein, daß glückliche Menschen in ihr leben. Selbst in den Bäumen zittert es wie von Zärtlichkeit und Sehnsucht. Eine weiche, wollüstig träumerische Atmosphäre hüllt die Dinge ein. Auch in den Wesen, die er in diese Landschaften setzt, klingt diese sehnsüchtige, weich melancholische Stimmung aus. Er malt Hirten, die wie in einem goldenen Zeitalter traumverloren neben ihren Herden sitzen. Er liebt Ritter, da auch sie ihm als Vertreter einer verklungenen Zeit erscheinen: keine wilden Eroberer, die auf Kriegszügen das Land durchziehen, sondern stille Schwärmer, die sich selbst als die »letzten Ritter« fühlen, Jünglinge von weiblich weichen Formen, deren Dasein in holdem Minnedienst verläuft. Er giebt antike Ruinen, weil auch sie elegische Erinnerungen wachrufen an jene ferne Zeit, da noch kein Mönch die Entsagung predigte, als der Cult der Sinne eine Religion bedeutete.

Was er mit dem berühmtesten Werke, der »Familie«, sagen wollte, hat noch kein Mensch enträtselt. Man sieht zwei Wesen, die zu einander zu gehören scheinen und doch fremd sich gegenüberstehen. Aus Cecilia, die Madonna von Castelfranco ist eine junge Frau geworden mit dem Kind an der Brust. In nichts ähnelt sie mehr jener stillen Maria, nichts hat sie mehr von der ätherischen Keuschheit des Quattrocento.

So bereitet dieses Bild auf das letzte vor, mit dem Giorgione sein Lebenswert abschloß. Was in der Madonna von Castelfranco noch Sehnsucht war, ist hier Erfüllung. Cecilia ruht in nackter Schönheit auf dem Lager. Aus dem kleinen Figürchen der »Familie« ist ein lebensgroßer Frauenkörper, aus der Madonna von Castelfranco ist Aphrodite geworden. Während über den Venusbildern Botticellis noch die weltsüchtige Askese des Mittelalters lag, steigt jetzt *»le cri de la chair«* jubelnd zum Himmel. Weiche, schwellende Glieder strecken müde sich aus. Nur Giorgione, der Sinnenmensch, der kein Bild, sondern ein Erlebnis malte, konnte die Pforten dieses neuen Zeitalters öffnen.

Das Werk war unvollendet, als er begraben wurde, und es wirkt symbolisch, daß Tizian durch die Hinzufügung des landschaftlichen Hintergrundes es vollendete. Ja, in dem zweiten Bild, das auch noch unvollendet in seiner Werkstatt hing, möchte man eine Allegorie auf Giorgiones eigenes Schaffen sehen. Drei Philosophen sind dargestellt, von denen nur der jüngste der aufgehenden Sonne sich zuwendet, während die älteren noch achtlos beiseite stehen. So hatte Giorgione, der *junge* Giorgione, am frühesten die Morgenröte der neuen Zeit gewahrt. Doch erst Aeltere, seinem Signale folgen, führten das Lebenswerk des Frühverstorbenen weiter.

4. Correggio

Bei *Correggio*, dem Leonardo von Parma, tritt wieder eine andere Nuance der Erotik hervor. Bei allen andren Künstlern der Epoche richtete sich die Sinnlichkeit nach außen. Für Giorgione ist seine Cecilia alles. Welcher Art die Sinnlichkeit Antonio Bazzis war, ist durch seinen Beinamen Sodoma angedeutet. Bei Correggio wissen wir von solchen Dingen nichts. »Schüchtern, zur Träumerei und Melancholie geneigt«, schildert Vasari den Knaben. Obwohl er in den verschiedensten Kunststädten war, tritt er doch keinem seiner Genossen näher, sondern betrachtet nur ihre Bilder, umkreist sie scheu wie eine Katze, ohne daß jemand von seiner Anwesenheit weiß. Ohne jeden Skandal ist sein Aufenthalt in dem lockeren Parma verlaufen. Auch ein Porträt hat er niemals gemalt. Er blickte den Leuten nicht gern ins Auge, fühlte sich am wohlsten, wenn er allein war, träumte nur, was die anderen erlebten. Das unterscheidet seine Bilder von denen Giorgiones. Des Venetianers Venus hat das Müde, das Ausruhen nach wilder Umarmung. Bei Correggio ist ein ewiges nervöses Zittern. Seine Wesen sind Traumgestalten, wie sie geheimnisvoll lachend dem Schläfer erscheinen, Märchenvorstellungen eines infamen Menschen, der zärtlicher Empfindung voll, doch nie nach außen sie bethätigt. Dem entspricht die Farbe. Während Giorgione seine Gestalten in die volle Wirklichkeit setzt, leben die Correggios in einem Traumland, von Dämmerlicht verschleiert, das sie in die weite Ferne entrückt. Die Macht, unter deren Berührung sie erzittern, ist kein warmer Körper, sondern – eine Wolke.

Correggios Vater war Gewürzkrämer. Stunden und Tage verbringt er in dem kleinen Laden, dessen würzige Düfte so stimulierend auf die Nerven wirken. Hinter dem Ladentisch liest er die Bibel. Nicht die Bücher Mosis um das Drama der Passion, sondern das Hohelied Salomonis und die zärtliche Erzählung von der Liebe der Magdalena zum Heiland. Die ganze Heilige Schrift verwandelt sich ihn in ein erotisches Buch. Auch mit den Liebesgeschichten der antiken Legende wird er vertraut. Denn sein Heimatstädtchen war durch Veronika Gambara ein Sitz des Humanismus geworden. Und Veronika fand Gefallen an dem scheuen Knaben. Seine Locken streichelnd, ihn zärtlich an sich ziehend, übersetzte sie ihm Stücke aus Ovid, erzählte ihm die Liebesgeschichten der alten Götter. Pochenden Herzens hört er von den verliebten Abenteuern des Jupiter, von all den schönen Sterblichen, die er bethörte, von Io und Danae, von Antiope und Leda. An diese Dinge denkt er in fiebernder Erregung, wenn er die Augen schließt, und sie verfolgen ihn wie Phantome im Traume. Das ist's, was in seinem Geiste lebt, was er malen wollte, und was er gemalt hat.

Freilich nur auf Umwegen gelangte er zu seinem Ziel, mußte sehr viele Werke schaffen, die gegen den Strich seines Temperamentes gingen.

Die Quellen seiner Kunst weisen nach Mantua. Hier, wohin er mit Veronika 1511 gekommen, erhielt er als Künstler die ersten Eindrücke seines Lebens. Mantegna, der noch immer unsichtbar über Mantua schwebte, wurde sein erster Führer. Lange träumte er im Castello di Corte vor den Werken des großen Meisters – wie ein Kind träumt, das zu Füßen einer Broncestatue sitzt. Der Geist des ehernen Heros, alles was der *Realist,* der *Gelehrte* Mantegna geschaffen, war ihm eine verschlossene Welt. Aber *ein* Bild zog ihn an, das einzige, das heiter wirkt unter Mantegnas Werken. Jene nackten Putten, die an der Decke der Camera degli Sposi spielen, gefielen ihm, weil sie so neckisch waren, so beweglich und lustig. Auch das Porträt der Isabella von Este und andere Zeichnungen Leonardos lernte er in Mantua kennen. Und als er *ein* Werk gesehen, zog ihn der große Zauberer magnetisch nach Mailand. Es hat Reiz, sich den jungen Correggio vorzustellen, wie er in Mailand weilt, zur selben Zeit, als sein angestauntes Ideal wieder in die Stadt gekommen, und wie er doch nicht wagt, ihm seine Verehrung zu sagen, nur scheu und träumerisch vor den Bildern des Meisters sitzt. Hier sah er jenes weiche Sfumato, das so wirkungsvoll die sinnlich vibrierende Stimmung verstärkt. Hier sah er jene Köpfe, wie sie dem Knaben vorgeschwebt in seinen Träumereien: Weiber, die wonnetrunken zittern, Kinder, die verschämt erröten, wenn schöne heilige Frauen und verliebte Backfischengel sie zärtlich betrachten.

Seine frühen Werke lassen verfolgen, wie der Einfluß Mantegnas von dem Leonardos abgelöst wird und schließlich der selbständige Correggio sich formt. Namentlich die Madonna des heiligen Franz enthält die Quintessenz dessen, was er von außen aufgenommen, und die Verlobung der heiligen Katharina zeigt, was er Neues hinzubringt. Leonardos Frauenideal ist mehr ins Niedliche, in den Typus des Tanagrafigürchens übergeleitet. Eine krankhafte Zartheit und Ueberfeinerung trennt ihn von den anderen Cinquencentisten ebenso sehr, wie sie ihn den Rokokomalern nähert. In den Händen namentlich, nervösen feinen Händen, deren weiche Berührung vibrieren macht, liegt der ganze Correggio. Alle jene weißen, schmalen, schlanken Prinzessinnenhände, wie sie Parmeggianino und viele andere später malten, gehen auf dieses Bildchen Correggios zurück.

Das nächste Jahr (1518) bezeichnete den Wendepunkt seines Lebens, und das Werk, das er im Auftrag der chevaleresken Oberin des Nonnenklosters von San Paolo in Parma schuf, ist nicht nur für ihn selbst, auch für die Zeit bezeichnend. Früher ließen die Nonnen ihre Schutzheilige malen, vor deren Bild sie ihr Gebet verrichteten. Donna Giovanna denkt hellenisch. Diana, die durch ihre Eigenschaft als Göttin der Keuschheit sich doch nicht abhalten ließ, zu Endymion herniederzusteigen, ist die Patronin, deren Halbmond sie in ihrem Wappenschild trägt. Und Correggio bemüht sich nicht, gleich anderen Meistern der Renaissance eine große gedankenvolle Komposition zu ersinnen, sondern beschränkt sich auf launig anmutige Causerie. Die Putten der Camera degli Sposi und die Laubarchitektur der Madonna della Vittoria werden in seiner Erinnerung lebendig, und das Ergebnis sind die delikaten kleinen Wesen, die sich so heiter graziös inmitten des Weinlaubes tummeln.

Nun ein jäher Scenenwechsel, und man steht vor den riesigen Kuppelbildern, mit denen er die Kirche San Giovanni Evangelista und die Kathedrale von Parma dekorierte. Stieg Melozzo da Forli, stieg Michelangelo ihm zu Kopf? Aus dem stillen Correggio ist ein raffinierter Virtuos geworden, der Haare flattern, Gewänder sich bauschen läßt. Riesige Körper winden sich, werfen die Arme in die Luft, verdrehen die Köpfe. Engel überschlagen sich und stürmen durch das Luftmeer daher. Namentlich das Bild der Domkuppel enthält schon den ganzen Himmel, wie er in der Phantasie der Barockmaler lebte. Es ist erstaunlich, wie er aller Schwierigkeiten spottet; erstaunlich, mit welcher Sicherheit er den Weg betritt, der von der Renaissance zum Pater Pozzo führt. Und doch wie dürftig ist das Thema, das sich hinter der rauschenden Instrumentierung birgt! Alles kraftlos, Form ohne Inhalt, Denkerstirnen ohne Gedanken, mächtige Gebärden ohne Sinn und Zweck. Nur in Einzelheiten erkennt man den Correggio von früher. Allerliebst sind die Engel, die in heiterem Leben das Ganze umspielen. Selbst die Evangelistensymbole in San Giovanni werden zu verliebten Wesen. Der Engel des Matthäus umarmt den Adler des Johannes, der Löwe des Markus schäkert mit dem Kalb des Lukas.

Correggios Skala war klein. Und da er nach den Erfolgen seiner Kuppelfresken der Meinung war, alles leisten zu können, hat er eine ganze Reihe von Werken gemalt, die ihn nur von seiner unangenehmen, nicht von der liebenswürdigen Seite zeigen.

So oft er sich auf das Gebiet des Pathetischen wagte, die großen Momente der Passion zu schildern suchte, sind seine Bilder so erlogen, wie nur je ein Kirchenbild, das zur Zeit Bouchers entstand. Aber auch die Gabe, ruhige Männlichkeit zu schildern, war ihm wie den Rokokomalern versagt. Seine Menschen sind schön, solange sie jung sind, aber fad, wenn sie altern. Denn da sie in ihrer Jugend nichts gethan, als gelächelt, zeigt sich nun, wie leer es in ihrem Kopfe ist. Oft fühlt man, daß sein Instinkt ihn warnte. Sein ganzes Wesen spricht sich aus, wenn er bei der Darstellung der Beweinung Christi die männlichen Freunde des Heilandes ausscheidet und nur Frauen als Leidtragende einführt, oder wenn er im »*Ecce homo*« allem Brauch zuwider statt der Kriegsknechte Maria und Magdalena beifügt: selbstverständlich nicht die verhärmte Mutter und die reuige Büßerin, sondern schöne Damen mit schwarz umränderten Augen, die verzückt einen weichlichen jungen Mann betrachten. Aber fast noch häufiger sind Werke, bei denen Männer gar nicht nötig waren, durch die Einführung hohlköpfiger Riesen verdorben. Gerade weil sein ganzes Empfinden weiblich war, setzte er sich in den Kopf, den Mann zu markieren. Und das Ergebnis war das gleiche wie bei dem zarten Elegiker van Dyck, als er in seiner ersten Zeit Rubens imitierte. Hohle Kraftmeierei tritt an die Stelle kraftvoller Größe. Durch theatralisch hünenhafte Gestalten, die er aufdringlich in den Vordergrund setzt, nimmt er seinen besten Bildern die Stimmung. Oder er verdirbt sie durch virtuose Parforcetouren, die für Kuppelfresken, nicht für Tafelbilder sich eigneten. Selbst in die »heilige Nacht« ragt sein beliebtes Froschschenkelragout herein und nimmt einer Scene, die ruhig stimmungsvoll sein könnte, ihren Zauber.

Correggio ist nur gut, wenn es sich nicht um Kraft, sondern um sanfte weiche Empfindungen, nicht um Pathos, sondern um harmloses Spiel, um lächelnde Heiterkeit handelt, nur wo er keine Männer, sondern Frauen und Kinder malt, wo er der Maler der Grazien bleibt, in den Grenzen eines anmutigen Rokoko sich hält. *Allegri* – in diesem Namen liegt seine Kunst beschlossen.

Freilich, selbst bei diesen Madonnenbildern darf man nicht Worte wie bei denen Botticellis, Bellinis oder Peruginos brauchen. Als diese Meister lebten, gab es noch eine ernste große religiöse Kunst. Sie haben die Zartheit der alten Legenden in ihrem ganzen mystischen Zauber begriffen, haben gelehrt, was Ausdrucksqualitäten bedeuten. Correggio erscheint neben ihnen affektiert und leer. Wo er nicht pathetisch sein kann, wird er süßlich. Alles, was dort gläubige Hingabe war, ist ins Irdischgalante übersetzt, ein Zwiegespräch von schmachtenden Blicken und verständisvollem Lächeln. Es ist bezeichnend, daß Joseph sich bei diesen Scenen nicht mehr wohl fühlt. Er verschwindet, um seine Gattin mit ihren Hausfreunden nicht zu stören. Und diese selbst sind sehr weitherzig. Es genügt ihnen nicht, mit Maria zu liebäugeln. Während diese einem von ihnen zulächelt, benutzt der andere die Gelegenheit, mit einer schönen Dame zu kokettieren, die vielleicht vor dem Bilde steht. Es beginnt jenes Blickewechseln mit dem Betrachter, das von Correggio auf die Barockmalerei überging. Wenn irgend einer, ist Correggio der echte Maler jener Zeit, die von allen Lehren des Christentums nur noch eine, fast allzuwörtlich befolgte: Kindlein, liebet euch untereinander. Und schließlich liegt eine Halbheit darin, wenn man Liebesscenen malen will, dazu die Figuren Marias und der Heiligen zu mißbrauchen.

Das fühlte Correggio. Soweit es nur möglich war, übersetzte er die Figuren ins Heidnische. Sebastian, auf der Verlobung der Katharina, könnte statt eines Pfeiles eine Traube halten und Bacchus heißen. Johannes wird Adonis, Georg ein römischer Feldherr. Aber sein Lebenswerk war mit dieser Transponierung so wenig gethan wie das Mantegnas, bevor er den Triumph Cäsars geschaffen. All jene erotischen Visionen, die er in seiner Jugend gehabt, als Veronica Gambara ihm den Ovid übersetzte, waren Träume geblieben. Sie mußten Körper bekommen. So siedelt er am Schlusse seines Lebens endlich über in seine wahre Domäne. Dieselbe Frau, die einst Mantegna beschäftigte, Isabella Gonzaga, gab auch Correggio Gelegenheit, die Ideale seiner Kindheit zu verwirklichen. Das letzte Bild, das Mantegna für sie malte, schilderte die Vertreibung der Laster. Jetzt kehren all die Wesen, die Savonarola ins Exil geschickt, im Triumph zurück. Und erst diese Bilder, in denen er, vom Christentum sich abwendend, nur noch die Macht der Liebe besang, bedeuten den eigentlichen Correggio. Hier hat er die Maske abgeworfen. Die Dissonanz, die dort zwischen dem Thema und der Auffassung, herrschte, ist geschwunden. Am Kreuze hängt nicht mehr das abgehärmte Bild des Erlösers, sondern es streckt, wie auf der Radierung von Rops, ein Weiberkörper sich aus, fein wie verdichtetes Licht. Statt der Buchstaben *INRI* steht das Wort Eros darüber.

In dem Londoner Bild, der Schule des Amor, stellt er das Grundthema fest. Die Antiope des Louvre, die Danae der Borghesegalerie und die Leda in Berlin, von den Gonzagas als Geschenke für Karl V. bestimmt, sind die weltberühmten Bilder, an die man vorzugsweise denkt, wenn Correggios Name genannt wird. Das ganze Leben dieses Mannes, der nach außen so scheu und verschlossen lebte, war ein Liebestraum gewesen, von schönen Frauen und lächelnden Eroten umschwebt. Darum hat er die sinnlichsten Bilder des Cinquecento geschaffen – so wie Watteau das Parfüm des Rokoko am zartesten gab, weil der kranke einsame Mann auch nie Reales, nur Träume malte. Und nicht zufällig hat das 18. Jahrhundert so für Correggio geschwärmt, ihn zum Fürsten des Rokoko ernannt. Sensitiv und geschwächt, nervös und verzärtelt, entsprach er dem Ideal dieser überfeinerten Zeit. Correggio, älter geworden, heißt Boucher.

Die Wiener Jo namentlich bezeichnet den Höhepunkt jener Zeit, als auf die Abtötung der Sinne, wie Savonarola sie gepredigt, der Triumph der Sinnlichkeit gefolgt war. Hier ist das

Wort gesprochen, das schon Leonardo auf den Lippen lag, als er dem keusch entsagungsvollen Frauenideal der Savonarolazeit seine erotisch glühenden, sinnlich vibrierenden Weiber gegenüberstellte. Correggio verschafft ihrer Sehnsucht Befriedigung. Auf diesem Wege war kein Schritt mehr möglich. So beginnt jetzt die große Reaktion. Alle diese Meister, die in direktem Gegensatz zur vorausgegangenen Epoche standen, vermochten nicht ohne Sinnlichkeit Nacktes zu empfinden. Von den Folgenden wird es aus der Sphäre der Sinnlichkeit herausgezogen und zum künstlerischen Problem erhoben. Die Verse Michelangelos:

»Weh jedem, der vermessen und verblendet
Die Schönheit nieder zu den Sinnen reißt«

beziehen sich zwar nicht auf Correggio, von dem der römische Titan nichts wußte, aber sie beziehen sich auf Correggios Ahn, auf Michelangelos großen Gegner Leonardo. Sie beziehen sich auf die Kunst, die von Leonardo bis Correggio in Italien herrschte. Auf die Epoche der weichen Erotik, der begehrenden Sinnlichkeit folgt die der unnahbaren Majestät.

II. Das Majestätische und Titanische.

5. Der Schönheitsbegriff des Cinquecento

Man kann die Wandlung, die die italienische Malerei seit dem Erlöschen des leonardesken Einflusses durchmachte, nur verstehen, wenn man von der allgemeinen Geschmackswandlung ausgeht, die sich seit dem Beginn des Cinquecento vollzog. Denn durch alle großen Epochen geht ein künstlerischer Stil, der einheitlich alle Lebensäußerungen durchdringt. Wie die Menschen bauen, wie sie sich bewegen und kleiden, so malen sie auch. Beachtet man das, so versteht man sofort, weshalb die Malerei des späteren Cinquecento gerade das Gegenteil von dem für schön hält, was die des ausgehenden Quattrocento verehrt hatte.

Der »Cortigiano«, das Büchlein vom vollendeten Kavalier, das der Graf Castiglione 1516 erscheinen ließ, belehrt darüber, was im Verkehr damals für gentlemanlike gehalten wurde. Unschicklich, sagt Castiglione, sei es, heftige eckige Bewegungen zu machen; unschicklich, sich an schnellen Tänzen zu beteiligen. Antike *gravitas*, gehaltener Ernst und hoheitvolle Würde wird als das Wesen des guten Tones bezeichnet.

Dementsprechend kommt eine Tracht in Mode, die in ihrer majestätischen Fülle nur ernste getragene Gebärden gestattet. Das 15. Jahrhundert liebte in der Tracht eine eckige spröde Schlankheit. Sie ist steif, ein wenig pedantisch bei den Frauen, enganliegend bei den Männern. Wie Jan van Eyck in kindlicher Freude alles Bunte, Glänzende, Blinkende in seinen Bildern zusammentrug, liebte die Mode bunte lebhafte Farben, gestickte Borden, glitzernde Ketten, goldene Hauben und glänzenden Perlenschmuck. Wie die Maler ihre Freude hatten am krausen Detail, liebte die Mode das kleinliche Geknitter und eckige Gefältel. Jetzt vermeidet man das zu Gunsten eines großen Linienzuges. Die Form der Gewänder ist von machtvoller Einfachheit, nicht wie früher von zierlichen Details überladen. Während man vorher durch kurze Aermel und enganliegende Tricots die Gelenkigkeit und Schlankheit des Körpers betonte, bekommt das Kostüm jetzt Breite und Feierlichkeit. Die Frauen kleiden sich in schwere rauschende Brokatstoffe, deren gebauschte Oberärmel den Körper breit und majestätisch erscheinen lassen. Das Kleid, früher kurz, erhält eine mächtige Schleppe, die nur getragenen Gang, ein *andante maestoso* erlaubt. Den Männern giebt das schwarze Barett und der weite faltige Mantel etwas selbstbewußt Ernstes, imposant Ruhiges. Ihre Bewegungen, früher zierlich, sind voll und rund.

Noch in anderer Hinsicht unterscheiden sich die Bildnisse des Cinquecento von denen der früheren Zeit. Schon das ist für die Zeitpsychologie nicht unwichtig, daß die Brustbilder, wie sie vorher ausschließlich Mode waren, nun zu Halbfiguren, die Halbfiguren zu Kniestücken, die Kniestücke zu ganzen Gestalten anwachsen. Für eine so psychische Zeit wie das Quattrocento war nur der Kopf von Wert. Der Mensch des Cinquecento, für den die Noblesse der Bewegung etwas so Wichtiges geworden, läßt womöglich in ganzer Figur sich malen. Während früher, als man die Schlankheit liebte, die Arme eng am Körper anlagen, wird jetzt nach Bewegungsmotiven gesucht, die möglichst breite Haltung gestatten. Infolge des majestätischen Eindrucks, den man anstrebt, wird auch das Beiwerk ein anderes. Noch bei Memling hielten die Männer einen Rosenkranz, die Damen ein Gebetbuch. Perugino gab seinem Francesco dell' Opere einen Schriftzettel » *Timete deum*«. Jetzt halten die Damen einen Fächer, die Hand der Männer ruht am Schwert. Die Majestät gestattet nicht mehr den demütigen Gedanken ans Jenseits. Sogar das Lebensalter der Dargestellten ist ein anderes. Zu Beginn des Quattrocento, als man gewohnt war, alles mikroskopisch zu sehen, wurden auch von den Porträtmalern Köpfe bevorzugt, die möglichst reich waren an Detail, an Runzeln und Falten, also Matronen und Greise. Später, als die Richtung auf das Zierliche kam, trat das junge Mädchen, der junge Page in den Vordergrund. Selbst wenn Männer dargestellt sind, behalten sie etwas Jugendliches mit ihrer enganliegenden Tracht, ihrem Lockenhaar und glattrasierten Gesicht. Das Cinquecento hat den eckig graziösen Mädchenbüsten, die zu Ausgang des 15. Jahrhunderts entstanden, nichts zur Seite zu stellen. Man mag an die Lavinia, die Dorothea, die Donna velata denken – die Schönheitsgalerie des Cinquecento besteht nur aus reifer, voll entfalteten Frauen. Ebenso sind Bildnisse von Jünglingen selten. Fast nur Männer sind dargestellt, nicht mehr rasiert, sondern das Gesicht von ernstem Vollbart umrahmt. Nur in dem Lebensalter läßt man sich malen, das am meisten den Eindruck der *gravità riposata*, des Würde- und Machtvollen giebt.

So ernst und machtvoll die Menschen in ihren Bildnissen erscheinen, so groß und mächtig sind die Räume, in denen sie sich bewegen. Früher war frische Grazie und schlanke Eleganz das Ziel, das die Architekten in ihren Bauten verfolgten. Ebenso schlank wie die Menschen in ihren enganliegenden Gewändern, waren die schlanken Säulen der Paläste. Mit ebenso viel zierlichem Ornament wie die Kostüme waren die Wände der Bauwerke geschmückt. Jetzt, wo die Tracht der Menschen einfach feierlich, ihre Bewegung breit und majestätisch geworden, kommt auch in die Baukunst monumentale Wucht und einfache Größe. Alles tändelnde Ornament ist vermieden. Schwer und massig, ernst würdevoll sind die Formen, hoch und weit die Räume, damit sie die majestätische Gebärde nicht beengen.

Die Bilder müssen zu diesen Menschen, zu diesen Räumlichkeiten passen. Ein neues Schönheitsideal hält also in der Kunst seinen Einzug. Es genügt, die Madonnenbilder des Cinquecento mit denen der vorausgegangenen Epoche zu vergleichen. Im Quattrocento waren die Formen hager und zart, herb und knospenhaft. In Leonardos Tagen begann die verschlossene Knospe sich zu öffnen. Jetzt strahlt sie in reifer sommerlicher Pracht. Eine andere Gebärdensprache bildet sich aus. Auf den Bildern Filippinos und Piero Pollajuolos gingen die Gestalten in zierlichem Tanzschritt. Jetzt stehen sie machtvoll fest auf dem Boden. Damals spreizten sie den kleinen Finger und hielten ihre Gewänder in zimperlicher Eleganz. Jetzt kennen sie weder die graziösen Gebärden des Quattrocento noch die weich schmiegsamen der Leonardozeit. Sie kennen nur breite fürstliche Gesten. Was früher still und sein, zierlich oder befangen war, wird groß und mächtig.

Psychologisch ist die Wandlung nicht geringer. Die Menschen, die sich auf ihren Bildnissen nicht mehr mit Gebetbuch und Rosenkranz, sondern mit Schwert und Fächer darstellen ließen, konnten auch keine demütigen Heiligen mehr brauchen, das Göttliche in Knechtsgestalt sich nicht vorstellen. An die Stelle der *umiltà*, die das Ideal der Savonarolazeit gewesen, tritt also *maestà*. Deckte damals ein düsterer Matronenschleier Marias Haar, so hüllt sie sich jetzt in fürstliche Gewänder. War sie damals die ergebene Gottesmagd, später bei Correggio die Dame von Welt, so ist sie jetzt die Königin des Himmels. Weder Wehmut noch Zärtlichkeit strahlt aus ihrem Auge. Stolz und vornehm, erhaben unnahbar schaut sie herab. Ein *odor di regina* strömt von ihr aus. Daß das Motiv der säugenden Madonna, dem die Leonardozeit eine leichte Wendung ins Sinnliche gegeben hatte, jetzt nicht mehr vorkommt, hängt ebenfalls mit diesen Begriffen von Hoheit und fürstlicher Majestät zusammen.

Auch das Format und die Komposition der Bilder werden anders. All die kleinen spitzpinselig ausgeführten Bildchen, die die frühere Zeit geliebt hatte, erschienen kleinlich. Der Eindruck des Hoheitvollen konnte nur durch lebensgroße oder überlebensgroße Figuren erzielt werden. Die Feinmalerei der älteren Epoche findet also keine Fortsetzung. Hinsichtlich der Komposition hatte zwar Leonardo einen entscheidenden Schritt gethan. Nachdem das Quattrocento Einzelheiten aneinander gereiht, war Leonardo dazu übergegangen, auf engem Raum möglichst viel Bewegung zusammen zu pressen. Dieses Bestreben, knapp und ohne Beiwerk in wenigen Figuren die Scene zu entwickeln, blieb auch jetzt vorherrschend. Aber das Raumgefühl Leonardos, sein Konzentrieren auf engen Raum paßte nicht mehr in diese Zeit, die an so weite Räumlichkeiten gewöhnt war. Die große Gebärde des Cinquecento durfte nicht beengt sein. Darum beschränkt man sich immer mehr auf wenige große Figuren, die inmitten einer weiträumigen Architektur frei und breit sich bewegen. Daß die Maler während des Quattrocento oft nebenbei Goldschmiede waren, während sie jetzt Architekten sind, ist bezeichnend. Damals mikroskopisches Sehen und heitere Zierlust, jetzt großes Sehen und monumentales Raumgefühl. Auch die Dreieckskomposition, die Leonardo bevorzugt hatte, erschien dieser Zeit zu eckig. Wie man im Kostüm nicht mehr die glockenförmigen Damenkleider und die schmalen Schultern, sondern die vollen Hüften, die bauschig runden Aermel liebte, baut auch die Komposition der Bilder in weichen runden Linien sich auf. Kreis, Bogen, Kurve und Wellenlinie herrschen vor.

Selbst das landschaftliche Ideal folgt diesem neuen Geschmack. Das 15. Jahrhundert, das die scharfe eckige Linie suchte, liebte in der Landschaft das Zackige, Hartbegrenzte, zeigte sie in der spitzen Kahlheit ihrer Formen. Das 16., das runde Weichheit der Linien erstrebt, bevorzugt auch in der Natur das Runde, Gewellte, zeigt sie immer im Schmucke der Pflanzenwelt, weil dadurch das Schroffe der Formen gemildert wird. Damals liebte man Muskelmänner und legte deshalb auch das Skelett der Landschaft bloß. Jetzt liebt man imposante volle Körper und umkleidet deshalb auch die Landschaft mit Fleisch. Das 15. Jahrhundert, das schlanke Menschen in Tricots malte, bevorzugte von Bäumen Cypressen, Tannen und Fichten, alles schlank Aufsteigende, spitz Zulaufende. Die Cinquecentisten vermeiden diese Bäume, weil nur die volle, abgerundete Gestalt des Laubbaumes zu den majestätischen Menschen mit den breiten Bewegungen paßt, die sich auf den Bildern bewegen. Sogar auf die Blumen trifft die Parallele zu. Das 15. Jahrhundert, das die graziösen Mädchenbilder schuf, sah in der Landschaft vornehmlich den Reiz des Frühlings. Das 16. Jahrhundert, dessen Ideal die voll entwickelte Frau geworden, sieht auch die Natur nur in leuchtender Sommerpracht.

Und die Künstler selber sind so majestätisch wie die Bilder, die sie malen. Zu Castagnos Tagen waren sie wilde Gesellen, trotzig und ungeschliffen wie die Rusticamauern des Palazzo Pitti, in den Tagen des Magnifico überfeinerte Aestheten. Savonarola machte sie zu Klosterbrüdern. Dann stürzten sie sich gierig in den Strudel des Lebens und gingen jung zu Grunde. Jetzt sind sie ernste gesetzte Männer, von jener *gravitas*, die Castiglione als Merkmal des vollendeten Kavaliers bezeichnet; umstrahlt vom Glanze der Majestät, als Gleiche unter Gleichen mit den Großen der Erde verkehrend.

6. Tizian

Tizian, der große König des venetianischen Cinquecento verhält sich zu Giorgione wie das abgeklärte ruhige Mannesalter zu der Leidenschaft und Schwärmerei der Jugend. Bei Giorgione denkt man an die Verse, die Mogens vor sich hinsummt:

»In Sehnen leb' ich,
In Sehnen;«

bei Tizian an die Worte des Faust:

»Entschlafen sind nun wilde Triebe
Mit jedem ungestümen Thun.«

Nicht in Venedig selbst, auch nicht in der benachbarten Ebene, sondern im fernen Hochgebirge kam er zur Welt. Inmitten ernster Tannenwälder und mächtiger Alpenmauern wuchs er auf. Schon das giebt seiner Persönlichkeit einen anderen Charakter. Als er – ein Herkules an Wuchs, breitbrüstig, denn er hatte nur die scharfe Gebirgsluft geatmet, die sonnegebräunten Züge wie in Erz gegossen, das Auge fest und klar, von jenem kühnen Adlerblick, den man Welteroberern zuschreibt – aus seinen rauhen Bergen in die schimmernde Wunderstadt, die schwüle Atmosphäre Venedigs kam, ließ er sich nicht von dem, was ihn umgaukelte, blenden. Er stand an der Staffelei mit dem Bewußtsein: Ich werde ein großer Mann, der Malerfürst Venedigs sein, denn ich will es. Diese Willenskraft, diese Sophrosyne, des Lebens ernstes Führen hat ihn nie verlassen.

Auch Tizian hatte, wie fast jeder Künstler, eine Zeit, in der er nicht er selbst war. Als er die Wiener Zigeunermadonna malte, wandelte er in Bellinis, als er den Zinsgroschen malte, in Leonardos Spuren. So giebt es auch Bilder von ihm, die wie Geisteskinder Giorgiones anmuten: die drei Lebensalter, die himmlische und irdische Liebe. Aber gerade sie zeigen, daß Tizian eigentliche »Stimmungsbilder« nie gemalt hat. Granitgehalt bekommen die weichen venetianischen Stoffe unter seiner festen Hand. Selbst Werke wie die himmlische und irdische Liebe sind bei hinreißender Schönheit doch weniger zaghaft und schmelzend. Tizian ist kein Träumer, hat das Thränenschimmernde, Elegische, arkadisch Bukolische Giorgiones nicht. Wo er ganz echt, der wirkliche Tizian ist, da ist er erhaben und gewaltig, steinern und fest wie die Berge seiner Heimat. Die Luft, die seine Gestalten umfließt, ist nicht schwül und sinnlich, sondern kalt und klar. Man gebraucht nicht Worte wie lieblich, anmutig, hold, träumerisch, so wenig man sie anwendet in Tizians Heimat, inmitten der ehrfurchtgebietenden Düsterkeit der Berge von Cadore. Man sagt nur: machtvoll, majestätisch. Das Erhabene, entsprechend der Natur, auf die der erste staunende Blick des Knaben fiel, aber auch die urwüchsige Kraft des Gebirgsbewohners tritt an die Stelle der Weichheit und Träumerei, die das Schaffen Giorgiones, des Sohnes der Ebene bestimmte. Er hat etwas von den uralten Bäumen seiner Heimat, die auf steinigem abschüssigem Boden erwachsen, sich früh gestählt haben, allen Elementen zu trotzen, weil ihre Wurzeln so zäh, ihre Aeste so fest sind. Er hat sogar viel von dem grausamen Egoismus solcher Riesen. Wie diese allem kleineren Buschwerk, das rings gedeihen möchte, Sonne und Boden rauben, um ihre eigene Krone nach allen Seiten zu entfalten, stößt Tizian, dem Recht des Stärkeren gemäß, mit seinen kräftigen Ellbogen alle zur Seite, die neben ihm leben, neben ihm schaffen möchten.

Noch eine andere Seite von Tizians Kunst ist aus seiner Herkunft vom Gebirge zu erklären. Das Haus, wo er geboren ward, liegt am äußersten Ende des Ortes, da wo die Berge beginnen und die Piave aus sturmumtoster Höhe herabbraust. Er hörte den Wind durch mächtige Wipfel fegen und an den Fugen der Häuser rütteln, sah losgerissene Steine am Ufer zerschellen und den Regen aus schwarzen Wetterwolken herniederklatschen. So hat er als erster der stillen Ruhe, der beschaulichen Lyrik der venetianischen Malerei das dramatisch pathetische Element gesellt.

Die beiden Hauptwerke, die in diesen Kreis gehören, die Schlacht von Cadore und der Petrus Martyr sind durch Brand zu Grunde gegangen: als ob die Elemente sich hätten rächen wollen,

165

daß er so wild ihre verheerende Macht geschildert. Aber alte Stiche überliefern den Inhalt. In enger Thalschlucht, wo kein Entrinnen möglich, kämpfen auf dem Schlachtenbild Menschen und Pferde; brennende Orte rauchen; Regen und Blitz strömt und zuckt aus finsterer Wolke herab. Ein wilder Sturmaccord durchklingt das Martyrium des Petrus. Athletisch machtvoll ist die Gestalt des Heiligen, wild und hünenhaft der Mörder, der sich über sein Opfer beugt. Im Winde bauschen sich die Gewänder und beugen sich die Kronen der Bäume.

Wenn seine Assunta, als sie erschien, nur kaltes Staunen hervorrief, so liegt der Grund darin, daß in der konservativen Stadt, inmitten dieser ruhigen, hieratisch feierlichen Kunst das Bild als unvenetianisch empfunden wurde. Als würde sie von einem überirdischen Magnet gezogen, schwebt Maria, die mächtigen Arme ausbreitend, gen Himmel. Im Winde flutet ihr dunkles Haar, grandios bauschen sich die Falten des Gewandes, ein Rauschen, wie wenn die Fittige der Erzengel sich bewegten, geht durch die Luft. Staunend strecken sich die Arme der Apostel empor. In der Frarikirche vor der Madonna Pesaro erkennt man erst recht, welche Bewegung Tizian in die Kunst Venedigs brachte. Eine mächtige Säule, wuchtig wie die Säulen der Peterskirche, an deren Erbauung noch niemand dachte, wächst in die Höhe. Auf dem Sockel sitzt Maria. Nicht in der Mitte des Bildes, auch nicht frontal, wie es die byzantinische Ueberlieferung forderte. Denn die Säule ist seitwärts errichtet und hat ihr Gegengewicht nur in dem flatternden Banner, das einer der Betenden entrollt. Damit ist das Kompositionsprincip der Vergangenheit verlassen. Nicht in regelrechter Architektonik bauen sich die Linien auf. Eine Komposition, die nur mit farbigen Massen rechnet, tritt an die Stelle gleichmäßiger Metrik.

Freilich, dieser eine Zug ist nicht der bestimmende in Tizians Kunst. Mag seine Herkunft vom Gebirge manches erklären, wodurch er von den eingesessenen Venetianern sich trennt, – er kam doch als junger Mensch nach Venedig. Darum mahnt auch seine Kunst nicht immer an die Kuppen der Dolomiten. Sie mahnt öfter an den ruhigen Spiegel der Lagunen.

Daß Tizian kein stürmischer Dramatiker wurde, ergab sich – von den Zeitverhältnissen abgesehen – schon aus der Gestaltung seines Lebens. Nie ist eine Künstlerlaufbahn ruhiger gewesen. Nie hat einer mehr verstanden, das Leben zum Kunstwerk zu gestalten. Sein ganzes Dasein ist eine einzige große Harmonie, ohne Entbehrungen und gewaltsame Kämpfe, ohne Erschütterungen. Schon 1516 ist er der offizielle Maler Venedigs, der die Erbschaft seines Lehrers Bellini übernimmt, und es beginnt jener Siegeslauf, der einem lebenslänglichen Triumphzug gleicht. 1520 erscheint er im Zenith seines Ruhmes. Kein Meteor, ein ruhig schimmernder Stern, der allmählich, doch stetig heraufgestiegen und in langsamem Gang, ohne Abnahme der Leuchtkraft, den Aether erhellt. Die mächtigsten Fürsten Europas überhäufen ihn mit Aufträgen und Ehren: Karl V., der ihn an sein Hoflager in Bologna und Augsburg beruft, Papst Paul III. und Franz von Frankreich, die sich in schmeichelnden Briefen um seine Gunst bemühen. Zwei Söhne und ein Mädchen von strahlender Schönheit erfüllen mit ihrem Frohsinn sein Haus, jenes Patrizierheim, das er fern vom Marktgewühl sich erbaut, und wo er unabhängig der Kunst und den Freunden lebt. Hier empfängt er Heinrich III. mit fürstlichem Glanz. Hier ist der Schauplatz jener Geselligkeiten, die an Feuerbachs »Dante in Ravenna« mahnen. Stolze Senatoren und edle Frauen wandeln durch die schattigen Lauben des Gartens. Wenn die Sonne gesunken und die fernen Inseln im Abendschimmer leuchten, klingt das Lachen der Gondolieri, Gesang und Lautenschlag herüber. »Alle Fürsten, Gelehrten und vorzüglichen Personen, die nach Venedig kamen, besuchten Tizian,« wie Vasari erzählt. Denn »nicht nur in seiner Kunst war er groß, auch ein Edelmann in seinem Wesen.«

Diese Vornehmheit prägt auch seiner Kunst ihren Stempel auf. Was man den Idealismus Tizians nennt, ist nicht das Ergebnis ästhetischer Reflexion, sondern die natürliche Anschauung eines Mannes, der auf den Höhen des Lebens wandelt, niemals kleinliche Sorge, selbst die Krankheit nie kannte und deshalb auch die Welt nur gesund und schön, in leuchtendem, hoheitverklärtem Glanze sah. Unbefangen tritt er an Dinge heran, die ein Idealist vermeiden würde: wenn er in seiner Danae dem Königlichen das Plebejische in Gestalt der häßlichen Alten gesellt oder den Tempelgang Marias im Sinne Gentile Bellinis wie eine große Volksscene schildert, der Senatoren und geputzte Patrizierinnen, Hökerinnen und Betteljungen beiwohnen.

Doch selbst das Gewöhnlichste ist geadelt. Selbst der Bauer, der auf dem Esel zu Markte reitet, hat den großen Stil der Metopen des Parthenon. Es strömt in seine Werke die große Ruhe, die königliche Gelassenheit seines eigenen Wesens.

Bei seinen Bildnissen tritt das besonders hervor. Jede Verschönerung, jedes lakaienhafte Schmeicheln liegt ihm fern. Mit fürchterlichem Realismus malt er den alten, ausgemergelten Körper Pauls III. mit den zitterigen Spinnenfingern, den dünnen halbverwesten Lippen und den kleinen Triefaugen, deren fuchsartig verschlagenes Blitzen allein noch an dieser Mumie lebt. Gleichwohl wußte Karl V., weshalb er Tizian seinen Apelles nannte. Andere Maler hatten nur seine blasse, skrophulose, eisige Maske gesehen. Tizian legte etwas von seiner eigenen Majestät hinein. Jener schwarze Ritter in stählerner Rüstung, der mit eingelegter Lanze beim Morgengrauen über das Schlachtfeld reitet – das ist nicht der Zauderer, mit dem Deutschlands Kurfürsten spielten, der unklare, schwankende Kopf, der von Granvella, seinem Kanzler, sich die politischen Instruktionen erteilen ließ. Das ist die Kaltblütigkeit des Feldherrn in der Schlacht, das Verhängnis, das ruhig, unabwendbar daherkommt. Und jener abgezehrte, verschlossene Herr, der auf dem Münchener Bilde fröstelnd, trotz des blühenden Sommers in dicken Pelz gehüllt, auf der Veranda seines Schlosses sitzt – das ist nicht nur der Melancholiker mit gebrochenem Körper und gebrochenem Willen, der, angeekelt von der Welt und von sich selbst, ein Jahr später als Einsiedler im Kloster von St. Yuste hauste, von tickenden Uhren umgeben und von schwarzen Särgen, in denen er sein eigenes Leichenbegängnis feierte. Tizian giebt ihm noch das, dessen Karl in seinen besten Jahren sich rühmte: den durchdringenden Verstand des größten Staatsmannes seiner Zeit, die olympische Apathie des Herrschers zweier Welten. Als Maler der Könige wird er in den Handbüchern gefeiert, weil ihm die Könige des Cinquecento saßen. In umgekehrtem Sinn ist der Titel berechtigter. Der Mann, der selbst ein Fürst unter seinen Genossen war, adelte wie ein König von Gottes Gnaden jeden, der ihn um den Adelsbrief bat. Der Künstler, der, als die Pest ihn hinraffte, nicht wie Perugino und Ghirlandajo auf offenem Felde eingescharrt, sondern in der Farikirche wie ein König bestattet wurde, machte alle Menschen zu Fürsten. Aretino, der gallige Litterat, sieht aus wie Zeus, der durch das Runzeln seiner Augenbrauen die Großen der Erde erbeben macht. Die kleine Strozzi wird ein Königskind, und Lavinia, seine Tochter, verwandelt sich in eine griechische Göttin, die das Prunkgewand der Renaissance um ihre mächtigen Glieder gehüllt, um eine Stunde unter Sterblichen zu weilen.

Seine Landschaften sind Ergebnisse des gleichen Stilgefühls. Alle Stimmungen der Natur hat er gemalt, und nie fehlt die überzeugende Wahrheit. Alles Einzelne zeigt einen Künstler, der in der Natur groß geworden, nie die Verbindung mit der Natur verlor. Trotzdem bemühten sich seine Biographen vergeblich, bestimmte Oertlichkeiten festzustellen. Denn Tizians Landschaften, wahr im einzelnen und angeregt durch Scenerien seiner Heimat, sind als Ganzes nie Kopien der Wirklichkeit. Zu tief ist der bläuliche Ton der Ferne, zu warm das Braun der Blätter, zu leuchtend das Sonnenlicht. Eine erhabene, der irdischen an Adel überlegene Welt erschafft er, da er auch als Landschafter nicht die Natur, sondern sich selber malt. Durch diese feierliche Art ist er der Begründer der »heroischen Landschaft«, der Vorläufer Poussins und Claudes geworden. Sein Ruf als solcher war so fest begründet, daß noch die Zeit des Klassicismus, die Epoche Winckelmanns ihn den »Homer der Landschaft« nannte.

Dieses Epitheton führt wieder auf einen anderen Zug. Es weist hin auf das Gefühl des Vorweltlichen, Patriarchalischen, das wir mit dem Namen Tizian verbinden. Man kann sich ihn nur vorstellen nach jenem Bildnis der Berliner Galerie, auf dem er dasteht, mächtig wie ein Patriarch der Urzeit. Achtzig Jahre ist er alt, und doch liegt unverwüstliche Kraft in diesem Kopf mit dem feurig blitzenden Auge und der hohen, mächtig gebauten Stirn. Ein schwerer Pelzmantel umhüllt den Leib. Die Kette des goldenen Vliefses schmückt – nicht aufdringlich, sondern selbstverständlich – die Brust. In diesem Bild sind alle Vorstellungen von Tizian enthalten: der vornehme Mann, der stahlfeste Sohn der Alpen und namentlich: der homerische Patriarch. Obwohl es außer dem Berliner Bild zahlreiche andere Selbstporträts giebt, zeigt ihn keines als verfallenen Greis, keines als Jüngling. Er ist immer der alte Mann, mit dem man den

Begriff Jugend so schwer verbindet wie mit Jehova, dem »Alten der Tage«. Und diesem reifen Lebensalter, als Giorgione längst unter der Erde ruhte, gehören überhaupt seine bedeutendsten Bilder an. Sie sind Jugendwerke eines alten Mannes, voll ausgereifte Schöpfungen eines Greises, der ewig jung blieb. Das ist auch zu ihrem *künstlerischen* Verständnis nicht unwichtig.

Nie hat Tizian den Frühling gemalt, nie den Winter, wenn Todesstarre die Erde deckt. Die schönen sonnigen Oktobertage, wenn dicke blaue Weintrauben aus dunkelm Laube hervorleuchten, wenn die Blätter in warmem, bräunlichem Tone schimmern und saftiges Obst von den Bäumen blinkt, – sie sind Tizians Jahreszeit. Es ist kein Zufall, daß er so gern einen Korb mit reifen Aepfeln in seinen Madonnenbildern aufstellt oder seiner Tochter eine Fruchtschale giebt. Diese Pfirsiche, Trauben, Melonen und Orangen in ihrer tiefleuchtenden goldtönigen Pracht sind für Tizian dasselbe, was für Botticelli, den Meister des »Frühlings«, die Lilie bedeutet. Selbst wenn Blumen vorkommen, sind es nie Frühlingsblumen, keine Schneeglöckchen und kein Crocus, keine Anemonen und kein Enzian. Es sind die vollentfalteten Blumen des Herbstes, vielleicht auch Stiefmütterchen oder Veilchen, die durch ihre Farbe sonorer, weniger jugendlich wirken. Wie den Herbst des Jahres, hat er den des Tages bevorzugt. Die Abendstunde, wenn tiefe Farbenharmonie die Dinge durchsättigt, wenn nach einem langen schönen Tag die Erde beruhigt daliegt, bevor der Schleier der Nacht sich über sie senkt – das ist besonders Tizians Stunde.

Dem entspricht sein Frauenideal, mit dein Unterschied, daß die Frau zehn Jahre jünger als der Mann zu sein pflegt. Denn herbstlich sind sie nicht, diese mächtigen Weiber, die nie zu welken, in ewiger machtvoller Schönheit zu strahlen scheinen. Aber ist es nicht Herbst, ist es auch nicht Frühling. Es ist der Hochsommer in seiner reichen vollentfalteten Pracht. Keine taufrische Jugend, keine schalkhafte Anmut malt er. Er malt nur die stolze Pracht der gereiften Frau.

Und er malt sie mit der ernsten, beruhigten Stimmung des gesetzten Mannesalters, das kein Träumen, kein Sehnen mehr kennt. Der Stern, der über seinem Schaffen leuchtet, heißt nicht Venus, sondern Abendstern. Schon daß nichts über die Modelle Tizians überliefert ist, deutet den Unterschied zu Giorgione an. Wohl wird von einem Venusbild, dem der Uffizien erzählt, daß es Eleonore, die Herzogin von Urbino, darstelle. Zu anderen mögen blonde Lombardinnen ihm gesessen sein, germanische Mädchen, die aus den Alpen nach der Lagunenstadt kamen. Denn der mächtige stolze Frauenschlag seiner Bilder hat nichts gemein mit den kleinen, braunen, schwarzäugigen Venetianerinnen, die in Holzpantoffelchen hurtig wie Eidechsen über den Markusplatz schlüpfen. Die Venetianer des Cinquecento mögen Tizians Weiber mit ähnlichen Augen betrachtet haben wie die Römer der Kaiserzeit die germanische Thusnelda, als sie im Triumphzug des Germanicus machtvoll und königlich daherschritt.

Die Hauptsache bleibt doch, daß Tizian nach Vasaris Bericht meist aus dem Kopfe malte, das weibliche Modell nur als Notbehelf kannte. Giorgione, der als erster nach der Insel der Cythere pilgerte, brach als Jüngling zusammen. Tizian, der Alte der Tage, kannte keine Leidenschaften, kein Begehren mehr. Ein Frauenkörper bedeutet ihm nicht das Weib, sondern eine Harmonie von Formen, Linien und Farben. Alfonso von Este, der seiner Geliebten die gepanzerte Eisenfaust auf den Busen legt – das ist das Weibempfinden des Tizian.

In dieser olympischen Lebensruhe, dieser erhabenen, homerisch patriarchalischen Gelassenheit ist er der hellenischste aller christlichen Maler. Noch Correggio vermochte nicht, Nacktes rein artistisch zu empfinden, trug das ungriechischste, was es giebt, das Element der Lüsternheit in den Schönheitskult der Hellenen hinein. Tizians Gestalten kennen nichts Schmachtendes, nichts Verführerisches. Kein wollüstiges Lächeln umspielt ihre Züge. Selbst wenn Jupiter als Satyr die Nymphe Antiope belauscht, oder Danae den Regen des Zeus empfängt, liegt über den Werken die Unbefangenheit antiker Plastik, eine majestätische Feierlichkeit, die sie fast zu Sakralbildern macht. Ruhig, Wunsch- und leidenschaftlos blicken die großen dunkeln Augen dieser Weiber, und weil sie so unnahbar, so frei von allem irdischen Sehnen sind, kennen sie auch nichts Prüdes, nichts Kleinliches. Ihre Nacktheit ist ehrfurchtgebietend wie die hoheitvolle Ruhe der Aphrodite von Melos.

Dieser hellenische Geist spricht auch aus seinen kirchlichen Bildern. »Griechheit, was war sie? Maß, Adel, Klarheit.« Diese Definition, die Schiller vom Hellenentum giebt, paßt auf keinen christlichen Meister so wie auf Tizian. Wohl klingen zuweilen in sein Schaffen christliche Töne herein. Wenn er Martyrien wie das des Laurentius malt, oder für Philipp II. Magdalena als zerknirschte Büßerin darstellt, Bibel und Totenkopf zur Seite, so sind das Vorboten jener aufgerüttelten, ekstatisch erregten Kunst, die den Schluß des 16. Jahrhunderts beherrschte. Doch selbst in solchen Werken bleibt er feierlich gemessen. Hellenisch festlicher Schwung, klassische Klarheit hat in seinen Madonnenbildern den christlichen Spiritualismus verdrängt. Breit und majestätisch ist der Faltenwurf, rund und voll die Gebärde. Und nicht Maria nur ist eine erhabene Königin. Auch in die Heiligen ist griechischer Herrengeist gekommen. Das Gefühl fürstlicher Macht, nicht das vasallenhafter Demut, das der Kraft, nicht das der Schwäche beseelt sie. Mächtig ist der Körper, gebietende weltliche Hoheit atmen die Züge. Wie Tizian selbst als gleicher unter gleichen mit den Königen Europas verkehrt, verkehren diese Heiligen in stolzer Unabhängigkeit mit ihrem Gott. In allem erscheint er wie ein Sohn jener großen Zeit, als Perikles und Phidias lebten. Nicht an den benebelnden Duft des Weihrauchs, an das Dämmerlicht christlicher Dome denkt man. Man denkt an das Rauschen blauer Meereswogen, an die ernste Erhabenheit der Tempel von Pästum.

7. Tizians Zeitgenossen

Innerhalb der venetianischen Kunst bedeutet Tizian das Centrum, wie in der mailändischen Leonardo, in der deutschen Dürer. Auch die folgenden sind selbständige Meister, von denen jeder das Reich des Schönen um eine neue Provinz bereichert. Nur reicht an allumfassender Kraft keiner an den Riesen von Pieve heran.

Bei *Palma vecchio* geht die weiche Ruhe der venetianischen Kunst fast in temperamentlose Langweile über. Palma malte ziemlich dasselbe wie Tizian: jene Breitbilder, auf denen die Madonna von Heiligen umgeben in einer abendlichen Landschaft sitzt. Und da er seine Thätigkeit sehr früh begann, fällt ihm, wie es scheint, sogar eine stilistische Neuerung zu. Er als Erster hat an die Stelle der Halbfiguren, wie sie in Cimas Tagen in solchen Bildern beliebt waren, ganze Gestalten gesetzt. Auch die Landschaften sind sehr schön, äußerlich kaum von denen Tizians verschieden. Der ganze heitere Friede, die liebliche Anmut seines Heimatortes Serinalta ist darüber ausgegossen. Man sieht üppige fruchtbare Thäler, braune Abhänge und blaue Fernen, sieht die Sonne, die ihr leuchtendes Abendrot über dunkle Bergketten breitet. In vielen Bildern – etwa dem Dresdener »Ruth und Boas – ist etwas traulich Ländliches, wie es Tizian nur in einigen Holzschnitten hat. Ueber diese freundliche Sinnigkeit, ein gewisses Mittelmaß aber kommt er selten hinaus. Giorgione war in der schwülen Ebene geboren, auch seine Kunst hat etwas Sinnliches, Schwüles. Tizian stammte aus dem großartigen Hochgebirge, auch seine Kunst ist machtvoll und erhaben. Serinalta, Palmas Geburtsort, ist nicht mehr Ebene und noch nicht Hochgebirge. So ist auch seine Kunst weder träumerisch noch erhaben. Sie ist anmutig, aber oberflächlich und glatt, die Farbe sympathisch, aber ohne Feuer. Nirgends Temperament, kein Ton spontaner Empfindung. So viele Bilder er gemalt hat, es ist eigentlich immer ein Bild. Mag Maria oder Barbara, Ottilia oder Theresa dargestellt sein – das bedeutet so wenig, als wenn Vinea heute unter seine Frauenköpfe das eine Mal Ninetta, das andere Mal Lisa oder Giulietta setzt. Derselbe Kopf, dasselbe leere Formenideal kehrt immer wieder. Und wenn die Dame zur Abwechslung nicht in Gewändern, sondern unbekleidet auftritt, ändert das ebenfalls nichts. Steht sie, heißt sie Eva; liegt sie, heißt sie Venus. In Dresden hängt eines dieser Venusbilder in der Nähe des Wunderwerkes von Giorgione. Es ist eine Kluft, groß wie die Welt. Was bei Giorgione ein Liebesrausch, ein trunkenes Lied von Umarmungen gewesen, ist bei Palma das idealisierte Conterfey einer langweiligen Schönen, die auf dem Bette liegend die runde Linienrhythmik ihrer Gestalt zeigt.

Selbst seine Bildnisse, die ihn zum gesuchten Modemaler Venedigs machten, leiden schon an idealistischen Retouchen. Gewiß, majestätisch sind diese Weiber. Sie sind imposant in der Fülle ihres gewellten üppigen Haares, mit ihrem Perlenschmuck, den schwellenden Formen und den seidenen Puffärmeln, die so starr und feierlich sind, als sei ein Drahtgestell darunter befestigt. In runder Gebärde heben sie ihr goldblondes Haar empor, oder sie sind im Begriff, sich zu pudern, oder sie thun gar nichts, legen nur die Hand ums Haupt und schauen uns an mit einem Blick, der verführerisch sein könnte, wenn er nicht gar so geistlos wäre. Die Frage ist: Kommt dieses Geistlose auf Rechnung der Venetianerinnen oder auf Rechnung Palmas? Weiber mit blaustrümpfigen Anwandlungen wie Cassandra Fedeli und Caterina Cornaro hat es sicher in Venedig wenig gegeben. Vielleicht überhaupt wenige, deren geistiger Horizont über die Puderbüchse hinausreichte. Aber auch die Toilette hat ihre Poesie. Das haben die Rokokomaler, das hat Rossetti gezeigt. Unter Palmas Händen geht Grazie und Delikatesse, Feuer und Sanftmut der Augen, Zärtlichkeit und spöttisches Lachen in dieselbe fade Majestät über. Alle Speisen der Welt verwandeln sich in kalten Kalbsbraten.

Nach Palmas Tode übernahm *Paris Bordone* seine Erbschaft. Auch er wie Palma hat das Verschiedenste gemalt. Die Mehrzahl seiner Arbeiten gehört jenem Genre an, das Gentile Bellini in Venedig aufgebracht: Darstellungen aus der venetianischen Geschichte, die sich in reichen architektonischen Scenerien abspielen. Der Unterschied ist, der Zeit entsprechend, nur der, daß die Architektur jetzt den Stil der Hochrenaissance trägt und die Menschen nicht mehr steif, sondern in breiter Würde sich bewegen. Doch hauptsächlich kennt man ihn wie Palma als den Maler der Venetianerin. Fast jede Galerie besitzt das Porträt einer rothaarigen Schönheit in schillerndem, pfirsichfarbenem Kleid. Und Bordone wirkt vornehmer als Palma. Nicht nur Sammet und Seide weiß er ebenso virtuos wie dieser schillern zu lassen. Nicht nur die Nuancen des roten Haares und den weichen Schimmer gepuderter Haut hat er ebenso verständnisvoll wiedergegeben. Auch eine gebietende Hoheit, eine Noblesse der Haltung, so große fürstliche Bewegungen haben seine Frauen, daß Palmas ganze Kunst daneben kleinlich erscheint. Zwischen ihm und Palma steht eben die Riesengestalt des Tizian. Diesem seinem Lehrer dankt Bordone seinen großen Stil.

Die *Bonifacii* und Bassani spielen in der Geschichte des Sittenbildes eine Rolle. Die einen haben die religiösen Stoffe wie Scenen aus dem venetianischen Patrizierleben, die anderen wie Scenen aus dem Bauernleben behandelt. Irgend welches religiöse Empfinden darf bei den Bonifacii nicht gesucht werden. Weltliche Pracht, weltliches Genießen strahlt aus allen ihren Werken. Festliche Bauwerke erheben sich, reichgekleidete Menschen kommen und gehen. Das Dämmerlicht, das sie besonders bevorzugen, bringt koloristische Einheitlichkeit in das bunte Durcheinander. Man weiß gar nicht, ob Bonifacio Veronese, als er sein »Gastmahl des Reichen« malte, an die Bibel gedacht hat. Was das Bild schildert, ist lediglich das Privatleben des venetianischen Patriziers. Der Nobile sitzt nach beendetem Mahl mit Frau und Töchtern im Garten. Die eine spielt die Laute, die andere träumt. Nichts Großes hat seine Kunst, sie ist nur niedlich und nett. Aber weil das 16. Jahrhundert in seinem Streben nach dem Monumentalen sonst dem Sittenbildlichen aus dem Wege ging, sind die Bilder der Bonifacii als Vorläufer der Genremalerei des nächsten Jahrhunderts wichtig.

Die *Bassani* erhielten ihre Anregung durch die bäuerischen Idyllen, die Tizian in einigen seiner Holzschnitte gegeben hatte. Sie gingen aufs Land, zeichneten Hütten, Ochsen, Wagen und übertrugen das auf biblisch-legendarische Stoffe, die sie mit reicher landschaftlicher Scenerie ausstatteten. Das Hausgerät und die Haustiere, die sie in ihren Bildern anbringen, sind ihnen mehr wert als das biblische Thema. So brachten sie in die religiöse Malerei der Italiener einen bäurisch-ländlichen Zug. Die Tiermalerei des nächsten Jahrhunderts zeigt sich im Hintergrund.

Parallel mit diesen Künstlern von Venedig gehen die Maler von Brescia. *Romanino* hat in seiner Bewegtheit und faustfertigen Bravour mit dem Venetianer *Pordenone* viel Ähnlichkeit. *Moretto*, einer der edelsten, die Italien hervorgebracht, gab dem Altarbild eine grandios feierliche Ausprägung. Cinquecentist in der machtvollen Einfachheit seiner Bilder, bewahrt er doch die weihevolle Innerlichkeit der älteren Zeit. Zugleich schlägt er als Kolorist seltsam moderne Accorde an. Während die *Venetianer* volle rauschende Töne lieben, ist bei Moretto alles auf seines Silbergrau gestimmt. Am wohlsten fühlt er sich, wenn er die weißen Kutten der Benediktiner malen kann, die dann die Grundnote für die farbige Haltung des Ganzen geben. Auch in der Natur herrschen kalte, graublaue Töne vor. Weiß ist das Wasser. Die Wolken schimmern in hellem Grau. Das Abendrot, bei den Venetianern tiefpurpurn, ist bei ihm fahlgrau oder zitrongelb. Ein schönes Altarbild in Berlin, die heilige Justina in Wien, eine Madonna in Frankfurt und eine Himmelfahrt der Maria in der Brera sind die bedeutendsten Altarwerke, die man außerhalb Brescias von ihm sieht. Sonst ist er hauptsächlich durch Porträts vertreten: venetianisch in ihrem großen Wurf, beinahe nordisch in der intimen Art, wie er die Menschen in ihrer gewohnten Umgebung, in der Luft, die sie atmen, darstellt.

Auf dieses Gebiet folgte ihm sein Schüler *Morone*, der später in Bergamo arbeitete und dessen »Schneider« zu den markantesten Beispielen cinquecentistischer Porträtkunst zählt. Nichts ist aufdringliche Pose, nichts erkünstelt. Aber repräsentierende Feierlichkeit, monumentaler Schwung ist dermaßen die Note der Zeit, daß aus einem schlichten Handwerker ein Adelsmensch wird, sogar ein Bildnis als Erzeugnis großen historischen Stils sich darstellt.

Savoldo ist der interessanteste der Gruppe. Da er wie Melzi und Boltraffio aus adligem Hause stammte und nur als Amateur die Kunst betrieb, konnte er in höherem Grade als die Berufsmaler persönlichen Neigungen nachgehen. Diese galten der Landschaft. Die herkömmlichen religiösen Darstellungen verwandeln sich ihm in Beleuchtungsstudien und landschaftliche Stimmungsbilder. Die große Altartafel, die Tizian 1522 für Brescia geliefert, und worin er die

Auferstehung Christi in die Dämmerung des Abends verlegt hatte, scheint der Ausgangspunkt für Savoldos Schaffen gewesen zu sein. Mit Vorliebe geht er dunkeln, magischen Stimmungen nach. Auf dem Bilde der Verklärung erfüllt mystisches, vom Gottessohn ausstrahlendes Licht die Luft. Die Klage um den Leichnam Christi geht in melancholischer Abendbeleuchtung vor sich. Die Anbetung der Hirten giebt Gelegenheit, den Zauber einer Mondnacht zu schildern. Selbst in seine Bildnisse führt er Lichteffekte ein, besonders den weichen Schimmer der Abendröte, die zum Fenster eindringend Zimmer und Personen überflutet. Und da dies Lichtleben die Hauptsache für ihn war, that er den weiteren Schritt, solche Beleuchtungseffekte auf ganz einfache Figuren aus dem Alltagsleben zu projicieren. Die schalkhafte Mädchenfigur des Berliner Museums ist besonders berühmt. Den braunseidenen Mantel über den Kopf gezogen, gleitet sie mit flüchtig beobachtendem Blick vorbei. Der Abend sinkt herab. Nur noch ein verspäteter Sonnenstrahl trifft ihr blasses, feines Gesichtchen. Mit Bildern der Art eilte Savoldo der Entwicklung der zünftigen Kunst um Jahrzehnte voraus.

Sebastiano del Piombo, acht Jahre jünger als Tizian, darf nur in seinen Jugendwerken als Venetianer gelten. Namentlich das Altargemälde der Kirche San Giovanni Crisostomo gehört zu den feinsten Blüten venetianischer Kunst. Die Frauengestalten, die den Thron des Heiligen umgeben, sind von einem herben Ernst, einer feierlichen Größe, die an Feuerbach mahnt. Auch einen Sinn für tiefe, leuchtende Farben hatte er, wie kaum ein zweiter in Venedig. Doch nachdem er, einer Einladung Agostino Chigis folgend, seinen Wohnsitz in Rom genommen, wurde aus dem Venetianer ein Römer. Schon seine Frauenbildnisse kündigen die Wandlung an: das mächtig heroische Weib der Uffiziengalerie mit der breiten römischen Büste und die Dorothea des Berliner Museums, die mit dem Blick der Venus victrix so hoheitvoll unnahbar uns anschaut. Später zeigt sich der Sohn des byzantinischen Venedig nur noch darin, daß er auch im heidnischen Rom Scenen aus der Leidensgeschichte – Darstellungen der Geißelung, der Kreuztragung, der Grablegung – malt. Aber der Stil der Werke ist römisch: statt des venetianischen Kolorismus düster bleigraue Farbe, statt des Ruhigen machtvoll wuchtige Bewegung. Zeugnis ist hauptsächlich das Bild des Heilandes, der mit gewaltiger Gebärde den herkulischen Lazarus aus dem Grabe ruft. Michelangelo, der römische Titan, war der Heros geworden, vor dem er bewundernd die Kniee beugte.

8. Michelangelo

Unter *Michelangelos* Führung that die Kunst des Cinquecento ihren letzten Schritt. Immer mehr hatte seit dem Beginne des Jahrhunderts dem großen Stil zuliebe alles Intime zurücktreten müssen. Hatte man vorher in den Bildern ein ganzes Stück Welt gegeben, so vollzog sich jetzt die Absonderung einer monumentalen Figurenmalerei. Michelangelo spricht in dieser Hinsicht das letzte, entscheidende Wort. Während in den Bildern der Venetianer die Landschaft als Stimmungsträger noch eine wichtige Rolle spielt, verkündet Michelangelo, daß es neben der menschlichen Form eine andere Schönheit überhaupt nicht gibt. Kein Grashalm kommt in seinen Bildern vor. Ein seltsames Gewächs, eine Art vorweltliches Farnkraut hat auf dem Schöpfungsbild der sixtinischen Kapelle die Entstehung der Vegetation anzudeuten. Ein Stück Mauer stellt symbolisch eine Stadt, ein Baum den Garten des Paradieses dar. Michelangelos einziges Problem ist der nackte menschliche Körper. Nacktes und Kunst waren ihm gleichbedeutend.

Weiter kommt für das Verständnis seiner Bilder in Betracht, daß Michelangelo eigentlich Bildhauer war. Der Ort, wo man am liebsten ihn sich denkt, ist Pietra Santa, der Steinbruch, vor dem er grübelnd sitzt, nachdenkend über all die Wesen, die im Fels sich bergen. Obwohl die Beschäftigung mit der Malerei in seine früheste Jugend zurückgeht, war er in seinem Element doch nur, wenn er Meißel und Hammer in den Händen hielt. Die Malerei hatte für ihn nur indirekt Wert. Er betrachtete sie als notgedrungene Flächendarstellung der plastischen Gedanken, die auszuführen ihm versagt blieb. Während er als Bildhauer wenig vollenden durfte, bot ihm die Malerei das Mittel, eine ganze Welt von Steinwesen heraufzubeschwören. Und furchtbar ist die Einseitigkeit, mit der er von Anfang an diese Bahnen ging. Nie hat ihn die Farbe, nie der psychische Gehalt eines Themas gefesselt. Ausschließlich als Plastiker sieht er die Welt. Nur das Formproblem, selbst wenn es nicht Ausdruck eines gegebenen Inhaltes ist, reizt ihn.

Die heilige Familie der Tribuna ist die erste donnernde Offenbarung seiner schroffen Persönlichkeit. Früher legten die Künstler Liebe und Zärtlichkeit, Mütterlichkeit und Frohsinn in solche Werke hinein. Um die Lösung eines Kompositionsproblems handelt es sich hier. Doch selbst dieses beschäftigte ihn nur, weil gerade Leonardos Karton der heiligen Anna erschien. Hauptsache sind ihm die Wesen, die mit ihren übermenschlichen Gliedmaßen innerhalb der Dreieckskomposition sich umherwälzen. Vorn hockt mit untergeschlagenen Beinen ein gewaltiges Weib, weder die demütige Maria von früher, noch die Himmelskönigin des Cinquecento, sondern eine Heroine mit ehernen Knochen, Arme und Füße nackt, und greift – die Knie nach rechts, die Arme nach links – über die Schulter hinüber, um von einem graubärtigen Athleten, der hinter ihr sitzt, ein Kind zu nehmen. Die *heilige* Familie ist eine Titanenfamilie, das alte Thema vom Mutterglück eine Zusammenballung bewegender Kräfte geworden. Von metallischer Härte ist die Farbe, die Landschaft nur angedeutet, soweit sie als Boden notwendig ist. Wo bei anderen Künstlern Bäume sich erheben, wachsen bei Michelangelo nackte Menschen empor, die weder Namen noch Zweck haben, nur *da* sind.

Der Karton der badenden Soldaten, 1504 entstanden, gab ihm zum erstenmal Gelegenheit, das zur Hauptsache zu machen, was in dem Bilde der Uffizien noch im Hintergrund stand: den nackten Menschenleib. Statt eines Schlachtenbildes mit Waffen und Rüstungen, das die Signoria als Gegenstück zu Leonardos Anghiarischlacht wünschte, giebt er den Moment, wie eine Rotte badender Soldaten zum Kampf alarmiert wird. Da will einer den steilen Uferrand erklimmen. Dort beugt sich einer, einem Kameraden heraufzuhelfen. Da schwingt sich einer, auf die Hand gestützt, zum Ufer empor. Dort liegt einer noch lässig am Boden. Da bemüht sich einer, seine Tricots über den nassen Leib zu zwängen. Dort rennt einer, um seine Sachen zu suchen.

Ueber den Inhalt der Deckenbilder der sixtinischen Kapelle ließe sich sehr ausführlich sprechen. Nachdem im Quattrocento toskanische Meister in den Wandbildern die mosaische und christliche Zeit, die Zeit *sub lege* und *sub gratia* in Parallele gebracht, fiel Michelangelo die Aufgabe zu, in den Deckenbildern die Zeit *ante legem* von der Schöpfungsgeschichte bis zu Sündflut zu erzählen. Dann fügte er die Propheten und Sibyllen, weiter die Vorfahren Christi bei, um auf das

Erscheinen des Heilandes vorzubereiten. Doch wenig ist mit solcher Angabe des biblischen Inhaltes gedient. Für Michelangelo gab es nichts Unchristliches, nichts Christliches, weder Sünde noch Verzeihung, weder Schuld noch Gnade. Es gab nur Menschenleiber und bewegende Kraft.

In den drei Noahbildern, mit denen er die Arbeit begann, klingt der florentinische Schlachtkarton aus. Er beansprucht von vornherein das Recht, das Thema in nackten Figuren zu behandeln. Der Scene von der Schande Noahs nimmt er jeden Sinn, indem er nicht nur den betrunkenen Noah, sondern alle nackt giebt. Das Dankopfer Noahs verwendet er dazu, nackte Menschen um einen Altar zu vereinen. In der Sündflut ist das Motiv der badenden Soldaten ins Ungeheure gesteigert. Wie dort der Feind, kommt hier das Wasser. Männer schleppen ihre Weiber, Weiber sitzen mit ihrem Kind dumpfbrütend auf dem Boden. Der sucht seine Habe zu retten, jener einen Baum zu erklimmen. Der klammert sich an einen Kahn, und andere werfen ihn zurück. Jene drängen unter einem Zeltdach sich zusammen. Gewänder giebt es nicht, auch keine Landschaft.

In den folgenden Bildern beschränkt er sich, der Fernwirkung wegen, auf wenige ganz große Figuren. Die Hände erhoben, den Kopf zurückgeworfen, stürmt Gott Vater durch den Weltenraum: es werde Licht. Er reckt die Arme nach den Seiten: Sonne und Mond entstehen. Er reckt sie nach unten: man fühlt, daß Leben auf die Erde kommt, obwohl Michelangelo nur die Kraft, nicht die Wirkung malt. Adam, im Schöpfungsbild, liegt wie ein Lehmkoloß da: der Körper in Vorderansicht, die Hüften gedreht, das Knie emporgezogen. Gott berührt ihn, und elektrisches Zucken geht durch den gigantischen Körper. Der Sündenfall bestand in der älteren Kunst aus einer Landschaft und zwei ruhig stehenden Menschen. Bei Michelangelo bezeichnen Baumblätter das Paradies, und statt der ruhigen Figuren giebt er verschlungene Leiber. Eva, kauernd, wendet sich nach rückwärts, um von der Schlange den Apfel zu nehmen. Adam stehend, greift über das Weib hinweg in das Blattwerk des Baumes. Auch koloristisch wird er immer mehr Plastiker. Während in den Noahbildern noch einige Farben durchklingen, ist in den späteren alles auf stumpfes Grau gedämpft.

Zwölf Einzelstatuen umgeben die Mittelbilder. Um sie kirchlich zu rechtfertigen, schrieb Michelangelo die Namen darunter, die die christliche Mythologie den Propheten und Sibyllen beilegt. Doch wie gleichgültig ist es, ob der eine Joel, der andere Jeremias, der dritte Jonas heißt! Was ist ihm die delphische, die lybische, die cumäische Sibylle! Er malt die Ekstase, die gigantische Leiber durchbebt. Da stützt einer in tiefem Sinnen seinen Kopf in die Hand, dort schaut ein Weib wie eine schöne Medusa starr und staunend ins Ewige. Dort taumelt einer zurück, von einer plötzlichen Offenbarung durchschüttelt. Und ist hier die Bewegung Ausdruck eines seelischen Vorganges, so liegt anderen Gestalten ein rein körperliches Motiv zu Grunde. Eine Sibylle will ein gewaltiges Buch von der Wand herabholen, wobei sie nicht aufsteht, sondern mit beiden Armen nach rückwärts greift. Eine andere hebt mit den Händen einen Riesenfolianten, der ihr zur Seite liegt, aufs Knie, wobei Körper und Beine nach entgegengesetzten Seiten sich drehen.

Bei der architektonischen Umrahmung fühlt er aller biblischen Fesseln sich ledig. Wo Frühere Ornamente gaben, giebt er nackte Leiber. Da sind, in Bronze- oder Holzfarbe gemalt, die Kinder, die inmitten dreieckiger Zwickel sich wälzen. Weiter die Knaben, die, als Karyatiden gedacht, die Gewölbpfeiler und die Bronzetafeln der Propheten tragen. Schließlich, als die Krone des Ganzen, die »Sklaven«. Hoch oben auf den Pfeilern, zwischen den Propheten und Sibyllen, sitzen sie, paarweise sich zugekehrt, Bronzemedaillons mit Guirlanden und Draperien umwindend. Das alte Motiv der Putten mit dem Fruchtkranz! Nur hat Michelangelo aus Kindern Riesen gemacht, das unschuldige Spielen mit dem Fruchtkranz in halsbrecherisches Balancieren verwandelt. Zehnmal war dieselbe Aufgabe zu lösen, und immer neue Bewegungsmotive strömen ihm zu. Noch dreißig Jahre später benutzt er das Thema des Jüngsten Gerichtes dazu, nackte Menschenleiber in allen denkbaren Bewegungen, Verkürzungen und Verschlingungen durch die Luft zu werfen. –

Das ist eine äußerliche Beschreibung der Bilder, doch sie deckt sich nicht mit dem Wesen von Michelangelos Kunst. Wie sein Gott weder der schreckliche Jehova des Alten Testaments noch der liebende Vater des Christentums ist, sondern das Fatum, das gleichgültig über die

Erde schreitet, kann man in Wahrheit weder von Menschen noch vom Nackten reden. Denn Menschen sind seine Wesen nicht. Sie haben nichts gemein mit den Geschöpfen, die auf unserer Erde leben. Und wenn er Nacktes bildete, übernahm er wohl die Erbschaft der Quattrocentisten Pollajuolo und Signorelli. Doch weder die animalische Schönheit des Körpers reizt ihn, noch sind die gigantischen riesenhaft gesteigerten Bewegungen Ausdruck eines gegebenen Themas. Nur den Alpdruck seiner eigenen Seele entlädt er. Was er schuf, erzählt nur von den Qualen einer einsamen gemarterten Menschenseele.

»Immer ward's ein Bild vom eignen Gram
Trug meiner eignen Stirne düstres Zeichen.«

War Tizians Leben eine große Harmonie, so ist das Michelangelos eine große Dissonanz. Schon ein Ereignis vor seiner Geburt ist symbolisch. Als seine Mutter ihn sieben Monate unter dem Herzen trug, begleitete sie ihren Mann zu Pferde auf seinen Posten in Chiusi, stürzte mit dem Tiere und wurde fortgeschleift. Es kündigt sich an, daß das Leben dieses Mannes eine Kette von Katastrophen und gewaltsamen Erschütterungen sein werde. Stolz auf das alte Blut der Grafen von Canossa, das, wie er glaubte, in seinen Adern floß, will der Vater nicht, daß sein Sohn Künstler werde. Nur durch unbeugsamen Willen besiegt er den Widerstand der Familie. Kaum ist er bei Ghirlandajo, so wird das Verhältnis zu seinem Lehrer Feindschaft. Nicht lange darauf kommt ein weiterer Zusammenstoß. Torregiani, den Michelangelo gereizt hat, zerschmettert ihm die Nase, und diese Entstellung wirkt weiter auf die Gestaltung seines Charakters. Ein Priester des Schönen soll er sein und ist ein häßlicher, mißgestalteter Mensch. Neben sich sieht er wie einen jungen Gott Leonardo daher schreiten, den Magier, der alle bezaubert. Er selbst ist klein, der Kopf fast abnorm gebildet, die Stirn mächtig, das Auge glanzlos. Die zerschmetterte Nase bringt einen Zug sklavenhafter, malayischer Häßlichkeit hinein.

So lernt er in jungen Jahren nie die Liebe kennen. »Willst du mich besiegen,« redet er als Greis noch die Liebe an, »gieb mir mein Antlitz wieder, dem die Natur alle Schönheit genommen.« So oft er in seinen Sonetten von Leidenschaft spricht, immer redet er nur von Qualen und Thränen, von Trauer über unerwiderte Sehnsucht, nie von der Erfüllung seiner Wünsche. Aber nicht nur Häßlichkeit, auch Unverträglichkeit ist ihm als düsteres Geschenk der Natur gegeben. Herb und ironisch in seinen Urteilen, stolz und aufbrausend, war er nicht gemacht, sich Freunde zu werben. Ueber Perugino urteilt er, daß dieser ihn bei Gericht verklagt. In Bologna überwirft er sich mit dem seelenguten Francia, dessen eigenem Sohn er sagt, die lebenden Gestalten seines Vaters seien besser als die gemalten. Mit Leonardo ist er seit dem ersten Begegnen verfeindet, weil schon ihr äußerer Gegensatz das Gefühl der Erbitterung in ihm nährte. Nie ist er dabei, wo Florentiner Künstler zusammen sind. Empfindlich und argwöhnisch, gereizt und mißmutig, glaubt er sich stets von Intriguen umgeben. Zugleich tritt schon damals – in seiner Flucht aus Florenz – jene Abhängigkeit von dumpfen Ahnungen hervor, die später so oft seine Handlungen bestimmte. Nur durch Arbeit kann er seine Schwermut und Verbitterung betäuben. Stoßweise schafft er, lange Zeit brach liegend, dann mit Gewitterdonner sich entladend. Namentlich am David, heißt es, hätte er so fieberhaft gearbeitet, daß er in den Kleidern schlief, wie er abends von der Arbeit hinfiel. Als er nach Rom kam, mußte sofort eine neue Erschütterung folgen. Denn es platzten hier zwei Welten aneinander. Michelangelo selbst eine Tyrannennatur im höchsten Sinn. Auf dem päpstlichen Thron ein ähnlicher Geist, der jähzornige Condottiere Julius, dem man nachsagte, er prügle bei Tafel seine Kardinäle durch. Wie zwei feindliche Mächte standen die beiden sich gegenüber. Michelangelo spricht mit dem Papst, den Hut auf dem Kopf, behandelt ihn, nach Soderinis Worten, »wie der König von Frankreich nicht gewagt hätte«. Doch der Papst bändigt ihn, führt ihn, als er geflohen, »mit dem Riemen um den Hals« zurück. Und nicht nur mit Julius platzt er zusammen. Nichts, was er thut, verläuft ohne Kampf. In Carrara hat er Streit mit den Arbeitern, die die Blöcke für das Juliusdenkmal schlagen, und mit den Rhedern, denen der Transport übertragen ist, so daß sie schließlich ihn in seinem Hause belagern. Die Deckenbilder der Sixtina zu übernehmen, läßt er nur mit Gewalt sich zwingen. Bramante, der das Gerüst erbaut, wird beschuldigt, ihm nach dem Leben zu trachten. Den Gehilfen, die er aus Florenz hat kommen lassen, geht er plötzlich aus dem Weg. Als sie zur Arbeit kommen, ist die Kapelle verschlossen. Nur weil es ihm unerträglich ist, mit anderen zusammen zu sein, vollendet er ohne fremde Hilfe das Riesenwerk. »Mit Sorgen und körperlicher Arbeit überlastet,« schreibt er nach Hause, »habe ich keinen Freund in Rom, will und brauche auch keinen, finde kaum Zeit, mein Essen zu mir zu nehmen. Deshalb dürft ihr mir nicht noch mehr aufbürden. Kein Lot schwerer vermag ich zu tragen, als mir jetzt schon auf dem Rücken liegt.« Und als die Arbeit gethan, wird in keinem seiner Briefe von Befriedigung gesprochen. Er klagt nur, preist Bugiardini, weil er immer mit seinen Werken zufrieden sei, während er selbst keines nach seinem Willen vollenden durfte.

Gleichwohl blickte er auf die Jahre, die er unter Julius verlebte, später wie auf ein Heldenzeitalter zurück. Als auf den wilden, cholerischen Julius der weiche, sybaritische Leo folgte, wurde der Zwiespalt immer größer zwischen Michelangelo und der Welt, in die das Schicksal ihn stellte. Ein genußfroh epikureischer Geist war in Rom zu Hause. Man liest von lustigen Kardinälen und schönen Frauen, von Chigis Villa und üppigen Banketten, bei denen man die goldenen Schüsseln, von denen der Papst gespeist, in den Tiber geschleudert habe. Inmitten dieser Welt geschmeidiger Kavaliere, neben Rafael, der durch seine Liebenswürdigkeit alle gewinnt, steht der stachlige, verschlossene Michelangelo, unerträglich in seinem Wesen, fest und unbeugsam in seinen Anschauungen, über Rafael mit unbarmherziger Schärfe urteilend. Er sei terribile, jage den Menschen Schrecken ein, sagte Leo zu Sebastiano.

So wird er durch die Uebertragung des Façadenbaues von San Lorenzo vom Hofe entfernt. Nicht Rom, sondern Florenz ist für die nächsten Jahre sein Aufenthalt. Hier erlebt er den Untergang der florentinischen Freiheit, leitet bei der Belagerung die Befestigungswerke, um im entscheidenden Moment zu fliehen – wieder ein Symptom für den Widerstreit des Willens, der diesen gequälten Geist bald hier hin, bald dort hin trieb. Auch von den Werken, die er in Angriff nahm, kam fast nichts zu stande. Gigantisch waren seine Pläne. Schon in seiner Jugend wollte er einen Felsen bei Carrara in einen Koloß verwandeln. Das Juliusgrab sollte ein Wald von Statuen werden. Und so Riesengroßes er plante, so klein und ärmlich erschien ihm, was er vollenden durfte. Immer herrschen Dissonanzen zwischen seinem allmächtigen Schaffensdrang und der Möglichkeit, ihn zu bethätigen. Der Mann, der übermenschliche Kräfte in sich fühlt, geht mit Bleigewichten an den Füßen durchs Leben.

Die Rückkehr nach Rom gestaltete sein Leben nicht anders. Rafael war tot, Leonardo war tot, ein neues, kleines Geschlecht war aufgewachsen. Aufträge werden ihm erteilt, über die er in seinen Briefen sich in grimmer Persiflage ergeht. So zieht er immer mehr sich zurück, eine »unangreifbare Festung«, wie die Zeitgenossen ihn nennen. Nicht mit den Lebenden, nur mit Toten verkehrt er, mit Dante namentlich, den er als großen, unverstandenen Geist verehrt. Um sich duldet er nur Menschen, die seinen eigenen Gedanken nicht lästig werden. Tölpel hatte er im Hause und mit Kindern sprach er gern. Seine Scheu, andere zu sehen war so groß, daß, als er bei der Arbeit am Jüngsten Gericht vom Gerüst herabgestürzt war, der Arzt durchs Fenster eindringen mußte, um zu ihm zu gelangen. Auch seine Familie lastete auf ihm. Ohne eigenes Heim, hatte er doch für den Vater, die Brüder, die Neffen zu sorgen, echte Typen heruntergekommenen Adels, die alle ihre Bedrängnis ihm zutrugen. Und die Art, wie Michelangelo hilft, ist gleichfalls eine seltsame Mischung von rührender Liebe und aufbrausendem Zorn. Der Mann, der Hochgestellten mit so schroffer Härte begegnet und die Nacht am Krankenlager seines Dieners wacht, bricht über die Anforderungen der Seinen in vulkanischen Zorn aus und führt, um für sie zu sparen, das erbärmlichste Leben. Dazu kommt eine weitere Anomalie. So sehr man versucht hat, Michelangelos Sonette in Verbindung mit dem Platonismus zu bringen, Tommaso Cavalieri, Luigi del Riccio, Cecchino Bracci waren keine platonischen Ideen. Wenn er schwärmerische Gedichte an Cavalieri richtet und einen Raub des Ganymed für ihn zeichnet, so äußert sich darin, wie der einsame Mann für fehlende Frauenliebe Trost sucht. Doch auch hierbei kommt er nicht über marternde Gedanken, über Vorwürfe hinaus, die er sich selber macht. Denn zu den peinigenden Dingen, die auf ihm lasteten, kamen noch religiöse Skrupel. Jugenderinnerungen wurden in ihm lebendig aus jenen Tagen, da er zu Füßen Savonarolas saß.

Hatte er früher durch die Arbeit sich betäubt, so sehnte er sich nun nach Seelenfrieden, nach der göttlichen Liebe, die »ausgespannt am Kreuz die Hand uns reichet«.

> »Ins Göttliche sollt' ich den Geist versenken,
> Und all die Jahre, die dahingerauscht,
> Hab' ich den Märchen dieser Welt gelauscht
> Und folgte gern, wenn sie zur Sünde lenkten.«

Ingrimmig empfindet er zuletzt noch die Dissonanz zwischen der Geisteskraft, die in ihm lebt, und den körperlichen Gebrechen, die ihn quälen. Zur selben Zeit, als er die Kuppel der Peterskirche schuf, zeichnete er in bitterem Hohn sich als uralten Mann, der in einem Kinderrollstühlchen daher geht. Alt und einsam steht er »in einer verräterischen Welt der Trübsal«.

Nur dieses Leben Michelangelos erklärt seine Kunst. Tizian stand im Einklang mit sich und der Welt. Harmonisch lebte er sich aus. Dieses innere Glück, diese große Ruhe strömte aus seinem Wesen in seine Werke über. Michelangelo ist aus Tantalus' Geschlecht. In seinem Leben giebt es nichts Liebenswürdiges, Heiteres. So hat auch seine Kunst nichts Befreiendes, nichts hellenisch Freudiges. Ein ungeheurer Druck, etwas Beängstigendes geht von ihr aus. Nicht zufällig hat er über der »Nacht« als Personifikation ihrer Träume eine Maske angebracht mit leeren Augen und verzerrten Zügen, nicht zufällig ist sein erstes Werk eine Nachzeichnung des Schongauerschen Antonius, den die Dämonen plagen. Auch in ihm kämpften Dämonen, auch *seine* Träume waren nicht schöne Visionen, sondern düster schreckhaft.

Ein einziges Mal, als er die Leda schuf, hat er den Liebesrausch gemalt. Gerade dieses Werk, das sich inhaltlich mit dem Ideenkreis Leonardos berührt, zeigt den Gegensatz. Nicht von Wonne, wie bei Sodoma ist die Gestalt durchrieselt. Sie ist die Gottheit des Unheils, deren Schwanenbrut Verderben über Troja und Griechenland bringt. Wie er in seinen Sonetten die Ekstase der Liebe einen »Schmerzensschrei« nennt, hat sich in dem Bilde eine erotische Scene in eine Schicksalstragödie verwandelt. Furcht, nicht Liebe flößen seine Frauen ein. Stählern sind die Arme, wie Marmorsäulen geformt die mächtigen Schenkel. Und wenn das Thema es nicht bedingt, vermeidet er den weiblichen Körper gänzlich. Wie in seinem Leben die Frau keine Rolle spielt, ist unter den 20 »Sklaven« der Sixtina kein einziges Weib. Nur die Schönheit des männlichen Körpers hat er geliebt, sie »dermaßen geliebt, daß dies niedrig gesinnten Menschen Ursache gab, Uebles von ihm zu denken.« Dem Ewigweiblichen, das Tizian und die Meister der Leonardogruppe feierten, tritt mit Michelangelo das ewig Männliche gegenüber.

Nicht der lebende Mensch. Denn wie er als der große Einsame dahinlebt, nicht mit Lebenden, nur mit den Genien der Vergangenheit in Verkehr, verwendet er als Künstler selten Lebende zum Modell, gewöhnlich Leichen, die sich machtlos all den Gliederverschränkungen fügen, denen der lebende Körper die Widerstandskraft des Willens entgegensetzt. Und wie er als Mensch der große Verächter ist, dem die Welt nichts bietet, giebt er als Künstler das Irdische nie im Sinne des Naturporträts wieder. Ein übermenschliches Menschentum, ein Geschlecht von Riesen ersinnt er.

Oft betont er dem Papst und seinen Eltern gegenüber, welche Qual es für ihn ist, aus seiner Ideenwelt gerissen zu werden. So sind seine Wesen meist ganz in sich selbst versunken. Sie schlafen, brüten gedankenvoll vor sich hin. Und wenn etwas in ihrer Ruhe, in ihrer Weltabgeschiedenheit sie stört, fahren sie wie geistesabwesend auf, wenden erschreckt den Kopf, bewegen abwehrend den Arm. Die Handbewegung Adams bei der Vertreibung aus dem Paradies und das Sonett auf die Nacht »Erwecke mich nicht, sprich leise« sind für die Anschauung des Einsamen bezeichnend.

Oder wie er selbst sich als Riese inmitten verächtlicher Pygmäen fühlt, sind seine Wesen Kinder des Zornes, die aufspringen möchten und eine Welt zertrümmern. Der Moses namentlich mit den drohend zusammengeballten Brauen und der unbändigen Kraft seiner Muskeln ist der Ausdruck all der gewaltigen Leidenschaften und all des glühenden Zornes, der in Michelangelos Seele wühlte. Aber nicht nur Titane, er ist wie Gottvater, der eine Welt erschaffen möchte, – er ist ein gefesselter Riese: Prometheus, dem eiserne Klammern Hand und Fuß umschließen.

Wie sehr er das empfand, zeigen die Louvresklaven. Ja, er schafft überhaupt nur Körper, die, titanenhaft mächtig, doch in einem Gefängnis eingeschlossen, wie durch eine höhere Macht in ihren Bewegungen gehemmt sind. Nie bewegen sich seine Menschen frei und bequem wie bei Tizian. Immer erscheint der Raum zu eng für die volle Entfaltung ihrer Glieder. Da bildet die Umrahmung ein Dreieck, in dem sie nur kauern, nicht stehen können. Dort ist ein Giebel darübergesetzt, den sie, wenn sie sich erheben, zertrümmern würden. Und innerhalb dieses Raumes, der so schwer und lastend auf ihnen drückt, stemmen und strecken sie sich in gewaltiger Anstrengung, verrenken sich die Glieder, drehen und winden die einzelnen Teile ihres Körpers hierhin und dorthin, suchen mit gigantischem Ruck sich aufzurichten und kommen doch nicht in die Höhe. Bei Tizian volle, freudige Lebenskraft, hier etwas Eingezwängtes, Gemartertes, Druck und machtloser Gegendruck, die Zuckungen des gefesselten Prometheus.

Selbst jener Widerstreit des Willens, der für Michelangelos Wesen so bezeichnend ist, kehrt bei den Menschen, die er schuf, wieder. Wie er Florenz befestigt und im letzten Augenblick flieht, wie er als Dichter oft die Wendung braucht: »Was soll ich thun? Es stockt unschlüssig doch mein Wille« scheinen in seinen Menschen stets widerstreitende Kräfte zu ringen, als ob der Geist nicht von einem Mittelpunkt aus den Körper dirigiere. Während sonst die Bewegungen unwillkürlich dem Willen folgen, der Körper eins ist mit sich und seiner Seele, scheint hier die Willenskraft den Körper nicht zu beherrschen. Die einzelnen Glieder gehen getrennte Wege. Da ballen sich die Muskeln der Arme zu gewaltiger Aktion zusammen, und der Körper haftet noch in tiefster Lethargie am Boden. Dort streckt und dehnt sich ein Nacken, und die Glieder wissen nicht warum. Das eine wird mechanisch hierhin, das andere dorthin geworfen. Oder ein plötzlicher Entschluß durchzuckt einen Körper, und die Bewegungsorgane verharren in dumpfer Apathie.

Das Jüngste Gericht von 1541 enthält sein Vermächtnis. Alles, was sich in seiner stolzen Seele an Zorn, an wutschnaubender Verbitterung angehäuft, hier sprach er es aus. Ruhig und feierlich sind auf älteren Bildern die Heiligen um den Heiland geschart. Klagend, doch ergeben, fügen die Verdammten sich in ihr Schicksal. In weihevollem Reigen schweben die Auserwählten empor. Michelangelo kennt nur Zorn und Rache als Eigenschaft des göttlichen Wesens. Nackt wie ein römischer Imperator steht Christus da. Märtyrer drängen sich heran, Engel sausen herbei. Ein Blitzstrahl, von Christi Hand ausgehend, scheint das Universum zu durchzucken. Doch er trifft die Verdammten nicht. Hutten sagte von Julius II„ er habe den Himmel mit Gewalt gestürmt, als Petrus oben ihm den Eintritt wehrte. So kann Michelangelo Demut, Furcht, Angst, knechtische Unterwerfung, sanftes Dulden sich nicht denken. So schrecklich sein Gott ist mit seiner gewaltigen Gebärde, die Athleten trotzen ihm Sie weichen nicht zurück. In immer dichteren Scharen kommen sie. Immer gewaltiger werden ihre Leiber, zu unerhörten Kraftmassen ballen ihre Körper sich zusammen. Keine Sünder sind sie, die den Lohn für ihr Thun empfangen, sondern die rebellischen Giganten, die den Himmel stürmen. Das christliche Strafgericht ist zur Götterdämmerung geworden.

In der Cappella Paolina sprach er das letzte Wort. Schrill und grausam sind die Linien. Da gähnende Leere, dort wilde Bewegung. Petrus, mit dem Kopf zu unterst ans Kreuz genagelt, sucht mit gigantischer Halsbewegung sich umzudrehen. Michelangelo, der gefesselte Prometheus, bäumt sich zum letztenmal auf.

Für die italienische Renaissance wurde er das »Fatum«, das er selbst in der sixtinischen Kapelle malte. Er nahm der Kunst die Freude am Einfachen, Gewöhnlichen, nahm ihr die Freude an der Farbe. Nachdem man diese Welt von Dämonen gesehen, erschien alles Irdische so klein. Auch andere wollten Riesen schaffen, in denen die Kräfte des Alls sich recken und dehnen. *Seine* Sprache sollte allgemeine Umgangssprache werden. Und je größer die Zahl derer war, die ihm folgten, desto einsamer ward es um den Meister.

9. Der Sieg des Formalen

Von den beiden, die in Florenz die klassische Kunst vertreten, steht *Andrea del Sarto* modernem Empfinden am nächsten. So sehr ihm als Cinquecentisten der edle Aufbau der Bilder am Herzen liegt, wahrt er sich doch innerhalb dieses Schemas noch Freiheit und nervöse Beweglichkeit. Weich und müde ist die Haltung seiner Figuren, vornehm lässig ihre Bewegung. In dem leise geneigten Kopf seiner Engel liegt noch die zarte Schwärmerei, die Leonardo solchen Wesen gab. Auch seine Frauenköpfe stehen dem Schönheitsideal der Leonardogruppe näher als dem majestätisch hoheitvollen des späteren Cinquecento. Dunkle heiße Augen mit blauen Ringen, die von durchwachten Nächten zeugen, blicken in verzehrendem Glanze uns an. Bleich sind die Wangen. Eine losgelöste dunkle Haarflechte, die widerspenstig sich am Backen herunterringelt, verstärkt noch die Schlafzimmerstimmung der Bilder. Lucrezia del Fede, die schöne Witwe, die er 1517 geheiratet, wird von Vasari als Modell, auch als böser Dämon im Leben Andreas geschildert, und es liegt eine verbrecherische Pikanterie in diesen Köpfen. Auch als Kolorist hat er die Erbschaft Leonardos angetreten und dem zarten Sfumato des großen Mailänders eine sehr aparte Nuance gegeben. Während bei Leonardo eine warme Stimmung vorherrscht, ist bei Andrea alles abgedämpft, auf kühles Grau, auf zarten Silberton gestimmt. In seiner Liniensprache wie in seiner Farbe hat er dieselbe weiche, müde, aristokratische Schönheit. Schwarz und weiß, gelb, rot und perlgrau sind ihm die liebsten Töne, und durch diese seine Skala trennt er sich von allen Malern der Zeit. Bei diesen hört man, soweit sie nicht zu Gunsten des plastischen Eindrucks die Farbe überhaupt zurückdrängen, die voll daherflutenden Accorde der Orgel, bei del Sarto den milden Klang der Geige. Bezeichnend ist sogar, daß er als Freskomaler gern grau in grau gemalt hat. Dieser zarte Grisaillestil entsprach am besten Andreas vornehmem, farben-neurasthenischem Temperament. Er ist ein Maler für Feinschmecker, höchst wählerisch in seinem Geschmack, bald interessant angekränkelt, bald festlich rauschend, trotz aller Feierlichkeit, die der cinquecentistische Stil verlangt, noch von ganz weltlicher Eleganz, in die aparte Familie der Filippino Lippi, Melzi und Boltrassio gehörig.

Und sind wir uns klar darüber, was zu del Sarto uns zieht, so wissen wir auch, weshalb *Fra Bartolommeo* so fremd uns anmutet. Bei del Sarto finden wir Menschen, die majestätisch sind und doch noch Seele haben. Bei Fra Bartolommeo zeigt sich, wie schwer die Apotheose des Körpers, die das eigentliche Ziel der Kunst des 16. Jahrhunderts bildet, sich mit seelischer Feinheit verträgt. Es kommt bei ihm das Stadium, wo kein Empfinden mehr die mächtigen Formen beseelt, wo die Majestät in Hohlheit übergeht. Der Körper, im Quattrocento das zarte Gefäß der Seele, ist ein imposanter Topf ohne Inhalt. Eine riesige Wandlung, die sich im Laufe eines Jahrzehnts vollzog! Fra Bartolommeo gehörte mit Botticelli und Perugino noch zu denen, die 1498 sich um Savonarola scharten. Er war Ordensbruder Fra Giovannis und Savonarolas, lebte in demselben Kloster, wo der eine gemalt und der andere gepredigt. Er ist der Leiter der mit dem Markuskloster verbundenen Kunstwerkstatt, hat im Verein mit seinem Freund *Albertinelli* alle Kirchen Toskanas mit Altarbildern versorgt. Und der Mysticismus des Fiesole ist ebenso vergessen, wie die zarte Innerlichkeit Peruginos. Für diese älteren Meister existierte die schöne Form noch nicht. Die Form ist nur schön, sofern sie durchgeistigt, von Empfindung beseelt ist. Jetzt wird im Kloster von San Marco die Gliederpuppe erfunden. Man denkt, wenn Bartolommeos Name genannt wird, an körperlich gewaltige, geistig unbedeutende Apostel und Propheten, denkt an die Worte, die Goethe über solche Werke schrieb: »Es sind die biblischen Stücke alle durch kalte Veredlung und gesteifte Kirchengeschicklichkeit aus ihrer Einfalt und Wahrheit herausgezogen und dem teilnehmenden Herzen entrissen worden. Durch stattlich gefaltete Schleppmäntel sucht man über den markleeren Adel der überirdischen Wesen hinwegzutäuschen.«

Hüten wir uns trotzdem, Fra Bartolommeo unter falschem Gesichtswinkel zu betrachten. Wenn er nicht malt wie Perugino und Botticelli, so ist der Grund nur, daß seine Ideale andere sind. Das 15. Jahrhundert steht uns in seiner seelischen Feinheit zur Zeit näher als das 16. Gleichwohl bleibt der Frate einer der repräsentierenden Männer jenes großen Zeitalters, dem der Kult der Formen, die Noblesse der Bewegung, die Majestät des Körpers alles bedeutete. Gleich sein erstes Bild, die Vision des Sankt Bernhard, hat nichts von der stillen Feinheit Peruginos. Dafür kündigt in den wallenden Mänteln schon jener Zug zum Feierlichen sich an, worin die Größe des Meisters liegt. Nur das Bedeutende, die machtvolle Gebärde, die wallende Linie, die majestätische Gewandung will er geben. Darum muß alles zurücktreten, was die Wirkung zerstreuen kann. Keine individuellen Köpfe passen zu diesen Gewändern. Es muß eine »regelmäßige« Schönheit sein. Keine Landschaft kann solchen Gestalten als Hintergrund dienen. Nur in einer ernsten feierlichen Architektur können sie stehen. Dieses Ensemble schafft er mit fester Hand. Mächtige Pilaster, weiträumige Nischen rahmen die Scenen ein. Die Stufen des Thrones verwendet er geschickt, um Abwechslung in die Komposition zu bringen. Oder er setzt die Hauptfigur auf einen Sockel, um bewegte Wellenlinien zu gewinnen. Ein von Engeln gehaltener Baldachin bildet oben oft den kreisförmigen Abschluß. Alle seine Bilder sind volltönend, wie Stanzen des Ariost, von ebenso rhythmischem Fluß wie festem tektonischem Bau. Nachdem er in Rom die Propheten des Michelangelo gesehen und mit seinem Markus einen Schritt ins Hünenhafte gethan, wurde die religiöse Bewegung, die als Reflex der deutschen Reformation um 1520 über den Boden Italiens ging, sogar der Anlaß, daß sein letztes Werk, die Grablegung der Pittigalerie, psychische Qualitäten bekam, die über das Niveau des Cinquecento hinausgehen. Fra Bartolommeos Schicksal war, daß seine Werke, weil die wissenschaftliche Regel in ihnen vorherrscht, später eine willkommene Fundgrube für diejenigen wurden, die nach den Rezepten der Klassiker klassische Kunst zu schaffen versuchten. Die Gestalten sind uns verleidet, weil sie die konventionellen Typen der »großen historischen Darstellung« geworden sind. Sein Verdienst bleibt trotzdem, dem pomphaft großartigen, prunkvoll repräsentierenden Geist des Cinquecento machtvollen Ausdruck gegeben und als erster gewisse Kompositionsgesetze fixiert zu haben, so wie Uccello ein Jahrhundert vorher gewisse perspektivische Gesetze feststellte.

III. Die Vereinigung der Stile.

10. Rafael

Auf die Mehrer des Reiches folgen die Erben. Um die Mitte des 15. Jahrhunderts hatte Gozzoli die Forschungsresultate Castagnos und Uccellos zu großen populären Werken verarbeitet. Die Ergebnisse des nächsten Menschenalters faßte Ghirlandajo zusammen. Der große Profiteur des Cinquecento heißt *Rafael*.

Wohl fühlt man, wenn man das Selbstporträt Rafaels betrachtet, das Persönliche seines Stils. Dieser Jüngling mit den intelligenten sympathischen Zügen, mit dem nackten Hals und den langen Künstlerlocken, mit dem reinen sanften mädchenhaften Auge, das an Peruginos Madonnen gemahnt. – er entspricht dem Bild, das Vasari von Rafaels Persönlichkeit zeichnet. »Jede üble Laune verschwand, wenn seine Genossen ihn sahen, jeder niedrige Gedanke war aus ihrer Seele verscheucht, und dies kam daher, daß sie durch seine Freundlichkeit, durch seine schöne Natur sich überwunden fühlten.« Wie er nie Trauriges erlebte, ist seine Kunst von sonniger Heiterkeit. Wie sein Leben ohne Stürme, ohne erschütternde Katastrophen verlief, hat er nie ein erschütterndes, seelisch ergreifendes Bild gemalt. Selbst wenn es um Schreckliches, um gewaltsame Aktion, um blitzartige Dramatik sich handelt, bleibt er mild und sanft, gefällig und freundlich. Wie sein Porträt mehr typisch als individuell wirkt, ist in seinen Bildern alles Individuelle getilgt und zum Typischen verallgemeinert. Wie er niemals, weder mit seinen Auftraggebern noch mit seinen Gehilfen, Konflikte hatte, sondern liebenswürdig schmiegsam Befehle ausführte und erteilte, giebt es in seiner Kunst keine Dissonanzen. Alles, was in der Natur hart und kantig ist, wird gemildert, weich abgerundet. Nicht nur die Einzelform. Auch die Komposition bewegt sich in geschmeidigen Wellenlinien. Wie sein eigenes Leben Harmonie war, fügt in seinen Bildern die bunte Vielheit des Lebens sich zu sanften Harmonien zusammen, in denen keine Bewegung, keine Gewandfalte den wohlgefälligen Einklang stört.

Aber auch die andere Seite seines Wesens kommt in dem Selbstporträt zum Ausdruck. Ein Grübler, der sich mit Problemen quälte, war dieser schöne Kavalier nicht. Er kannte nicht die bangen Stunden des Zweifels, die der Genius hat. Statt auszugeben, saugt er ein. Statt männlicher Zeugungskraft überwiegt bei ihm das weibliche Element, Empfänglichkeit für das von anderen Geleistete. Nur so erklärt sich die ungeheure Zahl von Werken, die er während seines kurzen Lebens schuf. Die receptivste Künstlernatur, die es je gegeben, faßt er alle Fäden in seiner Hand zusammen, formt die Werte, die die einzelnen Genien geschaffen, zu einer neuen Stileinheit um. Bald ist Perugino oder Leonardo, bald Fra Bartolommeo oder Sebastiano, bald Michelangelo oder ein griechischer Bildhauer seine Quelle. Nur *hinter* der Leinwand, fast wesenlos, steht der schöne Jüngling des Selbstporträts, die Ecken seiner Vorbilder abschleifend, ihre Eigenart besänftigend, ihre Schroffheiten mildernd.

Schon sein Vater *Giovanni Santi* hatte diese eklektische Vielseitigkeit, folgte mit viel Anpassungsvermögen bald der paduanischen, bald der umbrischen Schule und vereinte mit dem Malerberuf den des Schriftstellers. Beim Sohne wurde der Eklekticismus zur Genialität. Während Leonardo und Michelangelo gleich in ihren Erstlingswerken, dem Engel und der heiligen Familie, mit neuer Kraft einsetzen, verwendet Rafael seine Kraft darauf, noch einmal die Entwicklung der italienischen Kunst von Perugino bis Michelangelo zu durchlaufen. Wie die ersten Zeichnungen, die sich vom Knaben erhalten haben, Kopien nach den Philosophenbildnissen sind, die Justus von Gent in der herzoglichen Bibliothek von Urbino malte, bewegt er in seinen frühesten Bildchen sich ganz in den Bahnen seines umbrischen Lehrers. Die Madonna der Sammlung Solly, die Jungfrau zwischen Franziskus und Hieronymus, die Madonna Connestabile unterscheiden sich nicht von den Erzeugnissen der umbrischen Schule, enthalten die nämlichen weichen sentimentalen Gesichter mit den melancholischen Taubenaugen, wie Perugino sie liebte. Ebenso wiederholt er in seinen ersten Altarwerken mit rührender Einfalt die Vorbilder seines Meisters. Perugino hatte gerade damals, als Rafael bei ihm arbeitete, eine Kreuzigung, eine Himmelfahrt, eine Krönung und Vermählung der Maria gemalt. Dieselben Gegenstände behandelt Rafael. Nur wirkt er schon damals, namentlich im Sposalizio, eleganter, geschmeidiger.

Auch die Einseitigkeit der Umbrer ist ihm fremd. Während Perugino nur still und beschaulich war, malt Rafael Bewegtes: jenen heiligen Georg, der auf weißem Rosse durch die Landschaft sprengt und das Schwert gegen den schnaubenden Drachen schwingt. Ebenso erweitert er nach anderer Seite das Stoffgebiet. Perugino als Nachfolger Savonarolas hatte nur in religiösen Themen sich bewegt. Rafael, wie er im Pferd des Georgsbildes eines der Rosse der Dioskurengruppe kopiert, betritt als erster Umbrer wieder das Gebiet der Antike. Siena, wohin er als Gehilfe Pinturicchios gekommen war, besaß eines der schönsten antiken Bildwerke, die das 16. Jahrhundert kannte: die Gruppe der drei Grazien. Rafael kopierte sie in dem Bild, das heute im Museum von Chantilly hängt. Noch bestrickender in ihrer schüchternen Zartheit wirkt die umbrische Antike in dem Louvrebildchen »Apollo und Marsyas«. Und in dem dritten noch vorher entstandenen Werkchen »Herkules am Scheideweg« malte er den Scheideweg, den es für ihn selbst nicht gab. Hatten zu Peruginos Tagen Antike und Christentum im Streit gelegen, so nimmt Rafael beide Frauen unter den Arm und geht mit ihnen in heiterer Bigamie durchs Leben.

Nachdem er sich mit seiner umbrischen Heimat auseinandergesetzt, tritt er das florentinische Kunsterbe an. Er sitzt in der Brancaccikapelle, und Masaccios Werke enthüllen ihm das Geheimnis des großen Stils. Er weilt im Chor von Santa Maria Novella und benützt Ghirlandaros Krönung der Maria als Vorbild für sein Fresko in San Severo. Er studiert Donatello und entnimmt dessen Relief an Orsanmichele das Motiv für sein Georgsbild der Ermitage. Doch noch mehr als von den Alten lernt er von den Lebenden. Leonardo weilte 1503-1506 in Florenz, und Fra Bartolommeo hatte es sich zur Lebensaufgabe gemacht, die Lehrsätze, die der große Mailänder für linearen Gruppenbau aufgestellt hatte, zu beweisen. Rafael, noch ganz Umbrer in der zarten Madonna del Granduca, schafft nun eine Reihe von Marienbildern, die sich ebenso eng an die Felsgrottenmadonna anlehnen, wie vorher die Madonna Connestabile an Perugino. Die Madonna im Grünen, die mit dem Stieglitz und die *Belle jardinière* sind die bekanntesten Beispiele. Wie bei Leonardo sind in allen drei Bildern die Figuren durch ein gleichschenkliges Dreieck begrenzt. Von Leonardo stammt das pausbackige Christkind mit dem praxitelischen Contraposto. Nur tritt bei Rafael, namentlich in der Madonna Canigiani, das Berechnete des Aufbaus mehr hervor, weil die Linienkomposition durch keine Lichtkomposition durchsetzt ist. Außerdem zeigt sich seine Eigenart im Madonnentypus. Seine Maria ist nicht überirdisch schön, hat nichts von der Delikatesse Leonardos, sie ist nur freundlich und sanft, die echte Schwester des Rafael, den man aus seinem Selbstbildnis kennt. Als Doppelgänger Fra Bartolommeos erscheint er in der Madonna del Baldachino. Maddalena Doni bekommt die Haltung, nur nicht den rätselhaften Zauber der Mona Lisa. Schließlich gelingt es ihm, in einem einzigen Werk Perugino, Mantegna, Michelangelo und Fra Bartolommeo zu kombinieren. Denn als er seine Grablegung in Angriff nahm, ging er zunächst auf Peruginos Pietà zurück. Dann gab Mantegnas Kupferstich ihm neue Gesichtspunkte. Den Christusleichnam nimmt er aus Michelangelos Pietà, die sitzende Frau rechts aus Michelangelos heiliger Familie. Und Fra Bartolommeos Geist zeigt sich in der Art, wie er den Stimmungsgehalt des Themas ganz den kompositionellen Gesichtspunkten unterordnet.

Der Berufung nach Rom entspricht sofort eine neue Wandlung. War er in Perugia zartfühlender Umbrer, in Florenz gelehriger Schüler Leonardos gewesen, so erhebt er sich jetzt zum großen Stil. Etwas von der feierlichen Erhabenheit und ernsten Majestät der ewigen Stadt strömt in seine Werke über.

Allein die Disputa, das erste der Bilder, die er in den vatikanischen Gemächern malte, läßt noch den Zusammenhang mit dem florentinischen Rafael fühlen. Wie er zahlreiche Gestalten aus Leonardos »Anbetung« herübernimmt, befolgt er kompositionell die Grundsätze, die dieser für die Anordnung von Historienbildern aufstellt. Ebenso ist in dem Bild des Dekretalenerlasses noch der Zusammenhang mit dem Quattrocento, mit Melozzos »Ernennung Platinas« ersichtlich. Aus der Schule von Athen – obwohl auch hier manches Motiv an Leonardos Anbetung, Melozzos Platina und Donatellos Paduaner Reliefe anklingt – scheint plötzlich ein anderer Meister zu sprechen. Man braucht nicht anzunehmen, daß Bramante ihm die Zeichnung lieferte, –

er malt die Ideen des Bramante ebenso, wie Masaccio die des Brunellesco, Piero della Franccsca die des Leo Battista Alberti gemalt hatte. Im Verkehr mit dem großen Baumeister aus Urbino, der damals Räume erstehen ließ, die ein neues Zeitalter der Architektur eröffneten, ist aus dem Linienkünstler ein großer Raumkünstler, ein gewaltiger Architekt geworden.

Das Hauptbild des zweiten Saales, die Vertreibung des Heliodor, bezeichnet den Höhepunkt dieser von Bramante beeinflußten Richtung. Wie auf dem Philosophenbild dehnt eine weite Halle sich aus, die, von weniger Figuren belebt, desto mehr den Eindruck der Tiefendimension giebt. Und innerhalb dieser Halle spielt ein Vorgang von stürmischer Bewegung sich ab. Rafael, noch vor zehn Jahren so umbrisch schüchtern, in dem Philosophenbild so feierlich, überbietet hier den Filippino Lippi an barocker Bewegtheit. In einem anderen Bild dieses Saales, der Befreiung des Petrus, glückt ihm sogar die Verschmelzung der rein zeichnerischen Principien mit dunkel glühender Koloristik und strahlenden Lichteffekten. Sebastiano del Piombo, gerade damals nach Rom gekommen, hat aus dem Umbrer Rafael einen Venetianer gemacht.

In den folgenden Werken entschwindet das Persönliche noch mehr, weil Rafael jetzt durch seine Gehilfen und Schüler seine Werke ausführen läßt. Ein neues Princip, das für Rafael ebensosehr wie für das ganze Jahrhundert bezeichnend ist, tritt damit in Kraft. Das 15. Jahrhundert war das des Individualismus. All die Meister, die in der sixtinischen Kapelle thätig waren, arbeiteten unabhängig nebeneinander. Noch Michelangelo malte seine Riesenbilder, ohne die Hand eines Gehilfen zu benutzen. Rafael, wie er sich selbst der Persönlichkeit anderer beugt, wird zugleich der Diktator, unter dessen Oberbefehl ein Heer kleinerer Meister exerziert. An die Stelle individueller Schöpfungen treten Werke, die nur noch allgemeine Leistungen cinquecentistischen Kunstschaffens sind.

Und zwar verarbeitet er seit dem Jahre 1514 wieder andere Vorbilder. Nachdem er schon früher, in der Grablegung, einzelne Gestalten von Michelangelo entlehnt, schafft er jetzt in den Sibyllen ein Werk, das wie eine Uebersetzung Michelangelos in den Rafaelstil anmutet. Michelangelesk ist die plastische Durchbildung der Formen und der heroische Faltenwurf, rafaelisch der gefällige Rhythmus der Anordnung und die freundlich milde Art, wie er die titanischen Wesen Buonarotis auf maßvolle Menschlichkeit zurückführt.

Doch noch mehr als Michelangelo leitet ihn die Antike. Gerade damals waren jene berühmten Schöpfungen antiker Plastik dem Boden entstiegen, die bis auf Winckelmann, Lessing und Goethe als höchste Offenbarungen hellenischen Geistes galten: der Apollo, die schlafende Ariadne, ein Antinous, die Laokoongruppe. Man hatte die Titusthermen ausgegraben und das Ornamentierungsprincip der spätrömischen Epoche kennen gelernt. Das Museum des Belvedere war gegründet, und Rafael nach Bramantes Tod nicht nur Baumeister des St. Peter, auch Konservator der Altertümer geworden.

Die Loggien sind das erste Werk, das er als Konservator der Altertümer schuf. Es handelte sich darum, mit heiterem Linienspiel Decke und Wände eines Korridors des vatikanischen Palastes zu umkleiden. Der Auftrag kam also seiner Neigung zu melodischer Formenanmut, zur »optischen Cantilene« besonders entgegen. In diesen heiteren olympischen Scenen, diesen Amoretten und Vögeln, diesen Mädchen, die sich in Laubguirlanden schaukeln oder hinter zierlichen Säulen lauschen, diesen Festons und Vasen, Tritonen und Satyrn, Najaden und Sphinxen ist alles kopiert, was das 16. Jahrhundert von antiken Kunstwerken kannte, und über dem Ganzen schwebt die »*graziosissima grazia*« seines Wesens.

Dann, nachdem er in tändelndem Spiel der Antike gehuldigt, gewinnt sie stilistischen Einfluß. Nicht mehr die Bewältigung von Raum und Farbenproblemen reizt ihn. Nur noch aus Statuen setzt er seine Bilder zusammen. Der Triumph der Galatea ist ein bezeichnendes Beispiel. Allein das Bewegungsmotiv der Hauptfigur geht auf ein modernes Werk, auf Leonardos Leda zurück. Alles übrige, der Seekentaur, die Nereide, der Triton, der Putto mit dem Delphin ist antiken Sarkophagreliefen entnommen. Raum und Farbe scheint so gleichgültig, daß er in einem Seebild nicht das Wasser malt, sondern die Gestalten statuenhaft sich vom trockenen Boden abheben läßt. Die Psychebilder der Farnesina liefern dazu die Ergänzung. Wie die Deckenfresken mit dem Göttergericht und der Hochzeitsfeier einem in der Luft schwebenden

Statuenwald gleichen, wachsen die Gestalten der Gewölbekappen plastisch wie Bildsäulen aus dem Nichts hervor.

In demselben plastischen Stil sind seine christlichen Bilder gehalten. Ein Feuersbrunst, die durch das Zeichen des Kreuzes gelöscht wurde, galt es in dem Hauptbild der dritten Stanze zu schildern. Unter Rafaels Händen ist aus dem Brand des Borgo der Brand von Troja geworden. Und selbst diese Bezeichnung knüpft nur an die Gruppe an, die als Aeneas und Anchises gedeutet wird. In Wahrheit ist das Ganze eine Sammlung von Akten. Man sieht einen nackten Mann, der sich an der Mauer herabläßt, einen anderen, der ein Kind auffängt, sieht die windumbrausten Gestalten der Wasserträgerinnen. Und wie die sachliche Motivierung fehlt der äußere Zusammenhang der Figuren. Das ganze Thema dient ihm dazu, Formenmathematik zu treiben, ein paar schönbewegte plastisch durchgearbeitete Körper aneinanderzureihen. In den Teppichkartons hat dieses antike Empfinden sich zu ruhiger Klassizität geklärt. Man hat sie die Parthenonskulpturen der christlichen Kunst genannt, und in dieser Bezeichnung liegt Wahres. Wer, wie Ruskin, der Herold der Präraffeliten, die Teppiche auf ihren seelischen Inhalt prüft, empfindet das Aeußere des hellenischen Linienschwunges. Wer eine Kunstperiode nicht mit dem Maßstab einer anderen mißt, fühlt, daß die Aufgabe, die das Jahrhundert gestellt hatte, von Rafael am vollendetsten gelöst ward.

Daß er auch jetzt noch über einen Fonds von Naturalismus verfügte, der ihm gestattete, Bildnisse zu schaffen, die neben Tizians Werken zu den größten Erzeugnissen cinquecentistischer Porträtkunst zählen, ist ein weiteres Zeugnis seiner erstaunlichen Vielseitigkeit. Und das Höchste im Vereinigen der Stile leistet er in den Werken seiner letzten Jahre, in denen auch *die* Macht wieder hervortritt, die so lange vergessen war: das Christentum.

Seine älteren römischen Madonnen unterscheiden sich von den florentinischen ebenso wie die Schule von Athen von der Disputa. Ein mehr heroisches Frauengeschlecht, majestätisch gebaut, kühn in den Bewegungen, tritt an die Stelle der freundlich milden Wesen von früher. Nicht mehr die sanften Hügel des Arnothals, sondern die ernsten Formen der Campagna, von antiken Ruinen und Aquaedukten belebt, bilden den Hintergrund. Die Anordnung, damals mühsam konstruiert, wahrt jetzt innerhalb kunstvollster Verschlingungen machtvolles Leben. Das weltlich Repräsentierende des Papsttums, etwas von der Majestät des antiken Rom ist über die Werke gebreitet. Die christliche Note fehlt.

Da kam die Zeit, als in Wittenberg Luther seine Thesen anschlug, und ein Hauch dieser religiösen Begeisterung zitterte über den Boden Italiens. Fra Bartolommeos Grablegung, Tizians Assunta und Sodomas Verzückungsbilder sind demselben Gefühlsleben entflossen, das ein Menschenalter vorher zu Savonarolas Tagen durch die Welt ging. Rafael stammte aus jener Zeit. In den Visionsbildern, die den Schlußaccord seines Schaffens bilden, ist der große Stil, bisher so kalt und plastisch, erwärmt und beseelt vom Hauche des Christentums, von jener mystischen Schwärmerei, die einst in Peruginos Werkstatt den Knaben durchzitterte.

Den Uebergang zu diesem christlichen Stil bildet die heilige Cäcilie: Rafael selber gleichsam, der zum erstenmal wieder himmlische Musik vernimmt. Wohl stammt der Paulus aus Leonardos Anbetung, und Magdalena entspricht den Typen, die in Sebastianos Chrysostomusbild vorkommen. Aber der schwärmerische Augenaufschlag Cäcilies ist neu. Perugino lebt auf, und Guido Reni kündigt sich an. Für die Madonna di Foligno war Leonardos Auferstehungsbild maßgebend. Aber der ekstatische Kopf des Franziskus und die brennenden Augen des Täufers zeigen gleichfalls, daß der Hellene wieder christlicher Maler geworden. In der Transfiguration geht er noch einen Schritt weiter in der Mischung der Stile. Unten dramatisches Leben, gestikulierende Hände und – in der Frauengestalt – antik plastische Schönheit. Oben der Christuskopf aus Leonardos Auferstehung kopiert, zugleich eine archaische Feierlichkeit, die an Perugino mahnt. Und in der Sixtinischen Madonna, obwohl auch sie von Leonardos Auferstehungsbild angeregt wurde, klingt das Streben seines Lebens harmonisch in einem großen Accorde ans. Da ist der ganze Adel der Antike. Einer Bildsäule von statuarischer Majestät gleicht Maria. Da ist eine Linienkomposition von vollendetster Harmonie, die trotz des mathematischen Schemas nichts von kalter Berechnung hat. Da ist ein Raumgefühl, das den Eindruck erweckt, als schwebe Maria aus dem Unendlichen herbei. Da ist ein kühner Kolorismus, ein zartes Dämmerlicht, aus dem die Gestalten goldig herausstrahlen. Farbe, Linienschönheit, Raumgefühl und hellenischer Formenadel verbinden sich. Und noch ein Letztes kommt hinzu, ohne das alles andere tot bliebe. Das Bild hat psychische Qualitäten, die weit über Rafaels gewöhnliches Niveau hinausgehen. Diese mädchenhaft schlanke, von Himmelsluft umhauchte, in goldenem Aetherlicht herschwebende Heilandsmutter; dieser Jesusknabe, der so tiefernst mit großen Augen ins Unendliche starrt – sie wirken gar nicht, als hätte Rafael, sie wirken als hätte Murillo sie gemalt. Mit der formalen hat sich wieder die seelische Schönheit geeint.

11. Das Ende der Renaissance in Italien

Rafael bezeichnet in der Art, wie er die Stile der verschiedenen Persönlichkeiten zu einer neuen Einheit verschmilzt, den Gipfelpunkt der Bestrebungen des Cinquecento. Denn will man das Wesen des 15. und des 16. Jahrhunderts mit einem Schlagwort bezeichnen, so kann man sagen: das 15. ist das Jahrhundert des Individualismus, das 16. das der Centralisation. Im 15. Jahrhundert bestand in Italien eine Fülle von Einzelstaaten unabhängig nebeneinander. Jeder dieser Staaten greift in die Geschichte ein. Ueberall leben kernige, aus ganzem Holz geschnitzte, im Guten wie im Bösen, große Persönlichkeiten. Im 16. Jahrhundert hört das auf. Es giebt keine kleinen Fürstentümer, keine Condottieri mehr, sondern in ganz Italien besteht nur *eine* große Macht, der Kirchenstaat. Im Norden hat sich ein Weltreich gebildet, in dem die Sonne nicht untergeht. Diesem Geiste der Centralisation folgt auch die Kunst.

Hatte vorher jede Landschaft Italiens ihre Künstler gehabt, so ist jetzt Rom, die Hauptstadt des Landes, auch das Centrum der Kunst. Nur wenige Maler sind da geboren. Sie entstammen den entlegensten Gegenden, den verschiedensten Gauen der Halbinsel. Aber sie sind in Rom zusammengeströmt, weil sie glauben, nur auf dem Boden der ewigen Stadt schaffen zu können. Und durch alles, was sie sagen, geht *ein* Stil. Die Meister des Quattrocento waren scharf ausgeprägte Individualitäten, geradeso wie die Gewaltherrscher der einzelnen Städte sich innerhalb ihrer kleinen Fürstentümer als Könige fühlten. Auf den ersten Blick kann man jeden erkennen. Selbst der Schreiner giebt seinen Arbeiten eine persönliche Note. Nicht als Erzeugnisse manueller Arbeit, sondern als menschliche Dokumente sind ihre Werke uns lieb. Die Maler des 16. Jahrhunderts verbergen sich wesenlos hinter ihren Schöpfungen. Alle individuellen Eigenschaften sind ausgelöscht. Wie es politisch nur zwei große Persönlichkeiten, den Papst und den Kaiser giebt, sind künstlerisch nur ein paar Könige da, als deren Hofgesinde sich die Anderen fühlen. Das Wort »Schule«, das während des Quattrocento keine Bedeutung hatte, bekommt seinen akademischen Sinn. Alle sind Vasallen, mag der eine mehr zu Rafael, der andere mehr zu Michelangelo neigen. Die kunstgeschichtliche Landkarte entspricht der Komposition der Bilder: eine Centralfigur beherrscht alle andern.

Perino del Vaga, dessen schätzenswertes decoratives Talent Rafael sehr zu statten kam, malte später selbstständig die mythologischen Fresken des Palazzo Doria in Genua, Varianten dessen, was er unter Rafals Oberbefehl in der Farnesina und den Loggien gab. *Daniele da Volterra* erscheint in der Kreuzabnahme, die er für die Kirche Santa Trinità dei Monti malte, ebenfalls als treuer Anhänger des Rafaelstils. Und sein Louvrebild des David, der den Goliath köpft, wurde lange dem Michelangelo zugeschrieben. Eine Vorliebe für das Kolossale für wilde Bewegungen und geschwellte Muskeln ist an die Stelle »edler Einfachheit« getreten.

Die Formenwucht Michelangelos verbunden mit ausladender Bewegung und obscoener Sinnlichkeit, ergiebt *Giulio Romano*. Gerade er war Lieblingsschüler Rafaels gewesen und wurde später dessen brauchbarster Gehilfe. Das Meiste, was in der Stanza dell' Incendio, in der Farnesina und im Konstantinsaal unter Rafaels Namen geht, auch viele Tafelbilder aus Rafaels später Zeit, die »Perle« in Madrid, die Margarete des Louvre, das Porträt der Johanna von Aragonien sind – im manuellen Teil – Giulios Werke. Noch bei Rafaels Tode brachte er die Transfiguration und die Krönung der Maria zum Abschluß. Keiner von den Schülern hat sich dem Stil Rafaels so vollständig angeschlossen, obwohl er schon damals dessen Ausdrucksweise ins Derbere, Knotige übertrug. In seinen späteren Werken ist von der Schülerschaft nichts mehr zu merken. Ungestüme Hast tritt an die Stelle der Sanftheit. Schon seine Marienbilder sind voll michelangelesken Elementen: die Madonnen gewaltige Weiber von großen Formen, das Christkind ein kräftiger Bube mit lebhaften, komplizierten Bewegungen. Noch weniger lassen seine Fresken im Palazzo del Té in Mantua an seine rafaelische Vergangenheit denken. Viel Muskelkraft, viel faustfertige Bravour und Derbheit sind die Kennzeichen der Bilder, in denen er die Liebesgeschichten Psyches und anderer Olympier schildert. Besonders der Gigantensaal enthält das Kühnste und Wildeste, was Giulios starke Hand geschaffen. Am Gewölbe blickt man in ein perspektivisches Scheinpanorama hinauf: eine ionische Säulenhalle mit gewaltigem Kuppelbau, der den Thron

Jupiters umschließt. Der ganze Olymp mit allen Göttern und Göttinnen ist in Erregung. Denn die Giganten stürmen, von der Wand aus, den Himmel. Blitze zucken hernieder, Tempel mit ihren Säulen und Mauern erschlagen die Frevler. Jede Gliederung der Flächen fehlt, so daß die Flut der Gestalten fessellos sich über Wände und Decke ergießt. Sogar die Grenze zwischen Fußboden und Wänden ist aufgehoben. Giulio ließ den Boden mit Steinen pflastern und setzte sie durch Malerei an der Unterwand fort, um die drastische Illusion zu steigern.

Nicht lange dauerte es, so lenkte die florentinische Schule in die nämliche Bahn. Man kann, um die Meister zu kennzeichnen, gar nicht von ihnen sprechen, nur von den Vorbildern, denen sie folgen. *Francesco d'Ubertino* genannt *Bacchiacca* malte Möbeldekorationen im Sinne des Quattrcento, gab aber seiner Farbe das duftige, weiche Grau, das erst del Sarto in Schwung gebracht. *Francia Bigio*, als Freskomaler, mit del Sarto in der Annunziata und im Scalzo thätig, ist außer durch Möbeldekorationen hauptsächlich durch Bildnisse bekannt, die Leonardos Mona Lisa fein variieren. *Puntormo*, gleichfalls ein guter Porträtist, wußte in früheren Werken, wie der Verkündigung von 1516 den durchsichtig silbergrauen Ton del Sartos zart zu treffen, ging aber später – in dem Martyrium der Vierzig Heiligen der Pittigallerie – zur bombastischen Nachahmung Michelangelos über. *Ridolfo Ghirlandajo*, anfangs dem Rafael sehr ähnlich, wiederholte später mit handwerklicher Schwere, was er in seiner Jugend frisch und geistvoll gesagt. Sieht man Werke von *Francesco Granacci*, so denkt man, wenn sie seiner Jugend angehören, an Domenico Ghirlandajo, wenn sie aus seinem Alter stammen, an Rafael oder Michelangelo. *Giuliano Bugiardini, Giovanni Sogliani, Domenico Puligo*, und wie sie alle heißen – es sind sämmtlich sympathische Maler, aber ihre Werke nur Reflexe derjenigen, die die maßgebenden Meister schufen.

Je mehr das Jahrhundert vorrückt, desto spärlicher wird künstlerische Eigenart. Wohl hält die Porträtmalerei noch eine Zeitlang sich frisch. *Broncino* namentlich hat eine Reihe von Bildnissen hinterlassen, die nicht nur den Charakter der Hofmalerei für ganz Europa bestimmten, sondern in ihrer ernsten Gediegenheit noch den besten Traditionen der Primitiven entsprechen: scharf wie Medaillen herausciseliert, distinguiert in der Auffassung, vornehm in der Farbe. Doch selbst dieser Meister erscheint nur als Ausläufer der langen Reihe großer Bildnismaler, die die vorausgegangene Epoche hervorgebracht. Was er noch konnte – eine menschliche Physiognomie in charaktervoller Wahrheit wiedergeben – wollten und konnten die späteren nicht mehr. Hatte das 15. Jahrhundert mit seinen Bürgerkämpfen, die jedem Bauernjungen gestatteten Herzog zu werden, mit seiner kühnen Rücksichtslosigkeit und seinem schrankenlosen Gefühl persönlichen Wertes auch die individuellsten Porträts entstehen sehen, so gab das 16. Jahrhundert, das die freien Gemeinwesen, den Geist des Individualismus vernichtete, auch den Bildnissen ein uniformes Gepräge. Typen treten an die Stelle der Persönlichkeiten. Oder man vermeidet die Porträtmalerei ganz, da sich die Abhängigkeit vom Modell nicht mit dem Streben nach idealer Schönheit verträgt.

Was sich ringsum ausdehnt, ist eine große, gleichförmige Wüste. Es wird viel, sehr viel gemalt. Selbst die Aufgaben, die Julius II. und Leo X. stellten, erscheinen unbedeutend gegenüber den Riesenwerken, die in der zweiten Hälfte des Cinquecento entstehen. Alle mythologischen, alle historischen Stoffe wurden in Farben umgesetzt. Aber so viele Figuren auf den Bildern vorkommen, es werden immer die nämlichen Clichés mit anderer Unterschrift abgedruckt. Die Antike steht selbstverständlich im Mittelpunkt des Interesses, und es ist seltsam, wie willfährig sie jederzeit den modernen Künstlern entgegenkam. Im Beginn des Jahrhunderts, als der Geschmack zum Sanften, Edlen neigte, lieferte sie aus dem Erdboden den Apoll von Belvedere. Um die Mitte des Jahrhunderts, als alles zu barocker Verwilderung drängte, feierten der farnesische Herkules und der farnesische Stier ihre Auferstehung. Diese römischen Kopien lysippischer Originale, die durch ihre Schwere und Vulgarität sich kennzeichnen, zogen eine ganze Generation in ihren Bann. Der Kopf der Werke ist die ewig gleiche Variante jenes absoluten Schönheitsideals, wie es die Antiken der spätgriechischen Verfallzeit vorschreiben, der Körper kein Organismus, sondern eine Zusammenstellung bombastisch angeschwellter, effektvoll in Gegensatz gebrachter Glieder. Da das maßgebende Werk der Antike zufällig ein Herkules ist, glauben auch die Modernen ins Kolossale gehen zu müssen und schaffen keine Menschen mehr, sondern Riesen.

Zu der bombastischen Formgebung kommt das Deklamatorische des Gedankens. Keiner sagt mehr kurz, was er sagen will. Er schreit es mit rhetorischem Pathos in die Welt. Christus kann nicht beim Abendmahl sitzen, ohne daß er krampfhafte, theatralische Bewegungen macht. Die Diener mit den Speisen laufen Im Sturmschritt die Treppe herauf. Die Jünger schwenken die Arme und verdrehen den Leib. Andere fühlen, daß solche Bravourstücke auf die Dauer langweilig sind. Doch je mehr sie raisonieren und Regeln befolgen, desto eintöniger werden die Werke: geometrische Konstruktionen von allgemeiner, formelhafter Schönheit, die sich untereinander, so wenig wie die Beweise eines mathematischen Lehrsatzes unterscheiden. Es ist bezeichnend, daß gerade damals die Kunstgeschichtschreibung begann. Die historische Thätigkeit *Vasaris* ist der Abschluß der ganzen Entwicklung. Die Zeit hat selbst das Gefühl, daß ihre schöpferische Ader versiegt ist, blickt im Geiste zurück und repetiert das Geleistete.

12. Roma caput mundi.

So groß war der Zug der Centralisation, der durch das Jahrhundert ging, daß auch die anderen Länder sich in die Botmäßigkeit der ewigen Stadt begaben. Italien marschierte in der zweiten Hälfte des 16. Jahrhunderts an der Spitze der Civilisation. Italienische Generäle gewannen Schlachten für den Kaiser, den König von Frankreich, den König von Spanien. Italienische Aerzte wurden bis nach Schottland und in die Türkei berufen. Italienische Gelehrte unterrichteten an allen Universitäten Frankreichs, Deutschlands und Englands. Die italienische Sprache, noch im 15. Jahrhundert wenig verbreitet, war die Umgangssprache der vornehmen Welt geworden. Aretino, der venetianische Pamphletist, erhob seinen Tribut bei den gekrönten Häuptern von ganz Europa. Auch künstlerisch wurde Italien für alle Länder maßgebend. Wie an den verschiedensten Höfen italienische Meister beschäftigt sind, glauben die nordischen Maler, nur im Süden Erleuchtung zu finden. Ein Heimweh nach Italien, wie zu Goethes und Carstens' Tagen, erfaßte die Besten und ließ sie nicht ruhen, bis sie das Land ihrer Träume erreichten. Unter Entbehrungen und Mühen, unterwegs um ihr Brot arbeitend, pilgerten sie nach Rom wie nach einem heiligen Quell und wollten es nicht mehr verlassen, wenn sie einmal dort waren. Dürers Worte: »O wie wird mich nach der Sonnen frieren, hier bin ich ein Herr, daheim ein Schmarotzer«, waren allen aus der Seele gesprochen. Denn nicht nur die Kunst Italiens bewunderten sie. Sie beneideten die Künstler selbst, diesen Rafael, dessen ganzes Leben ein Triumphzug war, Michelangelo, der Päpste als seinesgleichen behandelte, Tizian, dem Kaiser Karl den Pinsel aufhob. Sie sehnten sich hinweg aus kleinbürgerlicher Enge, aus der philisterhaften Beschränktheit des Nordens, wollten teil haben an einem großen, freien, würdigen Menschentum.

In den *Niederlanden*, wo überhaupt eine Art lateinischer Renaissance das ganze Geistesleben überflutete, begannen die Romfahrten am frühesten, und ein Künstler namentlich, der ritterliche Romantiker *Jan Scorel*, ist ein echter Typus dieses kosmopolitischen Geschlechts. Viel Sinn für Grazie und ein feines landschaftliches Empfinden war ihm in die Wiege gelegt. Alte knorrige Bäume, Eichen und Tannen kommen auf allen seinen Werken vor. Schon bevor er südlichen Boden betreten, träumt er von majestätischen Bergzügen, von Cypressen und Pinien. Dann ergreift er den Wanderstab. Lange verweilt er in Deutschland, noch länger in Kärnten, wo er das Altarbild von Obervillach malt und sich in das Töchterlein des Schloßherrn verliebt. Mit einer Gesellschaft niederländischer Pilger geht er von Venedig nach Palästina – eine Reise, die für die Landschaftsmalerei eine Entdeckungsfahrt wurde. Denn noch Patinier setzte, um seinen Landschaften biblischen Charakter zu geben, phantastische Scenerien zusammen. Scorel als erster malte das heilige Land. Seine Taufe Christi in Harlem muß wie eine Offenbarung auf Menschen gewirkt haben, für die der Orient noch eine unerschlossene ferne Märchenwelt war. Nach Italien zurückgekehrt, ist er berufen, eine merkwürdige Rolle im Kunstleben zu spielen. Scorels Landsmann Hadrian von Utrecht, der Erzieher Karls V., hatte den Päpstlichen Stuhl bestiegen und ernannte Scorel zum Direktor des Belvedere. Drei Jahre verlebt er im Vatikan, in jenen Stätten, in denen unsichtbar noch der Geist Rafaels schwebte. Was er später, als Domherr in Utrecht, schuf, ist wie ein wehmütiger Nachklang dieser römischen Eindrücke.

Ueberaus fein sind die landschaftlichen Hintergründe seiner Madonnen. Die römischen Villen fesseln ihn in ihrer melancholischen Mischung von Alter und Jugend, von Pracht und Verfall. Aquädukte sieht man, überwuchert von Schlinggewächsen, deren Zweige müde an verwittertem Gemäuer herabhängen; Ruinen und stehende Gewässer, in denen braunes Farnkraut und epheuumwundenes, welkes Strauchwerk sich spiegelt. Aber auch als Frauenmaler ist er einer der feinsten des Nordens. Nur wenig schöne Frauen hatte bisher die nordische Malerei geschaffen. Bei den alten Niederländern giebt es nur verkümmerte Matronen. Es ist, als hatte erst das Alter, der Verfall, das Faltige, Runzlige die Maler gereizt. Auch die paar Nürnbergerinnen, die in Dürers Handzeichnungen vorkommen, sind so grobknochig und herb, die aufgeputzten Dirnen Cranachs so reizlos, daß man meint, schöne Mädchen habe es damals im Norden gar nicht gegeben. Was die Künstler freut, ist, harte Physiognomien scharf und schneidig zu zeichnen. Die Freude am Weichen, Duftigen, Backfischhaften kennen sie nicht. Scorel, der geistliche Herr, der ohne Agathe von Schönhoven nicht sein konnte, hatte einen feinen Sinn für das Weibliche. Mag er Maria oder Magdalena malen, seine Frauen sind schlanke, elegante Erscheinungen von klassischem Linienschnitt. Mit zärtlicher Verliebtheit zeichnet er die harmonischen Linien eines jungen Halses, duftiges Haar, das über die Stirn sich kräuselt. Mit Kennerschaft ordnet er den zarten Schleier, die Puffärmel, das Collier. Er brachte den Niederländern, die bisher nur nonnenhafte Frauen kannten, ein neues Ideal von bestrickender weltlicher Grazie.

Welcher Zusammenhang ist zwischen ihm und dem liebenswürdigen Unbekannten, den man den »*Meister der weiblichen Halbfiguren*« nennt? Er hat viel Ähnlichkeit mit Scorel, nur ist er noch stiller, noch zaghafter: der Luini des Nordens, ein milder Träumer, der nur ganz zarte minnigliche Worte sagt. Das Leben verläuft bei ihm wie ein schöner Tag, unter Begleitung sanfter Musik. Junge Mädchen malt er, die am Spinett musizieren, einen Pokal halten, bei ihren Noten träumen. Es liegt etwas jung Harmloses und doch Thränenschimmerndes über seinen graziösen delikaten Werken. Man möchte sagen, er habe das Weib mit den Augen des Gymnasiasten gesehen, der zum erstenmal liebt. Denn sie sind engelrein, von blumengleicher Grazie, diese sanften, stillen Kinder mit ihren leisen Bewegungen, ihren lilienweißen Händen und reinen Stirnen, über die sich so keusch die schlicht gescheitelten braunen Haare legen. Bilder wie diese lassen sich nicht beschreiben, nur empfinden. Man bewundert sie still. Das ist wohl auch die höchste Wirkung, die der Künstler selbst erstrebte, der vielleicht gar kein Berufsmaler war, so still, so unbemerkt durchs Leben ging, daß alles, was wir von ihm wissen, einzig in seinen Werken beschlossen liegt.

Jan Gossart genannt *Mabuse*, der schon vorher die Wanderung nach Italien antrat, hat namentlich als Maler des Nackten wichtige Dienste geleistet. In seinen Jugendwerken, wie dem Reisealtärchen in Palermo, war er noch zierlicher Miniaturmaler im Sinne des Gerard David. Dann verrät sich in dem »Christus am Oelberg«, wie die ausgelebte Gotik in barocke Verwilderung übergeht. Das italienische Frauenideal beginnt auf ihn zu wirken, und er malt die allerliebste Goldwägerin der Berliner Galerie, die an den Meister der weiblichen Halbfiguren anklingt. Auch in seinen größeren Altarwerken, wie dem »Christus bei Simon« im Brüsseler Museum, beginnt die Renaissance sich mit der Gotik zu mischen. Manche Figuren weisen in ihrem strengen Naturalismus, in ihrer steifen Eckigkeit auf alte Zeiten zurück. Doch daneben stehen andere, die in ihrer weichen Formenglätte aus Rafaelschen Bildern geschnitten scheinen. Selbst die Architektur des Hintergrundes, in ihrer Vereinigung von Gotik und Renaissance, kennzeichnet den Uebergang. Und in den folgenden Werken, mehreren Madonnen, der Münchens Danae, dem Prager Dombild, hat er sich ganz auf den Boden des Cinquecento gestellt, obwohl ihn ein kleinlicher Zug noch immer von den Romanen unterscheidet. In den lebensgroßen nackten Figuren, die er am Schlusse seines Lebens schuf, ist auch dieser Rest gotischer Verzwicktheit beseitigt. Mächtig wie eine antike Marmorgruppe heben die Gestalten Neptuns und Amphitrites von der Cella eines antiken Tempels sich ab. Gewiß sind sie kalt, akademisch, empfindungsleer. Aber das liegt im Wesen des späteren Cinquecento. Hätte Mabuse im Stil seiner Jugendzeit weiter gearbeitet, so wäre er ein gotischer Nachzügler. Indem er die Probleme angriff, die das Cinquecento stellte, hat er eine geschichtliche Mission erfüllt. Ohne Mabuses Amphitrite wäre Rubens' Andromeda kaum gemalt worden.

Auch in den Werken *Barend van Orleys* ist ein Schwung, ein flüssiger eleganter Wurf, der ihm eine wichtige Stelle unter den niederländischen Renaissancemeistern sichert. Es ist nicht richtig, bei diesen Malern von »Verleugnung des nationalen Stils« zu reden. Denn ein Stil gehört nie einem Volk, sondern nur einer Zeit. Sie folgten, indem sie aus Gotikern Cinquecentisten wurden, lediglich dem Geschmack der Epoche, sind auch nicht schlechter als die gleichzeitigen Italiener. Nur bieten sie für persönliche Charakteristik keine Handhabe. Denn da es im Wesen des Idealismus liegt, das Individuelle auszulöschen, das Persönliche dem Absoluten unterzuordnen, ist auch bei ihnen die Folge, daß die Eigenart des Einzelnen immer mehr zurücktritt und ein allgemeines gleichförmiges Schema bleibt. Es wiederholt sich in den Niederlanden dieselbe Entwicklung, wie in Italien.

Noch in der zweiten Hälfte des 16. Jahrhunderts entstehen sehr energische Bildnisse. Denn der Porträtmaler kann sich nicht darauf beschränken, den »Menschen an sich« zu malen. Nur aus der Wiedergabe persönlicher Züge ergiebt sich die »Ähnlichkeit«. *Joost van Cleve, Antonis Mor, Frans Pourbus und Nicolas Neufchatel* gehen im Stil mit Broncino parallel. Sie sind gesunde, kraftvolle Realisten, die wie ihr Vorgänger Massys keine Verallgemeinerung, keine Retouchen kennen. Nur in dem freieren Hauch, der ruhigen Würde ihrer Bildnisse zeigt sich die italienische Schulung.

Den Erzeugnissen der großen Malerei fehlt jedes persönliche Gepräge. *Michael Cuxie* wurde der vlämische Rafael, *Frans Floris* der vlämische Michelangelo genannt. Schon durch diese Beinamen ist angedeutet, daß sie nichts sagten, was nicht von Rafael und Michelangelo schon besser gesagt war. *Marten de Vos, Dionysio Fiamingho, Georg Hoefnagel, Barthel Spranger, Marten Heemskerk, Cornelis Cornelissen* – es gilt von ihnen allen das gleiche. Sie bedeckten gewaltige Flächen mit ihren schönen, aber kalten Figuren, dienten nicht der Kunst, sondern bedienten sich fertiger Clichés, um alle Aufträge, die ihnen zugingen, ebenso tadellos wie schablonenhaft zu erledigen. Und geht man von den Niederlanden in die anderen Länder, so wechseln wohl die Namen der Schauspieler. Aber das Stück, das aufgeführt wird, ist immer dasselbe.

Die Stille des Grabes liegt über Deutschland. Hier hatten schon die Wirren, die der Reformation gefolgt waren, der Kunst den Boden entzogen. Die wenigen süddeutschen Fürsten, die noch in der Lage waren, den Mäcen zu spielen, riefen entweder Ausländer herbei oder sie kauften alte Meister. Es entstanden die Kunstkammern, die den Grundstock der Münchener und Wiener Galerien bilden. Die wenigen Maler, die es überhaupt noch in Deutschland giebt, machen den Weg, wie die Niederländer. *Bartel Bruyn*, der letzte Ausläufer der Kölnischen Schule, übernimmt die Rolle Mabuses. Seine Bildnisse gehören neben Holbeins und Ambergers Werken zu den besten Erzeugnissen deutscher Porträtkunst. In seinen religiösen Bildern setzt er anfangs den Meister des Marientodes fort, um sich später in die Nachfolge Rafaels zu stellen. *Christoph Schwarz* von München machte in Venedig seine Schule durch. Sein Familienbildnis der Münchener Pinakothek hat noch die Schlichtheit, die stramme Ehrlichkeit altdeutscher Kunst, aber zugleich eine koloristische Harmonie, eine breite Mache, die er Tizian dankt. Auch in seinen Altarwerken erklingen die vollen sonoren Accorde der venetianischen Meister. *Johann Rottenhammer* ist kleinlicher, niedlicher, von gefällig oberflächlicher Anmut. Der Bedarf an dekorativen Arbeiten wurde durch *Joseph Heinz* und *Hans von Aachen* gedeckt, Pinselvirtuosen, deren Kunst auch niederländisch oder italienisch sein könnte.

Die *französische* Malerei hatte im 15. Jahrhundert mit *Jean Foucquet* sehr originell begonnen. Denn obwohl er in Italien war, läßt sein Hauptwerk der Berliner Galerie, wie Etienne Chevalier, der Günstling Karls VII. und der Agnes Sorel, von Stephan, seinem Namensheiligen, dem Schütze der Madonna empfohlen wird, eher an Goes als an italienische Meister denken. Und das dazu gehörige Antwerpener Bild hat eine specifisch französische Note. Maria ist unter den Zügen Agnes Sorels dargestellt, in knappem Modekleid und fürstlichem Hermelin, dem Kinde die Brust reichend. Ein pikantes Pariser Parfüm ist über das Werk gebreitet.

Im 16. Jahrhundert arbeiteten noch die beiden Clouet, Jean und Françis, in diesem älteren Stil. *Jean Clouet*, bis 1540 Hofmaler Franz' I., geht etwa mit Holbein parallel in der photographischen Treue, mit der er die Physiognomien spiegelt. *François Clouet*, der 1540 seinem Vater als Hofmaler folgte, hat dieselbe strenge, feste Art, nur daß er weltmännischer, vornehmer ist, mehr an Broncino als an Holbein anklingend. In der großen Malerei hatte sich unterdessen derselbe Scenenwechsel wie allerwärts vollzogen. Schon durch die italienischen Feldzüge der französischen Könige am Schlusse des 15. Jahrhunderts wurde die künstlerische Verbindung mit Italien hergestellt. Karl VIII. und Ludwig XII., die wegen des mailändischen Herzogtums Krieg führten, nahmen nicht nur ihre eigenen Maler, wie *Jean Perréal*, nach Italien mit, sondern veranlaßten auch italienische Künstler, nach Frankreich überzusiedeln. Es genügt, den einen großen Namen Leonardo zu nennen. Mit Franz I. begann die eigentliche italienische Renaissance. Ein ganzes Heer italienischer Künstler wurde nach Frankreich berufen, um die neuerbauten Schlösser zu dekorieren. Fontainebleau namentlich – derselbe Ort, wo im 19. Jahrhundert Millet und Rousseau, Corot und Diaz malten – wurde der französische Vatikan. *Rosso, Primaticcio* und *Riccolo dell'Abate* leiteten die Arbeiten, Maler, an deren Werken man in Italien gleichgültig vorübergeht, und die dadurch, daß man sie in Frankreich sieht, nicht besser werden. Von Franzosen folgte ihnen *Jean Cousin*, ein schnell schaffender Künstler von großem Wissen, dessen »Jüngstes Gericht« manch brillanten Theatereffekt enthält. Und lehrreich ist, die späteren Dekorationen des Fontainebleauer Schlosses mit den früheren zu vergleichen. Die Meister, die für diese neuen Arbeiten berufen wurden, waren keine Italiener, sondern Niederländer. Aber *Hieronymus Francken*, der Chef der niederländischen Kolonie, war Schüler des Michelangeloschülers Frans Floris. Man bemerkt daher beim Durchschreiten der Säle gar keinen Unterschied zwischen den italienischen und den niederländischen Werken.

Das Centralisationssystem des Cinquecento hat zu einer vollständigen Uniformierung der Kunst geführt. Alles ist elastisch, abgeschliffen und weltgewandt. Aber wie auf ihren Selbstbildnissen die Künstler der verschiedensten Länder sich ähnlich sehen – alle haben dasselbe Phantasiekostüm und die nämliche deklamatorische Attitüde –, fehlt ihrer Malerei das individuelle Gepräge. Nur die Inschriften sagen, daß dieses Werk von einem Deutschen, jenes von einem Niederländer, jenes von einem Franzosen herrührt. Was man sieht, ist immer das gleiche: allgemeine ideale Formen, typische Gesichter, zeitlose Gewandung, regelrecht abgewogene Komposition, gleichmäßig kaltes Ceremoniell im Ausdruck der Gefühle. Die zweite Hälfte des 16. Jahrhunderts bedeutet trotz aller Fruchtbarkeit eine Zeit der Abspannung, der Müdigkeit, der Erschöpfung. Die Renaissanceideale waren entgeistet und neue noch nicht gegeben. Obwohl die großen Meister tot waren, arbeitete man mit ihren Gedanken, führte, was bei ihnen Ausdruck der Persönlichkeit war, auf Wissenschaftliche Regeln zurück. Noch im Beginne des Jahrhunderts hatte jedes Land, jede Landschaft ihre Kunst gehabt. Jetzt ist eine Weltsprache, ein Kunstvolapük an die Stelle der Dialekte getreten. Eine neue Entwicklung konnte für die Malerei erst kommen, wenn eine große Kulturbewegung ihr neuen Inhalt gab, andere Aufgaben, andere Ziele ihr zeigte. Tiefe neuen Ideale wurden durch die Gegenreformation gegeben.

IV. Venedigs und Spaniens Kampf gegen Rom.

13. Lorenzo Lotto

Der Gang der Kunst war im 16. Jahrhundert ganz der nämliche wie im 15. Auf die große heidnische Renaissance folgt eine kirchliche Reaktion. Und wie sich damals der Orkan, der mit Savonarola herniederplatzte, lange vorher durch Blitz und Donner ankündigte, reichen die Anfänge der Gegenreformation in die 20er Jahre des Jahrhunderts zurück. Man beobachtet, wie in das Schaffen der Renaissancemeister plötzlich ein fremder Ton hineinklingt, wie mit der antiken Heiterkeit, der hellenischen Formenfreude ein seltsam visionäres, aufgerütteltes Element sich mischt. Michelangelos Gestalten scheinen wie von Alpdrücken verfolgt, als ließe der Gedanke an den Nazarener sie nicht ruhen. Die Augen des Johannes in Fra Bartolommeos Grablegung, die Augen des Täufers in der Madonna di Foligno, die Cäcilies und der Madonna di San Sisto – sie verraten, daß selbst diese Meister berührt wurden von der kirchlichen Strömung, deren Wellen von Deutschland nach Italien herüberschlugen. Nur blieb bei ihnen die Berührung äußerlich. Die paar Tropfen Christentum mischten sich nicht mit dein hellenischen Blute.

Anders lagen die Verhältnisse in Venedig. Venedig war seit seinem Bestehen eine kirchliche Stadt, eine byzantinische Enklave auf italienischem Boden. Während des ganzen Quattrocento blieb es ein Bollwerk gegen die Renaissance. Selbst nachdem von auswärts – durch Gentile da Fabriano und Pisanello – die weltlich realistische Kunst eingeführt war, hielt die einheimische Schule von Murano an den mittelalterlichen Traditionen fest. Am Schluß des Jahrhunderts, als die Savonarolaströmung Italien überflutet, benutzt Crivelli die Gelegenheit noch einmal den Byzantinismus herauf zu beschwören. Freilich, nun folgt eine Zeit, da Venedig einer Insel der Cythere gleicht, von erdentrunkener Sinnlichkeit, von rauschender Festesluft durchwogt. Keiner denkt mehr an den Himmel. Die Erde selbst ist zum Himmel geworden. Gondolieri singen, schöne Frauen lachen. Jeder ist reich, jeder stolz und glücklich. Es ist eine weiche, sinnlich schwüle Luft – das malt Giorgione; ein majestätisch festlicher, stolz vornehmer Glanz – das malt Tizian. Doch mögen diese Werte den Höhepunkt venetianischer Kunst bedeuten – unter den Führern der Bewegung war kein Venetianer. Aldus Manutius, der Venedig zum litterarischen Centrum des Humanismus machte, stammte aus Florenz. Alle Künstler kamen von der Terra Ferma: Giorgione aus Castelfranko, Palma aus Serinalta, Tizian aus Pieve. Selbst diese Meister wahren in ihren antiken Bildern einen heiligen Ernst. Nichts Lüsternes giebt es, wie bei Correggio, nichts Wollüstiges, wie bei Sodoma. Tizian, der Heide, malt zugleich jene Magdalenenbilder mit dem Totenkopf, die wie ein Vorklang der Jesuitenkunst anmuten. In keinem antiken Bild, sondern in der Dornenkrönung klingt das Schaffen des Meisters aus. Sebastiano hat in Rom nichts Antikes, nur Wunder und Martyrien gemalt. So gern man bei dem Worte Venedig an Mandolinenklang und Sonnenschein denkt, der erste Eindruck ist die schwarze Gondel, die düster wie ein Totenwagen über die dunkelgrünen Lagunen gleitet. Düster, ernst ist der Charakter der Paläste. Dumpf und feierlich klingen die Glocken von Murano. So blieb für Venedig der Paganismus eine Episode. Den Renaissancemeistern, die von auswärts stammten, steht schon zu Beginn des Jahrhunderts ein geborener Venetianer als Nachfolger Savonarolas und Vorbote Caraffas gegenüber. *Lorenzo Lotto* wandelt inmitten jenes sinnenfrohen Geschlechtes wie ein Bußprediger, wie ein Gespenst daher. Seine Bilder klingen in den jubelnden, bacchantischen Hymnus seiner Zeitgenossen dumpf wie die Glocken von Murano herein.

Auch Lotto ward als junger Mensch von den Ideen der Renaissance berührt. Den Reigen seiner Werke eröffnet die Danae einer englischen Sammlung, der man sich nicht wundern würde im Böcklinwerk zu begegnen. Ein grüner Anger ist dargestellt, auf dem, wie bei Böcklin, gelbe, blaue und weiße Blümchen wachsen. Rings Bäume, die fein und geradlinig, wie auf Böcklins »Sommertag«, sich in den blauen Aether erheben. In der Mitte der Wiese sitzt ein Mädchen in weißem Gewand und nimmt in ihrem Schoß den goldschimmernden Regen auf. Ein kleiner, bocksfüssiger Satyr lauscht hinter dem Baum. Doch schon das nächste Bild gehört einer andern Geisteswelt an. Am Abhang eines steil emporsteigenden Felsens kniet halbnackt vor dem Kreuze des Heilandes ein Einsiedler. Rabenschwärme flattern über seinem Haupt, während er die Geißel in der Faust büßend sich kasteit. Hieronymus ist Lottos zweiter Held, der alte Mann, der von der Menschheit sich abwendet, um in der Einsamkeit Ruhe zu finden, der müde Greis, auf dem die Vergangenheit mit ihrem erdrückenden Gewichte lastet.

Lotto, der Sohn des konservativen Venedig, warf sich zum Bannerträger der großen kirchlichen Vergangenheit auf. So erklärt sich der seltsame Archaismus seiner frühen Werke. Die Giorgione, Tizian und Palma wurden, als er seine Thätigkeit begann, noch als fremde Eindringlinge betrachtet. Selbst Giovanni Bellini galt als Abtrünniger der religiösen Kunst, die seine Vorgänger, die Muranesen, noch in ihrer Majestät und byzantinischen Feierlichkeit begriffen. An diese klammert daher Lotto sich an. Er sieht im 16. Jahrhundert zu Tizian und Giorgione ebenso wie im 15. Crivelli zu Bellini. Sein Ideal ist Alwise Vivarini, der letzte Ausläufer der alten Schule von Murano, der in den Tagen des Giovanni Bellini noch einmal das Evangelium der Weltentsagung, das Evangelium des Byzantinismus kündete.

Die Bilder in Neapel, der Borghesegalerie und Asolo sind die hauptsächlichsten Dokumente seines muranesischen Stils. Cima, der Bellinischüler, hatte den Thron Marias statt in ernster Kirchennische in freier Landschaft errichtet. Bellini schon, sein Lehrer, hatte mit der alten Form der Flügelaltäre, den Predellen und Lünetten gebrochen, seine Altarbilder als einfach monumentale Tafeln im Sinne des Cinquecento behandelt. Giorgione hatte einen weiteren Schritt gethan, der Madonna nicht die Demut der Gottesmagd, sondern den Liebreiz des irdischen Weibes gegeben. Nichts von alledem bei Lotto. In einer Kirchennische von ernst düsterer Architektur, streng in der Mitte steht der Thron Marias. Oder auf kleineren Bildern wachsen die Gestalten aus dem Nichts, aus schwarzem Hintergrund hervor. Stets hält er an der mittelalterlichen Form des Flügelaltars und der Predellen fest. Ernst, von unnahbar byzantinischer Hoheit ist Marias Ausdruck, finster und schreckhaft das heilige Gefolge, das sich um ihren Thron vereint. Die wilden Wüstenmenschen Castagnos und des alten Donatello, die asketischen Einsiedler und fanatischen Bußprediger des Savonarolajüngers Botticelli feiern in Lottos Werken ihre Auferstehung. Namentlich die Leargestalt des greisen Onofrius auf dem Bilde der Galerie Borghese wirkt wie ein Nachklang aus der aufgerüttelten Zeit, als der greise Donatello die wilden Reliefe im Santo von Padua schuf, als Zoppo und Schiavone, Tura und Bartolommeo Vivarini ihre herb zelotischen Bilder malten.

Unterdessen war Alwise Vivarini gestorben. Keiner arbeitete mehr in Venedig, im Sinne der alten Zeit, und allein zu stehen fehlte Lotto die Kraft. So erklärt sich die brüske Wandlung, die er plötzlich durchmacht. Er suchte, nachdem die muranesische Kunst ins Grab gesunken, nach anderen Vorbildern, die über jeden Zweifel erhaben wären. Keine Kunst konnte kirchlicher, fester begründet sein, als die, der der Statthalter Christi selbst seinen Segen gab. So macht er sich auf und pilgert nach Rom. Nicht in die ewige Stadt, die Stadt der Antike, sondern in das Centrum der Christenheit. Die römischen Ideale, die der Papst billigt, sollen die seinen werden. Doch nachdem er vier Jahre lang, von 1508/12 in der Nähe Rafaels gearbeitet, ist das Ergebnis das nämliche wie zwanzig Jahre vorher bei Savonarola. Gerade das, was er in Rom sah, hatte den reformatorischen Eifer des Dominikanermönches entzündet. Der Libertinismus, der an heiligster Stätte herrschte, bestärkte ihn in dem Glauben, daß ein neuer Prophet kommen müsse, die Kirche vor dem Untergang zu retten. So fühlte auch Lotto gerade im Verkehr mit den römischen Künstlern, daß an der christlichen Kunst, wie man sie dort betrieb, gar nichts Christliches war, daß sie dem, was einst die Kirche verehrt, noch viel ferner stand, als all jene Werke der Bellini, Tizian und Giorgione, die er zu Hause mit so ängstlichen Augen betrachtete.

Das Bild des heiligen Vincenzo Ferrer, das er für den Altar von Recanati malt, ist wie ein Blitz der Gegenreformation, der in die venetianische Renaissance hereinzuckt. Nicht nur das Thema kündigt den Geist des Ignatius von Loyola an. Denn Vincenzo Ferrer ist ein Heiliger, den die Spanier als apokalyptischen Propheten verehren. Auch der düster mönchische Zug, die aufgerüttelte Wildheit des Bildes hat mehr mit Zurbaran als dem Cinquecento gemein. Im Bartolommeoaltar von Bergamo hat sich sein Empfinden wieder beruhigt. Keine Kampfstimmung, sondern milde Resignation ist über das Werk gebreitet. Lotto hatte, wie es scheint, einen Halt gefunden in einer kirchlichen Bewegung, die sich gerade damals vollzog. Schon während des Pontifikates Leos X. hatte eine Art Freimaurerbund sich gebildet, dem vornehme Herren und feingebildete Frauen aus allen Teilen Italiens angehörten, »schöne Seelen«, die ebenso unbefriedigt von der heidnischen Philosophie wie von den Formen des offiziellen Kultus sich zu einem »Pantheistischen Christentum« bekannten. Ist Lotto Mitglied dieser »Vereinigung der göttlichen Liebe« gewesen? Man möchte es glauben in Anbetracht der Werke, die er in den nächsten Jahren (1515 – 1524) schuf, als Bergamo, das stille Bergamo sein Wohnsitz geworden. Denn der Grundzug dieser Bilder ist ein pantheistisches Christentum. Er empfindet eine Leibesgemeinsamkeit mit allem Seienden. Die Natur, die ihm vorher im Sinne der Muranesen etwas Gottloses gewesen, die verfluchte Schädelstätte, auf der das Kreuz des Heilandes stand, wird ein vom Finger Gottes geschriebenes Buch, die große Allmutter, der Mensch und Tier, Baum und Blume ihr Dasein danken. Eine neue Religion hat sich ihm aufgethan, die an Spinoza anklingt oder an die ersten begeisterten Tage des Franziskanerordens, als der Heilige von Assisi, in Reaktion gegen die starre Scholastik, das Evangelium der Liebe verkündete, die Liebe zu Gott auf die ganze Welt übertrug, Christus und Maria, die Menschen und Tiere, die Pflanzen und die Sterne am Himmel als seine Brüder und Schwestern bezeichnete.

Deutlich zeigt sich die Wandlung seiner Anschauungen im Madonnentypus. Bei den Muranesen war Maria finster und abwehrend. Bellini malte die Sibylle der Savonarolazeit, die mit großen Augen traurig ins Leere starrt, Tizian die feierliche Königin des Himmels. Bei Lotto ist sie nun die selige Mutter, die mit ihrem Knaben kost, in strahlendem Mutterglück ihre Wangen an die des Kindes preßt. Bilder, wie das Dresdener, enthalten für die Kunstgeschichte nichts Neues, denn ähnliches hatten Leonardo und Correggio gemalt, sind aber neu für die Malerei Venedigs, die der Madonna stets etwas willenlos Apathisches gegeben, zärtliches Mutterglück noch nicht gekannt hatte. Auch der Gegensatz von Reichtum und Armut ist überwunden. In den älteren italienischen Madonnenbildern ist Maria entweder seelenvoll, dann ist sie das arme Mädchen. Oder sie trägt kostbare Gewänder, dann ist sie hochfahrend, stolz. Lottos Madonnen sind reich gekleidet, Perlen schmücken ihr Haar, weiß und zart ist die Hand. Doch auch sie vibrieren von Gefühl. Nicht unter einem Bettlergewand nur, auch unter seidenem Mieder kann ein zärtliches Herz schlagen, die Liebe Gottes sich regen.

Diese Liebe überträgt sich auf die Landschaft. Nicht mehr in einer Kirche thront Maria. In Gottes freie Natur ist sie versetzt. Weit und grenzenlos dehnt die Landschaft sich aus, von Strömen durchzogen, die ins ferne Meer sich ergießen. Und wie er in einem einzigen Bild die ganze Unendlichkeit des Alls zu malen sucht, bringt er dem Kleinen, den zarten Gebilden der Pflanzenwelt eine Beobachtung wie kein gleichzeitiger Venezianer entgegen. Da ragt ein Rosengebüsch voller Blüten über die Mauer herab. Dort bildet eine dichte Jasminwand den Hintergrund. Oder Blütenzweige sind über den Boden verstreut. Sind Innenräume dargestellt, malt er wie ein holländischer Stilllebenmaler die Becher und Bücher, die Leuchter und Kannen. Feines Licht durchzittert wie mit überirdischen Harmonien den Raum. Selbst seinen Fresken giebt dieser pantheistische Zug ein neues Gepräge. Während sonst die italienische Freskomalerei etwas großzügig Monumentales, den feierlichen Charakter des Wandteppichs wahrt, leugnet Lotto die feste Wand, giebt weite Ausblicke auf sonnenbeschienene Straßen und Plätze, wo hohe Häuser sich erheben und Menschen in alltäglichem Verkehre wandeln. Und während die anderen Meister ihre Werke architektonisch durch Friese und Pilaster begrenzen, sieht Lotto von jeder bildmäßigen Umrahmung ab, läßt – wie die Japaner in ihren Holzschnitten – nur Zweige von Weintrauben und Kirschen mitten in die Felder hereinragen.

Auch als Bildnismaler schlägt er Töne an, die man von keinem italienischen Porträtisten vernimmt. Alle anderen Porträts des Cinquecento sind feierliche Repräsentationsbilder. Die Menschen lassen sich nicht gehen, sondern geben sich so würdevoll, als fühlten sie die Augen der Welt auf sich gerichtet. Solche Leute, die in der Welt eine Rolle spielten, gab es in dem kleinen Bergamo nicht. Oder sie waren kein Verkehr für den stillen Lotto. Nur solche, die ihm lieb und wert geworden, bat er zu sich ins Atelier. Schon dadurch unterscheiden sich seine Bildnisse von denen Rafaels oder Tizians. Während wir sonst das Italien des Cinquecento nur aus Bildern repräsentierender Männer kennen, malt Lotto Arbeiter des Geistes, eine Menschheit, die in Denken und Fühlen uns näher steht. Die dekorative Erscheinung ist ihm gänzlich gleichgültig. Er zeigt sie nicht, wie sie in der Welt sich bewegen, sondern wie der Mensch ist in jenen Stunden, wenn er Einkehr in sich selbst hält. Und er beschränkt sich nicht darauf, in ihren Mienen zu lesen, ihnen wie ein Beichtvater alle Geheimnisse zu entlocken. Oft ist es, als wollte er ihnen Ratschläge erteilen, sie beschwören und warnen: so wenn er dem Jüngling der Borghesegalerie einen Totenschädel unter Rosen- und Jasminblättern beigiebt oder auf dem Bilde des nervösen Mannes der Galerie Doria eine Grabplatte anbringt und darauf das Lebensalter des Dargestellten »38« wie die Inschrift eines Leichensteines notiert. Das Weib ist der Vampyr, der den Männern das Lebensmark aussaugt. Dieser Gedanke scheint durch seine Gruppenbilder zu gehen. Man betrachte etwa auf dem Londoner Werk das messalinenhafte Weib mit dem harten kalten Blick, und daneben den bleichen Mann mit den zitternden Händen, der so resigniert, so müde vor sich hinschaut.

Das wunderbare Bild des Palazzo Rospigliosi, das – wohl mit Unrecht – der Triumph der Keuschheit genannt wird, steht am Ende dieser ruhigen Schaffenszeit, die er in Bergamo verbrachte. Fünfzig Jahre ist er alt geworden und hat noch so wenig gesagt von dem, was den Jüngling durchzitterte. Er muß die Welt wiedersehen, sich unterrichten über das, was dort die Künstler bewegt. So macht er sich auf, zieht eine Zeit lang in den Marken umher, ist 1527 beim Sacco di Roma in der ewigen Stadt und kommt 1529 nach Venedig.

Zunächst war der Erfolg nur der, daß, was er um sich sah, sich in seinen Bildern zu einem seltsamen Potpourri verband. Er, der Grübler und Denker, ahmt Palma nach und wirft sich dem Tizian zu Füßen. Da aber scheint das Schicksal ihm günstig. Die reformatorische Bewegung begann. Neben den milden, versöhnlichen Contarini, der schon vorher für die Reform gearbeitet, stellte sich der finstere Neapolitaner Caraffa, der 1527, nach der Plünderung Roms, seine Wirksamkeit nach Venedig verlegte. In dem Garten neben dem Kloster San Giorgio Maggiore versammelten sich die Freunde allwöchentlich bei dem Abt Cortese. Gleichmäßig war der Adel, die Gelehrtenwelt, die Geistlichkeit vertreten. Nach Venedig blickten mit stiller Hoffnung alle, die eine Reform der Kirche ersehnten. Eine Reform der Kunst war zugleich beabsichtigt. Die rituell starren Formen der Byzantiner wurden von Caraffa den Malern wieder als wahrster Ausdruck kirchlich feierlicher Frömmigkeit empfohlen. So kommt in Lotto plötzlich ein ähnliches Kraftbewußtsein, wie es Botticelli fühlte, als Savonarola die Ideale seiner Jugend bestätigte. Auch er will predigen, auch er kämpfen. Er hat ein festes Ziel, einen Grund seines Schaffens gefunden! Begeisterung und Pathos durchglüht seine Werke: mächtige Bischofsgestalten, Kreuzigungen, Madonnen.

Doch vorläufig war der Paganismus noch stärker als Christentum. Contarini wurde von seinen Anhängern verlassen. Tizian, der in einigen Werken sich zum Christen bekannt, ging wieder seinen alten hellenischen Weg. Für Lotto bedeutete das den Zusammenbruch seiner Hoffnungen. An die allerältesten Meister klammert er hilfesuchend sich an: malt die Kreuzigung in Mailand, die düster wie ein Nachklang des Trecento anmutet, die Mailänder Pietà, die in ihrem grimassierenden Schmerz an Crivelli streift, das Altarbild von Ancona, das barocke Wildheit mit muranesischem Archaismus eint. Das Altarwerk der Kirche San Giovanni e Paolo – menschliche Hände, die in zitterndem Heilsverlangen wie auf Lempoels' »Schicksal« sich emporrecken – schenkt er den Mönchen, damit sie ihn kostenlos begraben. Hieronymus, der Greis, der aus dem Weltgetümmel schied, bemächtigt sich wieder seines Geistes. Auch er will nichts mehr mit dem Profanen gemein haben, will fern von der Welt in einem stillen Winkel sich einnisten und als Eremit seine Tage beschließen. So verlost er den Bestand seines Ateliers – ein Bild der rationalen Seele, ein Bild des Kindes, das das Kreuz trägt, ein Bild des Kampfes zwischen Kraft und Glück – und zieht nach Loreto, wo er bei den Mönchen sich einkauft. Hier an heiliger Stätte starb Lotto als Märtyrer seines Glaubens. Er war gescheitert, weil sein Losungswort zu früh kam. Der Geistesrichtung, die in seinen Werken sich ankündigt, gehörte gleichwohl die Zukunft.

14. Tintoretto

Im Jahre 1545 schrieb Pietro Aretino, der venetianische Litterat, an Michelangelo einen seltsamen Brief. Er mißbillige als Christ die Freiheiten, die sich der Meister bei der Behandlung des Jüngsten Gerichtes genommen. Welcher Skandal, daß ein solches Werk im größten Tempel der Christenheit, auf dem Hauptaltar Jesu stehe, in der heiligsten Kapelle der Welt, täglich vom Stellvertreter Christi betrachtet. Die Heiden selbst hätten eine Diana oder Venus schamhaft dargestellt. Michelangelo halte nicht *das* für nötig, deshalb passe sein Bild in eine Badestube, nicht in eine Kirche. Es sei eine Blasphemie, den himmlischen Vater als Jupiter, die Heiligen als antike Heroen darzustellen, die Madonna zur Liebesgöttin, die christlichen Märtyrerinnen zu Hetären zu machen.

Daß dieses Schreiben aus Venedig kam, ist bezeichnend. Das alte, starre, byzantinische Venedig schickt sich an, bestimmend in den Entwicklungsgang der italienischen Kunst einzugreifen, auf die Renaissance des Altertums wieder die Renaissance des Mittelalters folgen zu lassen.

Noch immer war die Zeit nicht reif. Wie im 15. Jahrhundert erst Ghirlandajo auftreten mußte, bevor Savonarola erschien, mußte das 16. Jahrhundert bis an die äußerste Grenze in der Verweltlichung des Kirchlichen gehen, bevor die Reaktion einsetzen konnte. Und der Ghirlandajo des 16. Jahrhunderts kam. Ein Fremder, aus Verona nach der Lagunenstadt gekommen, *Paolo Cagliari*, wurde der Festmaler Venedigs. Der weltliche Geist des Cinquecento feierte in seiner glitzernden Kunst den letzten höchsten Triumph.

Ein alter Schriftsteller beschreibt ein Fest, das der venetianische Senat Heinrich III. gab. 200 der schönsten Gentildonne, ganz in weiß gekleidet, mit Perlen und Diamanten bedeckt, empfingen ihn, so daß der König meinte, in ein Reich von Göttinnen und Feen zu treten. Paolos Malereien im Dogenpalast sind von ähnlich feenhafter Pracht. Da entfaltet sich die ganze Herrlichkeit Venedigs. Abgesandte des Volkes begrüßen den Dogen, schöne Frauen lächeln von Marmorbalustraden hernieder. Kavaliere auf prächtigen Rossen sprengen daher. Auch Allegorien, die Treue, das Glück, die Milde, die Mäßigung, die Wachsamkeit, die Vergeltung soll man sehen. So steht es im Bädeker, aber aus den Bildern sieht man es nicht. Denn Veronese malt nur schöne Frauen. Giebt er der einen ein Lamm, heißt sie Sanftmut. Giebt er der anderen einen Hund, heißt sie Treue.

Vorher hatte er schon die Villa Masèr dekoriert, und auch diese Bilder, trotz ihrer Titel, sind keine frostigen Allegorien. Landschaften zwischen jonischen Säulen ziehen das Auge in die Ferne hinaus. Nackte mächtige Gestalten in kühnen Stellungen füllen Nischen und lagern auf Simsen: Venus, von Grazien und Liebesgöttern umspielt, Bacchus, von fröhlichen, weinlaubbekränzten Faunen umringt. Christliches und Heidnisches, Nacktes und Bekleidetes, mischt sich durcheinander. Amoretten, schöne Frauen, Genien und Bacchanten, Götter und historische Figuren, Prachtgeräte, Geschmeide und glanzvolle Stoffe häuft er zu prunkvollen Stillleben zusammen. Die olympische Heiterkeit des Cinquecento, in nichts angekränkelt von der Blässe des Gedankens, spricht ihr letztes Wort.

Damit ist auch gesagt, was man *nicht* bei ihm suchen darf. Veronese ist ein geistvoller Dekorateur, ein Improvisator von beneidenswerter Leichtigkeit. Er ist ein Maler von großem Feingefühl. Denn es ist festlich rauschend, dieses Rot, das wie eine Jubelfanfare die silbergrauen Harmonien seiner Bilder durchtönt. Aber man denkt vor seinen Werken nicht, man träumt auch nicht, man sieht nur. Veronese scheint auf die Welt gekommen, um zu beweisen, daß der Maler gar keinen Kopf und kein Herz, sondern lediglich eine Hand, einen Pinsel und einen Farbentopf braucht, um alle Mauern der Welt mit Oelfarbe zu bekleiden. Seine Tafelbilder enthalten die Ergänzung zu dem, was er als Wandmaler leistete. Während bei Carpaccio ein scharfer Unterschied zwischen seinen dekorativen und seinen übrigen Bildern herrscht, wäre es vergeblich, bei Veronese solche Grenzpfähle zu errichten. Da sind Stillleben mit Sammetportièren und knisternden Brokatroben, aus denen ein Frauenkopf auftaucht. Das sind die Damenbildnisse Verones. Oder mächtige Frauenkörper in schwerem, goldig flimmerndem Damast, das blonde Haar mit Diamanten, den Nacken mit funkelnden Ketten geschmückt. Venus oder Europa lautet die Unterschrift. Malt er Katharina, die zarte Braut des Himmels, so ist sie eine animalische Schönheit in rubinbesätem Kleid, Perlen um den weißen Hals und in das blondgefärbte Haar gewunden. Malt er Maria, so ist sie nicht die Gottesmagd, auch nicht die Königin des Himmels, sondern eine Dame von Welt, die mit verbindlichem Lächeln den Huldigungen ihrer Kavaliere lauscht. In leichtem rotseidenem Morgengewand empfängt sie den Engel der Verkündigung und hört ohne Ueberraschung – sie weiß es ja vorher – seine Worte. Bei der Grablegung weint sie nur, um die Dehors zu wahren.

Jene üppig festlichen Soupers, denen er den Titel »Gastmahl bei Levi«, »Hochzeit zu Kana« oder »heiliges Abendmahl« gab, sind besonders berühmt. Eine festliche Tafel ist in prunkvoller Säulenhalle errichtet. Man sieht Freitreppen und Marmorkolonnaden, sieht Kellner mit silbernen Platten und krystallenen Weinkaraffen geschäftig sich bewegen, sieht Musikanten auf festlich geschmückter Balustrade die Tafelmusik besorgen, sieht Damen und Herren Venedigs, berühmte Maler und Fürstlichkeiten in Galakostüm zu einem Zweckessen vereinigt. Veronese war ein glücklicher Mensch. Ueberall, wohin er kommt, ist Glanz und Freude. Ueberall lächeln schöne Frauen, überall ist ein *Maître d'hôtel*, der die feinsten Dinge bereitet. Keine Not kennt er, nur Reichtum, keine Hütten, nur Paläste, keine Entbehrung, nur Genuß. Selbst ein Jenseits, dem ein Weltgericht vorausgeht, kennt er nicht, sondern steht mit beiden Füßen auf der Erde, kann sich nicht denken, daß das Abendmahl etwas anderes als ein Souper bedeute.

Ganz so hatte 100 Jahre vorher Ghirlandajo gemalt, und die nämliche Reaktion erfolgte. Am 18. Juli 1573 hatte Veronese wegen des Abendmahls, das heute im Louvre hängt, ein schweres Verhör vor dem Inquisitionstribunal zu bestehen. Lotto war noch als Märtyrer gestorben. Jetzt erscholl ein schrilles Signal. Venedig erinnerte sich seiner alten Traditionen. All das, was die eingewanderten Fremden von Giorgione bis auf Veronese geschaffen, war keine venetianische Kunst. *Tintoretto* – gleich Crivelli und Lotto geborener Venetianer – trat dem heitern Veroneser als der schwarze Ritter des Mittelalters, der dunkle Priester einer düsteren Kunst entgegen.

Jacopo Robusti war zu dieser Rolle, dem finsteren Glaubenspathos der Gegenreformation den ersten Ausdruck zu prägen, durch sein ganzes Wesen berufen. Als ein stürmischer exaltierter Geist, eine feurig leidenschaftliche Natur wird er geschildert. Wenn er Aretino einlädt, in sein Atelier zu kommen und wegen einer Kritik, die er früher geschrieben, ihm die Pistole unter die Nase hält, so zeigt dieser Zug den Vorläufer jenes wilden Geschlechtes, dem die Caravaggio und Ribera angehörten. Auch die bekannte Scene, wie er bei Lampenlicht seine tote Tochter zeichnet, kündigt die Zeit an, der Beatrice Cenzi das Gepräge gab. Und sieht man im Hofe des Dogenpalastes seine Büste, jenen Kopf mit der gefurchten Stirn, den hohlen Wangen und den tiefliegenden, starr herausblickenden Augen, so versteht man gleichfalls, wie die verzehrende Leidenschaft, die Morguestimmung seiner Bilder im Wesen dieses Mannes begründet war.

Wie alle anderen Venetianer der Zeit war Tintoretto aus dem Atelier Tizians hervorgegangen und wirkt in seinen frühen Bildern als Meister der Renaissance. Seine Empfindung ist ruhig, leuchtend und goldig die Farbe. Die strahlende Nacktheit junger Frauenleiber malt er, beobachtet das Spiel der Lichtreflexe, die weich einen zarten Rücken umkosen, giebt durch märchenhafte Landschaften den Bildern festlich magischen Glanz. Zu den Werken dieser Zeit gehört die Wiener Susanne, die schlanke Andromeda in Petersburg und die Venus in Florenz. Es gehört dazu das schönste Stück, das wir in Deutschland haben, das Gastmahl der Martha in der Augsburger Galerie. Und seine Darstellung der Fußwaschung bezeichnet in ihrer heiteren Renaissancestimmung wohl den Höhepunkt dessen, was Tintoretto als weltlicher Künstler schuf. Sonne durchflutet den Saal. An mächtigen Säulenreihen vorbei, blickt man auf schimmernde Prachtbauten und den glitzernden Spiegel der Lagunen.

Wie hier mit Veronese, berührt er in seinen Bildnissen sich mit Tizian. Wohl ist er einseitiger als dieser. Während in Tizians Bildnissen die schönsten Frauen Venedigs vorüberziehen, kommen bei Tintoretto wenig Frauen vor, oder wenn er sie malt, sind sie derb und männlich, massig und schwer. Nur seine Dogen- und Prokuratorenbilder – er war offizieller Maler der Signoria – zeigen ihn in seiner Größe. Auch hier unterscheidet er sich von Tizian durch brutale

Sachlichkeit. Tizian sucht schöne Posen und schöne Bewegungsmotive, giebt auch dem Hintergrund durch Säule und Vorhang eine festlich dekorative Wirkung. Tintoretto bringt höchstens ein Wappen im Hintergrund an; die schöne Pose ist schon dadurch ausgeschlossen, daß er nie ganze Gestalten, höchstens Kniestücke malt. Selbst die Hände, denen Tizian so viel Aufmerksamkeit schenkte, ordnet er wie Lenbach dem Kopfe unter. Entweder er steckt sie in dänische Handschuhe, oder fertigt sie mit wenigen Strichen ab. Und durch diese Vereinfachung – auch dadurch, daß er nie vorübergehende Züge, nur die Amtsmiene malt – wirkt er noch wuchtiger, noch monumentaler als Tizian. Velasquez hat viel von Tintorettos Senatorenbildnissen gelernt.

Als Vorläufer des Frans Hals erscheint er in den Gruppenbildern. Er als erster malte Bilder, die, für öffentliche Gebäude bestimmt, im Sinne der holländischen Regentenstücke eine Anzahl Amtsgenossen zu einer Gruppe vereinen. Nur stellten die Holländer, um Zusammenhang in die Figuren zu bringen, die Leute schmausend dar, während die Nobili des Tintoretto viel zu stolz wären, sich dem Volk in angeheiterter Stimmung zu zeigen. Ohne Zusammenhang miteinander, ohne aus sich herauszugehen, finster und zugeknöpft stehen sie da, ein Stück spanischen Grandentums auf italienischem Boden.

Doch den eigentlichen Tintoretto, den reisigen Werkmeister der wild fanatischen Kunst, die die nächsten Jahrzehnte beherrschte, lernt man erst in seinen Kirchenbildern kennen. Es ist, als überziehe plötzlich eine schwarze Wolke den hellen Himmel der venetianischen Kunst. Statt der rauschenden Festmusik Veroneses erschallen Leichenmärsche und schrille Trompetenstöße. Statt der lächelnden Frauen sieht man blutige Märtyrer und bleiche Asketen.

Tintoretto hat, um der Maler der Gegenreformation zu sein, eine ganz neue Technik sich geformt. Hatten die anderen Venetianer den nackten Körper nur ruhig dargestellt, so lernte er ihn in den kühnsten Bewegungen beherrschen. Er studierte Michelangelo, erwarb sich am Seciertisch die Kenntnis, welche äußerste Muskelleistung er seinen stürmisch bewegten Figuren zutrauen dürfe. Auch die vollen klassischen *Formen* des Tizian waren nicht geeignet für diese nackten Körper, die, von Glaubensglut durchflammt, sich wie hektisch krümmen und winden. Kein übermäßiges Fleisch durfte die Menschen phlegmatisch machen, sie im excentrischen Pathos ihrer Gebärden hemmen. Darum bringt er einen neuen, hager langgestreckten Typus in die venetianische Malerei. Namentlich seine Frauen mit den grünlich blassen Zügen und den umränderten Augen, die unheimlich wie aus schwarzer Tiefe herausfunkeln, haben nichts mehr mit dem weichen Formenideal seiner Jugend gemein. Die Farbe verstärkt noch die aufgerüttelte Stimmung. Tintoretto irrte, wenn er über seine Atelierthür schrieb: »Die Zeichnung des Michelangelo, das Kolorit des Tizian«. Denn Tizians Farbe gleicht der eines schönen, ruhigen Herbsttages, wenn alles in saftigen harmonischen Tönen leuchtet, wenn die Sonne, bevor sie untergeht, noch einmal ihr gleichmäßiges warmes Licht über die Erde breitet. Vor Tintorettos Bildern denkt man an keinen Herbsttag, man denkt an eine unheimliche Nacht, wenn die Blitze zucken oder die Flammen lodernder Autodafés rauchend zum Himmel steigen. Da liegen ganze Partien in tiefem Dunkel, dort sind andere durch grünlich bleiche, grelle Lichter gespenstisch erleuchtet. An die Stelle der farbensatten Harmonien der Renaissance hat er die düstere Skala der Barockzeit gesetzt. Die Nacht des Mittelalters tritt der hellen Klarheit hellenischen Geistes gegenüber.

Das berühmte Bild der venetianischen Akademie, wie der heilige Markus einen Sklaven vom Opfertod befreit, ist die erste schrille Fanfare. Eine Scene, wie eine übernatürliche Kraft in den Gang der irdischen Dinge eingreift, das war ein Thema für Tintoretto. Kopfüber stürzt der Heilige herab, um in mächtiger Bewegung den Arm des Henkers zu packen. Magischer Lichtglanz strömt von ihm aus, wirft seine Strahlen auf Einzelnes, läßt anderes in tiefem Schatten. Auch eine symbolische Deutung liegt nahe. Die Päpste selbst in ihrem freigeistigen Heidentum waren die Henker der Kirche. Die Markusrepublik greift ein, die Kirche zu retten.

Dann die Fresken in der Kirche der Madonna dell'Orto: die Anbetung des goldenen Kalbes und das jüngste Gericht. Also ebenfalls der Geist der Gegenreformation, der nach einer Zeit der Abgötterei auf die Schrecken des jüngsten Tages hinweist. In wilder Bewegung, als sei schon zu lange gesäumt worden, stürzen die Engel auf Moses zu, ihm die Gesetzestafeln zu reichen.

Alle tektonischen Gesetze sind aufgehoben. Da Wolken und gähnende Leere, dort wild zusammengeballte Massen. Beim Tag des Weltgerichts ist die ganze Natur in Aufruhr. Das Meer tritt aus den Ufern und braust als totbringende Flut dahin. Wenige nur von den Auferstandenen, die zum Himmel streben, finden Gnade. Engel schleudern sie in die Tiefe zurück. Denn die ganze Welt hatte den Götzen des Heidentums geopfert, das Anrecht auf Erlösung verloren.

Die 56 Bilder der Scuola di San Rocco zeigen die ganze Größe und Kühnheit des dämonischen Künstlers. Hatte die Renaissance die Darstellung physischen Leidens vermieden, selbst über Märtyrerbilder lächelnde Ganymedstimmung gebreitet, so hat das Bild Tintorettos, wie der heilige Rochus Kranke heilt, schon jenen grausigen Naturalismus, den die Spanier später in solchen Darstellungen zeigen. Die Verkündigung, die auf dem Bild Veroneses von Maria wie eine gleichgültige Stadtneuigkeit entgegengenommen wird, giebt er mit einer Leidenschaft, als hätte er selbst der Welt die Wiedergeburt des Heilandes zu künden. Für die Kreuzigung findet er, um die Stimmung zu steigern, Effekte, die erst die Panoramamalerei des 19. Jahrhunderts weiter ausbildete. Zwei Welten prallen mit Cagliari und Robusti aneinander. In des Veronesers Bildern klingt die Schönheit, Heiterkeit und Lebenslust des Renaissancegeistes aus. Tintoretto wies durch seine düster machtvollen Werke der Kunst des 17. Jahrhunderts die Bahn.

15. Die Spanier

Als mächtige Bundesgenossen traten den Venetianern die Spanier zur Seite. Es ist kein Zufall, daß die Senatorenbilder des Tintoretto an Valesquez erinnern; kein Zufall, daß der letzte große Meister Venedigs, Tiepolo, in Madrid starb. Denn es besteht eine geistige Verbindung zwischen der Stadt der schwarzen Gondeln und dem Lande der schwarzen Priester. Wenn die Kunstgeschichte nur mit geistigen Faktoren rechnete, wäre den Spaniern überhaupt der Platz *vor* den Venetianern einzuräumen. Denn von hier ging die Bewegung aus. Legat in Spanien war Caraffa gewesen, bevor er 1527 nach Venedig ging. Von hier brachte er jene starren, gregorianischen Principien mit, die in der Vernichtung der Ketzer, der schonungslosen Reinigung der Kirche durch die Rückkehr zur Zucht des Mittelalters gipfelten. Schwarze, düstere Gestalten sitzen auf dem Throne des Landes, Könige, die nicht mit den Insignien ihrer irdischen Macht, sondern in der braunen Dominikanerkutte sich begraben lassen.

Der Glaubenskampf war bei den Spaniern Tradition. So kämpften sie im 16. Jahrhundert gegen den Paganismus der römischen Kirche ebenso wie im Mittelalter gegen die Mauren. Ignatius von Loyola war der große Rufer im Streit. Durch ihn und durch seine Schöpfung, den Jesuitenorden, wurde der mächtigste Anstoß zu der großen Bewegung gegeben, die seitdem über die Länder ging. War die Religiosität der römischen Kirche ein verschleiertes Heidentum, so war Spanien das Land der aufgerüttelten Mystik, die nirgends in so abenteuerlichen Formen wie hier sich äußerte. In Italien, zur Zeit der Katharina von Siena rein contemplativ, ist sie in Spanien ein System der Selbstbetäubung, eine Technik, sich durch äußere und innere Kunstgriffe in einen Zustand zu versetzen, in dem man der Gottheit, dem Übersinnlichen nahe kommt bis zur sinnlichen Vereinigung. In diesem Sinne schrieb 1521 Ossunna sein »Abecedario espiritual«, eine Unterweisung, wie man zu völliger Gemeinschaft mit Gott gelangen könne. Ihren klassischen Ausdruck fand die religiöse Hysterie in den Schriften der heiligen Theresa. Solange hat nach ihrer Lehre der Mensch sich in die geistige Anschauung der Gottheit zu versenken, bis der Moment der Ekstase, der Verzückung kommt, das »unmittelbare Eintreten der Gottheit in die Seele«. Besonderen Wert legt sie darauf, daß in der Ekstase vollständige Willenlosigkeit den Körper ergreift. Erst wenn er in der Entzückung wie verstorben ist, kommt der »Sabbat der Seele«, der Vorgeschmack der Seligkeit. Die Empfindungen, die man dabei genießt, die »Wonnen des Gottesgenusses, an denen der Körper in so merklicher Weise teilnimmt«, werden mit raffinierter Genauigkeit beschrieben. Aehnliche Bahnen gingen Michael Molinos und San Pedro de Alcantara, der Bettelmönch, der nur noch aus Knochen und dunkelgebräunter Haut bestand und das Wenige von Schlaf, das er nicht sich abgewöhnen konnte, in seiner engen Zelle, sitzend verrichtete. Am Ende des Weges kamen diejenigen an, bei denen die Uebersinnlichkeit überhaupt in Sinnlichkeit umschlug.

Daß in der *Malerei* das specifisch spanische Element im 16. Jahrhundert noch nicht rein sich äußert, erklärt sich daraus, daß die Kunst mit schwereren handwerklichen Vorbedingungen als die Litteratur zu rechnen hat. Bis zum 15. Jahrhundert hatte die Malerei keine Heimstätte in Spanien gehabt. Erst der glänzende Empfang, den Jan van Eyck da fand, veranlaßte unternehmende Niederländer nach der pyrenäischen Halbinsel zu gehen. Und von diesen Fremden angeregt, begannen Einheimische der Malerei sich zuzuwenden. *Juan Nuñez, Antonio del Rincon, Velasco da Coimbria, Frey Carlos*, die während des 15. Jahrhunderts in Spanien und Portugal arbeiteten, sind strenge, gotische Meister, Anhänger jenes Stils, den in den Niederlanden Roger, in Deutschland Wohlgemuth vertritt. Noch im 16. Jahrhundert war in Sevilla ein Niederländer, *Peter de Kempeneer*, thätig, von dem auch in deutschen Sammlungen Madonnenbilder von düsterem Ernste vorkommen. Parallel mit ihm ging von Spaniern *Luis Morales*, der sich in seinem Stil mit Massys berührt. Ein schmerzlich leidenschaftlicher, herb asketischer Zug geht durch seine Werke. In den meisten zeigt er den Schmerzensmann, wie er unter der Last des Kreuzes zusammenbricht, an der Säule gegeißelt wird, oder unter der Dornenkrone sein Blut verströmt, in anderen die Schmerzensmutter, bald mit dem Leichnam des Sohnes im Schoße, bald in wilder Klage zum Kreuz emporblickend. Halbfigurenbilder wie bei Massys überwiegen. Archaisch eckig ist die Zeichnung der hageren, langgestreckten Gestalten. Man fühlt, daß der Meister sich absichtlich des alten Stils bedient, weil er ihm »frömmer« als der Renaissancestil scheint.

Die Porträtmalerei ist durch *Alonso Coello* und *Juan Pantoja de la Cruz* vertreten, Repräsentanten jenes Stils, der mit dem Namen Bronzino sich deckt. Wie bei dem Italiener ist die Zeichnung spitz und fein, die Behandlung des Schmuckes, der Kostüme sehr eingehend, die Farbe von einem feinen, blassen Grau. Nur haben dort die Herren den Degen, die Damen den Fächer. Am Hofe Philipps II. läßt niemand ohne Rosenkranz sich malen. Selbst die Bildnisse mahnen daran, daß man nicht im heidnischen Italien, sondern im Lande der Glaubenskämpfe sich befindet.

Spanien hat eine eigentliche Renaissance nie gehabt, den Göttern Griechenlands niemals geopfert. Wohl hielten mythologische Bilder Tizians im strengen Escorial ihren Einzug. Wohl pilgerten die Maler nach Italien, um dort ihre technische Ausbildung zu vollenden. Aber keiner hat einen antiken Stoff gemalt. Während die Schüler Rafaels und Michelangelos Heiden sind, halten die Spanier, obwohl formell Schüler der Italiener, ihren Glauben rein und malen mittelst der Renaissanceformen religiöse Werke: das tragische Pathos der Leidensgeschichte und die asketische Weltflucht verwitterter Eremiten, verzückende Visionen und gedankenschwere dogmatische Traktate. Bezeichnend ist sogar, daß sie fast nur nach Venedig gingen, das ein Bollwerk der Kirche geblieben war und die Ideen der Gegenreformation zuerst verkündete.

Juan Fernandes Navarete und *Vincente Carducho*, die an der Spitze der Madrider Schule stehen, bedienen sich in ihren Bildern italienischer Formen. Aber hinter Navarete stand, als er seinen »Christus in der Vorhölle« malte, kein Renaissancemeister, sondern der große Maler der Gegenreformation, Tintoretto. Carducho schuf in seinen Darstellungen zur Geschichte des Karthäuserordens schon eines jener Mönchsepen, wie sie später Zurbaran dichtete.

Der Hauptmeister von Toledo, *Domenico Theodocopuli* von Kreta, verdiente trotz Justis Untersuchungen einen neuen Biographen. Denn die »pathologische Entartung« des Greco scheint ein wichtiges Symptom der großen religiösen Gärung, die die Geister ergriffen hatte. Bilder von ihm, wie die Tempelreinigung, in denen er als Venetianer sich giebt, können wenig sagen, obwohl das Thema gewiß in Zusammenhang steht mit der »Tempelreinigung«, die damals von Caraffa und Loyola ausging. Doch in dem Werk, mit dem er in Spanien sich vorstellte, der Entkleidung Christi auf dem Calvarienberg, hat er von Tizian sich befreit und erscheint nun wie ein Wilder, der mit der ungestümen Kraft des Naturmenschen in die Kunstwelt eintritt. Eine Sammlung herkulischer Kraftgestalten giebt er, die wirklich aus Fleisch und Blut, aus barbarischem Mark und Bein bestehen. Das giebt auch seinem Bild der heiligen Dreifaltigkeit eine urwüchsige, brutale Größe. Und jenes Werk der Kirche San Toms in Toledo, auf dem ein Verein von Ordensrittern gravitätisch der Bestattung des Grafen Orgaz beiwohnt, dessen Leiche von zwei Heiligen in die Gruft gesenkt wird, während in der Luft Christus, Maria, Märtyrer und Engel schweben, ist in seiner schroffen Vereinigung von Wirklichem und Transcendentalem schon ein Vorbote jener Visionsmalerei, die das 17. Jahrhundert brachte. Unheimlich gespenstische Bilder von übertriebenen Linien und grausamer Färbung, Bilder, die in Wachsfarbe und Leichengrün ausgeführt scheinen, gingen später noch aus seinen Händen hervor. In allen erscheint er als ein urkräftiger, seltsamer Meister, der erst, wenn näheres über sein Leben bekannt ist, sich auch als Künstler erschließen wird. Als sein Schüler wird *Luis Tristan* genannt, der Nachtstücke mit geheimnisvollen Einsiedlern und büßenden Asketen malte. Ein grelles Oberlicht durchzuckt wie bei Tintoretto einzelne Partien der Bilder, während anderes schwarz in den dunkeln Hintergrund übergeht.

Von den Meistern, die in Valencia arbeiteten, soll *Vicente Juanes*, der Ueberlieferung nach, seine Ausbildung in der Rafaelschule erhalten haben. Doch obwohl man ihn den spanischen Rafael nannte, ist in seinen Bildern zum Martyrium des heiligen Stephanus wenig Rafaelisches enthalten. Hart und eckig sind die Bewegungen, bunt und brüsk die Farben. Köpfe von scharf jüdischem Gepräge malt er, ohne an ein Schönheitsideal sich zu kehren. *Francisco de Ribalta*, der nicht nach Rom, nur nach Oberitalien kam, fand im dortigen Kolorismus wahlverwandte Züge. Correggios Helldunkel zog ihn an, aber mit der Technik des lächelnden Italieners malt er düster spanische Stoffe: klösterliche Gestalten in weißer Kutte, Maria und Johannes, wie sie vom Grabe des Herrn heimwandeln, Lukas und Markus, die in einsamer nächtlicher Landschaft ihren Gedanken nachsinnen, die Grablegung Christi, ebenfalls als Nachtstück, mit flimmernden Sternen und mächtigen Engelsgestalten, die den bleichen Körper des Heilandes halten.

In Sevilla, wo *Pedro Campaña*, der Niederländer, gearbeitet hatte, lenkte *Luis de Vargas* als erster in die Bahnen des Cinquecento ein. Doch ein Renaissancemeister ist er ebenfalls nicht. Es ist nicht cinquecentistisch, daß in seine Anbetung der Hirten eine himmlische Erscheinung hereinragt, nicht cinquecentistisch, daß er den Ziegenbock und das Stroh mit der naturalistischen Freude Riberas malt. In seinem Hauptwerk, der »These von der Menschwerdung Christi« in der Kathedrale von Sevilla, sollen die Gestalten Rafael, Correggio und Vasari entnommen sein. Desto seltsamer ist, wie er diese Meister ins Spanische übersetzt und mit den entlehnten Formen ein streng dogmatisches, nie von einem Italiener gemaltes Thema bearbeitet. *Juan de las Roélas*, in Venedig bei Tintoretto gebildet und in seinem Beruf Kleriker, gab den Lieblingsstoffen der spanischen Devotion als erster die klassische Form. Die der Erde entrückte, auf dem Halbmond schwebende Gottesmutter, zu der ein Jesuit in schwärmerischer Verzückung aufblickt, ist sein hauptsächlichstes Thema. Auch in seinem Hauptwerk, dem Tod des heiligen Isidor, steht Irdisches und Ueberirdisches unvermittelt nebeneinander. Unten ein Mönchsstück, mit der Genauigkeit Zurbarans gegeben, oben Engel, die mit Palmen, Notenbüchern und Blumen durch den lichtgebadeten Aether flattern. *Francisco Herrera* ist außerhalb Spaniens durch das große Bild des Louvre bekannt, wie der heilige Basilius seine Lehre diktiert, lind sie sind mächtig wie Könige der Urwelt, diese Heiligen mit dem funkelnden Blick und der majestätischen Gebärde.

Die Spanier des 16. Jahrhunderts nehmen eine seltsame Doppelstellung ein. Als Techniker sind sie Schüler der Italiener. Sie grübeln viel – *Pacheco* und *Cespedes* namentlich – über die Ziele der »wahren Kunst«, bemühen sich – wie alle damals – um die Schönheitslinie und um edle Komposition. Aber der Geist, der in ihren Werken waltet, ist der des Jesuitismus. Man fühlt, daß eine Geistesrichtung sich ankündigt, der wieder die Zukunft gehörte. Venedig und Spanien, die Stadt der Byzantiner und das Land der Glaubenskämpfe, – diese beiden Mächte haben gegen den Willen der Päpste die Gegenreformation gemacht. Sie erinnerten Rom daran, daß es nicht nur die Stadt der Antike, auch die Stadt des heiligen Petrus sei. Und die Bewegung, die sich nun vollzog, ist eine »Hispanisierung der katholischen Kirche« genannt worden.

Geschichte der Malerei: Band 4

Inhalt

I. Italien.

1. Der Geist der Gegenreformation

»Die Götter im Exil« ist der Titel eines Heineschen Gedichtes. Er könnte auch als Überschrift über diesem Kapitel stehen.

In Leos X. Tagen hatten die Götter des antiken Olymp Besitz ergriffen vom christlichen Himmel. Man lebte und webte im Altertum, lebte so darin, daß die heiligsten Denkmale des christlichen Kultus neuen, antik gedachten Werken wichen. An der Stätte der alten Basilika von Sankt Peter ward ein Tempel nach den Maßen des Altertums, ein »in der Luft schwebendes Pantheon« errichtet. Mit den Meisterwerken der antiken Kunst war der Vatikan, das Wohnhaus des Papstes, gefüllt. Ein Kreuzzug, zu dem er aufforderte, galt nicht der Eroberung des heiligen Grabes. Man hoffte, griechische Codices in Jerusalem aufzufinden. Auch im Leben herrschte der Geist des Hellenentums, die genußfrohe Sinnlichkeit der Alten. Nicht die Apostelfürsten Petrus und Paulus, sondern die heidnischen Philosophen Pluto und Aristoteles wurden von Rafael als Herrscher des Geisteslebens gefeiert.

Nun zeigte sich die Kehrseite der Medaille. Immer drohender hatte die deutsche Kirchenreform sich verbreitet. Nicht in Deutschland nur, auch in England, den Niederlanden und Frankreich waren ganze Länderstrecken vom Protestantismus erobert. Selbst der Boden Italiens war unterwühlt. Dem mußte Einhalt geschehen. Die römische Kirche mußte ihr Leben so umgestalten, daß sie ihren Gegnern den Anlaß zum Tadel nahm und ihre eigenen Anhänger befriedigte. Nicht aus ihr selbst ging der Entschluß hervor. Von Venedig und Spanien wurde sie gedrängt. Doch seitdem der Mann, der das Signal zur Umkehr gegeben, – Caraffa selbst – als Paul IV. den römischen Stuhl bestiegen, wurde der alte Eid der Päpste: »Wir versprechen und schwören, die Reform der allgemeinen Kirche und des römischen Hofes ins Werk zu setzen« nicht mehr als Formel betrachtet. Der Renaissancegedanke hatte nicht die Kraft gehabt, die Völker zu beherrschen. Die Päpste erkannten wieder, daß das Christentum ihr einziger Halt, der Grund ihres Daseins sei. Reuevoll, mit gewaltsamem Ruck kehrte man zurück zu dem katholischen Ideal, das die Renaissance verleugnete. Auf das Epikuräertum folgt Fasten und Kasteiung. Auf die Heidenfreunde folgen die Ketzerrichter.

Anfangs sollten mit Gewalt, mit Eisen und Blut die feindlichen Elemente bezwungen werden. Der Jesuitenorden erhielt den Auftrag, im Sinn der alten Dominikaner-Theologie über die Geister zu wachen. Gerade damals hatte der Siegeslauf der Wissenschaft begonnen. Copernicus, Galilei, Cardanus, Telesius, Campanella, Giordano Bruno waren aufgetreten. Jetzt sorgen Verbannung, Scheiterhaufen und Folter dafür, daß der forschende Gedanke nicht zu hoch sich erhebt. Auch die Dichtung unterwarf sich der wieder alleinherrschenden Kirche. Torquato Tasso, der Sohn der Renaissance, endet im Kloster, wo er mit Geistererscheinungen Zwiesprache hält. Keine antiken Schriftsteller mehr, sondern Augustin und Thomas von Aquino beherrschen sein Denken.

Die Kunst erst recht schien anfangs aus dem neuen Weltsystem verbannt. Hatte man vorher mit religiöser Ehrfurcht die Werke des Altertums betrachtet, so galten sie jetzt wieder als heidnische Götzen. Sofern sie nicht zerstört oder von öffentlichen Plätzen entfernt wurden, trug man Sorge, sie in christlichem Sinne zu verändern. Eine Minerva, die vor dem Capitol stand, bekam statt des Speeres ein Kreuz, damit sie Rom, das christliche Rom bedeute. Von der Trajans- und Antoninssäule wurden die Urnen mit der Asche der beiden Kaiser entfernt und durch die Statuen des Petrus und Paulus ersetzt, worin der »Triumph des Christentums über das Heidentum« sich aussprechen sollte.

Strenger Kontrolle wurden auch die Werke der Renaissancemeister unterworfen und namentlich auf ihre Nuditäten geprüft. Michelangelos Jüngstes Gericht erhielt, da die Nacktheit anstößig erschien, jene Gewandfetzen, die es heute entstellen. In die Künstler selbst war solche Prüderie gekommen, daß sie zu Bußpredigern wurden. Ammanati, ein florentinischer Bildhauer aus der Zeit Leos X., bittet, »nachdem ihm die Gnade Gottes die Augen geöffnet«, den Großherzog Ferdinand, die nackten Götterstatuen, die er vor dreißig Jahren für den Garten des Palazzo Pitti geschaffen, durch Ueberkleidung in christliche Tugenden verwandeln zu dürfen, und mahnt 1582 »in bitterster Reue über die Irrtümer seiner eigenen Jugend« in einem offenen Briefe die florentinischen Künstler, »von aller Darstellung des Nackten abzusehen, damit sie Gott nicht verletzten und den Menschen ein schlechtes Beispiel geben«.

Unterdessen hatte das Konzil von Trient die für Kirchenbilder maßgebenden Gesichtspunkte festgestellt und den Bischöfen die Pflicht auferlegt, streng über deren Durchführung zu wachen. Andrea Gilli da Fabriano schrieb 1564 seinen »*Dialogo degli errori dei pittori*«, worin er den moralischen Wert der Fresken des Vatikans einer scharfen Kritik unterzog. Molanus 1570 dehnt in seinem Tractat »*de picturis et imaginibus sacris*« diese Aechtungen weiter aus. 1585 folgte der »*Trattato della nobiltà della pittura*« von Romano Alberti, 1751 der »*Figino*« des Gregorio Comanini. Und der »*Discorso intorno alle imagini sacre e profane*«, den der Erzbischof von Bologna, Gabriele Paleotti 1582 herausgab, zeigt besonders deutlich, welch kunstfeindlicher, zelotisch puritanischer Geist anfangs die Gegenreformation beherrschte.

Nur anfangs! Denn das ist der große Unterschied gegenüber dem bilderfeindlichen Protestantismus. Das ist der große Gedanke, den die katholische Kirche nie vergaß: sie wußte jederzeit die Kunst als mächtige Bundesgenossin der Religion zu schätzen. Nachdem man einen Moment daran gedacht, sie in Klammern zu legen, erkannte man sofort, auf welch unschätzbare Propaganda man verzichtet hatte. Statt sie zu verbannen, zog man sie heran. Statt sie zu unterjochen, begann man sie als wirksames Agitationsmittel zu verwenden, setzte dem kahlen, nüchternen Protestantismus den ganzen Pomp katholischen Festgepränges entgegen. Blendend, überwältigend sollte die Herrlichkeit der ewigen Stadt auf jeden wirken, der den heiligen Boden betrat. Hatte vorher die Kunst nur den Aristokraten des Geistes, den persönlichen Neigungen der Päpste gedient, so sollte sie jetzt die Massen bezwingen, die lockende Sirene sein, die die Zweifelnden in den Schoß der Kirche zurückführte. Ein nervöses Kunstschaffen beginnt plötzlich in allen Teilen Italiens. Nicht nur das moderne Rom bekam damals die Gestalt, die es bis zur Gegenwart bewahrte. Ueberall wird gebaut, gemeißelt, gemalt. Und die neuen Aufgaben zu lösen, war die ruhige, kalte, feierlich stille Kunst von vorher nicht fähig. Ein starker berauschender Trank mußte geboten, die stärksten Effekte mußten verwendet werben. Nur das Prunkvolle oder Derbe, plebejisch Handgreifliche konnte die Plebs gewinnen. So kommt in alle Zweige der Kunst ein neuer Geist.

War die Architektur des ausgehenden 16. Jahrhunderts reserviert und kühl, so ist die des 17. pomphaft, schwül, benebelnd. Nicht durch die Schönheit ruhiger Linien wirkt sie. Durch die gleißende Pracht des Materials blendet sie das Auge. Und auf die Nerven noch mehr trommelt sie los, Musik und Weihrauch als mächtige Helfershelfer verwendend. Wie von wildem Taumel ergriffen, bäumen und drehen sich die Säulen. Der Innenraum, früher gleichmäßig hell, scheint jetzt im Unendlichen zu verschwimmen. Hier strahlt alles in lichtem Glanz, dort ist mystischer Dämmer über düstere Kapellen gebreitet. Oben aber, wo ehedem eine flache Decke sich wölbte, scheint der Himmel sich aufzuthun. Engel, von goldenen Wolken getragen, stürmen daher. Versetzt man im Geist die Bilder des 17. Jahrhunderts in diese Umgebung, so versteht man sofort die Wandlung, die damals sich in Stoffen, Formen und Farben vollzog.

Hinsichtlich des Stoffgebietes ist die Wandlung die, daß dasjenige, was die Renaissance am meisten gemalt hatte, nun am wenigsten, dasjenige, was sie am wenigsten gemalt hatte, nun am meisten gemalt wird.

Am seltensten hatte das 16. Jahrhundert Märtyrerbilder behandelt. Die olympische Heiterkeit, die durch das Zeitalter ging, verweilte nicht gern bei schmerzlichen Dingen. Christus war der schöne Olympier, Maria die Himmelskönigin geworden. Eine Zeit, die so hellenisch dachte, wollte ihre Götter nicht bluten und leiden sehen. Das Tridentiner Konzil fand gerade an der Renaissancekunst verwerflich, daß sie den großen Opfermut der Märtyrer nicht eindringlich genug schilderte. Es sei die Aufgabe der Kunst, durch Darstellung der schrecklichen Qualen der Heiligen das dumpfste Herz zu erschüttern. Hatte die Renaissance die Genußfähigkeit des menschlichen Körpers gepriesen, so feiert die Gegenreformation also seine Kraft, zu leiden. Bilder des dornengekrönten Christus und der Mater dolorosa stehen im Mittelpunkt. Die Heiligenlegende wird nach den schauderhaftesten Blutthaten durchsucht. Gift, Dolch und Strang,

Schleifen, Würgen, Brennen – alles ist vertreten. Der heilige Andreas wird auf die Marterbank genagelt, der heilige Simon mit der Keule erschlagen, der heilige Stephanus gesteinigt, dem heiligen Erasmus werden die Därme aus dem Leib gewunden. Die ganze Technik der Folterkammer enthüllt sich; über alle Hilfsmittel der Inquisition wird man belehrt.

Wie die Darstellung des Leidens war im 16. Jahrhundert alles Mißgestaltete ängstlich vermieden worden. So viele Darstellungen von Zwergen, Idioten, Blinden, Leprakranken und Besessenen, in Charcots und Richers Buch über die »Darstellung der Verkrüppelungen und Krankheiten in der Kunst« aufgezählt sind, auf diese Zeit froher Sinnlichkeit entfällt keine. Jetzt werden wie in den Tagen Grünewalds und des alten Holbein Aussatz, Knochenfraß, Lahmheit, Blindheit, Wahnsinn mit frohem Behagen gegeben.

Auch die Darstellung des Alters hatte das 16. Jahrhundert nicht geliebt, selbst Heilige, wie den Wüstenprediger Johannes, zu strahlenden Epheben gemacht. Jetzt kommen massenhafte Bilder alter Propheten und Eremiten mit welkem ausgehungertem Leib, schlaffer, lederartiger Haut und derben verwitterten Formen. An Modellen war kein Mangel. Denn Paul IV. hatte, um lebendige Beispiele büßender Askese vor Augen zu stellen, die echten Eremiten, die wie zu Hieronymus' Zeiten auf den Klippen Dalmatiens hausten, nach Italien verpflanzt. Daß alle diese Bilder nur Brustbilder oder Kniestücke sind, ist ebenfalls bezeichnend. Das 16. Jahrhundert bevorzugte, da es schönen Bewegungsmotiven nachging, die ganze Figur. Jetzt genügt das Brustbild, da der Hauptnachdruck auf dem schwärmerisch verzückten Ausdruck des Kopfes liegt. Diese »Sehnsuchtshalbfigur mit den emporgerichteten Augen« war in allen Zeiten aufgerüttelten kirchlichen Lebens hervorgetreten. Perugino in den Tagen Savonarolas brachte sie zuerst. Dann kam – als die deutsche Reformation ihren Schatten über Italien warf – Rafael mit seiner Cäcilie, Tizian mit der Magdalena. In den Bildern der Gegenreformation ist die gleiche Stimmung, nur heftiger, leidenschaftlicher ausgedrückt. Die Reue (bei Petrus), inspiriertes Schreiben (bei den Propheten), die Kasteiung (bei Hieronymus) bieten immer neue Motive.

Am meisten hatte das 16. Jahrhundert antike Stoffe behandelt. All jene sinnenfreudigen Künstler fühlten zu den heiteren Scharen der Griechengötter weit mehr sich hingezogen, als zu den Gestalten des christlichen Kultus. Hier konnte die Liebe, hier der strahlende Glanz nackter Körper gefeiert werden. Die Gegenreformation meidet, zunächst wenigstens, streng alles Antike. Domenichino malt sogar den Hieronymus, wie er von den Engeln gezüchtigt wird wegen seiner Liebe für – Cicero. Freilich die Keuschheit ward trotz dieser Beschränkung auf biblisch legendarische Stoffe nicht größer. Im Gegenteil: statt der gesunden Sinnlichkeit, wie sie damals geherrscht, tritt eine perverse, hysterische Sinnlichkeit hervor. Der Aufenthalt im Venusberg hatte zu lange gewährt. Die Venetianer hatten ihre Venusbilder, Correggio hatte seine Io gemalt, die in Seligkeit zurücksinkt. Aehnliches malte man jetzt, nur daß man es christlich etikettierte. Was damals Venus hieß, heißt jetzt Magdalena; was damals Io hieß, heißt jetzt Therese. Auch Magdalene trägt die Reize ihres Körpers zur Schau, auch Therese küßt mit aller Liebesglut, deren ein Weib fähig. Aber Magdalenas Nacktheit erregt keinen Anstoß, denn sie bereut ihre Sünden. Und Thereses Küsse sind heilig, denn sie preßt sie auf keine Männerlippen, sondern auf die Füße des Crucifixus. Es ist eine ähnliche Sinnlichkeit, wie sie in der Litteratur etwa bei Zinzendorf sich äußert, wenn er den Lanzenstich, die Seitenwunde Christi mit den Worten besingt: »Du Seitenkringel, du tolles Dingel. ich freß und sauf mich voll«.

Wie früher die alten Schriftsteller, durchsuchte man jetzt die Bibel nach erotischen Scenen. Und was man da fand, war nicht so harmlos, wie die heiteren Märchen der Hellenen. Es ist die Scene von Loth mit seinen Töchtern, also die Liebe des Vaters zur Tochter; die Scene von Abraham, der die Hagar verstößt; vom' Weib des Potiphar, die den jungen Joseph verführt; von den beiden Alten, die die badende Susanne belauschen; von Herodias, die durch ihren Tanz die Sinne des greisen Herodes benebelt. Wenn besonders häufig Judith als Mörderin des Holofernes vorkommt, so ist der Grund wohl, daß sich damit der Gedanke an Beatrice Cenci verband.

Aehnliche Möglichkeiten zur Einschmuggelung profaner Reize bot die Legende der Heiligen. Man malte Agnes, das 13jährige Mädchen, das, weil es einen Heiden nicht heiraten wollte, in ein öffentliches Haus gebracht wurde, wo sich ihr langes Haar wie ein Mantel über ihren Körper breitete und Engel ein Gewand ihr reichten. Man malte Cristina, die von ihrem Vater gepeitscht, Apollonia, der die Zähne ausgerissen werden. Noch beliebter ist das Martyrium der Agathe, weil hier noch inniger Sinnlichkeit und Grausamkeit sich mischt.

Die Möglichkeit, auch wieder zu antiken Stoffen überzugehen, schaffte man sich dadurch, daß man zunächst nur solche Dinge darstellte, die in den Empfindungskreis der Gegenreformation paßten. Also *antike* Martyrien: die Schindung des Marsyas, die Fesselung des Prometheus, Dido auf dem Scheiterhaufen, Cato, der sich ersticht, Seneca, der sich im Bade die Adern öffnet. Oder »Sehnsuchtsfiguren« mit emporgerichtetem Blick: Lukrezia, Kleopatra; antike Eremiten: Diogenes; oder die Liebe der Tochter zum Vater: Cimon im Gefängnis mit seiner Tochter Pera.

Ein ganz neues Gebiet betrat schließlich die Malerei des 17. Jahrhunderts mit den Visionsbildern. Auch auf dieser Bahn hatte zwar die *kirchliche* Kunst der Vergangenheit die ersten Schritte gethan. Giotto hatte die Stigmatisation des Franciscus gemalt. Für die Künstler der Savonarolazeit war das Erscheinen Marias beim heiligen Bernhard von großer Bedeutung. Rafael in seiner letzten Zeit, als er von der religiösen Bewegung berührt war, malte die beiden Visionsbilder der sixtinischen Madonna und der Transfiguration. Aber in allen diesen Werken war dem Empfinden der Gegenreformation das Wunderbare nicht genug betont. Noch weniger konnten die heiligen Konversationen der früheren Zeit in ihrer einfachen Schlichtheit genügen. Denn der Gnade, Visionen zu haben, wird man nur im Zustand der Verzückung teilhaftig. Also darf der Heilige nicht ruhig sein, er muß in Ekstase hinsinken, in sehnsüchtiger Inbrunst, in himmlischem Wonnegefühl vergehen. Und das Schwüle der Stimmung wird erhöht, wenn keine Zeugen zugegen sind, wenn Maria mystisch in die Zelle eines einsamen Klosterbruders hereinschwebt.

Gleiche Unterschiede wie in den Stoffen herrschen in den Formen. Die Spätrenaissance gewährte unter dem überwältigenden Einfluß der Antike nur den allgemeinen, »idealisierten« Formen Einlaß. Alles Individuelle galt als vulgär. Dermaßen, daß die Porträtmalern, die zum Anschluß an die Natur gezwungen ist, nur noch als untergeordnete Gattung geduldet wurde. »Kein großer und außerordentlicher Maler«, hieß es, »ist je Bildnismaler gewesen. Denn ein solcher wird die Natur durch Vernunft und gelehrte Gewöhnung verbessern. Beim Bildnis aber muß er sich dem Modell, sei es gut oder schlecht, unterordnen, mit Verleugnung seiner Einsicht und Verzicht auf Auswahl. Das wird ungern ein solcher thun, der Geist und Blick an gute Formen und Verhältnisse gewöhnt hat.« Das 17. Jahrhundert sieht – in schroffem Gegensatz zu dieser Aesthetik – nicht nur eine Reihe gewaltiger Porträtisten – Velasquez, Franz Hals, Rembrandt – erstehen. Auch die religiöse Kunst wird wieder Porträtmalern. Derbe Naturwahrheit tritt an die Stelle der verallgemeinernden Schönheit. Das Uebersinnliche wirkt desto wunderbarer, wenn es in greifbarer Wirklichkeit in die irdische Welt hereinragt. Für die Heiligen sucht man arme alte Bauern mit ausgearbeiteten Formen und verwitterten Gesichtern. Die Märtyrerbilder, vorher rhythmische Zusammenstellungen schwungvoller nackter Körper, bekommen eine unbarmherzige, brutale, metzgerhafte Wahrheit. Bei Visionsbildern sind alle Aeußerungsformen der Epilepsie und Hysterie mit naturalistischer Treue studiert. Ueberhaupt ist der Begriff des »großen Stils« diesem Zeitalter fremd. Hatte das 16. Jahrhundert zu Gunsten der Monumentalität alles Beiwerk zurückgedrängt, so werden jetzt Früchte, Vögel, Fische, Ziegen, Kühe, Schüsseln und Strohbündel – alles, was geeignet ist, das Auge des Volkes zu beschäftigen – neben den heiligen Figuren zu ganzen Stillleben aufgehäuft. Das Bedürfnis, solche Dinge wieder zu sehen, war so groß, daß Caravaggio, als er auf einem seiner ersten Bilder eine Wasserflasche und ein Blumenglas anbrachte, einen Sturm der Begeisterung erweckte. Auch Porträtfiguren im Zeitkostüm, die von der Renaissance aus historischen Kompositionen verbannt waren, finden wieder Einlaß – ganz wie im Quattrocento, nur daß die malerische Anschauung des 17. Jahrhunderts entgegengesetzt derjenigen des 15. ist.

War das 15. Jahrhundert die Zeit der Klein- und Feinmalerei, so ist das 17. das der breiten Bravour. Die Meister empfinden eine Wollust darin, fette saftige Farben zu kneten, mit markigem Pinsel die Lichter aufzusetzen, malerische Dinge zu toniger Gesamtheit zu ordnen. Das spätere Cinquecento, das nur an das feingebildete Auge sich wendete, hatte das Hauptgewicht auf die Sprache der Linien gelegt. Das 17. Jahrhundert, das an das Dunkel der Empfindung appelliert und in der Musik den höchsten Gefühlserreger erkennt, entdeckt zugleich die Stimmungskraft der Farbe. Man sieht keine Linien mehr, sondern verschwimmende Massen, keine gleichmäßige Metrik des Aufbaus mehr, sondern eine »malerische« Komposition, die, lediglich durch das Licht zusammengehalten, nur nach Massen von Hell und Dunkel sich gliedert.

2. Die kirchliche Malerei

Naturgemäß vollziehen sich solche Umwälzungen nicht plötzlich. Die Gebrüder *Carracci*, die als alte Herren in das neue Jahrhundert hereinlebten, gehören auch als Künstler mehr dem Cinquecento als der Barockzeit an. In den Stoffen spricht wohl der neue Zeitgeist sich aus. Sie haben Märtyrerbilder gemalt, Visionen und Ekstasen. Gleichzeitig sind sie aber Parteigänger der Antike, von weltlichem, heidnisch-mythologischem Geist durchdrungen. Ebenso häufig wie Maria feiern sie Juno, ebenso häufig wie Christus den Jupiter. Und namentlich: sie bedienen sich für die Behandlung der neuen kirchlichen Stoffe noch der überkommenen Formen des Cinquecento.

Als die Carracci auftraten, handelte es sich darum, den technischen Boden für eine neue Kunstblüte zu bereiten. »Weil die zeichnenden Künste« – heißt es in der Bulle, durch die Sixtus V. 1593 die Gründung der Akademie von San Luca anordnete – »von Tag zu Tag ihrer ursprünglichen Schönheit mehr verlustig gehen und wegen Mangels an guter Schule in immer größere Roheit versinken, schlagen wir die Gründung einer akademischen Anstalt vor, der in ihrer Kunst wohlerfahrene und geübte Meister vorstehen, die dann die hervorragendsten Meisterwerke Roms den Lernenden vor das Auge führen, damit diese, ihrem Talent entsprechend, sie nachahmen.« Die Caracci hatten einen ähnlichen Weg schon vorher betreten. Sie wiesen darauf hin, die Zeit der »Manieristen« sei eine Epoche oberflächlicher Schnellmalerei gewesen. Um wieder zu ähnlicher Höhe wie die Klassiker zu kommen, müsse man in gewissenhafter ernster Arbeit aus den Schöpfungen der vergangenen großen Epochen das, was daran lern- und lehrbar sei, excerpieren und für die Gegenwart nutzbar machen. Um diese Theorie zu verwirklichen, gründeten sie die bolognesische Akademie, jene Akademie der »auf den rechten Weg Zurückgeführten«, in der bald junge Leute aus ganz Italien zusammenströmten. Eine reiche Sammlung von Gipsabgüssen, Medaillen und Handzeichnungen berühmter Meister wurde als Studienmaterial zusammengebracht. Auch eine Bibliothek ästhetischer Werke wurde angelegt. Das künstlerische Programm der Akademie ist in dem Sonett enthalten, das Agostino Carracci an den bolognesischen Maler Niccolo dell' Abbate richtete:

> Wer malen lernen will, der sei bemüht
> Nach römischer Art in rechtem Schwung zu zeichnen,
> Sich venetianische Schatten anzueignen,
> Dazu lombardisch edles Colorit.
> Die Furchtbarkeit von Buonarottis Geist,
> Des Tizian frei natürliche Gestaltung,
> Correggios goldig klare Farbentfaltung
> Und Symmetrie, wie Rafael sie weist.

Ganz so sehr Eklektiker, wie es nach diesem Sonette scheint, sind die Carracci nicht. Dem Wechsel der Zeiten konnten sie sich nicht entziehen, obwohl sie die Gegenwart als Verfallzeit betrachteten. So begegnet in ihren Werken manches, was sie der Theorie nach hätten vermeiden müssen, weil es durchaus nicht zu dem klassischen Glaubensbekenntnis paßt. Oft sieht man sie zu starken Farben- und Lichteffekten, zu kraftvollem Realismus übergehen. Es giebt Radierungen von ihnen, die mehr mit Tiepolo als dem Cinquecento gemein haben. Selbst das berühmte Werk, an dem alle drei Brüder ihre Kräfte einsetzten, der Freskencyklus des Palazzo Farnese, ist nicht nur Nachahmung. Wohl klingt darin alles zusammen. Die Antike, die Farnesina, die sixtinische Decke und die Villa Masèr – alles haben sie als bewußte Eklektiker verarbeitet. Für die Göttergeschichten der Decke war der Stil Rafaels oder mehr noch Giulio Romanos maßgebend. Die mächtigen Hermenatlanten, die die Gesimse stützen, die Riesen, die die Deckenmedaillons halten, kennt man von der Decke der Sixtina. Bei der Wanddekoration haben sie antike Statuen in die Malerei übersetzt. Keineswegs klassisch, sondern ganz barock aber sind die Masken und Muscheln und bauschigen Draperien. So sehr sie sich bemühten, ausschließlich Klassisches zu geben, standen sie doch unter dem Einfluß des ausladenden bombastischen Formgefühls ihrer Zeit und schufen Neues, indem sie unbewußt diesem modernen Geschmacke folgten.

Nach alledem haben sie in der Kunstgeschichte eine seltsame Doppelstellung: sie sind Barockkünstler und Cinquecentisten, Vorläufer und Nachzügler zugleich. Oft sprengt, ohne daß sie selbst es zu merken scheinen, der neue Geist das überkommene Schema. Noch öfter aber ist ihr Schaffen reine Sammlerthätigkeit, gelehrtes Zurückschauen. Nach Regeln und Vorschriften, die sie einer vergangenen Epoche entnahmen, arbeiteten sie, und indem sie diese Aesthetik auf die neuen Stoffe anwandten, die das 17. Jahrhundert verlangte, ergab sich eine charakterlose Mischung. Denn in der Kunst sind Form und Inhalt eins. So wenig es der Antike möglich gewesen wäre, das Pathos der Pergamener mit den Formen des Praxiteles auszudrücken, so wenig ließ der neue gärende Wein des Barock in die alten Schläuche des Cinquecento sich fassen. Ihre Märtyrerbilder machen den Eindruck der anatomischen Demonstration, weil über allen Scenen, selbst den grausigsten, die marmorne Kälte des Klassicismus liegt. Die Halbfigurenbilder, in denen sie gläubige Andacht, religiöse Verzückung schildern, wirken akademisch glatt. Wie für die Martyrien der Laokoon, war für die »Sehnsuchtsfiguren« Niobe, die Mater dolorosa des Altertums, die gerade damals ihre Auferstehung gefeiert hatte, das Vorbild. Mag es um Trauer oder Ekstase, um Schmerz oder Seligkeit sich handeln – die Grundlage bildet immer der nämliche akademische Normalkopf. Die Werke der Carracci sind bedeutsam als die ersten, in denen es zu Grenzstreitigkeiten kam zwischen dem neuen Empfinden und der alten Formensprache. Aber der Geist der Barockzeit und die Aesthetik des Cinquecento, das aufgerüttelte Empfindungsleben der Gegenreformation und die ruhige Schönheit der Antike ließen sich nicht zu einem Ganzen verquicken. Erst in den Werken ihrer Nachfolger treten die naturalistischen Elemente mehr hervor.

Ein Rafaelschüler, meint man, hätte die berühmte Aurora des Palazzo Rospigliosi in Rom gemalt, so sehr ist es *Guido Reni* gelungen, sich in den Geist der Vergangenheit zu versetzen, so klassisch sind die Linien, die die leichten schwebenden Gestalten umgrenzen, so cinquecentistisch ist die Farbe in ihrer hellen freundlichen Harmonie. Noch derselbe Meister, der das Gewand der Klassiker mit solcher Sicherheit trägt, hat auch, Werke geschaffen, in denen der antikisierende Formenadel gänzlich zurückgedrängt ist durch die naturalistische Wucht, das Pathos und die Sentimentalität des Barockstils. Dazu gehört das große Bild des Berliner Museums, worauf er in kraftvollem Naturalismus den Besuch des Einsiedlers Antonius bei dem Eremiten Paulus schildert. Dazu gehören einige Darstellungen der Pietà und der Assunta, eine Reihe Martyrien – besonders die Kreuzigung des Petrus, worin er das Muster eines Henkerbildes schuf – und jene zahlreichen Halbfiguren mit gen Himmel gerichtetem Blick, die gerade in ihrer theatralischen Aeußerlichkeit so gut das Forcierte, künstlich Gemachte dieser neuen Kirchlichkeit illustrieren.

Noch größere realistische Kraft, etwas Urwüchsiges, Vierschrötiges hat *Domenichino*. Während Guido bald weich und schauspielerisch wurde, erscheint Domenichino als schwerfälliger Gesell von derber Ehrlichkeit. Nichts akademisch Leeres kommt auf seiner »Jagd der Diana« vor. Alles ist von männlicher Herbheit und bronzener Präcision. In seinem »Tod des heiligen Hieronymus« malt er den Verfall eines greisen Körpers mit erstaunlicher Bravour. Wie die Zeit die Wahrheit ans Licht bringt, die reine Lehre des Christentums über den Aberglauben der Renaissance triumphiert, ist in dem mächtigen Deckenbild des Palazzo Costagneti behandelt.

Francesco Barbieri genannt *Guercino* ist koloristisch der bedeutendste. Kühne Bewegung und starke Lichteffekte kennzeichnen seine Fresken der Villa Ludovisi, kraftvolle Farbe und naturalistische Wucht sein »Begräbnis der Petronilla«. Alle Bande, die die Kunst der Carracci mit der Renaissance verknüpften, hier sind sie zerrissen. Guido sowohl wie Domenichino und Guercino standen schon unter dem Einfluß des Mannes, der unterdessen weit schroffer als die Carracci die Ideale der neuen Zeit verkündet hatte: des *Caravaggio*.

Die Lebensgeschichte dieses »*uomo fantastico e bestiale*« könnte einen Kriminalroman ergeben. In Caravaggio bei Bergamo ist er geboren, also in der Nähe jenes Städtchens, wo Lotto, der erste Meister der Gegenreformation, seine glücklichsten Jahre verlebte. Sein Vater ist Maurermeister. Als dessen Gehilfe kommt er nach Mailand und verdient vier Jahre als Maurergeselle sein Brot. Doch eines Tages hat er einen Arbeiter erstochen und flieht, mit dem Blutbann beladen, nach Venedig. Hier tritt Tintoretto, der zweite Meister der Gegenreformation, in seinen Gesichtskreis ein. Inzwischen hat er, ohne eine Akademie besucht zu haben, mit Pinsel und Farbe umgehen gelernt, und wird in Rom vom Cavaliere d'Arpino halb als Gehilfe, halb als Bedienter verwendet. Hier entdeckt ihn ein Maler Prospero, der einen Kunsthandel betrieb, und bestellt bei ihm Bilder. Eines dieser Bilder kauft ein Kardinal del Monte und faßt für den jungen Menschen Interesse. Caravaggio scheint in sicherem Hafen. Denn von den verschiedensten Kirchen werden Altarbilder bei ihm bestellt. Selbst der Papst läßt sein Porträt von ihm malen. Aber in einen gesitteten Akademiker verwandelte sich der Maurergeselle nicht. Mit wilden Gesellen treibt er in den Kneipen sich herum, diskutiert, schimpft, immer bereit, jedem, der seine Ansicht nicht teilt, den Degen in den Leib zu stoßen. Eines Tages thut er es wirklich. Nun ist auch Rom für ihn unmöglich. Er zieht unstet von einem Dorf zum anderen und landet in Neapel. Auch hier bekommt er Aufträge, und die Vergangenheit ist vergessen. Da packt ihn der Dämon aufs neue. Der Cavaliere d'Arpino hatte abgelehnt, sich mit ihm, dem Maurersohn, zu schlagen. Caravaggio will Malteserritter werden, um als Edelmann den Baron zum Zweikampf zu fordern. Darum geht er nach Malta und erreicht seinen Zweck. Für das Porträt des Großmeisters des Malteserordens, das heute im Louvre hängt, bekommt er das Malteserkreuz, auch eine goldene Kette und zwei Sklaven geschenkt. Daß er zum Dank dafür einen der Malteser verwundete und ins Gefängnis kam, schien ein gleichgültiges Nachspiel. Denn er entkam bald und arbeitete in Sicilien. In Syracus wie in Messina und Palermo entstanden große Altarwerke. Erst als er nach Neapel zurückkehrt, ereilt ihn das Schicksal. Die Malteser haben Leute gedungen, die eines Abends ihm auflauern. Nun folgt Schlag auf Schlag. Schwer verwundet, will er auf einem Boot nach Rom entfliehen. Denn auf Verwendung eines Kardinals hatte der Papst die Begnadigung zugesichert. Doch der blutende Mann erregt Verdacht. Er wird von einer Strandwache angehalten und in Haft genommen, bis sein Name festgestellt ist. Als er zum Ufer zurückkommt, ist sein Boot verschwunden. Briganten haben die Gelegenheit zu einem Fange benutzt. Seiner Habe beraubt, abgehetzt, sterbend, schleppt er sich bis Porto d'Ercole und erliegt dort seinen Wunden. Vierzig Jahre alt.

Man erinnere sich nun der Künstlerbiographien der älteren Zeit. Zu Beginn des 16. Jahrhunderts, als Castiglione seinen »Cortigiano« schrieb, war jene antike *gravitas*, die er als Merkmal des vollendeten Kavaliers bezeichnet, auch das Wesen der Maler. Auf den Höhen des Lebens wandeln sie, sind gewohnt, mit Fürsten wie mit ihresgleichen zu verkehren. Auf diese aristokratische Generation folgte in der zweiten Hälfte des Jahrhunderts die Generation der Gelehrten. Wie Professoren sehen die Maler auf ihren Bildnissen aus. Mit Gelehrten und Dichtern verkehren sie, dichten selbst, schreiben Bücher über Archäologie, Aesthetik und Kunstgeschichte. Konferenzen werden eingerichtet, in denen sie Vorträge halten über die Ziele der wahren Kunst. In der Universitätsstadt Bologna erlebte diese gelehrte Kunst die letzte Nachblüte. Nun kommt der Rückschlag.

Aus dem Volke war die Bewegung gegen den Libertinismus der Kirche hervorgegangen. Erst vom Volke gedrängt, war die Kirche selbst zu Reformen geschritten. So schuf auch das Volk, wie in den Tagen Rogers van der Weyden, sich seine ersten Maler. Auf die Aristokraten folgen die Plebejer, auf die Denker die Naturburschen, die nur noch den Pinsel, nicht die Feder führen. Ein neuer Stand, der ungeschieden geblieben war von der Natur, aber geschieden vom Formelkram der Akademien, tritt in die Kunstbewegung ein. Alle sind sie aus dem Volke hervorgegangen, der ein Maurersohn, der der Sohn eines Taglöhners. Keiner hat eine Akademie besucht, keiner gelehrten Unterricht empfangen. Auch nicht in großen Städten, wo der Anblick von Kunstwerken früh den Geschmack in bestimmter Richtung lenkt, sind sie aufgewachsen. Vom Lande stammen sie oder aus jungen Städten wie Neapel, die noch keinen Anteil an einer der großen Kunstphasen der Vergangenheit gehabt. So entbehren sie die Vorzüge, die mit der Entwickelung aus langer Ahnenreihe verknüpft sind. Ihre Kunst ist eine derbe, sanguinische, zuweilen rohe Kunst. Ein an den alten Meistern geschulter Amateurgeschmack, wie der der Carracci, konnte sich nur entsetzen über diese brutale Derbheit, diese plumpe Naturabschrift. Aber solche Plebejer waren nötig, um den Bann der Tradition zu brechen. Und wie zur Zeit der Revolution die Guillotinen errichtet werden mußten, damit der dritte Stand zu seinem Rechte kam, konnte dieses neue plebejische Künstlergeschlecht nur mit Gewalt, mit Gift und Dolch, sich durchsetzen. Alle sind sie, wie zu Castagnos Tagen, wilde Gesellen, deren Name ebensosehr in die Galerie der großen Verbrecher wie in die der großen Maler gehört.

Caravaggios Auftreten gleicht dem plötzlichen Einbrechen einer Naturgewalt. Er kommt vom Land mit der Zuversicht des Bauern, der nichts fürchtet, hat breite Ellbogen, mit denen er alles im Wege stehende zur Seite stößt. Mit derselben barbarischen Schroffheit, wie in unseren Tagen Courbet, eifert er gegen die Akademien und erklärt die Natur für die einzige Lehrmeisterin. Ihr wolle er alles danken, nichts der Kunst. Je mehr Runzeln sein Modell habe, desto lieber sei es ihm. Packträger und Bettler, Dirnen und Zigeunerinnen holt er für seine religiösen Bilder heran, freut sich an schwieligen Händen, zerrissenen Lumpen und schmutzigen Füßen. Nachdem die Renaissance nur das Vornehme zugelassen, glaubt der Plebejer Caravaggio nur in der plebejischen Welt das Schöne finden zu können, bezeichnet sich als demokratischen Maler, der den vierten Stand zu Ehren brachte. Sein heiliger Matthäus in der Berliner Galerie ist ein derber Proletarier von ungeschlachter Größe. In seinem Louvrebild des Todes der Maria malt er den Leichnam einer Ertrunkenen mit geschwollenem Leib und plumpen, im Starrkrampf ausgestreckten Füßen. Bei Marterscenen, wie Sebastian oder der Dornenkrönung, zeigt er keinen schönen Epheben, sondern einen leidenden Menschen, dessen Körper vor Schmerz sich krümmt. Auf einem Madonnenbild in Loreto kniet ein Pilger, eine zerrissene fettige Mütze in der Hand, vor Maria, und ein anderer zeigt seine schwieligen, vom Staub der Landstraße beschmutzten Sohlen.

Agostino Carracci karikierte ihn wegen dieser »äffischen Nachahmung der mißgestalteten Natur« als haarigen Wilden, einen Zwerg daneben und einen Affen auf dem Knie. Baglione bezeichnete ihn als Antichrist der Malerei, als Ruin der Kunst. Die Geschichte kann ihn nur als denjenigen feiern, der zuerst mit beiden Füßen auf das neue Erdreich des neuen Jahrhunderts sich stellte. Während bei den Carracci, wie bei den »Manieristen« des Cinquecento, noch die Regel überwiegt, spricht hier eine starke Persönlichkeit. Keiner der Eklektiker hätte ein Werk schaffen können von solcher Wucht und Größe wie Caravaggios Grablegung der vatikanischen Galerie. Ein enormes Können stand ihm zur Verfügung. Mit wilder Bravour sind seine Bilder heruntergeschmettert. Selbst die Beleuchtung steigert noch die machtvolle Wirkung. Nachdem er anfangs einen venetianischen Goldton liebte, hielt er später seine Bilder so düster, als ob das Licht von oben in einen Keller fiele oder die Figuren in einem Kerker sich bewegten. Grell und scharf ist einzelnes beleuchtet, während anderes schwarz sich im dunkeln Hintergrund verliert. In ähnlichem Sinne hatte schon Tintoretto gearbeitet. Trotzdem ist es vielleicht kein Zufall, daß gerade der Mann, der so oft in dunkeln Kerkerzellen saß, diesen »Kellerlukenstil« weiter ausbildete. Und wie die Kirche dem Drängen des Volkes hatte nachgeben müssen, siegte der Plebejer Caravaggio über die vornehmen Akademiker, Unter *seinem* Einfluß wurden Guido, Domenichino und Guercino aus Carraccischülern Naturalisten. Ihm folgte *Luca Giordano* in seinen Märtyrerbildern und jenen Halbfiguren greiser verwitterter Heiliger, die ihn in allen Galerien vertreten. Ihm, dem »demokratischen Maler«, folgten diejenigen, die von religiösen Bildern zu Volksstücken übergingen.

3. Das Sittenbild

Die Italiener des 16. Jahrhunderts hatten die sittenbildlichen Elemente, die in den Werken des Quattrocento gegeben waren, nicht weiter ausgebildet. Scenen aus dem täglichen Leben zu malen, oder religiösen Bildern durch lustiges Beiwerk einen genrehaften Zug zu geben, lag nicht im Sinne dieser Zeit, für die nur das Edle, das Bedeutende Wert hatte.

Allein in den Niederlanden, dem Land der Kirmessen, war die Lust an solchen Dingen so groß, daß selbst in dieser monumental denkenden Epoche Einige auf den Bahnen weitergingen, die Quentin Massys mit seinen Wechslerbildern betrat. All die burlesken Scenen, die Lucas van Leyden und die deutschen Kleinmeister in ihren Kupferstichen behandelten, hielten in der Malerei ihren Einzug. Da man in Kirchenbildern so ernst und gemessen erscheinen mußte, freute es, in solchen kleinen Werkchen recht derbe unflätige Dinge zu erzählen.

Die Bildchen des *Jan van Hemessen* sind also sehr drastisch. Er führt in öffentliche Häuser, wo Männer mit schlampigen Weibern zechen, und saldiert sein Gewissen, indem er als Moral die Unterschrift »der verlorene Sohn« hinzugefügt. *Cornelis Massys*, der Sohn Quentins, erzählt Schwänke, wie sie in unserer Zeit Schroedter und Hasenclever malten: von einem Fuhrmann etwa, der Weiber auf seinen Wagen hat steigen lassen, und während er der einen den Hof macht, von der anderen bestohlen wird.

Pieter Aertsen kam von einer anderen Seite zum Sittenbild. Gerade weil die Kirchenmalerei des 16. Jahrhunderts aus ihren Werken alle Stillebenelemente ausschloß, mußte frühzeitig ein Rückschlag folgen. Denn es gab auch Maler, die an diesem bunten Beiwerk viel mehr Freude hatten, als an den Gestalten der Bibel. Aertsens Werke zeigen, wie das Stillleben allmählich sich freimacht. Früchte malt er, Gemüse und Vögel, Fische und Wildbret, ganze Küchen mit blanken Messingmörsern und gelb glänzendem Kupfergeschirr, mit Tellern und Biergläsern, Kannen und Strohkörben. Und in diese Scenerie setzt er die dazu gehörigen Figuren: Hökerinnen, Köchinnen, Küchenbuben. Keine Episode wird erzählt. Seine Bilder sind Riesenstillleben mit Menschenstaffage, ohne Humor und witzige Pointen in schlichter Sachlichkeit und kräftiger Farbe gegeben. In diesem Sinn – weil er den Nachdruck nicht auf die Anekdote, sondern auf das Malerische legte – bezeichnet er eine wichtige Stufe in der Geschichte des Sittenbildes, verhält sich zu seinen Vorgängern ebenso wie in unserer Zeit Ribot oder Leibl zu den Novellisten Knaus und Vautier.

Aehnliche Küchen- und Marktstücke giebt es von seinem Schüler *Joachim Beuckelaer*. Namentlich das lustige Treiben aus dem Amsterdamer Fischmarkt machte ihm Spaß. Selbst die »Ausstellung Christi« dachte er sich als Marktstück mit Hökerinnen, Gemüse und Eierkuchen, mit Mägden und Bauern, die für Aepfel und Kohlköpfe größeres Interesse als für den Gemarterten haben.

Pieter Brueghel zog diese Fäden in seiner Hand zusammen, hat die Chronik seiner Zeit geschrieben. Wie alle Niederländer des späteren 16. Jahrhunderts hatte er die Reise nach Italien gemacht. Aber nicht vor den Bildern der großen Meister verweilte er. In der Natur, unter den Menschen trieb er sich umher. Wie Dürer einst auf seiner Wanderschaft, macht er überall Halt, wo ein hübsches landschaftliches Motiv ihn reizt, zeichnet die Felsen der Alpen mit derselben Einfachheit wie den Hafen von Messina, freut sich am bunten Treiben des italienischen Volkes. In die Heimat zurückgekehrt, findet er im Alltagsleben des Nordens ebenso Malerisches, wie er im Süden gesehen. Namentlich Zeichnungen von ihm muten seltsam modern an. Die allereinfachsten Dinge stellen sie dar: einen Bauer, der auf dem Weg zum Markt auf einem Baumstumpf ausruht; Gäule, die einen schweren Karren über staubige Landstraßen ziehen; einen Holzhacker, der müde mit der Axt unterm Arm nach Hause geht. Auch Studienköpfe giebt es, die in ihrem unbefangen großen Realismus statt vor 300 Jahren heute gemalt sein könnten.

In den Bildern war solche Einfachheit nicht möglich. Da konnte es nicht abgehen ohne großen Apparat und humoristische Episoden. Brueghel benutzt also seine frischen Studien nur um sie zu großen Erzählungen zusammenzusetzen.

Zunächst muß die Bibel die Stoffe liefern. Er malt ein vlämisches Dorf zur Winterzeit. Eine Abteilung Kavallerie – genau nach den Regeln des Exerzierreglements in Haupttrupp und Nachhut gegliedert – ist von der Landstraße angekommen. Die Ersten sind abgesessen und schicken sich zur Haussuchung an. Männer und Frauen stürzen auf die Straße und rufen ihre Kinder herbei. Andere verrammeln die Thüren der Häuser. Denn die Kavalleristen haben den Befehl, den bethlehemitischen Kindermord vorzunehmen. Oder ein bunter Menschenschwarm, zu Fuß, zu Wagen, zu Pferd wälzt sich über die Landstraße einem Berge zu. Handwerker und Krämer, Geistliche und Soldaten, Weiber und Kinder, die ganze Stadt ist auf den Beinen, denn eine Hinrichtung giebt es nicht jeden Tag zu sehen. Wie dieses Bild die Kreuzigung Christi, soll ein anderes mit einem Steueramt und vlämischen Kleinbürgern, die ihre Steuern zahlen, die Scene darstellen, wie Joseph und Maria zur Schätzung nach Nazareth kommen.

Anderen Bildern giebt er eine allegorische Maske, malt einen Sonntagvormittaggottesdienst und schreibt darunter »der Glaube«, oder eine Gruppe armer Leute, die aus vollen Backen kauen, und schreibt darunter »die Wohlthätigkeit«, oder eine Gerichtssitzung mit Advokat, Richter und Publikum, dazu die Unterschrift »die Gerechtigkeit«. Oder er erweitert, wie später Hogarth, seine Bilder zu Moralpredigten, führt ganze »Lebensläufe auf schiefer Ebene« vor. Der Alchemist, der alles in seine Erfindungen steckt, endet mit Frau und Kindern im Armenhaus. Der Quacksalber, der die Leute betrügt, kommt in den Kerker. Den Blinden, die auf dem Bilde des Neapeler Museums sich durch die Landschaft tasten, liegt der Bibelspruch zu Grunde: »Wenn ein Blinder den anderen führt, fallen beide in die Grube.«

Sieht er ausnahmsweise von biblischen und allegorischen Titeln ab, so muß die massenhafte Anhäufung komischer Züge für die mangelnde Moral entschädigen. Kirchweihfeste mit zahllosen Figuren, Eisvergnügungen und ähnliche Dinge, die sich breit und ausführlich erzählen ließen, bilden den Inhalt der Werke. Sein Wiener Bild »der Kampf des Faschings mit den Fasten« ist ein Traktat über allen Blödsinn, der sich zur Karnevalszeit ersinnen laßt; seine Bauernhochzeit ein Traktat über Völlerei. Bei den Eisvergnügungen werden alle lächerlichen Episoden aufgezählt, die beim Schlittschuhlaufen vorkommen können. Oder er steigert die Komik dadurch, daß er aus den Bauern wahre Bestien von Scheußlichkeit macht.

Brueghel ist darin ein echter Sohn des 16. Jahrhunderts. Eine Zeit, die nur Götter und Heroen zu sehen gewohnt war, vermochte nicht die Poesie der Wirklichkeit zu fühlen. Das Alltägliche mußte in humoristischen Gegensatz zum Edlen gebracht werden. Denn die Anschauung war, daß die Natur nicht dargestellt werden könne, weil sie häßlich sei. Für diese Lehre schafft Brueghel die Dokumente herbei, indem er der Schönheitsgalerie der Idealisten seine Galerie der Häßlichkeiten zur Seite stellt.

In andere Bahnen konnte das Sittenbild erst einlenken, als die Kunst des 17. Jahrhunderts mit der Lehre von der Häßlichkeit der Natur gebrochen und an die Stelle der »edlen« Heiligen Menschen von Fleisch und Blut gesetzt hatte. Die Wesen, die gut genug schienen, das Gewand von Heiligen anzuziehen, waren auch schön genug, in ihren eigenen Gewändern gemalt zu werden: nicht mehr als karikierte Tölpel und Helden lächerlicher Anekdoten, sondern ernst und sachlich. So wurde Caravaggio, der erste große Naturalist, auch der erste Volksmaler. Und indem er, wie in unseren Tagen Courbet, lebensgroßen Maßstab für seine Darstellungen wählte, beseitigte er das letzte Hindernis, das der Behandlung solcher Stoffe im Wege stand. Das Sittenbild trat der Kirchenmalerei als gleichberechtigter Kunstzweig zur Seite.

Noch in Caravaggios frühe Zeit gehört das liebliche blonde Mädchen der Liechtensteingalerie, das so träumerisch den Tönen ihrer Laute lauscht. Später tritt an die Stelle goldig leuchtender Farbe auch in solchen Bildern düsteres Kellerlicht, und die Gestalten werden urwüchsiger, wilder. Mit Landsknechten, Zigeunern und Dirnen trieb er in den Winkelkneipen sich herum, und diese Leute, in deren Gesellschaft er am liebsten war, sind auch die Helden seiner Bilder. Für den Kardinal del Monte malte er die wahrsagende Zigeunerin (heute in der Galerie des Kapitols); für ihn die Falschspieler der Galerie Sciarra, die in anderer Redaktion auch in Dresden vorkommen. Eine Gesellschaft musizierender junger Leute war auf einem weiteren Bilde dargestellt. Damit war den Folgenden ein neues großes Gebiet erschlossen.

Von Franzosen folgte ihm der jung nach Rom gekommene Jean de Boulogne, genannt *le Valentin*. Landsknechte, die beim Würfelspiel in Streit geraten oder in der Kneipe mit ihren Dirnen musizieren, sind seine gewöhnlichen Stoffe. Selbst wenn er ausnahmsweise biblische Bilder, wie die Unschuld der Susanne oder das Urteil Salomos, malt, behandelt er sie im derben naturalistischen Stil des Volksstücks. Von Vlaamen gehört in diese Gruppe *Theodor Rombouts*, der Sängergesellschaften und Kartenspieler in lebensgroßen Figuren malte, von Holländern *Gerhard Honthorst*, der den »Kellerlukenstil« Caravaggios durch Kerzenbeleuchtung noch mehr motivierte, *Michelangelo Cerquozzi* und *Antonio Tempesta* gingen von Volksstücken zu Jagdbildern und zur Schlachtenmalerei über, die im Jahrhundert des großen Krieges dankbares Publikum fand. *Benedetto Castiglione* brachte Hirtenstücke mit Ziegen, Schafen, Pferden und Hunden. Hatte das majestätische 16. Jahrhundert nur *eine* Art der Malerei, die große Geschichtsmalerei gelten lassen, so erfolgt nun die Ausbildung aller anderen Kunstzweige.

4. Die Landschaft

Das Cinquecento hatte über Landschaftsmalerei ähnlich wie Winckelmann gedacht. Eine Zeit, die nur die mächtigen Formen des nackten menschlichen Körpers für schön hielt, hatte keinen Sinn für das Leben der Natur. Selbst von den Venetianern ging keiner auf den Bahnen Tizians weiter. Erst im 17. Jahrhundert, als der Bann der Antike gebrochen war, erwachte die Landschaftsmalerei zu neuem Leben.

Salvator Rosa, der Neapolitaner, war wie Caravaggio ein unruhiger, wilder Geist. Aus dem Priesterseminar entflohen, treibt er als Lautenspieler und Serenadensänger sich in den Winkelkneipen von Neapel herum. Dann beginnt er zu malen, wandert, ohne eine Akademie gesehen zu haben, mit Mappe und Farbenkasten in der Umgebung der Stadt umher, durchstreift die Wildnis der Abruzzen und der Capitanata, Apuliens, der Basilikata und Calabriens, zeichnet alle Punkte, woran große historische Erinnerungen sich knüpfen: die wild zerklüfteten Felsen des caudinischen Passes, wo das römische Heer sich der Gnade des Siegers ergab, die sumpfige Ebene am Volturno, wo Hannibals Krieger, vom Fieber gepackt, dahinstarben, die zackigen Kalksteinspitzen des Monte Cavo mit dem zerfallenen Felsennest Otranto, das 1480 die Türken zerstörten. Räubern in die Hände gefallen, setzt er, halb als Gefangener, halb aus Lust am Banditenleben, mit diesen zusammen seine Streifzüge fort.

Als alter Herr blickte er auf diese Abenteuer seiner Jugend wie auf einen wilden Roman zurück. Aus dem Briganten war ein Grandseigneur, aus dem Landschafter ein Historienmaler geworden. Er malte Schlachten und Reitergefechte, geschichtliche Bilder wie die Verschwörung des Catilina, gespenstisch phantastische Dinge wie Saul, dem der Geist Samuels erscheint; hielt in geistvollen Radierungen Scenen aus dem Volks- und Soldatenleben fest und schuf jene anderen Radierungen mit Centauren, Meernymphen und Seetieren, die so seltsam an den Größten unserer Tage, an Boecklin, anklingen. Aber das Gros seiner Galeriebilder sind Landschaften, und wie in jenen Radierungen mit Boecklin, berührt er sich hier mit den Jugendwerken Lessings und Blechens. Nicht die ruhige Majestät des Südens, nur abenteuerliche Felswände und zerklüftete Bergzacken, die zerbröckelnde Trümmerwelt der Abruzzen malt er. Nicht in heiterem Sonnenglanz sieht er die Natur. Mit mächtigen Wolken überzieht er den Himmel oder führt in die Einsamkeit felsiger Wüsten. Ruinen und verwetterte Bäume starren empor. Mächtige Eichen werden vom Sturm zerzaust. Drohendes Gewitter ballt über finsteren Schluchten sich zusammen. Bleierne Malariastimmung liegt über der ausgedörrten Erde, oder Blitze zucken aus schwarzen Wolken hernieder. Eine düstere Einsamkeitspoesie, etwas leidenschaftlich Ungestümes geht durch alle Werke. Auch darin ähnelt er den deutschen Romantikern von 1830, daß er durch die »Staffage« noch die Stimmung erläutert. Wie bei Lessing in Mönchen und Nonnen, in Rittern und Burgfräulein die elegische Stimmung der Landschaft ausklingt, sind Abenteurer, Banditen und Söldner die einzigen Wesen, die Salvators düstere Welt bevölkern.

Salvator Rosa ist in dieser Romantik im 17. Jahrhundert eine ganz vereinzelte Erscheinung. Bei ihm allein, dem Neapolitaner, herrscht wildes leidenschaftliches Feuer, bei allen anderen klassische Ruhe. Er allein wählt süditalienische Motive. Alle anderen malen Rom. Der Grund dafür liegt nicht nur darin, daß Rom der Mittelpunkt des Kunstschaffens war. Auch das Plastische der römischen Natur kam dem Geschmack entgegen. Eine Epoche, für die noch immer die große Historienmalerei im Vordergrund stand, konnte keinen Sinn für die traulichen Reize einer Landschaft haben. Man suchte erhabene Linien, plastische Formen. Die fand man in Rom. Das Albanergebirge mit seinen einsamen Seen und weiten Fernblicken, die Campagna mit ihren mächtigen Bauwerken und ernsten monotonen Bergzügen – das ist der Inhalt der »heroischen« Landschaften, wie sie zu Beginn des 17. Jahrhunderts gemalt wurden.

Schon die Carracci trugen in einigen ihrer Werke dem großen landschaftlichen Zuge des Jahrhunderts Rechnung, In ihren Historien gelehrte Philologen, fühlen sie sich hier als Schöpfer. Etwas Unberührtes, sonntäglich Feierliches scheint in ihren Bildern über der Natur zu ruhen. Idyllisch – arkadisch wirken *Albanos* Werke: grüne Rasenflächen mit majestätischen Bäumen und schattigen Lauben, die er mit zierlichen Amoretten bevölkert. Ein vornehmer Herr, der mit seiner Maitresse auf dem Lande lebte, wirkt er wie ein Rokokomeister, der sich in die Barockzeit verirrte.

Freilich würden die Carracci sowohl wie Albano diese Dinge kaum gemalt haben, wenn nicht fremde Künstler ihnen das Auge geöffnet hätten. Diese Fremden, die oft jahrelang gedarbt, bevor sie die Pilgerfahrt nach dem Süden antraten, waren, in das Land ihrer Sehnsucht gelangt, weit mehr als die Einheimischen für die Schönheit der ewigen Stadt empfänglich. Die Morgenröte der modernen Landschaftsmalerei zieht herauf.

Von allen abseits, eine Größe für sich, steht Velasquez. Bei ihm giebt es weder Romantik noch Idealismus, weder Ruinenelegie noch majestätische Linien. Er sucht auch in Rom nur die kühlen, grünweißgrauen Farbenharmonien, auf die sein Auge gestimmt ist. Ein halbverwilderter Garten, ein weißschimmerndes Stück Architektur, ein paar Menschen und einige Marmorfiguren sind die Elemente seiner römischen Landschaften. Velasquez' italienischer Aufenthalt ist daher ohne Nachhall verlaufen. Er stand dem Empfindungsleben der Epoche zu fern. Wichtiger wurden die Anregungen, die von einem Niederländer und einem Franzosen, von Paul Bril und Nicolas Poussin, ausgingen.

Bril, von dem in den Galerien bunte kaleidoskopische Bildchen vorkommen, war zugleich ein Freskomaler großen Stils, und daß diese Fresken überhaupt gemalt wurden, ist für den landschaftlichen Zug des Zeitalters bezeichnend. Denn sie schmücken die Wände einer Kirche. Durch gemalte Säulenhallen schaut man auf ernste Berge hinaus. Durch weite Fernblicke sind enge Kapellen in ein lachendes Stück Welt verwandelt. Im Kirchenfresko schuf die moderne Landschaftsmalerei ihre ersten monumentalen Leistungen.

Poussin wird von den Franzosen der »Primitife« genannt, und mag er in seinen figürlichen Bildern als kalter Konstrukteur erscheinen, in die Natur hat er mit den Augen des Primitifen geblickt – eine Art Mantegna des 17. Jahrhunderts: Gelehrter und Realist zugleich. Mitten in der Barockzeit schafft er aus den Trümmern der Antike sich die Malerei vom Fundament aus neu. In einer aufgerüttelten Epoche ist er von klassischer Ruhe; in einer Zeit, die malerisch dachte, *le peintre le plus sculpteur qui fût jamais.* Bittere Armut war seine Jugend gewesen, und als er endlich das Land seiner Träume betreten, konnte er von der ernsten römischen Natur sich nicht wieder trennen. Einfach, wie ein arkadisches Hirtenleben, verfloß sein Dasein. Am Tag arbeitete er in seiner Werkstatt auf dem Hügel der Trinità dei monti, von wo er weithin die Campagna überschaute. Abends durchstreifte er mit Gelehrten und Dichtern die Umgebung der ewigen Stadt, sog sich voll an der Natur, grübelte im Park der Villa Borghese über Vorzeit, Geschichte und Menschenlos, entwarf die Skizzen nach jenen Baumriesen, die auf seinen Bildern sich so majestätisch zum Himmel recken. Auch bei ihm giebt es nichts Intimes, nichts Heimliches. Seine Natur ist eine rein plastische, scheinbar seelenlose Welt. Nur Formen und Linien sieht er, betrachtet den Umriß eines Baumes mit denselben Augen, wie der Bildhauer die Silhouette einer Statue. Aber diese Majestät der Liniensprache ist so groß, daß sie allein seinen Landschaften eine ernste Feiertagsstimmung giebt. Eine von allem Kleinen, Dürftigen befreite Welt schafft er. All diese großen, edlen Bergzüge, diese gewaltigen Bäume und krystallenen Seen verbinden sich mit einfachen antiken Gebäuden zu Kompositionen von klassischem Schwung. Auch die Figuren sind mit den Naturelementen auf einen großen Accord gestimmt. Manche seiner Werke, wie den Prometheus des Louvre, dürfte der junge Boecklin gerne betrachtet haben.

Gaspard Dughet, Poussins Schüler und Schwager, brachte nichts Neues. Wohl gehören die Landschaften mit Scenen aus dem Leben des Elias und Elisa, die er für die Kirche San Martino ai Monti malte, neben den Werken Brils zu den bedeutendsten Kirchenfresken des Jahrhunderts. Aber es ist die Formel Poussins ohne seinen Geist. Selbst wenn er jene Stürme malt, die ihn besonders berühmt gemacht, fehlt die große getragene Harmonie des Meisters. Dagegen bringt der nächste Künstler Neues hinzu. Nachdem man anfangs den dauernden Charakter, die festen Linien, die ewige Ruhe der Natur gemalt, mußte man lernen, das Veränderliche, Wandelbare, die wechselnde Beleuchtung auszudrücken. Zu dem Formenrhythmus und der Linienpoesie mußte die Lichtstimmung treten. Gerade auf diesem Wege waren zu Beginn des 16. Jahrhunderts die entscheidenden Schritte gethan. Grünewald und Altdorfer hatten Beleuchtungseffekte wiedergegeben. Gerard Davids Bild des Gebetes Christi am Oelberg ist von mattem, bläulich weißem Mondlicht durchflutet, und in einem anderen Werk, der Gefangennehmung Christi, hat er die Wirkung des Fackellichtes gemalt. Von Italienern interpretierte schon Giorgione das Lampenlicht, malte den Blitz, der die Nacht durchzuckt, den feurigen Sonnenball, der sein Licht über die Erde gießt. Viele von Tizians, Savoldos und Tintorettos Bildern sind von den Strahlen der Abendröte und des Mondlichtes magisch durchleuchtet. Aber der Klassicismus hatte die Entwickelung unterbrochen. Erst das 17. Jahrhundert trat die Erbschaft dieser Alten an. Und kann man Poussin, den Formenkünstler, nur als Franzosen sich denken, so erscheint *Elsheimer* in seinem ganzen Wesen als Deutscher. Ein Enkelschüler Grünewalds und mit einer Schottin verheiratet, war er berufen, der erste große Stimmungsmaler des 17. Jahrhunderts zu werden. Die Macht des farbigen Tons tritt wie in den Tagen Ossians der klaren Formenplastik entgegen. Die robusten gewaltsamen Helldunkelwirkungen Caravaggios verklären sich zu poetischer Zartheit.

Wohl hat auch Elsheimer keine eigentlichen Landschaften gemalt. Er bevölkert die Natur mit Gestalten der Bibel. Aber das Verhältnis der Figuren zur Landschaft ist ein anderes als bei den früheren. Ihre Kunst war eine Abart der Historienmalerei. Sie fanden in der Bibel Scenen, die in einer Landschaft spielten, und suchten in der Umgebung Roms die Naturelemente, die sie zur Anfertigung ihrer Epen brauchten. Elsheimers Werke entstehen durch einen anderen psychologischen Vorgang. Was er zuerst sieht, ist die Naturstimmung, und die Natur belebt sich mit Wesen, die in diese Welt gehören. Die Grundstimmung der Landschaft ergiebt das Thema der Scene.

Ganze Tage lag er, wie Sandrart erzählt, in sinnender Betrachtung vor schönen Bäumen, prägte ihre großen Formen so lange sich ein, bis er mit geschlossenen Augen sie ebenso deutlich wie mit offenen sah. Dieser Zug still träumerischer Naturbeobachtung geht durch alle seine Bilder. Die Umgebung Roms mit ihren ruhigen Bergzügen, ihren edlen Baumgruppen und idyllischen Thälern malt er. Aber er sieht nicht nur den stilvollen Ernst ihrer Linien. Bald ist Mittagslicht, bald weiche Morgendämmerung, müdes Abendrot oder bleicher Mondschein über die Erde gebreitet. Ja, er tritt schon an das Problem der *double lumière* heran. Silberne Sterne funkeln, Häuser brennen, Pechfackeln rauchen. Das Licht eines Wachtfeuers durchzuckt glutrot die Nacht. Namentlich die Flucht nach Aegypten veranlaßte ihn zu ähnlichen Varianten, wie sie später Domenico Tiepolo gab. Unzähligemal, in allen Beleuchtungen, hat er sie gemalt. Auf dem Bilde der Dresdener Galerie liegt volles Mittagslicht über der Landschaft. Auf dem der Münchener Pinakothek ist es Nacht. Vorn schreitet Joseph mit leuchtender Fackel neben Maria, weiter hinten sitzen Hirten unter mächtigen Bäumen um ein Feuer geschart. Vom Himmel gießt der Mond in stiller Pracht sein mildes silbernes Licht hernieder.

Zwischen Poussin, dem Vollblutfranzosen, und Elsheimer, dem Deutschen, steht, Linienkünstler und Lichtmaler zugleich, ein Lothringer: *Claude Gelée*. Mit Poussin teilt er das Gefühl für das Majestätische, die Anschauung, daß eine Landschaft nur der Schauplatz eines historischen Ereignisses, der Wohnplatz von Heroen und Göttern sein könne. Und rein zeichnerisch betrachtet, scheinen seine sämtlichen Werke Varianten eines einzigen Bildes. Im Vordergrund ist eine mächtige Baumgruppe oder ein Tempelbau vorgeschoben, um das Auge in die Tiefe hinauszuziehen. Den Hintergrund schließt ein klassischer Höhenzug ab. Kaum daß diese Stücke, die er immer wiederholt, leise in ihren Stellungen wechseln. Doch das Licht, das zwischen den Dingen wogt, ist zu jeder Stunde des Tages verschieden. Und wie Elsheimer immer wieder die Flucht nach Aegypten, Hokusai hundert Ansichten des Berges Fuji, Claude Monet zwölfmal die gleichen Heuschober malte, so konnte daher auch Claude zeitlebens die nämlichen Tempel, die nämlichen Baumgruppen darstellen, und es wurde doch stets ein anderes Bild. Nachdem Salvator den Kampf und die Verheerungen der Elemente, Poussin die starre Linienschönheit der Natur, Elsheimer den Zauber des Mondlichtes gemalt, besang Claude die Wunder der Sonne, den mächtigen Himmelsdom, der früh in kaltem Silberglanz, mittag wie flüssiges Gold, abends wie Purpur strahlt. Man stellt ihn sich gern vor, wie er als armer Bursche planlos das Elternhaus verlassen und in der Fremde umherirrend zum ungeheuren Himmel hinaufblickt; stellt ihn sich vor, wie er als wandernder Geselle in Venedig an den Lagunen steht und dem rieselnden Sonnenlicht folgt, das auf den Wogen spielt und über die Kolonnaden marmorner Paläste huscht. Denn in Venedig fand er sich selbst. So oft er später römische Monumente oder den Hafen von Messina, Neapel, Tarent gemalt hat – es scheint über seinen Bildern eine Erinnerung an Venedig zu ruhen, die Lichtstadt, wo er auf seiner Reise geträumt. Erst William Turner, im 19. Jahrhundert, hat wieder so jubelnde Hymnen auf das Licht gesungen.

II. Spanien.

5. Ribera und Zurbaran

Auch *Ribera,* der die Geschichte der spanischen Kunst des 17. Jahrhunderts eröffnet, hatte in Italien seinen Wohnsitz. Als er seine Thätigkeit begann, wurde er durch seinen Meister Ribalta auf die lombardische Schule gewiesen, wandte sich nach Parma und vertiefte sich so in Correggio, daß Bilder einer Kapelle, die er dort malte, lange als Arbeiten Correggios galten. Doch so licht und farbenfreudig er anfangs war, so dunkel und düster ist er später. Es scheint nicht, daß er Caravaggio persönlich kennen gelernt. Gewiß aber verehrte er in ihm seinen Meister. Und als er berufen war, in dem spanischen Vicekönigreich Neapel die Schule Caravaggios fortzusetzen, befand er sich auf seinem wahren Boden.

Ribera war ein energischer, kühner Geist. Allen Gefahren, dem Elend, dem Hunger hatte er in seiner Jugend getrotzt, hatte ohne zu erröten in Rom Bedientenlivree getragen, um nicht auf der Straße zu betteln. Diese Willenskraft, diese unbeugsame Energie spricht auch aus seinen Werken. Von allen Meistern des 17. Jahrhunderts ist er der gewaltigste Naturalist, ein *Maître-peintre,* der wegen der Wucht und Kraft seiner Werke noch auf viele des 19. Jahrhunderts, besonders Bonnat und Ribot, tiefgehenden Einfluß übte. Hatte das Cinquecento die Darstellung des Alters vermieden, so fühlt sich Ribera am wohlsten, wenn er alte, von den Unbilden des Lebens durchfurchte Gesichter, greises Haar, geschwollene Adern und Sehnen zu malen hat. Ein schwarzer Hintergrund, in den die dunklen Gewandstücke seiner Figuren unmerklich übergehen, ein Stück runzliche alte Haut und faltige alte Hände, die irgendwo auftauchen, man weiß nicht woher – das ist der gewöhnliche Inhalt seiner Bilder. Aber nicht nur die ausgearbeiteten zerklüfteten Formen des Alters, auch das Verkrüppelte, das die Kunst des 16. Jahrhunderts nie malte, hat er geliebt und in seinem klumpfüßigen Bettler des Louvre ein Wunderwerk unerschrockenen Realismus geschaffen.

Solche Gestalten bevölkern auch seine größeren Werke. Wie Caravaggio dicke Trasteverinerinnen und knorrige Packträger als Madonnen und Apostel darstellte, malt Ribera Hökerinnen und alte Bauern mit ehernen Knochen und verwetterten Gesichtern. Die Anbetung der Hirten spielt unter einem rauhen Hirtenstamm der Abruzzen. Braune starkknochige Gesellen in Röcken von Schaffell drängen an Maria sich heran. Das Stillleben – der Brotkorb, die Strohbündel, die Hühner, das Lämmchen – ist zu einem ganzen Küchenstück aufgebaut. Bei der Grablegung Christi wird der Körper eines vierschrötigen neapolitanischen Bauern gegeben.

Der düster inquisitorische Geist der spanischen Hierarchie kommt in seinen Märtyrerbildern zum Ausdruck. Da wird Bartholomäus gehäutet, dort Laurentius auf dem Rost gebraten. Oder Andreas hängt am Kreuz und ein Kriegsknecht will den Leichnam fortschleppen, noch bevor die Fessel des Handgelenks gelöst ist. Selbst wenn er ausnahmsweise das Gebiet der Antike betritt, greift er Märtyrerscenen heraus, setzt den christlichen die heidnischen Geschundenen – Marsyas, Ixion, Prometheus – zur Seite.

Doch derselbe Mann, der hier so einseitig als Maler von Folterbildern und runzlichen Bettelphilosophen erscheint, hat in anderen Fällen auch selige Verzückung wunderbar gegeben und überrascht zuweilen durch einen schwermütigen Mädchentypus mit großen dunkeln, träumerischen Augen. Zeugnis ist sein Bild der heiligen Agnes in Dresden und seine Concepcion in Salamanca, deren seelische Feinheit und strahlende Lichtmalerei von keinem Italiener erreicht ward.

Auf diesem Wege Riberas gingen auch die folgenden weiter, die nicht mehr in Italien, sondern in der Heimat wirkten. Der Boden war bereitet und eine Reihe großer Geister verkündete mit naturalistischer Kraft, was Ribalta und Roélas in der Formensprache der Renaissance gesagt hatten. Das 17. Jahrhundert wurde die Zeit der großen Kulturblüte Spaniens: die Zeit, als Calderon seine sinnlich rauschenden, mystisch romantischen Dichtungen schuf und die Plastik all jene Meisterwerke farbenglühender Polychromie erstehen ließ, vor denen man staunend in den spanischen Kirchen weilt. Auch den Malern gaben die Klostergründungen unter Philipp III. und Lerma Arbeit in Fülle. Und im Vollbesitz der mächtigsten Technik sind sie nun in jedem Blutstropfen Spanier.

In der spanischen Kunst lebt die spanische Religiosität. Leidenschaft und fanatische Askese, düster schwärmerische Sinnlichkeit und hysterische Inbrunst verbinden sich in den Kirchenbildern mit einer naturalistischen Kraft sondergleichen. Doch auch die Porträtmalerei fand in einem Feudalstaat wie dem spanischen mit seinen Granden und Kirchenfürsten einen Boden wie nirgends. Es entstanden jene Bildnisse, in denen feierliche Grandezza und welke Müdigkeit, Majestät und Wahnsinn zu so unbeschreiblichem Ganzen sich einen.

Francisco Zurbaran ist der Maler der Klerisei und des Mönchtums. Man hat vor seinen Bildern das Gefühl, in einer düsteren Klosterzelle zu stehen. Ein hölzernes Kruzifix hängt an der schmucklosen weißgetünchten Wand. Auf dem Strohstuhl liegt die Bibel, in riesigen Lettern schwarz und rot gedruckt. Da ist der Betstuhl und darauf ein Totenkopf, an die Vergänglichkeit des Irdischen mahnend. Dort die Bücherei, lauter riesengroße, schweinsledergebundene Folianten Und inmitten dieses ernsten Raumes bewegen sich ernste Gestalten in faltigen weißwollenen Kutten, das Ordenskreuz auf der Brust, Menschen, die in der Einsamkeit das Reden verlernt, nur mit den Heiligen des Himmels verkehren. Manchmal sind sie ekstatisch und wild, durchschüttelt von der Fülle überirdischer Gesichte, glühende Oefen gleichsam, die von innen leuchten. Noch oft malt er sie auch in ihrem gewöhnlichen Klosterleben, wie sie lesen, schreiben, meditieren. Statt der Wildheit Riberas herrscht bei ihm unsägliche Einfachheit, eine ruhige, beinahe nüchterne Schlichtheit. Ueberall sind die Tassen, die Früchte, das Brot, das Gewebe der Kutten, die Folianten und Strohstühle mit der Sachlichkeit des Stilllebenmalers gegeben. Ueberall sind die Köpfe unveränderte Porträts. Wenn seine Werke trotzdem den Stil der Erhabenheit haben, jenes Terribile, das bei Castagno und Michelangelo erschreckt, so ergiebt sich diese Wirkung nur aus der Größe der Liniensprache. Lapidar sind die Falten der mächtigen weißen Kutten, groß und mächtig die Silhouetten. Einem mystischen Banditen, einem Hünen der Urzeit gleicht der betende Mönch, den die Londoner Galerie besitzt. Grandios ist das Bildnis des Peter von Alcantara mit dem funkelnden Blick und der drohend ernsten Gebärde. Auch von den großen Bildern, in denen er als Epiker des Mönchtums die Legenden heiliger Klosterbrüder erzählt, sind vier – Scenen aus dem Leben des heiligen Bonaventura, die er 1629 für die Kirche dieses Heiligen in Sevilla malte – in außerspanische Galerien, nach Paris, Berlin und Dresden gelangt. Doch selbst diese Werke sind nur arme Paradigmen seiner Kunst. Erst wenn veröffentlicht ist, was in den Kirchen Sevillas und den Felsennestern Estremaduras sich birgt, wird Zurbaran für die Kunstgeschichte entdeckt sein.

6. Velasquez

Ein Jahr nach Zurbaran wurde *Velasquez* geboren, und vielleicht verknüpft auch geistig gerade diese beiden das engste Band. Die meisten anderen Spanier schwelgten in tragischem Schmerz und wilder Verzückung. Bei Velasquez wie bei Zurbaran giebt es nichts Schwüles. Ihr Grundzug ist eine königliche Ruhe, ihr Unterschied nur, daß von den beiden Säulen des spanischen Staatswesens, Kirche und Grandentum, in Zurbarans Werken mehr die kirchliche, in denen des Velasquez mehr die ritterliche sich spiegelt.

Auch Velasquez hat Kirchenbilder gemalt. Es giebt eine Anbetung der Hirten von ihm und eine Anbetung der Könige, einen Crucifixus und eine Krönung der Maria. Er hat Landschaften gemalt, Historien wie die Uebergabe von Breda, antike Bilder wie die Borracchos und die Schmiede des Vulkan, den Mars und die Venus. Trotzdem denkt man wenig an diese Werke, wenn der Name Velasquez genannt wird. Man denkt an seine Porträts. Velasquez ist für uns der Hofmaler *par eccellence*. Der ganze entnervte, durch Familienheiraten degenerierte spanische Hof des 17. Jahrhunderts starrt aus seinem Werk wie aus einem Hexenspiegel entgegen. Kein Porträtmaler der Welt hat, scheint es, ödere Aufgaben gehabt. Während bei Tizian und Rubens Fürsten mit Gelehrten und Künstlern, schöne Frauen mit Feldherren und Staatsmännern wechseln, kehren bei Velasquez in ermüdender Gleichförmigkeit immer dieselben Gestalten wieder. Obwohl seine Thätigkeit in Madrid 36 Jahre währte, malte er kaum ein Bild, das nicht vom König bestellt war. Zwei Reisen, die er 1629 und 1648/51 nach Italien machte, waren die einzigen Ereignisse, die ihm zeigten, daß es eine Welt außerhalb des Madrider Königsschlosses gab. Dieselben Mauern, die den Alcazar vom *profanum volgus* scheiden, umgrenzen seine Kunst. Und innerhalb dieser Mauern geschah so wenig wie in den Bergschlössern Ludwigs II. Selten sind fremde Fürstlichkeiten zu Gast. Von Würdenträgern, die bei Hofe erscheinen, ist außer dem Minister Olivares fast der einzige der Kardinal Gaspar Borgia, der 1636 in die spanische Hauptstadt zurückkam, nachdem er durch zelotisches Wesen sogar in Rom sich unmöglich gemacht. Sonst liebte Philipp IV. mehr mit Subalternen zu verkehren, an denen er hing wie der Herr am Hund. Seine Jägermeister, stramme Oberförster und Forstgehilfen, waren ihm lieber als Minister; die Zwerge und Narren lieber als Vernünftige. Es war so lustig, diese komischen alten Käuze mit Onkel und Vetter anzureden, so erhebend, neben einem blödsinnigen kleinen Ungeheuer die Gottähnlichkeit der Majestät zu fühlen.

Das sind also die Persönlichkeiten, die Velasquez zu malen hatte. Man sieht in dutzendfachen Varianten das bleiche, kalt phlegmatische Gesicht des Königs, sieht die Brüder Philipps IV., Carlos und Ferdinand, Männer mit schmächtigen, blassen Gesichtern, langem habsburgischem Kinn und vorstehender Unterlippe, schlaffe, müde, ausdruckslose Gestalten, die schon alt waren, als sie geboren wurden; sieht Balthasar, den Kronprinzen, bei dessen Geburt Seine Majestät »so freundlich und content war, daß er alle Thüren öffnen und jedermann hineingelassen, derart, daß auch die gemeinen Sesselträger und Küchenbuben Ihro Majestät in ihren innersten Gemächern Glück gewünscht und die Hand zu küssen begehrt und solches allergnädigst erlangt«. Weiter folgt der Minister des Königreiches, der Herzog Olivares, ein paar Jägermeister und die sinistre Reihe der Narren. Einer ist als türkischer Wüterich ausstaffiert. Einem anderen hat man den Spitznamen Don Juan d'Austria, des Großoheims Seiner Majestät, gegeben. Ein dritter steht auf der Bühne, um einen seiner Schwänke vorzutragen. Einer der Zwerge, der eine mächtige Hündin zur Seite hat, ist als vlämischer Grandseigneur kostümiert. Ein anderer, mit einem riesigen Folianten, beschäftigt sich mit genealogischen Studien. Einer grinst blödsinnig. Einer mit ungeheurem Wasserkopf blickt schlaftrunken aus leeren Augen. Und so wenig die Männer interessant, sind die Frauen schön. Sowohl Isabella von Bourbon und Marianne von Oesterreich, wie die Prinzessinnen Maria Theresia und Margarete gleichen in ihrem ungeheuerlichen Kostüm mehr chinesischen Pagoden als lebenden Wesen. Weder Koketterie giebt es noch Anmut, weder Schalkhaftigkeit noch freundliches Lächeln. Alles ist eisigem Stolz, unerbittlichem Ceremoniell geopfert. Wer den Blick zurückgleiten läßt in die Vergangenheit, sich der himmlisch schönen Weiber erinnert, die aus den Bildern der Venetianer uns anschauen, fühlt vor den Werken des Velasquez sich in eine Welt unheimlicher Phantome versetzt.

Wie kommt es, daß man trotzdem das Porträt-Werk des Velasquez mit heiligem Schauer durchblättert? Daß, wenn man von ihm kommt, Rubens als Plebejer, van Dyck als parvenuhafter Geck erscheint?

Viel trägt zu dem imposanten Eindruck schon bei, daß bei Velasquez eine so fest umgrenzte Welt sich darbietet. Bei anderen Porträtisten wechseln die Eindrücke. Bald weilt man in der Gelehrtenstube, bald im Ballsaal, da auf dem Schlachtfeld, dort im Boudoir. Hier hat man das Gefühl, in einem weiten, einsamen Königsschloß zu stehen, dessen Parkettboden der Plebejer nur in Filzsocken betritt, einem Königsschloß, wo uralte Ahnenbilder ernst von den Wänden herniederblicken und greise Diener in goldgestickter Livree lautlos über weiche Teppiche schreiten.

Auch das Pathologische an dieser Menschen giebt ihren Bildnissen einen seltsamen Zauber. Sowohl die Bourbons wie die Stuarts, die auf den Bildnissen Rigauds und van Dycks erscheinen, sind noch vollblütig, gesund und kräftig. Sobald der Leibarzt eine Verdünnung der Säfte feststellte, haben sie aus einem fremden Fürstenhaus eine gesunde Amme geheiratet, die dem Stamm neues Lebensblut zuführte.

Die spanischen Habsburger, die sich durch jahrhundertelange Inzucht marode gemacht, sind fein und nervös, bleich und mager, von jener gebrechlichen Zartheit, die sich bei uralten Geschlechtern in den letzten Erben vorfindet, mit denen der Stamm ausstirbt. Es liegt etwas Fascinierendes in der Verbindung der zwei Faktoren, aus denen diese Charaktere sich zusammensetzen: Krankheit und Ritterlichkeit, Verfall und erzwungene Willensstärke, schlappe Blasiertheit und die Gewohnheit der Anspannung. Alle sind sie müde und haben doch keine Zeit, müde zu sein. Alle möchten sie sitzen, und der Herrscherberuf erlaubt kein Sichgehenlassen. Nur Velasquez hatte Kinder zu malen mit so seidenartigem, aschblondem Haar und so großen, blauglänzenden Augen, die, während sie uns anblicken, sagen, daß das nächste Jahr ihr Todesjahr sein wird. Gerade weil seine Helden so fahle, entnervte, blutlose Menschen sind, wirken seine Bildnisse so überfeinert aristokratisch inmitten einer Zeit, die noch so kräftig war.

Weiter kann darauf hingewiesen werden, daß die Bildnisse des Velasquez anderen Zwecken als die Repräsentationsbilder des 17. Jahrhunderts dienten. Schon Ludwig XIV. war in gewissem Sinn ein demokratischer König, der – nicht zum Volk zwar – doch zu den »Edelsten der Nation« herabstieg. Er hielt es für nötig, durch Glanz zu imponieren, lebte nach außen, zeigte sich leutselig. Es war ihm schon in seinem Gottesgnadentum bange. An den Grundpfeilern der spanischen Monarchie rüttelten solche Mächte noch nicht. Philipp IV, wäre, wenn er von einer Unzufriedenheit seines Volkes gehört hätte, ebenso erstaunt gewesen, wie der gute Kaiser Franz, als er 1848 auf die Meldung seines Adjutanten, es sei Zeit zum Fliehen, denn das Volk stürme die Hofburg, die überraschte Antwort gab: »Ja, dürfen s' denn dees?« Für die Habsburger giebt es weder Volk noch Aristokratie. Sie sind noch Fürsten, denen der Minister knieend Vortrag halt, Fürsten, die unsichtbar über dem Volke schweben. Wohl war der spanische Hof der kostspieligste Europas. Die Livreen der Diener allein kosteten im Jahr 130 000 Dukaten. Aber diese Ausgaben geschahen nicht zum Zwecke der Repräsentation. Sie waren selbstverständliche Dinge, die sich ein König leistet. Er lebt in seinem Palast. Die langen Gänge des Alcazar gestatten ihm, unsichtbar zwischen den entferntesten Punkten des Schlosses zu verkehren. Wenn er ausnahmsweise den Fuß auf den plebejischen Boden der Außenwelt setzt, vermeidet er die »Hurracanaille«, sorgt dafür, daß ihn niemand sieht, läßt höchstens irgendwo sein in großen Buchstaben gemaltes Monogramm »*Jo el rey*« zurück, damit die Leute wissen, daß Gott allgegenwärtig ist. »Der spanische Hof«, sagt ein gleichzeitiger Schriftsteller, »ist kein Hof im Sinn des französischen und englischen; er ist ein Privathaus und führt ein abgeschlossenes Leben.«

Auch die Bildnisse des Velasquez waren also nicht bestimmt, von profanen Augen gesehen zu werden, hatten keine patriotische Mission zu erfüllen, nicht die Edelsten der Nation zu mahnen, daß über ihnen ein König schwebe. Sie waren Familienbilder, die an den Wänden des Alcazar, im Speisesaal entlegener Jagdschlösser hingen oder als Geschenke an die Verwandten in Wien geschickt wurden. Alles, was in anderen Ländern den höfischen Porträtstil kennzeichnet, war daher in Spanien nicht angebracht. Dort muß die Krone und das verschiedenste Beiwerk auf dem Tisch liegen, um kundzuthun, daß hier ein König steht. Bei den Habsburgern bedarf es dieser Insignien nicht. Jeder, der das Bild sieht, weiß: das ist mein Bruder Philipp, das mein Onkel Ferdinand, das meine Base Marianne. Dort geben sich die Fürsten leutselig, huldvoll, oder sie setzen sich in imposante Positur, bewegen demonstrierend die Arme, nehmen, wenn sie zu Pferd sind, die Attitüde des Feldherrn an, der sein Heer besichtigt. Die Habsburger haben das nicht nötig. Denn sie sind ganz unter sich. Weder brauchen sie durch Säule und Vorhang andeuten zu lassen, daß sie in Schlössern wohnen, noch brauchen sie ihre weiße Hand, ihre kostbare Toilette zu zeigen. Denn alle diese Dinge verstehen sich von selbst. Und Bühneneffekte, die man anwendet, um dem Volk zu imponieren, haben unter Verwandten keinen Zweck. Sie lassen sich malen in den Situationen, die für sie selbst die großen Momente des Daseins bedeuten: wenn sie Audienz erteilen – Gott weiß, welche Ueberwindung das kostet –, wenn sie in der Manège sind oder auf der Jagd. Ein Bild des Velasquez ist für sie dasselbe, wie für uns eine arme Photographie.

Man könnte nun sagen: also ist die Vornehmheit der Bildnisse des Velasquez gar nicht das Verdienst des Malers. Sie kommt auf Rechnung des Milieus. Doch wie wenig das zutreffen würde, zeigt ein Vergleich mit den Bildnissen, die Rubens während seines Aufenthaltes in Madrid von den gleichen Persönlichkeiten malte. Philipp IV., Isabella und Ferdinand sind dargestellt. Und man glaubt in der Münchener Pinatothek Menschen einer anderen Rasse gegenüberzustehen. Philipp, bei Velasquez blaß und müde, der welke Ast eines uralten, saftlosen Baumes, ist bei Rubens ein frischer, behäbiger Herr. Isabella, bei dem Spanier kalt und ernst, erscheint als liebenswürdige, glückstrahlende Dame. Der Kardinalinfant Ferdinand, dort ein bleicher, langaufgeschossener junger Mann mit matten, fiebergeröteten Augen, ist ein robuster, genußfroher Prälat. Und hätte van Dyck sie gemalt, so würden sie nicht so polizeiwidrig gesund, aber desto eitler und stutzerhafter sein. Philipp würde mit seiner blaugeäderten, schwindsüchtigen Hand kokettieren und die Pose eines Adonis annehmen. Isabella würde zeigen, daß ihre seidene Robe sehr wertvoll ist und ihr Taschentuch aus echten Brüsseler Spitzen besteht. Don Ferdinand, der Kardinal, würde empfindsam warmäugig, wie um schöne Frauen zu bethören, aus dem Bilde herausschauen. Es wäre etwas elegisch Weiches und Geckenhaftes, eine aufdringliche Vornehmheit in die Bilder gekommen. Rubens sowohl wie van Dyck hatten in diese hocharistokiatische Welt ganz fremde Züge hineingetragen. Velasquez konnte sie so vornehm sehen, weil er selbst zu ihr gehörte. Er lebte nicht nur inmitten des ältesten Adels von Europa, im Schlosse selbst, mit allen Ehrentiteln des Hofmannes überhäuft, sondern war auch einer altadeligen Familie entsprossen. So groß war sein Stolz auf einen alten Stammbaum, daß er seinen Vaternamen Silva, obwohl er zu den vornehmsten des Königreiches gehörte, ablegte und den seiner Mutter annahm, weil das der Name eines noch älteren Adelsgeschlechtes war. So sehr fühlte er sich als altspanischer Kavalier, als Hausmarschall Seiner Majestät, daß er beleidigt war, wenn er als Künstler betrachtet wurde. Nichts, was an das Fach erinnern könnte, ist seinem Selbstbildnis der Uffizien beigefügt. Keine Palette hat er, nicht den Malerblick. Eisig stolz, ritterlich vornehm, steif und ernst wie ein spanischer Grande schaut er herab. Und aus diesem Bestreben des Velasquez, für einen Hofmann, nicht für einen Maler zu gelten, ist überhaupt die Eigentümlichkeit seines Stils zu erklären. Er ist von den zünftigen Malern durch eine ähnliche Schranke getrennt, wie Goethe, der Staatsminister, von den armen Litteraten,

Die Thätigkeit des Künstlers besteht nach den gewöhnlichen Begriffen darin, die Wirklichkeit zur Schönheit zu verklären. Sie legen ihren Modellen nahe, sich von der einnehmendsten, gewinnendsten Seite zu zeigen, setzen oder stellen sie so, daß sich gefällige Linien ergeben, bestimmen das Kostüm, suchen durch malerische Attitüden die Bildnisse zu beleben. Als Maler lieben sie auch die Schönheit der Farbe. Rubens, als kräftiger Sanguiniker, spricht selbst in Bildnissen *fortissimo*, veranstaltet einen Farbenlärm mit blendenden, rauschenden Tönen, Rembrandt, als Meister des Helldunkels, bewegt sich in schummerigen, geheimnisvollen Harmonien, hat, als er die Nachtwache schuf, ein simples Regentenstück mit Märchenzauber umwoben. Oder sie fühlen sich als Virtuosen des Pinsels. Hals namentlich, als echter Sohn des kriegerischen Jahrhunderts, scheint mit dem Bewußtsein vor der Staffelei zu stehen, statt des Pinsels einen Husarensäbel zu führen.

Für Velasquez sind diese Dinge nicht vorhanden. Es gilt für ihn, was Nietzsche über Voltaire schreibt: »Ueberall, wo es einen Hof gab, hat er das Gesetz des Gut-Sprechens und damit auch das Gesetz des Stils für alle Schreibenden gegeben. Die höfische Sprache ist aber die Sprache des Höflings, *der kein Fach hat*, und der sich selbst in Gesprächen über wissenschaftliche Dinge alle bequemen technischen Ausdrücke verbietet, weil sie nach dem Fache schmecken. Deshalb ist der technische Ausdruck und alles, *was den Specialisten verrät*, in Ländern einer höfischen Kultur *ein Flecken des Stils*.« Für Velasquez war alles, was den Spezialisten der Palette verraten konnte, ein Flecken des Stils.

Vor allen koloristischen Extravaganzen hat er instinktiven Abscheu. Weder hat er blendende Farben wie Rubens, noch Helldunkeleffekte wie Rembrandt, noch kennt er überhaupt eine interessante Beleuchtung. Er malt nur den kühlen Silberton des einfachen Tageslichtes. Seine koloristische Enthaltsamkeit ist so groß, daß in der Zeit der Asphaltmalerei von ihm gesagt wurde, er habe das Wesen der Farbe nicht begriffen, denn alle seine Bilder seien monochrom. Wie die Farbe, verleugnet er den Pinsel. Keine Skizze, nichts geistreich Improvisiertes giebt es von ihm. Wirken bei Hals die Pinselstriche wie Säbelhiebe, so merkt man bei Velasquez nichts von der Mache. Die Wirkung ist erzielt, ohne daß die Mittel sich verraten. Mit nichts, mit dem bloßen Willen pflege Velasquez seine Bilder zu malen, schrieb Mengs.

Auch sonst kennt er keine »künstlerischen Rücksichten«. Er fühlt sich als Offizier in der »Uebergabe Bredas«, und nichts kann ihn veranlassen, aus malerischen Gründen vom Exerzierreglement abzuweichen. Er fühlt sich als Oberlandjägermeister in seinen Jagdbildern und giebt daher keine freien Improvisationen wie Rubens, sondern streng historische Dokumente der Waidmannsthaten Philipps IV. Er fühlt sich als königlicher Stallmeister in seinen Reiterbildnissen und fragt deshalb gar nicht, ob eine Attitüde künstlerisch schön ist. Alles muß richtig sein, der Kritik des gewiegtesten Sportsmannes Stand halten: tadellos der Sitz der Reiter, die Gangart der Pferde so, daß nichts gegen die hohe Schule verstößt. Ebenso ist er in seinen Audienzbildern Ceremonienmeister, nicht Maler. Ueber seinem Schaffen schwebt kein Schönheitsideal, sondern das Reglement der spanischen Etikette. Er, der mehr als jeder Veranlassung gehabt hätte, ein Kostüm zu ersinnen, das ihm Freiheit und malerischen Schwung gestattete, hält sich nicht nur strikt an das Gegebene, sondern behandelt die Toilette mit einer fachmännischen Kenntnis, als sei er Vorstand der königlichen Civil- und Militärgarderobe gewesen. Noch weniger wird einer schönen Linie zu liebe von den Vorschriften des Hofmarschallamtes abgewichen. Mögen diese Bestimmungen unnatürlich sein – sein Ziel ist nur, dies Unnatürliche in denkbar größter Richtigkeit zu malen. Jeder Verstoß gegen die Satzungen des Hofceremoniells würde ihm als plebejische Geschmacklosigkeit erscheinen.

Aus diesem strengen Festhalten an der Hofetikette ergiebt sich die feudale Wirkung der Bilder. All die schönen Gesten, all die kunstvoll drapierten Vorhänge, die man auf anderen höfischen Bildnissen sieht, werden als billige Clichéschönheit empfunden. Eine unverfälschte aristokratische Schönheit herrscht bei Velasquez. Gerade weil er keine Künstlereinfälle in diese Welt des Uradels hineintrug, spiegelt in seinen Bildern das Wesen altspanischer Majestät so überwältigend sich wider. Sie scheinen Werke, die gar kein Einzelner, sondern der Geist des Royalismus geschaffen.

7. Murillo

Als Velasquez 1660 starb, wurde sein Leichenbegängnis wie das eines Granden gefeiert. Der ganze Hof, die Ritter aller Orden wohnten den Feierlichkeiten bei. Man begrub mit ihm die Madrider Kunst.

Nach dem Tode des Meisters arbeitete in Madrid noch *Battista del Mazo*, der oft die Wiederholungen der Bildnisse seines Schwiegervaters ausführte und außerdem durch eine Ansicht von Saragossa bekannt ist, das einzige Landschaftsbild, das in Spanien gemalt wurde. Hofmaler, der Erbe von Velasquez' Aemtern und Titeln wurde *Juan Carrenno de Miranda*. Kein sehr glückliches Los. Denn den Todeskampf, die letzten Zuckungen der spanischen Habsburger hatte er zu malen. Marianne von Oesterreich, die Regentin, die auf Velasquez' ersten Bildern noch einen Anflug ihrer Wiener Feschigkeit bewahrte, ist nun ganz bigotte Betschwester geworden. Ein schwarzgebundenes Breviarium hält sie; aller Kleiderprunk ist gefallen, der Juwelenschmuck abgelegt, das Haar unter dunkelm Witwenschleier begraben. Dann ward für Carrenno Carl II., was für Velasquez Philipp gewesen. Dieselben bleichen Wangen, denselben Unterkiefer, dasselbe weiche blonde Haar, das Velasquez so oft gemalt, hatte *er* zu malen. Nur die blauen melancholischen Augen sind nicht mehr die gleichen. Sie blicken ausdruckslos, blöd und leer wie die des Ninno de Vallecas, jenes Wasserkopfs, der die Reihe der Narrenbildnisse des Velasquez abschließt. Die Habsburgische Familientragödie ist zu Ende.

Nur in Sevilla lebten um diese Zeit noch große Meister. Die spanische Kirchenmalerei sprach ihr letztes Wort.

Wenn bei irgend einem, ist bei *Alonso Cano* zu bedauern, daß die spanische Kunstgeschichte noch so wenig erschlossen ist. Er muß eine interessante Persönlichkeit gewesen sein, dieser »junge Mensch mit den funkelnden Augen, dem auffahrenden Wesen und den Kavaliersmanieren, dessen Degen allezeit aus der Scheide flog«. Zusammen mit Melzi, Savoldo und Boltraffio gehört er in die Gruppe derer, die man die »Aristokraten der Kunstgeschichte« nennen möchte. Rechnet man hinzu, daß er aus der südlichsten Stadt des Landes, aus Granada, stammte, so ergiebt sich die Mischung von südlichem Brio und stolzer Ritterlichkeit, die so bestrickend aus seinen Werken spricht. Man denkt vor seinen Bildern an Kavaliere, die sich duellieren, an Kartellträger und Sekundanten, an Rapiere, Florette und Säbel. Und die Frau, um die gekämpft wird, heißt Maria oder Therese oder Agnes. Die spanische Heiligenmalerei ist unter Canos Händen ritterlicher Minnedienst geworden. Jeder Besucher der Berliner Galerie kennt sein wunderbares Bild der heiligen Agnes, der Patronin der Keuschheit, der Gottesbraut, die mit großen braunen andalusischen Augen staunend ins Unendliche starrt. Jeder Besucher der Münchener Pinakothek kennt die »Vision des Antonius«, jene Maria, die stolz wie eine Venus victrix und zart wie ein Tanagrafigürchen herniederblickt auf den blassen Mönch, der, das Jesuskind im Arm, in schwärmerischer Verzückung zu ihr aufschaut. Das ist keine Kirchenmalerei. Es sind Liebeslieder, wie sie die ritterlichen Sänger des Mittelalters an ihre liebe Frouwe richteten. Wie apart sitzt das Krönchen auf dem winzigen herben Kopf der Madonna; mit welch exquisitem Geschmack hat er den Schleier, den Perlenschmuck, die Palmen und Lilien geordnet! Oder er zeigt Maria, wie sie, das Kind auf dem Schoß, in nächtlicher Landschaft träumt. Keinen Nimbus hat sie, sondern die Sterne des Himmels fügen hinter ihr sich zu strahlendem Kranz zusammen. Oder die Grablegung ist gemalt. Nicht die irdischen Freunde des Herrn haben, wie auf früheren Bildern, um die Gruft sich geschart; Engel mit leuchtenden Fittigen sind herniedergeschwebt, den bleichen Körper zu stützen.

Von *Juan Parejas* ist für den spanischen Naturalismus besonders das Bild des Madrider Museums bezeichnend, das die Berufung des Matthäus zum Apostelamt darstellt. Uhde und Jean Beraud find in der Verquickung des Modernen mit dem Biblischen nicht weiter gegangen. Hatte das Cinquecento alle Porträtfiguren aus kirchlichen Bildern verbannt, so läßt die Zeit der Gegenreformation das Ueberirdische unvermittelt in die irdische Welt hereinragen. Das Zimmer eines Zollamtes ist gemalt, wo spanische Herren im Kostüm des 17. Jahrhunderts sitzen. Und in dieses Zimmer tritt ein fremder Herr in schlichtem Gewand, Christus, herein. Auch

Claudio Coellos Bild des heiligen Ludwig zeigt, wie das 17. Jahrhundert unter gänzlicher Nichtbeachtung des 16. auf die fromme Zeit des Quattrocento zurückgreift. Vorn ein Fürst in der ritterlichen Tracht der Epoche. Dahinter die heilige Familie, in der Luft jubilierende Engel. Daß *Matteo Cerezo* in seinem Hauptwerk nicht das Abendmahl, sondern die Jünger in Emaus darstellte, kennzeichnet gleichfalls die veränderten Anschauungen. Mehr als die Darstellung eines geschichtlichen Vorganges entsprach dem mystischen Sinne dieser Zeit das Thema, wie Christus als Geist unter die Jünger tritt. Oder er malt in einem Werk, das seltsam an das Bild eines großen Idealisten unserer Tage, an Watts' »Liebe und Leben« anklingt, den Schutzengel, der das Kind durchs Leben geleitet, also die Tobiaslegende der Savonarolazeit in neuer Prägung.

Murillo zieht alle diese Fäden in seiner Hand zusammen, hat das Erbe des spanischen Kunstbesitzes angetreten.

Lebensgroße Volksstücke, wie sie seit Riberas Tagen die spanischen Maler beschäftigten, bilden auch zu seinem Oeuvre die Einleitung. Ja, an die Betteljungen der Münchener Pinakothek denkt man in Deutschland besonders, wenn der Name Murillo genannt wird. Da kauern ein paar Buben würfelnd an der Straßenecke, dort zählen kleine Obstverkäuferinnen ihre Barschaft oder braune Rangen halten in schmutzigem Gewinkel ihre aus Melonen und Brotrinden bestehende Mahlzeit. Und wie Ribera ist Murillo in solchen Bildern ein Stilllebenmaler sondergleichen. Den Sammet der Pfirsiche, den blauen Reif der Weintraube, das Fell der Melone, die gelbe Schale der Orange, die saftigen Sprünge mürben Obstes, die irdenen Krüge und geflochtenen Körbe malt er mit einer Stofflichkeit und koloristischen Noblesse, wie sie von späteren Stillebenmalern kaum Chardin hatte. Eines dieser Volksstücke, die Gallegas, verrät sogar, daß es Courtisanen im kirchlich strengen Spanien gab.

Im Ton solcher Volksstücke sind auch seine Bilder aus der Jugendgeschichte Christi und der Maria gehalten. Bei der Anbetung der Hirten malt er wie Ribera sonnenverbranntes armes Volk das sich neugierig um die Wiege schart, und fügt wie dieser ein ganzes Stillleben von Töpfen Strohbündeln und Tieren hinzu. Ist die heilige Familie dargestellt, so führt er in die schlichte Werkstatt eines Zimmermanns, wo Maria an der Garnwinde sitzt und Joseph von der Arbeit ausruhend dem Kinde zusieht, das mit einem Vögelchen und einem Hündchen spielt. Auf dem Bilde der Erziehung der Maria trägt Elisabeth das Kostüm des 17. Jahrhunderts, und Maria sieht aus, wie eine Prinzessin des Velasquez.

Ein ganzer Cyklus solcher Volksstücke war in dem Hospital von Sevilla vereinigt. Wie Rafael im Vatikan die Philosophie der Renaissance gemalt hatte, schilderte Murillo die Ethik der Gegenreformation: die Werke der christlichen Nächstenliebe und die Segnungen des Almosens. Die Speisung der Hungrigen interpretiert er durch das biblische Wunder der Vermehrung der Brote, die Tränkung der Durstigen durch Moses, der in der Wüste den Wasserquell aus dem Felsen schlägt, die Heilung der Kranken durch die Geschichte vom Gichtbrüchigen am Teich Bethesda, den Samariterdienst durch den heiligen Juan de Dios, der einen auf der Straße niedergefallenen Armen dem Hospitale zuschleppt, die Gastfreundschaft durch die Geschichte vom verlorenen Sohn, der wieder Aufnahme im Vaterhaus findet, die Krankenpflege durch die heilige Elisabeth, Das Bild des Prado, wie der heilige Thomas von Villanueva Almosen spendet, und das der Münchener Pinakothek, wie der heilige Johannes de Dio einen Lahmen heilt, sind weitere Beispiele dieses philanthropischen Naturalismus.

Irdisches und Ueberirdisches klingen in anderen Werken durcheinander. Manches in dem Bild der Geburt der heiligen Jungfrau – das Wochenbett mit der Wöchnerin, den Arzt, die Hebamme und die Gevatterinnen, die zum Besuche kommen – könnte ein Realist wie Ghirlandajo gemalt haben. Aber unter die Mägde, die das Bad der Neugeborenen bereiten, mischen sich geschäftig die Englein des Himmels. Bei der Verkündigung glaubt man in die Dachluke einer Näherin zu blicken. Ein Korb Wäsche steht vor Maria. Oben aber hat der Himmel sich aufgethan; Gottvater, von einem Engelreigen umgeben, schaut hernieder.

Die Wandlung, die die Typen damals durchmachten, zeigt sich in diesem Bild besonders deutlich. In der Renaissance war Maria die machtvolle Königin, hier ist sie ein einfaches andalusisches Mädchen. Und namentlich, sie ist jünger als auf Bildern der früheren Zeit. Indem man sie so kindlich darstellt, so nonnenhaft blöd und scheu, betont man desto mehr das Dogma der unbefleckten Empfängnis. Nicht als Mutter soll sie erscheinen, sondern als himmlisches Medium, als jungfräuliche Trägerin des Gottessohnes. Mit dieser dogmatischen Anschauung, die nicht gern das Verhältnis der Mutter zum Kind berührt, hängt auch zusammen, daß zuweilen – was früher nie geschah – Joseph an die Stelle Marias tritt. Eine Lilie hält er als Zeichen seiner Unschuld im Arm, und das Christkind steht mit der Bewegung des *Noli me tangere* auf seinem Schoß. Selbst in Marienbildern sind die beiden Gestalten selten in Beziehungen zu einander gesetzt. Sie blicken ernst aus großen, tiefen Augen herab. Hatte die Renaissance das Madonnenbild zu einer Familienidylle gemacht, so greift die Gegenreformation auf das mittelalterliche Mosaik zurück. Nur aus den dunkeln ahnungsvollen Augen, die auf den Betrachter sich richten, soll sich die Stimmung der Bilder entwickeln.

Auch wenn Christus allein erscheint, bleibt er fast immer das Kind. Er wandelt gedankenvoll durch einsame Steppen, rastet – das Lamm zur Seite – auf den Trümmern der Heidenwelt, führt, den Hirtenstab in der Hand, als guter Hirte die Lämmer durch den dunklen Wald, trifft in der Wüste mit dem kleinen Johannes zusammen. Nicht als Mann darf er erscheinen, der aus eigener Kraft zum Propheten geworden. Das Mysterium ist um so größer, wenn in einem Kind, das noch nicht denken kann, der heilige Geist sich offenbart.

Nun folgen die vielen Werke, mit denen er sein eigenstes Gebiet, das der Wundererscheinungen, der Ahnungen und Träume betritt. Der heilige Franciscus hat vor dem Crucifixus gebetet. Da löst sich der Arm Jesu vom Kreuzesstamm und legt sich dem Verzückten auf die Schulter. Oder ein kinderloses Ehepaar will eine fromme Stiftung machen. Doch sie wissen nicht, wie und wo. Da erscheint ihnen nachts in schneeweißem Gewande Maria und weist auf die Schneefläche des Esquilin. Im nächsten Bild knieen sie vor dem Papst und erzählen die Vision. Rechts zieht eine Prozession nach dem neuen Gotteshaus hin. Einem andalusischen Bettelmönch, dem heiligen Diego, ist die Engelküche des Louvre gewidmet. Der war ein so frommer Mann und sehnte sich so nach dem Himmel, daß er während des Gebetes sich in die Luft erhob. Das geschah auch eines Tages, als das Kloster hohen Besuch erwartete und Diego Küchenmeister war. Als ein Ordensbruder und zwei Kavaliere in der Thür erscheinen, um nach dem Koch zu schauen, hängt er wie festgenagelt in der Luft. Als gute Heinzelmännchen sind die Engel vom Himmel gekommen und haben die Arbeit des frommen Bruders gethan.

Doch nicht nur die Engelein helfen den Guten. Auch Maria steigt zu ihren Verehrern herab und bringt ein feines *odeur de femme* in die Zellen der Cölibatäre. Dem Sankt Bernhard namentlich erscheint sie gern, wie sie schon ehedem zur Zeit Savonarolas gethan. Und wenn sie nicht selber kommt, schickt sie das Kindlein. Der alte Sankt Felix macht einen Bettelgang, da kommt es hernieder vom Himmel und giebt sich ihm zum Kuß in den Arm. Noch lieber als diesen verwitterten grauen Bettelmönch besucht es den feinen jungen Antonius. In dessen Zelle hörte man oft Stimmen flüstern, und wenn gefragt wurde, wer da sei, antwortete der Mönch: das kleine Christkind ist zu Besuch. Das hat Murillo in vier Bildern behandelt. Erst wie Antonius, ganz ins Gebet versunken, gar nicht merkt, daß das Christkind auf dem Buche sitzt. Dann wie er aufblickt, und zitternd vor Begierde den warmen rosigen kleinen Körper umarmt.

Die Concepcionen bilden den Abschluß von Murillos Werken. Gerade in Spanien war das Dogma der Ueberschattung Mariä durch den heiligen Geist in den Mittelpunkt des Kultus getreten. Alle Maler Sevillas hatten das christliche Mysterium gefeiert. Keiner that es häufiger als Murillo. Nicht auf Wolken, wie auf italienischen Assunten, wird Maria emporgetragen. Ruhig schwebt sie im Aether, der von leuchtendem Gold wie von befruchtendem Sonnenstaub gefüllt ist. Auch nicht begeisterungsvoll sehnsüchtig wie auf italienischen Bildern blicken ihre Augen. Sie schauen staunend wie die eines Kindes, das in den Lichterglanz der Christnacht blickt.

An künstlerischen Qualitäten sind alle diese Werke sehr ungleich, und die Schwärmerei für Murillo ist überhaupt nicht mehr so groß wie früher. Im Beginn des Jahrhunderts, als durch die napoleonischen Kriege ein Teil seiner besten Bilder ins Ausland kam, bedeutete der Name Murillo alles: Andacht, Schönheit, Liebe, Verzückung. Er war der erste Spanier, den man kennen lernte, und sein Erscheinen war daher die Entdeckung einer neuen Welt. Später, als seine

Vorgänger bekannt wurden, büßte er manchen seiner Ruhmestitel ein. Seine Kunst erscheint vielfach als eine Verweichlichung und Entnervung der alten spanischen Mannhaftigkeit, als eine Uebersetzung des spanischen Idioms in eine allgemeine Weltsprache. Weder hat er die Ritterlichkeit Canos, noch die Gewalt Zurbarans, noch die wilde Kraft Riberas. Er hat das Mittelmaß, das allgemein Verständliche, eine weichliche, schmeichelnde Süßigkeit, verhält sich zu seinen Vorgängern ebenso wie in Rom Rafael zu Michelangelo und Leonardo.

Teils erklärt sich diese milde Freundlichkeit daraus, daß Murillo einem jüngeren Geschlechte angehört. Durch die Werke der ersten geht Kampfstimmung. Sie leben in den Stoffen, die sie schildern. In glühender Leidenschaft verkünden sie die Lehren des Christentums, kämpfen in fieberhafter Erregung gegen den Paganismus der Kirche, führen Martyrien und Visionen unter Finsternis und Blitzen vor. Murillo vollendete das Zeitalter. Der wild sprudelnde Quell ist zum sanften Strome geworden. Was die anderen erregt hatte, ist ihm nur Stoff für elegante Bilder. Nie rauh und rücksichtslos, herb und puritanisch ist er, sondern pikant, gefällig und reizvoll. Der Chic hat sich des Kirchlichen bemächtigt und aus den Heiligen, die anfangs so drohend waren, zierliche Nippfiguren gemacht. Seine weiche, träumerisch zarte Malerei gleicht einem schönen Sommerabend, wenn ein Gewittersturm vorübergegangen und eine ruhige Sonne am Horizont die Erde in rosige Strahlen hüllt.

Anderteils berührt er auch deshalb weniger schroff, weniger »spanisch« als seine Vorgänger, weil die Welt, für die er arbeitete, nicht durch so enge Mauern begrenzt war. Velasquez war der Maler des Hofes, Zurbaran der Maler der Mönche. Die Welt des einen war der Alcazar, die des andern das Kloster. Murillo arbeitete für die gebildeten Kreise der Großstadt. Gemalte Wohlthätigkeitskonzerte könnte man die Bilder des Hospitals von Sevilla nennen, in denen er den Begüterten die Mühseligen und Beladenen ans Herz legt. Wie ein Vorgang aus der gutbürgerlichen Gesellschaft wird die Rückkehr des verlorenen Sohnes gegeben. Diese Rücksicht auf den Geschmack der Bourgeoisie, die keine Dinge zu sehen wünscht, die andere als angenehme Empfindungen hervorrufen, hat ihn nie verlassen. Könnte man Zurbaran und Ribera in ihrer rauhen Wahrheit mit Flaubert und Zola vergleichen, so berührt Murillo in seiner Wohlerzogenheit sich mit Ohnet oder der Marlitt. Wohl schleppen auf einem seiner Hospitalbilder Kranke auf Krücken sich heran. Einem Knaben werden die Kopfgeschwüre gewaschen. Ein Mann hat sein Knie entblößt und zeigt den Knochenfraß seines Schienbeins. Doch dieses Düstere ist nur da, damit die Schönheit und Güte der zarten Samariterinnen desto heller strahlt. Den schönsten Mädchen Sevillas, jenen braunen schwarzäugigen Kindern, die Merimée in Carmen beschreibt, weist er die Rolle der Madonna zu. Selbst seine Betteljungen ähneln nicht dem rauhen schmutzigen Gesindel Riberas. Er beschneidet und glättet ihnen die Nägel, macht sie so salonfähig, daß auch *der* gern die gemalten betrachtet, der die Berührung der lebendigen meidet. So erklärt sich, daß die Bilder schon zu einer Zeit als Meisterwerke galten, als sonst solche Stoffe noch ästhetisch verpönt waren. So erklärt sich, daß gerade Murillo zu Beginn des Jahrhunderts in so weite Kreise den Geschmack für spanische Malerei trug. Alle anderen waren so herb, so aristokratisch, so zugeknöpft. Murillo, der Maler der altspanischen Bourgeoisie, sprach auch zu der des 19. Jahrhunderts die verständlichste Sprache, gewann die Herzen durch die nämlichen Qualitäten, die vorher Palma vecchio, später Angelika Kaufmann, Fritz August Kaulbach und Nathanael Sichel zu den Lieblingen ihrer Epoche machten.

Nach ihm kam nur noch *José Antolinez,* ein weicher, ein wenig süßlicher und koketter Maler, dessen Lieblingsdarstellungen blonde Magdalenen und heilige Jungfrauen in der Himmelsglorie waren. Beim jüngeren *Herrera* ist die spanische Religiosität zur reinen Theaterempfindung geworden. Ein Weltkind, schaltet er mit den Gestalten des Kultus ebenso operettenhaft, wie einst in Italien Filippino Lippi. In Rosenduft und Veilchenblau ist alles aufgelöst. Mit der Miene des Don Juan schwebt Hermengild empor. Der letzte Spanier, *Juan de Valdes Leal,* der dämonisch düstere Meister, ist kaum mehr in diese Zeit zu rechnen. Das Bild von ihm mit den Särgen und verwesten Leichen, über die eine Hand aus dem Gewölbe eine Wage hält, kündigt schon die grausigen Radierungen an, die im nächsten Jahrhundert Goya schuf.

III. Flandern.

8. Rubens

Von Spanien führt der Weg nach Flandern. Denn Flandern war im 17. Jahrhundert eine spanische Provinz. Gerade hier hatten die Religionskriege gewütet. 1566, das Jahr des Bildersturmes, bezeichnet den Höhepunkt protestantischer Macht. Psalmen singend zogen die Puritaner durch die Straßen, drangen in die Dome und Klöster, verbrannten und zerstörten, was sie an Kunstwerken fanden. In drei Tagen waren 400 Kirchen und Kapellen verwüstet, die Straßen mit zerschlagenen Marienbildern, den ehrwürdigen Erzeugnissen flandrischer Kunst, bedeckt. Darauf folgte der Rückschlag. Die konservativen Elemente trennten sich von den Stürmern und Drängern. Alba erschien in Brüssel und nahm das Land in seine eisernen Fäuste.

Flandern wurde im Norden die feste Burg des Jesuitismus. Spanische Hofluft wehte über den Boden. Der Erzbischof Albert und seine Gemahlin Isabella, die Tochter Philipps II., die das Land als Lehen der spanischen Krone verwalteten, errichteten aller Orten Kirchen und Klöster. Scharen ausländischer Priester ließen wie ein schwarzer Heuschreckenschwarm sich nieder.

Man würde also in Flandern eine ähnliche Kunst wie in Spanien erwarten: eine Kunst, die düsteren Fanatismus mit dem heißen Odem schwärmerischer Glaubensinbrunst eint. Doch das Gegenteil findet man. Die Kirchen haben nicht die schwüle Stimmung, das mystische Halbdunkel, das in den spanischen herrscht. In riesige Prunksäle glaubt man zu treten. Ueppig festlicher Glanz, goldschimmernder Luxus strömt entgegen. Und inmitten dieses strahlenden Festgepränges hängen ebenso üppige, lärmend rauschende Bilder. Dort düster braune, hier leuchtend rote, jubilierende Farben. Dort Askese und Schwärmerei, hier sinnliche Berauschung; dort weltabgewandte Mystik, hier safttriefende Lebenskraft; dort die Abtötung des Fleisches, hier vollblütiges, von Gesundheit berstendes Epikuräertum.

Fast unbegreiflich erscheint das nach der puritanischen Prüderie, mit der die Gegenreformation begann. Damals wurde den Künstlern verboten, Nacktes darzustellen, damit sie »Gott nicht beleidigten und den Menschen ein schlechtes Beispiel geben«. Selbst die geschlechtslose Nacktheit auf Michelangelos Jüngstem Gericht erschien so anstößig, daß die Gestalten bekleidet wurden. Auf den Bildern der flandrischen Maler fluten nackte Menschenleiber daher, und diese Leiber sind fett, quammig, quappig. Die Kunst der Gegenreformation, die mit dem Verbot des Nackten begann, endete mit der Apotheose des Fleisches. – Anfangs wurden die antiken Statuen aus der Öffentlichkeit verbannt oder – soweit sie nicht nackt waren – durch Veränderung der Attribute in christliche Heilige verwandelt. Die Künstler mieden ängstlich, das Gebiet der Antike zu betreten. Die flandrischen Maler verkehren fast mehr mit den Göttern und Göttinnen des Olymp als mit den Heiligen der Kirche, verwenden Antike wie Christentum, jubelnde Hymnen auf das Fleisch zu singen. Und vor kein Inquisitionstribunal ruft sie die Kirche, wie sie mit Paolo Veronese es gethan, sondern giebt lächelnd ihren Segen. Der Katholicismus der Gegenreformation, anfangs so unerbittlich starr, wird in Flandern eine lustige Religion, die nicht für die Seele nur, auch für die fleischlichen Bedürfnisse ihrer Kinder sorgt.

Man kann zur Erklärung dieser seltsamen Erscheinung darauf hinweisen, daß der Geist der Gegenreformation in Flandern mit dem sinnlichen Temperament eines derben genußfreudigen Volkes zu rechnen hatte. Noch in erster Linie kommt der Zeitunterschied in Betracht. Die Kunstentwickelung von 1560 bis 1650 illustriert die Geschichte der Gegenreformation. Anfangs, als die Reform begann, war die Kirche in Gefahr. Jetzt ist ihre Herrschaft glanzvoller als je wiederhergestellt. Aus der *ecclesia militans* ist die *ecclesia triumphans* geworden. Namentlich die Unterwerfung Flanderns war ein erstaunliches Ergebnis zielbewußter jesuitischer Thatkraft. Dieser Triumph des Katholicismus spiegelt in den Werken der Barockzeit sich wider. Durch Kampf zum Sieg. Erst zu Caravaggios und Riberas Zeiten waren die Bilder ernst, finster, trotzig. Jetzt sind sie festlich, jubelnd, repräsentierend. Mit klingendem Spiel zog der Jesuitismus, seinen Sieg verkündend, durch Flanderns Gaue. Er fürchtete die Kunst nicht. Nenn sie hatte ihm bei seiner Bekehrungsarbeit wichtige Dienste geleistet. Schneller als das Schwert es vermocht hätte, hatte man die Geister gewonnen, indem man dem puritanischen Eifer der Bilderstürmer den benebelnden Pomp katholischen Festgepränges entgegensetzte. Auch der Humanismus, dessen

Ausschreitungen einst den Anstoß zu der großen Bewegung gaben, war nicht mehr gefährlich. Die Kirche gewann nur, wenn sie wieder als Beschützerin der Wissenschaften sich zeigte. So tritt die Gegenreformation, nachdem sie anfangs sich in Gegensatz zur Renaissance gestellt, nun das ganze Erbe hellenischen Renaissancegeistes an.

Der Maler, dem die Erbschaft in den Schoß fiel, heißt *Rubens*. Er war im Großen, was im 15. Jahrhundert Ghirlandajo, im 16. Rafael war. Nicht zu den suchenden Geistern gehört er, die neue Probleme auswerfen, nicht zu denen, deren Werke Seelenbekenntnisse sind. Er gehört zu den Künstlern, die das Ergebnis einer langen Kunstentwickelung zusammenfassen. Und wenn in Veronese die Renaissance, in Murillo die Gegenreformation ausklingt, war es Rubens' That, daß er diese beiden, bisher getrennten Welten, Gegenreformation und Renaissance versöhnte.

Die Kunst der Gegenreformation war, gerade weil sie die Sinnlichkeit verfehlte, in den Distrikten der Seele angelangt, wo sich die widernatürliche Vegetation der Gedanken verzweigt. Sie ist pervers, die Sinnlichkeit des Antonius, der das Christkind umarmt; pervers, die Sinnlichkeit des Mönches, der die unbefleckte Maria anschwärmt. Nach diesem Zustand hysterischer Ueberreizung führte Rubens der Kunst wieder den hellenischen Sensualismus, die Gesundheit zu. Sein ganzes Schaffen ist wie eine große Reaktion auf das Dogma der unbefleckten Empfängnis. Die Gegenreformation hatte aus dem Sinnlichen etwas Uebersinnliches gemacht. Rubens reißt ihr die Tartuffemaske vom Gesicht, führt die Sinnlichkeit auf ihr eigenes Gebiet zurück. Es ist kein Zufall, daß er so gern die Leidenschaften der Tiere malt: Löwen, Tiger und Leoparden, Eber und Wölfe. Denn er hat selbst etwas von einem schönen, kraftstrotzenden Tier, steht wie ein Zuchthengst neben Wallachen. In eine Zeit überhitzter Phantasiethätigkeit sprengt er wie ein Centaur herein, wie eines jener Urweltswesen, die mit dem Menschenkopf den Pferdeleib, die ganze Kraft, Wildheit und sinnliche Begehrlichkeit des Tieres einen. Statt der Entsagung malt er die Leidenschaft, statt der psychischen Ekstase die überschäumende physische Kraft. Den erregten Visionen der Frömmler setzt er die gesunden Begierden der Tiere, der spirituellen Erotik der Theresa von Jesu den Sinnenrausch des Naturmenschen entgegen. In dem Lande, wo die Religion das meiste Blut hatte fließen lassen, feiert ein Maler die ewige Zeugungskraft der Natur. Sein Auftreten bezeichnet in der Geschichte der Malerei einen ähnlichen Moment, wie ihn die Kunst hundert Jahre vorher durchmachte, als auf die Askese der Savonarolazeit der Triumph der Sinnlichkeit folgte. Nur erscheinen alle Werke von damals zahm und gesittet gegenüber der Orgie, die nun begann. Gerade die unfruchtbaren seelischen Exaltationen, in die der Neukatholicismus verfiel, hatten die Sinnlichkeit fieberhaft erregt. Darum ist es jetzt, als sei plötzlich ein Hafenwerk zerstört, so elementar schäumt sie auf, alles überflutend und niederreißend, mit der Kraft der Naturgewalt.

Die Kirmes des Louvre und jene Gesellschaftsstücke, die er » *Conversations à la mode*« genannt hat, enthalten die Einleitung seines Oeuvre. Auf dem Kirmesbild haben Männer und Weiber, nicht in der Wirtsstube oder vor der Thür des Wirtshauses, sondern auf weitem offenen Feld sich zu einer wilden Orgie vereint. Da hat einer in wüstem Tanz den Arm um den Bauch eines Weibes geschlungen, dort hebt einer seine Partnerin johlend empor, dort klammert sich einer an sie, preßt sie mit Arm und Bein, mit Brust und Mund, dort hat ein anderer seine Tänzerin niedergeworfen. In den vornehmen Kreisen geht es gesitteter zu, doch das Thema ist gleichfalls die Liebe. Vor einer Fontäne mit einer weiblichen Statue, deren vollen Brüsten dicke Wasserstrahlen entquellen, haben Damen und Herren sich niedergelassen. Da hält sich ein Paar tanzbereit umschlungen, dort spielen junge Männer die Laute, dort kommen schöne Frauen, von Amoretten umgaukelt, heran. Die Santa Conversazione der Renaissance ist zur *Conversation à la mode* geworden. Und mit diesen beiden Bildern kennt man den ganzen Rubens. So wie diese Menschen sind, wollten sie ihre Heiligen. Obwohl Rubens' Thätigkeit alle Gattungen der Kunst umfaßte: Religiöses und Mythologisches, die Landschaft, das Bildnis und Tiere, hält doch ein Band alles zusammen: die warmblütige lodernde Sinnlichkeit, die alles durchwogt. Nachdem man so lange sich in hysterischer Sehnsucht verzehrt, war das Bedürfnis, mit urkräftigem Behagen quammig quappiges Fleisch in die Arme zu schließen, so riesengroß, daß bei aller scheinbaren Verschiedenheit der Bilder das Thema im Grunde stets das nämliche ist: die Apotheose des Fleisches.

Sehr erbauliche Eigenschaften sind demnach in Rubens' religiösen Bildern nicht zu suchen. All die zarten, feinen Empfindungsnuancen, die die alten Meister in solche Werke hineinlegten, sind ihm fremd. Nur den Sinn für das Derbe hat er, für das Massige, sinnlich Strotzende. Wo man sonst gewohnt ist, Stimmung und Seele zu finden, sieht man bei Rubens nur athletische Schaustellungen und fettes Menschenfleisch. All seine heiligen Frauen sind so fleischgewaltig, haben so fett ausladende Formen, daß man wenig an ihre Heiligkeit glaubt. All seine heiligen Männer sind kolossale Gesellen, die mehr durch athletische Muskelkraft, als durch psychische Hoheit imponieren. Der Geist des Christentums hat sich dermaßen in sein Gegenteil verkehrt, daß die alte Lehre von der Abtötung des Fleisches durch Gestalten von denkbar größter Körperfülle ausgedrückt wird.

Aus dem Alten Testament greift er nur Scenen wie das Bad der Susanne oder die Bewältigung Simsons heraus, die Gelegenheit zur Vorführung üppiger Frauenkörper geben oder durch Kampf und Mord seinem stürmischen Sinn behagen. Maria, in der spanischen Kunst das junge Mädchen, das unbefleckt empfängt, ähnelt hier mehr der Aphrodite Pandemos. Ein dicker Fruchtkranz, den pausbackige dralle Engel um das Bild schlingen, steigert noch die saftig sinnliche Wirkung. Sind statt Marias andere Heilige – Magdalena, Cäcilia, Katharina – dargestellt, so bedingt dieser Namenwechsel keine Veränderung der Charaktere. Es ist immer dieselbe üppige Brabanterin mit dem stark dekolletierten knisternden Seidenkleid. Wie er die Anbetung der Könige nur liebt, weil sie Gelegenheit giebt, Pomp und Pracht zu entfalten und Sonnenstrahlen auf damastenen Roben schillern zu lassen, bleibt er beim bethlehemitischen Kindermord, wo es um Herzeleid, um dumpfe Verzweiflung sich handelt, fleischfroher Sinnenmensch. Die Kreuzigung Christi bietet die Möglichkeit, heroische männliche Körper in der vollen Kraftentfaltung ihrer Muskeln zu malen. Der auferweckte Lazarus ist ein robuster Athlet, den der Aufenthalt im Grab nicht angriff, und seine Schwestern zeigen auch bei diesem Anlaß ihre mächtigen Formen. Wie hier von den Mysterien des Todes, merkt man bei den reuigen Sündern, die vor dem Heiland sich neigen, nichts von Reue und Buße. Christus ist ein schöner Mann mit edlen Gebärden, Magdalena eine üppige Sünderin, deren Zerknirschung nicht tief geht. Selbst das Jüngste Gericht, in das die alten Meister die ganze Gläubigkeit ihrer Kinderseelen legten, ist für Rubens nur eine Cascade von Menschenleibern, giebt ihm Gelegenheit, mit nackten Körpern zu jonglieren, sie in die Luft zu streuen wie ein Riese, der einen Bottich mit kolossalen Fischen entleert.

Die Antike braucht nicht notwendig ein Reich der Sinnlichkeit zu sein. Als Mantegna hundert Jahre vorher seine antiken Werke malte, versuchte er mit wissenschaftlicher Strenge, das Bild der altrömischen Welt wiederherzustellen: ihre Architekturformen und Gewänder, ihre Gerätschaften und Gebräuche. Ihm, der mit dem Verstand sich in das Land der Griechen versetzte, standen die Romantiker gegenüber, die es mit der Seele suchten. Für Piero di Cosimo war Griechenland ein versunkenes Zauberreich, das Land der Hexerei und der Abenteuer. Botticelli bleibt als Jünger Savonarolas auch in antiken Bildern christlicher Maler. Nicht der betäubende Duft der Rosen Aphroditens, sondern Klosterstimmung weht aus seinen Bildern. Man kann sich seine Venus vorstellen, wie die stille Maria auf feierlichem Throne sitzend und mit kalten weißen Blumen bekränzt. Dann folgen die Bilder Correggios und Sodomas, die auf die Gestalten der Antike das zitternd erotische Empfindungsleben der Leonardozeit projicieren. Weiter die Werke der Hochrenaissance, die auch der Antike majestätischen Adel geben. Man hat vor Tizians Bildern das Gefühl, in hellenischen Thermen zu weilen, wo edel vornehme Gestalten sich in klassischer Ruhe bewegen. Dann ein Scenenwechsel. Poussin, als Nachfolger Mantegnas und Vorläufer Schinkels, sucht mit allen Hilfsmitteln seiner riesigen Gelehrsamkeit, die Architektur und das Kunstgewerbe der Alten wiederherzustellen. Ribera und die anderen Maler von Märtyrerbildern entdecken, daß es bei den Griechen schon Märtyrer, Geschundene und Gefesselte gab. Die Antike des Rubens ist ein großer Fleischerladen.

Ueber die Stoffe, die er schildert, ist ein Buch geschrieben. Es wird nachgewiesen, daß in den 280 Bildern ziemlich alle Scenen behandelt sind, die bei Homer, Virgil und Ovid, bei Plutarch und Livius vorkommen. Doch die Liebesmüh' der Wissenschaft ist verloren. Auch die Antike schätzt er nur, weil er an dem gesunden kräftigen Leben weiblicher Körper sich freut, weil sie neue Möglichkeit bietet, sich in sprudelnder Kraft, in stürmischen Bewegungen zu ergehen. Man wollte Fleisch sehen, nach all dem übersinnlichen Schmachten, all der mystischen Verzückung von früher. Darum kennt er keinen Unterschied der Typen. Keine majestätische Juno giebt es, keine elastisch schlanke Minerva, keine herbe keusche Diana. Dieselben dicken Heroinnen mit strohgelben Haaren, wasserblauen Augen und mächtigen Hüften kehren immer wieder. Fett, drall und würzig ist Venus, ebenso fett aber ist Diana, die jungfräuliche Göttin der Jagd, als sei sie mehr gewohnt, sich auf schwellenden Polstern zu räkeln, als den Wurfspieß in der Hand den Hirsch zu verfolgen. Auch daß bei ihm, so viele Venusbilder er malte, nie die einfach auf dem Lager ruhende Venus vorkommt, wie die Renaissance sie darstellte, ist bezeichnend. Wunschloses Ruhen war kein Thema für Rubens. Nur in Bewegung, nur von Leidenschaft durchglüht, konnte er den üppigen Körper brauchen. Jupiter naht der schönen Antiope, Amazonen kämpfen, die Dioskuren entführen die Töchter des Leukipp, Centauren sprengen durch die Landschaft, das Weibchen verfolgend, Satyrn überfallen die Nymphen der Diana. Diese Satyrbilder, die das Thema »Und in wütendem Erglühen hält der Faun die Nymphe fest« in immer neuen Varianten vorführen; die Bacchanalien, die das Thema Trunkenheit und Wollust *in fortissimo* behandeln, bezeichnen den Gipfel dessen, was Rubens als Verherrlicher stürmischer Sinnlichkeit gab. Ungeheure Massen kolossaler Weiblichkeit breiten sich aus. In zügelloser Lust pressen sich die aufgeschwemmten Körper aneinander. Bacchische Paare, in wild sinnlicher Verschlingung, stürmen daher. Auf die Hysterie von früher ist die Satyriasis gefolgt.

Die allegorischen Bilder unterscheiden sich von den mythologischen nur durch den Titel. Er malt die vier Weltteile, wie sie durch Liebe vereint zusammensitzen, von kraftstrotzenden Tieren und den Symbolen der Fruchtbarkeit umgeben. Er modelt ein historisches Thema wie das Leben der Maria von Medici derart um, daß es gleichfalls ein Hymnus auf Menschenfleisch wird. Hier schildert er eine Zeit, die er selbst mit erlebt, Vorgänge, die ihn diplomatisch beschäftigten. Trotzdem läßt er nicht durch Kostüme sich binden, hält sich nicht an den geschichtlichen Stoff, sondern setzt den Olymp in Bewegung. Mitten in die Versammlung der historischen Persönlichkeiten mischen sich nackte Genien, Götter und Göttinnen. Wassernixen rudern das Schiff der Königin, und dralle Putten tragen ihr die schwere, brokatene Schleppe. Nackt ist, das versteht sich von selbst, die »Wahrheit«, die der Gott der Zeit emporhebt; in üppiger Nacktheit aber prangen auch die düsteren Parzen, die den Lebensfaden der Königin spinnen.

Die Landschaften bieten dazu die Ergänzung. Weder bestimmte Naturausschnitte malt er, noch giebt es eine arme Natur und zarte verhaltene Töne. Wie er als Historienmaler nur das Fleischige, Fette liebt, nur die beiden Pole von überquellender Sinnlichkeit und wütendem Kampfe kennt, hat er die Natur nur in fetter Behäbigkeit oder in Momenten der Erregung, wenn elementare Kräfte sich entladen, gemalt. Eine Kuh wird im Vordergrund eines seiner Münchener Bilder gemolken. Ihre fetten, bis zum Bersten geschwollenen Euter symbolisieren die Stimmung, die über der Erde ruht. Auf dem anderen Bild steht ein Regenbogen am Himmel. Der Kampf der Elemente ist vorbei. Alles glänzt von Feuchtigkeit. Die Bäume freuen sich wie dicke Kinder, die ihr Frühstück erhalten haben. Andere Landschaften werden in Windsor, in Wien und Florenz bewahrt. Da ist die Gewalt der Elemente entfesselt. Wütender Sturm rast über mächtige Wipfel, und Blitze zucken aus gewitterschwangeren Wolken hernieder. Die Wasser treten aus ihren Schranken, alte Bäume, gewaltige Stiere fortreißend. Oder er erzählt von dem berauschenden Entzücken der Erde, wenn befruchtender Regen auf sie fällt, von dicken Rindern, die zur Weide getrieben werden, von vlämischen Bäuerinnen, die mit reifen Getreidegarben über den fetten brabantischen Boden schreiten. Leidenschaft und Befruchtung, Brunst und Entladung sind die Themen.

Ist von Rubens' Bildnissen die Rede, so denkt man zuerst an Helene Fourment, die würzige Blondine, die er 1630 heiratete. Denn es ist bezeichnend für diesen Meister, daß er mit 53 Jahren noch ein 16jähriges Mädchen zur Frau nahm. Nicht minder bezeichnend, daß Helene es wurde. In ihr fand er den Genius seiner Kunst. Viel Gedanken haben in dem animalischen

Köpfchen nicht gelebt. Aber gesund ist sie, vollblütig, lebenstrotzend – ein echter Rubens. Und wie er eine Frau heiratete, die aussah, als ob er selbst sie gemalt hätte, malte er die anderen, als ob sie in Helenens Familie gehörten. Mögen es Aristokraten oder Gelehrte, Herren oder Damen sein, alle sind sie voll blühenden strotzenden Lebens, von überquellender vollblütiger Kraft. Obwohl sie die pomphaften Gewänder des 17. Jahrhunderts tragen, scheinen sie in paradiesischem Urzustand zu leben: nicht angekränkelt von der Blässe des Gedankens, mehr Körper als Seele, mehr animalisch als spirituell. Selbst die Persönlichkeiten, die er 1628 am spanischen Hofe malte, haben nicht den welken Reiz absterbender Geschlechter. Den müden Philipp IV., die kalte Isabella von Bourbon, den bleichen Ferdinand macht er zu frischen, frohen, gesunden Menschen. Wie in den Historien verkündet er als Porträtmaler die Lehre, daß physische und geistige Gesundheit das höchste Gut des Menschen sei.

Unsere Zeit kann solcher Gesundheit nicht sich rühmen. So muten Rubens' Werke fremder als die der übrigen Meister des 17. Jahrhunderts an. Wir sind zu sehr an kleine feine Reize gewöhnt, um dieses ewige Fortissimo zu vertragen. Wir sind zu schwächlich, zu nervös, als daß dieser grobe tierische Sinnentaumel uns mehr als erschrecken könnte. Aber wir verstehen geschichtlich, daß nach einer Zeit schwüler cerebraler Erotik ein solcher Rückgang zur gesunden Sinnlichkeit folgen mußte. Und daß Rubens selbst sein Schaffen so auffaßte, beweisen die Worte, die er über die Thür seiner Werkstatt setzte: *Mens sana in corpore sano.*

9. Rubens' Zeitgenossen

Fette vlämische Gesundheit ist auch das Kennzeichen der anderen, die zur nämlichen Zeit in Flandern arbeiteten. Mögen sie nackte Weiber, Tiere oder Landschaften malen, alle sind handfeste Arbeiter, sinnlich und derb, Männer, die mit wollüstigem Behagen die Materie in ihrer strotzenden Gesundheit umschlingen.

Jacob Jordaens namentlich ist ein echter vlämischer Bär, steht dem Aristokraten Rubens als schwerfälliger Plebejer gegenüber. Schon sein Selbstporträt deutet den Unterschied an. Rubens trägt auf allen seinen Bildnissen Sammetrock und goldene Kette. Jordaens, aus einer Trödlerfamilie stammend, sieht aus wie ein vierschrötiger, plumper Prolet. Auch daß er Calvinist war, giebt seiner Malerei ein anderes Gepräge. Sie hat nur die vlämische Schwere, nicht den rauschenden Schwung, das festlich Pomphafte der Jesuitenkunst. Massige Schultern liebt er, feiste Körper, die braune fettige Haut der Satyrn und den Geruch des Kuhstalls. Fische, Gänse, Hühner, Schweine, Würste, Eier, Milch, Brot, fette schwere Nahrung häuft er neben den Figuren an. Auf seiner Anbetung der Hirten drängen wettergebräunte Kerle, ungewaschene, ungekämmte Gesellen sich an eine dicke Bäuerin heran. Ein Kind in gelber Jacke, das Christkind vorstellend, hält ein Ei und ein Vogelnest. Ein großer Hund und eine Frau mit einem riesigen Milchtopf stehen daneben. Unter dem Titel »Der verlorene Sohn« oder »Die Arche Noah« malt er kraftstrotzende Tierstücke. Das Thema, wie der zwölfjährige Jesus im Tempel lehrt, verwandelt sich in eine Kneipe, wo ein junger Bursche dicken Spießbürgern durch seine Antworten imponiert. Selbst das einzige antike Bild, das er malte, ist ein Zechgelage: wie der kleine Jupiter durch die Ziege Amalthea genährt wird. Diese dicke quammige Nymphe, diese Ziege mit ihren strotzenden Eutern, dieser fette kleine Jupiter, der, obwohl er die Milchflasche hält, noch nach Nahrung schreit, dieser braune Satyr und all die saftigen Dinge, die auf dem Boden liegen – das ist der ganze Jordaens, der Maler der Schlemmerei und der Liebe.

Denn gewöhnlich verzichtet er überhaupt auf den biblischen und mythologischen Titel. Kirmesorgien sind seine wahre Domäne. Da wird das Dreikönigsfest gefeiert. Ein alter Schmerbauch schlürft aus seinem Römer, Ein Soldat umhalst ein dickes Mädchen. Alle saufen, johlen, fressen. Einer ist so weit, daß sein Wanst die Ladung nicht mehr faßt. Selbst die Katze wälzt sich betrunken auf dem Boden. Ist statt des Dreikönigsfestes das Sprichwort behandelt »Wie die Alten sungen, zwitschern die Jungen«, so ändert das wenig. Er malt nur mit der Wollust des Vielfraßes, wie der Mensch ißt, trinkt und verdaut: ein Gargantua gleichsam mit ungeheurem Appetit, der sich im Nabel der nährenden Erde festsetzte.

Mehr im pomphaft schwungvollen Rubensstil arbeiteten *Abraham van Diepenbeeck, Theodor van Thulden, Cornelis Schut* und *Jasper de Crayer*. Diepenbeeck benutzt das Thema der Flucht der Cloëlia, Thulden den Triumphzug der Galatea dazu, Weiberkörper von allen Seiten zur Schau zu stellen. Schut und Crayer deckten den Bedarf an Kirchenbildern: anfangs naturalistisch derb, später prunkhaft blendend.

Als Porträtmaler entfaltete neben Rubens *Cornelis de Vos* eine große Thätigkeit, und seine Bildnisse sind bezeichnend für den höfisch repräsentierenden Geist, der unter dem Einfluß spanischer Etikette in das flandrische Familienleben kam. Selten malt er Einzelporträts, fast immer nur monumentale Familienbilder. Und alle diese Leute scheinen in Schlössern zu wohnen. Eine pomphafte Säulenarchitektur baut sich auf, mit kühn gebauschtem, breit herabwallendem Vorhang. Oder sie haben auf einer Veranda sich niedergelassen, die die Aussicht auf Schloß und Garten freiläßt. Vos ist älter als Diepenbeeck und Jordaens. Das verrät sich in seiner strengen beinahe starren Art. Statt der malerischen Breite der Jüngeren herrscht bei ihm noch zeichnerische Scharfe, der Stil des Antonis Mor und Frans Pourbus. Von seinen kleineren Bildnissen ist das des Hausmeisters der Lucasgilde im Antwerpener Museum und das seiner Töchterchen in der Berliner Galerie berühmt. Der alte Kellermeister putzt das Tafelgeschirr des Gildenhauses – also ein Hinweis darauf, welch üppiges Leben die Künstler in dem lustigen Antwerpen führten. Seine Kinder malt er, wie sie ihre Kirschen und Pfirsiche verzehren. Also auch hier, wie bei allen Vlaamen, spielt das Essen eine Rolle.

Die Familienbilder des *Gonzales Coques* unterscheiden sich von denen des Vos nur durch ihr kleineres Format. Die repräsentierende Eleganz ist die gleiche. Feierliche Hoftracht hat sich jeder angelegt. Mit Gobelins und Bildern sind die Wände geschmückt. Säulen und wallende Vorhänge scheinen zum notwendigen Möblement jeder Kaufmannswohnung zu gehören.

Welche Wandlung die Landschaftsmalerei unter dem Einfluß des Rubens durchmachte, zeigt ein Vergleich der Werke, die vor und nach dem Auftreten des Meisters entstanden. *Lucas van Balckenborch, Joos de Momper, Jan Brueghel, Hendrik van Balen, Roelant Savery, Sebastian Brancx, David Vinckboons* und *Alexander Keirinx haben*, obwohl sie ins 17. Jahrhundert hereinlebten, mehr mit Patinir als mit Rubens gemein. Auch sie waren Neuerer. Patinir und Bles hatten noch nicht versucht, Fernsichten zu geben. Der Hintergrund geht nicht zurück, sondern baut sich über dem Vordergrund auf. Daß in der Ferne die Umrisse verschwimmen und die Farben sich ändern, wollten sie, an mikroskopisches Sehen gewöhnt, nicht bemerken. In meilenweiter Entfernung behalten Aestchen und Blättchen dieselben festumrissenen Formen, dieselben scharfen Farben, wie die Dinge des Vordergrundes. Da wurde durch *Gillis van Coninxloo* eine wichtige Anregung gegeben. Er zuerst von den vlämischen Landschaftern empfand, welche Einwirkung Luft und Licht auf die Erscheinung der Dinge hat, und suchte das Verschwimmen der Umrisse, die Abtönung, die die Farben in größerer Entfernung erleiden, zeichnerisch und koloristisch auszudrücken. Im Vordergrund glänzt alles in scharfen braunen, grünen und blauen Farben. Im zweiten Plan ist das Laubwerk nicht Blatt für Blatt, sondern büschelartig gezeichnet. Das Dunkelgrün geht in helleres Blaugrün, die Farbe der Baumstämme von braun ins grünliche über. Weiter hinten werden die Farben noch heller und fahler. Stolz auf diese »Entdeckung der drei Pläne« ließ nun aber Coninxloo die Abtönung der Farben nicht allmählich eintreten. Er markierte sie so, als ob braune, grüne und graue Coulissen die Natur in gesonderte Abteilungen zerlegten. Und an dieser Anschauung hielten auch die Folgenden fest. Statt daß ihre Bildchen einfarbiger wurden, nahm die Buntheit immer mehr zu. Ein grauer Hintergrund mit hellblauer Fernsicht und dunkelblauen Bergen, in scharfem Gegensatz dazu im Vordergrund leuchtendes Grün und inmitten dieser farbenprangenden Natur kleine Figürchen in schillernden Gewändern – das ist der gewöhnliche Inhalt ihrer Bilder. Mit jauchzender Freude stellen sie aus bunten Pflanzen und bunten Kostümen, aus buntgefiederten Papageien und olympischen Göttern, aus Ruinen, Felsen und Wasserfällen flimmernde Farbenbouquets von rot, grün und blau zusammen. Jedes Bild gleicht einer Palette, auf der die lautesten Farben toll durcheinander klingen.

In dieser Vorliebe für schöne saftige, sinnlich üppige Farben sind sie echte vlämische Meister. Nur der Detailreichtum, das Saubere, Puppenhafte ihrer Werkchen entsprach nicht mehr dem Geschmack der späteren Zeit. »Ich bekenne, daß ich infolge einer natürlichen Begabung mehr geeignet bin, sehr große Bilder zu malen, als kleine Kuriositäten.« Diese Worte des Rubens kennzeichnen auch die Werke der Folgenden.

Einen Einzigen, *Jan Silberechts*, würde man nicht als Vlaamen erkennen. Denn seine Landschaften sind weder schwungvoll, noch leuchten sie in saftiger Buntheit. Eine Kuhmagd und ein kleines Mädchen, am Wege schlafend, sind auf einem Münchener Bilde gemalt. Was blecherne Milchgeschirr steht vor ihnen. Ein paar Schafe grasen. Aus Weiß, Blau, Hellgrün und Grau setzt sich das Ganze zusammen. Ein Bauernhof in Brüssel und ein Kanal in Hannover sind gleichfalls Naturausschnitte von einer Unmittelbarkeit und Wahrheit, die an die Freilichtmalerei der Gegenwart streift. Silberechts, als einer der ersten Landschafter, entdeckte, daß das Sonnenlicht die Dinge nicht goldig, sondern silbern tönt, und hat in seinen schlichten kühl grauen Bildern Werke von sehr moderner Feinheit geschaffen.

Alle übrigen sind breite Bravourmaler, die eine pomphaft festliche Wirkung erstreben. Ueppige Palettentöne mischen sie, metergroße Leinwandflächen bedecken sie mit Bäumen und Flüssen, mit Bergen und Thälern. Der prangend leuchtende, rauschend bewegte Stil der Figurenmalerei ist auch für sie maßgebend. Zwei Hügel, dazwischen ein sandiger Hohlweg, auf dem zwei Reiter in rotem Wams daherkommen, in der Ferne blaue Berge unter tiefbraunem Himmel – das ist eine Landschaft des *Lodewyk de Vadder*. *Jacques d'Artois* fand im Park bei Brüssel imposante, prunkvolle Scenerien. *Lucas van Uden* malte Waldlichtungen, schilfbewachsene

Teiche und üppige Wiesen, auf denen fettes Hornvieh lagert. Die beiden *Huysmans* ließen italienische Landschaften in warmer Farbenglut leuchten, und *Jan Peeters,* der Marinemaler, folgt gleichfalls dem Programm des Rubens, indem er die See nie im Zustand der Ruhe, nur in Momenten dramatischer Erregung malt.

Die Tier- und Stilllebenmalerei ist durch *Frans Snyders, Jan Fyt, Paul de Vos, Pieter Boel* und *Adriaen van Utrecht* vertreten. In ihren Tierstücken stellen sie wie Rubens Löwen und Tiger, Hirsche und Wölfe in wildem Kampf, in schnaubender Leidenschaft dar. In ihren Stillleben häufen sie totes Wildbret und totes Geflügel, Früchte und Hummern, Austern und Fische, Fasanen und Truthühner zu mächtigen Dekorationsstücken zusammen. Wie in den Tierbildern die vlämische Lust an Bewegung und Pathos, kommt bei der Darstellung solch saftiger Leckerbissen die wollüstige Genußfreudigkeit des vlämischen Stammes zum Ausdruck. Mit der Gourmandise des Lebemannes betrachten sie das Schillern der Dinge, die man essen kann, fühlen das Wasser im Munde zusammenlaufen, wenn sie Delikatessen zum Gabelfrühstück anhäufen. Selbst die Blumen, die die üppig ausladenden Barockvasen des *Daniel Seghers* umschlingen, scheinen unter einer übermächtigen Fülle von Lebenskraft zu ersticken.

Die ganze vlämische Kunst gleicht einem vollblütigen, von kräftiger Nahrung angeschwemmten Körper. Alle malen eine Schöpfung, die gesund ist bis zum Bersten, die überschäumt in fetter Behäbigkeit. Saftige Blumenguirlanden und glanzvolle Stoffe, nackte Menschenleiber und wilde Tiere, Heilige, Genien und Bacchanten weben sie keck sinnenfroh zu farbenfreudigen Bouquets zusammen. Erst van Dyck, der Benjamin der Rubensschule, ging einen anderen Weg.

10. Van Dyck

Nachdem die Spanier die unbefleckte Empfängnis gemalt, war Rubens gekommen und hatte den Sinnenrausch gefeiert. Die nächste Etappe mußte die sein, daß man die Traurigkeit malte, die, wie das Sprichwort will, dem Sinnenrausch folgt. Nach der flammend bebenden Leidenschaft des Rubens kommt die elegische Müdigkeit van Dycks.

Mond und Sonne – das ist die Stellung der beiden in der vlämischen Kunst. Rubens das hellglänzende, glühende, alles befruchtende Gestirn; van Dyck der Planet, der mild leuchtend, aber nicht befruchtend seine stille Bahn geht. Neben dem wilden Pathetiker Rubens steht er als der Sänger des Weltschmerzes; neben dem kraftstrotzenden, zeugungskräftigen Meister als überfeinerter, müder Roué. Ein zarter Hauch weicher, entnervter Sinnlichkeit ist über sein Wesen und seine Kunst gebreitet. Ist Rubens der König, so ist van Dyck der Coeurbub der vlämischen Kunst.

Einer Familie, die nicht zur Aristokratie und nicht zum Volke gehörte, war er entsprossen. Sein Vater, ein kleiner, feiner, geschniegelter Herr, besaß ein Seidenmagazin und bediente seine vornehmen Kundinnen mit sehr galantem Lächeln. Seine Mutter, eine zarte, blasse Frau, war berühmt wegen ihrer kunstvollen Stickereien und soll, während sie Antonis unter dem Herzen trug, gerade die Geschichte von Susanna und den beiden Alten gestickt haben. Dieser Hinweis auf das Milieu seiner Jugend ist nicht unwichtig. Denn man denkt vor seinen Bildern an den matten Glanz seidener Stoffe. Man glaubt auch zu fühlen, wie gern der Knabe in dem Laden sich aufhielt, mit wie leuchtendem Auge er aufblickte, wenn eine parfumumflossene Dame hereinrauschte, und wie fein er errötete, wenn eine ihm ein freundliches Lächeln zunickte. Und sie nickten alle. Fein und blaß, von mädchenhafter Zartheit, mit blonden Locken und großen dunkeln Augen, die bald schwärmerisch, bald schwermütig blickten, war er der Typus, den die Damen lieben. Alle kannten ihn, manchen Blick fing er auf, wenn er, wie ein Prinz gekleidet, weiße Federn am Hut, durch die Straßen Antwerpens flanierte. Er hatte das Recht, sich später als Rinaldo zu malen, wie er die Zauberin Armida durch seine Schönheit besiegt; das Recht, sich zu malen als Paris, wie er schwankt, welcher der drei Göttinnen der Apfel zu reichen. Denn die Auswahl war für ihn, dem alle zu Füßen lagen, nicht leicht.

Schon im Rubensatelier nahm er eine Sonderstellung ein: zwar nicht »Achilles unter den Töchtern des Lykomedes« (das ist das Thema eines seiner ersten Bilder), aber ein Mädchen, das sich unter wilde Burschen verirrte. Galante Causerien mit Frau Helene behagten ihm mehr als der Verkehr mit den plumpen Rapins. Bei den Festen des Rubens wurde er als Wunderkind angestaunt, wenn er mit schöner Stimme zum Violoncell italienische Lieder sang. Später in Italien schärfte sich der Gegensatz zu seinen vlämischen Genossen immer mehr. Da saßen sie in ihrer Kneipe an der Piazza di Spagna und betranken sich, die rohen Gesellen. Alle Landsleute kamen, nur van Dyck kam nicht. Vornehmes Leben suchte er und aristokratische Eleganz. Kein Fest, zu dem er nicht geladen war. Kein Maskenball, wo er nicht die Damen bestrickte. Nie ging er aus, ohne daß Diener ihm folgten. Nie vergaß er, goldene Ketten und neue Handschuhe anzulegen. *Il pittore cavallieresco,* das Malerbarönchen, nannten ihn die vlämischen Bären.

Solche Maler, die nicht zu Malern passen, fühlen sich wohler in Städten, wo keine Künstler sind. Der Baron verließ also Rom und ging nach Genua. Hier gab es keine Vlaamen, die ihn auslachen, auch keine italienischen Maler, die ihn bespötteln konnten. Aber Frauen gab es, schöne Frauen, und Kavaliere, müde, junge Marquis. Es wehte ein Hauch welker Décadence über den Boden dieser Stadt, die einst so mächtig gewesen, und nun singend, kokettierend ihr Ende erwartete. Gerade weil man den Zusammenbruch kommen sah, schlürfte man die Genüsse des Lebens noch mit fieberhaften, hastigen Zügen; van Dyck stand auf dem Boden, wohin er gehörte.

Er fand einen ähnlichen, als er am Schlusse seines Lebens von Flandern nach England ging. Auch hier Gewitterschwüle, die weiche sinnliche Atmosphäre, die über der Erde liegt, bevor ein Orkan sich entlädt. *Old merry England* in den letzten Zügen. Ein junger König, der die Kunst und die Frauen liebt. Eine schöne Königin und zarte Königskinder. Sein Atelier der Sammelpunkt der vornehmen Welt. Und im Hintergrund ein Schafott, die düster schwarze Gestalt des Plebejers Cromwell. Auch er selbst, obwohl kaum 30 Jahre alt, ist nicht mehr der kecke Fant, der wählerische Paris von früher. Denn »der Gott der Zeit beschneidet dem Amor die Flügel«. Das malte er in dem Bilde der Sammlung Marlborough, das wie eine wehmütige Elegie auf die irdische Vergänglichkeit, wie eine Elegie auf sein eigenes Schicksal anmutet. Er überreicht also den Apfel und findet einen Ersatz für die verlorene Jugend in dem neuen aristokratischen Glanz. Denn Mary Ruthven, seine Frau, ist eine geborene Gräfin, der Sohn des Antwerpener Seidenhändlers gehört als Ritter den Hofkreisen an. Freilich das Feuer brennt nur noch schwach, die Kraft der Liebe ist erloschen. Das Leben hat für ihn, den Liebling der Frauen, seinen Sonnenschein verloren, und mit 42 Jahren schließt er das Auge.

Seine Selbstbildnisse ergänzen diesen Lebenslauf. In fast allen Galerien kommen sie vor, und neben denen der Vlaamen wirken sie, als hätte ein Mensch aus ganz anderer Rasse sich in dieses derbe gesunde Volk verirrt. Matt und zart, ein wenig übernächtig ist die Gesichtsfarbe. Von vielen Küssen erzählen die feinen Lippen. Weiß und aristokratisch ist die Hand mit den rosigen, vom Manicur gepflegten Nägeln, das Haar verwirrt, als hätten Frauenhände darin gewühlt. van Dyck weiß, daß er schön ist, weiß, wie sehr ein schwärmerischer Canzoniere bezaubert, wenn er zur Abwechslung weltschmerzlich müde sich giebt. Selbst mit seiner Hinfälligkeit kokettiert er

Dem entspricht seine Kunst.

van Dyck hat Bilder gemalt wie die Dornenkrönung und die beiden Johannes der Berliner Galerie, die wie Erzeugnisse des Rubens anmuten. Nur wird der hünenhafte, herkulisch wuchtige Eindruck, den er anstrebt, nicht als Kraft, sondern als Kraftmeierei empfunden. Sobald er genug gelernt, um der Formen und Farben des Rubens entbehren zu können, ging er seinen eigenen Weg. An die Stelle der Kraft tritt Delikatesse. Statt auf Dur sind die Bilder auf Moll gestimmt. Bei Rubens helle Fanfaren, ein leuchtend jubelndes Rot. Hier die weichen Laute des Violoncells, alles tonig und matt; ein Rot, das nie Purpur ist, sondern tiefkarmesin und über dem noch schwarze Florschleier wehen. Bei Rubens zwei Motive: Fleisch und Kampf. Hier zarte Körper und ergebenes Dulden. Keiner klagt laut, denn das Laute ist plebejisch. Keiner macht heftige Gebärden, denn nur elegante Posen sind im Salon erlaubt. Nie malt er Bauern, nie wüste Kirmessen, nie breites Lachen und Johlen, denn alles Rohe, Derbe ist ihm, dem Salonvlaamen, ein Greuel. Frauen beherrschten sein Leben, und Liebesbriefe an schöne Frauen, Erinnerungen an Schäferstunden scheinen seine Bilder zu sein.

Die Antike ist ihm verleitet, da Rubens sie zu einem Reich rohen, bacchischen Sinnentaumels machte. Nur eine Danae malt er – also die Liebe ohne brutale Berührung – und eine Diana, die mit Endymion überrascht wird: als wäre ein undelikater Eindringling zur falschen Zeit im Atelier des schönen Malers erschienen.

Aus dem Alten Testament greift er wie Rubens die Scene von der badenden Susanna heraus. Doch bei Rubens sitzt ein fettes Weib da, eine blonde, blauäugige, hellhäutige Vlämin. Sprühendes Rot und leuchtendes Weiß bestimmen koloristisch die Skala. van Dyck malt eine elastische, schwarzhaarige Italienerin, deren südlich dunkler Körper goldig aus tiefbrauner Landschaft aufleuchtet. Bei Rubens springt ein riesiger Athlet über die Mauer, um das Weib zu überwältigen. Bei van Dyck wahren beide Herren peinlich den Anstand. Einer streicht ihr zart den Arm. Der andere blickt ihr glühend ins Auge und schwört bei Amor seine Liebe.

Aus dem Neuen Testament und der Heiligenlegende hatte Rubens Scenen gemalt, die Gelegenheit gaben, Fleisch, Leidenschaft und weltlichen Prunk zu zeigen. Für van Dyck im Vordergrund stehen mystische Vermählungen. Mag es um Rosalie, um Hermann Joseph oder Katharina sich handeln, das Thema ist jene platonische Liebe, die, alles Plumpe meidend, desto sicherer die Herzen gewinnt. Oder er malt sich unter dem Bilde seines Schutzheiligen, des Antonius, dem die Madonna erscheint, malt sich noch lieber als Sebastian, da das Negligé dieses Heiligen so pikant ist. Er ist entkleidet. Nur ein weißes Tuch deckt seinen blassen, täglich in Essenzen gebadeten Körper. Schöne Frauen, während sie Sebastian betrachten, betrachten van Dyck und begegnen dem empfindsam warmäugigen Blick, den er sterbend noch ihnen sendet.

Freilich auf die Tage des Flirt folgen Tage der Müdigkeit. Wie Musset dann weltschmerzliche Gedichte machte, so ist van Dyck in solchen Momenten recht wehleidig und zu Tode betrübt. Er malt Christus, wie er einsam, vor nächtlich dunklem Himmel mit stillem Seufzer die Seele aushaucht. Keine brutalen Henker, wie auf den Bildern des Rubens, quälen ihn. Er stirbt ergeben, als Märtyrer der Liebe. Und die ihn umgebracht haben, beklagen ihn. Immer und immer wieder hat er die Beklagung Christi gemalt – schöne Frauen in wehem Schmerz über den Leichnam eines schönen Mannes gebeugt. Die altgeheiligten Stoffe des christlichen Kultus sind für ihn Tagebuchblätter aus seinem eigenen Leben. Da ist er kokett, dort lyrisch wehmütig, doch immer spielt er nur mit seinen eigenen erotischen und sentimentalen Empfindungen.

Zu seinen biblischen Bildern treten seine Bildnisse. Der Mann, der selber Herr Baron genannt wurde, war der geborene Maler der großen Welt. Wohl hat er auch als Porträtist seine Grenzen. Schroffen, eigenwilligen Charakteren stand er hilflos gegenüber. Obwohl es die Zeit des Dreißigjährigen Krieges ist, haben seine Männer nichts Soldatisches. Kein Lederkoller und keine Reiterstiefel tragen sie, sondern schwarzen Atlas und seidene Strümpfe. Nicht auf dem Schlachtfeld, nur auf glattem Parkettboden sind sie zu Hause. Mehr als zum Interpreten knorriger Männlichkeit war er zum Maler schöner Frauen geschaffen. In diese Bilder konnte er seine ganze Zärtlichkeit, die ganze Delikatesse seines Wesens legen. Von exquisitem Geschmack sind die schwarzen, mildweißen oder mildblauen Stoffe, die er für die Toiletten auswählt. Vornehm lässig sind die Bewegungen. Alle Köpfe entzücken durch die geheimnisvolle Sprache des Blickes, durch ein diskretes Lächeln, eine träumerische Melancholie. Mit feinem Empfinden für das ewig Weibliche verstand er in Frauenherzen zu lesen und ihre Wünsche, ihre Geheimnisse nachzufühlen. Da ein Zug von verfehltem Lebensglück, dort weiche Sinnlichkeit oder schmachtende Müdigkeit spielt um die Lippen. Auch die scheue Zartheit vornehmer Kinder und die aristokratische Blasiertheit junger Edelleute gelang ihm gut, da er dabei sein eigenes distinguiertes Wesen malte.

Oft scheint es sogar, als hätte er in dem Bestreben, recht vornehm zu erscheinen, einen gezierten, geckenhaften Zug in die aristokratische Welt getragen. Zur Zeit der Renaissance, als die neuen Staaten sich bildeten, gab es keine gesellschaftlichen Unterschiede. Alle waren gleich, die aus eigener Kraft sich über die Herde emporgehoben, mochten sie Fürsten, Dichter, Maler oder Gelehrte sein. Jetzt hatte sich die Trennung der Stände vollzogen. Geistesadel war nicht mehr mit Geburtsadel gleichwertig. Es wurde an den Höfen als eine Taktlosigkeit empfunden, als die Regentin Isabella Rubens, »einen Maler«, mit diplomatischen Missionen betraute. van Dyck ist stolz, in diese aristokratischen Kreise gekommen zu sein. Er empfindet es als hohe Ehre, wenn Karl I. an seiner Tafel speist, während Tizian nicht mit der Wimper zuckte, als Karl V. ihm den Pinsel aufhob. Und diese Eitelkeit, mit der er selbst den Grandseigneur spielt, giebt er den andern. Wie er selbst mit seinem sammtenen Mantel, seiner goldenen Kette, seiner wohlgepflegten, schwindsüchtigen Hand kokettiert, müssen es alle seine Grafen thun. An die Stelle der selbstverständlichen Vornehmheit von früher ist eine beabsichtigte Vornehmheit getreten.

Oder hängt diese scharfe Nuancierung des Aristokratischen damit zusammen, daß van Dyck in Genua und in England malte? Die Parallele mit Velasquez, dem schwarzen Ritter des mittelalterlichen Spanien, bietet sich dar. Die Fürsten, die Velasquez malte, haben noch nicht nötig, anderen durch schöne Posen und gewählte Kleidung imponieren zu wollen. Sie wissen gar nicht, daß es andere Kleider als solche aus Seide giebt, daß man andere Taschentücher als solche aus Brüsseler Spitzen verwenden könne. Sie brauchen nicht zu zeigen, daß sie blaues Blut haben, da sie eine nicht blaublütige Welt überhaupt nicht kennen. Die Menschen des van Dyck sind schon aufgeschreckt aus ihrer aristokratischen Ruhe. Genua geht seinem Ende entgegen. In England ballen drohende Gewitterwolken sich zusammen. Als Holbein da war, ließ der König einen Totentanz aufführen. Jetzt kommt das Volk und läßt seinen König tanzen. Und Karl I. fühlt es. So unternehmend er auf dem Bilde van Dycks erscheint – den Hut schief auf dem Kopf, das Bärtchen emporgekräuselt, die eine Hand kokett in die Hüfte gestemmt, in der anderen den Spazierstock, einen gleichgültig mokanten Zug um den Mund – sein Blick schweift unsicher fragend in die Ferne, wie in leiser Vorahnung eines kommenden Unheils. Alle ahnen, daß das

Ende eines schönen langen Tages sich naht, daß der Plebejer anfängt, ihre Kreise zu stören. Darum sind sie so kühl und abweisend stolz. Darum spielt um ihre Lippen das verächtliche *odi profanum volgus et arceo*. Darum posieren sie mit ihrer Noblesse, zeigen ihr blaues Blut wie ein heiliges Symbol. Den wilden plebejischen Horden, die auf sie einstürmen, treten sie entgegen in ihrer ganzen entnervten aristokratischen Feinheit. Die Tatzen, die nach der Königskrone sich ausstrecken, wehren sie ab mit blaugeäderter weißer Hand. Dem Tode geweiht, wollen sie in Schönheit sterben. *Bleu-mourant*-Stimmung ist über alles gebreitet.

Der schöne lange Tag der alten aristokratischen Weltordnung naht seinem Ende. van Dyck war das Nachtgestirn. Bleich und blaß ist in seinen letzten Bildern die Farbe, als breite matter Mondschein sich aus. In Holland stieg die Sonne eines neuen Tages empor, die Sonne, die noch heute über der Erde leuchtet.

IV. Holland.

11. Die ersten Porträtisten

Inmitten der aristokratischen Welt des 17. Jahrhunderts erhebt sich Holland als eine bürgerliche Insel. Was in England, als van Dyck dort malte, leise sich ankündigte, war hier schon erreicht. Nach langem Kampfe war Holland Republik geworden. Und unmittelbar nach dem Kriege hatte der glänzende Aufschwung der holländischen Städte begonnen. Zur Zeit, als anderwärts die Bürger noch arme, geknechtete, hungernde Menschen waren, löste in Holland, fast verfrüht, eine bürgerliche Kultur die aristokratische ab. Geniale Kaufleute siedelten nach Amsterdam über und lenkten den gesamten Handel in neue Bahn. Der Ueberschuß an Volkskraft strebte in die Ferne. Noch 1572 hätte niemand denken können, daß das spanische Niederland einst Eigentümer eines Landes wie Java werden, das Kap der guten Hoffnung besitzen und den asiatischen Handel beherrschen würde. Jetzt war Holland die erste Handels- und Seemacht der Welt.

War bisher die Kunst immer nur da gediehen, wo ein prächtiger Hof, eine glanzliebende Kirche oder eine vornehme Aristokratie ihr Schutz und Stütze gewährte, so tritt also in dem reichen republikanischen Holland zum erstenmale das Bürgertum – die Bourgeoisie mit all ihren guten und schlechten Seiten – als Macht in die Kunstpflege ein: eine ähnliche Wandlung, wie die Litteratur sie im späten Mittelalter durchmachte, als auf den Minnegesang der Meistergesang folgte. Es fehlt die dekorative Palastkunst. Es fehlt die kirchliche Malerei, der durch den Calvinismus der Boden entzogen war. Aber der Sinn für das Home ist erwacht. Jede Familie bewohnt ihr eigenes Haus und huldigt, da die Mittel vorhanden sind, dem Grundsatz »Schmücke dein Heim«. Aus einer Kunst der Kirche, der Königshöfe und Adelssitze ward die Malerei eine Kunst fürs Haus.

Daraus ergaben sich weitere Konsequenzen sowohl für die Farbenanschauung wie für die Stoffe. Die flandrischen Werke, für weiträumig helle Kirchen und prunkvolle Paläste bestimmt, sind festlich und farbig. Die holländischen kamen in enge, halbdunkle Stuben, »wo selbst das liebe Himmelslicht trüb durch gemalte Scheiben bricht«. Diesem Bestimmungsort, den dämmerigen, braungetäfelten Räumen mit den kleinen Butzenscheiben entspricht das schummerige tonige Helldunkel der Bilder. Dort Monumentalität, dekorativer Schwung und rauschende Farbenlust; hier schon im koloristischen Teil etwas Stimmungsvolles, Häusliches. Für den Inhalt aber boten Scenen des Alltagslebens und Schilderungen der Landschaft um so mehr sich dar, als gerade für die Holländer die Wirklichkeit von poetischem Licht verklärt war. Lange Jahre hatten sie kämpfen müssen. Nun genießen sie dankbar die Freuden des Lebens. Ihr eigener Herd ist ihnen die Welt. Ja, der Boden der Heimat war eine Schöpfung der Bewohner, die ihn durch Dämme gegen den Ocean geschirmt, in blutigem Kampf dem Feinde entrissen hatten. Diese Errungenschaften werden durch die Kunst gefeiert. Man denkt nicht daran, sich in ferne Schönheitswelten zu versetzen, denn was man um sich sieht, ist schön genug. Man weiß nichts von den Mythen und Legenden, an denen anderwärts die vornehmen Leute sich freuen. Das eigene Leben und all den Luxus, mit dem man im stande ist, sich zu umgeben, will man gemalt sehen, schätzt die Kunst als eine Verherrlichung häuslichen Glückes. Der hat Interesse für die Viehzucht, der für Tulpen und Geflügel, jener für die Schiffe, die seine Waren herbeiführen. Der hört gern einen lustigen Schwank, jener findet, daß der Blick sehr schön ist, den er von seinem Fenster auf die Landschaft hat. All die Stoffe, die die bürgerliche Kunst der Gegenwart beherrschen, erhielten so im bürgerlichen Holland des 17. Jahrhunderts ihre erste Prägung.

Mit Bildnissen setzt die Bewegung ein. Denn es ist natürlich, daß ein reicher Bürger sein Maecenat damit beginnt, daß er sich selber verewigen läßt. Durch das Porträt findet er den Weg zur Kunst. Er wünscht das Konterfei seiner Persönlichkeit, und da die Photographie noch nicht erfunden ist, läßt er sich malen. Eine unglaubliche Zahl von Bildnissen wurde in dem Vierteljahrhundert von 1600-1630 gemalt. Jeder Beruf ist unter den Werken des Amsterdamer Museums vertreten, der Admiral wie der Kaufmann, der Pastor und Professor, der Ratsherr wie der Rheder. Die Bildnisse der Frauen bilden das Gegenstück zu denen der Männer. Zuweilen ist sogar die ganze Familie samt den Dienstboten vereint, die älteren Töchter mit ihren Männern, die jüngeren Kinder mit ihrem Spielzeug beschäftigt. Und schon diese Werke zeigen, daß ein neuer Menschenschlag auf den Schauplatz tritt. Rubens und van Dyck stiegen selten tiefer als bis zum Grafen herab. Selbst wenn ausnahmsweise ein Bürgerlicher gemalt ist, geht durch die Darstellung ein edelmännischer, höfisch feierlicher Zug, da in dem monarchischen Flandern die ganze Welt aristokratisch empfindet. Man liebt schwungvolle Eleganz der Toilette und schöne, runde Gebärden. Weiß und fein ist die Hand. Der Mann ist auf dem Parkett zu Hause, die Frau nicht Hausmutter, sondern Dame von Welt. Nur die Hunde, nicht die Dienstboten werden zur Familie gerechnet. Die Säulenarchitektur mit dem Vorhang ergänzt noch den Eindruck festlich repräsentierender Pracht. Ueber den Boden Hollands weht eine demokratische Luft. Der »dritte Stand« erscheint – Menschen mit rauhem, plebejischem Atem – und er ist stolz genug, nichts Höheres scheinen zu wollen. »Ehrt den König seine Würde, ehret sie der Hände Fleiß.« Alles ist einfach, schlicht, bürgerlich sittenstreng. Eckig, knorrig, selbstbewußt stehen die Männer da. Bieder und ehrbar sind die Frauen. Nichts haben sie von dem weltmännischen Schliff, der gesellschaftlichen Routine der vlämischen Edeldamen, sind nicht vom Glanze eleganten Lebens umstrahlt. Eingezwängt in ein reizloses Kostüm, das Haar unter dicker Haube, den Hals unter starrer Krause verborgen, sitzen sie da. Sie sind gewohnt, mit dem Korb am Arm ihre Kücheneinkäufe selbst zu besorgen, gewohnt, selbst ihre blaue Schürze, ihre steife Halskrause zu waschen. Die Hand, bei den Vläminnen lang, schlank, aristokratisch, ist hier eine Arbeitshand, die den Besen führt. Versuchen sie, elegant zu erscheinen, so ist die Toilette rührend geschmacklos. Da und dort wird, mit dem Geschmack der Köchin, die sich sonntäglich aufputzt, eine Schleife, eine Rüsche, ein Bündchen angebracht. Den Fächer halten sie, als ob es ein Küchengerät wäre. Die Kinder, bei van Dyck alles Prinzen, sind so unbeholfen, daß sie nur Modell stehen können, wenn der Maler ihnen einen Apfel oder eine Weintraube giebt.

Zu den Familienbildnissen kommen die Gruppenbilder der Korporationen. Was anderwärts der Palast, war in Holland das Gildenhaus und das Rathaus. Das Vereinswesen kam auf, gleichfalls für den bürgerlichen Zug der Zeit bezeichnend. An die Stelle des Elitemenschen tritt der Herdenmensch, die Massenherrschaft an die Stelle der Oligarchie. Zunächst spielten die Schützengilden eine ähnliche Rolle wie die Kriegervereine heute. Nachdem sie während der Feldzüge dem Vaterland tapfere Landwehrleute gestellt, ergingen sie sich jetzt in frohem Kriegspiel. Jeder Verein hatte sein Kasino und seinen Exerzierplatz, wo alljährlich ein feierliches Preisschießen stattfand. Unter Kanonenschüssen wurde der Sieger ausgerufen. Darauf folgte ein Liebesmahl, wobei dem Schützenkönig der von der Stadt ausgesetzte Preis, ein goldener Becher, überreicht wurde. Die Charge des Hauptmanns, der Offiziere und des Fähnrichs wurde von reichen jungen Leuten bekleidet, denen es Spaß machte, Uniform zu tragen. Und da sie gern in dieser Uniform sich gemalt sahen, bildeten Schützenstücke einen wichtigen Teil der holländischen Malerei. Jeder Schütze zahlte seinen Beitrag und wurde dafür von Meisterhand verewigt.

Doch auch Gilden mit ernsteren Zwecken bestanden. Der Sinn für Wohlthätigkeit, für Armen- und Krankenpflege war während der Kriegsjahre lebendig geworden, und als diese vorüber waren, lebte er fort. In allen Städten des Landes wurden Waisen- und Krankenhäuser, Asyle für alte Männer und Frauen geschaffen. Der Stolz des Bürgers war, im Verwaltungsausschuß dieser Wohlthätigkeitsanstalten zu sitzen und in dieser Eigenschaft auf die Nachwelt zu kommen.

Auch das Zunftwesen erlebte eine neue Blüte. Namentlich das Gewerbe der Tuchmacher war eine wichtige Industrie, die viel beigetragen hatte zur Blüte des Handels. Und wie die militärischen Korporationen, ließen diese Handelskammern für ihr Gildenhaus die Gruppenbilder ihrer Zunftmeister malen. Die Rechenschaftsablegung ist der Moment, der hier fast immer gewählt wird. An einem Tisch sitzen Männer, nehmen Rechnungen durch, kontrollieren den Kassenbestand und geben kund, daß in ihrer Geschäftsführung alles vorschriftsmäßig verlaufen.

Selbst die gelehrten Korporationen, namentlich die Mediziner, gaben den Malern Beschäftigung. Gerade damals, im Jahrhundert des großen Krieges, war die Chirurgie eine wichtige Wissenschaft. Sowohl in Leyden wie in Delft und Amsterdam wurden die Sektionen öffentlich vorgenommen in einem großen Saal, der *Theatrum anatomicum* hieß. Die ersten Bänke waren für die Kollegen des Professors und für geladene Gäste, die mittleren für die Studenten, die

Hinteren fürs Publikum bestimmt. In der Mitte des Amphitheaters war der Tisch mit dem Kadaver, wo der Professor im Kreise seiner Assistenten die Sektion vornahm. Und da in Holland alle Welt sich malen ließ, wurden auch für diese anatomischen Hörsäle Gruppenbilder gestiftet, die den an der Leiche oder am Skelett demonstrierenden Professor inmitten seiner Assistenten darstellen.

Die ältesten Schützenstücke reichen bis 1530 zurück und sind im Stil der Soldatenreservebilder gehalten. Nicht künstlerische Wirkung, nur Aehnlichkeit wird verlangt. Jeder fordert, da er den gleichen Beitrag zahlt, die gleiche Berücksichtigung, will ganz *en face* gesehen sein, will, daß seine beiden Hände ins Bild kommen. Die Werke sind also noch keine Gruppenbilder, sondern zusammengestellte Einzelporträts, Ist die Zahl der Abzukonterfeienden zu groß für eine Reihe, so werden sie in mehreren Reihen übereinander angeordnet, so daß die oberen Gesichter durch die Lücken zwischen und über den unteren hervorblicken. Diese Stilphase vertreten im Amsterdamer Museum die Werke des *Dirk Jacobs, Cornelis Teunissen und Dirk Barents*. Die nächste Generation, deren Vereinskasse im stande war, höhere Preise zu zahlen, wollte mit so einfachen Bildern sich nicht mehr begnügen. Statt der Brustbilder verlangte man Kniestücke oder ganze Figuren. Damit trat die Notwendigkeit ein, die Gestalten in Aktion zu setzen, den Bildern, die vorher bloße Zusammenstellungen von Köpfen gewesen waren, ein einheitliches Motiv zu Grunde zu legen. Dieses fanden die Maler zunächst darin, daß sie die Schützen beim Ausmarsch, später darin, daß sie sie bei gemeinsamer Mahlzeit darstellten. Das Schützenstück des *Cornelis Ketel* von 1588 steht am Ausgang dieser neuen Entwickelung, und das 17. Jahrhundert vollendete dann, was im 16. begonnen war.

Cornelis van der Voort malte 1618 das Bild der Regenten des Amsterdamer Altmännerhauses und schon vorher das große Schützenstück mit den Lanzen: jene eisernen unbeugsamen Männer, die bei Breda dem Spanier gegenüberstanden. *Werner van Valckert* schuf 1624 seine beiden Hauptwerke, die vier Regenten und Regentinnen des Spitals für Leprakranke. *Nicolas Elias Pickenoy*, weicher und zahmer, verstand, farbige Kostüme sehr salonfähig zu behandeln und war deshalb namentlich als Damenmaler geschätzt. *Aert Pietersen*, der Sohn des Stilllebenmalers Pieter Aertsen, malte 1603 das erste Chirurgenbild: die Anatomiestunde des Dr. Sebastian Egberts. Demselben Dr. Egberts ist das früheste Werk des *Thomas de Keyser* gewidmet, der dann 45 Jahre in Amsterdam arbeitete.

Aber nicht nur in der Hauptstadt, auch in allen kleineren Orten hatten die Porträtmaler Arbeit in Fülle. Im Haag malte der knorrig kraftvolle *Jan van Ravestyn* alte Haudegen in Panzer und Schärpe, die noch mit draußen im Felde gewesen und zeitlebens kriegerischen Sinn bewahrten. In Delft entfaltete der Maler der Oranier, *Michel Mierevelt*, eine ausgedehnte Thätigkeit, hat alle Statthalter, Wilhelm I. wie Moritz und Friedrich Heinrich, aber auch die Gelehrten des Landes ein wenig nüchtern und fabrikmäßig heruntergemalt. In Dordrecht war der Stammvater der Familie Cuyp, *Jacob Gerrits Cuyp*, ein vielbeschäftigter Maler, während in Utrecht *Paulus Moreelse* und *Willem van Honthorst* die zahlreichen Aufträge erledigten. Noch mehr als alle diese Städte hatte Harlem im Kriege mit Spanien zu leiden gehabt. 1573 ganz verödet in den Besitz des Feindes übergegangen, später durch eine Feuersbrunst zerstört, war es nun die lustigste aller holländischen Städte. Der Maler der Harlemer ist daher recht eigentlich der Maler des jungen Holland. Nicht nur an knorriges Bürgertum und demokratisches Selbstgefühl, auch an herausfordernde Kühnheit und forsche Lebendigkeit denkt man, wenn der Name des Frans Hals genannt wird.

12. Frans Hals

Man stelle sich ein Volk vor, das jahrzehntelang geknechtet und geknebelt war, das hatte zusehen müssen, wie in seinem Land katholische Klöster wieder errichtet, Gesetze von mittelalterlicher Strenge gegeben wurden. Und dieses Volk hat in blutigem Kampf das Joch der Fremdherrschaft abgeworfen, die politische, die Glaubensfreiheit errungen. Eine kühne, feurige Jugend ist aufgewachsen, empfangen von ihren Müttern während des Kanonendonners der Schlachten, groß geworden in der Zeit der Siege und des Ruhmes. Für eine solche Generation wird die Luft, die sie atmet, etwas Berauschendes haben. Sie wird nicht Hölle, nicht Teufel fürchten. Säbelklirrend, mit herausfordernden Blicken gehen sie daher. In Saus und Braus, in ritterlichem Kriegsspiel, bei Schmaus und Gläserklingen verläuft ihr Leben. Bajonette blitzen, Trommelwirbel ertönen.. Sollte der Spanier wiederkommen, werden sie wie ihre Väter zur Stelle sein.

Frans Hals war ein echter Sohn dieses säbelrasselnden, toll ausgelassenen Holland. Noch in hohen Semestern fühlte er sich wie Corpsstudent, lustig und leichtsinnig, burschikos und forsch, ein Antiphilister, der das Wort Bourgeois als Beleidigung empfand. Man kann ihn sich denken, wie er stark angeheitert nachts durch die Straßen streift und Fenster einwirft oder Nachtwächter prügelt. In Ermangelung eines Nachtwächters prügelt er seine Frau. Als dieses arme Geschöpf in ein besseres Jenseits eingegangen, verheiratet er sich, ohne das Trauerjahr einzuhalten, mit Lisbeth Reimers, die ihn auch schon nach neun Tagen zum Vater machte. Mit Lisbeth sitzt er zusammen auf dem berühmten Bild des Louvre. Beide sind nicht mehr jung, haben manche Stürme erlebt. Hals mag während der Arbeit manchen Witz gemacht, sein Ehegespons oft alte Schachtel genannt haben. Jovial und wurschtig, als ob er selbst die Komik seines Ehelebens fühle, blickt er drein. Trotzdem kann er die gute Lisbeth nicht lassen. Denn sie ist keine Spielverderberin, hält keine Gardinenpredigten, sondern schwingt selber den Humpen. Es ist, als wäre der Refrain des alten Trinkliedes »Altes Herz, was glühest du so« halb ironisch unter das Bild gesetzt.

Mit diesem Selbstporträt kennt man die übrigen Werke des Frans Hals. Wie er selbst zeitlebens ein flotter Bursche blieb, machte er seine Harlemer zu flotten Burschen, die so kecke Blicke werfen, sich so forsch gerieren, als seien sie immer im Begriff, einen Philister anzurempeln. Ihr Dasein bewegt sich zwischen Mensur und Kommers. »O selig, o selig, ein Fuchs noch zu sein!«

Schützenmahlzeiten enthalten die drei frühesten Werke, die man im Harlemer Museum sieht, und es ist kein Zufall, daß gerade Hals, das lustige Kneipgenie, den Typus dieser Schmausereien erfand. Frische Genußfreudigkeit und kernige Gesundheit lacht aus allen Köpfen. Es sind die Männer, die noch selber die Verteidigung von hartem erlebt und nun froh des Erreichten sich freuen: Männer, die Pulver gerochen, Blut fließen gesehen und im Feld übernachtet hatten. Auf einem späteren Werk sind die Schützen der Adriaensdoele unter den Laubkronen ihres Gartens vereint, in vollem Waffenschmuck, zum Aufbruch gerüstet. In dem Bilde von 1639, das den Ausmarsch der Georgsdoele darstellt, hat ihm das Treppenmotiv dazu gedient, in die früher übliche reihenweise Anordnung Leben zu bringen. Keck, frisch und jauchzend sind die Farben: die roten Schärpen und hellblauen Fahnen, die üppigen Stilleben von Früchten und Hummern, die er auf der Tafel aufbaut, die schmucken Uniformen und das silberne Licht, das durch die Kronen der Bäume strömt.

Schneidigkeit und Lebensfreude, selbstbewußte Forschheit strahlt auch in seinen kleineren Bildnissen allen Personen aus den Augen. Malt er Kinder, dann weinen sie nicht und schauen nicht ernst drein, sind auch nicht schüchtern und befangen. So klein sie sind, fürchten sie die Erwachsenen nicht, sondern blicken ihnen keck, übermütig lachend ins Auge. Selbst die Amme ist von dem Bewußtsein durchdrungen, daß das Baby ein Generalfeldmarschall oder eine Jungfrau von Orleans werden würde. Und diese Männertypen! Da fühlt sich ein kleiner, buckliger Kerl so forsch, als hatte er den Riesen Goliath erschlagen. Dort schwingt ein Pfarrer so kriegerisch seinen Codex, als wollte er ihn einem Katholiken um den Kopf schlagen. Dort fuchtelt einer, die Beine übereinandergeschlagen, herausfordernd mit der Reitpeitsche. Dort steht ein junger Herr – er heißt van Huythuysen – den Hut schief gerückt, die eine Hand in die Seite gestemmt, die andere mit dem Säbelgriff spielend – so unbeschreiblich bramarbasierend da, als habe er eine Kriegserklärung an die vereinigten Staaten von Europa erlassen. Was ist eines jener Bildnisse, die den Geist eines Zeitalters spiegeln. Kein Gelehrter, sondern ein Maler, Frans Hals ist der Geschichtschreiber der niederländischen Freiheit. Und gedenkt man der Bildnisse des Velasquez, so fühlt man, wie hier zwei Welten aneinanderprallen. Dort die zugeknöpfte Vornehmheit spanischen Uradels, Menschen, die gänzlich apathisch dastehen, da jeder andere für sie Luft ist. Hier das trotzige Sichbreitmachen des Plebejers, die fast lächerliche Eitelkeit dieser Holländer, die sich als das erste Volk, die Spitze der civilisierten Welt fühlten, sicher des morgigen Tages, stolz auf sich selbst, auf ihre Intelligenz und ihre Thatkraft, ihre Fechtkünste und ihre Reserveuniform säbelklirrend dahinschritten. Die Menschen des Velasquez sind hohe Herren, die den Degen führen können, aber nie in die Lage kommen, die Klinge zu ziehen, da jeder andere für sie ein Paria ist. Die des Frans Hals ruhen nicht, bis sie Renommierschmisse haben. Im Herrn van Huhthnysen hat er die Seele der Epoche gemalt, die Seele, die er in sich selbst trug, dieser prächtige Corpsbursch der Kunst.

Was die Bildnisse nicht sagen, erzählen die Volksstücke. Lachen, Singen, Musizieren und Trinken, urwüchsige Derbheit und forsches Sichgehenlassen – hier ist alles vereint, was ihm selber Spaß machte. Die Flitterwochen des jungen Holland werden in Sauf und Sinnlichkeit gefeiert. Da hat ein derber, bärtiger Kerl, das Barett schief auf dem kahlen Schädel, schäkernd eine Dirne im Schoß. Dort hebt Junker Ramp grinsend seinen Römer empor. Es folgen jene köstlichen Improvisationen leichter und treffsicherer Porträtmalerei: der junge Musikus in Amsterdam, die musizierenden Knaben in Kassel, der trinkende und flötenspielende Knabe in Schwerin. Dann Gestalten von der Kneipe und Straße: lustige Zechbrüder und lachende Dirnen, halbbetrunkene Fiedler und alte Matrosenmütter; die Hille Bobbe, die Hexe von Harlem, mit der Eule auf der Schulter und dem Zinnkrug in der Hand.

In Werken der Art hat Hals in der Wiedergabe des Momentanen sein Höchstes erzielt. Ein plötzliches, das Gesicht verzerrendes Lachen, einen kühnen Blick, eine forsche Gebärde, alles hält er im Fluge fest. Alle Stufen des Lachens, vom behäbigen Schmunzeln bis zum heiseren Krächzen, sind mit der Unmittelbarkeit der Momentphotographie erhascht. Im Telegrammstil spricht er, hat, um Blitzartiges festzuhalten, auch eine Technik sich geschaffen, in der jede Linie pulsierendes Leben ist. Als ob es ein Degen wäre, führt er den Pinsel, behandelt die Leinwand, als stünde er einem Feind gegenüber, den er mit Säbelhieben traktiert, 200 Jahre vor Manet hat er den Impressionismus begründet.

Freilich – er hat 80 Jahre, über 80 Jahre gelebt. Das war zu lange. Er blieb derselbe, die Welt blieb es nicht. Mit der lustigen Zeit, dem Saus und Braus war es allmählich vorbei. Holland hatte, was es wollte, erreicht. Die Freiheitskämpfer von einst in ihrer ritterlich dreisten Tracht, find alt und bedächtig geworden. Sie versammeln sich, gebeugt von der Last der Jahre, nicht mehr zu feschem Gelage, zu keckem Auszug, nur zu stillem Beraten. Selbst ihre Kleidung ist anders. Keine roten Schärpen, keine Rüstungen tragen sie mehr, sondern ernste, schwarze Gewänder. Nicht mehr Schützen, keine lebenslustigen Schlemmer sind sie, sondern würdige Patrizier von starrem calvinistischem Geist.

Diese veränderten Zustande spiegeln in Hals' späteren Werken sich wieder. An die Stelle der heiteren Buntheit, die er früher liebte, ist in dem Porträt der Vorsteher des Elisabethospitals von 1641 eine fast monochrome Skala getreten. Eine tiefgrüne Tischdecke, eine graue Wand, an dieser Wand der weiße Farbenfleck einer Landkarte in schwarz profiliertem Rahmen, vorn alte Leute in schwarzer Tracht – das ist der Inhalt des Bildes, das in seiner ernsten Charakteristik und vornehmen Tonschönheit den lustigen Kumpan von früher als ruhigen, abgeklärten Meister zeigt.

Noch es scheint nicht, daß seine Art noch dem Geschmack der Zeit entsprach. Auch sein freies burschikoses Wesen paßte nicht mehr zu den gesitteten Anschauungen. Er wurde vor Gericht verwarnt, sich »der Trunkenheit und ähnlicher Ausschweifungen zu enthalten«. Die Aufträge blieben aus, und der Exekutor erschien in seinem Hause. 1661 wurde er, da er nichts mehr hatte, steuerfrei erklärt. Später rafften sich die Väter der Stadt zu dem Entschlüsse auf, ihm lebenslänglich – er hatte die 80 überschritten – eine jährliche Unterstützung von 200 Gulden zu geben.

In diesem denkwürdigen Jahr 1664, als das freie Holland so königlich für einen seiner größten Künstler sorgte, sind Hals' letzte Werke entstanden. Der Mann, der als schneidiger Kavalier mit Schützenschmausereien begann, malt, nachdem er ein alter Spitaler geworden, die Vorsteher und Vorsteherinnen des Altmännerhauses. Und wie sehen sie aus! Das Bewußtsein, einen Husarensäbel zu führen, hat er nicht mehr. Verächtlich schleudert er die gewaltigen Farbenkleckse auf die Leinwand. Aengstlich und erschrocken blicken die alten Jungfern und die ehrbaren Herren drein, geärgert und erbost über das schmutzige, hingefetzte Gewand und die braune Wäsche, in die der greise Meister sie kleidet. *Bartholomäus van der Helst*, der Sammet und Seide schillern und Mäntel flattern ließ, die Herren elegant und die Damen schön machte; *Abraham van den Tempel*, der ihnen die aristokratische Würde der Vlaamen lieh, sie in schwarzer Seide und weißem Atlas auf Parkterrassen und in prunkvollen Säulenkolonnaden lustwandeln ließ, waren damals schon die Ideale dieser Bourgeois, die den Baron spielen wollten, geworden.

Den alten Meister Hals nahm 1666 ein Armengrab auf. Neun Jahre später wird sein Name nochmals erwähnt: als der lustigen Lisbeth, seiner Witwe, zu ihrem gewöhnlichen Armengeld eine wöchentliche Unterstützung von 14 Sous gewährt wird. So ist im Leben des Frans Hals die Geschichte der holländischen Malerei enthalten. Sie beginnt stolz und kühn, aber sie endet trüb. Ein einziger Künstler, dessen Leben 80 Jahre währte, sah mit an, wie auf das Demokratentum der behäbige Philistergeist, auf diesen die Nachäffung des höfischen folgte.

13. Hals' Zeitgenossen

Für die erste Hälfte des 17. Jahrhunderts bedeutet Hals ein Centrum. Na er Bildnisse und Volksfiguren malte und in seinen Regentenstücken auch ganze Stillleben anhäufte, hat er nach allen diesen Seiten gewirkt: Porträtisten, Genre- und Stilllebenmaler folgten ihm.

Jan Verspronck und *Jan de Bray* malten Schützenstücke, die in ihrem seinen, grauen Ton und ihrer frischen Lebendigkeit denen des Meisters ähneln. Sonst waren Soldatenbilder unter den Nachfolgern des Hals beliebt. Die holländischen Bürger erinnerten sich, wenn sie in ihren behäbigen Stuben saßen, stolz ihrer Militärzeit, all der Strapazen und Gefahren, die sie durchgemacht, und von denen sie ihren Kindern erzählten. In den Zeitungen lasen sie von den Dingen, die sich drüben im armen Deutschland abspielten. In Holland selbst trieben noch versprengte Söldner sich umher. Der Bürger, der sein Bildnis hatte anfertigen lassen, dehnte daher sein Maecenat darauf aus, daß er Erinnerungen an sein Kriegsleben malen ließ. Biwakscenen, Einquartierungen und Plünderungen machten den Anfang. Dann wurden die außerdienstlichen Beschäftigungen flotter Offiziere geschildert: wie sie mit galanten Mädchen bei Wein, Spiel und Liebe sich für die Entbehrungen des Felddienstes entschädigen. *Dirk Hals*, Fransens jüngerer Bruder, *Pieter Codde, Jan Olis, Jacob Duck* und *Antony Palamedes* sind die Vertreter der Gruppe. »Man sitzt am Fenster, trinkt sein Gläschen aus und segnet Fried' und Friedenszeiten.«

Andere gingen von Soldatenbildern zu Scenen aus dem Volksleben über. Der »dritte Stand«, der nun der herrschende geworden, weist stolz darauf hin, daß es unter ihm noch einen »vierten Stand« giebt. Während in dem höfischen Frankreich die plebejischen Manieren der Bourgeois Monsieur Dimanche und Monsieur Jourdain den Aristokraten Stoff zum Gelächter geben, lacht in Holland der Bürger über das ungehobelte Benehmen des Volkes. Namentlich das Kneipenleben und der Tabak spielen in den Bildern eine Rolle. Denn die Tabakspfeife war um 1600 so neu, wie vor 10 Jahren das Velociped. Und in Holland zuerst waren Bierwirtschaften errichtet worden. Von *Jan Molenaer* sieht man in den Galerien solche Figuren zechender und rauchender Burschen. Selbst die Frauenemancipation nimmt im bürgerlichen Holland schon ihren Anfang. Eine Frau tritt auf, die nicht als noble Passion die Malerei betreibt, sondern sie zum Lebensberuf macht. *Judith Leister* malte Zechbrüder und musizierende Pärchen, hübsche, frauenhaft gefällige Bilder, in denen sie den weichen Glanz des Kerzenlichtes zart interpretierte. *Adriaen Brouwer*, der abenteuerliche Gesell, gehört, obwohl Vlaame von Geburt, gleichfalls in diesen Kreis. Bei den Holländern hatte er Dienste genommen, nachdem er aus dem Vaterhaus entflohen. Mit den Holländern verteidigte er Breda gegen die Spanier. Mit einer holländischen Schauspielertruppe trat er in Amsterdam und Harlem auf. Und noch im spanischen Antwerpen spielte er so sehr den Holländer, daß er auf die Festung gesetzt wurde. Auch seine Bilder in ihrer hanebügenen Derbheit fügen sich dem Rahmen der holländischen Kunst besser als dem der vlämischen ein. Im Qualm der Winkelkneipen, bei Bier und Schnaps, unter betrunkenen Proleten treibt er sich herum. Tölpel, die würfeln und Karten spielen, sich raufen, mit dem Messer stechen und am nächsten Morgen ihren dicken Kopf vom Dorfbader verbinden lassen – das ist der Inhalt seiner Werke. Gewiß ein einseitiges, fast widerliches Thema. Aber die koloristische Noblesse ist so groß, daß man den Inhalt ganz vergißt, nur die Bravour der Mache bewundert. Brouwer ist ein geborenes Maleringenium. Nichts Reflektiertes, nichts Mühsames giebt es. Jeder Strich sitzt auf Anhieb. Es wird erzählt, daß er in der Kneipe, wenn er die Zeche nicht zahlen konnte, rasch eine Skizze aufs Papier warf und sie dem Kunsthändler schickte. So scheinen seine meisten Bilder entstanden. Nie denkt er an handwerkliches Fertigmachen. Jedes wahrt die Unmittelbarkeit der Skizze, und schon deshalb sind seine Werke ein Entzücken für jedes Malerauge.

Innerhalb der Landschaftsmalerei stehen zu Beginn des 17. Jahrhunderts zwei Richtungen sich gegenüber. *Cornelis Poelenburg, Dirk van der Lisse, Bartholomäus Breenberg* und *Moses van Uytenbrock* erzählen den holländischen Bürgern, wie es im schönen Italien aussieht, malen kleine Landschaften aus der Umgebung Roms und Tivolis, die sie mit Hirten und Satyrn, mit Göttinnen und badenden Nymphen staffieren. Alles ist von kalligraphischer Eleganz, einer gefälligen, aber oberflächlichen Anmut. Noch während in diesen Bildchen jene »arkadische« Landschaftsmalerei ausklingt, die ihren Hauptvertreter in Albani hatte, beginnen andere vom Boden der Heimat Besitz zu nehmen, die man zu schätzen wußte, da sie mit Blut erkauft war. An die Stelle der italienischen Scenerien treten schlichte holländische Gegenden: flaches Gelände mit hohen Dünen und weitem Fernblick. Die Nymphen und Göttinnen verwandeln sich in Bauern, Fischer, Fuhrleute, Holzhacker, Jäger und Schiffer. Die älteren Landschafter – *Hans Bol, Hendrik Averkamp, Adriaen van de Venne und Esaias van de Velde* – kommen noch nicht ohne breite Erzählung aus. Denn es mußte sich in den Bildern etwas Interessantes ereignen, wenn sie den Beifall der bürgerlichen Kunstfreunde finden sollten. Volksbelustigungen auf dem Eise – der Sport war damals neu – Schlittenscenen, Jahrmärkte, Jagden bilden also den Inhalt der Werke. Dann tritt die figürliche Staffage mehr zurück. Der Künstler emancipiert sich von den Anforderungen der Besteller. Ein Weg, der zwischen Feldern zum Walde führt, der Abhang einer Düne, ein Dorf zwischen Bäumen und Sträuchern, belebt von Bauern und Wagen, von einem Reitertrupp oder Marodeuren, flache Gegenden mit Kirchtürmen und Windmühlen kehren bei *Pieter de Molyn* und *Hercules Seghers* wieder. *Jan Porcellis* nahm an der Küste sein Standquartier, beobachtete die See in ihrer grauen Farbe und ihrem eintönigen Wellenschlag mit ruhiger, echt holländischer Sachlichkeit. Der Boden für die großen Landschafter und Marinemaler der folgenden Epoche ist bereitet.

In die Speisezimmer werden Stillleben gehängt – auch sie eine Verherrlichung des Luxus, den der reich gewordene Bürger mit dankbarer Freude genießt. Früher, so lange Holland Provinz war, mußte man mit Hering, mit Bier und Brot sich begnügen. Jetzt kann man sich Rheinwein und Austern leisten.

Namentlich *Pieter Claesz, Heda* und der jüngere *Frans Hals* stimmten silberne Pokale, silbernes Tafelbesteck und glitzernde Kannen mit Schinken, Austern und Pfirsichen zu sehr vornehmen Harmonien zusammen. Es spricht aus ihren Werken die frohe Genugthuung des Bürgers, einen guten Weinkeller und feines Tafelbesteck zu besitzen.

Nur die Stillleben, die in der alten Universitätsstadt Leyden gemalt wurden, tragen einen anderen Charakter. In einer Zeit, die so weltlich war, so aufging in frohem Genuß, gedenken diese Meister der irdischen Vergänglichkeit. Nicht die Freuden der Tafel malt *Pieter Potter*, der Vater des berühmten Paul. Totenköpfe, Gebetbücher, Stundengläser, Krucifixe, zerbrechliche Gläser und Thonpfeifen, Kerzen, die langsam herniederglimmen, die Dinge also, auf die ehemals der heilige Hieronymus blickte, wenn er nachgrübelte über die Vergänglichkeit des Irdischen, stellt er zusammen und schreibt »vanitas« darunter. Die Bilder erinnern daran, daß die Holländer des 17. Jahrhunderts nicht nur ein Volk von Kaufleuten, auch ein solches von Theologen waren

Für ihren Glauben hatten sie gelitten in jener Zeit, als Alba in den Niederlanden wütete Mit der Bibel in der Hand lassen sie gern in ihren Bildnissen sich darstellen. Stolz auf die politische Freiheit, die sie sich erkämpft haben, sind sie noch stolzer auf die reformierte Kirche die 1572 aus Feuer und Blut emporstieg. Nach dem Vorbild der Genfer Republik hatte man das Staatswesen eingerichtet. Leyden namentlich war die Stadt der Theologen. Die ersten Gelehrten des Landes kamen hier zusammen und thaten für Holland, was ein Jahrhundert vorher Luther und Melanchthon für Deutschland gethan. Die »Staatenbibel«, in neunjähriger Arbeit vollendet, wurde das Palladium der neuen Kirche und war bald in Millionen Exemplaren verbreitet. In diesem Buch, das die junge holländische Sprache begründete, begeisterte man sich von neuem an dem Zauber der heiligen Legenden, vertiefte sich in die Poesie des alt- und neutestamentlichen Epos. Besonders das Alte Testament gewann eine Bedeutung, die es nie vorher in der christlichen Kirche gehabt. Denn die Holländer glaubten in den Geschicken des Volkes Israel eine Ähnlichkeit mit ihren eigenen zu finden, betrachteten die göttlichen Aussprüche des Alten Testamentes als wunderbare, ihnen persönlich gemachte Verheißungen. Palästina und die babylonische Gefangenschaft – das ist Holland und die spanische Knechtschaft.

Aus diesem Verwandtschaftsgefühl, das man den Israeliten entgegenbrachte, erklärt sich der philosemitische Zug, der damals durch Holland ging, hier zuerst fanden die Juden ein Heim. Schon im Beginne des 17. Jahrhunderts gab es in Amsterdam über 400 jüdische Familien, die meisten aus Portugal gekommen. Bald darauf kam es zu einer völligen Emancipation. Einige, wie Ephraim Bonus, wurden hervorragende Aerzte. Andere standen an der Spitze der großen überseeischen Unternehmungen.

Auch die holländische Poesie hat einen biblisch-israelitischen Zug. Nicht nur Marnix, der Sänger der Freiheitskriege, wirkt wie ein Psalmist. Camphuysens »erbauliche Lieder« gleichen einem israelitischen Gesangbuch. Vondel und Daniel Heinsius bringen alttestamentliche Dramen auf die Bühne. Huygens setzt die Gesänge Davids in Musik und hofft »die Unsterblichkeit nur dann zu erringen, wenn er in seinen Werken etwas von der Lieblichkeit und Kraft des israelitischen Königs offenbare«. Die Prediger auf der Kanzel bedienen sich, um auf Zeitverhältnisse anzuspielen, alttestamentlicher Gleichnisse.

Dadurch war auch der Kunst ein neues weites Gebiet eröffnet. Man hatte keine Heiligen, die man feiern konnte; keine Kirchen, die Altarbilder duldeten. Aber man hatte die Bibel, in die man sich mit ganzer Seele vertiefte. Da sich die Holländer als Nachkommen der Israeliten fühlten, erschienen die alten Legenden plötzlich in neuem Licht. *Pieter Lastmann* konnte den Schatz noch nicht heben. Seine Werke sind derb und trocken, vulgär und schwer. Aber Lastmann ist der Lehrmeister Rembrandts.

14. Rembrandt

Ein Bild von Rembrandt in der Dresdener Galerie stellt Simson dar, wie er den Philistern Rätsel aufgibt, und Rembrandts ganzes Schaffen, den Philistern seiner Zeit ein Rätsel, ist rätselhaft bis zum heutigen Tag geblieben. Man hat ihn den Meister des Helldunkels genannt, was nichtssagend ist, da viele andere, schon Correggio sich äußerlich die gleichen Probleme stellten. Man hat ihn als Schöpfer der religiösen Kunst des Germanentums gepriesen, was ebenso nichtssagend ist, da Dürer auf diesen Ruhm das nämliche Anrecht hat. Alle Hilfsmittel der Wissenschaft sind in Bewegung gesetzt, er läßt sich nicht packen, nicht deuten. Wie kein anderer Mensch den Vornamen Rembrandt trug, ist er auch als Künstler etwas Einziges, spottet jeder geschichtlichen Analyse, bleibt, der er war, eine rätselhafte, unfaßbare Hamletnatur – Rembrandt. Der Klarheit und dem Ebenmaß hellenischen Geistes, der die Renaissance beherrschte, tritt mit Rembrandt das Dunkel der Empfindung gegenüber. Er verhält sich zu den Renaissancemeistern wie Ossian zu Homer, steht neben den Olympiern als Nibelunge, als Held aus dem Nebelland.

Vielleicht ist es überhaupt nur möglich, Rembrandt näher zu kommen, wenn man sich entschließt, seine Bilder gar nicht als Bilder, sondern nur als seelische Dokumente aufzufassen. Denn das ist das Eigenartige an ihm. So bedeutend die Anatomie, die Nachtwache und die Staalmeesters sind – die paar Bestellungen, die ihm zugingen, haben ihn nicht zum Rembrandt gemacht. Rembrandt ist er nur, wo er außerhalb des Publikums steht. Und das gilt für die Mehrzahl seiner Werke. Er als erster war Künstler in modernem Sinn, erledigte keine Aufträge, sondern schuf seine eigenen Gedanken. Nur was sein Innerstes bewegte, brachte er gestaltend vors Auge. Er scheint gar nicht daran zu denken, daß man ihm zuhört, er spricht nur mit sich selbst. Es liegt ihm nicht daran, von anderen verstanden zu werden, er giebt seine Empfindungen und Stimmungen wieder. Kein Maler redet, sondern ein Mensch. Man kann, was er schuf und wie er es schuf, nur verstehen, wenn man seine Werke, als Kommentar seines Lebens betrachtet.

In der alten Universitätsstadt Leyden, wo Bogermann gerade sein großes Werk der Bibelübersetzung begann, ist er 1607 geboren. Sein Vater ist Müller, seine Mutter eine Bäckerstochter. Er ist das fünfte von 6 Kindern. In ernster, religiös gläubiger Atmosphäre wächst er auf. Seine Mutter namentlich muß eine biedere fromme Frau, eine Art biblischer Patriarchin gewesen sein. In zahlreichen Bildern, die ihr Sohn von ihr malte, hat sie die Bibel, ihr Lieblingsbuch, auf dem Schoß. Man stellt sich gern vor, wie der Knabe, zu Füßen der Mutter sitzend, den alten Legenden lauscht. Man stellt ihn sich vor, wie er einsam im freien Felde umherschweift. Denn sein väterliches Haus lag am Ende der Stadt, gerade an der Stelle, wo sich die beiden Arme des Rheines vereinen, und noch weiter draußen lag die Windmühle. Stundenlang mag er hinausgewandert sein, den Rhein entlang; sah die Schiffe mit ihren farbigen Segeln, die Dünen in ihrem melancholischen Braun, die fetten grünen Weideplätze, wo in philosophischer Ruhe die Rinder lagern; betrachtete das graue Meer mit seinem unermeßlichen Horizont, den Himmel mit dem ewig wechselnden Zug der Wolken. Eine Ahnung der Unendlichkeit des Alls ging ihm auf.

Erst weiß er nicht, was er werden soll, und läßt sich als Student an der Universität einschreiben. Dann geht er zu Swanenburch, hierauf nach Amsterdam zu Lastmann. Doch schon nach 6 Monaten ist er im Elternhaus zurück und beginnt mit der Malerei ganz von vorn. Seine ersten Bilder sind nur deshalb anziehend, weil sie die technischen Fortschritte eines großen Meisters verfolgen lassen. Sorgsam stellt er sich Modell. Rings ordnet er den Besitzstand seines Ateliers, schweinslederne Folianten und damascierte Messer, Rüstungsstücke und Schwerter zu ganzen Stillleben an. In der Beleuchtung verfolgt er die Probleme, die seit Honthorst in der holländischen Malerei beliebt waren. Sowohl in dem Stuttgarter wie in dem Nürnberger Bild, das einen alten Apostel, wohl Paulus, im Gefängnis darstellt, fällt das Sonnenlicht auf einen Greisenkopf. In dem Geldwechsler der Berliner Galerie versucht er ein Nachtstück. Ein alter jüdischer Banquier prüft, wie auf den Wechslerbildern des Quentin Massys, bei Kerzenlicht eine Münze. Der Gedanke von der Vergänglichkeit des Irdischen und der Freude am Irdischen liegt wohl den Bildern zu Grunde. Wenn die Berufsmodelle fehlten, mußten seine Angehörigen aushelfen, die er auch mit den Versatzstücken seines Ateliers drapiert. Sein Vater, der brave Müller, trägt auf dem Amsterdamer Bild einen eisernen Harnisch, dazu ein Barett mit hoher Feder, und hat den Schnurrbart martialisch in die Höhe gedreht. Es war die Zeit, als ganz Holland im Zeichen des Kriegshandwerks stand. So erklärt sich diese Vorliebe für militärische Allüren.

*

Gleichzeitig macht er sich mit der Technik der Radierung vertraut. Gerade damals, zur Zeit des großen Krieges, trieben Bettler aus ganz Europa sich in den holländischen Straßen umher. Rembrandt zeichnete, was er sah: Bucklige, Lahme, Blinde, Betrunkene. Und er zeichnete namentlich sich selbst. Nicht nur im verschiedensten Kostüm steht er da. Auch der Ausdruck ist immer ein anderer. Da ist er nachdenklich, dort rollt er die Augen, da fährt er entsetzt zurück, da lacht er breit, dort sind seine Lippen von Schmerz verzerrt. Es ist, als hätte er seine eigene Persönlichkeit gesucht, die ihm selber ein Rätsel war. Und so verschieden er in seinen Selbstporträts ist, so verschieden ist er als Künstler.

Mit einer heiligen Familie und einer Darstellung im Tempel schließt er 1631 seine Leydener Thätigkeit ab. In dem Münchener Bild hat er zum erstenmal sich an lebensgroße Figuren gewagt. Ein Vorgang aus der heiligen Geschichte ist im Sinne Honthorsts in ein holländisches Bürgerhaus verlegt. Schreinergerät hängt an der Wand. Mann und Frau tragen die Werktagskleidung von 1630. Auf dem Haager Bild dehnt eine weite, große Kirche sich aus. Nachdem er vorher Menschen in enger Zelle gemalt, ist es jetzt, als sei das Vaterhaus ihm zu eng geworden und als thue sich das Universum vor ihm auf. Zugleich kämpft zum erstenmal das Licht mit dem Schatten, als hätte er eine Vorahnung gehabt, daß auch sein *Leben* zu einem Kampf von Licht und Schatten sich gestalten werde. Die Hand in die Seite gestemmt, kühn wie ein Eroberer, steht er auf dem Selbstporträt von 1631 da. Die Radierung mit dem Schiff (B. 111) könnte, obwohl sie ein Buchtitel war, die Abrechnung zwischen Vergangenheit und Zukunft bedeuten. Einen Januskopf sieht man; ein nacktes Weib bildet den Mast. So segelt er, von lockenden Phantomen umgaukelt, in das Meer des Lebens hinaus.

Das Weib steht für ihn, als er nach Amsterdam gekommen, zunächst im Mittelpunkt aller Gedanken. Mit der Freude des Studenten, der aus der Gebundenheit des Vaterhauses in eine fremde Universitätsstadt kommt, giebt er den neuen Eindrücken sich hin. Eine ganze Reihe weiblicher Aktstudien entstehen, zum Teil Blätter von so hanebügener Sinnlichkeit, daß sie in den Kupferstichkabinetten als »Secreta« bewahrt werden. Aber bald auch die Blätter: wie »le lit français«, aus denen solcher Degout am Geschlechtlichen spricht. Immer bekämpfen sich in Rembrandt diese beiden Naturen: die Begierde des Sinnenmenschen, der in die Welt sich stürzt, und der Ekel des Träumers, der das, was er sucht, draußen doch nicht findet.

Sonst bemüht er sich, die Porträtaufträge, die ihm zugehen, sachlich und ernst zu erledigen. Hatte er früher seine Angehörigen in Harnisch, Helm und exotische Stoffe gekleidet, so hält er sich jetzt streng an das holländische Kostüm. Wie bei de Keyser ist es in seinem monotonen Ernst, seinen dunklen Farben, seinem symmetrischen Schnitt mit nüchterner Genauigkeit wiedergegeben. Höchstens dadurch, daß er Handlung in die Bildnisse bringt, weicht er – wie in dem Porträt des Schiffsbaumeisters, dem seine Frau einen Brief überbringt – zuweilen vom Herkömmlichen ab. Dadurch allein unterscheidet sich auch sein erstes Gruppenbild, die Anatomie des Dr. Tulp, von den älteren Werken. Noch Mierevelt und de Keyser hatten in ihren Chirurgenbildern nicht daran gedacht, die Scene einheitlich zu beleben, sondern fügten sich dem Wunsche der Besteller, die das Hauptgewicht auf die Aehnlichkeit des Einzelporträts legten. Keiner sieht auf den Professor oder auf den Leichnam, sondern alle sind mit sich und dem Betrachter beschäftigt. Für Rembrandt ist der Einzelne nur der Teil eines Kunstwerks. Alle sind bei der Sache. Der hell beleuchtete Kadaver bildet den Mittelpunkt. Tulp demonstriert, und die anderen Chirurgen folgen aufmerksam dem Vortrag des Professors.

Seiner Vorliebe für bunte Phantasiekostüme konnte er nur noch in Selbstbildnissen nachgeben. Da trägt er eine federgarnierte Sturmhaube, dort schwarzes Samtmetbarett und kühn emporgestrichenen Schnurrbart, dort roten Sammetmantel mit Harnisch und goldener Kette. Als Dürer das Madrider Selbstbildnis mit dem bunten Wams und dem Federbarett malte, war er Brautwerber. Rembrandt war es 1632 gleichfalls. Auf einem Porträt der Sammlung Haro begegnet zum erstenmal ein jugendlicher Frauenkopf mit feinem, zarten Teint, blauen Augen und hellblondem Haar. Saskia van Uylenburgh hält in Rembrandts oeuvre ihren Einzug. Ihr Vetter, der Kunsthändler Hendrik van Uylenburgh, hatte bei Rembrandt das Porträt seiner Cousine bestellt. Sie sahen und liebten sich. Auch nach der Erledigung des Porträtauftrags kam sie ins Atelier, und die nächsten Bildnisse, in Stockholm und der Galerie Liechtenstein, sind keine Aufträge mehr. An die Stelle der holländischen Tracht ist ein prunkvolles Phantasiekostüm getreten. Auf dem einen Bild trägt sie den roten, goldgestickten Sammetmantel, den Rembrandt aus Leyden mitgebracht. Auf dem anderen malt er sie, wie ihre Gardedame ihr das lange, goldblonde Haar frisiert. Auf dem Brustbild der Dresdener Galerie lacht sie unter rotsammtenem Hut hervor. Das der Kasseler Galerie zeigt die feinen Linien des Profils. Auf einem der Petersburger Ermitage ist sie als Judenbraut kostümiert, den Schäferstab in der Hand, mit Perlen und Blumen geschmückt.

Ueberhaupt stehen alle Bilder jener Jahre im Zusammenhang mit Rembrandts Verlobung. Das plötzliche, scheinbar unlogische Auftauchen ganz entlegener Stoffe erklärt sich nur daraus, daß Rembrandts sämtliche Werke persönliche Stimmungen symbolisieren. Es war so seltsam, daß er, der Müllerssohn aus Leyden, diese vornehme Patriziertochter fast gegen den Willen ihrer Verwandten gewann. Warum malt er sich als Fürsten der Unterwelt, der die Proserpina entführt. Es war so seltsam, daß dieses zarte Püppchen ihn, den plumpen, vierschrötigen Riesen liebte. Darum taucht die Gestalt Simsons in seinem Geiste auf. Als der Vormund Saskias gegen das Verlöbnis ist, erinnert sich Rembrandt der Scene der Bibel, wie Simson zu seinem Weibe gehen will und das Haus verschlossen findet. »Ich glaube, du wärest ihr gram geworden, und habe sie einem anderen gegeben,« ruft der Alte herunter. Rembrandt, als Simson, droht mit geballter Faust. Als endlich im Juni 1634 die Hochzeit gefeiert ist, entsteht das Bild »Simsons Hochzeit«: Saskia, fein und still wie eine Prinzessin im Kreise ihrer Verwandten sitzend; er selbst ein derber Prolet, der durch seine tollen Spässe die vornehme Gesellschaft mehr erschreckt als erheitert.

Nachdem er so lange dem Geschmack des Publikums gefolgt, macht es jetzt ihm Spaß, den Bourgeois zu brüskieren. Der ganzen Welt gegenüber fühlt er sich als Simson, der den Tempel der Philister zertrümmert. In Saus und Braus verlaufen die ersten Jahre seiner Ehe. Umgeben von berechnenden Geschäftsleuten, die sich so fest an den Geldkasten klammern, posiert er den Künstler, der mit vollen Händen das Geld hinauswirft. Umgeben von korrekten Spießbürgern, kehrt er den forschen Landsknecht heraus, der durch seine Kavaliersmanieren erschreckt. Orientalische Waffen, alte Stoffe, blitzende Geschmeide kauft er zusammen. Sein Haus wird eine Sehenswürdigkeit Amsterdams. Wie eine Märchenfürstin, mit Gold und Diamanten bedeckt, geht Saskia einher, so daß die Verwandten bedächtig den Kopf schütteln. Auf einem Bilde des Buckingham Palace hat er sie gemalt, wie sie vor dem Spiegel funkelnde Ohrringe prüft, während er das Collier ihr umlegt. Auf dem Bild der Dresdener Galerie sitzt er als Kavalier an der Tafel, den Degen an der Seite, ein Sammetbarett mit wallenden Straußenfedern auf dem Kopf. Wie ein Riese, der mit einem Püppchen spielt, hat er Saskia auf dem Schoß und erhebt grinsend das Sektglas. Unbefangene Lustigkeit ist das nicht. Es ist Simson, der den Philistern den Fehdehandschuh hinwirft, ein Kraftmensch, der seine gewaltigen Glieder reckt, bereit zum Kampf mit allen bestehenden Anschauungen.

Er hat sich am Schlusse seines Lebens einmal dargestellt, wie er eine antike Büste angrinst. Eine ähnliche Empfindung mag er gehabt haben, als er Ganymed malte, jene lustige Farce, die die gebildeten Holländer ebenso entsetzt haben mag, wie die gebildeten Deutschen Böcklins Bad der Susanna. Rembrandt macht damals seine künstlerischen Flegeljahre durch. Man braucht gar nicht anzunehmen, daß er Rubens hätte nachahmen wollen. Die ersten Jahre nach seiner Verheiratung bedeuten die Zeit, wo er als Mensch wie als Künstler sich austobt. So erklärt sich die derbe Kraftmeierei, das wilde Ungestüm seiner Werke. Der Cyklus der Passion Christi, den er 1633 für den Statthalter Friedrich Heinrich begann – also ein Auftrag, der als psychologisches Dokument nicht gelten darf – ist das hauptsächlichste Dokument dieses Rembrandtstils. Arme gestikulieren, Gesichter verzerren sich, in barockem Schwung bauschen sich

265

die Gewänder. Selbst als Kolorist spricht er *fortissimo*. Nicht blendend genug kann er den Glanz des Himmels, nicht wild genug das Toben der Elemente schildern.

Erst allmählich wurde er stiller, ernster. Die Welt, die er hatte brüskieren wollen, wird ihm gleichgültig. Nicht nur Sonnenschein, auch Trübes hatte seine Ehe gebracht. 1635, als Saskia sich Mutter fühlte, hatte er die jubelnde, lichtdurchflutete Radierung der Verkündigung an die Hirten gezeichnet. Nun, da sein erstes Kind starb, begann er das Bild des Abraham, der den Isaak opfern muß. Sein Heim, in der Breestraat, mitten im Judenviertel gelegen, ist seine Welt geworden. Der phantastische Orient, die große alte Kultur, die die Juden aus dem maurischen Mittelalter in das prosaische Holland herübergetragen, zog ihn an. Unter seinen Fenstern bewegten sich die malerischen Gestalten des Ghetto: graubärtige Männer mit hohem Turban, verschleierte Frauen, in schillernde Gewebe gehüllt. Mit vielen von ihnen, mit Ephraim Bonus und dem Rabbiner Menasseh ben Israel, ist er befreundet. Der Sohn des jungen Holland, das noch keine Tradition, noch keine künstlerischen Lebensformen hat, fühlt sich hingezogen zu diesen Trägern einer vieltausendjährigen Kultur. Unter seinen Landsleuten steht er vereinsamt: ein Ausländer gleichsam, dessen Sprache man nicht versteht, ein Redner, der tauben Ohren predigt wie der Christus der Bergpredigt, ein Sehender unter Blinden wie Tobias, dem die Gnade des Himmels das Auge öffnete. Unter den Menschen des Ghetto findet er Verständnis für seine einsame Kunst. Auch sein Haus war ein Stück Orient auf abendländischer Erde. Smyrnateppiche und arabische Rüstungen, Burnusse und Kaftans, Architekturstücke mit polychromen maurischen Säulen füllten das Atelier. Durch Portieren und bunte Glasfenster schuf er sich schummerige Winkel, die ein träumerisches Licht mit geheimnisvollen Harmonien durchtönte. War er vorher ein breiter Bravourmaler, der leidenschaftliche Bewegung, großes Format und grelle Farbenkontraste liebte, so weidet sich jetzt sein Auge an dem milden Glanz von Sammet, an der heißen Pracht von Seide, an dem blitzenden Funkeln von Gold und Edelstein. Aus tropisch üppigen Landschaften, aus Kostümen und Menschen baut er Feenarchitekturen von exotischer Märchenpracht auf. Inmitten einer prosaischen Welt schafft er sich seine eigene. Romantiker, träumt er aus dem Grau des Alltags sich in eine ferne Wunderwelt zurück.

Auch die Schönheit des Frauenkörpers erschließt sich ihm in strahlender Herrlichkeit. Hatte er anfangs nur plumpe Modelle zur Verfügung gehabt, so konnte er jetzt das feine Körperchen Saskias feiern. Danae steht unter dem zarten Frauenkörper der Ermitage, der sich auf weißem Lager so graziös, so wollustatmend ausstreckt. Oder er zeigt sie als Susanna in dem Bilde des Haager Museums. Das Licht umleuchtet mit weichem Glanz das Gesichtchen, kost auf den Schultern, spielt auf dem Körper in weißen, goldig flimmernden Reflexen. So wenig wie dort an die Antike hat Rembrandt hier an die Bibel gedacht. Nüchterne Porträtaufträge zu erledigen, hat er keine Lust mehr, seitdem er die strahlende Wunderwelt des Lichtes entdeckt. Mit einem Perlhuhn in der Hand, hat er auf einem Dresdener Bilde sich gemalt. Indem das Licht voll auf das Gefieder fällt, ergiebt sich ein Farbenbouquet grauer, brauner, gelber und roter Töne, in dem es gleißt und sprüht und glitzert und funkelt. Solche Beleuchtungsstudien, ein Spielplatz für Lichtstrahlen, sind ihm fortan auch die Köpfe der anderen. Von zartem goldigem Licht ist die Dame des Buckingham Palace umflossen, die Toilette in ihrer ausgesuchten Eleganz nicht von der Dame, sondern vom Maler bestimmt. Das Porträt des Predigers Ansloo hätte er kaum gemalt, wenn der Kontrast der dunkelroten Tischdecke mit dem hellgrauen Hintergrund und der schwarzen Kleidung nicht so vornehme Farbenharmonien ergeben hätte. Und die berühmte »Nachtwache« von 1642, der Auszug des Fähnleins des Franz Banning-Cock, ist auch mehr ein Märchenbild als ein Schützenstück. Aus einem dunkeln Hofraum treten die Schützen in blendendes Sonnenlicht hinaus. Wie dieses verschiedene Licht gemalt ist, das da sonnig, dort schummerig die Figuren umfließt, mit welcher Meisterschaft Rembrandt die ganze Skala seiner Farben durchläuft, von lichtestem Gelb durch alle Stufen rotflimmernden Helldunkels bis zu düsterem Schwarz – das ist oft hervorgehoben und gerühmt worden.

Doch man versteht zugleich, daß die Schützen, die ihm den Auftrag erteilt hatten, für das Zunfthaus ihre Porträts zu malen, mit der Art, wie er die Bestellung auffaßte, wenig zufrieden waren. Nicht nur die Anordnung, die er aus malerischen Gründen wählte, ist das Gegenteil von Diciplin. Positiv, nüchtern und klar, wußten die Holländer auch mit »Helldunkel« nichts anzufangen. An die trockene Sachlichkeit de Keysers gewöhnt, vermißten sie die Aehnlichkeit dieser aus dem Nebel auftauchenden Köpfe. Keine Schützengilde dachte mehr daran, sich an Rembrandt zu wenden. Denn andere Künstler kamen dienstfertiger den Wünschen der Besteller entgegen. Die Allegorie B. 110 bringt vielleicht zum Ausdruck, was Rembrandt selbst über diesen Verlust der Publikumsschätzung dachte. Der Modemaler ist gestürzt. Aber der Künstler Rembrandt steigt auf, kann aller Fesseln ledig das Evangelium einer neuen Kunst künden.

*

Freilich, nicht nur die Gunst des Publikums verlor er in diesem Jahr, er verlor auch Saskia. Noch kurz vorher hatte sie ihm einen Knaben geschenkt, und Rembrandt hatte in jener Zeit des Hoffens die Begegnung der Maria mit Elisabeth und das Opfer Manoahs gemalt: Manoah und sein Weib, wie sie dankbar vor dem Opferfeuer knieen, während der Engel, der ihnen die Geburt Simons kündete, sich in die Luft erhebt. Nun war er allein in seinem Haus in der Breestraat, wo alles ihn an die Jahre seines Glückes erinnerte, allein mit dem Kinde, das die Kränkelnde kurz vor ihrem Tode geboren. Auf einer Zeichnung verspottet er sich selbst als Witwer, wie er mit der Milchflasche ein kleines Kind aufpäppelt. Hatten sich schon vorher seine Beziehungen zur Außenwelt gelöst, so wird jetzt seine Kunst ganz die eines einsamen Menschen, der nur noch zum Pinsel greift, um seelisch sich auszusprechen.

Bisher hatte ihm die holländische Natur nichts sagen können. Denn zu den prunkvollen Orientbildern paßte auch als Hintergrund nur jene tropische Märchenpracht, die er auf der Haager Susanna oder auf der Magdalena des Buckingham Palace malte. Selbst der »Sturm« des Braunschweiger Museums, seine erste Landschaft, führt in ein Traumland. Schwarze Wolken überziehen den Himmel, blendendes Licht fällt auf die Mauern einer Stadt und auf Bäume, die im Schauder des Gewitters zittern. Gießbäche rauschen, zerklüftete Felsen ragen empor. Die Verlassenheit, in der er seit dem Tode Saskias lebte, führte ihn in die holländische Natur hinaus, in jenes einsame Gelände, wo die Wäscherinnen arbeiten und die Windmühlen klappern. Und klopfenden Herzens, staunend wie damals, als er in Leyden die Ufer des Rheins entlang wanderte, steht er der großen Allmutter gegenüber, lernt ihren Odem, auch wo er nur leise weht, fühlen. Die einfachsten, ärmlichsten Dinge hält er in seinem Skizzenbuch fest. Bei seinen Spaziergängen durch die Straßen Amsterdams sind es die Kanäle mit ihren Brücken und angrenzenden Häusern. Geht er weiter, so sieht er verfallene Hütten, Heuschober und ländliche Gehöfte. Da fesselt ihn die Silhouette eines Baumes, dort eine Windmühle, die sich auf einsamem Hügel erhebt. Ein Stück Wiese, ein Weg, der sich im Felde verliert, genügt, um ihn anzuziehen. Nicht weit hat er seine Wanderungen ausgedehnt. Die ruhige Umgebung Amsterdams, Sloten, Kronenburg, Zaandam, waren seine weitesten Ausflüge. Er hatte nicht nötig, nach Motiven zu suchen, brauchte keine majestätischen Linien. Denn etwas viel Feineres, die Poesie der Ebene, hat sich ihm erschlossen. Man hat vor seinen Radierungen die Empfindung, als ob man einsam und in sich gekehrt über eine große Ebene wandere. So klein die Blätter sind, sie scheinen von der Endlosigkeit des Raumes umflutet. Durch diese Zeichnungen ist Rembrandt, den Jahrhunderten vorauseilend, der Vater der intimen Landschaftsmalerei geworden. In ihnen ist er der größte Raumkünstler aller Zeiten, denn eine einfache suggestive Linie genügt, das Auge die Unendlichkeit durchmessen zu lassen.

In seinen übrigen Werken klingt zunächst die Erinnerung an Saskia aus. Noch lange lebt er mit ihr im Geiste zusammen, und wie er in dem Berliner Porträt sie ein Jahr nach ihrem Tode gemalt hat, sind seine anderen Bilder Blätter der Erinnerung, die er dem jung verstorbenen Weibe weiht. Es ist kein Zufall, daß er gerade damals den Tod Marias radierte; kein Zufall, daß er gerade jetzt, wo er selbst kein häusliches Glück mehr hatte, immer wieder die heilige Familie oder Maria mit dem Kinde malte, der die Hirten in scheuer Verehrung nahen. Beim guten Samariter gedachte er der Stunden, als er selbst am Sterbelager Saskias saß. Aber namentlich das Hereinragen des Ueberirdischen in die irdische Welt beschäftigt sein Denken: das Traumleben mit seinen Ahnungen und Visionen, Augen, die sich wieder öffnen, nachdem sie den Tod gesehen, die Geheimnisse aus dem Reich der Schatten, die der wiedererweckte

Lazarus, der auferstandene Christus offenbaren können. Er stellt ihn dar, wie er als Geist den Jüngern in Emaus erscheint, zeigt ihn, wie er den Lazarus aus dem Grabe ruft. Doch nicht nur der große Wunderthäter, auch der liebevolle Tröster ist er ihm. Einst hatte er die Bergpredigt gemalt: um den Heiland feilschendes Volk, das nichts von seinen Worten vernimmt; vorn ein Hund, der die Gedanken der Menge symbolisiert. Jetzt drängen sich alle, die mühselig und beladen sind, an ihn, den Gütigen, heran, und er lindert ihre Pein, tröstet sie, belehrt sie, weist auf ein besseres Jenseits sie hin. Kein Heros ist er, sondern der schlichte Zimmermannssohn aus Nazareth, der einfach zu den Einfachen spricht. Gerade weil es sich bei Rembrandt nie um kirchliche Aufträge, nur um »Herzensergießungen« handelte, hat er mehr als alle Kirchenmaler gezeigt, welcher Schatz von Poesie, von Zärtlichkeit, von Innigkeit und Liebe in den alten Legenden schlummert. Der Zweck der katholischen Kirchenmalerei ist das Repräsentierende. Gott muß wie ein König die Gläubigen mit höfischem Prunk, mit blendender Dekoration in seinem Hause empfangen. Dieses pomphaft Agitatorische, wie es bei Rubens herrscht, liegt ihm so fern wie möglich. Er spricht seine Empfindungen aus, erzählt die biblischen Geschichten, wie wir als Kinder sie uns vorstellten, wenn wir zur Weihnachtszeit der Großmutter lauschten. Statt der Bewegung des Rubens herrscht bei ihm die Verhaltenheit, statt der schwülen Ekstase der Spanier die seelenvolle Innigkeit, etwas Trübes, Gedämpftes. Keine Gesten, keine drastische Mimik braucht er und drückt gleichwohl die feinsten Seelenregungen aus. Ist des Rubens Kunst ein Haus mit prunkvoller, farbenglühender Façade, doch ohne Wohnungen, in die der Menschheit Leid sich flüchtet, so sind Rembrandts Werke der *»Trésor des simples«*. Diesem diskreten Zug seiner Kunst, die nur noch den Flüsterton, nur leise Andeutungen kennt, entspricht die koloristische Haltung. In den älteren Werken, als er der kampflustige Simson war, liebte er scharfe Kontraste von dunkeln Schatten und grellem Licht. In den späteren, die zur Zeit seines kurzen Liebesglückes entstanden, glänzt und strahlt auch die Luft, wie von vergoldetem Staub geschwängert. Jetzt herrschen melancholische, grüngelbe Töne vor, ein weiches Abendlicht, dessen milder Schimmer fein und leise das Dunkel durchzittert.

Freilich, ein Geist wie der Rembrandts ist zu kompliziert, als daß er nach einer einzigen Seite sich hätte äußern können. Verschiedene andere Scenen, die er aus Bibel und Legende herausgreift, zeigen, daß auch das Weib noch, das sinnliche Parfüm des Weibes sein Denken beherrscht. Er malt Vertumnus, der die Pomona bethört, malt die Ehebrecherin, der Christus verzeiht, malt ein neues Susannenbild: Susanna nicht mehr allein, sondern im Hintergrund die beiden Alten, die in zitternder Begehrlichkeit das junge Weib belauschen. Wie einst als junger Mensch, arbeitet er nach dem weiblichen Modell. Oft sind es grauenerregende Weiber, und Rembrandt giebt alles Deformierte im Sinne strengen modernen Aktstudiums wieder. Wie damals, als er das französische Bett gezeichnet, ist es jetzt manchmal, als hätte er die Leidenschaft zum Weibe besiegen wollen, indem er die Wirklichkeit in ihrer degoutanten Häßlichkeit darstellte. Hendrickje Stoffels, damals 23 Jahre alt, die er als Haushälterin zu sich genommen, brachte seinem Empfinden wieder Ruhe. Auf dem Bilde des Louvre von 1652 hat er sie erstmals gemalt, wie Saskia mit Perlen und Geschmeiden geschmückt. Auf dem Bilde der Londoner Nationalgalerie setzt sie, nur mit dem Hemd bekleidet, den Fuß ins Wasser. Die Abendsonne wirft ihre Strahlen auf die Beine, das Hemd und das blonde Haar. Auf dem nächsten Bild ist aus dem Modell die Geliebte geworden. Rembrandt malt sie als moderne Bathseba, wie sie den Brief von Rembrandt-David erhält.

Etwas Beruhigtes geht seitdem durch Rembrandts Werke. Die Melancholie sowohl wie die Begierde nach dem Weib ist geschwunden. Er war glücklich, hatte seine Häuslichkeit wieder. Eine einfache Frau, voll Güte und Hingebung, war die Gefährtin seines Lebens, führte die Wirtschaft, beschäftigte sich mit Titus, der ein schmucker Junge geworden war. Einem kleinen Prinzen des Nordens, einem träumerischen Hamlet gleicht er auf dem Bilde der Sammlung Kann. Auch ihre Mutter und eine andere Verwandte, einen wilden Gamin vom Lande hatte Hendrickje ins Haus genommen.

Diese Jahre sind die fruchtbarsten in Rembrandts Leben. Nachdem er selbst wieder ein Heim gefunden, radiert er jene »intimen« Bildnisse wie das des Jan Six, in denen Mensch und Heim,

Figur und Umgebung sich verweben. Namentlich der Seelenfriede, die schweigsame Beschaulichkeit alter Leute zieht ihn an, jene große Gelassenheit, die so still scheint und doch einen Strom von Erinnerungen umschließt. Das Porträt der ehrwürdigen Mutter Hendrickjes mit dem milden sinnenden Blick kommt in Erinnerung. In ihr hat er die abgeklärte, leidenschaftlose Ruhe gemalt, die allmählich der Grundzug seines Wesens geworden. In keinem Phantasiekostüm, sondern im gewöhnlichen Rock, den Hut auf dem Kopf, hat er auf der Radierung von 1650 sich dargestellt, am Fenster, in die Arbeit vertieft. Das ist der Rembrandt, dem Hendrickje einen neuen Sommer bereitet hat, und der einen ruhigen, schönen Herbst erwartet. Immer mehr hatte er Gefallen daran gefunden, außerhalb der Gesellschaft zu sein, verließ selten sein Haus, jenes Paradies, das er sich geschaffen und wo er fern von der Banalität des Alltags als einsamer Geistesaristokrat dahinlebte.

Die Obrigkeit fand indessen, daß ein solches Leben gegen das Gesetz verstoße. Am 23. Juli 1654 erhielt Hendrickje ein Schreiben des Kirchenrates, der sie vor das Konsistorium entbot, weil sie mit Rembrandt, dem Maler, unzüchtigen Lebenswandel führe. Dreimal wurde sie citiert und kam nicht. Erst auf die vierte Mahnung »bekannte sie ihre Schuld und ist darüber ernstlich gestraft, zur Bußfertigkeit ermahnt und zum Tisch des Herrn nicht zugelassen«. Auch diese Scene, wie Hendrickje von den Nachbarn bei der Obrigkeit verklagt wird, verwandelte sich in Rembrandts Kopf wieder in ein biblisches Bild: wie Joseph bei Potiphar von dessen Frau verklagt wird. Frau Potiphar die Fama, die in scheinheiliger Entrüstung ihre Anschuldigung vorbringt; Potiphar, der sie mit strenger Amtsmiene anhört, das reformierte Konsistorium, der arme Joseph, der schüchtern und errötend wie ein Mädchen die Augen senkt, die gute Hendrickje. Das war das Vorspiel des Dramas, das nun folgte. Rembrandt, dem Millionen durch die Hände geflossen, ist plötzlich ohne einen Pfennig, mit Schulden überladen. All sein verdientes und ererbtes Vermögen ist fort. Das Vermögen seines Sohnes Titus, das er als Vormund zu verwalten hatte, ist verschwunden. Dem Titus ein guter Vater zu sein, hatte er der sterbenden Saskia gelobt, und in der Erinnerung an diese Stunde sich als Esau gemalt, wie er den jungen Jakob zärtlich im Arm hält. Jetzt hat er das Recht seines Erstgeborenen vergessen. Die kleine Cornelia, das Töchterchen Hendrickjes, mit ihrem rosigen blonden Kinderkopf hat neuen Sonnenschein in sein Haus gebracht. So malt er sich als Jakob, wie er Ephraim, den Jüngsten, segnet, und Manasseh, den Aelteren, vergißt. – Rembrandt grübelt. Ein alter Mann mit weißem, schon gelichteten Haar sitzt auf dem Kasseler Geometerbild an seinem mit Papieren bedeckten Tisch, in tiefes Nachdenken versunken. – Er bemüht sich, neue Summen zu erhalten. Doch die Darlehen, die er aufnehmen will, werden ihm verweigert. Er ist selbst für sein Geschick verantwortlich. Das Amsterdamer Publikum, das ihn hat fallen lassen, kann seine Hände in Unschuld waschen. So entsteht das Bild des Pilatus, der in gleichgültiger Gemütsruhe sich die Hände wäscht.

Auf das Drängen seiner Gläubiger wurde am 26. Juli 1656 der Bankerott eröffnet. Er, der Abscheu vor allen geschäftlichen Dingen hatte, mußte mit Gerichtsvollziehern verhandeln. Aeußerlich scheint ihm alles gleichgültig. Er hat die Ruhe gehabt, die Bildnisse der beiden Männer, die mit der Durchführung des Konkurses beauftragt waren, des Hauswartes der Schuldenkammer, Haaring, und seines Sohnes, des Auktionators, zu radieren. Aber ins gleiche Jahr gehört auch die Radierung der Ausstellung Christi. Als an den Straßenecken die gerichtlichen Affichen hingen, daß die Sammlungen des Malers van Ryn zur Versteigerung kämen, als Schneider und Handschuhmacher in dem stillen Hause der Breestraat erschienen, um die Ausstellung seiner Kunstsammlungen zu besichtigen, wird in Rembrandt das Bild des an den Pranger gestellten Christus lebendig, an den höhnend eine plebejische Menge sich herandrängt. Zur selben Zeit radiert er, wie Stephanus, der Protomartyr, gesteinigt wird: er selbst der erste von all den Großen die das Bürgertum seitdem steinigte. Rembrandt, der eine neue Religion hatte bringen wollen ward, während er im Reich seiner Gedanken weilte, von seinem Volke verleugnet. So malt er die Verleugnung des Petrus, malt Moses, der in wildem Zorn die Gesetzestafeln zertrümmert.

Ein reicher Schuhmachermeister kaufte sein Haus. Er selbst führte ein Nomadenleben, dann begann Hendrickje mit Titus einen Kunsthandel, um durch den Verkauf der Radierungen der Lebensunterhalt der Familie zu bestreiten. Auf der Rosengracht, am Ausgang des Judenviertels, wo Rembrandt früher so viel in den Antiquitätenhandlungen geweilt, lag die kleine Wohnung, die sie bezogen und wo er die letzten Werke schuf. Denn obwohl er seiner Habe beraubt ist, obwohl er in einem ärmlichen, kahlen Dachzimmer sitzt und seine Mahlzeit aus Pökelhering, Käse und Brot besteht – Rembrandt ringt weiter. »Ich lasse dich nicht, du segnetest mich denn,« lauten die Worte der Bibel, die Jakob spricht, als er mit dem Engel ringt. Mit diesem Bilde der Berliner Galerie hebt die letzte Schaffensperiode Rembrandts an.

Seine Kraft ist ungebrochen. Nur die Stimmung und die Farbe der Bilder ist anders. Nicht mehr die magischen Harmonien malt er, die sein Haus der Breestraat durchfluteten, sondern das kalte, nüchterne Tageslicht, das in kleine Dachzimmer fällt. Nicht mehr Prachtgewänder malt er, sondern Lumpen. Auf düster braune und schwarzgraue Töne ist alles gestimmt. Seine Kunst ist die eines armen Mannes, der das Salomonische »Alles ist eitel« an sich selbst erfahren. In ordinärem braunen Rock, eine weiße Mütze auf dem Kopf, steht er auf dem Louvrebild von 1660 an der Staffelei, das Gesicht unrasiert, die Haut welk, die Haare grau, aber noch immer Pinsel und Palette in der Hand, malend. Wie ein Franziskaner mag er in seiner braunwollenen Kutte sich vorgekommen sein, und es ist daher kein Zufall, daß eine seiner letzten Radierungen dem heiligen Franziskus, dem Poverello, der auch nichts Eigenes hatte, gewidmet ist. Mit diesem braunwollenen Mantel, den er selber trägt, drapiert er seine Modelle. Er zieht ihn der Mutter Hendrickjes an, der armen Alten, die auch viel gelitten hat, noch runzlicher, noch vergrämter geworden ist und die Zeit damit totschlägt, daß sie die Nägel sich schneidet. Er zieht ihn dem Alten an, den er als Matthäus malt, wie er atemlos den Worten des Engels lauscht, und dem müden Pilger, den die Galerie Weber besitzt. Dort ist die Inspiration, die vom Himmel einer Menschenseele zu teil wird, hier die Inbrunst eines Gebetes, das aus der Tiefe der Seele kommt, das Thema. Doch Christus namentlich, der große Dulder, der Gott der »Erniedrigten und Beleidigten«, tritt für ihn, den vom Schicksal Niedergeworfenen, wieder in den Mittelpunkt des Denkens. Er malt das Bild der Sammlung Demidoff, den leidenden geschlagenen Menschen mit den milden, gütigen Augen, und das Eccehomo in Aschaffenburg, jenes phantomartige Bild mit dem Ausdruck übernatürlicher Ruhe.

Auch noch eine Bestellung, obwohl als »*charité*«, ging ihm zu. Ein früherer Schüler, der Marinemaler Jan van de Capelle, der als Besitzer einer Färberei mit den Mitgliedern der Tuchmacherzunft bekannt war, verschaffte ihm den Auftrag, die »Staalmeester« zu malen. Und Rembrandt, der 1642 aus einem trockenen Schützenstück ein Märchenbild gemacht hatte, erledigte diese Aufgabe, ohne an Experimente zu denken, so wie sie gegeben war und wie die Früheren es thaten. Aber bei Aufträgen scheint ihn ein Verhängnis zu verfolgen. Wie 1642 nach der Vollendung der »Nachtwache« Saskia starb, stirbt 1664 nach der Vollendung der Staalmeesters Hendrickje. Als hätte er eine Ahnung gehabt, daß er ganz allein bleiben solle, hatte er schon 1659 die Radierung gezeichnet »die Jugend durch den Tod überrascht«: eine junge Frau und ein junger Mann, Hendrickje und Titus, denen ein Gerippe mit der Sanduhr in den Weg tritt. Nun als Hendrickje tot war, ging es auch mit ihm zu Ende. Seine letzten Bildnisse zeigen in entsetzlicher Weise, welche Veränderungen an ihm vorgingen. Das Gesicht ist aufgeschwämmt, marklos, die Backen schwammig, der Ausdruck schmerzverzerrt. Die Stirnbinde, die er unter der Mütze trägt, deutet auf chronischen Kopfschmerz. Die Augen, trüb vom Fusel, scheinen halb erblindet, Weyermann schildert ihn, wie er am Tag schläft und nachts sich in den Schnapskneipen betrinkt. Mit einer Eule, die im Dunkeln haust, vergleicht ihn Cats, und der vornehme Chevalier von Sandrart sieht ihn, wie er stieren Blickes, wankend, im Armenviertel zwischen Trödlerläden herumtrottelt.

Radieren kann er nicht mehr. Dazu reicht sein Auge nicht aus. Aber den Pinsel, wenigstens den Malstock, legt er nicht aus der Hand. Mit dem Messer trägt er die Farben auf, malt Reliefe. So entsteht das Familienbild der Braunschweiger Galerie – wen mag es darstellen? – und das seltsame Werk des Amsterdamer Museums, in dem er, der Einsame, des Boas gedenkt, der noch als Greis ein junges Mädchen heimführte. Das letzte Datum – 1668 – steht auf der Kreuzigung Christi der Darmstädter Galerie. Ein Kriegsknecht legt dem Heiland die Fußschellen an, ein anderer zieht ihn am Seile empor. Es ist vollbracht! – Am 8. Oktober 1669 starb er, nachdem auch Titus vorangegangen. Ein Inventar stellte fest, daß er außer seinem Arbeitsgerät und den wollenen Kleidern nichts hinterlassen hatte. Sein Leben war eine Schicksalstragödie. Man hat sie die Tragödie des ersten modernen Menschen genannt.

Geschichte der Malerei: Band 5

Inhalt

I. Das Ende der holländischen Malerei.

1. Die Genremaler

Innerhalb der holländischen Kunst bildet Rembrandt eine Enclave. So sehr seine Schüler ihm oft äußerlich ähneln – seine Werke sind die Seelenoffenbarungen eines Genius, die der Schüler sind gute Oelbilder. Es wird erzählt, daß Rembrandt anfangs viel Zeit auf seine Lehrthätigkeit verwandte. Der individuellste aller Künstler, pflegte er die Eigenart der andern, ließ das Atelier, in dem sie arbeiteten, durch spanische Wände in getrennte Abteilungen zerlegen, damit keiner den andern beeinflusse. Aber während er sie vor einander schützte, zerdrückte er sie durch die eigene Persönlichkeit. Was übertragbar war, nahmen sie ihm: die Stoffe, die Kostüme, die Art der Beleuchtung. Anfangs, als er der angestaunte Maler Hollands war, ist ihr höchster Stolz, mit ihm verwechselt zu werden. Später, als die Gunst der Menge sich von ihm abgekehrt, lenken sie in »solidere« Bahnen, in die breite Heerstraße des Allgemeinverständlichen ein.

Jan Livens und *Willem de Poorter* besuchten schon in Leyden um 1630 das Atelier des Meisters. Livens' Hauptwerk ist ein »Opfer Abrahams« in Braunschweig. Sonst ist er durch Holzschnitte, die früher unter Rembrandts Namen gingen, bekannt. De Poorters Salomo, der den falschen Göttern opfert, geht auf Rembrandts »Simeon« von 1631 zurück. *Jacob Adriaen Backer,* einer der ersten, die in Amsterdam 1632 in das Rembrandtatelier traten, wurde Porträtmaler und hielt zeitlebens an Rembrandts Porträtstil von 1632 fest: seine Bildnisse sind kräftige, einfach sachliche Arbeiten. *Ferdinand Bol,* der für seine ersten Bilder – die Flucht nach Aegypten, Jakobs Traum, die Engel am Grabe Christi, Tobias – oft Rembrandtische Figuren direkt entlehnte, wurde später ein zahmer, verständiger Herr und gewann dadurch die Gunst des Publikums in demselben Maße, als Rembrandt durch seine »Bizarrerien« sie einbüßte. Durch schöne Typen, schillernde Stoffe, Säulen und wallende Draperien sucht er seinen Bildern den Eindruck jener Vornehmheit zu geben, die an Rembrandt vermißt wurde. Von Rembrandt zu van Dyck – das ist auch der Weg, den *Govaert Flinck* zurücklegte. Und da dieser vlämisch repräsentierende Zug den Wünschen der Besteller entsprach, wurde er der gesuchte Porträtist aller Fürstlichkeiten und Korporationen. Mehr blieb *Gerbrand van den Eeckhout* den Prinzipien Rembrandts treu. Bilder von ihm, wie die Ehebrecherin des Rijksmuseums sind nicht nur stofflich, auch in der Lichtbehandlung von Rembrandt beeinflußt. *Jan Victoors* ist trockener, prosaischer, *Salomon Koninck* in seinen Einsiedlerbildern fast nur Kopist. Dagegen gingen zu Beginn der 50er Jahre ein paar feine Meister aus der Rembrandtschule hervor. Rübenschälerinnen, junge Mädchen, die träumerisch am Fenster stehen, alte Frauen am Spinnrad, geschlachtete Tiere – das ist der Inhalt der stillen, zarten, sehr modernen Bilder des *Nicolas Maes.* Das Licht spielt auf roten Tischdecken, auf grauen Wänden und blauweißen Krügen. Bei Bildern, wie der Familienscene mit dem kleinen Trommler, schweigt jede chronologische Schätzung. Sie könnten heute ausgestellt und Christoph Bischop unterzeichnet sein. Erst später, nachdem er in Antwerpen gewesen, begann auch er seinen Bildnissen etwas theatralisch Würdevolles zu geben. *Carel Fabritius,* 30 Jahre alt bei der Explosion des Delfter Pulvermagazins gestorben, wäre, wenn er länger gelebt hätte, wohl einer der bedeutendsten Meister Hollands geworden. Seine wenigen Bilder gehören zu den malerischen Wunderwerken der Schule. Ueberall spricht ein Mann, der den Meister nicht nachahmt, sondern selbständig dem Zauber des Lichtwebens, dem Reiz vornehmer Farbenstimmungen nachgeht. Namentlich der Stieglitz des Haager Museums wirkt modern wie eine Studie des Degas. Der feinste Landschafter der Rembrandtschule ist *Philips Koninck*. Rembrandt hatte ihm die Poesie der weiten Ebene erschlossen. Endlos, nur von niedrigem Gebüsch bewachsen, zieht die Flachlandschaft sich hin. Klar und hoch steht die Luft und läßt den Blick weit in die Ferne schweifen. Als Marinemaler schloß sich *Jan van de Capelle* an Rembrandt an, von den Seemalern Hollands wohl der einschmeichelndste subtilste Kolorist. Während die andern für die Rheder die Porträts von Schiffen zu malen hatten, konnte van de Capelle, da er als reicher Mann nur aus Liebhaberei den Pinsel führte, das Gewicht auf das rein Künstlerische legen und hat das flüchtig zarte Spiel des Lichtes feiner interpretiert, als es sonst die sachlich prosaischen holländischen Seemaler thun. *Aart de Gelder* hatte den Mut noch in jenen Jahren, als Rembrandt zum Kinderspott geworden, sein Schüler zu werden. Wie de Poorter den spitzpinseligen Jugendstil Rembrandts reflektiert, ist de Gelder also der Doppelgänger des halberblindeten Dulders, der nur noch mit Malstock und Messer arbeitete. Viele Bilder von ihm, wie der Abraham mit den Engeln, das Eccehomo in Dresden oder der Boas in Berlin sind von so wuchtiger breiter Mache, daß sie früher für Arbeiten des alten Rembrandt galten.

Uebrigens ist es nur ein Ausklang Rembrandtischen Geistes, daß seine Schüler noch zuweilen biblische Bilder malen. Alle übrigen Holländer wissen vom Traumleben nichts. Sie stehen fest und selbstzufrieden auf der Erde: glücklich im Mittelmäßigen, ruhige Ansiedler, die ihr kleines Feld mit Fleiß und Verstand bebauen.

Holland war, trotz seines Welthandels, im Grunde ein philisterhaftes Ländchen. Noch wenn man heute in Amsterdam eines der alten Patrizierhäuser betritt, ist man über die ernste Gediegenheit, Sauberkeit und Ordnung ebenso erstaunt, wie über die spießbürgerliche Langeweile, die satte Behäbigkeit, die da herrschen. Alles Kupfergeschirr glänzt. In den großen, jeden Morgen sauber abgestaubten Schränken lagert die Wäsche, jene solide, Generationen aushaltende Wäsche, die der Stolz unserer Großmütter war. Die Wände entlang stehen, korrekt ausgerichtet wie Soldaten, die Stühle, und auf der Wandvertäfelung, ebenso symmetrisch angeordnet, die Fayenceteller, die silbernen Becher und Krüge. Darüber hängen die Bilder, kleine Kabinettstücke, die mit derselben Sorgfalt wie die Möbel abgestaubt werden und in ihrer koloristischen Haltung dem schummerigen Licht der Stuben sich einfügen. Delfter Fayencen, Kupferstiche, sehr sauber ausgeführt; Landkarten, an die Weltstellung des seefahrenden Volkes erinnernd, sind außer den Bildern zur Schau gestellt. Auch im Garten daneben ist alles geradlinig, steif, abgezirkelt, die Bäume und der Rasen; auf viereckigen, sorgsam gepflegten Beeten wachsen Tulpen und Hyacinthen. Selbst die Fassaden der Häuser glänzen in schneeiger Weiße. Sie werden jedes Jahr ein oder zweimal gestrichen, dank der peinlichen Reinlichkeit, die eine sprichwörtliche Eigenschaft des Holländers ist. Alles im Lande zeigt Ordnung und praktischen Sinn: die sauberen Häuser, wie die schmucken Baumreihen, die in gerader Regelmäßigkeit die Quais umsäumen. Selbst die Landschaft ist durch Teiche, Kanäle und gerade Aecker wie mit Mathematik überzogen. Diesem Charakter des Landes entspricht die Kunst.

Noch heute hat die holländische Malerei etwas Kleinbürgerliches, Beschränktes in ihrem selbstzufriedenen, aller Bewegung abholden Phlegma. Keine Phantasie giebt es, nichts Poetisches. Man atmet die weiche, gleichmäßige Wärme der großen Fayenceöfen, wie sie in den wohlhabenden holländischen Häusern stehen. Beschauliche Genügsamkeit, ein gemütlicher Provinzialismus kennzeichnet alles. Die Maler beschränken sich darauf, ihre Heimat darzustellen, die stattlichen Häfen ihrer Seestädte, die ruhige Gediegenheit ihres Lebens, die Schwere ihrer Rinder und den fetten Boden der Aecker. Feind allen Umwälzungen, aller himmelstürmenden Kühnheit, folgen sie still ihrem bedächtigen Temperament, bilden ein ruhiges Ländchen, in das kein Tageslärm tönt. Alles ist geschmackvoll, von fast einschläfernder Güte. Was sie heute malen, malten sie vor zwei Jahrhunderten. Jeder hat seinen kleinen Acker, den er unablässig bebaut, malt *ein* Bild, das er zeitlebens wiederholt.

Die Genremalerei, die anfangs ihren Stoff nur in Soldatenscenen gefunden hatte, dehnt allmählich auf das ganze Leben sich aus, geht von Soldatenbildern zur Schilderung des Bauernstandes, von da zur Darstellung der städtischen Kreise über.

An den Bauernbildern des 17. Jahrhunderts Geschmack zu finden, ist schwer. Wir haben seit Millet eine zu ernste Auffassung von der ethischen Bedeutung der Kunst und von der Würde des Menschen, als daß wir das Kasperltheater der alten Holländer lieben könnten. Das große Wort »ich arbeite«, das der Bauernmalerei überhaupt erst ihre Bedeutung gab, kam ihnen noch nicht zum Bewußtsein. Kein einziger von allen Bauernmalern wagt in die Tiefe des Lebens einzutauchen. Sie machen aus dem Bauernleben einen Mummenschanz, lassen ihre Helden so viel Lustiges erleben, daß die Frage, wovon sie leben, gar nicht gestreift wird. Keiner sucht das Volk bei der Arbeit, auf dem Felde, bei Pflug und Egge, bei Sense, Spaten und Hacke. Sauf, Schmaus und Tanz, Raufereien und Schädelbrüche sind die einzigen Themen. Der »Schelmenroman«, der damals in der Litteratur als besondere Gattung aufkam, bietet die entsprechende Parallele. Auch die Typen berühren seltsam. Es ist nicht anzunehmen, daß es jemals so stumpfsinnige

Bauern gab, so kurzstumpige, dicknäsige, dumpfblöde Wesen, die in halbtierischer Borniertheit hinvegetieren. Man glaubt ebenfalls nicht, daß die Bauern so anmutig und sauber waren, wie sie auf andern Bildern erscheinen, daß sie so reine Nägel hatten und mit der Zierlichkeit junger Kavaliere, die in der Tanzstunde waren, zur Musik sich drehten. Die einen machten den Bauern kunstfähig, indem sie ihm die Allüren des Salons gaben; die andern dadurch, daß sie ihn als komischen Patron behandelten, über dessen Dummheit und unflätige Roheit die gebildeten Bourgeois lachen konnten.

Den ersten Weg gingen die Vlaamen. Als *David Teniers,* durch die Erfolge der Holländer angeregt, Bauernbilder zu malen anfing, wählte er die schmucksten Burschen, die hübschesten Mädchen aus, veredelte sie noch, gab ihnen einen Anstrich von Vornehmheit, machte den Bauer auf dem Kunstmarkt beliebt, indem er ihm die Nägel glättete, seine Derbheit schmeidigte. Alle thun, was wohlerzogenen Leuten ziemt. Sie tanzen, hüpfen, singen, aber mit Anstand und Maß. So ausgedehnt das Repertoire seiner Gestalten scheint, in Wahrheit sind es wechselnde Marionetten, deren Worte niedergeschrieben, deren Gesten angegeben sind, Schauspieler in Bauernkostüm, die nie vergessen, daß das Publikum, vor dem sie auftreten, aus sehr korrekten Herren und Damen besteht.

Adriaen Ostade steht auf dem entgegengesetzten Pol. Er will Lachen hervorrufen durch die Dummheit der Typen, die Drolligkeit der Mienen und das Komische der Situation. Das Tölpelhafte, gutmütig Stupide ist seine Domäne. Mit Wirtshausraufereien und andern rüden Scenen im Sinne Brouwers beginnt er. Später macht sich das holländische Phlegma geltend, und beschauliche Bauerninterieurs treten an die Stelle der Völlereien von früher. Die Leute tollen und raufen nicht mehr, sie essen, trinken, rauchen in der Schenke. Ein Fiedler zieht durchs Dorf und lockt durch sein Spiel die Leute ans Fenster. Oder die Familie sitzt in der Weinlaube vor der Hausthür. Ein still sinnender, idyllisch friedlicher Zug geht durch seine letzten Werke. Noch auf den billigen Scherz, die Köpfe ins langnasig Klobige zu verzerren, kann er nicht verzichten.

Sein jüngerer Bruder *Isaak Ostade* ist ernster, sachlicher. Namentlich der Pferde- und Wagenverkehr vor ländlichen Wirtshäusern hat ihn beschäftigt. Reiter kommen; Bauernkarren haben Halt gemacht; Pferde werden beschlagen; Bettler lungern auf der Landstraße umher. Da er Forciertes vermeidet, den Dingen nur als schlichter Beobachter naht, stehen seine Bilder uns näher als die der andern. Denn für den Unflat und die niedrige Komik des *Cornelis Bega, Richard Brakenburgh* und *Cornelis Dusart* fehlt das Verständnis. Ihr »herzhafter Humor«, ihre zotige Hanswursterei bringt uns nicht mehr zum Lachen. Ihre Bilder zeigen, daß auf diesem Wege kein Schritt mehr möglich war. Ganz abgesehen davon, daß der urwüchsige Ton, wie er in der Halsschule geherrscht, in dem gesitteten Holland der 50er Jahre wenig Anklang mehr fand – die Maler entdeckten im Bauernleben keine neuen Züge. Das Dumme, Derbe, Rohe blieb ihr kleines Gebiet. Alle sahen im Bauern nur den gefräßigen, trunksüchtigen, raufenden Rüpel. So erstarrte das Bauernbild des 17. Jahrhunderts in schaler Komik, und erst im 19. Jahrhundert konnte, von einer neuen socialen und literarischen Bewegung getragen, eine ernste Bauernmalerei heraufziehen.

Jan Steen, der »Molière der holländischen Malerei«, hat wenigstens das Verdienst, das Stoffgebiet erweitert zu haben. Auf seinem Selbstporträt hat er sich grinsend gemalt, eine Bierkanne daneben. Dieser feuchtfröhliche Zug, ein rüpelhafter Falstaffhumor geht durch seine meisten Werke. Die Kneipe ist der Ort, wo er als Mensch und als Maler sich am liebsten bewegt. Bauern raufen sich und werfen sich die Krüge an den Kopf. Ein Betrunkener wird von seinen Kameraden nach Hause geschleppt. Ein Quacksalber bietet vor der Schenke seine Mittel aus. Ein alter Kerl macht der Kellnerin den Hof. – Aber der lustige Kneipwirt von Leyden ist nicht ausschließlich der Maler des Kneiphumors. Er malt auch Kinderfeste und Toilettenscenen, Serenaden und Hochzeiten. Das Spitze, Schalkhafte, scharf Witzige tritt an die Stelle des plump Klobigen. Zuweilen hat er sogar einen didaktisch moralisierenden Zug, schwingt als Satiriker fast wie Hogarth seine Geißel. Wie gewonnen, so zerronnen – Wie die Alten sungen, zwitschern auch die Jungen – Was nützt Licht und Brill', wenn die Eul' nicht sehen will – Hier hilft kein Doktortrank, sie ist an Liebe krank – sind bezeichnende Titel solcher Werke, durch die er diejenigen, die von einem Bilde malerische Eigenschaften verlangen, ebenso befriedigt wie diejenigen, die amüsante Erzählungen abzulesen wünschen.

Eine feinere Art der Malerei ist aber doch die, die von aller Erzählung und pointierten Charakterzeichnung absieht und das Gewicht ausschließlich auf künstlerische Qualitäten legt. Alle diese Maler waren Spaßmacher, belustigten die korrekten Mynheers, indem sie von der jovialen Liederlichkeit, dem ungehobelten Benehmen des Volkes erzählten. Die einen thaten es in Form der plumpen Schnurre, die andern waren ruhiger, gesitteter. Auf das drastisch Derbe folgte das Epigrammatische, auf den Schwank die Novelle. Aber den Ausgangspunkt bildete noch immer die Anekdote. Die Poesie des Einfachen, der Zauber des rein Malerischen war noch nicht entdeckt. Denn die holländischen Bürger vermochten nur das Gegenständliche, nicht das Künstlerische zu schätzen. Es galt, den Bourgeois zur Kunst zu erziehen. So folgen auf die Clowns die Maler. Die Themen werden gleichgültig – einfache Scenen aus dem Leben des Tages, ohne Handlung, ohne Episode – und die Schönheit der Bilder liegt im rein technischen Teil. Dort grinsen die Leute, blicken den Betrachter an und spielen ihm eine Komödienscene vor. Hier sind sie unter sich und thun nichts Interessantes: sie träumen, lesen, schreiben, musizieren, unterhalten sich. Nur aus der Farbe und dem Lichtleben entwickelt sich die Stimmung.

Erleichtert wurde diese Eroberung des rein Künstlerischen dadurch, daß einige Maler in Berührung mit den aristokratischen Kulturen kamen. Denn *Gerhard Terborg*, der an der Spitze dieser Gruppe steht, stammt wohl aus der Schule des Frans Hals. Eine schwärzlich graue Tönung, entsprechend der Skala, die Frans Hals in seinen späteren Jahren liebte, giebt schon seinen Jugendwerken – gegenüber dem Helldunkel der andern – ihre Eigenart. Um die Figuren baut er – wie es ebenfalls die Meister der Halsgruppe thaten – Totenköpfe, Stundengläser und Bücher zu ganzen Stillleben auf. Dann traten aber andere Meister in seinen Gesichtskreis ein. Ein Kavalier und unternehmender Geist, war er 1635 nach England an den Hof Karls I. gegangen, wo die Damenbildnisse des van Dyck mit ihren schillernden milchweißen Atlasroben ihn anzogen. 1648 wohnte er dem Friedensschluß in Münster bei, den er in dem Bilde der Londoner Nationalgalerie verewigte, und dieser Aufenthalt in Münster hatte die weitere Folge, daß er auf Anregung des spanischen Gesandten sein Glück in Madrid versuchte. Velasquez weilte zwar um diese Zeit in Rom, aber seine Bilder hingen im Alcazar, und die späteren Werke Terborgs zeigen, welch tiefen Eindruck Geist und Farbe des Velasquez auf ihn machte. Vornehme Herren von fast spanischer Grandezza sind auf seinen Bildnissen dargestellt, wie bei Velasquez ganz in Schwarz gekleidet, wie bei Velasquez in ganzer Figur von einer perlgrauen Wand sich abhebend. Es ist spanischer Hofstil, nur ins miniaturhaft Holländische übertragen. Ebenso hat er in seinen Genrebildern nicht nur das Gelb des großen Spaniers, sein vielbewundertes Rosa, sein duftiges Grau, sein tiefes Schwarz. Er wahrt auch eine vornehme Würde und kühle Zurückhaltung, die ihn aus der Schar der derben Holländer als eine ritterliche, fast spanische Erscheinung heraushebt.

Obwohl die Kriegszeiten vorüber waren, blieb Terborg der Maler der Soldaten, teils weil der Leutnant für den bürgerlichen Holländer Kavaliernimbus hatte, teils weil die hellen Uniformen, die Degen und Federhüte flotter Offiziere in Verbindung mit den weißen Atlaskleidern und hermelinbesetzten Sammetjacken galanter Damen so vornehme koloristische Harmonien ermöglichten. Diese Farbengedanken allein bestimmen den Inhalt der Bilder. Ein schmucker Trompeter überreicht als Postillon d'amour einen Brief, harrt auf Antwort, bringt seinem Herrn Bescheid. Die Offiziere sitzen mit den Damen in schneidigem *Tête-à-tête* zusammen. Selbst das berühmte Bild, das Goethe als »väterliche Ermahnung« beschreibt, zeigt in Wahrheit nichts als einen Herrn mit Federhut neben einer Dame in Schwarz vor einer Dame in Weiß. Rings sind gewöhnlich ganze Stillleben angehäuft: silberne Tassen, feingeschliffene Gläser, silberne Leuchter und Delfter Fayence, auch die kostbaren Erzeugnisse fremden Kunstgewerbes, die aus den Kolonien nach Holland kamen. Bildet statt der Liebe die Musik das Thema, so wird nicht gesungen und gefiedelt wie bei Ostade und Steen. Ausschließlich im Salon, in gewählter Gesellschaft spielen die Scenen sich ab. Die Laute – deren feiner Silberton gut zu dem Silberton der Bilder paßt – wird bald zu Solovorträgen, bald zu Duetten zwischen Herren und Damen verwendet. Distinguiert, kühl und gelassen sind die Worte, die man vor allen seinen Bildern gebraucht.

Nur noch einer wirkt ebenso »spanisch«: *Michael Sweerts*, der durch ein einziges, aber sehr feines Bild der Münchener Pinakothek bekannt ist. Vier Burschen stellt es dar, die in einer Wirtsstube sitzen. Doch man beachtet die Figuren kaum, man sieht nur die Harmonie schwarzer und weißgrauer Töne. Sweerts nennt sich in einigen Radierungen, die man sonst von ihm kennt, *eques et pictor*, und es ist seltsam, daß man nicht mehr von diesem ritterlichen Maler weiß.

Inhaltlos wie Terborgs sind *Pieter de Hoochs* Werke. Ein paar Personen sind im Zimmer, vor der Hausthür, im Hof, im Garten vereint. Eine Frau liest einen Brief, sitzt bei der Näharbeit oder an der Wiege, giebt einem Betteljungen ein Almofen, ordnet ihrem Töchterchen das Haar. Was den Maler fesselt, ist lediglich das Sonnenlicht, das einer goldigen Staubsäule gleich in die dämmerigen Zimmer oder in die dunklen Hofräume flutet. Besonders liebt er, um die Beleuchtungswerte zu variieren, durch mehrere Räumlichkeiten blicken zu lassen. Vorn ist etwa ein Zimmer, in das hell die Sonne scheint, und durch die geöffnete Thür blickt man in ein anderes, das noch heller beleuchtet oder von schummeriger Dämmerung durchwebt ist. Oder der Blick fällt in einen schattigen Garten, und die Straße nebenan ist von warmem Sonnenlicht durchflutet. Hooch ist in seiner traulichen Schlichtheit ein sehr feiner Meister. Man denkt nicht daran, dem Künstler ein Kompliment zu machen, aber man möchte selbst in diesen gemütlichen Zimmern sitzen, wo der Sonnenstrahl auf Diele und Truhe spielt und das Wasser leise über glimmendem Feuer summt.

Zwei Doppelgänger hatte er, die früher oft mit ihm verwechselt wurden: *Esaias Boursse* und *Johannes Janssens*. Der Unterschied von Hooch ist nur, daß die Leute, die sie malen, weniger wohlhabend sind. Die de Hoochs gehören dem behäbigen Bürgerstand an. Ihre Wohnungen haben Marmorfliese und gediegene schwere Möbel. In den Stuben der Menschen, die Boursse und Janssens malen, sieht es kahler, ärmlicher aus. Nicht mit Marmorfliesen, sondern mit roten Backsteinen ist der Boden belegt. Statt der warmen Goldtöne de Hoochs herrschen grünlich braune Farbenwerte vor.

Jan van der Meer ist der Meister hell flirrenden Sonnenlichtes. Sein Lehrer Carel Fabritius, der feine Rembrandtschüler, hatte ihn auf die Lichtmalerei gewiesen. Und die Probleme, die er sich stellt, sind wieder andere als die de Hoochs. Dieser malt ganze Zimmer mit ganzen Figuren. Das Licht flutet durch die Thür herein, alles gleichmäßig in schummerige Töne badend. van der Meer rückt die Gestalten dicht an den Bildrand und giebt sie in Halbfigur, das Zimmer nicht ganz, sondern nur einen Ausschnitt. Durch keine Thür, sondern durch ein Fenster von der Seite strömt das Licht herein. Und da die Gestalten ganz vorne sitzen, bleiben sie im Dunkel, während Mittel- und Hintergrund in hellem Sonnenlicht flimmern. Auch die Farbenskala ist anders. Während Hoochs Bilder auf dunkles Rot gestimmt sind, liebt Vermeer ein helles mondscheinduftiges Blau und zartes Citrongelb. Eine Landkarte in schwarzprofiliertem Rahmen ist gewöhnlich an der Wand befestigt, auf deren feinem Perlgrau sie einen pikanten weißschwarzen Farbenfleck bildet.

Nicolas Koedijk, Pieter van Slingeland, Quirin Brekelenkam, Jacob Ochterveld und *Nicolas Verkolje* wären weiter zu nennen. Und *Gabriel Metsu* faßt alles zusammen. Die Terborgschen Themen – Damen bei der Toilette, Offiziere, Trompeter und musikalische Unterhaltungen – wechseln mit den Steenschen Doktorvisiten, mit Fisch- und Gemüsemärkten. Obwohl seine Thätigkeit wenige Jahre umfaßte, hat er das ganze holländische Leben, das des Volkes und der vornehmen Kreise, illustriert.

2. Die Landschafter

Ebenso beliebt wie Genrebilder waren Tierstücke. Denn die Viehzucht spielte in Holland eine große Rolle. Noch heute gleicht das Land einem großen Bauernhof. Ueber Thäler und Hügel ist ein weicher Rasenteppich gebreitet. Klee- und Gemüsefelder, herrliche Wiesen dehnen sich aus. Ueberall sind Weideplätze, von Hecken umgeben. Fette Ochsen, Schafe, so weiß, als kämen sie frisch aus der Wäsche, liegen im Grase. *Paul Potter* steht an der Spitze dieser Tiermaler. Mit holländischer Sachlichkeit hat er die gewaltigen braunen Fleischmassen, den langsamen schweren Tritt der Rinder gemalt. Holländischer Rinder, denn keine Leidenschaften, keine Kämpfe, keine Bewegung kennen diese Tiere. Sie kauen phlegmatisch, liegen in behäbiger Ruhe da. Rings ziehen die saftig grünen Wiese sich hin, und darüber spannt sich ein großer Himmel, der sich am Horizont unmerklich ins Meer verliert. *Adrien van de Velde* ist beweglicher, koketter, hat weniger Kraft und mehr Grazie. Statt der hellgrünen Frühlingstöne Potters herrscht bei ihm ein goldiges Helldunkel. Das Rind, bei Potter die Hauptsache, ist bei ihm nur ein Teil der Landschaft.

Mit Pferdebildern hatte in der ersten Hälfte des Jahrhunderts *Gerrit Bleeker* begonnen. Dann kamen *Palamedes Palamedesz*, der Kavalleriescharmützel von stürmischer Bewegung darstellte, und *Pieter van Laar,* ein gesunder kraftvoller Meister, der in der Umgebung Roms, vor verfallenen Schmieden und Osterien hübsche Dinge zu malen fand. Der geschmeidig elegante *Philips Wouwerman* ist am bekanntesten. Soldaten, die ihre Pferde beschlagen lassen, Zigeuner und Marketender, Herren und Damen, die hoch zu Roß auf die Hirschjagd oder zur Falkenbeize ziehen, vornehme Jagdgesellschaften beim Frühstück, Kavaliere in der Reitschule – das ist der Inhalt seiner Bilder. Geistreich und chevaleresk ist die Ausführung. Einen Schimmel setzt er gewöhnlich als pikanten weißen Farbenfleck in den Vordergrund. Das Geflügel fand seinen Specialisten in *Melchior Hondekoeter,* von dem Hühnerhöfe, Truthahne, Pfauen und Enten in allen Galerien vorkommen. Die Landschafter gingen auf dem Wege weiter, den Esaias van de Velde und Herkules Seghers beschritten. Noch diese Meister hatten auf die figürliche Staffage – Reiter, Angler, Spaziergänger, Schlittschuhläufer – schwer verzichten können, da das Publikum einen gegenständlichen Inhalt forderte. Jetzt verschwinden die figürlichen Elemente und die Landschaft wird zum selbständigen Kunstobjekt erhoben. Zur selben Zeit, als Spinoza die Göttlichkeit des Alls verkündete, feierte die Landschaftsmalerei ihre ersten Triumphe.

Koloristisch unterscheiden sich die holländischen Landschaften von allen früheren dadurch, daß statt der Farbenschönheit hier die »Tonschönheit« herrscht: eine Eigentümlichkeit, die sich teilweise aus der nebligen, alle Farben dämpfenden Atmosphäre Hollands, teils aus der Reaktion gegen die Brueghelschule erklärt. Das höchste Ziel dieser vlämischen Meister war eine frische farbenfrohe Buntheit. Indem sie die drei Töne braun, grün und blau für Vorder-, Mittel- und Hintergrund einführten, verwandelten sie die Natur in eine schimmernde, von verschiedenfarbigem Licht beleuchtete Bühne, und inmitten dieser bunten Coulissen trieben bunte Figürchen und schillernde Tiere sich umher. In den holländischen Bildern sind alle farbigen Gegensätze, überhaupt alle ausgesprochenen Farben vermieden. Das helle Grün der Bäume, wie das Blau des Himmels und die Farbe der Staffage – alles ist einem dunkeln, gewöhnlich bräunlichen Gesamtton untergeordnet. Die Farbenanschauung, die an kleinen Interieurbildern sich entwickelt hatte, ist auch für die Landschaft maßgebend.

Jan van Goyen, der erste der Gruppe, ist an der Meeresküste, der Zuydersee, den Ufern der Maas zu Hause. Flüsse mit träg hinrollenden Wogen, mit Booten, die lautlos zum Meere gleiten, mit Fischern, die ihre Netze ans Land ziehen, sind seine gewöhnlichen Themen. Das dunstige feuchtigkeit-durchtränkte Braun ist für ihn besonders bezeichnend. *Salomon Ruysdael* wirkt ein wenig farbiger. Namentlich das Laub ist nicht graubraun, sondern gelbgrün getönt. Schlammige Gewässer, in denen sein Lieblingsbaum, die Weide sich spiegelt, kehren am häufigsten in seinen Bildern wieder.

Sein Neffe und Schüler *Jakob Ruysdael* wird mit Recht als größter holländischer Landschafter gefeiert. Eine vornehme Galerieschönheit ist allen seinen Bildern eigen. Zugleich ist er vielseitiger als die andern, hat alles gemalt, was seine Heimat ihm bot: hundertjährige Eichen und Hügel mit Haidekraut, Sümpfe und stehende Gewässer, tiefschattige Wälder, in denen Herden weiden, wilde Wasserfälle, die durch finstre Tannen brausen. Man kann sogar verfolgen, wie in Ruysdaels Bildern die Lebensschicksale des Meisters sich spiegeln. Denn mit Hals und Rembrandt gehörte Ruysdael zu den Künstlern, die von ihrer Zeit nicht verstanden wurden. Einsam, unter Sorgen, verlebte er die letzten Jahre, um schließlich im Hospital zu enden. Von diesen trüben Erfahrungen scheinen seine Bilder zu erzählen. Still und friedlich beginnt er. Er malt die Dünen in der Umgebung Amsterdams, Ziegeldächer, Felder, Gebüsch, die weite Ebene, die unter silbergrauem hellem Himmel daliegt. Dann folgt die Zeit der ruhigen selbstbewußten Kraft. Gewaltige breitstämmige Eichen, die jedem Sturme trotzen, recken ihre mächtigen Aeste gen Himmel. Dann die Zeit des Kampfes, der zerstörten Hoffnungen. Scenerien der Zerstörung, eine geängstigte Natur, die Verheerungen der Elemente malt er. Kohlschwarze Wetterwolken, durch deren Dunkel fahle Blitze zucken, ballen sich am Himmel zusammen. Strömender Regen klatscht auf die Ruinen einer Kirche nieder. Wasserfälle schäumen über Klippen aus einsamem Waldesdunkel hervor, Felsen und geborstene Tannen mit sich fortreißend. Oder der Sturm schüttelt die Wipfel kahler verdorrter Bäume. Kleine Fischerhütten sind von brandenden Wogen umtost, und losgerissene Steine zerschellen unter schrillem Getöse am Ufer. Schließlich die Zeit der Einsamkeit, der schwermütigen Ergebung. In das Dunkel menschenfernen Waldes führt er. Eine weiße Schneedecke liegt wie ein Leichenmantel über der Erde. In düsterem Braun wölbt sich der Himmel über verwitterten Grabmälern. Ein müder Bergbach sucht sich durch geborstene Leichensteine seinen Weg.

Auch *Meindert Hobbema* hätte als Maler nicht leben können. Darum nahm er die Stelle eines Steuereinnehmers an, die ihn vor Not schützte. Anspruchslos, mit wenigem zufrieden, als glücklicher Familienvater lebte er. Dieses Anspruchslose, Heitere, Zufriedene spiegelt seine Kunst. Keine brausenden Wogen und drohenden Wolken, keine finsteren Tannen und melancholischen Ruinen giebt es. Es giebt nur Bauernhäuser, Mühlen und ruhige Bächlein, nur Wiesen und Laubgehölz. In idyllisch behaglichem Frieden, in sonniger Heiterkeit liegt die Erde da. Alleen malt er, die zu stillen Dörfchen führen, lauschige Feldwege, die sich ins Grüne verlieren, Weiher, wo schnatternde Enten baden und Wasserlilien ihre Köpfe erheben. Rote Ziegeldächer lauschen hinter den Bäumen hervor. In schattiger Waldeskühle plätschert eine Mühle und Sonnenstrahlen huschen durch das Laubwerk. Auch dadurch unterscheidet er sich von Ruysdael, daß die Natur bei ihm etwas Geselliges, Freundliches hat. Ruysdael, der Einsame, malte die Einsamkeit: Friedhöfe, Urwälder, dickes undurchdringliches Gestrüpp. Bei Hobbema verraten die schaukelnden Kähne am Ufer, daß Fischer in der Nähe sind. Der Rauch, der leise aus friedlichen Hütten aufsteigt, erzählt von den Menschen, die drinnen wohnen. In einem kühlen Grunde, da geht ein Mühlenrad – dieser Vers umschreibt den Charakter seiner idyllischen, harmlos freundlichen Kunst.

Auch von den andern hatte jeder eine Landschaft und eine Stunde, die zu seinem Empfinden am vernehmlichsten sprach. Echt holländisch ist, wie sie ihrem ruhigen Temperamente folgen, ohne Bedürfnis nach Abwechslung stets die nämlichen Dinge wiederholen. Ein gelbsandiger Fahrweg mit einem alten von Wucherpflanzen umsponnenen Baumstumpf, daneben ein gefällter Stamm und auf der anderen Seite die Aussicht auf sandige Hügel – das ist der stets wiederkehrende Inhalt der Landschaften des *Jan Wynants*. *Albert Cuyp* ist der Maler des Himmels. Wie ein brauner Kupferblock unter rotglühender Stahlkuppel liegt die Erde da. Mag er weidendes Vieh oder Lagerscenen malen, die Hauptsache ist nicht die Landschaft, sondern der gewaltige Himmelsdom, der in purpurnem Glanze sich darüber wölbt. Als der Maler der Dämmerung und der Nacht ist *van der Neer* berühmt. Er malt Schlittschuhläufer, die an nebligem Winternachmittag sich auf dem Eis ergehen, Feuersbrünste, die das Dunkel der Nacht durchzucken, noch öfter das Mondlicht, das braunrot über einsame Dünen sich breitet. Das Auge der Holländer war so auf Braun gestimmt, daß selbst der Mondschein den Malern nicht als Silberlicht in bläulichem Dämmer, sondern als Goldlicht in tiefwarmem Tone erschien. *Antonis Waterloo*, der Meister der Waldlichtungen, und *Jan Beerstraten*, der Meister der Schneelandschaften, wären weiter zu nennen, ohne daß damit die Liste der Landschafter erschöpft ist. Das ganze Land scheint unter die Maler verteilt. Jeder hat sein Stück Feld, das er schlecht und recht verwaltet.

Nachdem Holland verarbeitet war, wurde das Ausland erobert. Durch das stoffliche Interesse suchte man den Bildern neue Anziehungskraft zu geben. *Allart Everdingen* wurde der Maler Norwegens. Er hatte auf Wanderungen in den skandinavischen Gebirgen seine Mappen mit Studienblättern gefüllt, die er in Harlem und Amsterdam zu Bildern verwertete. Mehr der Neuheit dieses Stoffgebietes als künstlerischen Qualitäten dankt er seinen Ruhm. Denn im Grunde ist er ein Deklamator, der stark in Hyperbeln spricht. Düstere Fichten stehen auf steilaufragenden Klippen, über die ein Gießbach schäumend dahinbraust. Verwetterte Ruinen ragen auf spitzen Berggipfeln empor. Die wilde Landschaft Norwegens sollte noch gewaltiger, noch lärmender wirken, als sie in Wahrheit ist. Darum schiebt er Felsen und Wasserfälle zu unglaublichen Kompositionen zusammen. Und da er zeitlebens von den Studien zehrte, die er in seiner Jugend gemacht, sind seine letzten Bilder nur schematische Wiederholungen.

Hermann Saftleven schilderte das Rheinthal. *Frans Vost*, der 1637 mit dem Grafen Moritz von Nassau eine Fahrt nach Brasilien gemacht hatte, brachte südamerikanische Landschaften mit braunen halbnackten Menschen, weißen Zelten, Palmen und tropischem Sonnenlicht – Bilder, die ebensogut in die Zeit Bellermanns und Eduard Hildebrandts wie in das 17. Jahrhundert gehören könnten. Doch Italien besonders wurde wieder das gelobte Land. *Jan Both, Hermann Swanefeld, Nicolas Berchem, Hendrik Mommers, Karel Dujardin, Johannes Lingelbach, Jan Asselyn, Adam Pynacker, Jan Griffier* und viele andere traten von neuem die Wanderung nach dem Süden an, malten die ernsten Linien und das glühende Licht der Campagna. Daß der Inhalt der Bilder von ermüdender Gleichförmigkeit ist, erklärt sich wie bei Everdingen daraus, daß der Inhalt ihrer Studienmappen sich rasch erschöpfte. Römische Bauern, bekleidet mit Ziegenfellen, Bäuerinnen, quer auf dem Esel reitend, Schafhirten, Maultiertreiber, Briganten und Dudelsackbläser, dazu im Hintergrund eine altrömische Wasserleitung, eine gebrochene Marmorsäule, ein Tempel und das Fragment einer Statue – aus diesen Versatzstücken bauen sie ihre Landschaften auf, wie Mathematiker, die die Wandlungsfähigkeit einer Zahlenreihe erproben.

Daß neben der Landschaft die Marinemalerei beliebt war, versteht sich von selbst bei der Bedeutung, die das Meer für die Holländer hatte. *Simon de Vlieger, Villem van de Velde, Reynier Nooms, Abraham Storck* und *Ludolf Bakhuyzen* sind auf diesem Gebiete die bekanntesten Namen. Besondere Feinheiten darf man in ihren Werken nicht suchen. Das Ruhelose der Wellenbewegung und die Spiegelung des Wassers wiederzugeben gelang ihnen nicht. Ueberhaupt denken sie an das Stimmungselement weit weniger als an die Schiffe. Ihr Ziel ist, die sachverständigen Amsterdamer Kaufmannskreise zufrieden zu stellen. Darum betrachten sie das Schiff mit dem Auge des Rheders, der nachsieht, ob jeder Mast, jede Planke richtig sitzt; die See mit dem Auge des Kapitäns, der ausrechnet, ob man eine Ueberfahrt machen kann.

Jacob Berckheyde und *Emanuel de Witte* malten das Innere der weißgetünchten reformierten Kirchen, mit dem Licht, das durch die hohen Glasfenster strömt, und den Andächtigen, die betend die Räume füllen. *Gerrit Berckheyde* und *Jan van der Heyden* sind die Maler der holländischen Straßen mit den roten Backsteinhäusern, den Grachten, Kanälen und gradlinigen Baumreihen. Wird der Name Weenix genannt, so ist zwischen Jan Baptista Weenix, dem Vater, und Jan Weenix, dem Sohn, zu unterscheiden. *Jan Baptista Weenix* lebte vier Jahre in Italien und malte gewöhnlich Campagnabilder mit Hirten und antiken Ruinen. Der Name *Jan Weenix* ist untrennbar von dem Begriff des toten Hasen. Um dieses sein Specialtier häuft er tote Pfauen, Schwäne, Fasanen, Rebhühner, Enten, Jagdmesser und Flinten. Links bildet eine große Vase oder ein rotbrauner Vorhang, rechts eine Parkansicht den Hintergrund.

Die Zahl der »Frühstücksmaler« ist unerschöpflich. *Abraham Beijeren*, der Früchte, Austern, Hummern und Gläser, *Marten Simons*, der Rebhühner, *Jacob Gillig*, der Fische, *Willem Kalf*, der Pokale, Bücher und Muscheln malte, seien aus der Masse hervorgehoben. Und da Holland das Land der Blumenzucht ist, fanden auch die Blumenmaler *Jan* und *Cornelis de Heem, Jan Huysum* und *Rachel Ruysch* ausgiebige Beschäftigung. Der eine achtet mehr auf Farbenharmonie, der andere auf botanische Genauigkeit, der dritte imponiert seinen Bestellern dadurch, daß er

283

auf den Blumen noch kleine Käfer anbringt, die sie unter der Lupe betrachten können. Es ist bei den holländischen Malern ebenso schwer, eine Auswahl zu treffen wie die einzelnen zu kennzeichnen. Die merkwürdigste Familienähnlichkeit vereint sie. Eine Technik, die an sich schon Kunst ist, weiß das Geringste mit malerischem Zauber zu umkleiden.

3. Hofluft

Trotzdem bleibt nicht verborgen, daß die holländische Produktion seit 1650 mehr in die Breite als in die Tiefe ging. Große kräftige Meister sind nicht mehr thätig, und den wenigen, die in die spätere Zeit hinüberleben, erging es ebenso wie Hals und Rembrandt. Die Vorsichtigen suchten neben der Malerei einen andern Erwerbszweig. Goyen spekulierte mit alten Bildern, mit Tulpen und Häusern; Jan Steen, sein Schwiegersohn, pachtete eine Kneipe; Hobbema wurde Steuereinnehmer, Pieter de Hooch Verwalter; Jan van de Capelle betrieb eine Färberei, Adriaen van de Velde einen Leinwandladen. Andere wie Ruysdael kamen ins Hospital oder stehen auf der Liste der Zahlungsunfähigen – gerade diejenigen, die Leben, Geist und Bewegung in das eintönige Schaffen brachten.

Holland war, nachdem es der Hort der Freiheit gewesen, im Laufe der Jahre ein spießbürgerliches Krämerland geworden. Ausgestorben war das zähe Geschlecht der großen Staatsmänner, Seehelden und Koloniengründer, und eine Generation reicher Banquiers war an ihre Stelle getreten, die auch der Kunst die pedantischen Prinzipien aufdrängten, die den Inhalt *ihrer* Lebensphilosophie bildeten. Ebenso korrekt wie die Mynheers dahinleben, ebenso sauber und staubfrei wie die holländischen Stuben müssen die Bilder sein. Es ist so hübsch, wenn man eine Lupe zur Hand nehmen und durch das Vergrößerungsglas noch Dinge entdecken kann, die das bloße Auge nicht sieht. Das Ergebnis dieser Aesthetik war jene geistlose, aufs äußerste durchgeführte, glatte, geleckte Malerei, die in *Gerhard Dou* ihren ersten Vertreter hat.

Dou war der Stolz seiner Nation, der bestbezahlte Maler seiner Zeit. Die Accuratesse seiner Pinselführung imponierte ebenso sehr, wie die Genialität des Hals Aergernis erregte. Als die ostindische Compagnie den König Karl II. zu seiner Rückkehr nach England beglückwünschte, kaufte sie zu einem Meissonierpreis ein Bild von Dou und machte es dem König zum Geschenk. Ein Banquier zahlte jährlich 1000 Gulden, um sich das Vorkaufsrecht Dou'scher Bilder zu sichern. In allen Museen kommen sie vor, die verschiedensten Dinge stellen sie dar, und die philisterhafte Trockenheit ist stets die gleiche. Da sind Bildnisse, in denen jede Hautfalte und jede Runzel, an den Pelzen und Mänteln jedes Härchen und jede Faser mit mikroskopischer Genauigkeit – nicht im Sinne der Primitiven, sondern im Sinne pedantischen Philistertums – facsimiliert ist. Dann jene Halbfiguren in der Fensternische, die sein eigentliches Steckenpferd waren. Man sieht ein Fenster, aus dem eine Magd hervorlacht, ein anderes, wo eine Dame Toilette macht, ein drittes mit einem Mädchen, das die Blumen begießt, wieder eines mit einem Alten, der die Pfeife raucht, oder einer runzlichen Mutter, die bei der Näharbeit sitzt. Rings vereinigt er all die Dinge, auf deren blitzblankes Funkeln die holländischen Hausfrauen Wert legten: Kannen, Schüsseln, Gläser, Töpfe und Kessel, vergißt auch die Werkzeuge nicht, mit denen diese Sauberkeit erzielt wurde: Besen, Lappen und Bürsten. An den gemusterten Kleidern ist deutlich das Gewebe zu erkennen. Bei den Büchern versäumt er nicht, den Druck so genau wiederzugeben, daß man mit der Lupe ihn lesen kann. Statt des Fensters bildet zuweilen eine Felsenhöhle die Umrahmung und darin sitzen Einsiedler, erstens, weil solche alten Männer viele Runzeln haben, zweitens, weil die dazu gehörigen Kruzifixe, Totenköpfe, Sanduhren und Strohbündel Gelegenheit zu sauberer Kleinmalerei geben. Um diese Feinheit der Ausführung noch mehr ins Licht zu setzen, nimmt er zuweilen auch Kerzenbeleuchtung zu Hilfe. Man sieht eine Magd, die mit brennendem Licht in die Speisekammer tritt, eine Kuchenbäckerin, die mit brennender Kerze ihre Waaren beleuchtet. Kleine Scherze, die Stoff zum Lachen geben: eine Waffelbäckerin, die ihren Sprößling säubert, eine Maus, die in eine reinliche Stube sich verirrt hat – werden ebenfalls nicht verschmäht. Es ist eine witzlose, verknöcherte, öde Kunst, von keinem Gedanken erwärmt, von keiner Idee durchzittert. Es lebt in Dou die Seele jenes Holland, das Rembrandt, dem einzigen »Fliegenden Holländer« die Flügel beschnitt und Hals verhungern ließ.

Frans van Mieris unterscheidet sich von Dou nur dadurch, daß der Inhalt seiner Bilder noch salonfähiger ist. Junge Damen, die beim Austernfrühstück sitzen, mit einem Papagei oder einem Schoßhündchen tändeln, die Laute spielen oder sich im Spiegel betrachten, sind die gewöhnlichen Themen. Mit derselben Sauberkeit wie bei Dou die wollenen Jacken sind bei Mieris die schillernden Seidenkleider, die Federhüte, Perlenhalsbänder und Hermelinpelze gemalt. *Willem Mieris, Eglon van der Neer, Caspar Netscher* und *Gottfried Schalcken* liefern weitere Varianten solch kleinlicher Stoffmalerei. Man bemerkt zugleich, wie zu der glatten Mache eine fade Grazie tritt, etwas Rosiges, Süßliches, banal Hübsches, das die Köpfe dem Niobetypus nähert. Säulen und Reliefe, die mit dem Gegenstand nichts zu thun haben, werden überall angebracht. Schließlich änderten sich dem Beiwerk zu liebe die Stoffe selbst. Hatte man anfangs während der Flitterwochen des jungen Holland sich an kecken Bauernbildern, an Musikanten und Zahnreißern, an Quacksalbern und Rattenfängern gefreut, dann zur Zeit der Deftigkeit sich gelabt, wenn Don einen Zinnkrug und einen Blumentopf, eine Majolikaschüssel und einen Besenstiel recht naturgetreu malte, so kamen nunmehr tändelnde Schäferscenen, bukolische Hirtenstücke von gezierter Eleganz in Mode. Die Kunst, erst derb und kräftig, dann verknöchert kleinlich, wird nun süßlich affektiert. Und die Bildnisse erklären, weshalb sie diese Wandlung durchmachte.

Steifnackige Demokraten, knorrige Plebejer sind auf den ältesten dargestellt. Behäbige Hausbesitzer, protzige Geldmenschen sind die Söhne. Die Enkel schämen sich ihres bürgerlichen Blutes und spielen den Edelmann, suchen ihren früheren Tyrannen ihre vornehmen Allüren abzusehen. In theatralischer Pose, einen bauschigen Cavaliersmantel um die Schultern gelegt, mit der weißen Hand kokettierend, die Brust mit goldener Kette geschmückt, stehen sie da. Parfümiert sind sie, damit sie nicht nach Heringen riechen. Byzantinisch dankbar beugen sie den Nacken, wenn ihnen ein auswärtiger Potentat einen Hoftitel oder die Ritterwürde giebt. Die Damen sind keine Köchinnen mehr, sondern lächeln diskret hinter dem Fächer hervor. Bücher erscheinen, die über vornehmes Gesellschaftsleben unterrichten. Höfe, heißt es da, sind der Sitz der feinen Kultur. Nur indem die jungen Leute auf Reisen gehen, können sie die Eleganz und den Schliff, die Gewandtheit und Anmut sich aneignen, die den Hofmann vor dem Bürgerlichen auszeichnet. Selbst im Briefstil und der Litteratur läßt sich das Hervortreten des höfischen Elementes beobachten. Anfangs derb und formlos, redet man sich jetzt mit schwülstigen Titeln an. Auf der Bühne, die früher Brederoos Volksstücke gab, werden die »erhabenen Schicksale durchlauchtiger Personen« gefeiert.

Diesem Weg vom Bürgerlichen zum Fürstlichen folgt auch die Kunst. Die ersten Symptome kann man schon darin sehen, daß Terborch den spanischen Hofstil auf das holländische Porträt übertrug, den biederen Kaufherren von Deventer das stolze Phlegma spanischer Granden gab. Sweerts unterschrieb sich *eques*. Wouwerman malte Banquierssöhne, die sich duellieren und wie ritterliche Junker mit ihren Namen zur Falkenbeize ausreiten. Weenix, Hondekoeter und de Heem behandelten ihre Stillleben so, als seien sie nicht für Bürgerhäuser, sondern für Königschlösser bestimmt. Nun ging die Bewegung überhaupt ins rauschend Dekorative oder geziert Schöngeistige über. Der Bourgeois prunkt mit klassischer Bildung. Selbst der Katholizismus, den man einst bekämpft, findet als die »Religion der Vornehmen« wieder Anhänger.

Gérard de Lairesse in seinem Schilderboek sprach das Wort, das allen auf den Lippen lag. Er verspottet Hals, der bei »Fisch- und Apfelweibern das Schöne gesucht«, und verlangt vom Künstler, daß er sich aneigne, was »die feine Welt einen guten Geschmack nennt«. Dieser gute Geschmack aber ist der französische Hofstil. Denn Lebrun wird für den größten aller Maler erklärt und den Landschaftern empfohlen Bilder zu malen mit »geraden Bäumen, stattlichen Palästen und zierlichen Fontänen«: also Landschaften im Stile Lenôtres. Sowohl die Besteller wie die Maler waren Cavaliere geworden, darum galt es, auch die Kunst zu »veredeln«, den großen Stil zu schaffen, den die Antike, den das Cinquecento lehrte.

Diesem Bedürfnis entsprach der Ritter *Adriaen van der Werff*, indem er mit dem zierlichen Pinsel des Mieris – klassisch korrekt und akademisch kühl – Stoffe der Historienmalerei behandelte, jene biblischen und mythologischen Themen, die zur Zeit der aristokratischen Kunstpflege beliebt waren. Ein Sohn des demokratischen, protestantischen Holland, geadelt, malt für einen katholischen Kurfürsten, dessen Hofmaler er ist, die Mysterien der katholischen Kirche. Damit endet die Tragikomödie des ersten Auftretens der Bourgeoisie. Unterdessen hatte die französische Invasion 1672 auch die Weltstellung des holländischen Staates vernichtet. Bürgertum und bürgerliche Kunst beugten sich wieder dem Scepter des Monarchismus.

II. Die aristokratische Kunst Frankreichs.

4. Das Zeitalter Ludwigs XIV

Frankreich hatte in der ersten Hälfte des 17. Jahrhunderts noch keine einheimische Kunst. Die großen Maler wie Poussin und Claude leben in Rom. Die wenigen in Paris thätigen reflektieren nur die verschiedenen im Ausland herrschenden Richtungen.

Simon Vouet hatte während seines 15jährigen Aufenthaltes in Italien an Guido Reni sich angeschlossen und arbeitete, 1627 nach Frankreich zurückgekehrt, in diesem bolognesischen Stile weiter.

Louis Le Nain scheint mit der Frans Halsschule zusammen zu hängen und überrascht durch die ernste Sachlichkeit, mit der er das Volksleben schildert. Das erste der Bilder, die der Louvre von ihm besitzt, heißt »die Familie des Schmieds«. Ein Mann am Ambos hält einen Augenblick in der Arbeit inne. Frau und Kinder folgen seinem Blick, als ob sich die Thür öffne und ein Besuch ins Zimmer trete. Auf dem zweiten Bild sitzt eine Bauernfamilie bei der Mahlzeit: vorn der Mann, eine wollene Mütze auf dem Kopf, das Glas andächtig an die Lippen führend, neben ihm die Frau, die müde von der Arbeit vor sich hinblickt. Das dritte Werk, die Rückkehr vom Felde, ist auch farbig merkwürdig. Denn kein braunes Licht, sondern der einfache graue Tageston ist über die Landschaft gebreitet. Während die andern damals lustige Episoden aus dem Bauernleben herausgriffen, es karikierend im Sinne der Bambocciade behandelten, hat Le Nain schlichte, ganz modern anmutende Arbeiterbilder geschaffen.

Philippe de Champaigne, geborener Vlaame, ist teils durch Kirchenbilder, teils durch Porträts bekannt. Namentlich die Gelehrtenwelt und die jansenistische Geistlichkeit saß ihm zu Bildnissen. Und dieser Geist des Jansenismus giebt seinen Kirchenbildern etwas Kühles, Nüchternes, asketisch Herbes. Nonnen in faltigen, weißwollenen Gewändern, das Ordenskreuz auf der Brust, den Schleier über dem Haupt, sitzen betend in einfachen Zellen. Auf dem Rohrstuhl liegt die Bibel, ein hölzernes Kruzifix hängt an der Wand. Gelbliche, schwarze und braune Farbentöne steigern noch die düstere Stimmung.

Eustache Le Sueur hat in ähnlichem Sinne das Mönchsleben gemalt. Seine Bilder aus dem Leben des heiligen Bruno haben nicht die Kraft, den Gleichgültigen anzuhalten, der durch die Säle des Louvre schreitet; aber ist man stehen geblieben, fühlt man den Zauber dieser scheuen weltflüchtigen Kunst. Es ist in dem einsamen stillen Raum, als sei eine Kirche mitten ins Museum gebaut, oder als ob man die weiche ruhige Luft einer Klosterzelle atme. Ernst und schlicht sind die Kompositionen, einfach und phrasenlos Haltung und Gesten; auf braune oder grünlich bleiche Harmonien sind alle Farben gestimmt. Als hätte er selbst wie Sankt Bruno das Gelübde der Armut und Niedrigkeit abgelegt, meidet Le Sueur mit mönchischer Entsagung alles, was das Auge reizt, die Sinne bestrickt. Ein Malermönch wie Fra Angelico scheint die Werke geschaffen zu haben, und man versteht, daß die Gestalt dieses Mannes, der so still dahin lebte und so jung – mit 38 Jahren – starb, früh vom Schleier der Legende umwoben ward. Wie Memling, heißt es, hätte er als junger Mensch sich in eine Nonne verliebt und sei zum Melancholiker geworden, der als Mönch im Kloster der Karthäuser endete.

So einseitig Le Sueur, so charakterlos vielseitig ist *Sebastien Bourdon*. Wie er als Abenteurer begann und als Akademiker endete, bald in Rom, bald in Paris und Schweden arbeitete, taucht er auch als Maler proteusartig in den verschiedensten Masken auf. Es giebt dekorative Bilder von ihm, die aus der Carraccischule stammen könnten, und religiöse, in denen er klassisch streng wie Poussin sich giebt. Doch daneben hat er Bildnisse gemalt, wie das des Descartes, und Volksstücke, Zigeuner und Bettler, die seinen Zusammenhang mit der Caravaggioschule zeigen.

Salvator Rosa und Michelangelo Cerquozzi erhielten in *Jacques Courtois* genannt Le Bourguignon ihr Gegenstück. Ein dunkler, von grellgelben Wolken durchzogener Himmel, Staub und Pulver, kämpfende Landsknechte – das ist gewöhnlich der Inhalt seiner Bilder.

Frankreich hatte einige große Persönlichkeiten, die aber eine »französische Schule« um so weniger bildeten, als die führenden Geister nicht in Paris, sondern in Rom arbeiteten. Damit die französische Kunst ein Ganzes werde, mußte der Schwerpunkt der Kunstthätigkeit von Rom nach Paris verlegt, ein gemeinsames Arbeitsfeld den Künstlern eröffnet werden. Diese Zeit brach mit Ludwig XIV. an.

Die Franzosen nennen dieses Zeitalter le grand Siècle, und sofern man unter groß grandios versteht, ist die Bezeichnung berechtigt. Kein Herrscher der Welt machte in großartigerem Maßstabe die Kunst sich dienstbar. Keiner hat dermaßen mit Pomp und Pracht sich umkleidet, Ludwig ist ein Bauherr par excellence. Wie Augustus von sich sagen durfte, daß er seine Residenz aus Stuck und Kalk als eine Stadt aus Stein und Erz hinterlassen habe, stampfte Ludwig – nicht in Paris, aber in Versailles – aus sandigem Erdreich Feenpaläste hervor. Und da alle seine Bauwerke auch malerischen Schmuck erheischten, begann eine Thätigkeit, wie sie in diesem Umfang die Welt nicht gesehen. In ebenso großer Zahl wie vorher in dem kleinen Holland wachsen die Maler aus dem Boden. Frankreich, das bisher seinen Kunstbedarf meist aus dem Ausland, aus Italien und den Niederlanden bezogen, versorgt nun seinerseits die europäischen Höfe mit Kunst und mit Künstlern.

Stößt man in den Galerien auf Werke dieser Meister, die dem Zeitalter Ludwigs XIV. das Gepräge gaben, so wird man sie mehr kolossal als fein, mehr bombastisch als vornehm finden. Da ist *van der Meulen*, der die militärische Laufbahn Ludwigs XIV., seine Feldzüge, Belagerungen, Paraden und feierlichen Einzüge in Riesenbildern verewigte; *Alexandre Desportes*, der dafür angestellt war, die Jagdhunde des großen Königs zu porträtieren, und *Jean Baptiste Monnoyer*, unter dessen Händen selbst die Blume etwas sehr Feierliches, Steifes, Repräsentierendes wurde. Da sind *Lebrun, Coypel, Blanchard, Audran, Houasse, Jouvenet* – wie manieriert und gespreizt, pompös und aufgeblasen erscheinen ihre Werke. Nichts kann abgehen ohne großen Apparat. Die Säulen müssen sich drehen, der Sammet muß sich bauschen. Wie die »*Précieuses ridicules*« scheinen sie sich Mühe zu geben, das Einfachste affektiert, in phrasenhaftem Schwulst zu sagen. Biblische Bilder enthalten stets die nämlichen theatralischen Köpfe und hohl deklamierenden Gesten. Bei antiken Stoffen ist immer die gleiche Römertragödie in monoton schwülstiger Alexandrinern vorgetragen.

Noch inmitten dieser blendenden Historien hängen auch die Bildnisse von *Rigaud* und *Largillière*. Hier lernt man die Menschen kennen, denen die Maler dienten. In einer selbstbewußten, herausfordernden Würde, die zu erhaben ist, um lächerlich zu sein, inmitten eines pomphaften Apparates steht Ludwig XIV. da. Der Glorienschein einer Riesenperücke mit schweren gewellten Locken umfließt sein Haupt. Ein ungeheurer blausammtener, mit den goldenen Lilien bestickter Mantel umwallt ihn. Mit dicker goldener Krone ist der üppig prunkende Rahmen geschmückt. Velasquez, van Dyck, Rigaud – das sind drei Welten inmitten des höfischen Porträtstils. Die spanischen Könige wissen noch nichts von einer Welt außerhalb des Alcazars. Ihre Bildnisse sind Ahnenbilder, die sich in der königlichen Familie vererben. Die Aristokraten des van Dyck sind schon in Berührung mit der Plebs gekommen. Fein und blaß, nur mit leiser Stimme redend, werden sie nervös, wenn ein lautes rohes Wort an ihr Ohr dringt, weichen zitternd aus, wenn ihr Aermel in Gefahr ist, von einem grobklobigen Plebejer gestreift zu werden. Ludwig XIV. zeigt der Welt nicht sein blaues Blut, sondern seine königliche Macht, ist nicht, wie Karl I., Edelmann gegenüber der Plebs, sondern König gegenüber Unterthanen. Die Vornehmheit, die bei van Dyck in der blassen Gesichtsfarbe, den weißen, blaugeäderten Händen, der gebrechlichen Zartheit liegt, liegt bei Rigaud in der imposanten Pose, den wallenden Vorhängen, den Insignien des Königtums, die er ringsum anhäuft. *L'état c'est moi*. Und wie der König sind die andern. Steif repräsentierend, in gravitätischer Hoheit lassen sie sich malen, in jenen feierlichen Pas, die das Parket des Hofes verlangt. Jeder nimmt eine pomphafte Miene an und macht mit der Hand einen bedeutsamen Gestus. Alle Damen haben einen Fürstenmantel um die Schultern drapiert. Der Dichter läßt sich darstellen, wie er, von einem Königsmantel umwogt, mit heroischer Gebärde auf eine Leier sich stützt. Der Prediger hält wohl die Bibel und hebt gestikulierend die Hand. Der Kaufmann sitzt am Schreibtisch, der Astronom am Globus. Aber nicht mit ihren Gedanken sind sie beschäftigt; dem Betrachter wenden sie sich zu, repräsentierend wie der König. Wie Ludwig XIV. seine Krone, zeigen sie die Insignien ihrer Macht: die Bücher, die sie geschrieben, die Kunstwerke, die sie geschaffen, die Schiffe, die ihr Kaufhaus über die Meere sendet. Selbst wenn sie zuweilen im Schlafrock erscheinen, ist dieser Schlafrock aus blauer Seide oder aus rotem Sammet. Sogar das häusliche Leben des Privatmannes ist eine Galavorstellung, wie das Lever des Königs. Und wohlgemerkt – Rigaud und Largillière sind keine Schönredner, sie sind die unerbittlichen Geschichtschreiber ihrer Zeit. Alles und jedes, Degen und Schuhschnallen, Pelze und Spitzen, Perücken und Fächer malen sie genau nach der Natur. Wenn sie so pomphaft erscheinen, den Kothurn nie abschnallen, so kommt das nicht auf Rechnung ihrer Kunst. Sie malen so, weil die Menschen selbst so pomphaft feierlich, so gespreizt hoheitvoll waren. Es war die Zeit, als selbst in die Familie der Geist des Royalismus drang, die Kinder ihre Eltern mit »Sie«, mit Herr Vater und Frau Mutter anredeten.

Nach der Betrachtung dieser Porträts erscheinen auch die Galeriebilder Lebruns und seiner Genossen in anderem Licht. In diese Zeit paßte nicht mehr die klassische Ruhe Poussins und das stille Wesen Le Sueurs. Was die Kunst ausdrücken sollte, war Majestät, steifes Ceremoniell und repräsentierende Hoheit. Sie mußte prunkhaft blendend, bombastisch rauschend sein wie die Perioden Bossuets und die Verse Racines, mußte das Einfache mit der breiten getragenen Würde pomphafter Weitschweifigkeit umkleiden. Und namentlich: die Gemäldegalerie ist für die Werke überhaupt kein Heim, da sie nur Teile einer großen Dekorationskunst bilden.

Niemand kann sich vor dem Versailler Schloß des imposanten Eindrucks erwehren. Nicht in eine schöne Natur ist der Bau gesetzt. Die bürgerliche Anschauung, daß ein Haus dem Charakter des Bodens zu entsprechen habe, auf dem es steht, wird geflissentlich verachtet. Der König bethätigt seine Allmacht desto mehr, wenn er aus der Oede ein Paradies hervorzaubert, in sandiger, wasserloser Gegend Fontänen sprudeln läßt.

Aus einem künstlich geschaffenen Erdreich, losgelöst von der plebejischen Erde, wächst das Schloß empor. Jeder Stein predigt, daß die Majestät hier wohnt. Mächtige Treppen führen zu den weiten Sälen empor, wo es funkelt und leuchtet von goldener Pracht. Bronze- und Marmorfiguren, Hermen und Atlanten füllen Nischen und Simse oder beugen sich, dem König huldigend, vom Plafond herab. Weit wie der Horizont ist der Park, jede plebejische Umgebung dem Auge entrückend. Wohin es blickt, hat selbst die Natur ihre Hoheit abgelegt, sich dem Willen des großen Einen gebeugt. Die geradlinigen Wege, die scharf geschnittenen Laubwände, die steif feierlichen Rondele – alles bringt zum Ausdruck, wie trotzige Ungebundenheit Zucht und Regel annimmt. Kein Baum darf wachsen wie er will. Die Schere des Gärtners giebt ihm die Form, die der König befiehlt. Kein Bach darf fließen, wohin er mag, dem Willen des Königs folgend steigt er als Wassersäule gen Himmel oder strömt als Cascade weiße Marmor-Treppen hernieder. Es spricht das Königtum von Gottes Gnaden, das nicht nur die Menschen beherrscht, auch Thal und Berg, das wilde Wasser und den freien Wald der Allmacht seines Scepters unterwirft. Es spricht der Geist jenes jungen Ludwig, der 14 Jahre alt mit der Reitpeitsche im Parlament erschien. *Suprema lex regis voluntas!*

Und denkt man sich in diese Welt auch die Menschen hinein, diese Herren mit der wallenden Perücke und dem goldgestickten Rock, diese Damen mit der hohen Fontange und dem starren Seidenkleid, die in langem strahlenden Cortège über den blankgebohnten Boden schreiten, da erkennt man, wie wahr und machtvoll diese Kunst den Geist ihrer Epoche spiegelt. Keine Zeit ist dermaßen vom Begriff des »Gesamtkunstwerkes« ausgegangen. Der Louis XIV. Stil arbeitet im großen, mit Bauten und Gärten, mit Bäumen und Wasser. Der Palast mit seinen dekorierten Sälen, seinen Höfen und Treppenhäusern, seinen Parkanlagen, Casmden und Statuen – das alles zusammen ist erst *das* Kunstwerk, jedes einzelne darin nur dekoratives Element. Das darf bei der Beurteilung der Bilder nicht übersehen werden.

Wohl empfindet man in den Sälen des Schlosses zunächst nur Grausen, da der Inhalt der Gemälde, die Vergötterung eines Königs, so wenig dem Empfinden unserer Zeit entspricht. Auch wäre es verlorene Liebesmüh', hinter den Bildern die Individualität ihres Autors zu suchen. Ein Mann wie Ludwig XIV. gestattet einem andern »Individualität« so wenig wie ein Hauptmann, der seine Compagnie exerziert. Mögen die Plafonds von Blanchard oder Coypel, von Houasse, Audran oder Jouvenet sein, künstlerische Persönlichkeiten bedeuten diese Namen nicht. Alle beugen sich dem souveränen Willen des Königs von Frankreich und seines Ministers der schönen Künste. Hundert Maler verkörpern sich in einem Maler. Ludwig XIV., als oberster Kriegsherr für Architektur, Plastik, Malerei und Gartenkunst, hat zum kommandierenden General des Malerheeres Lebrun ernannt. Dieser leitet die Manöver und läßt durch Adjutanten allen übrigen seine Befehle zukommen, die sie mit gebührendem Subordinationsgeist ausführen. Das ist für psychologische Betrachtungen sehr unergiebig, Andernteils ward Versailles gerade wegen dieser einheitlichen Leitung ein so imposantes Kunstwerk, ein Werk, das eine Epoche ausdrückt, ein historisches Dokument.

Ganz erstaunlich ist die Lungenkraft Lebruns. Er hat es fertig gebracht, 50 Jahre lang im Kanzelstil Bossuets zu reden, ohne daß ihm jemals der Atem ausging. Den ganzen Olymp setzt er in Bewegung, die Macht und Weisheit seines Herrn zu preisen; alle Könige und Helden der Vergangenheit werfen sich vor Ludwig in den Staub. Da feiert er ihn unter der Chiffre Alexanders des Großen. Dort muß der Sonnengott Apollo dem Ruhme des Sonnenkönigs dienen. Dort nahen huldigend die orientalischen Monarchen Nabuchodonossor und Cyrus. In der Spiegelgalerie wird die kriegerische Laufbahn des Königs vorgetragen und mit pomphaften Allegorien – den vier Weltteilen oder den Musen, wie sie dem König huldigen – verbrämt. Nicht minder erstaunlich ist, wie Lebrun verstand die Wirkung zu steigern. Die ersten Säle sind in einfachem Weiß gehalten. Je mehr man den Gemächern des Königs sich nähert, desto mehr steigert sich der Glanz. Grüner Marmor wechselt mit Gold, tiefes Blau mit Silber. Im letzten Saal, dessen Wand das große Reiterrelief des Königs einnimmt, giebt es nur noch Gold, in breiten Massen Kamine, Thüren und Fenster überflutend. Es ist bei allem bombastischen Byzantinismus alte große Kultur. Das zeigt sich, wenn man aus den alten Teilen des Schlosses in die neuen kommt, wo Horace Vernet den Ruhm der großen Nation ebenso phrasenhaft, doch plebejisch banal besang. Seine Bilder unterscheiden sich von denen Lebruns, wie der König mit dem Regenschirm von dem Sonnenkönig.

Neben dem Schloßbau spielte in der letzten Zeit Ludwigs XIV. der Kirchenbau eine große Rolle. Denn auch der König war Mensch. Nachdem er den Becher des Lebens bis zur Neige geleert, fühlte er das Bedürfnis, sich mit Gott zu versöhnen. Frau von Maintenon beeinflußte ihn im Sinne jesuitischer Frömmigkeit. Es entstand der Invalidendom in Paris, die Notredamekirche, die Kirche Saint Louis und die Schloßkapelle in Versailles, jene Werke Mansarts, die gegenüber dem prunkvollen Barockstil des Versailler Schlosses eine Rückkehr zur strengen Klassicität bedeuten, mehr mit Palladio als Bernini gemein haben. *Noël Coypel* hatte den Invalidendom, *Charles de la Fosse* die Schloßkapelle von Versailles zu dekorieren. *Pierre Mignard*, nach dem Tode Lebruns mit der Oberleitung aller Unternehmungen betraut, schuf die Kuppelfresken der Kirche Val de Grâce. Und mögen diese Bilder noch so eklektisch, seine Madonnen noch so weichlich fad sein, er hat das Porträt der Maria Mancini, der Nichte Mazarins gemalt, unvergeßlich jedem, der in der Berliner Galerie davor stand.

Das Zeitalter Ludwigs XIV. war ein stolzes, steifes, bombastisch ruhmrednerisches Zeitalter. Nur die Galavorstellung liebte man, die bedeutsame Gebärde, den repräsentierenden Glanz. Der feierliche Pomp des Barock hat seinen Gipfel erreicht. Nach dieser Seite war ein weiterer Schritt nicht möglich. So erscheint der Louis XIV. Stil nicht nur als natürliches Produkt seiner Zeit. Er war auch die notwendige Vorstufe für das, was nun erfolgte. Man mußte erst am Wuchtigen, Imposanten sich abgesehen haben, bevor auf das Grandiose das Graziöse, auf die Deklamation die Delikatesse, auf das Erhabene das Elegante, auf das Ceremonielle das Zierliche, auf das Barock das Rokoko folgen konnte.

5. Der Geist des Rokoko

Es liegt, so erzählt die Sage, irgendwo in der Welt eine Insel, die den Namen Cythere trägt. Immer blau ist dort der Himmel, ewig blühen die Rosen. Tagsüber liegt sie still wie ein schlafendes Dornröschen da. Doch gegen Abend, wenn die Erde sich in Schweigen hüllt, herrscht auf Cythere geschäftiges Treiben. Die Amoretten beginnen ihren Dienst. Schiffe werden ausgerüstet, um die Pilger herüber zu bringen, die dort drüben am Ufer harren. Junge Herren sind es und schöne Frauen, nicht mit brauner Kutte bekleidet, sondern in Seide und Sammet, blumenumwundene Hirtenstäbe in der Hand. Und wenn sie eingestiegen sind, wenn das Boot wieder dem verzauberten Eiland sich nähert, da ist die Welt vergessen. Eine weiche, sinnliche Atmosphäre umfängt sie; die Rosen duften, die Tauben girren. Das Marmorbild Aphrodites blinkt aus grünem Gezweig hervor, und klopfenden Herzens sinken sie zu Füßen der Göttin nieder.

Dieses Werk ist das triumphierende Titelbild zur Kunst des 18. Jahrhunderts.

Als das 17. Jahrhundert begann, durchflutete der Geist einer aufgerüttelten, wilden Frömmigkeit die Welt. Man that Buße in Sack und Asche nach den humanistischen Verirrungen der Renaissance. Dann war es zum Kompromiß gekommen. Der Katholicismus der Gegenreformation, anfangs so finster drohend, trug in Flandern Sinnenfreude und Fleischeslust selbst in die Dinge des Jenseits hinein. Frankreich hatte den Pomp der Barockkunst aus der Kirche in den Palast verpflanzt. Statt den Heiligen hatte sie dem Sonnenkönig gedient. Doch schließlich endete das Jahrhundert, wie es begonnen hatte. Der *Roi Soleil* war selbst vor seiner Gottähnlichkeit erschrocken. Seine unglücklichen Kriege, seine Geldverlegenheiten, die Todesfälle in der königlichen Familie – alles stimmte ihn düster. Die lauten glänzenden Feste hörten auf. Die Mode, lustig zu sein, sei abgekommen, ist die ständige Klage, die durch die Briefe der Elisabeth Charlotte geht. Im Verein mit Frau von Maintenon giebt er Glaubensedikte, läßt Kirchen bauen und Messen lesen. Trappisten und graue Schwestern schlichen durch die Säle des einst so strahlenden Schlosses. Frankreich hatte zu Anfang des 18. Jahrhunderts mehr Klöster als Italien. 90 000 betrug die Zahl der Mönche und Nonnen, 150 000 die der Geistlichen. Große Kanzelredner wenden alle Mittel ihrer glänzenden Beredsamkeit auf, Paris zur Buße zu rufen. Eine langweilige, von oben aufgedrungene Frömmigkeit, ein pfäffischer Geist lastete auf dem Lande.

Da starb der große König und die Gesellschaft atmete auf. Kein kopfhängerisches griesgrämiges Muckertum brauchte man mehr zu heucheln, brauchte nicht mehr hinter den Fächern zu gähnen. Denn der Regent selber, Philipp von Orleans, warf als erster die Maske ab. Alle Lebenslust, bisher in einem Käfig eingeschlossen, schäumte auf. Auch das Geld war vorhanden, um alle Wünsche zu befriedigen. Solange Ludwig XIV. lebte, waren die kühnen Handelsprojekte des Spekulanten Law nur Pläne geblieben. Der Herzog von Orleans war schnell gewonnen. Eine Reihe von Aktienunternehmungen und Gründungen brachten Summen in Fluß, die einen nie dagewesenen Luxus gestatteten. Man hatte gebetet, man wollte sich freuen, man hatte sich gelangweilt, man wollte lustig sein.

Die Bildnisse zeigen, daß plötzlich eine ganz neue Menschheit auf den Schauplatz trat. Keine stolzen Generale, keine würdevollen Erzbischöfe und audienzerteilenden Minister giebt es mehr. Es giebt nur noch Männer der Mode und der Eleganz. Alle gehen galant, sprechen galant, lächeln galant, kennen die schönsten Komplimente und ihre Wirkung auf das zarte Geschlecht. Nicht mehr gravitätisch, sondern weich und rosig sind die Züge. Nicht mehr imponierend, sondern fein und zierlich ist die Pose. Die Toilette, früher feierlich steif, kokettiert mit eleganter Nachlässigkeit und erhält eine Wendung ins Weibliche. Sammet und Seide in allen Nuancen, Spitzen als Halsschmuck und als Manschetten, Stickereien in Gold, Silber und Seide, werden selbst von alten Herren getragen. Alle sind sie so elastisch schlank, so effeminiert und ewig jung, so anmutig und von Rosenduft umhaucht, als ob es gar keine Männer, sondern erwachsene Amoretten wären.

Noch auffälliger ist die Wandlung, die die Frauen durchmachten. Die vom Schlusse des 17. Jahrhunderts in ihrem starren Fischbeinkorsett haben eine olympische junonische Größe. Majestätisch und voll ist die Gestalt. Blendende Schultern und prächtige Arme tauchen aus dem

Hermelinmantel auf. Aber auch unweiblich, unnahbar hoheitvoll sind sie: der Typus des Louis XIV. und des großen Kurfürsten ins Weibliche übersetzt. Streng geschlossen ist der Mund, energisch männlich die Stirn. Das Auge blickt fest, metallisch kalt unter harten Brauen hervor. Fett und ausdruckslos ist die Hand. Es sind Frauen wie die stolze Montespan, bei deren Anblick Hebbel ausrief, solch ein Weib dürfe nur ein König lieben. Jetzt giebt es keine Frauen mehr von majestätischer Schönheit. Schienen sie damals alle 40 Jahre alt, so sind sie jetzt entweder unter 20 oder über 60. Suchten sie damals durch Formenfülle zu imponieren, so sind sie jetzt ätherische Wesen, die nur Esprit und Pikanterie verklärt. Die Figuren, damals mächtig, werden fein und leicht. Die Gesichter, damals stolz, werden kindlich, sind nicht mehr geschminkt, sondern hell gepudert. Die Linien des Mundes verlieren ihren hochmütigen Ernst und kräuseln sich in leiser Schalkhaftigkeit und liebenswürdigem feinen Lächeln. Die Büste hat ihre Fülle verloren und zeichnet nur leicht unter seidenem Mieder sich ab. Selbst die Schmucksachen sind andere. Die schweren Ringe und Ketten, die man früher trug, sind zarten Filigranarbeiten gewichen. Auf den Geschmack für das Imposante ist der für grazile Anmut, auf die unnahbare kalte Vornehmheit das Niedliche, pikant Verführerische, auf das Würdevolle das Kokette, auf den Triumph des rein Leiblichen die spirituelle Schönheit gefolgt.

Auch das Leben dieser Menschen steht in schroffem Gegensatz zu dem der Vergangenheit. Damals war der König der Mittelpunkt, um den alles sich drehte. Die Idee von der unbedingten Alleinherrschaft ging so weit, daß der eigene Bruder in Ludwigs Gegenwart stehend verharren mußte. Und dieses feierliche Hofceremoniell beherrschte die Welt. Entweder ging man, der Frau von Maintenon wegen, zur Kirche, oder man bewegte sich in würdevoller Steifheit, dem König huldigend, in den Prunksälen des Versailler Schlosses. Jetzt wird Ludwigs Wort »Der Staat bin ich« abgelöst durch das andere: »die Aristokratie ist die Menschheit«. Als Palastrevolution beginnt, was am Ende des Jahrhunderts in offener Volksrevolution endet. Vorher um den Königsthron geschart, geht die Aristokratie nun ihre eigenen Wege.

Kirche und Schloß, das sind die beiden Orte, wohin sie nicht mehr geht. Die religiöse Begeisterung, die im 17. Jahrhundert noch einmal aufgeflammt war, ist tot. Wie um sich zu entschädigen für den Zwang, den die letzten frömmelnden Jahre Ludwigs XIV. gebracht, kokettiert man jetzt mit Atheismus. Schon 1710 schreibt Tyssot de Patot seinen Roman » *Voyages et aventures de Jacques Massé*«, worin er von Christus wie von Mohammed oder Confucius spricht. Später wird Natoire, der Direktor der französischen Akademie in Rom, »wegen übergroßer Frömmigkeit« seines Postens enthoben. Auf das Jahrhundert der Religionskriege folgt das Jahrhundert, das jeden nach *seiner* Façon selig werden läßt, auf die Zeit der letzten Heiligen die der geistreichen Spötter, die weder an Himmel noch Hölle glauben.

Ci gît dans une paix profonde
Cette Dame de volupté
Qui pour plus grande sureté
Fit son paradis de ce monde

lautet die Grabschrift der Marquise von Bouffiers, und diese Worte könnten über den meisten Gräbern des 18. Jahrhunderts stehen. Hatte man früher nach dem himmlischen Paradies gestrebt, so genoß man jetzt das Leben in vollen Zügen und starb mit dem frohen Bewußtsein, es genossen zu haben. So wie George Sands Großmutter ihrer Enkelin erzählt: »Dein Großvater war schön, elegant, sorgfältig gekleidet, fein, parfümiert, munter, liebenswürdig, zärtlich und froh bis an den Tod. Damals hatte man keine häßlichen körperlichen Schmerzen. Lieber starb man auf einem Ball oder im Theater als in seinem Bett zwischen vier Wachskerzen und häßlichen schwarzen Männern. Man genoß das Leben, und wenn die Stunde, wo man es verlassen mußte, kam, suchte man nicht andern ihre Lebensfreude zu rauben. Das letzte Lebewohl meines Mannes bestand in der Aufforderung, ihn lange zu überleben und mir das Leben angenehm zu machen.« Man hätte die Süßigkeit des Lebens nicht gekannt, wenn man nicht vor 1789 gelebt habe, schreibt Talleyrand.

Die königlichen Routs hatten nicht zu den Annehmlichkeiten des Lebens gehört. Darum flüchtet man jetzt aus dem erstickenden Hofleben in ein frohes Arkadien, aus den Prunksälen in die Natur hinaus. Herrschte damals das Repräsentierende, der Zwang einer steifen festgeregelten Etikette, so liebt man jetzt das *Laisser aller*, sehnt sich nach harmlosem Genuß. Schöner als ein prunkvoller Palast deucht ein strohgedecktes Bauernhaus, das man draußen auf dem Lande sich kauft. Schöner als die steifen Parkanlagen Lenôtres dünken die Wälder und Felder, wo die Kuhglocken läuten, die Meiereien mit ihrem Hühnerhof und dem Taubenschlag. Auf Wiesen, an Bächen und Waldlichtungen lagert man zwanglos sich hin. *Bals champêtres, déjeuners sur l'herbe* werden veranstaltet. Graziöse Gavotten tanzt man und neckische Menuetts. Nach dem nahen Dorf eilt man hinüber, wo die Landleute ihren Jahrmarkt feiern. Das festliche Hofkleid ist abgelegt, die Perücke verschwunden, und in zierlich ländlicher Tracht wird Bauer und Bäuerin, Schäfer und Schäferin gespielt. Ludwig XIV. hatte 1697 das italienische Theater schließen lassen, weil die Schauspieler sich Ausfälle auf Frau von Maintenon erlaubten. Der Herzog-Regent eröffnete 1716 wieder die italienische Komödie, und dieses Komödiespielen war seitdem ein wichtiger Teil im Vergnügungsprogramm der vornehmen Welt. Mit Bällen, Theatervorstellungen, musikalischen Abendgesellschaften und besonders mit Maskenfesten vergeht die Zeit. Nicht nur die Schauspieler der *Comédie française*, der *Comédie italienne* und der Oper wurden häufig ins *Palais royal* befohlen. Selbst die Seiltänzer galten als salonfähig. Die jungen Herren nehmen bei ihnen Unterricht. Die Damen studieren mit den Schauspielern die Stücke ein, die sie auf ihrer Privatbühne aufführen. Es war so lustig, bot so viel Stoff zu niedlichen Intrigen und galanten Erlebnissen, den bunten Flitter des Pierrot und der Colombine zu tragen.

Denn wie die Etikette verachtete man skrupulöse Schamhaftigkeit, weil sie pedantisch erschien. Die Ehe gilt als ein Bild in Grau, dessen Monochromie erst durch rosige Töne zu erheitern sei. »Was ist,« schreibt Frau von Pompadour nach der Lektüre von Rousseaus Heloise, »diese Julie für ein fades Geschöpf.« Paris wurde damals das Zauberland, wo die Nabobs der ganzen Welt zusammenströmten, die Insel Cythere, die jeden aufnahm, der Geld, Geist und Lebenslust mitbrachte. Doch selbst die Sinnlichkeit erhielt jetzt eine neue Nuance. Im *grand siècle*, das nur das Mächtige, Pathetische kannte, war sie eine große Leidenschaft gewesen. Brutal und tierisch hatte Rubens sie gemalt. Jetzt waren die Nerven müde geworden. Nicht mehr starke Erregungen, nur das Diskrete, Delicate vertragen sie. So macht das 18. Jahrhundert, das nur das Kleine liebt, auch die Liebe zum Flirt. »Die großen Leidenschaften,« schreibt Mercier, »sind heutzutage selten. Man schlägt sich nicht mehr für eine Frau, man sieht keinen verlassenen Liebhaber, der durch Gift seinem Leid zu entgehen sucht.« Was man früher mit Aechzen und Stöhnen sagte, sagt man jetzt plaudernd, in leichter Causerie. Keine glühende Begehrlichkeit giebt es, keine brüske Kraft; nur kunstreiches Hofmachen, Schmeichelei und Huldigung, Werben und Schmachten. Pikantes Lächeln tritt an die Stelle des breiten Grinsen, galantes Schäferspiel an die Stelle brutaler Derbheit.

Neue Menschen brauchen eine neue Kunst. Die große Kulturwandlung, die sich zu Beginn des Jahrhunderts vollzog, war also von einer ebenso tiefgehenden ästhetischen Revolution begleitet.

Vorher hatten der heroische Corneille und der klassisch strenge Racine die Litteratur beherrscht. Diesen pomphaft feierlichen Stilisten, die auf erhabenem Kothurn einhergingen, folgen jetzt die geistvollen Plauderer, die in prickelnd anmutigem Ton, ohne jemals plump zu werden, von Liebe, nur von Liebe reden. Dem nervösen Empfinden der Zeit entsprach nicht mehr die immer gleiche Wiederkehr eiserner Takte. Darum lösen die tyrannischen Rhythmen des Alexandriners sich auf. Die rauschenden Perioden Boileaus verpuffen in einem Feuerwerk von Esprit, Witz und Laune. Schalkhafte Grazie tritt im Briefstil an die Stelle des Schwülstigen. Auch die Amadis und Robinsons, all die Romane, die in China spielen, kennzeichnen den arkadischen Zug des Zeitalters. Das Natürliche, harmlos Freie, das man zu Hause vermißt, sucht man in der Ferne, auf einsamen Eilanden und im Reich des Confucius. Denn mit den Chinesen verband sich ein besonderes Interesse. Sie hatten den Thee gebracht, das neue Getränk, das für das 18. Jahrhundert so bezeichnend ist wie für das 19. das Bier. Zugleich galten sie als ein glückliches Naturvolk, das frei von höfischem Zwang an den Ufern des Stillen Oceans paradiesisch heiter dahin lebte.

Mit dieser Wandlung der Litteratur ging die der Kunst parallel. Die Architektur, die im 17. Jahrhundert die größten Kirchen und die größten Königsschlösser hatte entstehen lassen, schafft jetzt die feinsten Palais und Landhäuser. Der Adel, bisher an Versailles gefesselt, baut sich seine eigenen Quartiere. Das Faubourg Saint-Germain, die Villen um Paris entstehen. Und der Stil dieser Bauten ist das Gegenteil desjenigen, der vorher herrschte. Da man im Leben alles Machtvolle, Heroische haßt, muß auch die Architektur alles Wuchtige meiden. Auf das Mächtige folgt das Zierliche, auf das Blendende das Behagliche. Die Gemächer werden kleiner, haben nicht mehr der Repräsentation, sondern der Bequemlichkeit, dem feinen Genuß des Lebens zu dienen. Statt in starren glänzenden Prachtsälen – die besonderen Feierlichkeiten vorbehalten werden – lebt, liebt und plaudert man in kleinen Salons und Boudoirs. Aus der Wandgliederung schwinden die letzten Reste tektonischen Aufbaus. Denn nichts Festes, nichts Massiges darf die Grazie stören. Nachdem man so lange den Druck des Königtums getragen und nun sich frei gemacht, nimmt man den tragenden Gliedern ihre bauliche Funktion und macht sie zu lustigen Personen, die heiter mühelos, nur noch aus Höflichkeit die Rolle von Karyatiden spielen. Nachdem man vorher gemessene Würde gezeigt, soll auch das Ornament jenen freien beweglichen Schwung bekommen, wie er im Leben herrscht, soll jene flüssigen Formen, jene bezaubernden Unarten haben, mit denen der Weltmann sich über die Regeln der Etikette hinwegsetzt. Blumen und Arabesken, Thyrsus und Hirtenstäbe, Gläser und Trauben, Faune und Nymphen verschlingen sich in heiter tändelndem Spiel. Sogar das Unsymmetrische des Rokoko hat seine psychologische Erklärung. Nachdem man so lange pedantisch abgezirkelt hatte leben müssen, hat man jetzt am Ungebundenen, Kapriciösen solche Freude, daß man das oberste aller früheren Schönheitsgesetze, die Symmetrie geflissentlich vermeidet, alles aufsucht, was der Regelmäßigkeit in übermütiger Laune spottet.

Waren die Möbel im 17. Jahrhundert monumental, majestätisch pomphaft, als stammten sie alle aus den Sälen des Versailler Schlosses, so werden sie jetzt kokett und leicht, zierlich und klein, als seien sie alle für das Boudoir einer Frau bestimmt. Bequeme, schwellend gepolsterte Fauteuils, weiche mit Seidenkissen belegte Sofas treten an die Stelle der steifen, spitzen, geradlinigen Lehnstühle. Japanische Paravents und chinesische Pagoden, Sèvresvasen und kokette Uhren sind auf marmornen Kaminen, auf Tischen und Konsolen verstreut. Weiche süße Parfüms, Vanilleduft und Heliotrop mischen sich mit dem *Odeur de femmes*.

Die Plastik, die im 17. Jahrhundert ins Kolossale gegangen war, wird zur Kleinkunst, die nicht mehr Kirchen und Parkanlagen mit monumentalen Gruppen bevölkert, sondern gleichfalls im Salon, im Boudoir sich einnistet. Nicht Stein, Marmor und Bronze, sondern Gold, Silber, Fayence und Porzellan ist ihr Material. Namentlich die Porzellanfiguren sind für die Kunst des 18. Jahrhunderts dasselbe, was die Terrakotten für die griechische waren. Das Relief, vorher wuchtig herausgearbeitet, kennt nur noch zarte, hingehauchte Linien.

Daraus ergiebt sich, welchen Charakter die Malerei annehmen mußte, um in dieses Ensemble zu passen. Denn wie die Kunst unter Ludwig XIV. will die des Rokoko als ein Ganzes betrachtet sein. Ja, es hat vielleicht nie einen Stil gegeben, in dem alles so einheitlich dem geistvollen Zusammenspiele diente.

Bezeichnend ist zunächst, daß die Produktion überhaupt sich verminderte. Eine so spirituelle Epoche wie das Rokoko bevorzugte auch von Künsten die am wenigsten materielle: die Musik. Sie, nicht die Malerei ist die herrschende Kunst des Zeitalters. Ihr wird von den Malern in zahlreichen Allegorien gehuldigt. Weiter mußte das Format der Bilder sich ändern. Liebte das 17. Jahrhundert das Kolossale, so bevorzugt das 18. das Niedliche. Monumentale Aufgaben in großen, geschichtlichen Stil werden nicht mehr gestellt oder zunächst nur von Künstlern erledigt, die aus der Zeit Ludwigs XIV. herüberleben. Die Jüngeren, allen großen Maschinen feind, haben in Fächern, Pianinodekorationen und Paravents ihre zartesten Werke geschaffen. Selbst im Tafelbild tritt eine Verringerung des Maßstabes ein. Das Lebensgroße wird als plump empfunden. Nur das Feine, Kleine ist zulässig. Auch wird den Bildern, da man das Unsymmetrische liebt, gern ein apartes unregelmäßiges Format gegeben.

Mit der religiösen Malerei ist es zu Ende. All die frommen Märtyrer und verzückten Madonnen, die im 17. Jahrhundert gemalt wurden, konnten dieser Zeit nichts mehr sagen. Venedig, das alte starre Venedig ist die einzige Stadt, wo noch bedeutende religiöse Bilder entstehen. Sonst kommen nur Dekorationen vor, die dem freigeistigen Zuge des Zeitalters gemäß an die Nathansche Geschichte vom Ringe anknüpfen, also das Thema von der gleichen Wertung aller Religionen behandeln. Und *ein* Bild aus der Bibel ist besonders beliebt: wie Sara ihrem Gatten Abraham die schöne Hagar zuführt. Der ganze Geist des Rokoko liegt in solch *einem* Werk.

Nachdem man dazu gekommen, sich das Leben angenehm zu machen, wünscht man nur Bilder zu sehen, die *auch* dieses Evangelium frohen Sinnengenusses künden. Nachdem man vom Zwang der Etikette sich befreit, verlangt man von der Malerei, daß sie lebendig und geistreich sei, in eleganten Linien und zarten Farben das Leben widerspiegle, wie man es um sich, sieht oder wie man es träumt. Was Thema der Werke ist also dasjenige, das Rubens einst in seinen Liebesgärten behandelte. Nur treten an die Stelle der vollblütig üppigen Weiber zarte Damen mit dünner Wespentaille, an die Stelle der plumpen derb zugreifenden Vlaamen schlanke Kavaliere mit galanten Manieren. Arkadisch gestimmt, wenn man aus chinesischen Tassen chinesischen Thee trinkt, liebt man ferner auch im Bild die Chinesen. Oder man träumt sich, schuldbewußt, in das selige Kindesalter zurück, liebt, der Stadt müde, ländliche Idyllen. Nicht den Bauer, der in harter Arbeit dem Boden seine Nahrung abtrotzt. Aber den Landmann, wie er im Romane lebt, der als glückliches Wesen in der freien Luft ein ätherisches Dasein führt.

Da nicht das Derbe, nur das Zarte, nicht das Leidenschaftliche, nur das Diskrete, nicht das Laute, nur das Leise salonfähig ist, werden auch koloristisch alle aufdringlichen Effekte vermieden. Die Zeit Ludwigs XIV. liebte knalligen Pomp. Leuchtendes Blau und Rot in Verbindung mit Gold waren die Lieblingsfarben des Königs, die das Kostüm der Menschen und den Geschmack der Maler bestimmten. Auch in der Dekoration der Zimmer herrschten Gold und pomphaftes Rot, braunes Holz und dunkle Gobelins vor. Das 18. Jahrhundert in seiner überfeinerten Zartheit fand, daß solche Farben dem Auge weh thun, und arbeitete nur in lichten, leichten, gebrochenen Tönen. Die lauten Fanfaren von früher wurden zur leisen Koloratur. Auf die schrillen Klänge der Blechinstrumente folgten die buhlenden, einschmeichelnden Töne der Flöte. An die Stelle des Knalligen trat das duftig Zarte. Namentlich der weiße Ton des Porzellans gefiel und bestimmte die Farbe der Zimmerdekoration wie die Skala der Bilder. Da man so gern in der freien Natur sich bewegte, liebte man auch die Salons von hellem Tageslicht durchflutet. Hohe bis zum Boden reichende Fenster führen den Zimmern Licht zu. Die Wände werden weiß getüncht, die Gobelins, die seidenen Fenstervorhänge, Holz und Stoffe der Möbel in hellem, lichtem Ton gehalten. Spiegel, im ganzen Zimmer verstreut, haben gleichfalls den Zweck, die Lichtzufuhr zu vermehren. Selbst das früher beliebte Gold der Ornamente weicht vielfach dem Silber. Und in diese weißen, vom Tageslicht oder vom Kerzenglanz venetianischer Lüster durchflossenen Räume paßte nur der kühle Silberton heller Malereien. Zarte Harmonien von mattem Gelb, lichtem Blau, von Hellrosa, Helllila, Graublau, Graugelb und erloschenem Grün sind besonders beliebt. Auch alles Oeligen, Fetten, Schweren wird die Oelmalerei entkleidet. Und da ihr trotzdem ein gewisser speckiger Glanz anhaftet, werden neue Techniken, wie die Pastellmalerei, geschaffen. Nur sie löste die Aufgabe, den Dingen alle irdische Schwere zu nehmen. Nur sie konnte diese flüchtigen Blumennaturen wiedergeben mit den knisternden Seidenroben und dem leichten Puder im Haar. »Sieh meinen feinen Flügelstaub, ich flattere und fliege« beginnt ein Rokokolied, das auch das Wesen der Malerei kennzeichnet. Die Bilder sind blaß wie der Teint der Menschen. Sie sind körperlos hingehaucht, wie die Menschen selbst aus schweren vollblütigen ätherische flatternde Wesen geworden. Auf die Zeit höchster Kraftentfaltung folgt die der höchsten Verfeinerung, auf das Jahrhundert der Leidenschaft und majestätischen Größe das der Grazie und Eleganz. Und kein Zufall ist, daß gerade Frankreich in dieser Epoche die Führung hat. Die einzelnen Nationen setzen immer in dem Moment ihre Stimmen ein, wo Zeit- und Volksgeist sich berühren. Im 17. Jahrhundert war Spanien, das schwarze Spanien das führende Land. Jetzt, als der Gegenreformation ein neues Aufschäumen der Sinnlichkeit folgte, stellt sich Frankreich an die Spitze und bringt zur Ausführung, was seit Foucquets Madonna und seit den Novellen des *Parisers* Boccaccio die Bestimmung der Franzosen zu sein schien.

6. Watteau

Die ersten Bilder muten noch mehr vlämisch als französisch an. Galante Feste, Hymnen auf die Liebe erwartet man, und Scenen aus dem Soldaten- und Lagerleben bilden den Inhalt der Werke.

Watteaus Jugend fiel in die Zeit des spanischen Erbfolgekrieges. Die Niederlande, seine Heimat, waren der Schauplatz eines bunten Kriegslebens. So begann er damit, ähnliche Scenen festzuhalten, wie sie die Holländer der Frans-Halszeit malten. Auf einem Bilde der Sammlung Rothschild ziehen bei schwerem Unwetter Rekruten über eine Ebene hin. In andern gruppiert er Soldaten und Marketenderinnen, Wagen und Zelte inmitten vlämischer Landschaften. Von solchen Darstellungen aus dem Kriegsleben geht er zu solchen aus dem Bauernleben über. Auf dem Bilde la vraie gaîté tanzt ein Paar vor dem Wirtshaus. Auf einem umgekehrten Kübel sitzt ein Mann, die Violine spielend. Auf einem andern Werk zecht eine Gruppe Bauern vor der Kneipe, und andere ziehen trunken nach Hause. Alles sind echt vlämische Gestalten. Ein neuer Teniers scheint zu kommen. Nur die Frauen gehören einer anderen Rasse an. Mit ihren weißen Häubchen und sauberen Schürzen, ihren eleganten Bewegungen und zierlichen Köpfchen haben sie etwas Schmuckes, Graziles, das nicht zu der bäurischen Art des Teniers stimmt.

Trotzdem ahnt man nicht, daß dieser Bauernmaler der Meister der Grazie werden sollte. Erst als er nach Paris zurückgekehrt war, ändern sich die Themen. An die Stelle des Magots tritt die elegante französische Gesellschaft. Verschiedene Bilder lassen verfolgen, wie allmählich sich die Wandlung vollzog. Eine Komposition, die nur im Stich erhalten ist, zeigt eine Gondelfahrt auf stillem Kanal. Die vierschrötigen vlämischen Gestalten sind graziös und vornehm geworden. Nur der Hintergrund mit seinen Kanälen und Schlössern ist noch im Sinne der Städteprospekte des Jan van der Heyden gehalten. Dasselbe gilt von dem Bild, das »der Spaziergang auf den Wällen« genannt wird: vornehme Damen und plaudernde junge Herren, aber im Hintergrund massige Türme und Citadellen von ganz niederländischem Charakter. Es folgt das Bild der »Hirten« im Neuen Palais in Potsdam: vorn ein junges Paar, dem ein alter Hirte zum Tanz aufspielt; rings Mädchen, die dem Tanze zuschauen, und ein Herr, der eine Dame schaukelt. Weiter die Darstellungen, die unter dem Namen *la danse champêtre*, das verfängliche Anerbieten, der Zeitvertreib, *le faux pas, l'amour paisible, la mariée de village, assemblée galante* und *Ieçon d'amour* bekannt sind – im Original fast sämtlich im Berliner Schloß befindlich, wohin sie durch Friedlich den Großen kamen. Und wenn diese Werke trotz des Rokokokostüms noch vlämische Schwere haben, so sind im nächsten, das er 1717 der Akademie als Receptionsbild einreichte, alle Bande gelöst, die ihn mit der Heimat verknüpften. Es ist die »Einschiffung nach der Insel Cythere«, jenes Bild des Louvre, in dem der Traum einer ganzen Generation Gestalt gewonnen. Watteau behandelte das Thema ein zweites Mal in dem Werke des Berliner Schlosses, das noch jubelnder als das Louvrebild ist. Aus dem Boot, das die Pilger nach dem verzauberten Eiland bringt, ist eine Fregatte mit wehenden rosaroten Segeln geworden. Amoretten klettern zum Mast hinan, schießen ihre Pfeile auf die Menschen, fesseln die Schönen mit Rosenketten. Und nun folgen in den wenigen Jahren, die er noch zu leben hatte, all jene Werke, die das gleiche Thema – Lebenslust und Liebe – in immer neuen Varianten behandeln: Boccaccios Decamerone in Rokokotracht.

Junge Männer in Sammet und Seide, eine Guitarre an breitem mattrotem Bande um die Schulter gelegt, streifen ziellos umher und machen schönen Frauen den Hof, bald im Walde, bald auf der Wiese oder im Dorf, nie aber in der Stadt, oder in der Nähe eines Schlosses. Keinen Hunger kennen sie, keine Arbeit, keine Sorgen. Feen haben ihnen alles, was sie brauchen, gegeben: ihre Atlasschuhe, ihre Notenbücher, ihre Hirtenstäbe und Mandolinen. Und die Frauen sind Kinder derselben elysischen verzauberten Welt. Aus blauen Augen, deren Frieden keine Leidenschaft stört, blicken sie ihre Verehrer an. Spitzenfächer haben sie und mattrote, violette oder gelbe Seidenkleider. Schlanke Arme mit langen weißen Fingern und rosigen Nägeln tauchen aus seinen Spitzen hervor. Nichts geschieht auf den Bildern. Man singt und spielt nur, man spricht und lacht. Anmutige Umarmungen, zärtliche Blicke, galante Worte werden gewechselt.

Da bietet ein Herr der Dame die Hand, um sie ein paar Marmorstufen hinaufzuführen. Dort wird Gavotte getanzt, Blindekuh gespielt, oder junge Mädchen fangen weiße Rosen in ihrer Schürze auf. Dort entfernt sich ein Herr mit seiner Dame und lagert sich mit ihr auf dem Grase, am Abhang eines kleinen Sees, hinter einem Baum oder niedrigem Buschwerk. Bald schelmisch lächelnd, bald schmollend oder leicht gekränkt, halb versagend, halb gewährend nehmen die Damen die Huldigungen ihrer Kavaliere entgegen. Ihr Auge glänzt, zitternd atmen sie die Atmosphäre der Liebe, womit der Mann sie umgiebt. Und wenn es dunkler wird, löst sich allmählich der Schwarm. Plaudernd verschwinden die Pärchen. Der Gesang, der Klang der Guitarre verstummt. Nur noch süße stammelnde Worte hört man flüstern.

*

Zuweilen wird statt des seidenen Schäfergewandes auch Theaterkostüm getragen. Doch ist Watteau deshalb nicht der Maler der Gaukler und wandernden Komödianten gewesen. Wohl scheinen einige der Bilder, wie der Pierrot des Louvre, Porträts von Schauspielern zu sein. In andern wie der »Liebe auf dem italienischen« und der »Liebe auf dem französischen Theater« sind Scenen aus Komödien festgehalten. Doch die meisten dieser Theaterbilder sind auch nur galante Feste. Die vornehmen Herren und Damen haben das Kostüm der italienischen Schauspieler angezogen, benutzen Pierrots weißes Leinen, Harlekins bunte Seide und Scaramouches flotten Mantel, um Abwechslung in ihr Schäferspiel zu bringen. Wenn es Abend geworden, durchschwärmt ein bunter Maskenzug den Park. Pechfackeln werfen ihr Licht auf grotesk vermummte Gestalten, die dem Reiche Lucifers entstiegen scheinen und doch nur Schwärmer sind, die ihr Liebchen suchen.

Und für diese Menschen schafft Watteau auch die Natur, in die sie gehören. So wenig seine Landschaften mit den Parkanlagen Lenôtres gemein haben, so wenig gleichen sie denen der Wirklichkeit. Keine Wolken giebt es, kein wildes Gestrüpp, keine schroffen Felsen. Mächtige Bäume breiten ihre Wipfel wie schützend über die Paare. Weicher Rasen ladet zum Ausruhen. Rosen, Maßliebchen, Tausendschönchen blühen mitten im Wald, damit die Herren sie pflücken und Sträuße winden können. Holunder und Jasmin duftet von den Hecken. In der Luft tanzen die Schmetterlinge ein lautloses Menuett. Quellen und kleine Cascaden rauschen in der Nähe, wie um das Geflüster der Liebe zu übertönen. Da ist eine Schaukel angebracht. Dort blinken nackte Marmorbilder – Amoretten, eine Antiope, eine Venus, ein ziegenfüßiger Satyr, der eine schlanke Nymphe umfaßt, Apollo, der die Daphne verfolgt – aus grünem Gezweig hervor, die Menschen zu ähnlichen Neckereien lockend. Nicht Pan, sondern Amor führt in dieser Welt das Scepter. Der Schauplatz aller Bilder ist die Insel Cythere, wo die Rosen immer duften und die Nachtigallen flöten, wo es in den Bäumen säuselt und flüstert von Glück und Liebe.

Auch die Farben sind andere wie auf unserer Erde. Watteau hat lange gebraucht, um als Kolorist den Ausdruck seines Fühlens zu finden. Seine ersten Bilder zeigen den Zusammenhang mit den alten Meistern. Er hat die helle Leuchtkraft des Rubens oder die warme Glut des Tizian. Noch seitdem er die »Einschiffung nach Cythere« geschaffen, ist auch seine Farbenanschauung selbständig. Hört man bei Rubens Blechinstrumente, bei Tizian die vollen Fugen der Orgel, so lauscht man hier verklingendem Flötenspiel oder dem zarten, zitternden Silberklang der Geige. Die matte, krankhaft verfeinerte Farbe entspricht der ätherischen Anmut der Figuren. Ruhig, in mildem Glanz gebadet, liegt die Erde. Zitternd wiegen sich die grünlichen Wipfel der Bäume in der weichen Luft. Der Sonnenuntergang, wenn alles im Silberduft der Dämmerung verschwimmt, ist besonders die Stunde Watteaus. An der Schwelle des 18. Jahrhunderts hat er das Exquisiteste geschaffen, was das Jahrhundert überhaupt hervorbrachte, hat der Kunst die Bahnen gewiesen, in denen sie fünfzig Jahre sich bewegte.

Wie kam es, daß gerade Watteau der erste Schilderer der Pariser Eleganz wurde? Es scheint ein unerklärlicher Widerspruch zwischen seiner Kunst und seinem Leben zu bestehen. Denn weder war er Franzose, noch war er ein vornehmer Mann. Sein Geburtsort Valenciennes, obwohl seit dem Nymphenburger Frieden zu Frankreich gehörig, war doch eine vlämische Stadt. Sein Vater war Dachdeckermeister. Er selbst sollte Zimmermann werden und erreichte nur mit Mühe, daß er die Werkstatt eines Dorfmalers besuchen durfte. Da faßt er einen großen Entschluß.

In Paris, dem Mittelpunkt alles Geschmacks und alles Schönen, will er sein Glück versuchen. Allein, ohne Verbindungen, ein schüchterner, schweigsamer junger Mensch steht er auf dem Pflaster der großen Stadt, den Kopf voll Pläne, aber die Tasche leer. Bei einem Händler am Pont Notre Dame tritt er ein, malt für 3 Francs wöchentlich Kopien nach niederländischen Bildern. Dann wird er von dem Theatermaler *Gillot*, später von Claude Audran, dem Konservator des Luxembourg bei dekorativen Arbeiten beschäftigt.

Wie wurde dieser vlämische Dachdeckersohn, der nur die Misere des Daseins kannte, der Maler der Grazien? Vielleicht ist die Erklärung gerade darin, daß Watteau Ausländer war, zu suchen. Alle Pariser Maler gingen an dieser Welt von Schönheit, die sie täglich um sich sahen, achtlos vorüber. Watteau entdeckte sie, da für ihn die Pariserin etwas Fremdartiges, Wunderbares war, das er mit den entzückten Augen des Bauernjungen, der in die Großstadt kommt, betrachtete. Nur Krämer, Gaukler, Vogelhändler und Rattenfänger, Kirmeßgelage und plumpe Bauerntänze hatte er in der Heimat gesehen. In Paris, als Gehilfe Audrans, lebte er im Mittelpunkt der eleganten Welt. Noch heute im Luxembourggarten, zur Abendzeit wird der Geist des 18. Jahrhunderts wach. Die alten hohen Bäume verschlingen ihre Aeste wie um Märchenhaine zu bilden. Durch die langen Alleen wandeln verliebte Pärchen. Auf Marmorbänken zu Füßen alter Statuen flüstern andere. Studenten und Grisetten sind es heute. Damals waren es junge Kavaliere und zarte Komtessen. Denn der Luxembourggarten war das Stelldichein der vornehmen Gesellschaft, hatte für das 18. Jahrhundert die Bedeutung wie für das 19. das Bois de Boulogne. Oft mag der arme Dachdeckersohn aus Valenciennes aus den hohen Fenstern des Schlosses scheu herniedergeblickt haben auf das elegante Treiben. Was er hier noch nicht gesehen, lernt er später bei Crozat, dem reichen Finanzmann kennen: den ganzen Luxus, die umschwärmtesten Frauen von Paris. Und da er Fremder war, malt er als erster, was die Pariser Maler noch nicht für kunstfähig hielten. Eine Erscheinung, die sich oft wiederholt: Jan van Eyck wurde der Vater der Landschaftsmalerei, weil er aus der Heimat nach Portugal kam; Gentile Bellini der Maler Venedigs, weil er vorher in Konstantinopel gewesen; Theodocopuli der erste Maler der Spanierin, weil er nicht aus Spanien, sondern aus Griechenland stammte.

Dazu kommt ein zweites.

Watteau war ein häßlicher, verbitterter Mensch. Ein unheilbares Leiden, das er in sich trug, hatte ihn menschenscheu und ungesellig gemacht. Traurig und furchtsam, mißtrauisch und ungeschickt im Verkehr nennen ihn seine Biographen, und die Porträts ergänzen die Beschreibung. Leer und ausdruckslos wie die eines Sperbers sind die Augen, rot und knochig die Hände. Schlaff ist der Mund. Ein Porträt, auf dem er ohne Perücke sich darstellte, sieht aus, als hätte er selbst seine Häßlichkeit und Krankheit verhöhnen wollen. Denn das Haar ist struppig und ungeordnet; die Kleider schlottern um die niedrigen Schultern und die schmale Brust. Von Reichtum, Schönheit, Koketterie und Eleganz ist er umgeben. Ihm selbst, dem Schwindsüchtigen, wird nichts von allem zu teil.

Auch er möchte lieben. Das zeigen die mythologischen Bilder, die er im Beginn seiner Laufbahn malte. Da träumt er von rosigen Körpern, gedenkt mit Neid des Paris, den die drei Göttinnen zum Schiedsrichter wählten; erinnert sich des Jupiter, der als bocksfüßiger Satyr die schöne Antiope gewinnen, des Vertumnus, der als häßliche alte Frau die schöne Pomona bethören könnte. Nur ihm dem Kranken, ist die Liebe versagt. Ein Bild des entwaffneten Amor beschließt die Reihe seiner mythologischen Werke. Je mehr seine Krankheit zunimmt, desto menschenscheuer, desto ruheloser wird er. Er verschließt seine Thür, trennt sich von Crozat, weil ihm die Einsamkeit lieber. Bei einem Landsmann, dem Maler Bleughels nistet er sich ein, wo niemand ihn sucht. Dann verläßt er auch diesen, weil der Gedanke andern lästig zu sein ihn peinigt, fährt planlos nach London, nur um unbemerkt auf fremdem Boden zu sein. Zurückgekehrt, malt er noch das Ladenschild für seinen Freund, den Kunsthändler Gersaint, jenes ätherische Bild, das nur ein Schwindsüchtiger schaffen konnte: stofflos, wie hingehaucht die graurosigen Farben; die überschlanken Figürchen alles Fleischlichen entkleidet, ein Hauch, ein Nichts. Dann zieht er nach Nogent-sur-Marne sich zurück und beginnt noch ein Altarbild, das er der Kirche stiften will: eine Kreuzigung Christi, »mit einem Ausdruck des Leidens, den nur ein Todkranker geben konnte«. Am 18. Juli 1721 stirbt er, 36 Jahre alt.

Kennt man diese Biographie, so erscheinen die galanten Feste Watteaus in anderem Licht. Watteau wurde der Maler der *fêtes galantes*, weil er gar nicht Wirkliches, nur Fata Morgana-Gebilde, seine eigenen Träume von Schönheit und Liebe malte. Wenn jene andern Arm in Arm hinaussegelten nach den Gefilden der Seligen, blieb er, der kranke häßliche Mann allein auf der grauen Erde zurück und starrte hinaus nach den glücklichen Gestaden, von denen für ihn kein Schiff heranfuhr. Sein ganzes Schaffen war ein großes Sehnen, das Sehnen eines Kranken nach Frohsinn, das Sehnen eines Einsamen nach Liebe. In seiner Jugend, als er die andern kämpfen sieht, träumt er vom Soldaten- und Lagerleben, von Kriegsruhm und dem Schmettern der Trompeten – so wie Memling im Hospital von Brügge sich als Landsknecht malte, der auf weißem Schimmel durch die Landschaft sprengt. Später schwärmt der Schwache für die Kraft des Rubens. Er, der Häßliche, träumt von Schönheit. Während er sterbensmatt in seinem Krankenzimmer sitzt, tragen ihn die Fittige des Traumes in ein fernes Utopien, in ein Land des Glückes und der Liebe. Während er einsam ist, denkt er an Frauen, deren Gewand zu berühren eine Seligkeit ist. So erklärt sich die zitternde Wehmut, der melancholische Hauch, der diese Darstellungen frohen Lebensgenusses durchklingt. So erklärt sich, daß seine Gestalten, in der Wirklichkeit wurzelnd, doch einem fernen Elysium zu entstammen scheinen. Obwohl sie die Gewänder des 18. Jahrhunderts tragen, sind seine Frauen nicht diejenigen, von denen die Schriftsteller erzählen. Sie sind so unschuldig, so backfischhaft verschämt, als hätten sie nie früher einen Mann gesehen. Watteau besingt sie wie ein Gymnasiast, dem die Liebe ein heiliges Mysterium ist. Des Lebens Prosa ist vom Zauber des Märchens umwoben. Vielleicht hat sich sogar das Leben erst nach der Kunst geformt: das Zeitalter entdeckte seine Grazie erst, nachdem der Schwärmer Watteau sie gezeigt hatte.

7. Watteaus Nachfolger

Zunächst macht sich eine seltsame Rollenvertauschung bemerkbar. Watteau, der Niederländer, mutet als Pariser, *Chardin*, der Pariser, wie ein Niederländer an. Beide kamen zu ihren Stoffen, weil sie die Welt mit dem Auge des Romantikers betrachteten. Watteau, der aus dem Lande der dicken vlämischen Matronen kam, schwärmte für den Chik, die ätherische Grazie der Pariserin. Chardin träumte aus dem majestätischen Pomp des Louis XIV. Stils sich in die trauliche kleine Welt der Holländer hinüber. So wurde der Niederländer der Maler der *Fêtes galantes*. Der Pariser verherrlichte die »*Amusements de la vie privée*«.

Bisher waren in Frankreich Stillleben nur gemalt worden, wenn es möglich war, sie allegorisch mit den Gestalten der Flora oder Pomona zu verbinden. Chardin als erster ging zu selbständigen Stillleben über: Nachfolger der Holländer und doch in der Farbenanschauung ganz Meister des Rokoko. Denn während die Holländer in warmem Rembrandtschem Helldunkel arbeiteten, liebt Chardin kalte Harmonien von blau, weiß und gelb, die in der holländischen Malerei selten, fast nur bei Terborg vorkommen. Das Porzellan, der Lieblingsstoff des Rokoko, ist für seine Scala maßgebend. In kalten Farbenwerten müssen daher die Dinge gehalten sein, die er neben dem weißen Porzellangeschirr anhäuft. Eine blaue Weintraube liegt neben einer gelben Citrone. Eine weiße Porzellankanne mit blauem Rand steht neben einer Thonpfeife und einem kupfernen Kessel. Oder er malt einen Tisch mit weißer Decke, darauf ein silbernes Besteck, eine Wasserkaraffe, Austern und Gläser; malt die Schale der Birne und den blauen Reif der Melone. Auch Bücher, Vasen und Marmorbüsten, blauweiße Teppiche, Globen und Atlanten – immer nur kühle oder mürbe, nie saftige Dinge – ordnet er zu tonigen Harmonien an.

Chardin hauste in einem alten Atelier dicht unter dem Dach, einem stillen, dunkeln Raum, der gewöhnlich voll von Gemüse war, das er zu seinen Stillleben brauchte. Es hatte etwas Malerisches, dieses staubige Gemäuer, wo sich das Dunkelgrün des Gemüses so tonig von den grauen Wänden abhob und die blauweißen Teller so hübsche Farbenflecke auf dem hellen Tischtuch bildeten. In diesem friedlichen, harmonisch abgetönten Raum spielen auch die kleinen Scenen aus dem Kinderleben, an die man hauptsächlich denkt, wenn Chardins Name genannt wird. Die Uhr tickt, in dem traulichen Kachelofen brodelt das Wasser. Keine bedeutungsvollen Momente kennt er, er malt auch hier nur Stillleben: die Poesie der Gewohnheit. Und sein Porträt zeigt, daß Kunst und Persönlichkeit bei ihm sich deckte. Wie ein guter Großpapa, fast wie eine alte Dame sieht er aus. Keine Toilette hat er gemacht, sondern sich gemalt, wie er zu Haus in seinem Atelier sich bewegt. Eine weiße Nachtmütze auf dem Kopf, ein dickes Tuch um den Hals, eine Hornbrille auf der Nase und darüber ein grünes Augenschild, blickt er still und ruhig uns an. Ebenso still und ruhig ist seine Kunst. In einer Zeit, die wenig von Unschuld wußte, verherrlicht er die Unschuld des Kinderlebens, hat, indem er die kleine Welt bei ihren Freuden, Spielen und Sorgen belauschte, der Kunst ein neues Gebiet erschlossen. Und wie zart hat er das Seelenleben des Kindes gemalt: diese kleinen Hände, die zum Gebete sich falten, diese Lippen, die die Mutter küssen, diese träumenden, weit geöffneten jungen Augen. Oder er zeigt die Wäscherin, die Köchin, die Arbeit der Hausfrau. Nie giebt es Anekdoten. Sein Studienfeld ist das mattbleiche Licht, das in halbdunkeln Küchen webt, das Reich der Sonnenstrahlen, die auf weißen Tischtüchern, auf grauen Wänden spielen. Und gerade, weil er keinen erzählenden Inhalt kennt, üben seine Bilder eine so vornehme Wirkung. Die Kunst verbirgt sich hinter unsäglicher Einfachheit, die um so mehr fesselt, je seltener sie zu allen Zeiten gewesen.

Daß von den Vielen, die nach Watteaus Vorgang der Schilderung des vornehmen Lebens sich widmeten, an Feinheit keiner ihm gleichkommt, hat mehr psychische als technische Gründe. Watteau, der kranke, schwindsüchtige Mann, dem nie das Glück der Liebe beschieden war, sah die Welt mit dem Auge des Träumers. Ein weicher Zephyr trug ihn nach den elysischen Gefilden, wo nichts Erdenschwere hatte, alles in poetischen Duft zerfloß. Sein Realismus ist nur scheinbar. Er besteht in den Aeußerlichkeiten der Tracht. In Wirklichkeit giebt es keine Kavaliere von solcher Grazie, keine Namen von so himmlischem Reiz. Nur den Blütenduft, die

Essenz der Dinge strahlen seine Bilder aus. Die Prosa des Lebens ist in idealisierender Poesie umschrieben.

Die Folgenden, mit beiden Füßen im Leben stehend, malen keine Träume, sondern Wirkliches, keine Elegien, sondern die Chronik ihrer Zeit. Daher fehlt ihren Werken der poetisch verklärende Hauch, der die Watteaus umwebt. Sie wirken, mit ihm verglichen, derber, nüchterner, trockener. Aber sie erscheinen anmutig, frei und leicht, wenn man nicht durch den Gedanken an Watteau die Freude sich trübt. Auch bei ihnen giebt es keine Langweile und akademische Kälte. Sie folgen der lustigsten, exquisitesten Mode, die es jemals gab, und sie folgen ihr mit großem Geschmack. Instinktiv und ohne Mühe haben sie für die leichten sprühenden Dinge, die sie sagen wollen, auch den leichten prickelnden Stil gefunden.

Lancret, der mit Watteau zusammen bei Gillot arbeitete, ist ein feiner delikater Meister, zwar ein Reflex von Watteau, aber ein Reflex, der das fremde Licht in eigenartiger Abtönung spiegelt. Galante Feste, die im Freien spielen, malt er besonders gern und fügt den Titel der »Vier Jahreszeiten« bei. Im Frühling pflücken junge Damen, die die Sonne ins Freie gelockt, im Walde Blumen, während der Leierkastenmann seine Drehorgel spielt. Im Sommer haben sie das Gewand der Schnitterinnen angezogen und feiern das Erntefest. Im Herbst lagern sie mit zärtlichen Kavalieren unter schattigen Bäumen. Im Winter lassen sie sich, in koketten Pelz vermummt, auf dem Eise den Hof machen. Oder ein türkisches Fest wird gefeiert. Ein Ausflug nach dem Nachbardorf wird gemacht, wo gerade Jahrmarkt ist und die Gaukler tanzen.

Pater als erster hat den Schauplatz seiner Bilder in den Salon verlegt. Nachdem die neuen Hotels des Faubourg Saint Germain erbaut waren und Oppenort für das Kunstgewerbe den neuen Stil geschaffen, konnte Pater als erster die Symphonie des Salons dichten, hübsche Kostüme, geistreiche Figürchen inmitten reizvoller Rokokozimmer – das ist der Inhalt seiner Werke. Junge Damen, von schwellenden Kissen umstopft, wälzen sich auf seidenen Fauteuils. Niedliche Kammerkätzchen sind um die Herrin beschäftigt. Der Abbe erscheint, um nach dem Befinden zu fragen. Die Modistin legt die neuesten Roben vor. Lakaien mit silbernem Tablett servieren den Thee. Ein junges Paar, vor dem hellerleuchteten Kaminsims auf dem Sofa sitzend, betrachtet Kupferstiche, so eng aneinander geschmiegt, daß das seidene Pantalon des Herrn sich in der Seidenrobe der Dame verliert. Eine Welt exquisiter Dinge – japanische Elfenbeinarbeiten, Bronzen und orientalische Stoffe – ist rings um die Figürchen gebreitet. Aus Pfeilerspiegeln und Lyoner Kissen, himmelblauseidenen Betten mit weißen Tüllgardinen, aus zartblauen Jupons, grauseidenen Strümpfen und rosigen Seidenkleidern, aus koketten, mit Schwanendaunen besetzten Peignoirs, aus Straußenfedern und Brabanter Spitzen stellt er seine Farbenbouquets zusammen.

Le Prince, Fauray, Ollivier, Hilaire, die beiden Schweden *Lavreince* und *Roslin* sind weitere Interpreten mondäner Eleganz. Noch um das Leben des Rokoko in seiner ganzen Vornehmheit kennen zu lernen, muß man neben den Bildern auch die Radierungen beachten. Die Vorliebe für das Leichte, Flüchtige, Geistreiche kam gerade diesem Kunstzweig zu statten. Noch unter Ludwig XIV. hatte auch der Kupferstich den ausschließlichen Zweck gehabt, dem König zu dienen. Die ruhmrednerischen Bilder des Versailler Schlosses, die Porträts der königlichen Familie und Berichte über die Hoffestlichkeiten wurden in Stichen verbreitet. Jetzt verliert er diesen repräsentierenden höfischen Zug und wird Galanteriartikel wie alle Erzeugnisse des Rokoko. Niedliche Bücher in seinem Maroquinband müssen auf dem Tische liegen, Bücher, die nicht zum Lesen bestimmt sind, sondern in müßigen Stunden betrachtet werben. Es erscheinen also zierliche Duodezausgaben der Klassiker. Molières Komödien und Ovids Metamorphosen, Boccaccios Novellen und La Fontaines Fabeln werden mit pikanten Stichen herausgegeben. *Hubert Gravelot, Nicolas Cochin* und *Charles Eisen* lieferten den bildlichen Schmuck, streuten verschwenderisch nach allen Seiten Grazie aus, haben selbst die Klassiker mit galantem Zauber umkleidet. Doch noch lieber als Götter und Nymphen sah man sich selber im Spiegel der Kunst. Zu keiner Zeit hatte der Spiegel eine solche Bedeutung wie im Rokoko. Darum soll auch die Kunst nur ein Spiegelbild des Lebens sein, Ball und Promenade, Theater und Salon, alles hielten die Radierer in Blättern fest, die das ganze Froufrou des Jahrhunderts atmen. In den älteren lebnoch die unschuldige Paradieses-Stimmung Watteaus. Das Arkadische, Bukolische ist das Ideal des Salons. Junge Frauen träumen, blättern mechanisch im Musikheft, lauschen zerstreut den Worten des Kavaliers. Aus den späteren – etwa *Saint-Aubins »Bal paré«* klingt das jubelnde Evoë der Freude. Im Kerzenglanz venetianischer Kronleuchter strahlen die Räume. Rosige Amoretten lachen von den lichten Wänden hernieder. Seidene Schleppen rauschen, seidene Schuhe hüpfen, Fächer kokettieren, Diademe und Colliers leuchten und funkeln. Schlanke Kavaliere und junge Mädchen tanzen neckisch-feierlich die Gavotte; Maltheser und Abbés machen den Frauen den Hof. Die Spiegel werfen das ganze glitzernde Bild zurück.

Vor den Bildnissen des 18. Jahrhunderts bleibt man in den Galerien mit besonderer Freude stehen. Selbst kleine Medaillons, Arbeiten unbekannter Maler haben eine diskrete Feinheit, die mit dem Emporkommen der plebejischen Kunst aus der Welt verschwand. Gewiß, das Rokoko ist auch hier einseitig. Knorrige männliche Charaktere giebt es nicht. Denn das Leben brachte sie nicht hervor. Das 18. Jahrhundert ist das Jahrhundert der Frau. Sie ist die Achse, um die die Welt sich dreht: die vornehmste Beschützerin der Kunst und ihr vornehmster Gegenstand. Es defiliert vor uns eine ganze Schar junger Frauen mit rosigem Teint und sanften Augen, in weiten blumengeschmückten Seidenkleidern oder in pikanter halb mythologischer Allüre. Es defilieren junge Mädchen, die die Unschuld selbst sind, und andere, die an Demivierges streifen. Eine Zeit, die alles dem Kultus ihrer selbst weihte, brachte so viele Schönheiten hervor, daß es uns Nachgeborenen scheint, häßliche Frauen habe es im 18. Jahrhundert überhaupt nicht gegeben.

Jean Marc Nattier war der erste, der den Stil Rigauds verließ, statt des Würdevollen das Zierliche, statt des Stolzen das Liebenswürdige malte. In den Charakter seiner Modelle drang er wohl wenig ein – das Taucherkunststück hätte sich nicht gelohnt –, aber etwas ungezwungen Vornehmes hat er allen gegeben. Besonders fühlt er sich wohl, wenn es seidene Kleider zu malen gilt, von kosenden hellblauen, hellgrauen, hellgrünen und rosaroten Tönen. Auch für hübsche Coiffuren hat er feinen Sinn, für jene einfachen gewellten Frisuren, die auf die majestätischen Arrangements der Louis XIV. Zeit folgten. Im Anbringen von Schönheitspflästerchen, von Perlen und decenten Diademen war er Meister. Oft malte er die Damen auch in duftiger durchsichtiger Robe, aus der ein Bein, ein Stück Busen hervorlugt und schrieb »Diana« oder »Musidora« darunter.

Louis Tocqué, sein Schwiegersohn, trug nach dem barbarischen Rußland etwas vom Glanze des Rokoko. *Robert Tournières* brachte die Mode der Medaillons, der feinen Miniaturbildnisse auf. Doch noch folgenreicher wurde die Anregung, die eine venetianische Künstlerin gab. Unter den Bildnissen Watteaus begegnet das einer Dame auf einem Hintergrund von Rosen. Es ist *Rosalba Carriera*, deren schönen Namen und rosige Kunst er durch die Rosensymbolik andeutete.

Rosalba Carriera hat in der Kunstgeschichte des 18. Jahrhunderts einen wichtigen Platz: sie erfand die Pastellmalerei. Oelbilder wirkten zu schwer und materiell, zu dunkel und feierlich in den hellen Räumen des Rokoko. Das Fette, Saftige paßte nicht zu der duftigen Puderstimmung. Man brauchte eine Technik, die ebenso »spirituell« war, wie die Menschen: nur mit Blütenstaub arbeitete, das Mimosenhafte des Schmetterlingsflügels wahrte. Darum griff Rosalba zum Pastellstift. Nicht in lebensgroßem Format sind ihre Bildnisse gehalten. Sie wahren den Charakter des koketten Bijous. Nicht in würdigen Posen malt sie ihre Damen. Sie sucht den nervenerregenden Reiz zu haschen, der in dem Zucken eines Mundwinkels, dem spöttischen Blick eines Auges, in einer niedlichen Geste, einer raschen Bewegung liegt. Hellseidene Roben knistern, feine Spitzen wogen, der Duft von Theerosen und Veilchen strömt aus dem gepuderten Haar.

Von Franzosen ging *Maurice Latour* auf dem Wege Rosalbas weiter. Alle Typen der Rokokogesellschaft, schöngeistige Abbés und galante Minister, Theaterprinzessinnen und wirkliche, Kammerherren, Prinzen und geschmeidige Marquis ziehen in seinen Pastellen vorüber. In seinem Selbstporträt ähnelt er Voltaire. Ein leicht mokantes Lächeln spielt um seinen Mund, und dieser scharfe epigrammatische Zug unterscheidet auch seine Pastelle von den weich anmutigen Rosalbas. In flotten, witzigen Strichen, keck und sarkastisch schreibt er einen Charakter hin. Die Damen von der Oper, jene Tänzerinnen, die unter den zärtlich vagen Namen Mlle. Rosalie,

Mlle. Silanie fortleben, gaben *Perronneau* den Vorzug, in dessen Bildern sie eine graziösere Uebersetzung ihrer Schönheit fanden. Der berühmteste von allen war der Schweizer *Liotard*, der wie ein Triumphator die Welt von Neapel bis London, von Paris bis Konstantinopel durchzog.

8. Boucher

Das Rokoko war die erste Zeit, die das Froufrou der Toilette zur Steigerung des sinnlichen Reizes verwendete. Ein Stückchen nacktes Fleisch, das unter einem Spitzenärmel hervorschimmert, nicht größer, als die Lippen darauf zu setzen, erschien pikanter als monumentale Nacktheit. Und da auf diesem Gebiet so viele feine Entdeckungen zu machen waren, mußte anfangs die große Geschichtsmalerei hinter dem Sittenbild um so mehr zurückstehen, als überhaupt der Sinn mehr auf das Kleine als auf das Große ging. *Jean Restout, Jean Raoux, Pierre Subleiras, Carle van Loo, Lagrenée, Jean François de Troy, Charles Antoine und Noël Nicolas Coypel*, die im ersten Viertel des 18. Jahrhunderts sich Historienmaler nannten, stammen noch von der Lebrunschule her. Wenigstens bleiben die Formen mächtig und schwer. Es lebt in ihren Werken noch nicht der undefinierbare Funke, der in den Werken der Rokokomaler elektrisiert. Nur in den Stoffen spricht der Geist des Rokoko sich aus, so wie die Carracci einst die Stoffe der Gegenreformation in der Formensprache des Cinquecento vortrugen.

Liebesgeschichten werden wie in den Tagen Correggios und Sodomas ausschließlich behandelt, Bibel und Mythologie als *ars amandi* benutzt. Magdalena, für die Gegenreformation die reuige Büßerin, ist für das Rokoko wieder der Dämon der schönen Sünde. Das Thema »Loth mit seinen Töchtern« wird gemalt; es schien durch die Beziehungen des Regenten zur Herzogin von Berry aktuell geworden. Entführungen, Verfolgungen, galante Schäferscenen bietet die Antike. Psyche wird von Zephyr in den Palast des Amor geführt. Vertumnus bethört die Pomona. Andromeda streift die Fesseln ehelicher Gebundenheit ab. Telemach sucht seinen Vater bei der schönen Kalypso. Venus, die weitherzige Gemahlin des Hephästos, ist vom Hofstaat ihrer sämtlichen Verehrer umgeben. Sie kokettiert mit Adonis, mit Hermes oder Mars, läßt sich von Paris den Apfel überreichen, feiert – ein Hymnus auf Wein und Liebe – ihre Verbindung mit Bacchus. Niedliche Kammerzofen, als Grazien kostümiert, warten ihr auf; Amoretten schweben mit Blumen und seidenen Bändern durch die Luft. Dann die verliebten Abenteuer des Jupiter: wie er als Goldregen der Danae, als Satyr der Kalisto, als Stier der Europa naht; wie Latona sich auf die Insel Velos zurückzieht um ihren Zwillingen das Leben zu geben. Neptun, der Herrscher des Meeres, spielt eine Rolle, weil das Bad für die Rokokomenschen der Mittelpunkt seiner Freuden geworden war. An der Seite der Amymone thront er. Tritonen und Nereiden schaukeln und wiegen sich auf den Wellen. Auch die Zeiten finsterer Frömmigkeit ist man stolz, überwunden zu haben. Darum malt man den Lichtgott, wie er auf strahlendem Wogen durch die Lüfte zieht, feiert ihn, wie er früh das Haus der Thetis verläßt und abends in den Palast der Göttin zurückkehrt, nachdem er tagsüber die Daphne verfolgt oder der Leukothea, der Klytia gehuldigt. Herkules sogar ist der Held der Zeit, nicht der Riese freilich, der den Antaeus würgte, sondern der Musagetes, der als zierlicher Ballettmeister die Tänze der Musen leitet, der verliebte Phaeak, der am Spinnrocken der Omphale sitzt. Namentlich in dieser Scene fand das Rokoko seine eigene Lebensphilosophie bestätigt, zeigte, daß schon die Heroen der alten Welt im Frauenboudoir ihre glücklichsten Stunden verlebten. Auch andere berühmte Liebespaare – Angelika und Medor, Rinaldo, der der Zauberin Armida nach ihrem Eiland folgt – kehren häufig wieder. Die schönen Damen suhlen sich als Dejanira, wenn ein Marquis als Nessus sie entführt; trösten sich mit der verlassenen Ariadne oder der verlassenen Dido, wenn ihr Freund nach kurzer Amourette sie verläßt.

Und nachdem diese Meister Rokokogedanken mit den schweren Formen und den knalligen Farben Lebruns gehegt, führte *François Lemoyne* auch stilistisch das Rokoko zum Siege, gab der Geschichtsmalerei jene Wendung ins Freie, Leichte, Graziöse, die das Sittenbild durch Watteau erhielt. An die Stelle der schweren roten und blauen treten zarte, rosige, helle Töne. Zugleich wird das niedliche Körperchen der Rokokodamen nicht wie bisher von knisterndem Seidenkleid umwogt. Lemoynes Gestalten haben nicht die großen Bewegungen und schwellenden Glieder der vorhergehenden Zeit, ähneln nicht mehr dem heroischen, massigen Frauentypus des Barock. Sie haben zarte gebrechliche Körper mit kleinen pikanten Köpfchen und koketter Coiffure, mit sinnlich feiner Nase, weichen Armen und langen grazilen Beinen. Sie stehen auch nicht in mächtigen Architekturen vor faltig gerafften schweren Vorhängen. Leicht und ätherisch, in sorgloser Heiterkeit schaukeln sie sich auf den Wolken. Mag er sie Nymphen nennen oder als Grazien, Musen, Diana, Flora, Pandora zu einer Apotheose des Herkules vereinen – es sind Pariserinnen des Rokoko, elegant und geschmeidig. Ein schelmisches Lächeln, eine Mischung von Unschuld und Verdorbenheit umspielt ihren Mund. Ihre Taille war, bevor sie »saßen«, in enges Korsett geschnürt, ihr Bein eingepreßt in seidene Strümpfe. Schminke und Schönheitspflästerchen haben sie, kennen, obwohl sie antike Göttinnen sind, alle Toilettengeheimnisse und Raffinements, die erst die Marquisen und Opernschönen des 18. Jahrhunderts in die Welt gebracht. Malt er Apollo, so gleicht er einem jungen Stutzer, der aus der Oper kommt. Seine Musen sind porträtähnlich wie Falguières Statue der Merode.

So erhielt die Geschichtsmalerei durch Lemoyne eine neue Nuance. Es war eine neue Stufe der *ars amandi*, sich als antikes Liebespaar malen zu lassen. Wie ungeniert das geschah, zeigt das Bild, daß der junge Herzog von Choiseul 1750 bestellte, als er die Tochter des Finanziers Crozat heiratete. Zur Erinnerung an seine Hochzeit ließ er als Apollo sich darstellen, wie er zu Klytia, der schönen Sterblichen, herabsteigt.

Charles Natoire als erster ging auf diesem Wege weiter. Bacchusfeste, Scenen aus dem Psychemärchen, Galatea von Amoretten umspielt, oder die verlassene Ariadne sind seine gewöhnlichen Stoffe. Rosig und leicht ist alles; fein sich einfügend in den hellen Ton der Zimmer und in den silbernen Glanz der Ornamente.

François Boucher faßt diese Fäden in seiner Hand zusammen. Seine Kunst ist die Apotheose des Rokoko. Der Karneval, der mit gemessenen Gavotten begann, ist zum ausgelassenen Cancan geworden. Nicht mehr die Menuette Watteaus malt er, sondern jene babylonischen Tänze, die das Balletcorps der großen Oper vor Ludwig XV. aufführte. Die Crébillon, Bernard und Grécourt in der Litteratur, die Pompadour und Dubarry auf dem Throne haben in ihm ihre künstlerische Parallele.

In manchem Betracht enttäuschen seine Werke. Er hat nicht die Delikatesse, die den besten Rokokomeistern eigen. Einen Maler von Marionetten hat ihn später Diderot genannt. Damit ist die Schwäche Bouchers gekennzeichnet. Es fehlt seinen Wesen der psychische Reiz, den Watteau in so hohem Grade hatte. Seele haben sie nicht, deshalb können sie nicht zur Seele sprechen. Ein maliziöses Lächeln, eine zärtliche Verliebtheit sind die einzigen Empfindungen, die in diesen Köpfen sich spiegeln. So viele Modelle sein Atelier durchliefen, Boucher ist selten individuell, giebt seinen Gottheiten und Nymphen etwas Typisches, Leeres, das ein wenig an die Wachspuppe streift. Auch in Form und Farbe ist er oft plumper als die andern. Purpurrote Töne herrschen in den Fleischfarben vor. Ein intensives Blau wirkt zuweilen fast schreiend. Namentlich die Werke seiner letzten Jahre sind weit von der liebenswürdigen Grazie der andern Rokokomaler entfernt: die Köpfe von grimmassenhafter Fadheit, die Körper in ihrer rundlichen Weichheit von oberflächlicher schematischer Eleganz. Die Arbeitsüberlastung seiner letzten Jahre veranlaßte ihn, sich eine Schablone zurecht zu machen, lediglich auf Chic, auf äußeren Effekt zu arbeiten. Doch diese Arbeitsüberlastung, die ungeheure Zahl seiner Werke deutet überhaupt die Sonderstellung an, die er inmitten seiner Epoche einnimmt. Das Rokoko ist mehr eine Zeit phäakischen Genießens als kühnen Schaffens, mehr eine Zeit tändelnden Spiels als ernster Arbeit. Auch die Künstler sind ästhetische Genußmenschen, die wenig von der Thatkraft der Aelteren haben. Im Gegensatz zu diesen überfeinerten Gourmets, die in früher Blasiertheit verstummen, scheint Boucher von Gesundheit zu strotzen. Gerade er galt späteren Zeiten als der echte Typus des Rokokomenschen, dessen Dasein in sybaritischer Weichlichkeit hinfloß. Er führte das Leben des Grandseigneur, verschwendete 50 000 Francs im Jahr; besoldete Balletteusen und gab Künstlerfeste, bei denen die ganze Bühnenwelt zusammenströmte. Er besaß eine Kunstsammlung, die Goldschmiedearbeiten und Bronzen, japanische Holzschnitte und chinesisches Porzellan, Bilder und Zeichnungen von fast allen großen Meistern enthielt. Zugleich steht er aber inmitten dieser epikureischen Zeit auch als mächtiger handfester Arbeiter: eine Art August der Starke, der sich in eine effeminierte Epoche verirrte. Seine Schaffenszeit umfaßt ein halbes Jahrhundert. Bis ins hohe Alter hinein saß er täglich zehn Stunden an der

Staffelei. Namentlich unter der Regierung der Pompadour ist er der Mann für alles. Jeden Tag erscheint er in ihrem Palais, um ihr Malstunde zu erteilen und ihre Radierungen durchzusehen. Kein Hoffest, keine Theatervorstellung findet statt, die nicht Boucher leitete. Wie die Rolle des Garderobiers hat er die des Tapezierers, des Tischlers, des Juweliers und Dekorateurs zu spielen. Zur Lösung so vielseitiger Aufgaben wäre ein Träumer wie Watteau nicht fähig gewesen. Es mußte ein robuster, seiner Sache sicherer Ouvrier sein. Da Boucher das war, fehlt ihm die feine Note des Rokoko. Er erscheint als Handwerker unter Künstlern. Aber da er allein noch die Arbeitskraft der großen Alten besaß, ist er gleichwohl der repräsentierende Mann der Epoche, hat als der Kraftmensch, der reisige Werkmeister des Rokoko dem Geiste des Zeitalters in allen seinen Ausstrahlungen die feste körperliche Form geprägt.

Bouchers Thätigkeit umfaßt alles. Er malte einmal für die Marquise ein Bild: kleine Amoretten, die musizieren, meißeln, bauen, radieren, malen, in Thon kneten – eine Huldigung an die schöne Frau, die selbst als Dilettantin sich auf allen Gebieten der Kunst bewegte. Ein solcher Tausendkünstler war Boucher. Alles, was die Kunst liefern kann, um das Leben mit vornehmem Glanz zu umweben, macht er. Er arrangiert nicht nur die Ballette und japanischen Feerien, die im Hause der Pompadour stattfanden. Er zeichnet selbst die Kostüme für all die großen Namen, die am Hofe der Souveränin erschienen, und für all die kleinen Tänzerinnen, die sie von der Oper kommen ließ. Der Gartenstil erhält durch ihn einen neuen Charakter. In seinen Entwürfen »*Diverses fontaines*« tauchen zuerst jene Rosenlauben und Muschelgrotten auf, die seitdem ein paar Jahrzehnte den Stil beherrschen: all jene phantastischen Felsen, aus denen Wasser hervorsprudelt, jene chimärischen Ungeheuer, die mit schönen Frauen in verzauberten Grotten hausen. Nächst Aurèle Meissonier ist er der Führer des Kunstgewerbes. Unerschöpflich an Erfindung liefert er Vorlagen für Bildhauer, Elfenbeinschneider, Goldschmiede und Tischler, zeichnet Tapeten, Möbel, Sänften und Büchereinbände, Fächer und Geschmeide, modelliert Porzellanfiguren, Uhren und Kaminverzierungen, Vasen und Leuchter. Als Maler kennt er kein abgesondertes Fach. Mag es um Staffeleibilder oder Dekorationen, um Wand- oder Deckenbilder, um Surporten oder Wagenthüren, um zierliche Miniaturen oder Tischkarten, um Oel, Radierung oder Pastell sich handeln – er liefert alles. Für die Bühne zeichnet er Theatervorhänge und Coulissen; statuengeschmückte Gärten mit Grotten und Wasserfällen, Paläste mit Marmorkolonnaden, ländliche Maierhöfe in blauduftiger Landschaft. Als Direktor der Gobelinmanufaktur bestimmt er den Teppichstil, setzt Vasen und Guirlanden, Muscheln und Medaillons zu heiter phantastischem Spiel zusammen. Riesig ist die Zahl der Gemächer, die er für den König dekorierte. Namentlich die Schlafzimmer des Monarchen, in ganz Paris zerstreut, waren sämtlich Bouchers Werk. Auch das Schloß Bellevue, das die Pompadour sich baute, erhielt durch ihn seine Ausstattung.

Und wie er technisch die verschiedensten Kunstzweige beherrscht, kennt sein Stoffgebiet kaum die Grenze. Der Mann, der selber den Schneider und Tischler spielte, kannte von Grund aus das Mobiliar des Rokoko. Bilder aus der eleganten Welt sind also die Einleitung seines Oeuvre. Als er seine Illustrationen zu Molière schuf, dachte er nicht daran, daß sie eigentlich im Stil des 17. Jahrhunderts zu halten seien, daß diese Damen hohe Toupets und steife Küraßtaillen tragen und in den Gärten Lenôtres sich bewegen müßten. Der ganze Molière ist ins Rokoko übersetzt, ist kokett, amüsant und jung geworden. Gleich Watteau zeigt er sich als einen Führer der Mode, der immer neue Coiffuren, immer neue Toiletteneleganz erfindet. Die Scene spielt bald im Park oder auf der Straße, im Boudoir oder im Salon. Von bizarrer Eleganz sind die Möbel. Das Bett namentlich, ein mächtiges Himmelbett, fehlt im Hintergrund fast keines seiner Blätter. Ebenso hat er in einer Reihe von *Bildern* das vornehme Leben des Rokoko geschildert. Da sitzt eine junge Dame am Spiegel und überlegt sich, wo das Schönheitspflästerchen, das sie anbringen will, wohl am besten sitzt. Oder sie unterbricht ihre Toilette, um mit einer kleinen Modistin zu konferieren, die ihr Brabanter Spitzen zur Ansicht vorlegt. Oder sie steht am Fenster, damit beschäftigt, einer Brieftaube ein rosafarbiges *Billet doux* um den Hals zu binden. Oder sie läßt sich im Winter von ihrem Verehrer im Fahrstuhl über die Eisfläche fahren, eine elegante Boa um die bloßen Schultern gelegt, von glitzernden Schneeflocken wie von Federdaunen umspielt. Auch die Chinesen spielen in seinem Werk eine große Rolle, gewiß den wirklichen wenig ähnlich, aber um so ähnlicher den vornehmen Herren und Damen, die auf den chinesischen Maskenfesten der Pompadour sich bewegten.

Als Porträtist gehört er nicht zu den großen Psychologen. Bilder, wie den jungen Madchenkopf des Louvre, die pikant und zugleich ähnlich sind, malte er wenig. Gleichwohl hat er in dem Bildnis der Pompadour ein Werk geschaffen, das den Geist der ganzen Epoche spiegelt. In ihrem Arbeitszimmer sitzt sie, auf einer Chaiselongue, ein Buch auf den Knieen. Das Klavier steht aufgeklappt, auf dem Taburett liegen Notenhefte; einige sind herabgeglitten und liegen neben Malutensilien auf dem Boden. Ein großer Spiegel hinter ihr reflektiert den Salon, die Bücher der Bibliothek und die Amoretten der Uhr. Mehr in das Atelier einer Künstlerin, als in das Boudoir einer Maitresse ist man versetzt. Es liegt über dem Bild der ganze Esprit des Zeitalters, das selbst die Liebe zur Kunst erhob.

Wegen seiner Hirtenstücke wurde er als Anakreon der Malerei gefeiert. Sowohl für Surporten wie für Gobelins und Radierungen hat er ländliche Scenen verwendet, und sie sind vertraulicher, verliebter, als bei den früheren. Da lehrt ein junger Marquis, als Hirt verkleidet, seinem Mädchen das Flötenspiel. Dort beugt er sich über sie, drückt ihr einen Kuß ins Haar, bietet ihr einen Taubenschlag, einen Vogelbauer oder die Büchse der Pandora. Oder sie küssen sich durch die Vermittlung von Weinbeeren, die er in schwärmerischer Verzückung ißt, nachdem die Lippen des Mädchens sie berührt.

Seine Köchinnen und Bäuerinnen bringen in dieses Liebesspiel noch eine andere Nuance. Von einer »Einkehr ins Volkstum« läßt sich gewiß nicht sprechen. Denn nicht Bäuerinnen sind es, wie sie mit der Hacke auf dem Felde arbeiten, sondern Bäuerinnen, wie der junge Marquis sie träumt, des Salons müde. Nachdem man das Parfüm der vornehmen Damen geatmet, beneidet man den Grenadier um seine Köchin, den Burschen vom Dorf um seine ländliche Schöne. Den Marquisen malt er die kräftigen Bauernburschen, den eleganten Roués die Dirnen mit gebräunten Armen und festen Schultern. Jules Lemaître in seinem Roman »Les rois« hat wohl am besten diese Stimmung des Zeitalters geschildert.

Damit hängt auch zusammen, daß in seinen Landschaften das Ländliche so hervortritt. Mit Watteau teilt er die Liebe für die grünende blühende Natur. Aber keine vornehmen Herren und Damen lagern auf den Wiesen. Kein Elysium ist ihm die Welt, sondern ein idyllisches Dorf, gesehen mit dem Auge des Salonmenschen, der zur Abwechslung im Geruch des Kuhstalles einen aparten Reiz empfindet. Strohgedeckte Bauernhäuser sieht man. Turteltauben sitzen girrend auf dem Dach. Hühner picken auf dem Mist. Bächlein winden sich an morschen Brücken vorbei durch die Wiese. Fischer werfen zum Forellenfang ihre Netze aus, und namentlich – schmucke Wäscherinnen, hoch geschürzt, beugen sich nieder.

Selbst religiöse Bilder kommen unter Bouchers Werken vor. Denn in dem Hotel der Pompadour war für die Liebe ebensogut wie für die Reue gesorgt. Der Architekt hatte die Schloßkapelle nicht vergessen, und Boucher hat die Altarbilder, die für solche Räume nötig waren, mit demselben Chic wie die Gazeröckchen der Balleteusen entworfen. Eine Geburt Christi, eine Anbetung der Hirten, eine Predigt des Johannes, eine Himmelfahrt der Maria giebt es von ihm. Und wenn er besonders gern das Christkind mit dem kleinen Johannes malt, wie sie zärtlich sich küssen, so zeigt sich darin wieder, wie sehr das Rokoko sich der Zeit Leonardos verwandt fühlte, die dieses Motiv zuerst gebracht hatte.

Doch Bouchers eigentliches Gebiet ist die nackte Mythologie. Als der »Maler des leichtsinnigen Hofes der Cythere« wurde er von den Zeitgenossen gefeiert und von den späteren verdammt. Nicht an Hirtenstücke und an *fêtes galantes*, sondern an die Geburt der Venus des Stockholmer Museums denkt man, wenn der Name Boucher genannt wird. Tritonen stoßen in ihre Muschelhörner und spielen mit den blonden Töchtern des Meeres, die auf dem Rücken freundlicher Delphine herankommen. In allen Lagen umkosen und umschmiegen sich die Körper, während Amoretten in der Luft ein Tuch wie eine flatternde Siegesfahne schwenken. Hell leuchtend, wie in Rosenduft gebadet ist der Himmel. Hell und leuchtend heben die Körper der Frauen sich von den hellblauen Wogen ab. Dieses Bild bedeutet für Boucher dasselbe, wie die Einschiffung nach der Insel Cythere für Watteau. Als Watteau auftrat, ergriff man den Pilgerstab. Jetzt ist das Ziel der Wallfahrt erreicht, Watteaus Heldin ist die Dame in seidenem Kleid und Brabanter Spitzen, die ihr niedliches Pantöffelchen über einer Welt von Kavalieren schwingt. Bouchers Herrscherin ist Venus in Person – freilich gleichfalls eine Venus des Rokoko: nicht die schreckliche, mordende Göttin, die Racine in der Phädra gefeiert, sondern eine Courtisane großen Stils, eine lustige Marquise, die vom Balkon des Olymp duftige Rosen ins Leben streut.

Der Frauenkörper ist der Traum von Bouchers Leben gewesen. Ihn zu feiern setzt er den ganzen Olymp in Bewegung, Phoebus, Thetis, Nymphen, Najaden und Tritonen schaukeln sich auf dem Meer und im Aether in weichen Bewegungen. Apollo mit der Lyra sitzt in den Wolken, Musen tanzen, Amoretten schmieden die Waffen des Vulkan. Da dehnt eine hellblaue duftige Landschaft sich aus. Venus verläßt ihren Taubenwagen, um ins Bad zu steigen. Dort wird die schöne Europa vom Zeusstier entführt. Und nicht erschrocken ist sie, Ihre Gespielinnen klagen nicht, sondern wünschen ihr Glück, daß sie die Auserwählte seiner himmlischen Majestät geworden. Oder er malt die drei Grazien, die einen kleinen Cupido im Triumph emporheben, – also Grazie und Liebe, die beiden Elemente des Rokoko; malt die Erziehung Amors, die Entführung des Cephalus durch Aurora, malt das wunderbare Bild des Louvre, wie Diana aus dem Bade steigt, benutzt das Motiv des Kirschensammelns, um junge Körper in den verschiedensten Bewegungen zur Schau zu stellen. Pausbäckige Putten tummeln und überschlagen sich auf den Wolken, schwingen triumphierend seidene Fahnen, schießen Pfeile ab und fesseln mit Rosenketten die Zaudernden.

Kann man Watteau den Giorgione, so kann man Boucher den Correggio des Rokoko nennen. Wie Correggio steht er dem Männlichen hilflos gegenüber. Alle Männer, die in seinen Bildern vorkommen, sind Puppen, die nicht aus Knochen, sondern aus Watte bestehen. Mit Correggio teilt er die Vorliebe für dicke Amoretten mit enormen Hüften. Mit ihm den Hautgout, der alle seine Werke durchweht.

Verschieden von Correggio ist er natürlich in Komposition und Farbe. Wo Correggio noch geometrischen Aufbau hat, ist bei Boucher der leichte Fluß, die prickelnde Freiheit des Rokoko. Während Correggio als Sohn der Renaissance dunkle, goldige Töne liebt, bewegt sich Boucher in einer silberhellen, bleichen, bläulich rötlichen Skala. Correggio braucht Schatten, braucht Kontraste um seine nackten Körper aufleuchten zu lassen. Bei Boucher ist alles, die Figuren wie die Landschaft, in sinnlich kosendem vibrierendem Licht gebadet.

Auch psychisch ist der Unterschied der Epochen deutlich. Was bei Correggio zitternde Erotik war, ist bei Boucher das verliebte Schönthun des alten Herrn, der einem Backfisch unters Kinn faßt.

Noch jünger als bei Lemoyne sind bei Boucher die Frauen: frühreif schon mit vierzehn Jahren – Typen wie die Murphy, jene Irländerin, die der Pompadour in der Gunst des Königs folgte. Zart und nervös sind die Beine. Delikat ist die Taille, noch ganz unentwickelt die junge, kaum sich wölbende Brust. Erst diente ihm seine Frau, eine siebzehnjährige Pariserin als Modell. Dann fand er durch den Verkehr mit der Oper das Mittel, daß seine Kunst nie alterte. Denn das *Corps de ballet* war damals sehr jung. Man liebte nur ganz schmächtige, grazile Körper. Und Boucher selbst sieht wie ein Ballettmeister auf dem Bildnisse aus, das Lundberg von ihm malte: der Kopf mit der gewellten Perücke hat etwas siegreich Selbstbewußtes. Wie im Fieber glänzt das Auge, weich und sinnlich ist der Mund. Die jugendlichsten, frischesten Gestalten suchte er sich aus. Man beobachtet sogar, daß er, je älter er wurde, ein desto raffinierteres Vergnügen empfand, ganz kindliche, knospende Körper heraus zu fischen. Gleichwohl war er als echter Abenteurer der Liebe in seinen Gunstbezeigungen nicht einseitig. Wie er neben ätherischen Marquisen robuste Köchinnen malt, denkt er nicht daran, nur die elastische Festigkeit kindlich langgestreckter Körper für schön zu halten, sondern geht von den mageren zu den fetten, freut sich an quammig, quappigen Leibern und an weicher, speckiger Haut. Es ist, als sei Rubens aufgelebt, mit solcher Leidenschaft hat er zuweilen jeden Fettansatz solch fleischiger Körper gegeben.

9. Die Frivolen

Auf diesem Wege ging die Entwickelung weiter. Mit den zierlich gemessenen Menuetten Watteaus hatte die Redoute begonnen. Um Mitternacht, unter der Anführung Bouchers, wurde der Cancan getanzt. Jetzt, vor Tagesgrauen, folgt noch der Cotillon.

Man hatte zu viel getanzt und zu viel geliebt. Statt sich selbst zu bemühen, will man nur noch zusehen, so wie der Pascha, Opium rauchend, apathisch in seinem Harem sitzt. Auch Balletteusen tanzen zu lassen, hat keinen Reiz mehr. So beginnt am Schlusse des Rokoko die eigentlich galante Kunst, das *Tableau vivant*. Stramme Burschen und hübsche Mädchen aus dem Volk müssen den vornehmen Herren die Liebesscenen vorspielen, für die sie selbst zu blasiert geworden.

Pierre Antoine Baudouin ist der erste, der dieses Gebiet betrat. Sein ganzes Leben war der Erzählung galanter Abenteuer gewidmet. Da läßt sich ein junges Mädchen entführen. Oder einem alten Herrn macht es Freude, die Geliebte mit dem Gärtnerburschen zu belauschen. Oder der Beichtstuhl wird zu interessanten Erörterungen benutzt. Daß Baudouin für die Erzählung solcher Dinge nie großes Format und die schwere Oelmalerei, sondern stets kleines Format und die Gouache wählte, ist ein Zeugnis für den unfehlbaren Takt, der diese Zeit wie eine *force majeure* beherrschte.

Doch als geistreichster dieser Gruppe, überhaupt als einer der feinsten des Jahrhunderts ist *Fragonard*, der nervöse Charmeur, zu feiern, in dem sich noch einmal alle Lebenslust und Leichtlebigkeit, die ganze Grazie des Rokoko sammelt.

Fragonard hat alles gemalt. Nächst seinem Lehrer Boucher war er der beliebteste Dekorateur, von dem die Göttinnen der Schönheit ihre Tempel ausschmücken ließen. Sowohl die Guimard wie die Dubarry zogen ihn heran. Und obwohl solche Werke, aus ihrer Umgebung gerissen, ihren feinsten Zauber verlieren, ahnt man noch aus den Fragmenten, was für geistsprühende Dekorationen Fragonard schuf: bizarr und kokett in der Erfindung, hell und delikat in den Tönen. Daß er in einem dieser Werke die vier Weltreligionen, die »christliche, asiatische, amerikanische und afrikanische« in Umrahmungen von reinstem Rokokostil nebeneinander stellte, ist ebenfalls bezeichnend für den Geist des Jahrhunderts.

Neben dem Dekorateur steht der Landschafter. Schon in seiner Jugend, als Pensionär des Königs in Italien, hatte er sehr feine Landschaften gezeichnet: die alten römischen Villen in ihrer Mischung von Verfall und Größe, schwarze Cypressen, die sich starr zum Himmel recken, und Statuen, die grellweiß aus dunklem Grün hervorblinken. Später, von Paris aus, ging er jeden Sommer aufs Land und schilderte in frischen Bildchen das Bauernleben. Landleute ruhen nach der Arbeit des Tages aus, Wäscherinnen breiten ihre Linnen auf die Wiese, Kühe und Esel grasen auf einsamem Feld. Kinder namentlich sind die Helden dieser pastoralen Scenen. Sie lassen ihr Hündchen tanzen, spielen mit dem Polichinelle, erhalten von der Mutter ihr Vesperbrot.

Seine Bildnisse haben ihn zum angestaunten Liebling der modernen Impressionisten gemacht. Es ist kaum möglich, mit einfacheren Mitteln, ohne alle Retouchen und Nachhilfen, mehr Leben und Unmittelbarkeit in einem Kopfe zu konzentrieren. Mit Hals' kühnem Vortrag verbindet sich das prickelnde Froufrou des Rokoko. Auf seine grau-rosige Töne sind die Toiletten gestimmt. Die flüchtigsten Bewegungen von Zügen und Gestalt hält er fest. Schauspieler namentlich sind in seinen Bildnissen dargestellt. Sie waren die Helden dieses Zeitalters, das nicht mehr lebte und handelte, nur noch spielte und sich vorspielen ließ.

Trotzdem denkt man nicht an diese Bilder, wenn der Name Fragonard genannt wird. Man denkt an Reifröcke, seidene Garnierungen und hochgeschürzte Jupons, an lustige Schaukeln, die pikante graue Strümpfe sehen lassen, an feine Battisthemden, die von rosigen Schultern herabgleiten, an Amoretten, Küsse und Liebesspiel.

»Kurz nach Schluß der Salonausstellung 1763«, erzählt Fragonard selbst, »schickte ein Herr zu mir und bat mich, ihn zu besuchen. Er befand sich, als ich bei ihm vorsprach, gerade mit seiner Maitresse auf dem Land. Zuerst überschüttete er mich mit Lobsprüchen über mein Bild und gestand mir dann, daß er ein anderes von mir wünschte, dessen Idee er angeben würde: Ich möchte nämlich, daß Sie Madame malen auf einer Schaukel. Mich stellen Sie so, daß ich die Füße des hübschen Kindes sehe – oder auch mehr, wenn Sie mich besonders erfreuen wollen.« Diesem seltsamen Liebhaber dankt man das Bild »die Schaukel«, das erste, das den eigentlichen Fragonard zeigt.

Mit diesem Bild hatte er seinen Beruf gefunden und wurde der privilegierte Meister dieses Genres. Die Herren vom Hofe wie von der Haute-finance – jeder will einen Fragonard haben, und Fragonard ist unerschöpflich in der Erfindung pikanter Situationen.

Fragonard ist sicher kein moralischer Künstler. Wer Kunstwerke nicht auf ihren Stoff, sondern auf ihren Kunstgehalt prüft, wird ihn gleichwohl zu den größten rechnen, so viel prickelnde Verve, so viel Geist und Brio ist in allen seinen Werken. Es ist erstaunlich, mit welch koloristischer Feinheit er die Gegenstände zusammenstimmt; erstaunlich, mit wie geringen Mitteln er Leben und Bewegung ausdrückt. Auch dadurch, daß er, wie Baudouin, niemals Oel, sondern immer Aquarell verwendet, die Bilder nie in großem, sondern in kleinem Maßstab hält, wird jeder triviale Realismus vermieden und der Charakter des lustigen Capriccio gewahrt.

Ist es das bewegliche Blut des Südfranzosen – Fragonard stammte aus der sonnedurchfluteten Provence – das in seinen Werken pulsiert? Oder arbeitete er so nervös und hastig, weil er selbst fühlte, daß die Tage der Lustigkeit gezählt seien? Die Karnevalsnacht des Rokoko naht ihrem Ende. Fragonard ist der *Pierrot lunaire*, der beim Morgengrauen blaß und geisterhaft seine Sprünge macht. Manche seiner Bilder, so toll sie sind, haben etwas von Gebeten. Altäre sind errichtet. Opferflammen züngeln lohend gen Himmel, und bleiche Menschen legen weiße Kränze zu Füßen des allmächtigen Eros nieder. Da heben Weiber flehend ihre Hände zu Satan empor und beten, ihnen das Geheimnis neuer ungekannter Sensationen zu enthüllen. Dort stürmt ein Paar in rasender Hast nach dem Springbrunnen der Liebe, und der Jüngling schlürft begierig das Naß, das ein Amor ihm reicht. Es ist kein Zufall, daß gerade damals die Zeit der Geisterseher und der Wunderelixiere begann; daß vornehme Herren zu Alchymisten wurden, in ihrem Laboratorium eingeschlossen, sich bemühten, den Geheimnissen des Lebens und Sterbens auf die Spur zu kommen; daß die Heiligen des Zeitalters jene Wunderdoktoren waren, die den müden, abgelebten Menschen ein Lebenselixier versprachen. Die Freude Fragonards an drallen Kindern ist ähnlich derjenigen, die Wagner empfand, als er in der Retorte den Homunculus braute. Es ist auch kein Zufall, daß Wahrsagerbilder jetzt so beliebt werden. Man hat das Gefühl, daß die Zukunft etwas Dunkles berge. Eine leichte Sentimentalität, eine trauernde Wehmut ist über Fragonards letzte Blätter gebreitet. Die Rosen, einst rot, sind grau wie Asche. Der lustige Karneval des Rokoko war zu Ende, und der Aschermittwoch war angebrochen mit Diät, Buße und Fasten.

10. Das bürgerliche und antike Schäferspiel

Es ist mit den Jahrhunderten wie mit den einzelnen Menschen. Wenn sie ihrem Ende entgegengehen, halten sie innere Einkehr und bereuen die Verirrungen ihrer Jugend. So war es am Schlusse des Quattrocento, als in das genußfrohe Epikuräertum der mediceischen Epoche das Hagelwetter Savonarolas hereinplatzte. So am Schlusse des Cinquecento, als auf das stolze Heidentum der Renaissance die düstere Gegenreformation folgte; am Ausgang des 17. Jahrhunderts, als der Sonnenkönig aus den Prunksälen seines Schlosses nach dem Betstuhl schritt. Für das 18. Jahrhundert hat das Auftreten Rousseaus eine ähnliche Bedeutung.

Die Feinschmeckerei hatte um die Mitte des Jahrhunderts eine nicht zu überbietende Raffiniertheit erreicht. Alle Genüsse des Lebens waren ausgekostet. So kommt jetzt der Moment, wo nach dem prickelnden Sekt die Lust auf Schwarzbrot erwacht, wo man nach der Ueberfeinerung und Frivolität sich in den glücklichen Zustand der Einfachheit und der Tugend zurückträumt. Mitten in der Zeit der höchsten Kultur tritt ein Mann auf, der diese Kultur als etwas Nichtiges brandmarkt, im Vergleich zur Ueberreizung und Verweichlichung, die er um sich sieht, den Urzustand der Wilden in glühenden Farben preist. Wie Tacitus den Römern der Verfallzeit die alten Germanen, stellt Rousseau der vornehmen Welt des 18. Jahrhunderts den Naturmenschen vor Augen, der in seiner Tugend den Kulturmenschen beschämt. Nur wo Bedürfnislosigkeit und Ehrsamkeit wohnt, wo in natürlichen Zuständen natürliche Menschen in treuer Liebe aneinander hängen, ist wahres Glück zu finden. Mit Thränen im Auge schildert er das Leben der kleinen Leute, all jene Reize stiller Häuslichkeit, die der Strudel des Gesellschaftslebens vernichtete, jene süßen Sorgen um Haus und Kind, um Garten und Feld, die wohl Sorgen, aber auch Glückseligkeit sind. In diesen Zustand paradiesischer Unschuld muß die vornehme Welt zurückkehren, muß vom Volke wieder lernen, was ihr selbst im Strome der Ueberkultur verloren gegangen. Dringend ermahnt er die Mütter, dem Kinde selbst die erste Nahrung zu reichen, denn nur mit der Muttermilch werde die Kindesliebe eingesogen. Auch zur Frömmigkeit ruft er die Menschen zurück. Hatte Voltaire, der Mephisto des Jahrhunderts, für die Religion nur geistreiche Spöttereien gehabt, so setzt Rousseau an die Stelle des Zweifels wieder den Glauben.

Voltaire verspottete den Apostel mit den Worten: »Wenn man Ihr Werk liest, bekommt man Lust, auf allen vieren zu laufen. Da ich jedoch seit 60 Jahren diese Gewohnheit verloren, fühle ich leider, daß es mir unmöglich ist, sie wieder aufzunehmen, und überlasse dieses natürliche Benehmen denen, die dessen würdiger sind als Sie und ich.« Die übrige Welt begeisterte sich an Rousseaus Schriften. Namentlich die Damen bemächtigten sich der neuen Ideen. Der Flirt mit schöngeistigen Abbés, die so formvollendet und kühl den Hof machten, war auf die Dauer langweilig geworden. Man sehnte sich nach neuen Sensationen. Diesem Sehnen brachte Rousseau Befriedigung. Es war so hübsch, nachdem man so lange nur Modedame gewesen, zur Abwechselung die Hausmutter zu spielen; so pikant, inmitten glänzender Gesellschaften, angeschwärmt vom Auge der Kavaliere, das Kind zu stillen. Auch das religiöse Gefühl erwachte. Nach der Freigeisterei des Materialismus war es neu und vornehm, einer gefühlvollen Religiosität zu huldigen. Nachdem man bisher mit eitlen Vergnügungen die Zeit verbracht, schien es eine Forderung des guten Tones, Kinderzeug für Wohlthätigkeitsbazare zu stricken und Kuchen an hübsche Savoyardenbuben zu verteilen. Die elegantesten Weltdamen bestreuen ihr Haupt mit Asche, leisten Abbitte für das, was sie früher gesündigt. Sie gehen in die Wohnungen der armen Leute, nehmen die Kinder auf den Arm und überhäufen sie mit den seltsamsten Geschenken, mit abgelegten seidenen Shawls und gehäkelten seidenen Börsen. Sie knien an Altären und gehen mit den Prozessionen. Nicht mehr *Scherzo vivace*, sondern sentimental sind die Weisen die auf dem Klavier gespielt werden. Geistliche Konzerte und Glucksche Oratorien kommen in den Tuilerien zur Aufführung. Auf die Orgien des Palais Royal mußte eine Orgie der Sittsamkeit, auf die galanten Schäferspiele ein Schäferspiel der Tugend folgen. Diderot als erster gab den Gedanken Rousseaus dramatische Form. Mit seinen Familienstücken *»le père de famille«* und *»l'honnête femme«* brachte er die *Tragédie bourgeoise* und die *Comédie larmoyante* in Schwung. Hatte man sich vorher an den frivolen Gesellschaftsstücken Crébillons und an Grétrys *opéras* *comiques*, an Zemire und Azor, an Aucassin und Nicolette ergötzt, so lauschte man jetzt mit Entzücken diesen weinerlichen Dramen, die so rührselig, so tugendhaft erbaulich das bürgerliche Leben ausschmückten. Selbst die Wissenschaft wurde von der Strömung berührt. »*La tendresse de Louis XIV. pour sa famille*« ist das Thema der Preisaufgabe, die 1753 von der Akademie der Wissenschaften gestellt wurde. Die Aesthetik lenkte in die nämliche Bahn. Nicht ergötzen, sondern bessern soll die Kunst, Vorbilder schaffen den Guten zur Erhebung, zum warnenden Beispiel den Schlechten. Nur eine moralische Plastik, eine moralische Malerei könne man noch brauchen. Jedes Bild, jede Skulptur müsse der Ausdruck einer großen Maxime, eine Lektion für den Beschauer sein.

Für die älteren Künstler bedeutete das den Ruin. Boucher namentlich, der Maler der Grazien und des leichtsinnigen Hofes der Cythere, hatte die Wandlung des Geschmackes bitter zu fühlen. Auf dem Porträt, das der Schwede Roslin 1760 von ihm malte, ist er nicht mehr der brillante Kavalier, der Habitus der Oper, den Lundberg 1743 gemalt hatte. Müde Falten haben sich in das Gesicht geschrieben. Etwas Unsicheres, Unruhiges hat der Blick. Wie ein Tiger hatte sich Diderot auf ihn gestürzt. Es sei eine Schmach, noch Bilder eines Mannes sehen zu müssen, der sein Leben mit Prostituierten hinbrächte. Alle Ideen von Ehrbarkeit und Unschuld seien ihm abhanden gekommen. Nur als Menetekel moralischer Versumpftheit lebe er in die tugendsame Epoche herüber.

Greuze gab diesen Stimmungen das künstlerische Gewand. Hatten Boucher und Fragonard für die pikanten Freuden vornehmer Lebemänner gesorgt, so wurde unter Greuzes Händen das Bild zur Moralpredigt. Wie die Philosophen und die Romanciers verkündet er die Lehre, daß nur in den Hütten reine ungeschminkte Zärtlichkeit wohne, nur hier jene Liebe, die wahrhaft glücklich macht. Wie bei Diderot geht durch alles die pathetische Absichtlichkeit moralischer Rührung. Wie die Dramen des Schriftstellers enthalten seine Bilder stets die Nutzanwendung: *haec fabula docet*. Und da die vornehme Welt, nachdem sie den Cancan des Lebens getanzt, empfindsam thränenselig geworden war, gestaltete Greuzes Leben sich zum Triumph. Das ganze Zeitalter weinte mit ihm über die Belohnung des Guten und die Bestrafung des Bösen tugendhafte Thränen. Vorher war in dem aristokratischen Frankreich das Volksleben selten geschildert worden. Die niederen Kreise, die Canaille, waren mehr Gegenstand des Spottes, als der Verherrlichung. Noch Boucher hatte in den zwölf Radierungen, die er unter dem Titel »*Cris de Paris*« herausgab, die Typen der Großstadt – den Hausierer, den Drehorgelmann, die Milchfrau – nur als kuriose Wesen vorgeführt, über die man lachte, wenn ihre gellen Stimmen von der Straße herauftönten. Jetzt unter der Aegide der Rousseauschen Philosophie hält der »dritte Stand« seinen Einzug in die Kunst. Es wird entdeckt, daß das Arkadien, das man bisher auf der Insel des Robinson Crusoe gesucht, auch in unmittelbarer Nähe zu finden sei. Man war bezaubert, über die Ehrbarkeit des Volkes unterrichtet zu werden; war des Parfüms, das die Salons durchströmte, so überdrüssig, daß man mit Wollust den Geruch der Hündchen, Katzen und Hühner einatmete, die sich in den Stuben dieser braven Leute so ungeniert wie im Stalle bewegten.

Gleich sein erstes Bild, der »Familienvater, der seinen Kindern aus der Bibel vorliest«, machte ihn 1755 zu einem berühmten Meister. Die ganze vornehme Welt drängte sich vor dem Werk zusammen, weil es nach dem geistreichen Atheismus der Philosophen so nagelneu war, von der simplen Frömmigkeit solch ehrbarer Landbewohner zu hören. Auch die zahlreiche Nachkommenschaft dieses Familienvaters imponierte. Die Frau des Rokoko hatte sehr geringschätzig über die Mutterfreuden gedacht. Jetzt wurde, wie die Memoiren Marmontels zeigen, der »kleine Mann« auch wegen seines Kinderreichtums beneidet. Wie ein biblischer Patriarch schwingt er auf Greuzes Bildern inmitten einer hundertköpfigen Nachkommenschaft sein Scepter. Die brave Urahne und der biedere Großvater väterlicher- und mütterlicherseits leben ebenfalls noch. Selbst die Onkel, Tanten, Vettern und Basen haben in der Familie ihr Nest gebaut und hängen aneinander mit hingebender Zärtlichkeit. Oed und erzwungen erschienen den vornehmen Damen alle ihre gesellschaftlichen Vergnügungen gegenüber dem traulichen Familienleben dieser Leute. Nicht weniger erstaunt waren sie, zu sehen, mit welch biblischer Feierlichkeit in diesen

Kreisen alle Vorgänge des Lebens sich abspielten. Eine Verlobung in der Aristokratie ist ein geschäftlicher, gleichgültiger Akt. Die Comtesse verlobt sich, um als junge Frau die Huldigungen anderer entgegenzunehmen. Mit der Festsetzung des Ehekontrakts und dem Handkuß des Verlobten ist die Sache abgetan. Im Volke weiß man noch, daß die Ehe ein heiliges Sakrament bedeutet. Zwölf Personen sind in dem Bilde der »Verlobung auf dem Lande«, das Greuze 1761 ausstellte, vereinigt. Mit erhabener Gebärde überreicht der Vater seinem Schwiegersohn die Mitgift und giebt ihm weise Ratschläge, ernste Lebensregeln auf den Weg. Verschämt und hingebungsvoll legt das junge Mädchen ihren Arm unter den des Geliebten. Ermutigende, tröstende Worte flüstert ihr die gute Mutter ins Ohr. In ehrfürchtigem Staunen, wie ein höheres Wesen, betrachten sie die jüngeren Schwestern.

»Glück auf, lieber Greuze, bleibe moralisch, und wenn der Moment kommt, wo du das Leben verlassen mußt, wird keine unter deinen Kompositionen sein, an die du mit Reue zu denken brauchst.« Mit diesen Worten begrüßte Diderot Greuzes nächstes Bild, den Paralytischen, der im Salon von 1763 erschien. Er berichtete hier, welch hingebende Pflege, treu den Vorschriften der Bibel, die guten Kinder des Bürgerstandes ihren kranken Eltern widmen. Freilich – wer Vater und Mutter nicht ehrt, dem wird es auch nicht gut gehen, und er wird nicht lange leben auf Erden. Dieses Thema hat er in den beiden Bildern »der väterliche Fluch« und »der bestrafte Sohn« behandelt. Donnernd, wie ein olympischer Zeus, schleudert der Alte seinen Fluch auf den mißratenen Sprößling, während die Mutter in Thränen vergeht und die jüngeren Geschwister scheu und furchtsam auf den Geächteten blicken. Dann vergeht die Zeit. Reumütig nachdem er erfahren, daß nur des Vaters Segen den Kindern Häuser baut, kehrt der Sohn ins Vaterhaus zurück. Bittend, mit schlotternden Knieen, wie ein Bettler steht er in der Thür und will Verzeihung erflehen. Doch zu spät. Sein Vater ist tot. Mit tragischer Geste weist die Mutter auf den Leichnam, den schluchzend, weinend, stöhnend die Kinder und Enkel umgeben.

Nachdem Greuze mit solchen cyklischen Kompositionen begonnen, beabsichtigte er einen ganzen Roman von 26 Bildern zu schreiben, der unter dem Titel »Bazile und Thibaut« den Einfluß guter und schlechter Erziehung behandeln und mit der Verurteilung des Mörders Thibaut durch seinen Freund, den Richter Bazile, abschließen sollte. Zur Ausführung kam dieses Unternehmen nicht. Dagegen brachte er im nächsten Salon zwei Bilder, die das Thema der Mutterpflichten im Sinne Rousseaus behandelten. Eine junge Mutter übergiebt – trotz aller Lehren des Philosophen – ihr Kind einer Amme. Unter heißen Thränen der ganzen Familie vollzieht sich der Abschied. Aber Rousseau hat recht. Auf dem nächsten Bild kommt der Baby zwar als kräftiger Bub in das Elternhaus zurück. Doch er erkennt seine Mutter nicht und verlangt zur Amme. Nur Frauen, die selbst ihrer Mutterpflicht genügen, können die Liebe ihrer Kinder sich sichern.

Die junge Mutter, die mit ihren Kindern sich beschäftigt, ist also ein Lieblingsthema Greuzes. Er malt sie, wie sie ihrem Baby die Brust reicht, wie sie neben ihrem Gatten, zärtlicher Gedanken voll, an der Wiege sitzt. Ja, es braucht gar nicht um junge Mütter sich zu handeln – stets weist er darauf hin, daß die Bestimmung des Weibes die Mutterschaft, die Ernährung von Kindern ist. Das kleine Mädchen spielt mit der Puppe, denn es soll dafür gesorgt werden, daß schon im Baby das Gefühl der Mütterlichkeit erwacht. Es tragt kein beengendes Korsett, denn der Busen soll voll sich entfalten. Während die Frau des Rokoko zeitlebens das junge Mädchen blieb, sind Greuzes Mädchen schon als Backfische Frauen. »La Laitière« lautet zuweilen die Unterschrift. Es besteht ein enger psychologischer Zusammenhang zwischen dem Aeußeren der jungen Damen und ihrer ländlichen Freude, mit Marie Antoinette früh die Kühe zu melken. Blond oder brünett sind seine Mädchen, ein blaues oder rotes Band tragen sie im Haar. Schmollend oder ahnungsvoll fragend blicken die großen braunen Augen. Immer aber ist der Effekt auf diesen Gegensatz zugespitzt: auf den Kontrast zwischen den hellen, leuchtenden Kinderaugen, die noch so backfischhaft unerfahren blicken, und den vollentwickelten Formen reifer Weiblichkeit.

Bouchers Schönheitsideal ist nicht unschuldiger, sondern raffinierter geworden. Nur bleibt Greuze sogar in solchen Bildern moralischer Künstler. Die Scene, wie ein junges Mädchen dem

317

Amor Tauben opfert, hat stets als Gegenstück Maria Magdalena, die reuige Sünderin, die mit dem Augenaufschlag der Niobe die Verzeihung des Himmels erfleht. Nicht die Freuden der Sinnlichkeit malt er, sondern die Trauer um die verlorene Unschuld. Ratlos wie ein aufgescheuchtes Reh blickt das arme Baby, dessen Krug zerbrochen ist. Ratlos, untröstlich, blickt das junge Mädchen, das ihren Spiegel hat fallen lassen, auf die zerbrochene Scheibe. Alles Lebensglückes beraubt, thronenden Auges schaut ein anderes Kind auf ihr gestorbenes Vögelchen. »Glaubt nicht,« schrieb Diderot, »daß es um den Krug, den Spiegel oder das Vögelchen sich handelt. Die jungen Mädchen beweinen mehr, und sie weinen mit Recht.«

Greuze ist in dieser Mischung von thränenseliger Moral und perversem Hautgout der echte Maler seiner Zeit. Denn man darf nicht glauben, daß die Besserung eine tiefgehende gewesen wäre. Die Einfachheit und Sittsamkeit war nur Façade. Wohl bot Trianon, das »Klein-Wien« der Marie Antoinette, äußerlich einen sehr ländlichen Anblick. Am Fuße waldiger Hügel, am Ufer eines stillen, Weihers zogen sich die bäuerlichen Häuser hin. Es gab einen Pachthof und eine Mühle, eine Milcherei und ein Taubenhaus. Fischer und Wäscherinnen arbeiteten in der Nähe. Die Damen trugen Strohhüte, die durch den Schäfergeschmack aufgekommen waren. Auf der Wiese spielten die Königskinder als Schäfer und Schäferinnen mit ihren Schafen und Ziegen. Doch im Innern von Trianon sah es gerade so aus wie in dem künstlichen Dorf, das der Prinz von Condé sich im Park von Chantilly hatte bauen lassen. Auch da gab es Bauernhäuser: eine Mühle, eine Scheune, einen Stall, eine Dorfschenke. Aber keines der Gebäude diente im Innern dem Zweck, den es äußerlich ankündigte. Das Wirtshaus enthielt die herrschaftliche Küche, der Stall eine Bibliothek, die Dorfschenke einen Billardsaal, die Scheune ein elegantes Schlafgemach mit zwei Boudoirs. Ebenso bestand in Trianon ein ganzes Gebäude aus Küchen. Es gab eine Küche für die kalten Speisen, eine andere für die Zwischengerichte, eine dritte für die Entrées, eine vierte für die Ragouts, eine fünfte für die Braten, eine sechste für die Pasteten, eine siebente für die Torten. Die Herren durften nur in scharlachroter Uniform mit weißer goldgestickter Weste erscheinen. Die Scheune hatte den Zweck eines großen Ballsaales. Zuweilen, wenn unter einem Zelt im Freien getanzt wird, macht man sich das Vergnügen, ein paar schmucke Bauernburschen aus der Umgegend kommen zu lassen und über ihre tölpelhaften Bewegungen zu lachen. Doch im übrigen ist durch den Anschlag *»De par la reine«* der Park im weitesten Umkreis für jeden Nichthoffähigen gesperrt. Selbst der König darf die Königin in Trianon nur nach vorhergegangener Einladung besuchen. Auch sonst hält man an allen Vorschriften der Etikette fest. Noch findet das Lever der Königin in Gegenwart aller Hofdamen statt. Ihr Hofstaat, 496 Chargen umfassend, kostete jährlich 45 Millionen. Die Summe, die für Spieldivertissements angesetzt war, betrug 300 000 Fr., die Summe für Toiletten 120 000 Fr., die aber gewöhnlich um 140 000 Fr. überschritten wurden. Etatsmäßig war die Anschaffung von zwölf großen Staatsroben, zwölf Phantasieanzügen und zwölf Paradekleidern für jede der vier Jahreszeiten. In einem einzigen Jahr wurden bei einer einzigen Modistin 300 Fichus für die Königin gekauft. Das Jahresgehalt des Friseurs einer Hofdame, der Madame Matignon, war 240 000 Fr. Und gerade damals war der Beruf der Coiffeure etwas so Wichtiges geworden, daß sie in einer Eingabe an die Regierung darum nachsuchten, gesellschaftlich den Künstlern gleichgestellt zu werden. Denn der Coiffeur gebrauche wie dieser »seine bildende Hand, seine Kunst verlange Genie, daher sie eine freie und liberale Kunst ist.« Straußenfedern und Rubinnadeln schmückten die meterhohen Coiffuren. In einem einzigen Jahre kaufte Marie Antoinette für 700 000 Fr. Diamanten und schenkte dem Dauphin einen Wagen, dessen Räder und Ornamente aus vergoldetem Silber, aus Rubinen und Saphiren bestanden. Der regelmäßige Kerzenverbrauch der Königin betrug jährlich 157 000 Fr. Die nicht abgebrannten wurden einer Kammerfrau überwiesen, die dadurch ein Jahreseinkommen von 50 000 Fr. bezog. Und daß die Sittlichkeit trotz alles äußeren Scheines nicht größer geworden war, erhellt aus einer Bemerkung des Journal des Modes, daß Ludwig XVI. zwar keine Maitressen, andere dagegen – Maitres unterhielten. Dieselbe erheuchelte Natürlichkeit, dieselbe moralische Unmoralität ist Greuzes Werken eigen.

In seinen Bildern lebt der tugendhafte, empfindsame Mensch, wie das ausgehende 18. Jahrhundert ihn träumte. Selbst die Künstlichkeit, die theatralische Affektiertheit seiner Bilder lag im Sinne der Zeit. So herrlich weit glaubte man es in der Tugend gebracht zu haben, daß man das Ergebnis mit deklamatorischem Pathos verkündete. So stolz war man, sich der Enterbten erinnert zu haben, daß man über die eigene Herzensgüte Thränen der Rührung vergoß. Ebenso salbungsvoll, ebenso phrasenhaft wie Grenze sprechen die Schriftsteller, reden die Staatsmänner von der Güte des Volkes. Das ganze menschliche Leben ist ihnen ein Melodrama, das mit dem Sieg der Tugend, der Bestrafung des Lasters endet. Und es war eine grausame Ironie des Schicksals, daß die Weltgeschichte in anderem Sinne die Bestrafung vornahm: daß dieser ganze rosafarbene Traum von Einfalt und Unschuld mit einem Blutsturz endete; der »Mann aus dem Volke«, sich später keineswegs als so lammfromm entpuppte, wie diese vornehme Gesellschaft sich ihn vorstellte.

Sogar ein antikes Schäferspiel folgte noch auf das bürgerliche: es ging durch das Zeitalter schließlich doch ein Sehnen nach Einfachheit. Und indem sich das Rousseausche Streben nach Einfachheit der Sitten mit dem Streben nach einfacher Form verband, gelangte man vom Rokoko zu den Griechen, träumte sich in jene bukolische Zeit zurück, als es noch keinen Puder, keine Mieder, keine Reifröcke gab, sondern die Frauen schön wie Göttinnen dahergingen, die Männer mit der Syrinx neben Herden rasteten. Sittsam war man auch geworden. Darum erhielt die Coiffure die Form »à la Diane«. Und ganz Paris verwandelte sich in Athen, seit des Abbé Barthélemy »*Voyage du jeune Anacharsis*« erschienen war. Nun gab es keine Bälle mehr, nur »anakreontische Feste«. Die Damengürtel wurden mit roten Figuren auf schwarzem Grund, im Stil der griechischen Vasenbilder geschmückt. Die Herren trugen »*boîtes à la grecque*«. Aus den Putzläden wanderte die Mode in die Werkstätten der Künstler. Die Architekten begannen Vitruv zu Rate zu ziehen und ihren Bauten die ruhige Linienschönheit griechischer Tempel zu geben. 1755 baut Soufflot das Pantheon. 1763 schreibt Grimm: »Seit einigen Jahren beginnt man antike Ornamente und Formen aufzusuchen. Die Vorliebe dafür ist so allgemein, daß jetzt alles *à la grecque* gemacht wird. Die innere und äußere Dekoration der Häuser, die Möbel, die Goldschmiedearbeiten tragen sämtlich, den Stempel des Griechischen.« Selbst Diderots Vorliebe für das moralische Rührstück, wie es Greuze malte, verband sich seit dem Anfang der sechziger Jahre mit der Begeisterung für die Antike. Er hält Vorlesungen über den antiken Geschmack, verlangt plastische Schönheit, reine einfache Linien.

Die letzten Jahre der Marie Antoinette bedeuten den Höhepunkt dieses antiken Schäferspiels. Sie will »natürlich« werden, und die Muster dieser Natürlichkeit sind ihr die Griechen. Daher verbannt sie aus Trianon die Etikette, wählt die Harfe zu ihrem Lieblingsinstrument und bestimmt für ihre Kleider griechischen Schnitt. In einer einfachen weißen Musselinrobe, ein weißes Fichu lose um den Hals geschlungen, einen schlichten Strohhut auf dem Kopf, einen Spazierstock in der Hand sieht man sie, von nur einem Diener begleitet, durch die Laubgänge des Trianon wandeln. So groß war ihre Einfachheit, daß auf die Klagen über die Putzsucht der Königin nun die Beschwerden, der Kaufleute folgten: durch die neue Mode werde die Industrie des Landes, besonders die Lyoner Seidenindustrie geschädigt.

Vien, der seinen Bildern das Aussehen antiker Gemmen zu geben suchte, ist der erste dieser Anakreontiker, und noch seiner spiegelt das antike Schäferspiel in den Werken der Frau *Vigée-Lebrun* sich wider. Ihr Atelier war in diesen Jahren der künstlerische Mittelpunkt von Paris, wo alle Größen der Diplomatie, der Litteratur und des Theaters zusammenkamen. Es war pikanter, von einem jungen Mädchen als von einem würdigen Akademiker sich malen zu lassen. Das schöne Weib wurde von den hohen Herren fast mehr als die geistvolle Malerin geschätzt. Auch Marie Antoinette und die *Damen* des Hofes saßen ihr, und Fräulein Vigée pflegte sie als Göttinnen, als Musen oder Sibyllen zu malen. Später verheiratete sie sich mit dem reichen Kunsthändler Lebrun, und es begannen in ihrem Hause jene schöngeistigen »*Soupers à la grecque*«, die so fein die ganze Epoche beleuchten. »Alles – Kleider, Sitten, Speisen, Plaisirs und Tafel – war Athenienisch. Madame Lebrun selbst war Aspasia, Herr Abbé Barthélemy in einem griechischen Chiton, einen Lorbeerkranz auf dem Kopf, las ein Gedicht, Herr von Cubières spielte als Memnon die goldene Leyer, und junge Knaben warteten als Sklaven bei Tische auf. Die Tafel selbst war mit lauter antiken Gefäßen besetzt und alle Speisen echt altgriechisch.«

Dieser Verheiratung dankt man auch die schönsten Bilder, diejenigen, die sie selbst mit ihrem Töchterchen darstellen. Das Louvrebild namentlich, aus dem sie dasitzt, von ihrem Kind umarmt, scheint die Inspiration eines göttlichen Augenblickes zu sein. Wie manche Thonfiguren aus Tanagra aussehen, als wären sie direkt aus Paris bezogen, hat hier die weiche Grazie des Rokoko sich mit hellenischer Einfachheit zu einer bestrickenden Harmonie verwoben. Es liegt über den Werken die Stimmung eines theokritischen Zeitalters, das sich vor dem Hinscheiden an der Sonne einer alten Schönheitswelt wärmt, traumverloren den weichen Klängen der Syrinx lauscht, während von unten schon die Trommelwirbel eines neuen Weltalters herauftönen.

III. Der Sieg des Bürgertums.

11. England

In Greuze und Hogarth platzen – so ähnlich sie sich äußerlich sind – zwei Welten aneinander. Während in Greuzes Werken die alte vornehme aristokratische Kunst ausklingt, setzt mit Hogarth – zum zweitenmal in der Kunstgeschichte – der Plebejer seine Stimme ein. Der Faden, den im 17. Jahrhundert die Holländer hatten fallen lassen, wird neu aufgenommen. Und nicht wieder aus der Hand gegeben. Im 17. Jahrhundert bildete Holland noch eine kleine Enklave inmitten einer aristokratischen Welt. Das Uebergewicht des monarchischen Prinzips war derart, daß eine Kunst, die bürgerlich begonnen hatte, höfisch endete. Jetzt sinkt die Wagschale des Plebejertums. Ein Stück nach dem andern stirbt ab von der alten aristokratischen Welt. Ein Land nach dem andern legt die Grundsteine zu dem neuen Tempelbau, an dem wir noch heute arbeiten. Die große bürgerliche Kultur des 19. Jahrhunderts bereitet sich vor. Und zum Führer auf diesem Wege war England berufen. Denn England war schon im 18. Jahrhundert ein demokratisches Land, hatte die Idee des modernen Freiheitsstaates durchgeführt, als auf dem Kontinent kaum die Gewitterschwüle der kommenden Stürme in der Luft lag. Keinen Druck des Despotismus gab es mehr, keine Standesunterschiede zwischen Adel und Bürgertum. Jeder hatte die Macht, seine Persönlichkeit und sein Schicksal nach eigenem Gutdünken zu gestalten.

Ein solcher Umschwung, wie ihn die Revolution von 1650 gebracht, mußte einen tiefgehenden Einfluß auf die sittliche Gestaltung des Lebens haben. Es war, als hätten sich plötzlich die Gefängnisse geöffnet und Verbrecherhorden das Land überschwemmt. Auf den Druck von früher war ein Rausch der Liederlichkeit, der zügellosesten Ausschweifung gefolgt. In Saus und Braus, unter Mord und Totschlag feierte England die ersten Jahre seiner Freiheit. In ganz London wimmelte es von Taschendieben und Räubern. Das Börsen- und Hazardspiel erreichte eine schwindelnde Höhe. Nabobs, die in Indien reich geworden, errichteten orientalische Harems. Selbst das Theater war dem Zug gefolgt. Denn die zotigen Komödien von Wycherley und Congrave haben nichts mit der zierlichen Frivolität der Franzosen gemein. Es spricht aus ihnen die unflätige Roheit des Plebejers, der mit Behagen sich im Schmutze wälzt. Die Menagerie aller Leidenschaften war entfesselt. Ueber der Freiheit war die Sittlichkeit verloren gegangen.

Es handelte sich um die Erziehung dieses neuen Menschengeschlechtes. Auf die Flegeljahre sollten die Jahre des gesetzten Mannesalters folgen. Und ein freies Land konnte nicht mehr durch polizeiliche Maßregeln die wilde Flut des entfesselten Volksgeistes eindämmen. Auf pädagogischem Wege mußte die Besserung erzielt werden. So erklärt sich der tiefmoralisierende Zug, der fortan durch das englische Geistesleben geht. Collier begann damit, daß er sein Buch über die Unsittlichkeit der Bühne schrieb. Waren bisher die Dramen so grobzotig gewesen, so wurden sie nun moralische Lehrstücke. Sowohl für Southerne wie für Rowe ist die Bühne nur ein Mittel, eine allgemeine Sittenregel möglichst anschaulich vorzuführen. Richard Steele betrachtet in ähnlichem Sinn die Presse als Kanzel der moralischen Besserung. 1709 läßt er seine moralische Wochenschrift »The Tatler« erscheinen, worin er Schlemmerei und Trunksucht, das Spiel und die Schäden des Ehelebens geißelt. Auf den »Tatler« folgte 1711 der »Spectator«, auf diesen »The Guardian«, der Vormund, der es als sein Programm bezeichnete, »die Religion und Moral so eindringlich als möglich in das Gemüt der Menschen zu pflanzen, erhabene Musterbilder der Eltern- und Kinderpflichten vor Augen zu stellen, das Laster verhaßt und die Tugend liebenswert zu machen.« Richardson begründete den moralisierenden Familienroman. Und unter dem Einfluß dieser Moralisten kam auch in die Kunst derselbe Geist. Auch sie, hieß es, müsse an der Kulturaufgabe der Epoche sich beteiligen. Auch der Maler hätte Sittenbildner seiner Zeit zu sein – dasselbe Programm, das in unserem Jahrhundert Proudhon in seinem Buch *»Du principe de l'art et de sa destination sociale«* verkündete.

William Hogarth ist also Moralprediger wie Greuze. Wo das Menschengedränge am dichtesten, ist er mitten darunter. In den Caféhäusern, in denen die Politiker, die Gelehrten, die Soldaten, die Kaufleute und Wechseljuden zusammensitzen, ist er immer zu finden. Morgens geht er auf die Börse, abends ins Theater. Und nie ist er stiller Beobachter, er ist Richter. Gleich Greuze malt er seine Bilder, um einzelne Paragraphen der Sittenlehre zu beweisen. Nur richtet er seine Sendschreiben an eine andere Adresse. Greuze schlug nicht auf das Laster los, sondern weckte für die Tugend gefühlvolle Bewunderung. Den dritten Stand benutzt er als Tugendspiegel, dessen edle Eigenschaften er der Aristokratie zur Erbauung vorführt. Hogarth geißelt die Laster des dritten Standes, um diesen selbst sittlich zu heben. Er flucht, schleudert Donnerkeile auf die Auswüchse der modernen Kultur, wettert gegen den Branntwein und die Libertinage. Während in Frankreich das Volksleben noch zur Anfertigung melodramatischer Schäferspiele dient, ist in England das Bürgertum schon ein Faktor des Geisteslebens geworden.

Mit den sechs Gemälden zum »Lebenslauf einer Dirne« begann er 1733 seine Predigten. Mary Hackabout kommt vom Lande, um als Dienstmädchen eine Stelle zu suchen. Rasch erliegt sie der Verführung, wird Maitresse eines jüdischen Banquiers; dann thut sie sich mit einem Straßenräuber zusammen und endet in einem öffentlichen Hause. – Ein zweiter Cyklus behandelt in acht Bildern den ähnlichen Lebenslauf eines jungen Mannes, des »Wüstlings«. Als Student in Oxford hat er einem armen Mädchen die Ehe versprochen. Da wirft ihn der Tod eines reichen Onkels in das wüste Londoner Leben. Als Weiber- und Sportheld geht er den Weg zum Ruin, hilft durch Heirat mit einer alten Dame nochmals seinen Finanzen auf, verspielt das Geld seiner Frau und kommt ins Schuldgefängnis, wo er wahnsinnig wird. Nur seine Studentenliebe, Sara Young aus Oxford, die er so schnöd verlassen, gedenkt noch des Untreuen und besucht ihn im Irrenhaus. – Die *Mariage à la mode* von 1745 bezeichnet den Höhepunkt seines Schaffens. Ein verschuldeter Lord verheiratet seinen Sohn an die Tochter eines reichen Krämers aus der City. Ein Mädchen wird geboren, dann gehen beide ihre Wege. Der Mann überrascht die Frau mit einem Liebhaber und wird von diesem erstochen. Als junge Witwe kehrt sie in die bürgerliche Langweile des väterlichen Hauses zurück und endet, als sie die Hinrichtung ihres Geliebten erfährt, durch Gift. – In der letzten Folge ging er ganz zur Seelsorge und ins Kriminalistische über. Der Cyklus »Fleiß und Faulheit« von 1747 umfaßte zwölf Blätter, die er nur in Kupferstichen herausgab und als bildliche Wochenpredigt an die Arbeiter verteilte. In ein Tuchwebergeschäft treten gleichzeitig zwei Lehrlinge ein. Der Fleißige heiratet die Tochter des Prinzipals, wird Alderman und Lordmayor von London. Der Faule macht den umgekehrten Weg. Er wird erst Spieler, dann Vagabund und Mörder. Zum letztenmal treffen die beiden Kameraden zusammen, als der brave dem bösen das Todesurteil verkündet.

Ob die Kunst Kunst bleibt, wenn sie zur pädagogischen Hilfswissenschaft sich herabwürdigt, ist eine Frage für sich. Die Aufgabe, die er sich stellte, hat Hogarth drastisch gelöst. Da er nicht wie Greuze für seine Marquis und zarte Comtessen, sondern für betrunkene Engländer arbeitete, konnte er sein Ziel nur erreichen, wenn er seine Gedanken plump unterstrich. Keine schonende Rücksicht war angebracht. Faustdick ist alles aufgetragen. Während Greuze nur angenehm rühren will, braucht Hogarth erbarmungslos die Knute. Ueber menschlichen Bestien schwingt er den derben Knüttel der Moral als handfester Policeman und puritanischer Bourgeois. Auch keine Pforte für sentimentale Reue läßt er offen. Er zeigt das Laster in seiner ganzen Gemeinheit, taucht es in den Schmutz, schleppt es zur Bestrafung. Rad und Galgen ist im Hintergrund jedes seiner Werke errichtet. Und da die neue plebejische Welt von der Kunst noch nichts anderes als gemalte Wochenpredigten verlangte, wurde er nicht nur als »Erzieher«, auch als großer Maler gepriesen.

Die beiden Porträtisten *Reynolds* und *Gainsborough* führen in die Kreise, die diese Erziehung des Volkes leiteten. Ist Hogarth der Plebejer, die bösartige Bulldogge, die Verkörperung des John Bull, so sind *sie* die Maler der vornehmen Welt. Die berühmtesten Männer, die schönsten Frauen Englands saßen ihnen. Doch auch hier bei aller Vornehmheit zeigt sich, daß man Menschen eines neuen Zeitalters gegenübersteht. Freundlich seine Minister, galante zierliche Erzbischöfe, duftende anmutige Marquis, die mit eleganter Leichtigkeit sich auf dem Boden des Parketts bewegen und deren weiße Stirn kein ernster Gedanke trübt, sind auf den französischen Bildnissen dargestellt. Alle sind heiter und lebenslustig, von entnervter, effeminierter Eleganz. Alle haben das stereotype Lächeln der anerzogenen Höflichkeit auf den Lippen; alle die welken, zarten blassen Gesichter von Männern, die mehr im Salon als im Freien leben; deren kostbare Toilette nicht für Jagd und Sport, für Wind und Wetter gemacht ist; die nicht zu Fuß, nur im Wagen und in der Sänfte sich bewegen. Selbst bei Bürgerlichen ist Kleidung und Haltung durchaus aristokratisch. Das Vornehme, Lächelnde, Gepuderte, Kokette des Marquis ist auch für sie maßgebend. Die Gelehrten sogar verleugnen den Beruf. Nicht auf dem Katheder oder im Studierzimmer, redend oder arbeitend sind sie dargestellt. Kein Buch, keine Tinte, keine Feder ist in der Nähe. Diplomatengesichter haben sie. Von verbindlichem Lächeln ist der Mund umspielt. Nicht den Fachmann, nur den abgeschliffenen Weltmann wollen sie zeigen.

In England begann gerade damals der große litterarische und dramatische Aufschwung. Gibbon hatte sein Geschichtswerk, Burke die Juniusbriefe und die Ideen über das Schöne, Sterne Tristam Shandy und die empfindsame Reise, Johnson sein Wörterbuch, Fielding die Geschichte des Tom Jones, Smollet *»Peregrine pickle«* geschrieben. Richardson, der Verfasser der Clarissa, hatte den Gipfel seiner Volkstümlichkeit erreicht, Oliver Goldsmith den Vicar of Wakefield vollendet; Garrick, der Schauspieler, stand auf der Höhe seines Ruhmes. Solche Schriftsteller- und Künstlerbildnisse überwiegen in Reynolds' und Gainsboroughs Porträtwerk. Und sie sind keine Diplomaten. Am Arbeitstisch sitzen sie. Der taucht die Feder ein. Jener, kurzsichtig, hält sein Buch dicht unter die Nase. Ungepflegt ist die Hand, vernachlässigt die Toilette. Aber denkende, ausdrucksvolle Köpfe sieht man, Menschen, die hinter ihren Stirnen schon all die Probleme wälzen, die das neue Weltalter gebar.

Oder Parlamentarier, reiche Kaufleute, wettergeprüfte Seebären, Geistliche, Militärs, sind dargestellt: auch sie in nichts den blassen gepuderten Aristokraten des *Ancien Régime* ähnlich, sondern ein Geschlecht von derberem Knochenbau und weniger feinen Zügen: manche Gesichter roh und aufgedunsen, die Nase plump, der Blick von kalter Entschlossenheit, die breitbeinige Haltung voll selbstbewußter Würde und vierschrötigem plebejischem Stolz. Da steht ein General, grobklobig, feist, breitschulterig, mit gerötetem Fleischergesicht, der brutale Kraftmensch. Dort ein Prediger, kurz und stämmig, mit blühender Gesichtsfarbe und energischem Blick. Nirgends giebt es lächelnde Anmut, feingezeichnete Nasenflügel, weiße Hände und zierliche Eleganz. Tauchen neben den Bürgerlichen zuweilen knorrige Landbarone auf, so hat auch ihnen das Plebejertum schon etwas von seiner derben, vollblütigen Lebenskraft abgegeben. Selbst die Gewandung – das einfache, dunkle Tuch, das an die Stelle von Sammet und Seide getreten – verkündet den Anbruch einer neuen Zeit.

Auch die Frauen, trotz aller Eleganz haben nichts mit der Französin des 18. Jahrhunderts gemein. Die französische Aristokratin lebte im Salon. In der Toilette, die sie beim Ball oder im Theater trug, umflossen von Kerzenglanz ließ sie sich malen. Mrs. Siddons, auf dem Porträt von Gainsborough, ist in Straßentoilette dargestellt: einen großen Hut auf dem Kopf, den Muff in der Hand, keinen Perlenschmuck, sondern ein einfaches Seidenband um den Hals. Auf die Lebenskünstlerin ist die Schauspielerin gefolgt und diese Schauspielerin schon wieder große Dame geworden. Hoch und frei ist die Stirn. Das ernste Auge mit den streng zusammengezogenen Brauen kündigt die Frauenbewegung des nächsten Jahrhunderts an. Bei den Französinnen noch Festesstimmung und weiche Sinnlichkeit, hier schon die intelligente, emanzipierte Frau, die sich anschickt, auf allen Gebieten geistigen Schaffens dem Manne es gleich zu thun. Selbst die Art des Sitzens ist bezeichnend: Dort die Pose der Schloßfrau, die keine Besuche macht, sondern nur empfängt. Hier die Haltung der Dame, die von der Straße zu flüchtigem Besuch bei einer Freundin heraufgekommen.

Für andere Bildnisse ist bezeichnend, daß der Schauplatz fast nie die Stadt, gewöhnlich das Land ist. Sport, Lektüre und Landleben – Dinge, die die Französin noch nicht kennt –, sind die Motive der Bilder. Die Dame sitzt im Parke ihres Landgutes, unter hohen Bäumen und träumt, einen Roman auf den Knieen, strahlend frisch, kein Parfüm, sondern Waldduft im Haar, das Gesicht von breitem Strohhut beschattet. Mechanisch gleitet ihre Hand über den Rücken des großen Bernhardiners, der zu ihren Füßen liegt. Oder sie blickt auf, um dem Spiele der Kinder zu lauschen. Denn im Gegensatz zur Französin leitet sie selbst die Erziehung der Kinder. Jubelnd, von einem kleinen Hündchen begleitet, kommen sie über den Rasen daher. Die Mutter nimmt das jüngste Töchterchen zu sich, küßt es, ordnet ihm das vom Winde zerzauste Haar. In Frankreich sind schon die Knaben kleine Herren und die Mädchen kleine Damen, die im

Reifrock mit würdiger Miene an der Seite der Bonne daherstolzieren. Ihre kostbare Kleidung, ihr gepudertes Haar gestatten kein Toben. Gemessen und elegant sind die Bewegungen, nicht von unbewußter Kindlichkeit, sondern von jener studierten Grazie, die das Menuett verlangt. In England giebt es keine Schnürleibserziehung. Die Babys sind echte Naturkinder, die fessellos wie das Wild im Walde sich tummeln. Sie holen die Mutter ab, um mit ihr nach dem Hühnerhaus zu gehen und das Geflügel zu füttern. Oder sie klatschen in die Hände und springen ihr entgegen, wenn sie mit der Reitpeitsche, das Pferd am Zügel, vom Spazierritt zurückkommt. Sind die französischen Bildnisse von schwüler Salonatmosphäre umflossen, so atmet man hier reine Landluft, den Duft der Wiesen und Wälder. Denn wie es ein englischer Zug ist, daß die Namen und Kinder fast immer im Freien dargestellt sind, hat auch die Natur, in der sie sich bewegen, nichts mit der französischen gemein. Beim Parkstil Lenôtres soll jede Einzelheit zeigen, daß *ein* souveräner Wille alles regelt und leitet. Der englische Gartenstil, dem Geschmack des freien Volkes entsprechend, läßt der Natur ihre Freiheit. Nur veredelt er sie, frisiert sie, mäßigt ihre Wildheit, so wie die gebildeten Klassen den wilden Naturmenschen zum gesitteten Bourgeois zu frisieren suchten.

Bei Gainsborough kommt dieses englische Element noch mehr als bei Reynolds zum Ausdruck. Denn Reynolds, der Denker und Grübler, betrachtete seine Modelle nicht ganz unbefangen, sondern sah sie durch das Medium der alten Meister. Wie die Italiener des 17. Jahrhunderts liebte er die Personen, die ihm saßen, in mythologischer oder geschichtlicher Auffassung darzustellen, hat die Schauspielerin Mrs. Siddons als tragische Muse, die Fräulein Montgomery als die drei Grazien, Mrs. Sheridan als heilige Cäcilie, den Schauspieler Garrick neben den allegorischen Figuren der Tragödie und Komödie gemalt. Auch durch die Farbe und Pose suchte er seinen Modellen eine Ähnlichkeit mit den Renaissancemenschen, etwas Stilvolles, Klassisches zu geben. In den Bildern Gainsboroughs spricht sich rein der Engländer aus. Nicht auf die warmbraunen Töne der alten Meister, sondern auf eine helle grünlichblaue Skala sind sie gestimmt. Nicht umstrahlt vom Glanze der Renaissance, haben sie das seine angelsächsische Aroma, das noch heute so duftig aus den Werken der englischen Maler strömt.

Auch dadurch unterscheiden sich die beiden, daß Reynolds, wenn er keine Porträtsitzung hatte, Geschichtsbilder, Gainsborough Landschaften malte. Nie Historien des Akademiepräsidenten – der Tod Didos, die Enthaltsamkeit des Scipio, Cupido und Venus – weisen ins 17. Jahrhundert zurück. Gainsborough wird als Vorläufer der großen Landschafter des 19. Jahrhunderts gefeiert.

Die Litteratur war auch auf diesem Wege vorausgegangen. Schon 1727, als in Frankreich noch Lenôtre den Geschmack beherrschte, war Thomsons »Frühling« erschienen, wo das Lauschige und Idyllische, Waldschatten und Wiesenhelle, die grüne Ueppigkeit des englischen Bodens und das Lied der Vögel besungen wird. Gainsborough übersetzte Thomson in die Malerei. Neben *Wilson*, dem Nachahmer Claude Lorrains, steht er als erster englischer Landschafter. Sein Heimatdorf Sudbury liegt mitten in der frischen, zarten englischen Natur. Kleine Flüsse ziehen sich durch leichtgewelltes Gelände. Weite Wiesen wechseln mit sanften Thälern. In eingehegten Rasenplätzen werden Damhirsche und Rehe, die neugierig herbeikommen, wenn der Zug vorbeibraust. Duftige Linden stehen träumerisch in der milden, parkartigen Landschaft, durch die wie ein silbernes Band der Stour sich windet. Hier trieb sich Gainsborough als Knabe umher, und was er in der Jugend lieben gelernt, malte er später. Seine Landschaften kennen keine wildbewegte Großheit, sind keine Bühnen für arkadische Schäferspiele, sondern ein Tummelplatz der Kinder, ein Ruheort der Herden. Hochstämmige Bäume breiten ihre Aeste schützend über einsame Hütten, an deren Thür kleine Bauernkinder spielen. Oder ein Bauer kommt mit seinem Holzbündel aus dem Wald zurück. Tiefgrüne Rasenflächen, wogende Kornfelder ziehen sich hin. Ziegen, von kleinen Zicklein begleitet, grasen auf der Wiese. Es liegt über seinen Werken die frohe Empfindung des Städters, der aus dem Schmutz der City ins Grüne kommt. Durch Bilder wie diese ist England das Heimatland der »intimen Landschaftsmalerei« geworden, jener seinen, bescheidenen Kunst, die erst das Großstadtleben gebären konnte. Literarisch und künstlerisch wies es den übrigen Nationen den Weg.

12. Die Aufklärung

Seit der Mitte des 18. Jahrhunderts befruchten die englischen Einflüsse den Kontinent. Auch hier wird der Vergangenheit der Krieg erklärt und auf allen Gebieten des Geisteslebens nach neuen Zuständen gesucht. Das Bürgertum betritt die Staffel, die es zur Macht emporführt.

Selbstverständlich konnte diese Emanzipation nicht in friedlicher Stille sich vollziehen. All die Kämpfe, die England schon im 17. Jahrhundert gehabt, waren auf dem Kontinent erst durchzufechten. Die zweite Hälfte des 18. Jahrhunderts bedeutet also für die andern Völker eine Zeit des Sturms, in der zwei Kulturen sich scheiden.

Literarisch übernahm Deutschland die Führung. Hatten vorher die deutschen Fürstenhöfe ihren Stolz darin gesucht, kleine Kopien von Versailles zu sein, so wird jetzt die Einfachheit und Natürlichkeit der englischen Sitten als vorbildlich hingestellt. Auf die Epoche Augusts des Starken und der Gräfin Königsmarck folgt zunächst das Zeitalter, dem der biedere, brave, moralische Gellert das Gepräge giebt. Alle englischen Schriftsteller – Smollet wie Sterne, Richardson wie Goldsmith – fanden weite Verbreitung. Während es vorher allgemeines Gesetz war, nur Fürsten und Feldherren sei das Vorrecht tragischer Würde einzuräumen, erhält jetzt das Drama einen bürgerlichen Charakter. An die Stelle der Tragödien, die von Königen und Staatsmännern handeln, treten solche, die in bürgerlichen Kreisen spielen. Und mit dem Bürgerlichen kam das Nüchterne, Didaktische, platt Verständige von England nach Deutschland herüber.

Dann ein weiterer Scenenwechsel, und auf das Zeitalter des spießbürgerlichen Moralisierens folgt das der wilden Genialität. Nachdem sich einmal der geistige Horizont verändert hatte, fühlte man desto mehr sich eingeklemmt in einer Wirklichkeit, die nichts mit der erträumten gemein hatte. Aus dem Pedantischen, dem Zopf, der sozialen Hierarchie sehnt man sich nach »des Lebens Bächen, nach des Lebens Quellen hin«. Man will von vorn anfangen, schwärmt für die Menschen der Vorzeit, sucht ihnen an Kraft und verwegener Kühnheit zu gleichen. Darum schwelgt man in Parforcemärchen und in tollen Ritten, in nächtlichen Eisläufen und wilden Jagden. Statt seidener Schuhe trägt man Stulpenstiefel, bevölkert die germanischen Wälder mit Barden und Druiden, träumt von gotischen Domen und Rittern mit gepanzerter Faust. Auf das sanftmütige Schriftstellergeschlecht folgt ein kriegerisches, das aus Blut und Eisen eine neue Welt formen möchte. 1774 erscheint Goethes Werther, eine Liebesgeschichte, doch zugleich das Manifest eines jungen Titanen, dessen Freiheitsdrang alle Scheidewände der Gesellschaft sprengt. Bald daraus kommt Schiller mit jenen Erstlingswerken, die eine Kriegserklärung gegen alles Bestehende waren. Der zornig aufspringende Löwe mit der Inschrift »In Tyrannos«, den die Titelvignette der zweiten Auflage der Räuber zeigt, ist der innerste Ausdruck der Stimmung, die das Zeitalter durchglühte. Mit scharfer Betonung nennt sich »Fiesko« auf dem Titel ein »republikanisches« Trauerspiel, »Kabale und Liebe« greift mitten in die Fäulnis der Gegenwart hinein.

Auch das landschaftliche Empfinden macht eine Wandlung durch. Dasselbe Naturgefühl, das in England Thomsons Jahreszeiten entstehen ließ, kommt bei uns zu Worte. Kleist schreibt 1748 seinen Frühling. Haller feiert die großartige Natur des Hochgebirges, führt in Felsenhöhlen und einsame Wälder, wo kein Licht durch finstere Tannen strahlt. Noch folgenreicher wurde das Eingreifen Rousseaus, mit dem für den Kontinent eine neue Epoche des Naturempfindens anhebt. Denn nicht für jene künstlich hergerichtete Ländlichkeit schwärmt er, wie Boucher und Fragonard sie malten: für jene Landschaften mit Taubenschlägen und Windmühlen, mit Cascaden, Meiereien und Strohhütten, wo die vornehmen Damen, der Parkanlagen Lenôtres müde, in seidenem Schäfergewand die Kühe melkten. Er preist die Majestät der einsamen, von Menschenhand unberührten Natur, die Herrlichkeit himmelstarrender Felsen und tosender Wasserfälle, spricht von düstern, nebelumwobenen Fichtenhöhen, vom Glitzern der Sonnenstrahlen auf beeisten Bergzacken, von taufrischen Wäldern, in denen die Vögel zwitschern. War für das ältere aristokratische Geschlecht die Landschaft nur Hintergrund der geselligen Freuden des Tafelns, so liebt man sie jetzt in ihrer erhabenen Einsamkeit. Statt des Zephyrfächelns wird der brausende Wind, statt des Bukolischen das wilde Toben der Elemente gefeiert. Manche landschaftliche Schilderungen in Goethes Werther sind von einer modernen Feinheit, als hätte er Bilder von Dupré, von Corot oder Daubigny beschrieben.

Noch sucht man nach Kunstwerken, die diese Genieperiode der deutschen Litteratur entstehen ließ, so ist das Ergebnis ein äußerst geringes. Was für den Literarhistoriker ein Heldenzeitalter bedeutet, ist für den Kunsthistoriker eine Oede. Nicht zufällig. Denn während die Litteratur neue Weltalter vorbereitet, kann die Kunst nur auf der Basis einer ruhigen, abgeschlossenen Kultur sich erheben. Auch im bürgerlichen Holland und im bürgerlichen England war sie nicht *während* der Kämpfe hervorgetreten, sondern erst, nachdem die bürgerliche Kultur ihre feste Ausprägung erhalten hatte. Und in Deutschland dauerte die kunstlose Zeit um so länger, als hier – noch weit mehr als in England – die neue Kultur einen specifisch litterarischen Charakter annahm. Schillers tintenklecksendes Säkulum brach an. Alle Kräfte zog die Litteratur in ihren Dienst. Alle Welt lauschte den Worten der Schriftsteller. Das Buch wurde der Begleiter des Menschen. Die Kunst hatte in der neuen Welt nur insoweit Berechtigung, als sie dem Schrifttum diente. Wie in England Hogarth ein Glied der großen literarischen Bewegung ist, dankt in Deutschland *Daniel Chodowiecki* allein dem Umstand seinen Ruhm, daß er seinen behenden Grabstichel in den Dienst der Schriftsteller gab.

Nachdem Lessing in der Minna das erste bürgerliche Schauspiel geschaffen, versuchte Chodowiecki der Zeichner deutschen Bürgertums zu werden. In einer Zeit, als niemand ohne Buch in der Tasche ausging, fand er seinen Beruf darin, die Klassiker zu illustrieren. Freilich vom Geiste der großen Schriftsteller hat er nichts. »Der wackere Chodowiecki« pflegt Goethe ihn zu nennen, und das ist die einzig mögliche Bezeichnung. Im Grunde seines Wesens ist er Spießbürger, ebenso treuherzig und redselig wie hausbacken nüchtern, ein echter Typus jenes Berlinertums, das in der gleichzeitigen Litteratur durch Nicolai vertreten ist, später in Krüger noch einmal auflebte und mit Menzel fast zur Genialität sich erhob. Platt, breit und gemeinverständlich behandelt er seine Stoffe. Je mehr ein Schriftsteller bieder, ehrbar und klar ist, desto congenialer illustriert ihn Chodowiecki. Der brave sanftmütige Gellert ist ihm lieber als der geistvolle Lessing. Gleim, Campe, Kotzebue liegen ihm besser als Bürger, Mathison und Wieland. In diesem biederen Hausverstand ist sein Oeuvre nur der Spiegel der Aufklärungszeit, nicht der genialischen Sturm- und Drangzeit. Eines seiner schönsten Blätter zeigt ihn am Fenster sitzend, mit Zeichnen beschäftigt, im gemütlichen Kreise der Seinen. Das Sofa bildet den Mittelpunkt des Wohnzimmers. Um den Sofatisch hat sich die Familie vereint. Und dieser Sinn für die Gemütlichkeit deutschen Familienlebens ist der Grundzug seiner biedermaierisch freundlichen, lächelnd harmlosen Kunst.

Neben der Klassikerillustration spielt allein das Bildnis eine Rolle. Und auch hier verfolgt man, wie allmählich die Aristokratie das Mäcenat an das Bürgertum abgiebt. *Antoine Pesne* aus Paris, der als Akademiedirektor in Berlin lebte, ist noch der Typus des Hofmalers. Fast ausschließlich für die Aristokratie ist er beschäftigt. Aber selbst in diesen Bildnissen überrascht etwas Massives, Derbes im Gegensatz zu der leichten Koketterie und rosigen Weichlichkeit des Rokoko. Ernst sind die Mienen, ernst die Gewänder. Pesne ist schon der Hofmaler eines Hofes, der der Anschauung huldigt, daß der König nur der erste Diener seines Staates sei.

Balthasar Denner aus Hamburg wurde der erste Porträtist des emporkommenden Plebejertums, jener Kreise, die zur Kunst noch kein Verhältnis hatten und vom Bilde die banale, möglichst genaue Reproduktion der Wirklichkeit forderten. Um diesen Wünschen zu entsprechen, stellte er sich auf den Boden Gerard Dous. Jede Runzel, jede Hautfalte wird genau verzeichnet, jedes Haar vom Pelz, jedes Schillern der Sammetmütze gewissenhaft notiert, das Ganze so ausgefeilt, daß nichts von der Handarbeit des Pinsels zu sehen ist, sondern das Bild das Aussehen einer Porzellantafel erhält.

Eine Reihe anderer Bildnisse spiegelt die geistige Erhebung Deutschlands wider. Besonders die »Freundschaftstempel« sind für die Aufklärungsepoche bezeichnend. Schon 1745 hatte in Halberstadt Gleim begonnen, die Bildnisse berühmter deutscher Männer zu sammeln. Später legte Philipp Erasmus Reich in Leipzig, der Besitzer der Weidmannschen Buchhandlung, der als Verleger in Beziehung zu berühmten Männern gekommen war, jene Sammlung an, die sich heute in der Universitätsbibliothek in Leipzig befindet. Der Geschichtschreiber dieser Epoche zu werden, war *Anton Graff* berufen. Wie Chodowiecki die Klassiker illustrierte, porträtiert sie Graff, und durch die Kupferstiche Bauses werden seine Bildnisse ins Volk getragen. Gellert und Bodmer, Geßner und Herder, Wieland und Lessing, Schiller und Bürger, Weiße und Rabener, von Philosophen Sulzer und Mendelssohn, von Schauspielern Iffland und Corona Schröter, von Gelehrten Ramler, Lippert und Hagedorn, hat er gemalt, hat den literarischen Größen des 18. Jahrhunderts die Gestalt gegeben, unter der sie fortleben. Und fast noch mehr als in den Schriftstellerbildnissen Reynolds' spiegelt sich in denen Graffs das rein geistige Wesen des neuen Weltalters wider. Kein Beiwerk giebt es. Selten malt er die Personen in ganzer Figur. In den Köpfen allein mit den mächtigen Denkerstirnen ist das Leben konzentriert. Augen blicken uns an, die nicht mehr an Menuette und *Bals champêtres* denken, sondern die Kritik der reinen Vernunft gelesen haben.

Außer der Klassikerillustration und dem Klassikerporträt hatte vorläufig die neue Welt keinen Kunstbedarf. Denn es ist ein dürftiges Ergebnis, daß *Wilhelm Tischbein* 1784 einen Conradin im Geist des Bodmerschen Bardentums malte. Und Goethes wunderbare landschaftliche Schilderungen im Werther lesen sich ebenfalls angenehmer, als sich die Bilder der gleichzeitigen Landschafter betrachten. Es ist sogar ein sehr bezeichnender Zug, daß damals jene litterarische Naturmalerei aufkam, die Lessing später im Laokoon bekämpfte. Die geschriebenen Landschaften wurden den gemalten vorgezogen. Und die gemalten sind auch litterarisch oder lediglich des gegenständlichen Interesses wegen geschätzt. *Salomon Geßner* amüsiert sich damit, daß er die idyllischen Plätzchen, die er in seinen Gedichten besingt, auch in Radierungen darstellt. *Philipp Hackert* wurde der Chodowiecki der Landschaftsmalerei, erzählte den deutschen Bürgern mit nüchtern redlicher Sachlichkeit, wie es im schönen Italien aussieht. Der Tiermaler *Elias Niedinger* fand Beifall durch die zoologische Genauigkeit, mit der er Hunde und Pferde, Hirsche und Rehe, Elefanten und Nilpferde in seinen Stichen verewigte. Noch nicht fähig, mit dem Auge zu genießen, schätzte man die Malerei nur, insofern sie *Nutrimentum spiritus* war. In der eisigen Welt des Gedankens mußte die Schönheit erstarren. Nachdem man vom Baum der Erkenntnis gegessen, wurde man aus dem Paradies der Kunst vertrieben.

13. Das Sterben in Schönheit

Eine einzige Stadt gab es in Europa, wohin noch nichts von allen Kämpfen gedrungen war, wo zur selben Zeit, als anderwärts schon die künstlerische Kultur zerstört war, die alte aristokratische Kunst noch eine seine Nachblüte erlebte. Venedig, jederzeit um Jahrzehnte hinter der allgemeinen Kunstentwickelung herschreitend, blieb auch im 18. Jahrhundert dieser Gewohnheit treu. Nachdem es so lange das Bollwerk der Kirche gewesen, war es nun weltlich und leichtsinnig, Grazie und Lachen geworden, nicht mehr von schwarzen Priestern, sondern von rosaroten und bläulichen Hirten bevölkert. Es giebt von Favretto ein Bild »Auf der Piazetta«. Auf den glatten Steinfliesen des Markus-Platzes vor der Loggetta mit ihren hellfarbigen Marmorsäulen und ihrem glitzernden Gitterwerk wogt zur Promenadenstunde eine farbenprächtige, elegante Menge. Man plaudert, lorgnettiert, begrüßt chevaleresk die Königinnen der Schönheit. Das war das Venedig der Goldoni, Gozzi und Casanova, die vom Schimmer alter Herrlichkeit umflossene Zauberstadt, die zur selben Zeit, als anderwärts die Menschen schon Hornbrillen und schwarze Tuchröcke trugen, noch in fieberhafter Lust und rauschender Festfreude, singend, kokettierend ihr Rokoko feierte.

Giampattista Piazetta hatte als erster die Bahnen der alten kirchlichen Kunst verlassen. Nur durch den Titel sind seine Madonnen als solche gekennzeichnet. In Wahrheit sind es junge Mütter, die mit ihrem Kinde tändeln. Und das Gros seiner Werke sind Backfischbilder. Junge Mädchen in jenem verführerischen Alter, das die zierlichen Füßchen mit dem ersten langen Kleide verdeckt, träumen, schmollen, lachen, blicken unschuldig und doch ahnungsvoll in die Welt. In immer neuen Varianten kehrt dieser Balckfischtypus bei den Folgenden wieder. Bäuerinnen, Geflügelhändlerinnen und Blumenmädchen sind auf den Bildern Domenico Maiottos, Francesco Gnarannas und Antonio Chiozzottos dargestellt. Doch sie ähneln nicht den dicken Weibern, die früh auf dem Markte sitzen. Der Backfisch Piazettas mit den rosigen Lippen und den schlanken Bewegungen hat sich zur Abwechslung als Landmädchen oder Blumenmädchen kostümiert. *Rotari* ist der feinste Interpret dieses aufknospenden Backfischtums. In allen Situationen hat er die hübschen Kinder gemalt: wie sie über der Lektüre eingeschlafen sind und von ihrem jugendlichen Cifisbeo geneckt werden, wie sie beim Nähzeug von märchenhaften Königssöhnen träumen, oder als Zigeunerinnen alten Herren den Kopf verdrehen. *Pietro Longhi* schrieb dann die ganze Chronik Venedigs. Jahrhundertelang war die Venetianerin zu orientalischem Haremsleben verurteilt. Keinem Malerauge enthüllten sich die Geheimnisse des Serails. Jetzt hatten die Thore sich geöffnet. Die Gentildonna war Name von Welt, der Mittelpunkt schöngeistiger Salons geworden. Longhi bemächtigte sich dieser Gestalt der Patrizierin und verließ sie nicht, bis er alles über sie gesagt hatte, vom Lever bis zur Heimkehr vom Ball. Ueberallhin – ins Schlafgemach, ins Boudoir, auf die Promenade, in die Spielsäle, zur Wahrsagerin, zum Ridotto folgt er ihr, und in den Bildern wird über die Beobachtungen mit mehr Sachlichkeit als Esprit berichtet.

Der Geist des Zeitalters hat in den Werken *Tiepolos* Gestalt gewonnen. Er ist der Fürst, der strahlende Lichtgott des Venedig, das noch wie eine verzauberte Märcheninsel sich aus einer kunstarmen Welt erhob.

Tiepolo hat alles gemalt. Kein Stoffgebiet, keine Technik ist ihm fremd. Gerade damals wurde in Venedig eine große Bauthätigkeit entfaltet. Balthasare Longhena, Cominelli und ihre Schüler schufen jene Barockbauten, die noch heute der Lagunenstadt ihr phantastisch glitzerndes Gepräge geben: die Façade ein wildes Potpourri von Hermen und Atlanten, von Säulen und Kartuschen, das Innere kahl und leer. Hier hatte Tiepolo einzusetzen. Er erfüllte die Räume mit dem Sonnenschein seiner lichten strahlenden Kunst.

In der Jesuitenkirche in Venedig malte er die Verteilung des Rosenkranzes durch den heiligen Dominicus, in der Kirche Santa Maria della Pietà einen Triumph des Glaubens, in der Chiesa dei Scalzi die Legende, wie Engel das Haus der Maria nach Loreto überführen. Im Palazzo Rezzonico ist der Triumph des Sonnengottes, im Palazzo Labia ein Thema aus der Verfallzeit der römischen Republik – das Gastmahl und die Abreise der Kleopatra behandelt. Wie für Venedig, arbeitet er für die benachbarten Städte. Die Villa Valmarana bei Vicenza hat er mit Scenen aus Homer, Virgil, Ariost und Tasso, den Palazzo Clerici in Mailand mit einer Apotheose Apollos, den Palazzo Canossa in Verona mit einem Triumph des Herkules, den erzbischöflichen Palast in Udine mit einem Falle Lucifers dekoriert. Und nicht auf Italien beschränkt sich seine Thätigkeit. Sie erstreckt sich auf das katholische Süddeutschland und auf Spanien. Seit 1750 entstand die Dekoration der Würzburger Residenz – im Treppenhaus die Darstellung, wie die vier Weltteile dem Herzogtum Franken huldigen, im Kaisersaal eine Scene aus der ruhmreichen Vergangenheit der Stadt: wie Kaiser Barbarossa 1156 mit der schönen Beatrice von Burgund getraut wird und den Bischof von Würzburg zum weltlichen Herrscher über das Herzogtum Franken einsetzt. Im Madrider Königsschloß malt er für den Leibgardensaal eine Schmiede Vulkans, für den Vorfall! eine Apotheose Hispanias, für den Thronsaal die spanischen Provinzen.

Noch wenig ist mit solcher Angabe des Inhaltes gedient. Denn Tiepolos Kunst ist keine Mauerdidaktik. Es ist dekorative Musik, die mit jubelnden Accorden das Haus durchtönt. Auf seine Prachtbauten, auf sonnegebadete Landschaften, in den Aether des Himmels blickt man hinaus. In wildem mänadischem Taumel schweben Engel und Genien durch den Raum, singen, lachen, überschlagen sich. Junge Ritter auf weißem Zelter, wehende Fahnen in der Hand, sprengen daher. Oder säulengetragene, baldachingeschmückte Loggien, Treppenhäuser und Terrassen erheben sich. Festlich gekleidete Menschen schauen von Balustraden hernieder. Musikanten spielen auf. Diener, darunter Nubier in buntem orientalischem Kostüm, kommen und gehen. Gelbe Aegypterinnen auf goldstrotzenden Elefanten, Mekkapilger, Mohrinnen auf Kamelen, Araber, Perser, Türken, Indianer und kalifornische Goldsucher ziehen vorbei. Auch Chinoiserien sind eingestreut: Theepavillons und japanische Tempel, Chinesen und Chinesinnen, die mit roten Sonnenschirmen in feierlicher Grandezza dahergehen. Oder Pegasus stürmt durch den Aether und eine Pyramide richtet mitten in den Wolken sich auf. Alle Zeiten und Zonen geben sich Stelldichein. Götter, Menschen und Amoretten, tropische Pflanzen, Vögel und bunte Fahnen webt er zu Feenarchitekturen von märchenhafter exotischer Pracht zusammen.

Neben Veronese erscheint er als größter venetianischer Dekorateur, als der Erbe, Verwender und Verschwender einer alten Kultur. Das enorme Können eines kunststarken Ahnen lebt in dem leichtsinnigen Kinde des 18. Jahrhunderts auf. Nur wird es zum Ausdruck ganz neuer Ideen verwendet. Veroneses Kunst war eine Tochter des 16. Jahrhunderts, klar, ruhig, klassisch, von festem Aufbau und wohlabgewogenen geometrischen Linien. Bei Tiepolo erklingen keine majestätischen Stanzen, sondern kecke prickelnde Gesänge. Wo bei Veronese Rhythmus und Ruhe, ist bei ihm Freiheit und Nonchalance, Nervosität und Laune. Der venetianische Geist, damals noch feierlich, ist zum geschmeidigen Jongleur geworden, fliegt, springt, tanzt, schlägt Capriolen. Alle Last ist aufgehoben. Aller Körperlichkeit entkleidet schweben die Wesen durch den silberklaren Aether. Alle großen Perspektiviker der Vergangenheit, Mantegna wie Melozzo, Correggio wie der Pater Pozzo, erscheinen als schwerfällige ringende Geister neben Tiepolo. Er ist der Geschickteste der Geschickten, ein Mensch, der immer wieder ein neues Fest auf dieser Erde bereitet, ein Prestigiateur, dessen Hand wie in logischen Reflexbewegungen jedem Blitzen seines Auges folgt.

Aber er ist noch mehr. Denn die Fresken bilden nur einen Teil seines ungeheuren Lebenswerkes. Zu den dekorativen Arbeiten kommen die Radierungen und Oelbilder. Seine Radierungen, die Capriccios und die *Scherzi di fantasia* lassen sich in Worten nicht beschreiben. Es ist ein Hexensabbath von Magierphantastik und orientalischem Zauberspuk. Da beschwört ein alter Magier neben einem antiken Sarkophag eine Schlange. Dort hockt einer an einem heidnischen Grabmal und verbrennt einen Totenkopf. Dort betrachtet einer sinnend, an einen Dionysosaltar gelehnt, das Skelett des Todes, während ein Mädchen mit einem Satyr kost. Und hier sogar, wo er in Schwarz und Weiß nur arbeitet, scheinen die Figuren von glühendem Sonnenlicht umflossen.

Seine Oelbilder zeigen ihn wieder von anderer Seite. Nicht im Inhalt liegt das Neue. Denn Tiepolo hat – im Unterschied zu Piazzetta und Longhi – selten Scenen aus dem modernen Leben gemalt. Seine meisten Werke sind Altarbilder: Visionen, Martyrien, Konzeptionen. Grausamkeit mischt sich mit hysterischer Sinnlichkeit und katholischem Mysticismus. Tote Augen starren hoffnungslos uns an, blasse Lippen murmeln Gebete, bleiche Hände heben zum Kreuz sich empor. Und kein Zufall ist, daß gerade in Venedig, allein in Venedig, noch am Schlusse des 18. Jahrhunderts diese alten Stoffe der Gegenreformation vorkommen. Aber welch unbeschreibliche pathologische Verfeinerung hat ihnen Tiepolo gegeben! Wie hat er auf dem Berliner Bilde das alte Thema vom Martyrium der Agathe für die Nerven des Rokoko umgestaltet! Daß er als Kolorist nur helle, feinschmeckerisch blasse Harmonien liebt, ist selbstverständlich bei dem Sohne des 18. Jahrhunderts. Er beruhigt und dämpft die Farbe, gefällt sich in weichen, ersterbenden Accorden, in dunklem Schwarz, zartem Weiß, feinen gebleichten rosa und lila Nuancen. Ihm allein aber gehört dieser Frauentypus von raffinierter Sinnlichkeit und orientalischer Verträumtheit, von bleicher augenumränderter Müdigkeit und zitternder Lebenslust. Es steht nicht fest, ob Tiepolo dem alten Adelsgeschlecht gleichen Namens entstammte, das mehrere Jahrhunderte hindurch der Markusrepublik Dogen, Prokuratoren und Kriegshelden schenkte. Aber man denkt ihn sich gern als Sproß einer altadligen Familie, so groß ist seine Scheu vor allem Banalen, Plebejischen. Als vorletztes Kind eines schon bejahrten Vaters hatte er die Jugend unter der Obhut seiner Mutter verlebt, war als aristokratischer Dandy früh der Liebling der Frauen geworden. Das erklärt den femininen Zug, der durch sein Wesen geht, die krankhafte Feinfühligkeit, mit der er das Parfüm der Frau atmet. Die älteren Venetianer liebten eine königlich machtvolle, animalische Schönheit. Tiepolo als Abstraktor von Quintessenz pflückte bleiche Theerosen von betäubendem Duft. Wie Baudelaire schreibt: »Zwei Frauen wurden mir vorgestellt, die eine widerwärtig durch Gesundheit, ohne Haltung, ohne Blick, kurz die einfache Natur; die andere eine jener Schönheiten, die die Erinnerung beherrschen und bedrücken, ihrem tiefen eigenartigen Reiz die Beredsamkeit ihrer Toilette einen, Herrinnen ihres Ganges, bewußte Herrscherinnen ihrer selbst, mit einer Stimme wie ein gestimmtes Instrument und Blicken, die nur das ausdrücken, was sie wollen« –, so liebt Tiepolo nicht die gesunde, sondern die kranke, die herbstliche, ausgebrannte Schönheit, den Krater, der nur im Innern noch glühende Lava birgt, den Reiz der Cameliendame. Selten wird einem pikanten braunen Mädchen aus dem Volk die Rolle der Madonna überwiesen. Gewöhnlich verwendet er als Heilige die Frauen der höchsten Stände, bleichsüchtige Comtessen mit müdem Lächeln und mit nervösen weißen Händen, die die Aufregungen des Spiels und alle zarten Sensationen einer überfeinerten Liebe kennen. Ebenso scharf wie für das Mienenspiel ist sein Blick für Gang und Geste. Im 16. Jahrhundert waren die Bewegungen rund, majestätisch. Im 17. wurden sie pathetisch, ausladend. Ein leises Biegen des Fingers, ein Achselzucken, eine flüchtige Kopfwendung genügt bei Tiepolo. Ganz unbeschreiblich ist die herausfordernde Grazie, mit der seine Frauen oft die Schleppe ihres steifen Brokatkleides emporraffen. Nur der Sproß einer uralten, raffinierten Kultur, zu deren Vorbereitung es vieler Jahrhunderte brauchte, konnte einen solchen Sinn für Nuancen haben.

Und auch dieser alten Kultur war schon das Grab bereitet. Tiepolos Thätigkeit bedeutet nur das »Sterben in Schönheit«. Es ist kein Zufall, daß er in einem seiner herrlichsten Werke ein Thema aus der Verfallzeit Roms behandelte. Denn für Venedig war die nämliche Zeit gekommen. Der Hautgout der Verwesung, die fahle Atmosphäre eines schwülen und doch bleichen Herbsttages ist über seine Werke gebreitet. Nicht nur einer uralten, sondern einer überreifen, mürben Kultur sind sie entsprossen, und auch jetzt wieder, wie in den Tagen der Völkerwanderung, brauchte die Welt Barbaren.

Noch zwei Jahrzehnte, nachdem er in Madrid das Auge geschlossen, dauerte der lustige Todeskampf der alten Venetia. Die beiden *Canaletto, Antonio* und *Bernardo*, kamen noch und fertigten die Totenmaske der Königin der Adria an, malten die edle Schönheit der venetianischen Architektur, den phantastischen Glanz der Kirchen, die verwitterte Pracht der Paläste. *Francesco Guardi* kam, besang das glühende Licht, das über die Lagunen sich breitet. Bekränzte Gondeln gleiten feenhaft wie in den Tagen Carpaccios über das Grün der Kanäle; marmorne Prachtpaläste spiegeln ihre Säulen und Balkons, ihre Bogen und Loggien in den Wellen. Fremde Gesandtschaften bewegen sich in großer Gala auf dem Markusplatz, von dem stolzen venetianischen

Adel begrüßt. Es ist alles wie einst, nur nicht mehr mit dem Auge des Realisten, sondern mit dem des Romantikers gesehen. Denn als Guardi seine letzten Werke schuf, war das Dogenreich schon gefallen. –

Selbst an den Pfeilern des Madrider Königsschlosses, wo Tiepolo, der Aristokrat, seine letzten Werke geschaffen, rüttelte der plebejische Zeitgeist. Seltsame Gestalten, höhnend und drohend, erschienen unter den Fenstern des Alcazar. Spanien, das Land blinder Frömmigkeit, glaubte nicht mehr, lachte über die Inquisition, zitterte nicht mehr, wenn ihm mit Höllenstrafen gedroht ward. Ja, wie ein Treppenwitz der Weltgeschichte ist es, daß hier gerade, im mittelalterlichsten Lande Europas, der Sturmvogel der Revolution geboren ward. Auf eine Kunst, die katholischer als der Katholicismus, aristokratisch und ritterlich gewesen, folgt in *Goya* der denkbar größte Rückschlag. Ein wilder Plebejer, der in seinem Hirn dunkle Freiheitsgedanken wälzt, schleicht sich ein in die Mauern des Alcazar, wo soeben noch der feine Tiepolo weilte. Ein Skeptiker, der an nichts mehr glaubt, bemalt die Wände der Kirchen, die einst Zurbaran schmückte. Ein stiernackiger Bauernjunge wird der Porträtist desselben Königshauses, dessen Hofmaler einst Don Diego Velasquez gewesen. Goya hat das Verschiedenste gemalt. In seinen religiösen Fresken parodiert er Tiepolo. Schöne Frauen kokettieren vom Plafond hernieder. Engel spreizen mit herausforderndem Lachen die Beine. Seine Mädchenporträts – besonders das berühmte Doppelporträt der bekleideten und der nackten Maja – gehören zu den feinsten Akten des Jahrhunderts. In anderen Bildern sind Scenen aus dem Volksleben in wuchtigen Pinselstrichen festgehalten: Prozessionen, Stierkämpfe, Bettler, Briganten. Doch so verführerisch er sein kann, wenn ihn der Zauber eines Modells bezaubert – im Grunde ist er kein Maler. Seine Bilder sind rasch gesehen und rasch gemalt, ohne künstlerische Liebe und seines Gefühl. Er ist ein Empörer, ein Agitator, ein Nihilist.

Schon in seinen Bildnissen der königlichen Familie verrät sich seine Gesinnung. Es ist, als habe er gelacht über die pompöse Nichtigkeit, die da vor ihm stand; sich geärgert, die hohen Herren und Damen in so feierlichen Posen malen zu müssen, statt sie wie seine Engel die Beine spreizen und über Balustraden springen zu lassen. Alle seine Porträts haben etwas heillos Plebejisches. Als Sohn eines revolutionären Zeitalters nahm er den armen Fürsten, die ihm saßen, den Talisman der Majestät und ließ sie nackt vor dem Auge der Welt erscheinen.

Seine Radierungen zeigen den wahren Goya. Nur in solchen Blättern, nicht in Oelbildern, konnte sein wildes Feuer, sein herber, stürmischer Geist sich äußern. Eine tolle unheimliche Phantastik herrscht. Hexen reiten auf Besenstielen und weißen Katzen daher. Weiber reißen gehenkten Verbrechern die Zähne aus. Räuber balgen sich mit Dämonen und Zwergen. Ein Toter entsteigt seinem Grabe und schreibt mit seinem Leichenfinger das Wort Nada. Doch der Tyrannenhaß ist die durchgehende Note. Nichts entgeht seinem Hohn, was früher als Autorität gegolten. In den »Capriccios« stürzt er sich mit rasender Wut auf die Könige und Magnaten, lacht über den Priesterrock, der menschliche Leidenschaften verdeckt. In den »*Misères de la guerre*« setzt er der kriegerischen Herrlichkeit, die die Früheren feierten, das blutige Verderben gegenüber, mit dem die *gloire* erkauft wird. Ueberall kämpft er mit schneidender Ironie gegen Despotismus und Heuchelei, gegen die Einbildung der Großen und die Unterwürfigkeit der Kleinen, macht aus allem Laster der Zeit eine schreckliche Hekatombe. Es dröhnt in seinen Werken der dumpfe Lärm der Revolution, die unterdessen ihren Krater geöffnet hatte.

14. Revolution und Empire

Durchblättert man die französischen Radierungen der 70er und 80er Jahre oder durchwandert man die Parkanlagen, die um diese Zeit entstanden, so fühlt man deutlich, wie die Ereignisse ihren Schatten vorauswerfen. Das Gefühl des Weltunterganges ist da. Deshalb umarmen sich die Menschen und weinen Thränen der Freundschaft. Sie haben die Empfindung, nicht lange mehr das Sonnenlicht zu sehen. Deshalb erscheint ihnen die Natur so rührend, so heilig schön. Aber nicht das Leben sehen sie in ihr, nur ein ungeheures Grab. Die Naturschwärmerei ist von Todesgedanken und Thränenströmen begleitet. Zu Beginn des Jahrhunderts, in der Zeit der Festfreude, liebte man chinesische Lusthäuser. Dann, als man glaubte, durch die Rückkehr zur Tugend und zur idyllischen Einfachheit das Verderben abwenden zu können, wurden Bretterhäuschen, Meiereien, Tempel der Tugenden errichtet. Jetzt, als die schwarze Sorge gekommen, erhalten die Landsitze den Namen Sanssouci. Grabesinseln mit Mausoleen werden erbaut und Urnen mit Thränentüchern aufgestellt. Schwermütig säuseln die Pappeln, deren Wipfel die Gräber beschatten. Trauerweiden beugen ihre Aeste hernieder. Inschriften weisen auf die Vergänglichkeit des Irdischen hin. In den Radierungen sowohl wie in den Gärten spielen die Ruinen die wichtigste Rolle. Zu allem Zerbröckelnden, Alten, Verfallenden fühlt man sich hingezogen, als sei man sich bewußt gewesen, daß eine alte Kultur verfalle. In einem monumentalen Bilderwerk, Moreaus »*Monument de Costume*«, legt die alte aristokratische Gesellschaft ihr Vermächtnis nieder, will vor ihrem Hinscheiden noch der Welt das Abbild ihrer Schönheit hinterlassen. Selbst die Farbenanschauung macht eine Wandlung durch. *Bleu mourant* ist die Lieblingsfarbe der Epoche. Sterbeblau sind die Kleider, sterbeblau Wände und Fußböden der Wohnungen. Oder schwarz, die Farbe der Trauer, wird bevorzugt. Nicht nur die Möbel, früher hell, werden ebenholzschwarz. Auch an die Stelle der farbigen Miniaturbildnisse des Rokoko treten die schwarzen Silhouetten. So sehr als Schemen, so sehr dem Schattenreich verfallen, kommen die Menschen sich vor, daß sie im Schattenriß sich porträtieren lassen. Zu lange hatten sie sich die Augen verbunden vor dem, was vor sich ging. Nun ist aus dem »Blindekuhspiel« ein Schattenspiel geworden. Das dunkle Gefühl, daß etwas zu Ende gehe, spricht aus allem. Man verändert die Toilette nach dem Muster der englischen und amerikanischen bürgerlichen Kleidung. Man hat die beste Absicht bürgerlich zu werden. Zu spät.

1789 war der Würfel gefallen. Jenes »*Après nous le deluge*« der Marquise von Pompadour war zur Wahrheit geworden. Das *Perpetuum mobile*, das 150 Jahre früher in England seinen Lauf begann, rollt wie eine große Lawine über Frankreichs Boden. Dunkel und verworren wie Sturmgetose brausen die Klänge des *Ça ira* und der Marseillaise daher, Klänge, die das alte Europa aus den Fugen reißen. Jene Mühseligen und Beladenen, Bettler und Krüppel, die einst im Pisaner Camposanto der Meister des *Trionfo della morte* gemalt, wie sie vergeblich zum Tode flehen, haben sich selbst der Sense bemächtigt. Aus ihren Höhlen und Hütten, aus Kellern und Dachkammern, wütenden Wölfen gleich, stürzen sie hervor: hohläugig, zerlumpt, schmutzig, mit leeren Magen und durstigen Kehlen: die Enterbten, das Volk, die Canaille. Wie eine Bande von Hexen und Dämonen, wie Gespenster, die die Erde ausgespieen, stürmen sie vorwärts, rote Fahnen, Fackeln und Piken schwingend, die rote Mütze auf dem Kopf, mit Messern und Beilen, mit Dreschflegeln und Hacken bewaffnet. Steine und Erdklumpen raffen sie auf. In die Gärten dringen sie, in die Paläste, die Salons. Die Megären der Revolution, die Damen der Halle, Fischweiber und Hökerinnen, in rasende Bacchantinnen verwandelt, sprengen mit Brechstangen die Thüren und stecken die seidenen Tapeten in Brand. Von roher Sprache, von Flüchen und Gekreisch hallen die Wände wider. Man trinkt aus Flaschen, stößt mit Muranogläsern an, daß die Scherben fliegen. Plebejische Redner orakeln wie altrömische Volkstribunen von Freiheit und Brüderlichkeit. Dort kommt ein Maskenzug. Wüste Gesellen mit borstigem Haar, als römische Lictoren verkleidet, schleppen im Triumph eine rotgestrichene Maschine mit blinkendem Fallbeil daher und erproben an Kaninchen die Schärfe des Eisens. Für die Philanthropie, wie sie Greuze gemalt, wird den schönen Herren und Damen mit der Guillotine gedankt. Das Schlußtableau ihres Schäferspiels ist die elegante Verbeugung, mit der sie den Kopf unter das Fallbeil schieben. Auf die Devise des Regenten: *vive la joie* folgt die andere: *vive la mort*. Marie Antoinette, das Haar kurz geschoren, ein grobes Leinenhemd auf dem Leib, fährt, vom Wutgeheul des Volkes umjohlt, auf dem Sünderkarren nach der Richtstätte. Die Aristokratenhinrichtungen werden für das Volk, was den römischen Kaisern die Gladiatorenspiele gewesen. Und unter denen, die dem Schauspiel beiwohnen, ist ein junger Hauptmann, der mit Empfehlungsbriefen an Robespierre und Danton aus einer kleinen südlichen Garnison nach Paris gekommen, und hat, zur Guillotine aufblickend, schon wunderliche Gedanken in seinem bleichen Kopf, Gedanken, die Ajaccio, Austerlitz und Jena, Kaiserkrönung und Brand von Moskau heißen.

Man lebte *in* einer Atmosphäre des Altertums. Denn die römische Republik war, nachdem man das Königtum beseitigt, das Vorbild geworden. Das gewaltige »Senatus populusque romanus« lebte wieder auf in dem Zeichen R.F., das nun die öffentlichen Gebäude schmückte. An den Wänden standen die Büsten der großen Bürger Roms, des älteren und jüngeren Brutus, des Scipio, Seneca, Cato, Cincinnatus. Brutus namentlich, der den Cäsar tötete, war der Held der Zeit. Die Tyrannenmörder Harmodios und Aristogeiton wurden gefeiert. Die alten Helden, die für das Vaterland starben, durch heroische Thaten ihrem Volke dienten, Marcus Curtius und Leonidas, Mucius Scävola und Timoleon galten als Heilige. Durch das ganze Leben ging ein antiker Hauch. Nicht die Psalmen und Evangelien, sondern Livius und Tacitus wurden von den Predigern auf der Kanzel citiert. Die römischen Helden des Corneille schienen das Theater verlassen zu haben und standen in neuer Gestalt auf der Bühne des Lebens. »Römer« redeten die Männer sich an und gaben ihren Kindern römische Namen. In phrygischer Mütze ohne Beinkleider gingen die Jacobiner einher. Der »Tituskopf« kam später in Mode. Frauen und Mädchen banden sich Sandalen an die Füße und legten das Haar in griechischen Knoten. »In weiße Gewänder gehüllt, ohne Schmuck, aber mit der Tugend der Einfachheit geziert«, erschienen sie im Bureau des Präsidenten, um wie die römischen Weiber zur Zeit des Camillus ihre Kleinodien auf dem Altar des Vaterlandes niederzulegen.

Diesem Rahmen hatte auch die Kunst sich einzufügen. Ja, sie wartete die Ereignisse nicht ab. Schon bevor die Katastrophe erfolgte, als kaum vernehmlich die Revolution am Thore des Königsschlosses pochte, hatte sie den Weg betreten. Die Schriftsteller hatten Parallelen gezogen zwischen der Einrichtung der alten und der modernen Staaten, hatten sich bemüht, zu zeigen, daß die alten Republiken Vorbilder von absoluter Vollendung seien, denen man so weit als möglich sich nähern müsse, hatten die moralischen Zustände Spartas und der römischen Republik in Gegensatz zu denen des monarchischen Frankreich gestellt. Die Maler folgten. Nichts mit der hellenistischen Kunst der Frau Vigée Lebrun hat die römische Kunst der Revolutionszeit gemein. Vorbei ist es mit goldenen Träumen und theokritischen Idyllen, mit Anmut, höfischer Feinheit und geistreichem Spiel. Was verlangt wird, ist rauhe spartiatische Tugend. Das Heldenhafte verschmilzt mit dem Schönen. Und namentlich – wie in dem plebejischen England wird die Kunst ihres Diadems beraubt, zur Magd des Patriotismus gemacht. »Nicht dadurch, daß sie den Augen schmeicheln, hieß es in der Jurysitzung zum Salon von 1791, erreichen Kunstwerke ihren Zweck, Beispiele von Heldentum und bürgerlichen Tugenden gilt es vorzuführen, die die Seele des Volkes elektrisieren und in ihm die Hingebung für das Wohl des Vaterlandes wecken.«

Der so sprach, hieß *Jacques Louis David*, Er als erster beseelte die antiken Linien seines Lehrers Vien mit republikanischem Pathos, paßte die Malerei dem Heroismus des Tages an und ward so der große Herold jener Zeit, die Plutarch las und aus dem aristokratischen Capua ein plebejisches Sparta machte. Gleich seine ersten Bilder, der Schwur der Horatier und der Brutus – beide in Rom 1784 gemalt – waren das Vorwort zur Revolution, Er zeigte einem neuen puritanischen Geschlecht, dem die weiche aristokratische Kunst des Rokoko ein Hohn auf alle Menschenrechte schien, den Mann, den Heros, der für eine Idee, für das Vaterland stirbt, und er gab diesem Mann eine mächtige Muskulatur, wie einem Kämpfer, der sich in die Arena stürzt. Die Kunst erhielt durch ihn die martialische Pose des Patriotismus. Das ganze Reich der Antike ward eine *Salle d'armes*, wo nackte Prätorianer in gespreizten Fechtlehrerstellungen exerzierten. Und je pathetischer seine Helden ihr Heldentum zeigten, desto mehr sah man in ihnen ein Bild des französischen Volkes. Denn auch dieses aufgebauschte Deklamieren lag im Sinne der Zeit. Talma riß im Theater das Volk zur Bewunderung hin, wenn er auf klassischem Kothurn die Horatier des Corneille spielte, Robespierre soll auf der Tribüne langsam, skandierend, kunstvoll gesprochen haben, bewegte sich auf dem Vulkan, der zu seinen Füßen grollte, wie Bossuet auf der Kanzel und Boileau auf dem Katheder. Dem entspricht die strenge Komposition, die steife Rhetorik von Davids Bildern. Hatte die deroute Gesellschaft des *Ancien Régime* alle Formen aufgelöst, so verlangte das junge Frankreich auch von *gemalten* Menschen straffe Disziplin. Herrschten in der Zeit des Sybaritismus gewellte, gewundene Linien, ein weiches Sichbiegen und Strecken, so duldet das Puritanertum nur starre Geradlinigkeit, die Bewegungen des Soldaten, der Paradenmarsch macht.

Davids Künstlertum und seinen engen Zusammenhang mit der Revolutionszeit zeigen noch mehr die Werke, in denen er von der Transportierung ins Römische absah und Selbsterlebtes, unmittelbar Geschautes schilderte. Namentlich die beiden Bilder »Lepelletier auf dem Totenbett« und »der ermordete Marat« sind Werke eines mächtigen Naturalisten, grausige Dokumente jenes furchtbaren Zeitalters. Selbst ein kühner Revolutionär, war er auch geschaffen zum Porträtmaler dieses gewaltigen Geschlechtes, das den Mut in sich fühlte, die Civilisation von vorn zu beginnen und die Religion neu zu gründen: dieser Männer von katonischer Strenge und dieser Frauen mit dem männlich freien, stolzen Blick. Beispiele sind das Porträt Barrères wie er auf der Tribüne steht und jene Rede hält, die Ludwig XVI. das Leben kostet: der Blick kalt und hart, der Mund von galligem Haß verzerrt; weiter das Porträt der Madame Récamier in seiner puritanischen Einfachheit, dem kahlen Raum mit den kahlen Wänden, ein echtes Erzeugnis jener Epoche, die nur noch harte, unerbittliche Linien kannte, selbst in das Frauenboudoir ihre Ideen von spartanischer Askese hineintrug; und das Porträt Bonapartes, das den entscheidenden Wendepunkt in Davids Leben bedeutet.

In einer Sitzung von wenigen Minuten zeichnete er den erdfahlen bronzenen Kopf des Corsen. Dann wurde er, der erste Maler der Republik, zum kaiserlichen Hofmaler ernannt. Wie unter Robespierre, ist er unter Napoleon der Diktator. Und seine künstlerische Kraft, sein Stil bleibt der gleiche. Denn wie die Männer der Revolution sich als römische Republikaner, fühlte Napoleon sich als römischer Cäsar. David konnte also den Ereignissen folgen, ohne sich als Künstler zu verändern. Seine »Krönung der Kaiserin Josephine 1804« ist ein Repräsentationsbild von starr feierlicher Strenge. Seine Bildnisse des Kaisers, des Papstes, Murats, des Kardinals Caprara symbolisieren die brutale Größe einer Zeit, die die Kraft anbetet. Zuweilen nähert er sich dem Stoffgebiet der Rokokomaler. Berühmte Liebespaare der Antike kommen in einigen seiner Bilder vor. Doch selbst in solchen Werken bleibt er der Sohn des Empire. Nicht mehr Tauben, sondern Adler schnäbeln.

Erst später, als Frankreich aus den antikrömischen Anschauungen heraustrat, also der Zusammenhang des Klassicismus mit dem Leben sich lockerte, tritt in Davids Werken ein trocken archäologisches, kalt verstandesmäßiges Element hervor. Die französische Kunst kehrt gleichsam zu ihrem Ausgangspunkt zurück. Denn seit sie bestand, herrschte in ihr ein mathematischer Geist. Poussin konstruierte seine Bilder, als wollte er geometrische Lehrsätze beweisen, und das Rokoko stellte zur Abwechslung nur diese Mathematik auf den Kopf. So frei es scheint, seine Unsymmetrie ist nur die umgestülpte Regel, die durch groteske Schnörkel sich den Anschein der Freiheit gibt. Jede Linie ist durch den Verstand berechnet, wie beim Menuett jede Bewegung des Körpers. Nachdem man diese Möglichkeiten, von der Regel abzuweichen, erschöpft, lenkte man wieder in die alten Bahnen ein, kehrte vom Verschnörkelten zum mathematisch Durchsichtigen, vom Unsymmetrischen zur geraden Linie, vom kapriziös Sprunghaften zum Festgeschlossenen, vom Malerischen zum Statuarischen zurück. David begann, antike Statuen zu Bildern zusammenzusetzen. Die Malerei wurde für ihn eine Geometrie, für die feste Formeln existierten. Und diese Prinzipien übermittelte er seinen Schülern. Belisar und Telemach, Achilles und Priamus, Sokrates und Herakles, Phaedra und Elektra, Diana und Endymion sind fast die einzigen Stoffe, die von den Davidschülern *Girodet* und *Guérin, Jean Baptiste Regnault* und *François André Vincent* in steifer klassischer Korrektheit behandelt wurden.

Noch einer steht abseits. *Prudhon* hebt sich aus der Masse der Gelehrten als zarter, feiner Poet heraus. Während die anderen in nüchterner Verstandesarbeit antike Formfragmente zusammenstellten, trug Prudhon die Götter Griechenlands im Herzen, kümmerte sich um keine akademischen Formeln, sondern fühlte griechisch. In traumhafter Schönheit erstand unter seinen Händen die Antike neu, im Sinne seiner eigenen, ganz modernen Empfindung und im Sinne der großen Renaissancemeister, die sie vor drei Jahrhunderten zum Leben erweckt. Nenn auch als Kolorist hat Prudhon inmitten seiner Zeit eine Sonderstellung. Während die andern zu Gunsten einer starren Liniensprache die Farbe zurückdrängten, hat Prudhon das weiche Helldunkel, die zarte Morbidezza der Lombarden.

Schon die flüchtigen Zeichnungen, mit denen er als junger Mensch sich den Unterhalt erwarb – Vignetten für Briefbogen; Adreßkarten; Balleinladungen und Bildchen für Bonbonièren – enthalten mehr Poesie, als die anspruchsvollen Kompositionen der Davidschüler. Französische Grazie vereinigt sich mit der Linienschönheit antiker Kameen. Was berühmte Werk von 1808 »Gerechtigkeit und Rache das Verbrechen verfolgend« ist koloristisch die größte Leistung des französischen Klassicismus. In seinem Streben, den Ton und die Weichheit des Fleisches möglichst zart zu geben, suchte Prudhon nach einer Beleuchtung, die die Klarheit des nackten Körpers steigerte, und fand jene Stunde des Abends, wenn das Mondlicht seine silbernen Strahlen über die Erde breitet. Die weiße Blässe des menschlichen Körpers scheint dann alles Licht aufgesaugt zu haben und es auszustrahlen, während die Natur in farbloser Dämmerung liegt. An öder verlassener Stätte verläßt der Mörder sein Opfer, die nackte Leiche eines Jünglings, über die der Mond seine gespenstischen Strahlen gießt. Und über ihm, wie Wolkengebilde, schweben die rächenden Gottheiten daher. Sonst hat sich Prudhon mehr in den heiteren, zart verschleierten Mythen der Alten bewegt. Er, dem das Leben wenig Glück beschied, rettete auf den Flügeln der Kunst sich in das Reich märchenhafter Liebe hinüber. Psyche wird von Zephyr im Dämmerschein emporgetragen zu Eros' hochzeitlicher Wohnung. Oder sie steigt an den stillen Waldsee zum Bade hinab und erschaut in dem glitzernden Spiegel staunend ihr eigenes Bild. Oder träumerische Genien besuchen sie in kühlem Waldesdunkel beim Schimmer des Mondscheins.

Man hat diese Bilder Prudhons oft mit denen Correggios verglichen. Doch die Verschiedenheit ist größer als die Ähnlichkeit. Nicht durch die Form nur, durch das Geradlinige des Empire, unterscheidet sich Prudhon von den Alten, auch durch seine thränenschimmernde Melancholie. Correggio weiß nichts von dem bleichen Mondlicht, das über schneeige Körper gleitet; nichts von der leisen Wehmut, die alle Werke Prudhons durchzittert. Süß und verführerisch ist das Lächeln seiner Göttinnen; bei Prudhon ist es ein Lächeln unter Thränen. Er und David – sie sind Söhne derselben Epoche, haben beide die Guillotinen gesehen. Aber David malte den katonischen Geist des Terrorismus, fühlte sich als Herkules, der den Stall des Augias säubert. Als er auftrat, brauste majestätisch die Marseillaise daher, den Sturz aller Bastillen und aller Throne, die Auferstehung der Menschen aus den Fesseln der Knechtschaft verkündend. Man erhoffte eine Zeit, wo Freiheit und Tugend herrschten, wo alle Männer Gracchen, alle Frauen Cornelias wären. Prudhon hat erlebt, daß all diese Träume nur die menschliche Bestie weckten. Auf die Freiheit ist die Schreckensherrschaft, auf diese die Weltdespotie gefolgt. Menschen, die er liebte, hat er sterben sehen unter dem Beil des Henkers, hat gesehen, wie die Fittige des Todesengels über die Erde rauschten. So geht durch alle seine Werke die elegische Frage: Wozu? – etwas wie die Klänge einer Sterbeglocke oder wie verhaltene Thränen. Seine Stirn ist gefurcht, seine Wange bleich, von einem Thränenschleier sein Auge umflort. Ein unnennbar schmerzliches Gefühl mischt sich mit der Süßigkeit des Lächelns.

Und noch anderes beklagt er: die Schönheitswelten, die das Plebejertum zerstörte. David war der Mann der neuen Zeit, stellte seine Kunst in den Dienst des jungen bürgerlichen Geschlechtes. Prudhon, obwohl jünger als er, gehört in seinem Wesen noch der alten Weltordnung an. Nicht derb und plebejisch wie David, sondern aristokratisch fein, blaß und verzärtelt sieht er auf seinem Selbstporträt aus. Zu Fragonard und Grenze blickte er in seiner Jugend empor. Rosige Träume von Schönheit bewohnten seine Stirn. Nun war alles vorbei. Dicker Pulverqualm hatte sich zwischen Vergangenheit und Gegenwart gelagert. In die weißen Salons, die ehedem das Licht venetianischer Lüster durchflutete, leuchtet der bleiche Mondschein herein. Staub lagert in den Ecken, das Gold der Leisten ist abgebröckelt, die Gobelins fransen unten aus, die Plafondbilder sind verblichen, die Rosen vertrocknet, die seidenen Tapeten von den Mäusen zerfressen. Die Spinnen ziehen ihre Fäden über die Elfenbeinfächer. Die altersschwachen Sofas wackeln auf ihren geschweiften goldenen Beinen. Auf das kultivierte Geschlecht der Aristokraten war das kunstfremde Bürgertum gefolgt, Armeelieferanten, Börsenspekulanten und Kornwucherer umgaben sich mit den Schätzen, die die verarmten adeligen Familien verkauften. Prudhon, der Geistesverwandte der Frau Lebrun, erinnert sich wehmütig der vergangenen Zeiten: ein Rokokomeister im Empiregewand, ein Sohn der vorsündflutlichen aristokratischen Welt, der wie ein Phantom in das bürgerliche Jahrhundert hereinlebt. Wenn er so häufig die zarte Psyche malt, die Zephyr in die elysischen Gefilde trägt, so ist's, als hätte er an seine Kunst gedacht, die keinen Raum mehr hatte auf der rauhen Erde.

15. Der Klassicismus in Deutschland

Daß Deutschland, obwohl es keine Revolution erlebte, künstlerisch einen ähnlichen Weg beschritt, hatte andere, mehr wissenschaftliche Gründe. Die Entdeckung von Herculanum und Pompeji beschäftigte die Geister. Die Ruinen von Paestum waren aufgefunden, durch Hamilton die griechischen Vasen, durch Piranesi die römischen Monumente veröffentlicht worden. 1762 erschien das große Werk von Stuart und Revett über die Altertümer von Athen. Winckelmann schrieb 1764 seine »Geschichte der Kunst des Altertums«. Seine ganze Schriftstellerthätigkeit war ein Hymnus auf die wiedergefundene, wiederentdeckte Antike. Die Dichtung folgte. Nach der genialischen Wildheit der Sturm- und Drangzeit war es ein natürlicher Rückschlag, daß man die maßhaltende Schönheit des Griechentums als das Höchste pries. Aus dem Goethe des Werther und Goetz wurde der Dichter der Iphigenie, aus dem Schiller der Räuber der Sänger der Götter Griechenlands. Und infolge dieser antiquarischen Strömung lenkte auch die Malerei in eine ähnliche Richtung ein, wie ihr in Frankreich die Revolution gegeben. Ihre Entwickelung ist fortan bestimmt durch die Bahnen, auf denen die herrschende Geistesmacht, die Litteratur sich bewegt. Ja, sie verzichtet dermaßen auf ihre Selbständigkeit, daß sie von den Schriftstellern sich ihre Regeln diktieren läßt. Während ältere Kunstschriftsteller – Vasari, van Mander, Sandrart – selbst Künstler waren und nur das bescheidene Ziel verfolgten, späteren Zeiten Nachrichten über Kunst und Künstler zu geben, erheben jetzt die Gelehrten den Anspruch, der Kunst ihre Bahnen anzuweisen und über ihre Leistungen zu Gericht zu sitzen. Denn die Aesthetik von damals sah ihr Ziel nicht darin, das Schöne aus den Kunstwerken herauszulesen, sondern sie wollte dem Künstler Anleitung geben, wie er es schaffen könne. Und da der Gelehrte, der schöpferischen Ader bar, sich das Schöne nur in Form eines schon vorhandenen Schönen vorstellen kann, so bestand die Anleitung darin, daß man die Künstler auf die Nachahmung einer älteren großen Epoche, zunächst des Hellenentums, hinwies.

Selbständige Kunstwerke können auf diesem Wege nicht entstehen. Gleichwohl bedeutet es – der kunstlosen Aufklärungszeit gegenüber – einen kulturellen Fortschritt, daß das Zeitalter überhaupt wieder in Beziehungen zur Kunst zu treten suchte. Nicht nur als Pädagogen des Künstlers fühlten sich die Schriftsteller. Sie bemühten sich, auch um die ästhetische Erziehung des Bürgers. Die neue bürgerliche Gesellschaft konnte nur zu einer Kunst gelangen, indem sie ihren Geschmack an den alten großen Kulturen bildete. Die neue Kunst konnte nur stehen lernen, indem sie an die Kunst alter großer Epochen sich anlehnte. Schon bevor die Gelehrten eingriffen, hatten die Künstler selbst in ein solches Verhältnis zur alten Kunst zu treten gesucht, die einen, indem sie die Holländer, andere, indem sie die Bolognesen nachahmten. Die großen Schriftsteller brachten in dieses planlose Suchen Methode, indem sie auf *das* Zeitalter hinwiesen, worin sie das *höchste* Ideal einer ästhetischen Kultur erreicht sahen. Und sie folgten dabei auch einem pädagogisch wohlberechneten Lehrplan. Für koloristische Feinheiten und Capricen wäre das Auge des deutschen Bürgers noch nicht empfänglich gewesen. An Bildern, die nach den einfachsten, strengsten Gesetzen komponiert waren und in einer starren plastischen Formensprache redeten, ließ am ehesten der Geschmack sich bilden. Daß alle Meister der jungen deutschen Kunst in Rom ihren Wohnsitz nahmen, zeigt auch deutlich, wie ungeeignet für künstlerisches Schaffen der Boden der Heimat ihnen schien.

Von Dresden, der klassischen Heimstätte des deutschen Rokoko, ging die Bewegung aus. Schon neun Jahre vor dem Erscheinen seiner Kunstgeschichte, 1755, hatte Winckelmann seine Erstlingsschrift veröffentlicht: »Gedanken über die Nachahmung der griechischen Werke«, deren Inhalt in dem Satze gipfelte: »Der einzige Weg für uns, groß, ja wenn möglich unnachahmlich zu werden, ist die Nachahmung der Alten.« Und da die neue deutsche Kunst, die nach den Umwälzungen der Sturm- und Drangzeit allmählich emporkam, notwendig einen Stab brauchte, auf den sie sich stützen konnte, so wurde die Lehre Winckelmanns zum Evangelium der Epoche. »Bei den griechischen Bildhauern erlangt der Maler die sublimsten Begriffe vom Schönen und lernt, was man der Natur leihen müsse, um der Nachahmung Anstand und Würde zu geben,« sagt Salomon Geßner 1759. 1766 schreibt Lessing seinen Laokoon, worin er gleich Winckelmann die griechische Plastik als das nachzuahmende Ideal empfiehlt. Ebenso lehrt Goethe, die griechische Kunst sei das absolut mustergültige Vorbild. Ihr sei ein bestimmter Kanon, eine Reihe von Gesetzen zu entnehmen, die für die Künstler aller Zeiten maßgebend seien; die Komposition der Bilder müsse streng antikem Reliefstil entsprechen.

Einige wendeten sich gegen das hellenische Programm. »Jedes Land hat seine eigentümliche Kunst wie sein Klima und seine Landschaft, wie seine Kost und seine Getränke,« heißt es in Heinses Ardinghello. »Hochverrat ist es, wenn einer behauptet, daß die Griechen nicht übertroffen werden können,« schreibt Klopstock. Später Frau von Stäel in ihrem Buche über Deutschland: »Wenn heutzutage die schönen Künste auf die Einfachheit der Alten beschränkt würden, so könnten wir doch nicht die ursprüngliche Kraft, die sie auszeichnet, erreichen, und das innige zusammengesetzte Gefühlsleben, das bei uns sich findet, würde verloren gehen. Die Einfachheit würde bei den Modernen leicht zur Affektation werden, während sie bei den Alten voll Leben war.« Am schärfsten urteilt Herder im »Vierten kritischen Wäldchen«: »Schatten und Morgenrot, Blitz und Donner, Bach und Flamme kann der Bildhauer nicht bilden, aber warum soll dies der Malerei versagt sein? Was hat diese für ein anderes Gesetz als die große Tafel der Natur mit allen ihren Erscheinungen zu schildern? Und mit welchem Zauber thut sie das? Die sind nicht klug, die die Landschaftsmalerei verachten und dem Künstler untersagen. Ein Maler und soll kein Maler sein! Bildsäulen drechseln soll er mit seinem Pinsel. Gewiß, die griechischen Denkmale stehen im Meer der Zeit als Leuchttürme da. Aber sie sollen nur Freunde sein und nicht Gebieter. Malerei ist eine Zaubertafel, so groß wie die Welt, in der gewiß nicht jede Figur eine Bildsäule sein kann. Es entsteht sonst ein mattes Einerlei langschenkliger, geradnäsiger griechischer Figuren. Auch wird uns unsere Zeit, die fruchtbarsten Sujets der Geschichte, alles Gefühl von einzelner Wahrheit und Bestimmtheit hinwegantikisiert.«

Doch diese Stimmen waren vereinzelt. Unmittelbar, nachdem Winckelmann das Ziel bezeichnet, übertrug *Anton Rafael Mengs* die Lehren seines Freundes in die Praxis. Mengs, im Pantheon an der Seite Rafaels ruhend, war ein Künstler von zäher Willenskraft, der sein ganzes Leben daransetzte, die junge deutsche Kunst zu alter Größe zu führen. Seine ersten Werke wurzelten noch in der alten höfischen Kultur. Mit Pastellbildnissen, die ganz vom Geschmack des Rokoko bestimmt sind und ihn zart austönen lassen, hatte er am Dresdener Hofe begonnen. Er hatte auch Oelporträts gemalt, ebenso vornehm in ihrer klaren feingrauen Farbe, wie wuchtig in ihrer einfachen Anschauung, die nichts Verschwommenes, nichts Süßliches kennt. In seinen großen Altarwerken erinnert er sich dann der Mission, die ihm sein Vater in die Wiege gelegt, als er ihm die Vornamen Allegris und Santis gab. Das heißt: er macht den Eindruck eines Carraccischülers. In dem Bedürfnis, sich an eine alte Epoche anzulehnen, sucht er im Sinne der Bolognesen seinen Bildern den Stil des Cinquecento, den ruhigen Linienfluß Rafaels und das Helldunkel Correggios – seiner beiden Taufpaten – zu geben. Im »Parnaß« der Villa Albani ist er bis zur Quelle zurückgegangen, ist aus dem Nachahmer der Cinquecentisten der Schüler Winckelmanns und der Griechen geworden. Ein plastisches Warendepot, eine Zusammenstellung bemalter Statuen hat man das Bild genannt. Und richtig ist, daß es in seiner kalten Korrektheit mehr die Arbeit eines Philologen als eines Malers zu sein scheint. Mengs ist der echte Zeitgenosse Winckelmanns in der Art, wie er mittels der Gelehrsamkeit sich in das Wesen der Kunst versetzt. Tiepolo und er – hier stoßen zwei Welten aneinander. Nicht nur äußerlich ist der Unterschied: statt der perspektivischen Effekte der an der Decke festgenagelte Gobelin, statt der frei daherflutenden Gestaltenwelt ein mathematisch berechneter Aufbau, statt der Malerei Skulptur. Die Verschiedenheit liegt namentlich darin, daß aus Tiepolos Werken großes, frei schaffendes Künstlertum spricht, während Mengs nur der Amanuensis eines Gelehrten ist. Was das Bild Gutes hat, stammt noch aus der höfischen und realistischen Vergangenheit des Malers. Die Farbe wahrt eine gewisse Noblesse. Die Zeichnung ist von altmeisterlicher Sicherheit. Selbst die Gesichter, trotz ihres griechischen Profils, halten sich frei von verschönernder Allgemeinheit. Sie sind von einem Meister gezeichnet, der auch Bildnisse von individueller Schärfe zu malen wußte.

Ueber *Angelika Kaufmanns* Werken liegt ebenfalls noch ein Abglanz der alten vornehmen Kultur. Ein weiches sympathisches Talent, eine echte Frauennatur, ließ sie der von Winckelmann geforderten Strenge einen niedlichen Zusatz liebenswürdiger Grazie. Cornelia, die Mutter der Gracchen, Agrippina mit der Asche des Germanicus, Adonis, Psyche, Ariadne, der Tod der Alkestis, Hero und Leander sind die hauptsächlichsten Stoffe, die sie ein wenig süßlich, ein wenig schönfärberisch und blaustrümpfig behandelte. Der koketten Antike des Italieners Battoni steht ihre glatte, gefällige, einschmeichelnde Art wohl am nächsten. Mit Mengs verglichen, wirkt sie empfindsamer, weichlicher. Von Frau Vigée-Lebrun, der Aristokratin, unterscheidet sie sich durch eine gewisse Gartenlaubenschönheit, durch jene weichen Retouchen, durch die der Photograph seine Erzeugnisse dem Publikum mundgerecht macht. Aber ihre »Vestalin« – die Urahne all der Schönen, die später Blaas und Vinea, Seiffert und Beischlag malten – ist doch noch ein galeriefähiges Bild. Die zarten, sanften Farbenaccorde, die sie anschlägt, haben mehr mit dem Rokoko, als der jungen bürgerlichen Kunst gemein.

Die beiden Schwaben *Eberhard Wächter* und *Gottlieb Schick* blieben ebenfalls koloristisch auf einer gewissen Höhe, da sie ihre Ausbildung durch David erhielten. Der erste, der das Programm des deutschen Klassicismus rückhaltlos durchführte, war *Carstens*.

Zu ihm Stellung zu nehmen, ist schwer.

Zu Mengs verhält er sich ähnlich wie Prudhon zu David oder wie Goethe, der Dichter, zu Winckelmann, dem Gelehrten. Sein Antikisieren ist nicht wie bei Mengs ein bloßes Verarbeiten griechischer Formen. Er *lebt* in der Antike. Die Welt der griechischen Dichter ist seine geistige Heimat. Während Mengs nicht über Zusammenstellung antiker Motive, über ein verstandesmäßiges gelehrtes Schaffen hinauskam, herrscht bei Carstens dichterisches Schauen, die freischöpferische Wiedergabe von Bildern, die nicht außer ihm, sondern in seinem Geiste leben. Mehr als Mengs es vermocht hatte, lernte er in Rom die Einfachheit und Vornehmheit der griechischen Kunst verstehen, und gelangte zu einer Liniensprache, in der die Archäologen den Höhepunkt der Klassicität erreicht sahen. Die griechischen Helden bei Chiron, Helena vor dem skaeischen Thore; Ajax, Phönix und Odysseus im Zelt des Achill, Priamus und Achill, die Parzen, die Nacht mit ihren Kindern Schlaf und Tod, die Ueberfahrt des Megapenthes, Homer vor dem Volke, das goldene Zeitalter – alle diese Blätter haben das, was Winckelmann die »edle Einfalt und stille Größe« des Hellenentums nannte. Und liest man die Biographie des Meisters, so bekommt man Ehrfurcht vor diesem Märtyrer, der einem Ideal zuliebe sich verblutete. Steht man in Rom an der Pyramide des Cestius vor dem Grabe des einsamen Mannes, so möchte man einstimmen in das Urteil der Grabschrift, die ihn als den Erneuerer deutschen Kunstschaffens preist.

Aber ist es möglich? Bezeichnet Carstens' Auftreten nicht vielmehr den Moment, wo alle Ueberlieferung zu Ende ist und das Neue als *Tabula rasa* einsetzt? Wo der Künstler ganz überwunden ist und nur der Litterat geblieben? Wohl versteht man kulturgeschichtlich, daß in jener Zeit der litterarischen Blüte ein Maler wie Carstens kommen mußte. Zur Zeit, als Goethe die Iphigenie schrieb, illustrierte Carstens die antiken Dichter. In einer papiernen Epoche begründete er den Papierstil. In einer Zeit, als alle großen Geister die Feder fühlten, nahm auch ein Maler statt des Pinsels die Feder zur Hand. Aber so bezeichnend das alles ist, was bedeutet es für die Kunstgeschichte! Muß nicht der Gedanke an den kleinsten der alten Meister abhalten, Carstens überhaupt als Künstler zu zählen? Denn indem er den Wert seiner Werke ausschließlich im dichterischen Teil, der Erfindung, suchte, vergaß er sein eigenes Fach. Während Mengs noch zeichnen konnte, kann er es nicht mehr. Was aber namentlich sein Auftreten für die Weiterentwickelung der deutschen Kunst folgenschwer machte, ist, daß er auch farbig den klassischen Gedanken zu Ende dachte, die letzte Konsequenz aus Winckelmanns Lehren zog. »Kolorit, Licht und Schatten machen ein Gemälde nicht so schätzbar, wie der edle Contur« hatte der Gelehrte geschrieben – in dieser Farbenblindheit der echte Sohn eines neuen bürgerlichen Zeitalters, dem die Anschauung edler Farbe noch keinen ästhetischen Genuß bedeutete. Dieser Linienstil wurde die Grundlage von Carstens' Kunst. Während über den Werken Graffs, denen des Münchners *Edlinger*, des Dresdeners *Vogel*, auch denen des Mengs und der Kaufmann noch ein Nachglanz der alten vornehmen Vergangenheit leuchtet, beginnt mit Carstens die neue bürgerliche Kunst des ausschließlich litterarisch empfindenden Deutschland ganz weiß, als Papierstil. Die dänische Note ist jene Impotenz, die auch die Menschen Jacobsens alle haben: daß er vor lauter Träumen nicht zum Handeln, vor lauter Schauen nicht zum Arbeiten, vor verschwommener Begeisterung nicht zum Lernen kommt.

Das ist der große Unterschied zwischen dem französischen und dem deutschen Klassicismus. In Frankreich wurde noch ein Stück Sinnlichkeit, ein Stück alte Kultur in das 19. Jahrhundert herübergerettet. David, so sehr er seine Vorgänger bekämpfte, verzichtete als Techniker nicht auf das Erbteil des Rokoko. Prudhon steht als Maler den feinsten alten Meistern zur Seite. Der deutsche Klassicismus, aller Sinnlichkeit entkleidet und reines Gehirnprodukt, brach mit der Vergangenheit so vollständig, daß er sich nicht einmal deren technische Ueberlieferungen aneignete. Umrisse, Federzeichnungen wurden als Bilder ausgegeben. Der Karton, der Schwarz-weiß-Stil, ward für ein Menschenalter die Domäne deutscher Kunst. Und durch dieses Preisgeben des technischen Kapitals, das sich bisher unangetastet von einem Malergeschlecht aufs andere vererbte, wurde die Zukunft ärmer gemacht. Es rächte sich dadurch, daß die schwere Kunst des Malenkönnens im 19. Jahrhundert von den deutschen Malern ganz neu zu erwerben war.

www.ingramcontent.com/pod-product-compliance
Lightning Source LLC
Chambersburg PA
CBHW050155230526
45470CB00001B/109